Illisibilité partielle

Couvertures supérieure et inférieure manquantes

VALABLE POUR TOUT OU PARTIE
DU DOCUMENT REPRODUIT

COLLECTION
DES
INVENTAIRES-SOMMAIRES
DES
ARCHIVES DÉPARTEMENTALES ANTÉRIEURES A 1790

PUBLIÉE SOUS LA DIRECTION

DU MINISTRE DE L'INTÉRIEUR

PREMIÈRE PARTIE

ARCHIVES CIVILES

INVENTAIRE - SOMMAIRE

DES

ARCHIVES DÉPARTEMENTALES

ANTÉRIEURES A 1790

RÉDIGÉ PAR M. J^H GARNIER, ARCHIVISTE

Chevalier de la Légion d'honneur

COTE-D'OR

ARCHIVES CIVILES. — SÉRIE C

BUREAU DES FINANCES DE DIJON

TOME SECOND

DIJON
IMPRIMERIE DARANTIERE, RUE CHABOT-CHARNY

1883

INTRODUCTION

Les documents relatifs à l'administration financière du duché de Bourgogne ne remontent pas au-delà de la seconde moitié du xiiiᵉ siècle. A cette époque, aucune centralisation n'existait encore ; aussi voyons-nous le duc Robert II, assisté de quatre à cinq conseillers laïques ou ecclésiastiques, parcourir successivement ses châtellenies et *comper* personnellement avec les baillis et les receveurs. Le compte arrêté était consigné sur un carnet à ce destiné (1).

Sous le duc Eudes IV, il y a progrès : toutes les sommes versées par les receveurs sont remises tantôt au trésorier chargé de la dépense de l'hôtel (2), au clerc de l'hôtel (3), au maître de la chambre (4) ; mais leurs comptes sont rendus devant trois ou quatre conseillers désignés par le duc, parmi lesquels figure le chancelier, quand le prince n'y assiste point en personne (5).

Après la mort de ce prince, le roi Jean de mari de Jeanne de Boulogne, mère du jeune duc Philippe de Rouvres, eut le bail et la tutelle de ce prince. Il envoya aussitôt en Bourgogne Pierre d'Orgemont, son conseiller, « pour prendre le gouvernement du fait, et remettre les officiers du duché en leurs offices (6). » Jean d'Orgemont maintint en l'augmentant, ce Conseil de finances qui gérait l'administration des deniers du Duc, surveillait les comptables et recevait leurs comptes. Après la mort de Philippe de Rouvres, le roi Jean ayant réuni le duché à la couronne, il promit, sur la demande des Etats, « d'avoir gens ordonées sur les comptes si comme il est accoutumé de faire. » (7.)

Quand, par son mariage avec Marguerite, héritière des Flandres, Philippe-le-Hardi accrut son duché, des comtés de Bourgogne, de Flandres et d'Artois, l'ancien Conseil de finances devenu insuffisant, il érigea en 1386 une Chambre des Comptes sur le modèle de celle de Paris en lui donnant, comme à celle-ci, l'administration du Domaine direct et indirect, les aveux et dénombrements des fiefs, l'audition et la juridiction sur tous les comptables des deniers ou revenus quelconques, la surveillance et l'entretien des châteaux, des forteresses et du matériel de guerre, etc.

L'ancien Conseil des finances conserva tout ce qui regardait les impôts ou aides demandés par le Duc, la surveillance et le contrôle des comptables, l'emploi des deniers versés par eux.

Ce Conseil, dit Labarre, auquel nous empruntons ces détails (8), était composé de seigneurs, de conseillers appelés par le Duc ou le chancelier, du maître de la Chambre aux deniers, des gouverneurs des finances, du receveur général, du trésorier des guerres, de l'argentier et de l'audiencier. Les comptes arrêtés, ils étaient portés au Duc qui les signait. Ce prince, quand il venait au Conseil, siégeait à l'extrémité du Bureau où il calculait avec des jetons d'or ; ceux du Conseil étaient en argent.

(1) *Archives de la Côte-d'Or*. B. 312.
(2) Id. B. 813, 1819.
(3) Id. B. 814, 1826.
(4) Id. B. 815, 817, 1329, 1847.
(5) Id. B. 1389, 1390, 1336, 1340.
(6) Compte de dimanche de Vitel, receveur général, 1355-1356, p. 1.
(7) Ordonnance du 28 décembre 1361. *Recueil* imprimé des Etats, 1, 41.
(8) *Mémoires pour l'histoire de France et de Bourgogne*, II, 20.

Les gouverneurs généraux des finances qui faisaient partie de ce Conseil, sous les titres tantôt réunis de trésoriers, d'intendants de finances, de visiteurs généraux ou de gouverneurs généraux, avaient pouvoir, si on en juge par les lettres de commission, données en 1405 à Jean Chousat, « d'aller et chevaucher en toutes « les terres et seigneuries du Duc, pour le fait de ses finances, y envoyer des commissaires et visiteurs voir « et visiter les états des receveurs, trésoriers, greniers et baillis, les mander par devers lui, faire venir les « deniers, en donner décharge, expédier mandements de paiement de toutes sortes, composer de toutes « dettes, etc. (1). »

A partir de 1405, l'office de gouverneur général des finances fut réduit à un seul titulaire. On le trouve exercé par différents personnages jusque vers l'année 1446, qu'il fut supprimé comme inutile. On en attribua les fonctions aux gens et commis des finances, qui continuèrent de les remplir jusqu'à la réunion du duché à la couronne (2).

A peine Louis XI était-il entré en possession du duché qu'il s'empressait d'en organiser le service financier sur le modèle de celui du Royaume. La Chambre des Comptes fut maintenue (3), mais au lieu de l'ancien Conseil des finances, le Roi expédia en Bourgogne Pierre Symart avec le titre de général conseiller sur le fait et gouvernement de toutes les finances des deux Bourgognes, lesquelles constituèrent une de ces circonscriptions qu'on appella Généralité. Il lui donna mandement « espécial de besongner et faire venir ens tous « deniers deus par les receveurs des deux pays », de les faire verser dans la caisse du receveur général ; de mander devers lui, toutes personnes qui se seront mêlées de finances ; de connaître de tous débats touchant le fait des aides, gabelles et tailles ; de tauxer les salaires, voyages et vacations jusqu'à la somme de 25 livres ; de distribuer les deniers des finances selon l'ordre des lettres et mandements du Roi, avec pouvoir de suspendre les comptables si le besoin du service l'exigeait (4).

Moins d'un an après, P. Symart cédait la place à André Brinon (5). Ce dernier, promu en 1481 premier maître à la Chambre des Comptes, fut destitué de ces deux offices en 1483 et rétabli peu après par Charles VIII. Après lui, les charges de généraux des finances en Bourgogne furent tenues par J.-J. Erland (1483), Pierre Breton (1484), Michel Gaillard (1486), Jacques Hurault (1501), Raoul Hurault (1522), Pierre d'Apestigny (1536), Claude Thunot (1543) (6), P. Merlan (1546), Gabriel, son fils (1551). A peine ce dernier était-il entré en fonctions que le roi Henri II créait dans chacune des généralités un office de trésorier de France et de général des finances, pour être exercés par le même personnage. Un édit du mois d'août de la même année ayant désuni ces deux offices, G. Merlan opta pour celui de trésorier. Philippe Robert le remplaça dans celui de général des finances. Merlan s'étant absenté sans autorisation, Robert réunit provisoirement les charges jusqu'à la nomination de J. Peyrat (1557). Jean Peyrat est le premier trésorier de France qui, en qualité de commissaire du Roi, assista à l'assemblée des États de la Province (1561).

Une ordonnance du roi Charles IX rendue le 16 janvier 1565 commentant celle de 1557, décida que les provisions des trésoriers de France, de même que celles des autres comptables, seraient enregistrées à la Chambre des Comptes et qu'ils y prêteraient serment.

Malheureusement l'édit de création des deux offices n'avait rien prévu pour leurs attributions respectives. Le trésorier, disait l'ordonnance, devait « avoir cognoissance et pouvoir sur *l'Ordinaire et Domaine* », détaché des attributions de la Chambre des Comptes, et le général des finances sur *l'extraordinaire;* mais bientôt le roi Charles IX ayant, par mesure fiscale (7), créé dans chaque généralité un nouveau trésorier et un nouveau

---
(1) Labarre, II, 116.
(2) D'Arbaumont, *Armorial de la Chambre des Comptes*, p. 425.
(3) Lett. pat. du mois de mars 1476/7. *Rec.* des lett. des Etats, I, 182.
(4) B. 17, f. 32. Lettres du 25 juin 1477.
(5) B. 17, f. 54. Lettres pat. du 20 avril 1478.
(6) C'est sous son administration qu'eut lieu, sauf en Bourgogne où elle existait depuis longtemps, la création de la charge de receveur général dans chacune des 17 généralités du Royaume. Isambert. XII, 805.
(7) Edits des mois de novembre 1570 et d'octobre 1571.

général de finances, les questions de préséance, la prétention des uns et des autres à accaparer les affaires qui *avaient quelque connexité et sympathie* avec leurs charges proprement dites, amenèrent des conflits et retardèrent d'autant l'expédition des affaires au grand mécontentement du Conseil du Roi (1).

Pour y remédier, Henri III, par un édit donné à Poitiers au mois de juillet 1577, confondit les deux fonctions pour être exercées par les anciens titulaires et en créa un cinquième. Chacune des généralités du Royaume fut alors pourvue d'un Bureau des finances permanent, composé de cinq trésoriers de France ayant comme les anciens, entrée et voix délibérative dans la Chambre des Comptes et la Cour des aides de leur ressort. La présidence appartenait au plus ancien. Chaque Bureau fut pourvu d'un greffier et de deux huissiers. L'édit régla les jours d'assemblée du Bureau, les taxes des dépenses, le paiement des gages, l'ordre des chevauchées, l'administration du Domaine, la vérification et le contrôle à exercer sur les comptables, etc.. etc. (2).

Par un autre édit du 8 juillet 1578, ce premier règlement fut refondu et reçut des développements de façon à déterminer les attributions définitives du Bureau (B. 2082 f° 13.)

La création d'un Bureau des finances en Bourgogne, où les États votaient, répartissaient et percevaient eux-mêmes l'impôt ; où jusqu'en 1551, la Chambre des Comptes avait régi le Domaine, fut accueillie avec la défaveur la plus marquée. Les États comprirent ces nouveaux offices de finances parmi ceux dont M. Boucherat, abbé de Cîteaux, leur organe, demanda la suppression immédiate en présentant les cahiers au Roi (3). Encouragés par l'exemple, le Parlement et la Chambre des Comptes, celle-ci surtout qui voyait avec jalousie l'établissement définitif d'une institution rivale, apportèrent à l'enregistrement de l'édit le plus mauvais vouloir. Il fallut des lettres de jussion réitérées pour vaincre leur opposition. La Chambre entérina sous réserve que les officiers du Bureau seraient privés de leurs gages en cas d'absence non justifiée, et qu'ils ne percevraient aucunes épices des affaires soumises à leur jugement, ni taxations pour leurs chevauchées.

Le Conseil d'État répondit à cette opposition, en contraignant la Chambre à enregistrer l'édit qui attribuait un demi-écu aux trésoriers pour leur droit de présence aux assemblées (4), et en lui interdisant de prendre connaissance des comptes des receveurs dont l'*état au vrai*, n'aurait point au préalable été vérifié par les trésoriers.

Quant au Parlement qui avait astreint les nouveaux officiers du Bureau à l'examen et au serment devant la Chambre des Comptes avant d'y prendre séance et dans l'ordre de leur réception, avec défense expresse de connaître de toute affaire contentieuse en matière domaniale et de finances, une ordonnance du 9 mai 1579, lui interdit non-seulement cette connaissance, mais même de recevoir aucun appel des sentences rendues sur ces matières par le Bureau des finances.

Ce dernier était en quelque sorte élevé au rang de cour souveraine. L'édit de mai 1635 lui en donna officiellement la qualité et les avantages nobiliaires (5). A ce titre, il eut son sceau particulier. Les trésoriers considérés comme commensaux du Roi, jouissaient du droit de *Committimus*, de franc-salé, de deuil après la mort du Roi, du droit de bûche et de chandelle, le tout évalué en argent.

Ils furent exempts de guet et de garde et de toutes subventions municipales.

Ils prêtaient un premier serment entre les mains du chancelier ou son délégué, puis devant la Chambre des Comptes avec laquelle ils faisaient corps et où ils siégeaient suivant l'ordre de leur réception, enfin un troisième quand ils prenaient au Bureau possession de leur office.

Le Bureau des finances enregistrait tous les édits, lettres patentes, mandements émanés de l'autorité royale

---

(1) Préliminaires de l'ordonnance du mois de juillet 1577.
(2) *Arch. des Etats* C. 2979, f. 141 et suiv. Le roi fit répondre aux Etats qu'il supprimerait aussitôt ces offices, s'ils consentaient à rembourser les acquéreurs.
(3) B. C. 2082, f. 9.
(4) B. C. 2082, f. 38.
(5) Isambert, XVI, 442.

concernant les matières comprises dans ses attributions. Ces différents actes n'étaient considérés comme exécutoires qu'après avoir été revêtus de son attache et inscrits sur ses registres (1).

Une des clauses de l'édit de création portait que les Bureaux devaient être établis dans les maisons, palais ou châteaux de la résidence. A Dijon, aucun lieu n'était plus propice que les vastes espaces occupés en partie par la Chambre des Comptes et où le Parlement achevait de s'installer. Mais là encore le Bureau se trouva en butte aux tracasseries de la Chambre des Comptes. Celle-ci, sans se préoccuper des lettres patentes qui autorisaient le Bureau à prendre possession d'une maison joignant les bâtiments de la Chambre (2), alla, emportée par ses sentiments de jalousie, jusqu'à faire murer la porte de cette maison pour en interdire l'accès. Il ne fallut rien moins qu'un arrêt du Conseil et deux lettres de jussion, conçues dans les termes les plus sévères, pour faire justice d'une prétention aussi exorbitante (3).

Au fond, la Royauté, on peut s'en convaincre en lisant le préambule de ses édits, ne se faisait pas plus d'illusion sur le besoin réel d'une institution, à laquelle le général des finances et la Chambre des Comptes avaient jusqu'alors largement suffi. Elle semblait ne point se préoccuper davantage des conflits de toute nature qui ne pouvaient manquer de se produire au grand détriment des affaires publiques ; aussi continua-t-elle à comprendre les Bureaux des finances parmi les institutions dont elle grossissait le personnel lors de ces édits bursaux, sa ressource suprême dans les moments difficiles. Si quelquefois, comme en 1578 et 1596, pressée par les réclamations des États généraux, elle est obligée de reculer, d'édicter même la suppression de ces nouveaux offices, dans l'impossibilité où elle est d'en effectuer le remboursement immédiat, elle annonce qu'elle procèdera par voie d'extinction. — Seulement l'orage passé, l'édit reste à l'état de projet, les titulaires supprimés en possession de leurs sièges dont le nombre ne cesse point de s'accroître (4).

Le Bureau des finances de Dijon composé, lors de la réunion du duché à la couronne, d'un seul général des finances en était arrivé, au moment de sa suppression, en 1790, au nombre de 25 trésoriers en titre, plus deux charges de président rachetées et réunies au corps du Bureau; un chevalier d'honneur, un avocat, un procureur du Roi, trois greffiers et quatre huissiers.

En voici la progression d'après les registres et un tableau qui, sous le nom de *Genuit*, était conservé aux archives du Bureau.

La première charge, créée en 1477, eut pour premier titulaire Pierre Symart.

La seconde, créée par l'édit du mois de janvier 1551, au profit de Pierre Molon.

La troisième, créée par l'édit du mois d'août 1557, au profit de Philibert Robert.

La quatrième, créée par l'édit du mois d'octobre 1571, au profit de François Maillard.

La cinquième, créée par l'édit de constitution du Bureau du mois de juillet 1577, au profit de Jean des Marquets, qui en 1581, passa président.

La sixième et la septième, créées par l'édit de janvier 1581, en faveur de Claude Le Compasseur et Jacques Viard.

La huitième, la neuvième et la dixième, créées par édit du mois de janvier 1581, au profit de Jean Lemaire de La Bondue, Claude de Bévy et Jean Sanguin.

La onzième et la douzième, créées par édit du mois d'août 1621, au profit de G. Blondeau et de Pierre Jeannin.

---

(1) Règlement du 8 juillet 1578. La collection de ces registres qui commence en 1577 et finit en 1776 comprend 56 volumes in-folio. (C. 2082-2136).
(2) 1578, 20 décembre. C. 2082, f. 8.
(3) 1579, 9 mai, (C. 2082 f. 77).; 1580, 21 janvier, 4 mars, (C. 2082, f. 108, 109). Cette jalousie de la Chambre des Comptes contre le Trésor persista jusqu'à la fin de l'ancien régime, nonobstant les règlements arrêtés en Conseil d'État. Ainsi en 1723, lors des solennités qui eurent lieu lors de l'installation de l'Université de Dijon, la Chambre des Comptes refusa dédaigneusement de faire corps comme d'habitude avec le Bureau, sous prétexte que cette cérémonie n'était pas prévue par les règlements (*). C, 2075, f. 155.
(4) Édit de novembre 1608.

La treizième et la quatorzième, créées par édit du mois de février 1626, en faveur de Edme Regnier de Montmoyen et de Bernard de Berbisey.

La quinzième, la seizième, la dix-septième, la dix-huitième, créées par édit du mois d'avril 1627, au profit de Claude de Ganay, de Jean Catherine, Étienne Fyot, Pierre Jant.

La dix-neuvième, créée au mois d'août 1632 par commutation des offices d'avocat et de procureur du Roi, créés par l'édit de 1627 et non levés ; son premier titulaire fut Nicolas Lecomte.

La vingtième, sous le titre de trésorier garde-scel, créée par édit du mois de mai 1633, au profit de Clément d'Orce.

Les vingt-unième, vingt-deuxième, vingt-troisième et vingt-quatrième, sous le titre de trésorier de France, intendant général des finances, créées par édit du mois de mai 1635, en remplacement des quatre offices de présidents qui avaient été réunis au corps du Bureau. — Abraham Girard, Gérard Richard, Cl. Forneret et Pierre Roy en furent revêtus.

La vingt-cinquième et dernière, créée par l'édit de décembre 1698, en faveur de Labotte qui mourut maire de Dijon.

Enfin, pour ne rien laisser envier au Bureau des finances, en sa qualité de Cour souveraine, un édit du mois de juillet 1702 le gratifia comme les autres cours d'un office de chevalier d'honneur. Guillaume-François de Mucie en porta le premier la charge.

Dans l'intervalle, l'édit de mai 1635 avait institué un avocat, un procureur du Roi, dont les premiers titulaires furent Charles de Blanot et Prudent Boisselier.

Quand, après le meurtre des Guise, le duc de Mayenne s'empara de Dijon et y proclama la Ligue, le président Fremyot installa à Flavigny la portion du Parlement demeurée fidèle à Henri III, et sur son initiative, un édit du 24 mars 1589 y transféra le Bureau des finances (1). Les trésoriers Pierre Robert et Claude de Bury s'attachèrent à la fortune d'Henri IV. Ce dernier mourut de blessures reçues au siège de Paris. Après la reddition de Dijon, en mai 1595, le Bureau des finances rentra dans cette ville avec le Parlement (2). Il n'y fit du reste qu'un bien court séjour. En 1599, vraisemblablement sur les suggestions du président Jeannin, alors tout puissant en Cour, une ordonnance motivée sur les dangers que pouvaient faire courir à la bonne gestion des finances, le voisinage de la frontière et le péril des chemins pour les comptables obligés de se rendre aux appels des trésoriers de France, transféra le Bureau à Autun, où du reste il ne séjourna pas longtemps. Car en 1602, après la réunion du pays de Bresse à la généralité de Dijon, un arrêt du Conseil mit fin à cette anomalie contre laquelle protestait la Province tout entière. Le Bureau des finances revint cette fois définitivement reprendre possession de son logis, appelé le Trésor, situé comme nous l'avons dit près de la Chambre des Comptes, et qui jusqu'à ces dernières années donna son nom à la rue qui y conduisait.

En multipliant les offices des trésoriers de France, le pouvoir royal, pour justifier en quelque sorte cette création, s'ingéniait à donner aux Bureaux des finances des attributions nouvelles, toujours aux dépens de celles des anciennes institutions.

Quand en 1599, Sully fut nommé grand voyer de France, il prit les trésoriers de France pour ses lieutenants dans les généralités et leur confia la police et la juridiction des routes jusqu'alors entre les mains des prévôts et des baillis.

La compétence du Bureau des finances en matière de voirie fut encore confirmée par l'édit du mois d'août 1621, qui lui confia l'intendance, le pouvoir et la faculté de disposer seul des deniers pour la réparation des grands chemins.

(1) 2082, f. 258.
(2) Ordonnance du 9 juin 1595, C. 2082, f. 265.

Celui de février 1626 attribuait au président du Bureau, le titre de grand voyer de la généralité et, comme conséquences, celui du mois d'avril 1627 lui donnait la connaissance et la juridiction de toutes causes concernant la voirie.

Le Roi accrut encore les attributions du Bureau des finances, au point de vue des intérêts du Domaine, de la réception des actes de foi et hommages des fiefs relevant du Roi en partage avec la Chambre des Comptes, dont cette présentation avait été jusque-là l'apanage exclusif, mais qui conserva le dépôt des aveux et dénombrements.

Il y joignit aussi la connaissance des causes du Domaine qu'il enleva aux baillis et aux sénéchaux ; avec pouvoir de juger en dernier ressort des causes de 250 livres ou 10 livres de revenu et par provision, jusqu'au double de ces sommes. Cependant, comme ces matières étaient sujettes à appel au Parlement, le Bureau des finances de Dijon, crainte que ces appels ne portassent atteinte à ses prérogatives de Cour souveraine, préféra n'y pas donner suite. Il lui fallut attendre jusqu'à l'année 1703, époque à laquelle la création, à son profit, de la Chambre du Domaine lui donna cette fois, d'une manière définitive, la juridiction contentieuse sur le Domaine et la Féodalité.

Enfin quand, par l'édit de mai 1635, le Roi désunit du corps du Bureau des finances les quatre offices de président, créés en 1627, pour en former quatre offices nouveaux de conseillers, intendants généraux et présidents, il maintint les Bureaux dans toutes les prérogatives dont ils jouissaient déjà, tant en matière de finances que de domaine, de grande et petite voirie, de police des gens de guerre, etc. Il réserva au grand Conseil la connaissance de tous leurs différends avec les autres cours souveraines (1).

Mais en même temps que par cette création le Roi s'efforçait de plier les trésoriers à la stricte exécution de ses volontés en leur imposant des chefs (2), il introduisait dans chaque généralité, cette fois définitivement, et non plus à titre d'office, un autre fonctionnaire, l'Intendant de justice, police et finances, commissaire délégué du Conseil d'Etat, et dont la mission était de briser toutes les résistances de quelque part qu'elles surgissent (3).

L'Intendant se fit la part du lion dans les attributions du Bureau des finances. Il eut la haute main sur toute l'administration financière et domaniale, les francs-fiefs, les tailles, les aides, la voirie, le service militaire. — Seulement, comme jusqu'à la fin du xviie siècle, c'est-à-dire jusqu'à ce que la tutelle des communautés lui fût définitivement acquise, il était toujours censé accomplir une mission temporaire, ses jugements et les autres actes de son administration furent conservés dans les archives des Bureaux des finances.

Sans parler de ses conflits incessants, avec le Parlement et la Chambre des Comptes toujours disposés à revendiquer les droits dont on les avait dépouillés, le Bureau des finances qui, de concert avec l'Intendant, était dans les pays d'élection maître absolu en matière d'impôt ou de voirie, trouvait son action amoindrie, sinon paralysée, quand il se trouvait en face des États de Bourgogne, en possession de temps immémorial de discuter l'impôt avec le Souverain, de le répartir, de le percevoir et d'en verser le montant dans ses coffres. Quand à la séance d'ouverture des États, l'un des trésoriers de France qui siégeaient sur l'estrade aux côtés du gouverneur, avait présenté les lettres de commission pour la levée des subsides, son rôle s'arrêtait là.

Il en fut bientôt de même pour ce qui concernait la voirie, les États de la Province ayant offert au roi de se charger de ce soin. Un arrêt du Conseil de l'an 1651 mit alors à leur charge l'entretien et la création des grands chemins. Le Bureau des finances fut dispensé d'assister aux délivrances, en attendant, ce qui

---

(1) Isambert xvi, 442.
(2) Préliminaires de l'édit.
(3) Isambert en intitulant l'édit de mai 1635, édit de création des intendants, a commis une grave erreur. Les intendants des provinces, presque tous maîtres des requêtes au Conseil d'Etat, agissaient en vertu de commissions émanées de ce Conseil, tandis que l'édit en question concernait uniquement les quatre intendants généraux des finances créés à *titre d'office* dans chacun des Bureaux des finances.

en était le corollaire inévitable, d'être aussi dépossédé de la juridiction (arrêts du Conseil du 22 mai 1708 et 28 juillet 1722). Par une de ces bizarreries si communes sous l'ancien régime, cette dernière concession fut toujours considérée comme une faveur temporaire, qu'on renouvelait ainsi à chaque triennalité en la développant sans cesse jusqu'à y comprendre les canaux et la petite vicinalité, jusqu'en 1785, époque à laquelle elle devint définitive.

Du reste, les trésoriers avaient si peu fait pour le service des ponts et chaussées que, quand ils en furent déchargés au profit des élus, tout était à créer (1).

Par forme de compensation, le roi Louis XV, par une déclaration du mois d'octobre 1748, réunit au corps du Bureau l'office d'élu du Roi racheté au prix de 110,000 livres par la Province, pour être exercé à chaque triennalité par le plus ancien trésorier à titre de commissaire du Roi (2). Chose singulière, au moment où cette faveur lui était accordée, le Bureau des finances, cette fois d'accord avec les autres Cours souveraines, prenait la résolution, au risque d'encourir l'indignation royale, de refuser le titre de Monseigneur au comte de Saulx-Tavanes, lieutenant général en Bourgogne, délégué par la Cour pour présider l'assemblée des États (3). Il ne cacha pas non plus ses sympathies pour l'ancien Parlement, lors de son remplacement par celui du chancelier Maupeou. Trois de ses membres l'avaient quitté pour entrer dans la nouvelle Cour. Le Parlement ancien rétabli, le Bureau informé que ces mêmes personnages se disposaient à reprendre leurs fonctions de trésoriers, prescrivit à celui qui présiderait la Chambre de lever la séance s'ils osaient s'y présenter (4).

Treize ans plus tard, le 8 mai 1788, le roi Louis XVI mandant le Parlement de Paris en lit de justice, à Versailles, lui notifiait divers édits pour la réformation de la justice du Royaume. Un de ces édits comprenait les Bureaux des finances et Chambres du Domaine parmi les tribunaux d'exception qu'on se proposait de supprimer. Ces édits, comme tant d'autres rendus à la même époque, restèrent sans effet. Le Bureau des finances ne disparut qu'avec les autres Cours souveraines.

Le dernier acte de sa vie politique fut la délibération qu'il prit le 5 janvier 1789, au moment où les États généraux allaient être convoqués. Il votait une adresse au Roi, par laquelle en exprimant un vœu pour la conservation des distinctions honorifiques accordées à la naissance et aux services, il demandait l'accord et la réunion de toutes les classes dans l'intérêt général, et offrait pour sa part de contribuer dans la même proportion que les trois ordres du Royaume aux contributions votées par les États généraux (5).

L'ensemble des archives du Bureau des finances, sans y comprendre ce qui appartient à l'Intendance, comporte 864 articles (C. 2071 à 2847), dont les dates extrêmes sont 1473-1790 : ils comprennent en tout 19,288 papiers ou parchemins, 447 registres et 187 plans.

Le premier chapitre contient 10 articles (C. 2071-2081, (1551 à 1788). Il concerne le personnel du Bureau ; les privilèges dont jouissaient ses officiers, en leur double qualité de commensaux du Roi et de membres d'une Cour souveraine ; les règlements qui les régissaient, les registres du service et ceux des délibérations, dont malheureusement le dernier seul a survécu (1705-1791). Outre les renseignements précieux qu'il donne sur la constitution de ce tribunal, sur ses attributions, sa juridiction toujours entravée par le Parlement ou la Chambre des Comptes, il renferme des détails piquants sur ses relations avec cette dernière, avec laquelle il faisait corps et qui pourtant, soit dans les réceptions, soit dans les conférences ou les cérémonies publiques, ne laissait jamais échapper, comme on l'a déjà fait remarquer, l'occasion de lui susciter des tracasseries et nonobstant les arrêts formels du Conseil du Roi, prétendait toujours le tenir sous sa dépendance.

En sa qualité de Cour souveraine, en matière financière et domaniale, le Bureau des finances avait, comme

(1) Rapport annuel sur les archives, année 1878.
(2) Arch. des États, C. 3059.
(3) C. 2075, f. 241, v°.
(4) 1775, C. 2075, f. 305.
(5) C. 2075, f. 327.

le Parlement et la Chambre des Comptes, le droit d'enregistrer les édits, lettres patentes et déclarations, les lettres de provisions, les arrêts du Conseil et tous les actes émanés du pouvoir royal. Cette formalité était essentielle pour les rendre exécutoires dans le ressort de sa juridiction. Les registres d'enregistrement constituent donc le chapitre 2 de l'inventaire comprenant 156 articles, qui sont autant de volumes séparés (C. 2082-2136, (1577 à 1583).

Cette collection est infiniment précieuse, en ce qu'elle renferme une suite non interrompue de matériaux curieux pour l'histoire financière du pays, la théorie des anciens impôts et aussi pour l'histoire des familles ; puisqu'on y trouve les lettres de provisions accordées à tous les officiers royaux sans exception, depuis le gouverneur de la province jusqu'aux regratiers des greniers à sel. La coutume prise par les trésoriers dès les premiers temps, d'y transcrire à leur date les avis qui leur étaient demandés par le Conseil du Roi en maintes circonstances, et leurs décisions en ce qui concernait l'administration du Domaine ajoute encore à l'intérêt de ces registres. Sous ce dernier rapport, ils renferment sur le Logis du Roi, le Palais de Justice, le château de Dijon et les édifices royaux de la province, des documents très curieux, dont l'histoire et l'archéologie ont déjà tiré grand profit pour les monographies de plusieurs de ces établissements (1).

Parmi les obligations du service imposé aux trésoriers de France, figurait en première ligne, celle de parcourir périodiquement leur généralité, à l'effet de renouveler les baux de la ferme, de s'assurer de la perception de l'impôt, de recueillir les doléances du peuple, de visiter en personne les châtellenies royales et leurs dépendances; en constater la situation, en ordonner les réparations, etc. Ils dressaient du tout un rapport qu'on appelait procès-verbal de chevauchée, et dont un double était envoyé au Conseil du Roi. Les 27 qui nous restent et qui sont les plus anciens, forment le 3ᵉ chapitre de l'inventaire (2137-2164), (1559-1597), et n'en sont pas la portion la moins intéressante. Ainsi, sans parler de ce que les trésoriers rapportent des ruines causées par l'invasion des reîtres de Casimir, duc des Deux-Ponts en 1576, des dévastations commises par l'armée française lors de la conquête de la Bresse en 1595, non plus que des documents sur les édifices ou résidences royales, qui complètent ceux contenus dans le chapitre précédent, ces rapports renferment parfois des détails de mœurs toujours empruntés à la vie des trésoriers, lesquels, obligés de rendre compte de l'emploi de leur temps, sont bien forcés de se mettre en évidence, alors même qu'ils ne jouent pas le beau rôle. Tantôt donc, le trésorier Peyrat dont le catholicisme était devenu suspect aux Dijonnais, est obligé de solliciter un ordre exprès du roi Charles IX pour résider dans cette ville. En 1563, le débordement de la Saône, l'impétuosité du vent et les incursions des Huguenots, empêchent le trésorier Soyrot de se rendre à Cuisery. Maillard interrompt sa chevauchée en 1572, pour courir à Paris solliciter un ordre qui défende à son collègue Chabut de le contrecarrer dans ses opérations, au lieu de demeurer à Dijon ainsi que l'avait décidé le Bureau. Ce dernier, qui était d'ancienne création et d'humeur difficile, traversant Auxerre en 1580, veut s'assurer de son autorité privée, si le bail des aides passé par ses collègues est avantageux au Roi, il mande les officiers du bailliage qui, mécontents de cette prétention mal fondée, excitent une telle rumeur dans la ville, que Chabut craignant pour sa vie est obligé de fuir au plus vite.—Maillard consigne dans son procès-verbal comment en 1588 sortant d'Avallon, il fut, ainsi que son greffier et un domestique, détroussé sur la grande route par trois brigands armés et montés qui lui prirent son argent et « une monstre d'horloge valant bien 30 écus ». D'un autre côté, le président Le Compasseur, chargé d'une mission en Bresse, montre le connétable de Montmorency, lors de l'assaut de Montluel, arrachant les habitants des mains de ses soldats et payant leur rançon de ses propres deniers. On voit le même président courir à Rouen où le Roi et le maréchal tiennent l'assemblée des Notables et ne les quitter qu'après en avoir obtenu une ordonnance des plus sévères, pour mettre fin aux exactions des gens de guerre.

(1) Restauration du château de Dijon, par M. Ch. Suisse, architecte. Paris, 1876, Morel et Cⁱᵉ, 1 vol. in-fᵒ, avec planches.
(2) Restauration et agrandissement du Palais de Justice de Dijon, par Félix Vionnois, architecte du département de la Côte-d'Or. Paris, 1878, Lévy, libraire-éditeur, 1 vol. in-fᵒ, avec planches.

INTRODUCTION.

Le chapitre IV intitulé *Juridiction de la chambre du Domaine*, contient 24 articles (C. 2165-2189), (1577-1790). Il comporte : 1° les registres des audiences de cette Chambre qui fut définitivement organisée en 1703 ; 2° les procès par écrit ; 3° les instructions, les procès-verbaux et les jugements préparatoires ; 4° les jugements et ordonnances sur requête ; 5° le registre du greffe. Beaucoup de pièces sur ce chapitre peuvent encore être utilement invoquées dans l'intérêt de la propriété.

Le chapitre V est consacré aux receveurs généraux des finances, aux contrôleurs des finances et du Domaine, aux receveurs particuliers et au solliciteur des causes du Roi. Ces deux articles (C. 2190-2191), 1473 à 1785) renferment les provisions et réceptions de ces divers offices, les mandements qui leur sont adressés par le Roi, tant pour le recouvrement des finances que pour le paiement des dons en argent faits à plusieurs personnages.

Enfin le chapitre V renferme dans les 64 articles rédigés (C. 2192-2256), (1505 à 1751) : 1° les états arrêtés en conseil du Roi, pour la recette et la dépense de la recette générale de Bourgogne, des recettes des bailliages et de celles des châtellenies et prévôtés royales, — ce sont les origines de nos budgets modernes ; 2° les états généraux dressés en conséquence par les trésoriers de France et envoyés aux comptables pour leur servir de règle ; 3° les états au vrai produits par ces derniers pour justifier de leurs opérations avant la soumission de leurs comptes à la Chambre des Comptes, qui les apurait et les recevait en dernier ressort.

Cette collection est infiniment précieuse, en ce qu'elle complète la série des comptes de ces mêmes receveurs, qui figurent au chapitre VII de l'inventaire de la Chambre des Comptes.

La première pièce du chapitre VII, *Impositions*, — 8 articles, — (C. 2319-2326), (1552-1789), est relative à l'établissement de la Traite foraine en Bourgogne et à la création des Bureaux de perception aux débouchés des grandes routes qui desservaient la Province. Puis viennent les commissions royales données aux trésoriers de France pour la levée des impôts extraordinaires que le Roi, en vertu de sa toute-puissance, levait en Bourgogne, en dehors des tailles, taillon et autres contributions, dont la quotité devait aux termes des franchises de la Province être débattue par les États et répartie par eux ; tandis qu'en Bresse, pays d'élection, le même chapitre nous montre les officiers du Bureau des finances répartissant et percevant directement par les agents placés sous leurs ordres, les impôts ordinaires et extraordinaires, suivant les états arrêtés au Conseil du Roi.

Chapitre VIII. — *Rentes constituées sur le Trésor et le Domaine*. — 9 articles (C. 2327-2335), (1557-1766). C'est encore au Bureau des finances, qu'était confiée la direction du service des rentes volontaires ou par emprunt forcé, constituées sur l'épargne, les aides ou divers revenus du Domaine, au profit des citoyens aisés et des communes. Les actes en sont tous passés par devant notaires. Le dépouillement de ces contrats a montré qu'en cas d'insuffisance de souscripteurs pour couvrir la quotité des sommes affectées à la Province, les commissaires du Roi, usant de leur pouvoir discrétionnaire, groupaient ensemble plusieurs habitants non-seulement d'une même localité, mais d'une même circonscription et leur imposaient telle somme de rente à leur volonté, sauf à ces derniers à s'en partager les arrérages au prorata de leur apport. C'était une manière de battre monnaie dont les Valois usèrent volontiers jusqu'à Henri IV. Seulement à en juger par les *états au vrai* de nos receveurs, rien n'était plus incertain que le service de ces rentes, car souvent de longues années s'écoulaient avant que les malheureux rentiers en touchassent les arrérages.

Chapitre IX. — *Régie et administration du Domaine*. — 62 articles (C. 2336-2397), (1720-1790). Il comprend avec l'organisation de la régie, instituée de 1775 à 1777 pour suppléer au Bureau des finances, les registres d'ensaisinement des actes intéressant les biens nobles et ceux qui étaient de la mouvance du Roi. Ces registres qui les uns embrassent toute la généralité, les autres simplement la circonscription d'un Bureau, sont d'autant plus précieux pour l'histoire locale et celle des familles, que les originaux des actes qui ont été transcrits ou analysés, ont disparu par suite de l'obligation imposée par les lois de la révolution aux notaires, d'avoir à les distraire de leurs minutes pour être anéantis. — Puis viennent les contrôles des exploits de justice et les registres d'affirmations de voyage, moyen de contrôle imaginé par le gouvernement, pour mettre fin aux abus que les officiers municipaux se permettaient à l'endroit de voyages ou de démarches soi-disant nécessaires pour la défense des intérêts, dont ils étaient chargés.

Sous le titre de *Domaine du Roi*, le chapitre X, dont les 304 premiers articles (2398 à 2701), (1023-1182-1187 par copie à 1790) ont été analysés, renferme tous les documents relatifs à la régie et à l'administration du Domaine, depuis le moment où elles passèrent de la Chambre des Comptes au Bureau des finances jusqu'au moment (1775) où, par suite de la création d'une administration spéciale, ce dernier en demeura déchargé.

Cette collection forme un contraste frappant avec celle de même origine conservée dans le fonds de la Chambre des Comptes (B 460-1383). Ainsi tandis que celle-ci, presque uniquement composée de chartes d'acquisition ou d'échange, atteste l'idée persévérante des anciens ducs de Bourgogne de créer une puissance territoriale qui leur permît de dominer le clergé et la noblesse ; celle du Bureau des Finances n'offre en dehors de ce qui concerne les palais et les édifices urbains, qu'une répétition par chacune des châtellenies, de baux à longs termes, d'aliénation avec faculté de rachat, de revente, d'aliénations définitives, d'accensements, bref, d'actes qui montrent le gouvernement royal aussi désireux de se débarrasser de la plus grande partie de ces propriétés, que les ducs s'étaient montrés empressés de les acquérir. C'est que toutes ces châtellenies (et les comptes le démontrent) étaient devenues plus à charge qu'à profit pour le Trésor. — Si parcimonieux que se montrassent les trésoriers, à l'endroit des réparations des châteaux et de leurs dépendances, leur entretien surtout comme forteresses, absorbait des sommes considérables.

Sans parler des châteaux de Dijon, d'Avallon, de Beaune, d'Auxonne, de Semur, de Chalon, de Châtillon, de Saint-Jean-de-Losne, qui faisaient partie de l'enceinte de ces villes et dont la politique et les nécessités de la défense du pays exigeaient la conservation, il y avait encore ceux de Talant, d'Argilly, de Rouvres, de Vergy, de Saulx-le-Duc, de Montbard, de Verdun, etc., tous célèbres dans les annales de la Ligue en Bourgogne, ou par les excès de leur garnison, ou par les sièges qu'ils soutinrent. Aussi la tranquillité rétablie, le Roi, d'accord avec les États du Duché, s'empresse-t-il de les faire démanteler, en attendant une destruction plus complète.

Les aliénations du Domaine, rares sous François Ier, se multiplient avec ses successeurs. Sully, sur les dernières années du règne de Henri IV, essaye en vain de réagir contre cette tendance. Les châtellenies rachetées sont encore revendues à des prix plus avantageux, et comme en définitive les droits d'ensaisinement, de lods et ventes, etc., qui se percevaient à chaque mutation étaient pour le fisc une source abondante de revenus, on démembra peu à peu tous ces vastes domaines, dont la plupart n'avaient plus de raison d'être, depuis que les châteaux qui les commandaient avaient disparu, et on en constitua de nouveaux fiefs que se disputèrent les gens de robe et les bourgeois enrichis, tous empressés à dissimuler leur nom roturier sous une qualification seigneuriale quelconque.

Il en fut de même des redevances dues par les communautés et les droits de justice. Quant aux terrains vagues, aux buissons et broussailles nés à l'abri des grandes forêts, le Domaine les bailla à cens emphytéotique, au grand avantage de l'agriculture, et s'ingénia autant qu'il le put à substituer l'action des tiers à sa gestion directe.

En résumé, bien que formé de documents dont les originaux ne dépassent guère le seizième siècle, ce chapitre renferme encore des matériaux précieux pour la monographie des châteaux, des résidences royales, l'histoire locale et celle des familles.

On y trouve même çà et là plus d'un épisode curieux sur les guerres de religion, les coutumes locales et les rapports de l'administration financière avec les engagistes, surtout quand le fisc avait, ou croyait avoir sujet d'intervenir. Le comte de Drée, par exemple, en fit la rude expérience.

En 1752, comme ce seigneur qui avait acquis par engagement la châtellenie royale de Château neuf-en-

Mâconnais, faisait réparer un petit château bâti sous les ruines de l'ancien donjon, les ouvriers découvrirent dans une cachette, des plats, des soucoupes, des vases en argent, une médaille en or d'un grand module et un coffret en bois qui laissa échapper une grande quantité de pièces d'or, reconnues plus tard appartenir aux quatorzième et quinzième siècles. Le bruit de cette trouvaille étant parvenu aux oreilles du subdélégué de l'intendant à Mâcon, il s'empressa d'en informer son supérieur qui en donna avis à M. de Machault, garde des Sceaux. Celui-ci prescrivit aussitôt une enquête avec l'injonction à M. de Drée de faire porter le trésor à la Monnaie. Le subdélégué se transporta à Châteauneuf, commença son information, vit M. de Drée qui lui montra la vaisselle, n'accusa la découverte que de quatre cents pièces et déclara que cette découverte avait été faite non sur le Domaine du Roi, mais sur une propriété bâtie par les Damas ou les Madeleine Ragny, ses aïeux maternels. Le subdélégué auquel on avait raconté que M. de Drée, au moment de la découverte, avait fait apporter des nappes et des serviettes pour emporter sa trouvaille, insinua que ce seigneur devait avoir célé la vérité. De là, nouveau rapport de l'intendant au ministre. Ce dernier ordonne une nouvelle enquête suivie d'un arrêt du Conseil du Roi par lequel, tout en reconnaissant que le comte de Drée avait satisfait à la loi en portant à la Monnaie les espèces déclarées par lui, enjoignait au Bureau des finances de se transporter sur le lieu précis de la découverte, de rechercher son origine et de constater les dégradations commises par l'engagiste dans la terre de Châteauneuf, afin de faire remettre toutes choses dans leur premier état.

Descente sur les lieux d'un délégué du Bureau (c'était La Poix de Fréminville, feudiste célèbre), qui à vue des titres, opère le placement des fonds, reconnaît au petit château une origine domaniale et en dresse un plan. Renvoi du tout au Conseil. Sur les entrefaites, deux ecclésiastiques, jusque-là censitaires du comte de Drée, vraisemblablement à l'instigation des agents du fisc, refusent d'acquitter leurs redevances, sous prétexte que les fonds dont elles dépendent ont été usurpés par lui sur le Roi. Procès à Mâcon, aussitôt évoqué au Conseil, nonobstant l'intervention du Parlement qui en réclame la connaissance. Quelle fut l'issue de ce débat, le dossier ne le dit point, seulement une demande d'échange de la terre de Châteauneuf, formée à quelques années de là par le comte de Drée, semblerait indiquer que les ennuis suscités par le fisc, lui en avaient rendu le séjour impossible.

Le § des Bois et Forêts — 11 articles — 1543-1780 — est une réunion de pièces des plus intéressantes pour l'histoire du régime forestier en Bourgogne. — On y remarque le prix des coupes des bois à différentes époques, les droits d'usage dont les forêts étaient grevées, les défrichements autorisés par l'État, les « réformations » prescrites à plusieurs reprises et l'origine de la plupart des mesures édictées par le gouvernement, pour la conservation de cette partie de la richesse nationale, et dont la célèbre ordonnance de 1669 fut la consécration.

CHAPITRE XI. — *Anoblissements, Naturalisations.* — 1 article. — (C. 2713), (1397-1769).

CHAPITRE XII. — *Confiscations, Commises, Mainmises, Aubains, Bâtards, Gens de mainmorte, Successions en déshérences.* — 1 article. — (C. 2714), (1559-1783).

CHAPITRE XIII. — *Foires et Marchés.* — 1 article. — (C. 2715), (1426-1719).

CHAPITRE XIV. — *Péages, Reves, Hauts-Passages, Traverse, Traite foraine.* — 2 articles. — (C. 2716-2717), (1197-1786).

CHAPITRE XV. — *Canal de Bourgogne.* — 1 article. — (C. 2718), (1777-1783). Il comprend les arrêts du Conseil d'Etat, qui approuve les impositions levées par les Etats de la Province pour l'ouverture du canal de Bourgogne, la cession gratuite des terrains du Domaine rencontrés par le tracé et l'érection en fiefs de trois canaux de la Province, au profit des Etats du pays.

CHAPITRE XVI. — *Affaires relatives au Clergé séculier, au Clergé régulier et aux Hôpitaux.* — 2 articles, — (C. 2719-2720), (1215-1787).

CHAPITRE XVII. — *Féodalité.* — 65 articles. — (C. 2721-2785), (1233-1789).

Dans le principe, la Chambre des Comptes était seule investie de tout ce qui concernait les devoirs de fief exigés des vassaux par le souverain (duc de Bourgogne ou roi de France), dont elle était le représentant. Mais à partir de la fin du xvie siècle, alors que la régie du Domaine royal fut attribuée aux nouveaux Bureaux des finances, celui de la généralité de Dijon laissa à la Chambre des Comptes l'honneur de recevoir les fois et hommages, et de statuer sur les dénombrements. D'après la coutume de Bourgogne, tout héritier ou acquéreur d'un fief devait en faire hommage au suzerain, à sa personne ou à celle de ses officiers dans le délai d'un an et d'un jour, sous peine de saisie, et produire, sous la même peine, dans les quarante jours qui suivaient l'hommage, un dénombrement, c'est-à-dire la déclaration des biens et droits de la seigneurie. Le Bureau des Finances devait donc, pour pouvoir exercer son droit, avoir communication des requêtes en reprise de fief, des dénombrements qui étaient de plus soumis à son *blâme*, des érections de seigneuries en dignités, des inféodations, etc. ; d'où la nécessité d'avoir un sommier particulier pour chacune de ces seigneuries qu'on appelait *fiefs de danger*, parce qu'ils étaient passibles de confiscation, en cas de devoirs féodaux non remplis.

Cette collection forme donc un complément des documents conservés dans le fonds de la Chambre des Comptes, et très important à consulter, aussi bien dans l'intérêt de la propriété que pour l'histoire des localités et des familles.

CHAPITRE XVIII. — *Francs Fiefs, Amortissements, Nouveaux Acquêts*. 30 articles. — (C. 2786-2815), (1561-1790.)

On appelait ainsi les fiefs tenus, à titre précaire, par des hommes de franche condition, autres que des nobles et dont, par privilège spécial, les habitants des villes de Dijon, Autun, Beaune, Chalon, etc., furent déclarés exempts. — Par amortissement, on entendait le droit imposé aux établissements religieux ou charitables pour pouvoir posséder de nouvelles terres, et par nouveaux acquêts, celui dont les communes et les particuliers étaient passibles dans ce même cas. Les uns et les autres demeuraient soumis à un contrôle sévère dans l'intérêt du fisc qui, de temps à autre, en prescrivait le relevé exact et taxait leurs possesseurs quand ils étaient non nobles. Disons en passant que, sous ce dernier rapport, plusieurs de ces registres contiennent des révélations piquantes. C'est à cette même catégorie de documents qu'appartiennent les déclarations de biens fournis, en 1634, par les communes de Bourgogne et Bresse, pièces bien souvent invoquées et bien souvent produites pour la défense de leurs intérêts menacés.

Le CHAPITRE XIX, *Affaires des Communes*, — 31 articles, — (C. 2816-2847). 1218-1789, est formé : 1° de toutes les pièces isolées (originales et copies) produites au Bureau des finances par les communautés, dans l'intérêt de la défense de leurs biens, de leurs droits ou de l'administration intérieure ; 2° de la suite donnée à l'affaire par ce dernier. Ces pièces, réunies en dossiers, sont classées par ordre alphabétique de noms de localités. On remarque parmi elles : la réunion des fortifications des villes d'Arnay, d'Auxerre, d'Avallon, de Beaune, de Bourg, de Chalon, de Nuits, de Saint-Jean-de-Losne, de Saulieu et de Seurre au Domaine de la Couronne, les aliénations ou concessions qui suivirent, — le dessèchement des marais d'Arc-sur-Tille et de Bressey, — un plan ou « thibériade » dressé à cet effet, en 1610, par Edouard Bredin, l'auteur du « vrai portrait » de la ville de Dijon, gravé dans la cosmographie de Munster, — les constructions ou réparations faites aux édifices de ces villes, à leurs fortifications, les privilèges pour l'usage du sel en faveur de plusieurs localités voisines de la Franche-Comté, les bornages des bois et terrains de plusieurs communes, — la vente des coupes de bois, les concessions ou prolongations d'octrois, etc., toutes matières sur lesquelles le Bureau avait à statuer ou à donner son avis.

CHAPITRE XX et dernier. — *Papiers provenant de l'intendance de Bourgogne*.

Cette portion des Archives du Bureau, ayant été passée en revue dans l'introduction placée en tête de l'inventaire du fond de l'intendance, nous n'y reviendrons donc point.

Département de la Côte-d'Or.

INVENTAIRE-SOMMAIRE

DES

ARCHIVES DÉPARTEMENTALES ANTÉRIEURES A 1790.

SÉRIE C.

(Administration provinciale, — Intendances, — Subdélégations, — Élections, — Bureaux des finances, — États provinciaux, — Régences.)

§ 2
BUREAU DES FINANCES
TRÉSORIERS DE FRANCE
Chambre et Administration du Domaine.

C. 2071. (Liasse.) — 1 pièce, parchemin; 68 pièces, papier.

1551-1788. — Personnel. — Privilèges. — Commissions. — Gages. — Greffes. — Bâtiments. — « Genuit » des charges du Bureau des finances de Dijon. Tableau synoptique des officiers du Bureau de tout rang, avec la date de création de l'office (1773). — Lettres de dispense pour cause de maladie, accordées par le roi Henri IV à M. Des Marquets, trésorier de France à Dijon (1600). — Lettres de provisions de J. Jacquot, trésorier de France (1578). — Lettres de translation du Bureau des finances de Dijon à Flavigny (1589). — Autres pour sa réintégration de Semur à Dijon (1602). — Injonction du roi Henri III aux officiers de la Chambre des comptes de Dijon de lever tous empêchements à l'installation du Bureau dans une maison contiguë à leurs bâtiments (1578-1579). — Lettres de validation de l'achat de l'office de premier greffier, fait par M. de Frasans (1582). — Édit de suppression de la Cour souveraine de Bourg et réunion du ressort au Parlement, Chambre des comptes et Bureau des finances de Dijon (1661). — Requêtes, mémoires des officiers du Bureau dans une instance au conseil avec la Chambre des comptes, pour règlement d'attributions (1655-1694). — Arrêt du Conseil d'État qui décharge le Bureau des finances de l'assignation qui lui avait été donnée devant le Parlement à la requête d'un sieur Mathieu, qui avait été pourvu d'un office de greffier, et que le Bureau avait refusé de recevoir à cause de ses vie et mœurs (1715). — Arrêt du Conseil d'État, qui, contrairement aux prétentions de la Chambre des comptes, ordonne que Philibert Verchère, pourvu de la charge de premier président du Bureau des finances, sera examiné sur la loi non en capot, mais en robe et bonnet d'avocat (1711). — Édit de création de trésoriers de France, conservateurs des gages intermédiaires (1706). — Tableau des gages des officiers du Bureau. — Mémoire du Bureau contre l'administration des Élus de la province, qui déclinait sa juridiction en matière de voirie. — Protestation des officiers du Bureau des finances contre l'enregistrement forcé de l'édit du Roi, portant suppression des tribunaux d'exception.

C. 2072. (Registre.) — In-folio, 90 feuillets, papier.

1719. — Règlements pour MM. les Trésoriers de France à Dijon, renouvelé de ceux de 1623, 1662 et 1676, et concernant le serment de réception, le secret des délibérations, les commissions, les messes, le service, l'ordre des affaires présentées, les ordonnances, la forme des délibérations, la vérification des « États au vray, » les chevauchées, la discipline, les fonctions des directeurs et des syndics, des commissaires de semaines et autres, les aumônes, processions, députations, les entrées, gages, épices, etc.

C. 2073. (Registre.) — In-folio, 21 feuillets, papier.

1646-1676. — Règlements pour MM. les gens du Roi du Bureau des finances de Dijon, arrêtés par les officiers du Bureau. Ils comprennent les entrées au Bureau, leur part aux épices, à la connaissance de certaines affaires, des scellés apposés au domicile des comptables.

C. 2074. (Registre.) — In-folio, 20 feuillets, papier.

1704. — Règlement pour l'ordre judiciaire des causes et procès qui seront jugés en la Chambre du Domaine établie au Bureau des finances de la généralité de Dijon.

C. 2075. (Registre.) — In-folio, 441 feuillets, papier.

1705-1791. — Registre des délibérations, règlements et autres affaires secrètes de la compagnie de MM. les trésoriers de France. Fol. 2. Quittance de finance de 90,000 livres pour l'acquisition de la juridiction du Domaine (1705). — Fol. 7. Pouvoir donné à deux trésoriers de passer marché de l'office de premier président du Bureau avec M. de Comeau (1706). — Fol. 14. Contrat de cette vente faite moyennant la somme de 72,000 livres (1706). — Fol. 24. Députation envoyée pour complimenter la princesse de Condé et M. le duc de Bourbon, au sujet de la mort de M. le prince (1709). — Fol. 28. Protestation contre les officiers du bailliage, qui dans un acte public avaient dénié à un officier du Bureau, la qualité de messire (1710). — Fol. 36. Délibération portant qu'on sollicitera de la Cour la permission d'avoir des robes de deuil, pour assister aux cérémonies et services funèbres (1710). — Fol. 41. Règlement pour le service des huissiers du Bureau (1711). — Fol. 43. Commission nommée pour faire dresser un devis des travaux d'appropriation au service du Bureau, du bâtiment acquis des officiers du bailliage (1711). — Fol. 46. Rapport de la réception faite à la Chambre des comptes, de M. Gravier de Saint-Vincent, comme trésorier de France, avec mémoire des tracasseries suscitées par certains officiers de cette Chambre, pour l'empêcher d'être reçu comme gradué et suivant la loi (1712). — Fol. 49. Constatation de l'état de ruine du bâtiment acquis du Présidial, et discussion avec la Chambre des comptes pour les limites de la propriété (1712). — Fol. 53. Invitation au sieur Boulanger pourvu d'un office de trésorier, de requérir la Chambre des comptes de le recevoir sur la loi, tant du digeste que du code, avec promesse en cas de refus ou de renvoi, de se pourvoir au Conseil (1713). — Fol. 54. Transaction sur procès entre le Parlement et les trésoriers de France, au sujet des jugements de la Chambre du domaine (1713). — Fol. 61. Autre avec la Chambre des comptes pour les nouvelles constructions du Bureau (1713). — Fol. 70. Nomination de M. David, représentant du Bureau, à la Chambre des pauvres (1715). — Fol. 73. Délibération pour la fixation des jours de réunion de la direction des affaires économiques du Bureau (1715). — Fol. 73. Protestation de la compagnie contre la prétention de Verchère, son premier président, de porter exclusivement la parole à l'assemblée des États de la province (1715). — Fol. 77. Nomination des commissaires visiteurs des maisons royales (1716). — Fol. 82. Transaction entre le Parlement et le Bureau des finances, au sujet de la réception du greffier Mathieu, auquel le premier voulait imposer des conditions préjudiciables aux intérêts de la compagnie (1717). — Fol. 85. Règlement pour les fonctions et exercice des charges suivant les édits, arrêts et déclarations (1718). — Fol. 99. Règlement fait et arrêté au Bureau des finances en exécution de la délibération du 18 janvier 1719. (C'est le même que celui inscrit plus haut sous le n° 2072.) (1719). — Fol. 120. Emprunt de 100,000 livres du notaire Maret, pour le remboursement des créanciers hypothécaires de la compagnie (1720). — Fol. 122. Façon de cinq robes d'honneur à l'usage des trésoriers (1720). — Fol. 130. État des avances de sommes montant ensemble à 232,000 fr. faites par les trésoriers, pour le remboursement des dettes de la compagnie (1720). — Fol. 146. Rapport de la commission envoyée au receveur du grenier à sel, pour s'enquérir des motifs qui lui faisaient refuser à chacun de Messieurs le franc salé auquel ils avaient droit. — Fol. 148. La Compagnie informée que des vers outrageants pour la personne de M. Michel, trésorier, et de sa famille, avaient été écrits sur le registre du corps de garde de la porte Saint-Pierre, et qu'on les attribuait à M. Laurent, receveur des domaines et bois, exige que des poursuites en soient faites, nonobstant les offres de réparations présentées de la part de l'inculpé. Le comte de Tavannes, lieutenant-général en Bourgogne évoque l'affaire, fait emprisonner M. Laurent au château et le condamne en 200 livres d'amende envers l'hôpital et l'Aumône générale, à voir biffer ses vers en présence du sieur échevin de la ville, et à aller ensuite en compagnie d'un major faire des excuses personnelles à M. Michel et à chacun des membres de la compagnie (1722). — Fol. 150. Délibération qui condamne en 50 livres d'amende, ceux des trésoriers qui étant « de colonne, » ont manqué sans excuse légitime au *Te Deum* du mercredi 18 novembre 1722. — Fol. 156. Mémoire envoyé au Conseil au sujet du refus de la Chambre des comptes, de convier les trésoriers à l'accompagner pour la cérémonie de l'ouverture de l'Université créée à Dijon (1723). — Fol. 159. Délibération portant interdiction du greffier Mathieu pour trois mois, à raison de ses exactions (1724). — Fol. 167. Autre qui maintient la suppression des buvettes, qui se faisaient au Bureau, les jours de procession ou d'assemblée (1727). — Fol. 168. Envoi d'un commissaire à Paris à l'effet de suivre le procès engagé avec la Chambre des comptes, pour le blâme des dénombrements (1729). —

Fol. 178. Suspension de Venevaut, huissier, pour trois mois, motivée par des insolences envers MM. le jour de la procession de la sainte Hostie (1734). — Fol. 179. Délibération qui ordonne le classement et l'inventaire des papiers du Bureau (1734). — Fol. 184. Marché avec un plombier de Paris pour la couverture de la tour ou terrasse du Logis du Roi (1738). — Fol. 193. Réduction à deux des trois « colonnes » de service pour les cérémonies publiques. - Fol. 203. Arrêt du Conseil d'État qui autorise les trésoriers à emprunter la somme de 135,566 livres 10 sols pour le rachat de leur annuel (1743). — Fol. 220. Réponse du chancelier d'Aguesseau à la question posée par le Bureau : si un trésorier pouvait connaître d'une question de confiscation, étant parent du receveur général que cette confiscation intéresse (1748). — Fol. 242. Délibération par laquelle la compagnie, informée que le comte de Saulx-Tavannes, lieutenant général, devant présider les États de la province au lieu et place du prince de Condé, exigera les mêmes honneurs que le duc de Saint-Aignan, auquel les cours souveraines refusèrent la qualification de Monseigneur, décide, bien que le succès en paraisse douteux, que l'on persistera dans la même résolution et qu'on écrira à tous les bureaux des Généralités, pour les consulter sur leurs usages en pareil cas et les exciter à faire cause commune avec celui de Dijon (1758). — Fol. 242 bis. Délibération au sujet des moyens proposés pour empêcher les affaires concernant le Domaine, d'être portées ailleurs que devant la Chambre (1758). — Fol. 243. Commission déléguée pour s'occuper de l'achat de l'office d'Élu du Roi, pour le réunir au Bureau (1758). — Fol. 247. Consentement donné par le Bureau à la nomination de M. Pourcher de Musseau, trésorier à la charge d'Élu du Roi, sous la condition d'en sortir le temps expiré et suivant le règlement arrêté par le Bureau pour l'exercice de cette charge (1759). — Fol. 250. Lettres patentes du roi Louis XV qui, sur la demande des États, autorise la réunion au Bureau des finances de l'office d'Élu du Roi aux États, moyennant la finance de 110,000 livres (1758). — Fol. 261. Délibération prise sur l'invitation de l'Intendant, portant qu'à l'avenir, lors de l'arrivée du courrier de cabinet apportant les ordres pour la convocation des États, la dépêche relative au syndic des États lui sera portée tout aussitôt avec l'invitation de se rendre au Bureau et d'y apporter le catalogue des gentilshommes et des personnes qui doivent assister aux États (1760). — Fol. 265. Débats avec la Chambre des comptes qui avait souffert qu'à une conférence en l'Université, un de ses auditeurs précédât les députés du Bureau des finances. La Chambre demande qu'on porte le différend devant le prince de Condé, mais le Bureau refuse par la raison que des règlements sur la matière ont été rendus et qu'ils sont suffisants pour maintenir ses prétentions (1762).

— Fol. 280. Contestation entre le Bureau et le lieutenant général du Bailliage de Dijon qui s'était permis d'apposer les scellés au domicile d'un sieur Dumey, anglais décédé ; de se saisir du testament du défunt et de l'envoyer à un traducteur, lequel ayant refusé de le remettre au Bureau n'avait échappé à la prison que grâce à l'intervention du procureur général au Parlement (1766). — Fol. 300. Délibération par laquelle pour satisfaire à l'édit de février 1771, le Bureau déclare être composé de 25 présidents et trésoriers de France, d'un chevalier d'honneur, d'un avocat du Roi, d'un procureur du Roi, de trois greffiers et de quatre huissiers (1771). — Fol. 303. Le Bureau informé que les trois trésoriers de France passés au Parlement, se proposaient de rentrer à la compagnie pour y reprendre leurs fonctions, délibère que s'ils se présentent, celui qui présidera la Chambre lèvera immédiatement la séance (1775). — Fol. 313. Présentation de M. Garnier de Terreneuve pour remplir la charge d'Élu du Roi (1780). — Fol. 319. Autre semblable de M. Maulbon d'Arbaumont (1780). — Fol. 322. Adhésion donnée par le bureau des finances aux propositions faites par celui de Paris au gouvernement, pour le rachat du droit de survivance et le rétablissement de plusieurs privilèges, moyennant la somme de un million à répartir sur tous les Bureaux (1786). — Fol. 323. Répartition de la somme de 37,309 livres 17 sols afférente à celui de Dijon, sur tous les officiers de ce Bureau (1786). — Délibération du 5 janvier 1789, par laquelle le Bureau se déclare prêt à contribuer aux charges du pays dans la proportion des impôts qui seront établis par les États généraux. — Fol. 330. Pouvoir donné par plusieurs membres du Bureau à leurs confrères pour la liquidation de leurs offices supprimés (1790). — Fol. 401. Table des matières incomplète.

C. 2076. (Registre.) — In-folio, 285 feuillets, papier.

1739-1756. — Registre-journal des séances du Bureau des finances. — Fol. 1. Désignation du trésorier Boulanger pour porter la parole à la prochaine assemblée des États (1739). — Fol. 4. Prestation de serment de Lambert de Barote, grenetier au grenier à sel de Châtillon (1739). — Fol. 11. Députation nommée pour assister au *Te Deum* chanté à la Sainte-Chapelle à l'occasion de la paix (1739). — Fol. 14. Autre envoyée à Paris offrir à la famille de Condé les compliments de condoléance du Bureau à l'occasion de la mort du duc de Bourbon (1740). — Fol. 27. Enregistrement d'un arrêt du Conseil touchant la présentation au Bureau, des actes de foi et hommage des vassaux du Roi (1740). — Fol. 63. Désignation du commissaire envoyé à la Chambre des comptes pour assister à l'audition du compte de la Recette générale des finances (1742). — Fol. 67. Réception de l'État du Roi du Taillon pour l'année 1743. — Fol. 80. Prestation de serment de Jacques Armenault, contrôleur au grenier à sel de Beaune (1744). — Fol. 102. Députation pour la procession annuelle à l'occasion de la réduction de la ville sous l'obéissance de Henri IV (1745). — Fol. 106. Réception de Louis Gelyot, greffier ancien du Bureau (1745). — Fol. 117. Présentation et affirmation de compte par Carrelet, receveur général des finances de la province (1746). — Fol. 123. Réception de Cl. Gelot, procureur du Roi au Bureau (1745). — Fol. 186. Prestation de serment de Jacques Foucherot, contrôleur au grenier à sel de Dijon (1741). — Fol. 232. Requête de M. le comte d'Haussonville, pour obtenir main-levée du séquestre de la terre de Meuilley (1754). — Fol. 281. Liste des officiers du Bureau des finances, avec les dates de leur naissance et de leur réception.

C. 2077. (Registre.) — In-folio, 264 feuillets, papier.

1760-1782. — Registre journal des séances du Bureau des finances. — Fol. 20. Présentation du compte de M. Bouillet de Noiron, receveur des tailles de l'élection de Belley (1760). — Fol. 23. Expédition des dépêches apportées par le courrier de cabinet pour la convocation des États de Bourgogne (1760). — Fol. 42. Réception de Cl.-Benigne Givoiset, nommé concierge du Logis du Roi (1762). — Fol. 51. Le greffier de la Chambre des comptes vient au Bureau et fait appeler le greffier pour lui dire qu'il venait de la part de Messieurs des comptes inviter Messieurs à se rendre le lendemain à la Chambre pour assister au *Te Deum* chanté à l'occasion de la paix (1759). — Fol. 52. Réception de Léonard Des Mortières, avocat, greffier en chef du Bureau des finances (1763). — Autre de J.-Cl. Jobart, trésorier de France (1763). — Fol. 72. Affirmation du compte d'Antoine Carrelet, écuyer, receveur général des finances de Bourgogne et trésorier-payeur des gages de la Chambre des comptes et du Bureau (1765). — Fol. 79. Le Bureau assiste au service funèbre célébré à la Sainte-Chapelle pour le repos de l'âme du Dauphin (1766). — Fol. 61. Réception de P. Perrenet, contrôleur au grenier à sel d'Is-sur-Tille (1766). — Fol. 163. Convocation du Bureau à la cérémonie faite à la Visitation pour la canonisation de sainte Françoise de Chantal (1772). — Fol. 181. Réception de la députation envoyée par la Chambre des comptes pour inviter les membres du Bureau, à venir prêter serment de fidélité au nouveau roi Louis XV, entre les mains du premier président (1774). — Service funèbre pour le repos de l'âme de Louis XV (1774). — Fol. 217. Prestation de serment de M. Montagnat, élu en l'élection de Belley (1777). — Fol. 234. Convocation du Bureau au service célébré à la Sainte-Chapelle, pour l'heureux accouchement de la Reine (1779).

C. 2078. (Registre.) — In-folio, 48 feuillets, papier.

1720-1750. — « Registre pour enregistrer tout au long les actes des cessions et mutations qui arrivent de la part des créanciers de la compagnie du Bureau des finances de Dijon, contractées le 2 septembre 1720, au denier vingt. » — Délibération du Bureau constatant que les sommes prêtées montent à 224,000 livres. — Fol. 4. Cession d'un principal de 9,000 livres par M. David à M. de Pise, et à Mme de La Michodière. — Fol. 20. Autre d'un principal de 10,000 livres par M. Gault à MM. Guibaudet et Simonnot.

C. 2079. (Registre.) — In-folio, 67 feuillets, papier.

1725. — Registre des dettes de la compagnie faisant suite au précédent. — Fol. 19. Cession faite par M. Cothenot de Mailly, trésorier de France, à M. Canabelin, doyen de la Chambre des comptes, et par celui-ci à Claude, sa fille, mariée à Gilbert de Salves, d'un principal de 20,000 livres. — Fol. 28. Autre d'un principal de 10,000 livres, dont 4,000 ont été remis par M. Taisand à Mme Gillet.

C. 2080. (Registre.) — In-folio, 120 feuillets, papier.

1735-1781. — Registre où tous les officiers du Bureau des finances signent les dettes. — Fol. 1. Délibération du Bureau, qui ordonne l'ouverture du registre et l'obligation pour tout récipiendaire de le signer. — Fol. 2. État récapitulatif dressé en 1771, constatant que les dettes de la compagnie s'élevaient à la somme de 734,472 livres, et les pensions viagères à 3,000 livres. — Fol. 23. Emprunt de 7,000 livres sur M. Pourcher, trésorier de France. — Autre de 13,000 livres sur M. Cottin, aussi trésorier. — Fol. 76. Autre de 13,000 livres sur la collégiale N.-D. de Semur en Auxois.

C. 2081. (Registre.) — In-folio, 456 feuillets, papier.

1768-1789. — Compte de la recette et de la dépense des fonds communs. — Fol. 1. 1768. Recette, 35,944 livres, 17 sols, 2 deniers. — Fol. 4. Aumône de 6 livres aux religieuses clarisses de Bourg, Auxonne et Seurre. — Fol. 5. Paiement de 30 livres pour l'entretien des bâtiments (1778). — Fol. 207. Recette, 28,223 livres 5 sols 6 deniers; dépense, 24,470 livres 6 sols 9 deniers, dont pour l'entretien de la pendule du Bureau; 4,207 livres pour les arrérages des capitaux empruntés au denier 50; 7,290 pour ceux des capitaux au denier 25. — Fol. 396. 1786-1787. Recette totale, 75,454 livres 17 sols 8 deniers, dont 23,466 de revenu fixe des trésoriers. — Dépense, 70,666 livres 3 sols 8 deniers, dont 90 livres pour la desserte de la chapelle du Bureau par un religieux jacobin, 6 au sacristain de la Sainte-Chapelle pour la tenture des bancs des trésoriers pendant l'octave du Saint-Sacrement, 2,200 pour le service des pensions viagères.

SÉRIE C. — BUREAU DES FINANCES.

C. 2082. (Registre.) — In-folio, 442 feuillets, papier.

1577-1604. — Enregistrements (Registre d'). — Fol. 1. Édit du roi Henri III qui érige en titre d'office dans chacune des Généralités du Royaume, un Bureau des finances composé de cinq trésoriers de France et généraux des finances (1577). — Fol. 14. Règlement fait par le même pour la charge de trésorier, les attributions et les charges du Bureau des finances (1578). — Fol. 23 et 24. Provisions de M. de Frasans, greffier, et de Desmarquets, trésorier (1577). — Fol. 26. Ordonnance royale faisant défense à la Chambre des comptes, de procéder à l'examen d'aucun compte, sans qu'au préalable l'état en ait été vérifié au Bureau des finances (1579). — Fol. 36. Autre portant révocation des dons assignés sur le domaine. — Fol. 38. Lettres patentes du même qui interdit au Parlement de Dijon la connaissance de matières de finance (1579). — Fol. 41 et 111. Main-levée du comté de Bar-sur-Seine et de la châtellenie d'Aisey-sur-Seine, au profit du comte de Montpensier (1580-1581). — Fol. 48. Arrêt du Conseil qui commet pour fixer le prix du sel, un général des finances, deux députés de la Chambre des comptes et les Élus des États du pays (1583). — Fol. 49. Édit de création de 16 nouveaux offices de trésoriers de France (1571). — Fol. 77. Mandement du roi Henri III à la Chambre des comptes, de lever tous les obstacles qu'elle mettait à l'établissement du Bureau des finances dans son voisinage (1579). — Fol. 78. Plaintes du Bureau au Roi, de la réception par le Parlement, des appellations interjetées de ses ordonnances et de son immixtion dans les matières de finance (1579). — Fol. 88. Mandement pour la réparation d'un pan de mur du château d'Auxonne (1579). — Fol. 95. Ordonnance royale contenant défense aux receveurs généraux de rien payer en dehors des états arrêtés au Conseil (1580). — Fol. 104 et 148. Édit du roi Henri III portant que les appellations des Élus pour surtaux jusqu'à 10 livres, seront relevées par-devant les trésoriers de France, et création d'un 6° trésorier et de deux offices d'huissiers par Bureau (1581-1583). — Fol. 108. Mandement à la Chambre des comptes de l'autorisation donnée au Bureau d'acheter des maisons pour s'y établir (1578). — Fol. 115. Création d'un receveur des deniers patrimoniaux et d'octroi dans chacune des villes (1581). — Fol. 123. Ordonnance de main-levée à Mme Françoise d'Orléans, princesse douairière de Condé, des terres de Noyers, Villaines-en-Duesmois, Salmaise, Montcenis, Buxy, Saint-Gengoux (1582). — Fol. 127. Autre de la châtellenie de Montbard au duc de Nemours (1582). — Fol. 129. Autre au comte de Chabot-Charny des terres d'Arnay, Pouilly et Courcelles-les-Semur (1582). — Fol. 147. Arrêt du Conseil, portant règlement d'attributions entre le trésorier général Robert et la Chambre des comptes (1560). — Fol. 167. Édit de création par le roi Henri III des offices de collecteurs des tailles (1583). — Fol. 174. Autre qui réduit à deux les offices de trésoriers de France (1584). — Fol. 180. Rétablissement des offices de cinq trésoriers de France (1585). — Fol. 202. Création de neuf trésoriers de France en chacune Généralité du Royaume (1586). — Fol. 212. Autre d'un deuxième président des Bureaux (1586). — Fol. 228. Édit du roi Henri III, touchant la saisie et la vente des biens des réformés (1587). — Fol. 252. Commission royale à l'effet de faire imposer par les Élus des États 7,000 écus de subvention et 15 écus par clocher (1588). — Fol. 253. Ordonnance du roi Henri III pour transférer le Bureau des finances à Flavigny (1589). — Fol. 254. Lettres patentes de Henri IV, roi de France et de Navarre qui ordonne la saisie des biens des rebelles et ligueurs (1591). — Fol. 255. Autres pour convoquer les États de Bourgogne dans la ville de Semur (1593). — Fol. 263. Commission donnée au Bureau de visiter les réparations des fortifications de Semur, ordonnées par M. de Cypierre (1593). — Fol. 269. Autre pour passer marché des approvisionnements du château de Dijon (1596). — Fol. 270. Autre pour imposer de concert avec les Élus des États 60,000 écus pour les garnisons (1596). — Fol. 284. Enregistrement de la trêve accordée par le Roi à la ville de Châtillon-sur-Seine en 1595. — Fol. 288. Édit de création d'offices de président, trois maîtres, un correcteur et un huissier en la Chambre des comptes (1594). — Fol. 356. Édit de suppression et de réduction à deux, des offices des Bureaux des finances (1598). — Fol. 366. Révocation de cet édit (1602). — Fol. 391. Établissement des Bureaux de traites foraines en Bresse (1601). — Fol. 403. Id. de deux élections dans ce pays (1601).

C. 2082 bis. (Registre.) — In-folio, 338 feuillets, papier.

1579-1677. — Enregistrements (suite). — Édits, déclarations concernant les charges des trésoriers de France. — Fol. 1. Arrêt du Conseil d'État confirmatif de la rétrocession faite par les habitants de Montluel, de tout ce qu'ils possédaient du Domaine royal (1605). — Fol. 2. Id. touchant les péages et levées faites pour l'entretien des ponts pavés et chemins du Royaume (1605). — Fol. 14. Id. qui autorise les villes et autres lieux de rembourser les acquéreurs des justices aliénées (1607). — Fol. 28. Id. portant défense d'abattre la maison du Roi sise à Talant-les-Dijon (1609). — Fol. 31. Id. portant défense aux notaires, huissiers et sergent d'exercer sans être pourvus de provisions du Roi (1605). — Fol. 39. Lettres patentes du roi Louis XIII, contenant règlement pour l'élection du maire de Dijon (1610). — Fol. 56. Extrait du 35° article du cahier des remontrances des États de Bourgogne relatif aux comptes des octrois (1613). — Fol. 75. Arrêt du Conseil d'État, qui prescrit les réparations de la levée d'Auxonne (1579). — Fol. 104. Pourvoirs donnés au duc de Sully comme grand voyer de France (1599). — Fol. 108. Édit du roi Henri IV, contenant règlement sur le fait de la voirie (1605). — Fol. 116. Provisions de M. Berault, voyer d'Auxerre (1581). — Fol. 129. Commission de M. de Sully qui nomme M. Maillard, trésorier de France à Dijon, son lieutenant voyeur en Bourgogne (1614). — Fol. 131. Arrêt du Conseil qui exempte les trésoriers de France de la taxe des financiers (1607). — Fol. 131. Autre qui les astreint à résider dans la ville où est établi le Bureau (1607). — Fol. 143. Certificat du droit d'entrée et de séance des trésoriers de France au Parlement de Dijon (1621). — Fol. 148. Arrêt du Conseil, portant défense au Parlement de connaître des matières de finance (1579). — Fol. 157. Arrêt du Conseil pour l'imposition de 5 sols par minot de sel pour le paiement de l'arriéré des gages des trésoriers (1597). — Fol. 180. Déclaration du roi Louis XIII, contenant défense aux Élus des États du duché de lever aucun impôt sans permission royale (1601). — Fol. 184. Arrêt du Conseil d'État qui détermine les rapports et les attributions de la Chambre des comptes et du Bureau des finances (1634). — Fol. 198. Arrêt du Conseil d'État, qui défend au lieutenant-général du bailliage d'Auxois, de s'immiscer dans les affaires de voirie réservées aux trésoriers de France (1635). — Fol. 201. Autre faisant défense au Parlement de prendre connaissance des délibérations des Élus et de décerner des contraintes contre les receveurs du pays (1635). — Fol. 209. Déclaration du roi Louis XIV à l'occasion des troubles de la Fronde (Paix de Rueil 1649). — Fol. 212, 242. Certificat donné par M. de Saintot, maître des cérémonies, du droit des trésoriers de France, de parler debout au Roi (1650-1658). — Fol. 216. Arrêt du Conseil d'État, portant que par provision les trésoriers de France de Dijon marcheront avec les maîtres des comptes suivant leur ordre de réception. — Fol. 233. Autre qui règle les rapports et les attributions respectives des officiers de la Chambre des comptes et du Bureau des finances (1651). — Fol. 242. Procès-verbal dressé par les officiers du Bureau des finances, du refus de ceux de la Chambre des comptes de recevoir les députés que les premiers envoyaient à l'effet d'assister au service funèbre célébré à la Sainte-Chapelle pour le repos de l'âme du duc de Candale, fils du duc d'Épernon, gouverneur de la province (1658). — Fol. 256. Notification par Fouquet, surintendant des finances, d'un arrêt du Conseil d'en haut, portant remise de 20 millions sur les tailles. — Fol. 257. Arrêt du Conseil d'État portant défense aux officiers du Parlement, de recevoir des appels des ordonnances du Bureau des finances (1661). — Fol. 218. Ordre du Roi aux officiers du Bureau des finances de députer à M. de la Vieuville, Intendant des finances (1651). — Fol. 227. Lettres de MM. Servien et Fouquet surintendants des finances, renvoyant au Bureau, l'état des ponts et chaussée de la généralité. — Fol. 232. Supplique adressée au pape Alexandre VII par les officiers du Bureau des finances à Dijon pour demander la canonisation de saint François de Sales, évêque de Genève (1658). — Fol. 260. Édit du roi Louis XIV qui attribue au Bureau des finances de Dijon, la juridiction contentieuse du Domaine (1663). — Fol. 268. Commission donnée aux trésoriers de France à Dijon, pour assister aux États de la province (1668). — Fol. 281. Arrêt de rétablissement des officiers du Bureau des finances de Dijon dans leurs charges, moyennant finance (1672). — Fol. 296. Déclaration du Roi, avisant ces officiers, de la remise du droit annuel et de la modération des charges (1676). — Fol. 590. Arrêt du Conseil qui attribue au Bureau des finances la connaissance du droit de régale (1641). — Fol. 299. Autre qui fixe les charges des cours souveraines. (1677). — Fol. 323. Arrêt du Conseil d'État, qui exempte les officiers du Bureau des finances, du service du ban et de l'arrière-ban (1675).

C. 2082 ter. (Registre.) — In-folio, 316 feuillets, papier.

1665-1708. — Enregistrements (suite). — Fol. 8. Déclaration du roi Louis XIV, qui accorde aux officiers du Bureau des finances l'annuel pendant 9 ans (1684). — Fol. 17. Arrêt du Conseil d'État qui permet aux trésoriers de France de prendre les gages des officiers de leur bureau qui feront refus de rembourser leur part de l'emprunt de 100,000 livres pour l'annuel (1685). — Fol. 34. Mémoire des trésoriers sur les différentes conditions de l'aliénation du Domaine en Bresse, avant la réunion de ce pays à la couronne (1685). — Fol. 39. Débats entre le Parlement et le Bureau des finances au sujet de l'emploi des fonds affectés à la réparation des bâtiments du palais. — Fol. 52. Arrêt du Conseil qui commet les trésoriers de France pour la réparation des ponts et chaussées à la charge des seigneurs et des péagers (1665). — Fol. 55. Édit portant création d'un office de premier président dans tous les Bureaux des finances (1691). — Fol. 57. Autre qui réunit cet office à ceux des comptes de Bourgogne (1691). — Fol. 74. Traité entre la Chambre des comptes et le Bureau des finances de Dijon au sujet de la réception et de l'introduction des députés des deux compagnies (1693). — Fol. 95. Déclaration du Roi, pour le règlement des comptes de la capitation. (1695). — Fol. 119. — Arrêt du Conseil qui étend aux officiers des Bureaux des finances les exemptions des aides sur les boissons, dont jouissent les membres des cours souveraines (1696). — Fol. 127. Autre qui délègue à l'Intendant le soin de procéder à la délivrance aux enchères, des réparations à faire au Palais de Justice (1696). — Fol. 145. Arrêt du Parlement, faisant défense aux sieurs Violet et Vautier, trésoriers de

SÉRIE C. — BUREAU DES FINANCES.

France de faire actes de commerce (1694). — Fol. 178. Édit de création d'offices de chevaliers d'honneurs près les Bureaux des finances (1702). — Fol. 196. Autre de l'office de second président dans chacun de ces Bureaux (1704). — Fol. 210. Autre qui accorde un franc salé de deux minots aux trésoriers de France (1694). — Fol. 201. Édit de création à la Chambre des comptes de deux offices de présidents, quatre de conseillers maîtres, quatre de conseillers correcteurs, quatre de conseillers auditeurs, deux de substituts et un de conseiller garde des livres et registres (1704). — Fol. 218, 229. Autres de réunion des offices de second président aux corps des Bureaux des finances (1704). — Fol. 241. Déclaration du Roi pour l'ensaisinement de tous les contrats translatifs de propriété (1705). — Fol. 248. Édit du Roi portant confirmation des privilèges des secrétaires du Roi et autres officiers des chancelleries (1708). — Fol. 265. Provisions de Guillaume François de Mucie, sieur de Grandmaison, chevalier d'honneur du Bureau des finances (1707). — Fol. 267. Arrêt du Conseil d'État qui règle le rang et la séance des chevaliers d'honneur aux Bureaux des finances (1702). — Fol. 292. Édit de création de deux offices de secrétaires dans chacun de ces Bureaux (1707).

C. 2082 quater. (Registre.) — In-folio, 95 feuillets, papier.

1708-1771. — Enregistrements (suite). — Fol. 3. Arrêt du Conseil d'État, qui autorise le Présidial à mettre à bail la maison qu'il possède près la Chambre des comptes (1709). — Amodiation de cette maison par le Bureau des finances (1705.) — Fol. 5. Édit pour le rachat du droit annuel (1709). — Fol. 7. Autre portant permission aux Élus des États de Bourgogne de racheter 400,000 livres de capitation (1710). — Fol. 12. Déclaration royale qui accorde aux greffiers des Bureaux des finances les mêmes privilèges qu'aux trésoriers (1711). — Fol. 16. Édit de suppression des offices de trésoriers receveurs et contrôleurs généraux des finances créés dans chacune des Chambres des comptes et leur remplacement par un Présidial et deux conseillers-maîtres (1711). — Fol. 17. Autre de création de 66 offices d'inspecteurs des finances (1712). — Fol. 25. Autre des offices de trésoriers de France, conservateurs des gages intermédiaires (1712). — Fol. 28. Arrêt du Conseil d'État, qui casse un arrêt du Parlement de Dijon, lequel avait relevé un appel d'un jugement du Bureau des finances en une matière dont la connaissance lui appartenait (1713). — Fol. 30. Édit du roi Louis XIV portant règlement des tailles, abolition des lettres de noblesse, de privilèges et exemptions accordées depuis 1689, et suppression des subdélégations (1715). — Fol. 34. Déclaration du roi Louis XV (Régence), pour la composition et les attributions du Conseil des finances (1715). — Fol. 43. Autre semblable relative aux Conseils du dedans et de la marine (1715). — Fol. 48. Arrêt du Conseil qui surseoit jusqu'au 1er juillet 1718 les poursuites contre les vassaux du Roi qui doivent faire foi et hommage, à l'occasion de son avènement à la couronne (1718). — Fol. 51, 54. Autres qui rétablissent les trésoriers de France dans la jouissance de leur franc salé (1720). — Fol. 58. Arrêt du Conseil qui déclare les officiers des Bureaux des finances, compris dans l'exception du prêt et annuel octroyée aux membres des cours supérieures (1723). — Fol. 60. Autre qui les excepte également du droit exclusif de confirmation (1726). — Fol. 62. Déclaration royale, portant règlement des appels des jugements des trésoriers de France (1729). — Fol. 74. Édit du roi Louis XV, qui augmente la finance et les gages des officiers des Bureaux des finances et confirme leurs privilèges (1743). — Fol. 79. Arrêt du Conseil qui maintient aux bureaux des finances le droit exclusif de procéder aux scellés et inventaires des biens des comptables (1753). — Fol. 84. Autre relatif aux épices dus aux Bureaux des finances, pour toutes les affaires de leur juridiction (1755). — Fol. 86. Autre relatif aux débats pour la compétence survenue entre les Parlements et les Bureaux des finances (1755).

C. 2083. (Registre.) — In-folio, 158 feuillets, papier.

1578-1581. — Enregistrements (suite). — Fol. 10. Lettres de provision de l'office de lieutenant-général à la Table de Marbre de Dijon, pour J. Carrey (1578). — Fol. 12. de 5e président au Parlement, pour Bénigne d'Esbarres (1578). — Fol. 27. de contrôleur-général des finances, pour Henri Petit (1578). — Fol. 29. de lieutenant-général au Bailliage d'Auxois, pour Cl. Bretagne (1578). — Fol. 33. de trésorier de France, pour Jean Maillard (1578). — Fol. 36. de capitaine des gardes des plaisirs du Roi et des bois et forêts de la châtellenie d'Argilly, pour le sieur de Gand (1579). — Fol. 40. de bailli de Mâcon, pour M. de Busseul, sieur de Saint-Cernin (1578). — Fol. 44. de maître des comptes, pour André Gagne (1578). — Fol. 51. de conseiller au Parlement, pour M. de Xaintonge (1578). — Fol. 81. de conseiller au Parlement, pour Pierre Jeannin (1579). — Fol. 104. de bailli de la Montagne, pour M. de Lantage (1579). — Fol. 106. de maître des comptes, pour M. Peschard (1579). — Fol. 116. de conseiller au Parlement, pour M. Bernardon (1579). — Fol. 167. Id., pour M. Joseph de Vezon (1580). — Fol. 200. de sixième président au Parlement, pour Pierre Jeannin (1580). — Fol. 201. de receveur général des finances du duché, pour Jacques Fyot (1580). — Fol. 216. de chevalier d'honneur du Parlement, pour M. de Varennes-Nagu (1581). — Fol. 219. de conseiller au Parlement, pour Jean Morin (1581). — Fol. 222. de receveur-général des finances de Bourgogne, pour Philippe Odebert (1580). — Fol. 223. de conseiller-clerc au Parlement, pour le sieur Péto (1580). — Fol. 228. Id. de président en l'élection de Mâcon, pour P. Tamisier (1581). — Fol. 284. Lettres patentes de Henri III roi de France, portant don pour neuf ans des châtellenies d'Argilly et de Pontailler au duc de Mayenne (1577). — Fol. 291. Autres de don de 3,000 livres au capitaine italien Jacques Poyant (1577). — Fol. 293. Autre de 2,000 à chacun des capitaines Saint-Martin et La Bergère (1578). — Fol. 321. Autre de 5,666 écus au sieur de Ruffey, chevalier de l'ordre, capitaine de 50 hommes d'armes (1578). — Fol. 340. Paiement de la somme de 23 écus à Édouard Bredin, peintre et verrier, pour ouvrages faits à la maison du Roi à Dijon (1579). — Fol. 348. Visite faite par Hugues Sambin, architecte à Dijon, des bâtiments du palais, à l'effet de reconnaître l'emplacement nécessaire pour y installer la Chambre des requêtes (1579). — Fol. 359. Mandement de 60 écus à Gaspard Brouhée pour le pavement de la grande salle du palais (1579). — Fol. 373. Ordonnance du roi Henri III, touchant les fonctions du Grand-Maître des eaux et forêts (1579). — Fol. 400. Autre de main-levée de la terre de Germolles, obtenue par le sieur de Germigny (1580). — Fol. 442. Autre de la terre de Brion, obtenue par Mme de Montigny (1580).

C. 2084. (Registre.) — In-folio, 782 feuillets, papier.

1578-1594. — Enregistrements (suite). — Fol. 1. Lettre de cachet, enjoignant aux trésoriers de s'adresser dorénavant au chancelier pour l'exercice de leurs charges et de lui envoyer leurs états (1578). — Fol. 16. Lettres patentes pour la continuation des crues et prix du sel, dont les deniers seront employés au rachat des rentes assignées sur les gabelles, domaines, etc. (1578). — Fol. 36. Lettres de validation de l'établissement d'un grenier à sel à Cravant (1578). — Fol. 44. Commission de Philibert Boutelot, mesureur au grenier à sel de Mont-Saint-Vincent (1579). — Fol. 56. Avis donné au roi Henri III par le Bureau des finances, de décharger les villes de Bourgogne de la subvention qu'il avait imposée (1579). — Fol. 100. Édit du même, portant règlement pour les impôts extraordinaires (1576). — Fol. 112. Permission au sieur Lochmann, bourgeois de Zurich, d'acheter des sels au port de Digoin (1580). — Fol. 127. Don de 120 livres pendant trois ans, fait par le Roi, au couvent des Cordeliers de Dijon (1580). — Fol. 141. Édit de rétablissement de l'ancienne juridiction des Élus, avec augmentation de pouvoirs et création d'un président en chaque Élection (1578). — Fol. 170. Avis du Bureau pour convertir les aides en vin de la ville d'Auxerre, en une taille de 400 livres (1580). — Fol. 173. Cession aux habitants d'Auxerre de la crue de 100 sols par muid de sel, vendu au grenier à sel de Cravant, à la charge d'en employer le produit à l'entretien du pont d'Auxerre (1580). — Fol. 211. Lettres d'un octroi de 12 deniers par minot de sel, accordé aux mêmes pour la construction d'un hôpital de peste (1581). — Fol. 244. Bail général des Gabelles fait par le Roi à Nicolas Lelièvre, pour 9 ans, moyennant 166,000 écus par an (1581). — Fol. 272. Lettres de don de la somme de 200 écus, fait à Laurent de Chaulnes, sommelier du gobelet du Roi (1582). — Fol. 289. Ordonnance du roi Henri III, portant défense à la Chambre des comptes de procéder à l'audition des comptes les deniers communs et d'octroi des villes, qu'il ne lui soit apparu d'états vérifiés au Bureau des finances (1579). — Fol. 294. Lettres d'octroi aux habitants d'Auxonne, pour la reconstruction de la chaussée (1579). — Fol. 300. Avis du Bureau, touchant les fortifications de la ville de Chalon (1579). — Fol. 307. Lettres confirmatives des octrois accordés aux habitants de Beaune (1580). — Fol. 308. de Chalon-sur-Saône (1580). — Fol. 313. de Mâcon (1580). — Fol. 315. de Montbard (1578). — Fol. 317. de Semur en Auxois (1578). — Fol. 319. de Châtillon-sur-Seine (1577). — Fol. 321. de Bar-sur-Seine (1581). — Fol. 342. d'Auxerre (1682). — Fol. 351. de Verdun (1583). — Fol. 328. Lettres patentes du roi Henri III, qui accorde un octroi sur le sel aux habitants d'Auxerre, pour l'entretien et les réparations du collège (1582). — Fol. 538. Ordonnances du Bureau des finances touchant les réparations à faire au château de Cuisery (1580). — Fol. 542. aux moulins de Perrigny-sur-l'Ognon (1580). — Fol. 548. au logis du Roi à Dijon (1581). — Fol. 548. au palais du Parlement à Dijon (1581). — Fol. 549. au château d'Auxonne (1581). — Fol. 561. à celui de Rouvres. — Fol. 561. à la maison du Roi à Auxonne (1581). — Fol. 567. à la conciergerie du palais. — Fol. 599. au château de Beaune (1581). — Fol. 600. au jeu de paume du Roi à Dijon — à la citadelle et aux prisons de Chalon (1582). — Fol. 602. au château de Talant (1582). — Fol. 643. au château de Dijon (1582). — Fol. 673. aux meubles et au bois du Bureau (1582). — Fol. 675. au château de Duesme (1583). — Fol. 706. au bâtiment du Bureau (1583). — Fol. 707. au château du Riveau à Autun (1583). — Fol. 712. à la grande boucherie de Chalon.

C. 2085. (Registre.) — Petit in-folio, 520 feuillets, papier.

1579-1584. — Enregistrements (suite). — Lettres de provisions accordées par le roi Henri III. Fol. 4. De l'office de conseiller au Parlement de Dijon, en faveur de Jean Blondeau (1582). — Fol. 14. de celui de président, pour Bénigne Frémyot (1581). — Fol. 20. de lieutenant général du Bailliage de Dijon, pour J. Morin (1579). — Fol. 33. de receveur du Bailliage d'Autun, pour Philibert Bolon (1581). — Fol. 35. de Philibert Boursault, avocat général au Parlement (1581). —

Fol. 47. de Claude Le Compasseur, trésorier de France (1581); — Fol. 57. de Guy Blondeau, conseiller clerc au Parlement (1581); — de Chrétien Margeret, auditeur à la Chambre des comptes (1581); — Fol. 68. de Jérôme de Xaintonge, procureur du Roi aux eaux et forêts du bailliage de Dijon (1580); — Fol. 81. de Claude de Bauffremont, bailli et maître des foires de Chalon (1582); — Fol. 93. de Denis Guillemard, garde de bois en la forêt de Borne, châtellenie d'Argilly (1578);—Fol. 117. d'Antoine Legrand, président à la Chambre des comptes de Dijon (1581); — Fol. 119. de Nicolas Filjean, gouverneur de la Chancellerie (1582) ; — Fol. 134. de P. Millière, maître des comptes (1582) ; — Fol. 156. de Claude Regnaudot, payeur des gages du Parlement (1582) ; — Fol. 161. d'Étienne Tabourot (des Accords), procureur du Roi au bailliage de Dijon (1582). — Fol. 171. Lettres de provisions des offices de receveur général des finances du duché, pour Bénigne Bernard (1582) ; — Fol. 181. de maître des comptes, pour Nicolas Morin (1582) ; — Fol. 190. de capitaine et gouverneur de la ville de Seurre, pour M. d'Aurillac (1578); — Fol. 204. de couvreur des édifices du Roi à Dijon, pour Mongin Berger (1583); — Fol. 219. de maître des celliers de Chenôve et de Talant, pour Antoine Legrand (1582). — Fol. 236. de contrôleur général des finances, pour Nicolas Pouffier (1583).—Fol. 289. Lettres de décharge de partie de la subvention, obtenues par les habitants de Semur-en-Auxois (1582); — Fol. 290. de Saint-Seine-sur-Vingeanne (1582); — Fol, 292. d'Auxonne (1582) ; — Fol. 294. de Mont-Saint-Jean (1582). — Fol. 386. « Advis au Roy » pour les réparations de la Sainte-Chapelle et d'une tuerie à Dijon (1583). — Fol. 390. Autre touchant celle des levées de Verdun-sur-Saône (1583). — Fol. 454. Autorisation demandée par Anatoire Joly de convertir son batteur de Pontémery en moulin (1583). — Fol. 456. Paiement à Hugues Sambin, menuisier à Dijon, de la somme de 24 écus restant des 198 écus, prix de son marché des ouvrages de menuiserie pour la fermeture de la chapelle de la salle du palais, « vossure » d'icelle que une petite porte pour entrer en la chambre du Serin (1580). — Fol. 459. Autre de 45 écus sur 80, à Jacques Vanderbourg, peintre et verrier à Dijon, pour la peinture de cette chapelle (1583). — Fol. 463. Ordonnances de paiement de la fourniture du pain des prisonniers (1583). — Fol. 477. Autres pour les réparations faites au château de Rouvres (1583);—Fol. 483. au logis du Roi (1580); — Fol. 492. au grand pont de Pontailler (1583); — Fol. 504. au château de Beaune (1584). — Fol. 509. au bâtiment du Bureau. — Fol. 506. Paiement de 11 écus 40 sols à Henri Barbier, pâtissier, pour les buvettes du Bureau.

C. 2086. (Registre.) — In-folio, 370 feuillets, papier.

1582-1587. — Enregistrements (suite). — Fol. 3. Ordonnance du Bureau pour la construction de la chambre des huissiers de la Chambre des comptes. — Fol. 6. Autre pour la réparation des bâtiments du Bureau (1586); — Fol. 6. du pont-levis du château de Talant (1586); — du parquet de la Chambre des requêtes du palais (1586). — Fol. 38. Commission pour faire lever la somme de 14,000 écus sur le pays (1586).—Fol. 38. Provisions de Bénigne Milletot, conseiller au Parlement (1585). — Fol. 40. Ordonnance royale pour la saisie des biens des réformés absents du pays (1585). — Fol. 43. Provisions de Guillaume Loppin, maître des comptes (1585); — Fol. 54. d'Abraham Chrétien, avocat du Roi au bailliage de Chalon (1585). — Fol. 65. Lettres de don de la seigneurie de Germolles au sieur Du Moulin (1585). — Fol. 78. Lettres patentes obtenues par Claude de Bauffremont, évêque de Troyes, baron de Sombernon, pour le rétablissement de la chambre au sel de Sombernon (1582). — Fol. 85. Provisions de l'office de président à la Chambre des comptes, pour Regnier de Montmoyen (1582). — Fol. 93. Achat d'une portion de l'hôtel de Talmay, pour l'agrandissement du palais (1586). — Fol. 96. Provisions de M. Melchior de Boigne, lieutenant particulier à Auxerre (1586); — Fol. 99. de Jean de Cirey, conseiller au Parlement (1586). — Fol. 106. Lettre d'assiette de la somme de 6,535 livres sur toutes les communautés du bailliage de Chalon pour la réparation du pont de cette ville (1586).—Fol. 111. Commission royale de M. Claude de Bauffremont-Sennecey, nommé gouverneur d'Auxonne (1586). — Fol. 122. Provisions de Henri Petit, receveur général des finances de Bourgogne (1586); — Fol. 136. de Jules Bretagne, conseiller aux requêtes du Parlement (1586); — Fol. 142. de J. Bonnefons, lieutenant général à Bar-sur-Seine (1585); — Fol. 159. de Jean Maillard, avocat au Parlement (1586). — Fol. 167. Édit de rétablissement du Bureau des finances avec les officiers supprimés et création de deux trésoriers en chacun des bureaux (1586). — Fol. 176. Continuation de l'octroi sur le sel, accordé aux habitants de Beaune (1585). — Fol. 206. Provisions de P. de Martinet, nommé gruyer et maître particulier des eaux et forêts de Chalon, Autun, Montcenis et Charolles (1587). — Fol. 213. Lettres d'assiette de la somme de 4,000 écus, pour la fortification de la porte Sainte-Marie à Chalon (1587). — Fol. 221. Provisions de MM. de Bury et de la Bondue, nommés trésoriers de France (1586); — Fol. 240. de Henri Leclerc, lieutenant à Auxerre (1586); — Fol. 254. de Le Compasseur, second président du Bureau des finances (1586). — Fol. 302. de P. Fourneret, receveur général du taillon (1585). — Fol. 309. Règlement arrêté au Conseil d'État pour les épices de messieurs du Trésor (1586). — Fol. 325. Provisions d'Étienne Humbert, contrôleur général du taillon (1587). — Fol. 341. Arrêt du Conseil d'État portant règlement pour le service des officiers de la Chancellerie

(1587). — Fol. 347. Provisions de J. Dauphin, élu à Mâcon (1587). — Fol. 356. Commission du Bureau aux officiers du grenier à sel pour la lovée de 12 deniers par minot de sel. — Fol. 359. Commission de Nicolas Camus, nommé maçon du Roi à Dijon (1587). — Fol. 381. Provisions de M. de la Bondue, nommé président au Bureau (1587).

C. 2087. — (Registre.) — In-folio, 407 feuillets, papier.

1586-1594. — Enregistrements (suite). — Fol. 10. Lettres de provisions de l'office d'élu en l'élection d'Auxerre, accordées par le roi Henri III à J. Obelin (1586) ; — Fol. 18. de Hugues Picardet, procureur général au Parlement (1586) ; — Fol. 44. de Hugon de la Reynie, conseiller au Parlement (1588) ; — Fol. 45. de maître des œuvres de charpenterie du Roi à Dijon, pour Guillaume Chambrette (1588) ; — Fol. 50. de trésorier de France, pour J. Sanguin (1588) ; — Fol. 50. de capitaine du château de Pontailler, pour J. Giliot (1583). — Fol. 86. Lettres de provisions émanées du duc de Mayenne, de capitaine et châtelain d'Argilly, pour Petit, seigneur de Ruffey (1589) ; — Fol. 97. de M. d'Hoges, comme gruyer et maître particulier des eaux et forêts de Chalon (1588) ; — Fol. 99. de capitaine du château d'Auxerre, pour M. de Villères (1591) ; — Fol. 103. de conseiller au Parlement, pour Guillaume Millière (1591) ; — Fol. 109. de président au Présidial d'Auxerre, pour Philibert de Masengarbe (1587) ; — Fol. 189. de bailli de Bourbon-Lancy, pour de Marcilly, lieutenant au château de Dijon (1588) ; — Fol. 160. de conseiller-maître à la Chambre des comptes, pour M. Buatier, sieur de la Motte (1589). — Fol. 177. Lettres de main-levée pour le transport de marchandises en Suisse (1588). — Fol. 196. Lettres patentes du roi Henri III faisant remise aux États de la province d'une somme de 35,744 écus (1587). — Fol. 197. Composition des États pour la subvention, moyennant 15 écus par clocher (1588). — Fol. 226. Don de la somme de 1,000 écus, fait par le duc de Mayenne à Mme de la Motte-Ternant, pour l'indemniser des pertes qu'elle a subies à cause de l'Union (1594). — Fol. 269. Mandement du même pour le paiement des députés qui se sont rendus aux États généraux convoqués à Reims (1593). — Fol. 286. Concession de la terre de Saunières à M. de Stainville, sieur de Pouilly, pour neuf ans (1588). — Fol. 297. Lettres du roi Henri III, qui abandonne au duc de Mayenne le revenu des châtellenies de Rouvres, Argilly et Pontailler (1587). — Fol. 304. Vente de la terre de Billey et Villers-Rotin à M. de la Croix, secrétaire de la Reine (1587). — Fol. 309. Autorisation aux frères prêcheurs de Mâcon, de rebâtir leur maison sur l'emplacement de la citadelle. (1588). — Fol. 322. Location d'une boutique au palais par J. Robelot (1589) ; — Fol. 354. Idem, à J. Desplanches, libraire (1588).

C. 2088. (Registre.) — In-folio, 535 feuillets, papier.

1589-1596. — Enregistrements (suite). — Fol. 2. Arrêt du Conseil d'État portant continuation d'un subside sur le vin, pour l'entretien des fortifications de la ville de Semur (1590). — Fol. 8. Lettres patentes du roi Henri IV, qui, pour indemniser J. Fremyot, prieur du Val-des-Choux, du revenu de son bénéfice détenu par les Ligueurs, lui accorde celui du prieur de Blanot et du doyen de Flavigny tenant le parti des rebelles (1593). — Fol. 24. Lettres de provisions de l'office de conseiller-maître à la Chambre des comptes, pour Chrétien Margaret (1590). — Fol. 43. Lettres patentes du même souverain qui transfère à Toucy le siège présidial d'Auxerre, ville occupée par les rebelles (1592). — Fol. 78. Autres portant remise à M. de Fervaques, lieutenant général en Normandie, d'un tiers des sommes par lui dues aux président et conseillers Brulart, Peto, etc., etc., et autres rebelles de la ville de Dijon (1592). — Fol. 87. Provisions de l'office d'élu en Bourgogne, pour Guy Blondeau (1592). — Fol. 95. Articles accordés par le roi Henri IV à la ville de Mâcon pour sa réduction à son obéissance (1594). — Fol. 98. Lettres patentes qui prorogent la séance du Parlement royaliste de Bourgogne à Semur (1594). — Fol. 102. Provisions de l'office de conseiller en ce Parlement, pour François Fyot (1592). — Fol. 117. Autres semblables, pour Bénigne Saumaise (1592). — Fol. 119. Lettres de naturalité accordées à Claude et Louis Micault, natifs du Pont-de-Beauvoisin (1594). — Fol. 132. Articles accordés par le Roi pour la réduction de la ville d'Avallon sous son obéissance. — Fol. 137. Provisions de Legrand, secrétaire de la Chambre des comptes (1593). — Fol. 146. Avis du bureau pour la reconstruction du moulin banal de Pontailler-sur-Saône (1594). — Fol. 158. Provisions de l'office de capitaine de la ville de Flavigny, pour Claude Valon, sieur de Barain (1589). — Fol. 177. Exemption de toutes charges publiques de ville, accordée au sieur Espiard de Sonnotte (1594). — Fol. 197. Provisions de l'office de conseiller au Parlement obtenues par Jacques Febvret (1589) ; — Fol. 203. de président en l'élection de Mâcon, obtenues par P. Boton, avocat au Parlement de Paris (1594). — Fol. 236. Lettres de rétablissement obtenues par de Frasans, greffier du Bureau des finances (1594). — Fol. 239. Articles accordés aux habitants de Châtillon-sur-Seine, pour la cessation d'armes et les conditions de la trêve (1595). — Fol. 259. Provisions de l'office d'auditeur des comptes, obtenues par Albert Fillon (1594). — Fol. 263. Autres de grand-maître enquêteur des eaux et forêts en Bourgogne, pour Antoine de Savard (1589). — Fol. 273. Id. de président en la Chambre des comptes, pour Antoine Brocard (1594). — Fol. 277, 281. Lettres de rétablissement obtenues par Henri Petit et Bernard, receveurs généraux des finances en Bourgogne (1595). — Fol. 288. Lettres de provisions de grand prévost des maréchaux, pour Claude Guérin dit La Forêt (1595). — Fol. 296. Articles accordés par le Roi pour la réduction de la ville d'Auxerre sous son obéissance (1594).—Fol. 304. Lettres d'office d'élu à Mâcon, en faveur de Benoît Alamartine (1595); — Fol. 306. Id. de contrôleur général des bois, pour Joseph Legrand (1589); — Fol. 312. de conseiller-maître des comptes à Dijon, pour Pierre Chasot (1590).—Fol. 324. Procès-verbal d'installation de Maillard, trésorier de France (1595). — Fol. 325. Lettres de validation du traité fait par M. de Varennes-Nagu, pour la réduction du château de Berzé en Mâconnais (1595). — Fol. 360. Autres pour le remboursement des sommes avancées par des bourgeois au comte de Tavanes, dans l'intérêt du service du Roi (1595). — Fol. 378. Provisions d'office de conseiller-maître des comptes, pour Pierre Buatier (1595). — Fol. 385. Autres semblables obtenues par Salomon Ferrand (1595). — Fol. 416. Lettres d'exemption de la subvention pour six ans, obtenues par les habitants de Nuits (1595). — Fol. 417. Pension de 266 écus, deux tiers, accordée à Depringles, procureur général à la Chambre des comptes (1595). — Fol. 440, 451, 453, 461. Provisions de l'office de conseiller-maître à la Chambre des comptes, pour J. Gortet, J. Jacquot, Edme Joly, Pierre Bernier et Nicolas Humbert (1595); — Fol. 463. Confirmation, par le roi Henri IV, des privilèges et libertés des habitants de Presty et La Crot en Mâconnais (1595).—Fol. 473. Avis du Bureau pour exempter les habitants de Saint-Jean-de-Verdun de tout impôt, pour les indemniser des pertes qu'ils ont subies pendant la Ligue (1596). — Fol. 481. Provisions de Jean de Berbisey, conseiller au Parlement (1595); — Fol. 490. Id. de trésorier de France, pour Ch. d'Esbarres (1595); — Fol. 519. de président à la Chambre des comptes, pour Jacques Massol (1595).

C. 2089. (Registre.) — In-folio, 537 feuillets, papier.

1596-1598. — Enregistrements (suite). — Fol. 5. Lettres patentes du roi Henri IV touchant les gages de M. de Saint-Riran, gouverneur des ville et château de Beaune (1595). — Fol. 14. Lettres de provisions de l'office d'Élu en l'élection de Mâcon, pour M. François Colon (1596); — Fol. 19. de conseiller-maître à la Chambre des comptes, pour Arthur Valon (1595); — Fol. 33. de conseiller au Parlement, pour Robert Baillet (1595). — Fol. 42. Confirmation par le roi Henri IV des privilèges et exemptions accordés en 1459 par le duc Philippe le Bon aux compagnons fréquentant le jeu de l'arbalète des villes et paroisses de Pommard, Volenay, Monthelie, Meursault et Auxey, afin de les inciter à se rendre bons tireurs et en tirer service pour la défense de la patrie (1596). — Fol. 60. Lettres de provisions de l'office de conseiller-maître des comptes pour François de Thésut (1595). — Fol. 63. Articles accordés par le roi Henri IV pour la réduction des habitants de Beaune sous son obéissance (1595). — Fol. 88. Lettres du même qui autorise les Élus des États à imposer sur le sel, les gages des gardes des gouverneurs de la province (1596). — Fol. 95. Provisions de l'office de président à la Chambre des comptes, pour Étienne de Loisie (1596). — Fol. 96. De conseillers au Parlement, pour Jean Galois et Étienne Sayve (1596); — Fol. 113. de receveur général provincial des Gabelles, pour Abdenago Blondeau (1595). — Fol. 115. « Advis au Roi » touchant l'exemption des décimes sollicitée par Cyrus de Thiart, évêque de Chalon, en dédommagement des pertes que lui et son oncle et prédécesseur Pontus ont subi durant la Ligue (1595). — Fol. 119. Ordonnance pour le paiement de l'arriéré des gages du Parlement (1596). — Fol. 123. Lettres de don au maréchal de Biron, gouverneur de Bourgogne, des taxes imposées sur les personnes inhabiles au service du ban et de l'arrière-ban (1596). — Fol. 141. Confirmation par le roi Henri IV, des privilèges et exemptions des ecclésiastiques de la ville de Beaune (1595). — Fol. 157. Lettres d'érection de la grange d'Arbois à Aisey-sur-Seine en fief, en faveur de François Fyot (1596). — Fol. 168. Provisions d'office d'avocat général au Parlement pour Marc-Antoine Millotet (1596); — Fol. 173. d'avocat du Roi au bailliage de Dijon, pour le sieur Du Buisson (1596); — Fol. 176. de gouverneur des villes et château d'Auxonne en faveur de M. de Sennecey (1596). — Fol. 183. Lettres d'anoblissement octroyées à Étienne Vaillant (1594). — Fol. 202. Provisions de J. Bernard, pourvu de l'office de receveur général de Bourgogne (1596); — Fol. 209. d'Antoine Bretagne, conseiller-clerc au Parlement (1597); — Fol. 218. de Charles Berthaud, concierge du Logis du Roi à Dijon (1595); — Fol. 278. de M. de Marcilly-Cypierre, gouverneur des villes et château de Semur (1797); — Fol. 270. de Guillaume Millière, conseiller au Parlement (1596). — Fol. 294. Lettres de maintenue de trésorier de France Des Marquets, en possession du titre de président du Bureau des finances (1597). — Fol. 305. Provisions de Jean de Poligny, conseiller au Parlement (1597); — Fol. 311. de Philibert Lesné, président à la Chambre des comptes (1597). — Fol. 341. Ordonnance du roi Henri IV, pour la fourniture des vivres et munitions du château de Dijon (1598). — Fol. 349. Provisions de M. de Bauffremont, bailli et maître des foires de Chalon (1596); — Fol. 367. de M. Legrand, trésorier de France à Dijon (1597). — Fol. 373. Ordonnance royale qui autorise les magistrats de Dijon à établir un magasin à bled dans cette ville (1597). — Fol. 378. Provisions des offices de bailli d'Auxerre et de lieutenant du Roi en Auxois, Autunois et Auxerrois, en faveur de Charles de Clermont, comte de

Tonnerre (1597). — Fol. 400. Concession d'octroi sur le sel, accordée aux habitants de Chalon-sur-Saône (1596). — Fol. 414. Provisions de M. de Varennes-Nagu, chevalier d'honneur à la Chambre des comptes (1596) ; — Fol. 441. de Melchior Espiard, Élu du Roi en Bourgogne (1598).

C. 2090. (Registre.) — In-folio, 472 feuillets, papier.

1585-1601. — Enregistrements (suite). — Fol. 19. Lettres patentes du roi Henri IV, qui autorise la continuation de l'octroi sur le sel accordé aux habitants de Montbard (1598). — Fol. 40. Autres de provisions de l'office de receveur général des finances en Bourgogne, pour M. de Chaumelis (1598). — Fol. 62. Ordonnance du Bureau des finances, faisant défense au contrôleur général des finances de permettre l'ouverture des coffres de la recette générale (1599). — Fol. 72. Autre aux officiers du grenier à sel de Chalon, de poursuivre les faux-sauniers et de faire leurs chevauchées (1599). — Fol. 84. Provisions de l'office de conseiller-maître des comptes obtenues par M. Soyrot (1599) ; — Fol. 91. Id., de bailli d'Autun, pour Edme de Rochefort, seigneur de Pluvault (1598); — Fol. 94. de conseiller au Parlement pour André Fremyot (1599) ; — Fol. 97. Id., pour Philibert Berbis (1599); — Fol. 99. Id., pour Jean Massol. (1599) ; — Fol. 123. Édit du même Roi, qui transfère le Bureau des finances de Dijon à Autun (1599). — Fol. 130. Provisions de l'office de conseiller maître des comptes obtenues par Jean Bichot (1598). — Fol. 147. Advis au Roi, sur la demande formée par les abbé et religieux de Cîteaux, d'un péage à Saint-Jean-de-Losne (1599). — Fol. 149. Provisions de Thibaut Gigot, auditeur à la Chambre des comptes (1599). — Fol. 173. Autres de l'office de conseiller au Parlement, obtenues par Perpétuo Berbisey (1583); — Fol. 177. de lieutenant-général au bailliage de Chalon, accordée à Étienne Bernard (1596). — Fol. 197. Don de 76 écus 2/3, fait par le Roi, au chapitre de la Sainte-Chapelle de Dijon (1595). — Fol. 205. Avis au Roi touchant les réparations du jeu de paume du Logis du Roi à Dijon (1600). — Fol. 224. Provisions de l'office de conseiller au Parlement, obtenues par Philibert Venot, vierg d'Autun (1595); — Fol. 225. — Id., de receveur général du taillon, pour J. Garreau (1595) ; — Fol. 240. de garde du jeu de paume du Roi à Dijon, pour Horatio Franchini, écuyer du maréchal duc de Biron (1600). — Fol. 278. Lettres patentes du roi Henri IV, portant continuation des octrois accordés à la ville de Dijon (1600). — Fol. 285. Autres de provisions de l'office de président à la Chambre des comptes, obtenues par Pierre Maréchal 1599); — Fol. 301. Id., de procureur du Roi dans la Basse-Bresse, pour Nicolas Chaudron (1595); — Fol. 302. Id., de juge-mage au même lieu, pour Ph. Berjol, lieutenant-général à Mâcon (1595). — Fol. 395. Concession d'octroi sur le vin, accordé aux habitants de Saulieu. (1601). — Fol. 422. Lettres de provisions de lieutenant-général au bailliage d'Autun, pour Jean de la Grange (1594). — Fol. 443. Id., d'huissier au Parlement, pour Jean Goudard. (1600). — Fol. 447. Ordonnance des trésoriers pour la « visitation » de la citadelle de Chalon-sur-Saône (1601). — Fol. 451. Édit du roi Henri IV, qui réunit les pays de Bresse, Bugey, Valromey et Gex, à la juridiction de la Chambre des comptes et du bureau des finances de Dijon (1601). — Fol. 460. Provisions de l'office de trésorier de France à Dijon, obtenues par Pierre Carbonney, au lieu du sieur de la Bondue (1601). — Fol. 457. Avis au Roi, touchant la demande des habitants d'Auxerre, d'être déchargés des réparations à faire aux greniers de la grande halle (1601).

C. 2091. (Registre.) — In-folio, 488 feuillets, papier.

1595-1604. — Enregistrements (suite). — Fol. 1. Lettres patentes du roi Henri IV pour l'augmentation des épices attribuées aux officiers de la Chambre des comptes (1601). — Fol. 12, 18. Aliénation des châteaux et des domaines de Saulx-le-Duc (1598) et de Verdun (1597) au maréchal duc de Biron, gouverneur de Bourgogne. — Fol. 41. Lettres de provisions de l'office de lieutenant civil et criminel du bailliage de Gex pour Pierre de Brosses (1601). — Fol. 44. Id., de René Perret, procureur du Roi à Bourg (1601) ; — Fol. 46. de correcteur à la Chambre des comptes de Dijon, pour Bernard de Requeleyne (1601). — Fol. 53. Aliénation des terres de Saint-Aubin et Maringes à Cl. d'Ambly, écuyer, et leur conversion en fief (1599). — Fol. 60. Lettres de provisions de président, lieutenant-général au présidial de Bourg, pour Pierre de Granet, ancien conseiller à Grenoble (1601). — Fol. 63. Concession faite aux habitants d'Auxonne de la jouissance des greniers de la halle (1602). — Fol. 69. Provisions de l'office de conseiller-maître des comptes en faveur d'Étienne Millière (1601) ; — Fol. 83. Id., de lieutenant civil et criminel au bailliage de Belley, pour maître Jean de Bullon (1601) ; — Fol. 86. Id., de prévôt des maréchaux en Bresse, pour François de Panyot, écuyer (1601). — Fol. 88. Articles répondus par le Roi, aux demandes formées par les Trois États du Bugey (1601). — Fol. 114. Provisions d'Étienne Bouchin, procureur du Roi au bailliage de Beaune (1595); — Fol. 120. de Cl. Cretin, avocat du Roi au bailliage, chancellerie et gruerie de Chalon (1597) ; — Fol. 125. de Pierre Legoux, trésorier de France à Dijon ; — Fol. 131. d'Édouard d'Arlay, conseiller-maître extraordinaire à la Chambre des comptes (1600). — Fol. 137. Édit du roi Henri IV, pour la création de deux élections à Bourg et à Belley (1601). — Fol. 155. Lettres de don au duc de Bellegarde, gouverneur de Bourgogne du revenu des châtellenies de Rouvres, Argilly et Pontailler (1602). — Fol. 167. Lettres patentes pour l'exécution des articles arrêtés entre le Roi et la république de Genève touchant les biens possédés par les Genevois en France (1602). — Fol. 171. Lettres d'anoblissement de François de Galian (1602). — Fol. 177. Provisions de l'office de voyer en Bresse obtenues par Antoine Michel (1601). — Fol. 188. Déclaration du roi Henri IV, pour le rétablissement à Dijon du Bureau des finances, transféré à Autun (1603). — Fol. 192. Lettres de provisions de l'office de maître-couvreur des maisons du Roi de Dijon et Rouvres, pour Denis Vallée (1603); — Fol. 193. de maître des comptes à Dijon pour Pierre Tisserand (1603); — Fol. 219. de lieutenant-général au bailliage de Dijon, pour Pierre de Vigny (1603); — Fol. 222. de conseiller au Parlement, pour Palamède Jacquot (1602); — Fol. 236. id., pour Pierre d'Esbarres (1599). — Fol. 246. Avis au Roi sur un échange demandé par M. Tabourot, seigneur de Véronnes, à Véronnes (1603). — Fol. 256. Lettres de provisions de l'office de président au Parlement, obtenues par J.-B. Legoux, président des enquêtes (1603); — Fol. 278. de conseiller au Parlement, pour Jean Massol (1613); — Fol. 311. Id., pour Pierre Odebert (1603). — Fol. 283. Lettres de continuation d'octroi, obtenues par les habitants de Châtillon-sur-Saône, pour l'entretien de leurs murailles (1602). — Fol. 287. Provisions d'office de correcteur à la Chambre des comptes, obtenues par J. Bernard (1603); — Fol. 299. de conseiller-clerc au Parlement de Dijon, pour M. Jean Gonthier (1602). — Fol. 306. Mandement du trésorier de l'Épargne, de la somme de 4,905 livres, octroyée à Bongars, agent du Roi près les princes d'Allemagne (1604). — Fol. 325. Lettres patentes qui autorisent les religieux capucins de Mâcon, à construire leur couvent sur l'emplacement de la citadelle (1604). — Fol. 333. Provisions de l'office de trésorier de France, pour Zacharie Pigot (1603); — Fol. 342. de contrôleur général des finances, pour Nicolas Boullier (1603); — Fol. 347. de conseiller-maître des comptes, pour P. Thomas (1603); — Fol. 367. de bailli du Charollois, pour Charles de Marcilly-Cypierre (1603); — Fol. 379. de trésorier des mortes-payes, pour Jean Édouard (1603) ; — Fol. 400. de solliciteur des causes du Roi, pour Barthélemy Jachiet (1604). Fol. 410. — Lettres patentes de la continuation de l'octroi sur le sel, accordé aux habitants de Semur, pour les réparations du pavé et des murailles de la ville (1604). — Fol. 427. Édit du roi Henri IV, pour la création de huit greniers à sel en Bresse (1603).

C. 2092. (Registre.) — In-folio, 305 feuillets, papier.

1598-1606. — Enregistrements (suite). — Fol. 1. Bail à cens d'un emplacement près la cour du Roi au château de Talant (1604). — Fol. 6. Lettres de don des revenus du domaine à Versoy et au pays de Gex, fait au duc de Bellegarde, gouverneur de Bourgogne (1603). — Fol. 13. Lettres du roi Henri IV qui exempte de toutes tailles les biens des Genevois, situés dans le pays de Gex (1603). — Fol. 25. Provisions d'office d'avocat du Roi au bailliage de la Montagne en faveur de J. Graveron (1604) ; — Fol. 26. de grenetier de Saulx-le-Duc, pour J. Demange (1604) ; — Fol. 37. de conseiller-maître à la Chambre des comptes, pour M⁰ Claude Gaillard (1604); — Fol. 50. de procureur du Roi au siège de Belley, en faveur de J. Bocelin (1604). — Fol. 57. Lettres-patentes obtenues par les officiers de la Chambre des comptes, pour le paiement de leurs gages (1605). — Fol. 62. Mandement de l'Épargne de la somme de 3,600 livres au profit du sieur de Baugis, agent pour le Roi près l'Empereur (1605). — Fol. 66. Provisions de l'office de payeur des gages des officiers du Parlement, obtenues par Claude Catin (1605). — Fol. 73. Paiement d'une pension au sieur Gontheri, réfugié du marquisat de Saluces (1605). — Fol. 91. Articles présentés au Roi par les syndics et habitants de Bourg, sur la situation de la ville et répondus par S. M. (1604). — Fol. 85. Provisions de l'office de gouverneur de la ville et du château de Châtillon-sur-Seine, obtenus par le vicomte de Semoyne (1598). — Fol. 91. Lettres patentes qui accordent des fonds aux officiers du bailliage de Bresse, pour des réparations et augmentations dans l'auditoire (1605). — Fol. 98. Avis du Bureau touchant une imposition pour la réparation des halles d'Auxonne (1605). — Fol. 105. Autre pour la construction des prisons royales de cette ville (1605). — Fol. 107. Provisions de l'office de conseiller au Parlement, en faveur de Jean de Moisson (1605). — Fol. 111. Arrêt du Conseil d'État touchant le cours des monnaies (1605). — Fol. 121. Lettres de réunion de la terre de Montluel à la Couronne (1605). — Fol. 129. Commission pour imposer une somme de 106,146 livres de taille sur les élections de Bourg et Belley (1605). — Fol. 148. Provisions de l'office de châtelain de Saulx-le-Duc, pour Barthélemy Baudot (1605). — Fol. 152. Bail de la ferme de la traverse et draps pour cuer en Bresse et Bugey (1605). — Fol. 156. Lettres de décharge de la recette du sel pour livre des deniers d'octroi, obtenue par les États du duché (1606). — Fol. 164. Provisions de l'office de maître particulier des eaux et forêts à Dijon, obtenues par Gabriel Richard (1605). — Fol. 167. Avis au Roi sur une demande de secours formée par les religieux d'Oigny, pour la réparation de l'église et du couvent (1606). — Fol. 176. Provisions de l'office de receveur du domaine de Bresse et Bugey, pour M. de Gendrier (1605). — Fol. 182. Autres de lieutenant particulier, assesseur criminel au présidial de Bourg, pour Samuel de Truchis, (1605). — Fol. 193. Lettres de continuation d'un octroi sur le vin, obtenues par les habitants d'Auxerre (1605). — Fol. 192. Autres de la pension de 600 livres accordée à H. Picardet, procureur général au Parlement (1606). — Fol. 199. Pension de 2,400 livres octroyée à M. de Granet, lieutenant-général en Bresse (1606). — Fol. 212. Provisions de l'office de bailli de Bresse, pour M. de la Tannerie (1606). — Fol. 222. Édit de création de l'office de grand-prévôt en Bourgogne et Bresse, et provisions en faveur de M. de la Fondrière (1604). — Fol. 243. Provisions de l'office de trésorier provincial de l'extraordinaire des guerres et des mortes-payes, en faveur de Jacques Hotman (1604); — Fol. 263. Provisions de l'office d'avocat général à la Chambre des comptes, en faveur de Pierre de la Mare (1605); — Fol. 269. Id., de procureur du Roi au bailliage de Chalon, pour Jacques Giroud (1605), — Fol. 287. Id., d'avocat du Roi au même siège, pour J. Crettin (1601); — Fol. 293. Id., de conseiller au Parlement, en faveur de Gabriel d'Esbarres (1606). — Fol. 297. Avis au Roi sur les moyens de préserver la ville de Seyssel des inondations du Rhône (1606).

C. 2093. (Registre.) — In-folio, 380 feuillets, papier.

1582-1607-1608. — Enregistrements (suite). — Fol. 3. Provisions de l'office de président au présidial d'Auxerre, pour Philippe Guibert (1605). — Fol. 12. Lettres de confirmation du privilège de Franc-Salé, obtenues par la Chambre des comptes (1607). — Fol. 13, 16. Provisions d'offices d'huissiers au Parlement, pour Edme Chauvin (1605) et F. Gaut (1606). — Fol. 35. Don fait par le roi Henri IV, à Pierre de Beringham, son premier valet de chambre, des biens de la succession de Marie Robert, fille bâtarde de Pierre Robert, trésorier de France (1606). — Fol. 36. Provisions de l'office de trésorier de France, obtenues par Pierre Desportes (1606); — Fol. 43. d'avocat du Roi à la Table de marbre, en faveur de J. Cothenot (1602). — Fol. 42. Délivrance des matériaux des fortifications du château de Pontailler (1607). — Fol. 51. Confirmation, par le roi Henri IV, des privilèges et franchises accordées aux habitants de Seyssel par Amédée et Édouard, comtes de Savoie (1604). — Fol. 60. Provisions de l'office d'avocat du Roi à la Chambre des comptes, en faveur de Jean Baudouin (1606); — Fol. 66. de président à la même Chambre, obtenues par Claude Gaillard (1606); — Fol. 71. de conseiller au présidial d'Auxerre, pour Nicolas Bargedé (1606); — Fol. 75. de conseiller-maître de la Chambre des comptes, pour Bernard de la Grange (1606); — Fol. 92. de conseiller au présidial de Bourg, pour Bonaventure Berthaud (1606). — Fol. 85. Mandement de l'épargne, pour le paiement de 1,800 livres à Pierre de Birague, au marquisat de Saluces (1607). — Fol. 94. Missive du duc de Sully aux trésoriers, pour la vérification en grande connaissance de cause, de plusieurs contributions extraordinaires (1607). — Fol. 97. Lettres de continuation d'un subside sur le vin, obtenues par les habitants de Semur (1607). — Fol. 102. Autres de l'octroi sur plusieurs denrées, obtenues par les habitants de Chalon-sur-Saône, pour la réparation des ponts, des portes et du pavé (1607). — Fol. 107. Arrêt du Conseil d'État obtenu par les anoblis depuis 50 ans du Bugey, qui les exempte des tailles, moyennant le paiement du 20ᵉ de la valeur de leurs biens, aux communautés, sur le territoire desquelles ils sont situés (1607). — Fol. 109, 112. Confirmation des lettres d'anoblissement accordées par le duc de Savoie, à Abraham Vermeil, Jean Georges (1593) et Claude des Bordes (1582), du village de Cerdon. — Fol. 120. Lettres patentes obtenues par les pays confédérés du Valais, pour le traité du sel de France (1602). — Fol. 133. Provisions de l'office de receveur général des finances en faveur de Claude Petit (1607); — Fol. 144. de président au Parlement, pour Vincent Robelin (1607); — Fol. 147. de conseiller, pour Nicolas Jaquotot (1607). — Fol. 154. Révocation de l'édit d'union du prieuré de Pelletans-en-Bresse à l'abbaye de Saint-Pierre-de-Riom (1605). — Fol 164. Commission pour l'imposition sur le pays d'une subvention de 18,000 livres, au lieu du subside pour livre (1608). — Fol. 172. Provisions de l'office de conseiller au Parlement, en faveur de J.-B. Lantin (1607). — Fol. 175. Autres en faveur de J.-B. Lenot (1607); — Fol. 182. d'élu à Bourg, pour J. Ponssard (1608); — Fol. 186. de lieutenant général au bailliage de Dijon, pour René Gervais (1608). — Fol. 196. Édit de création des offices de commissaires des montres des prévôts des maréchaux (1587). — Fol. 203. Don de 3,600 livres, fait par le Roi au sieur de Villars-Boyvin, bailli de Gex (1608). — Fol. 227. Provisions de l'office de conseiller au Parlement, obtenues par Bénigne de Thésut (1607). — Fol 238. Acte de partage des vignes du clos du Roi à Chenôve, récemment aliénées (1608). — Fol. 245. Lettres de légitimation et d'anoblissement obtenues par Hercule Des Roys, fils naturel d'André Des Roys, écuyer, sieur de Mâcon-en-Dauphiné (1608). — Fol 251. Arrêt du Conseil qui, pour raison de débats entre les trésoriers à Dijon et le Parlement, évoque au Parlement de Paris toutes les causes portées par les premiers devant celui de Dijon (1604). — Fol. 252. Commission donnée au trésorier Venot, pour la confection du terrier du Domaine en Bourgogne (1607). — Fol. 262. Mandement de l'Épargne, de 6,000 livres au duc de Bellegarde, comme gouverneur de la Province (1608). — Fol. 263. Provisions de l'office de trésorier de France, en faveur de Guillaume Fleury (1608); — Fol. 266. de grand-maître enquêteur général réformateur des eaux et forêts en Bourgogne, pour Bernard Prudhomme (1608). — Fol. 303, 306. Lettres de convocation des États de Bourgogne et de ceux du comté d'Auxonne (1608). — Fol. 314. Remontrances faites par le Bureau au duc de Sully, touchant le bail de la ferme des Gabelles (1608). — Fol. 321. Provisions de l'office de gouverneur de la chancellerie, en

Bourgogne, obtenues par Jacques Richard (1607); — Fol. 329. d'avocat du Roi au bailliage de Dijon, pour Jean Cothenot (1608); — Fol. 334. de procureur du Roi au bailliage de Saint-Jean-de-Losne, pour Jacob Lecomte (1607). — Fol. 339. Lettres de continuation de l'octroi sur la courtepinte, obtenues par les habitants de Saulieu (1608).

C. 2094. (Registre.) — In-folio, 375 feuillets, papier.

1601-1611. — Enregistrements (suite). — Fol. 4. Ordonnance du Bureau pour le paiement des réparations faites au pont de Seyssel (1609).—Fol. 6. Lettres de continuation d'octroi, obtenues par les habitants de Châtillon (1608); — Fol. 7. par ceux de Mâcon (1605); — Fol. 11. Bail des boutiques du Palais-de-Justice à Dijon (1609). — Fol. 17. Ordonnance d'interdiction de charge, prononcée par le Bureau contre M. de Chaumelis, receveur général des finances du Duché (1609).— Fol. 19. Ordonnance touchant la démolition du château de Talant (1609). — Fol. 25. Lettres de prolongation d'octroi, obtenues par les habitants de Beaune (1608). — Fol. 32. Lettres de confirmation à Horatio Franchini, gentilhomme parmesan, écuyer de la grande écurie, de l'office de capitaine des deux garennes, que le feu maréchal de Biron avait reçu l'ordre d'établir aux environs de Beaune et de Dijon pour le plaisir du Roi (1609). — Fol. 37. État des réparations à faire aux fortifications de la Province (1609). — Fol. 46. Mandement du roi Henri IV, pour faire jouir le vicomte de Tavannes des émoluments de la charge de gouverneur de Talant (1607). — Fol. 57. Provisions de l'office de trésorier de France, en faveur de Gilles Bavyn (1609); — Fol. 61. de François de Bouin, bailli de Gex (1601). — Fol. 82. Lettres de ratification de l'aliénation de la terre de Saint-Seine-sur-Vingeanne, faite au duc et à la duchesse de Retz (1609). — Fol. 87. Don fait par le Roi au duc de Bellegarde, des matériaux provenant de la démolition du château de Talant (1608). — Fol. 90, 91. Ordonnance et avis du Bureau, touchant la construction de l'auditoire et des prisons du bailliage et la réparation du pont de Saint-Jean-de-Losne (1609). — Fol. 102. Autre pour celles du château de Pontailler (1609). — Fol. 110. Lettres de de confirmation des foires et des privilèges de la ville de Tournus, par le roi Henri IV (1619); — Fol. 114. des franchises et exemptions de Préty et La Crot (1609). — Fol. 116. Ordonnance pour la réparation de l'auditoire du bailliage de Dijon (1609); — Fol. 126. de ceux de Saint-Jean-de-Losne et de Nuits (1609). — Fol. 131. Ordonnance concernant les offices de procureurs postulants (1609). — Fol. 135. Provisions de l'office de conseiller et commissaire aux requêtes du palais, à Dijon, en faveur de Étienne Boyer (1607). — Fol. 140. Concession faite, par le roi Henri IV, de deux nouvelles foires aux habitants de Tournus (1601). — Fol. 146. Autre d'octrois, obtenus par les habitants d'Avallon (1601). — Fol. 148. Provisions de Michel Thibaut, avocat du Roi au présidial d'Auxerre (1607); — Fol. 149. de François Procès, procureur du Roi à la Table de marbre à Dijon (1609); — Fol. 150. de François Procès, portier des fort et du donjon de Saulx (1609). — Confirmation, par le roi Henri IV, des franchises et privilèges des habitants de Flagey-les-Gilly (1609). — Fol. 156. Provisions de Pierre de la Mare, conseiller-maître des comptes à Dijon (1610). — Fol. 160. Lettres d'assiette de l'impôt sur le pays et duché de Bourgogne (1610). — Fol. 152. Partage du bois de Débat à Détain, commun entre le Roi et le grand prieuré de Saint-Vivant (1609). — Fol. 173. Ordonnance concernant la conciergerie du palais (1610). — Fol. 175. Provisions de M. de Boisselot, capitaine de Vergy (1609); — Fol. 180. de Maclou de Ganay, lieutenant général des eaux et forêts en Bourgogne (1607); — Fol. 182. de Jacques Guijon, procureur du Roi à Autun (1606). — Fol. 192-202. Lettres d'affranchissement de la main-morte des villages du prieuré de Nantua, par André Frémyot, archevêque de Bourges (1608). — Fol. 206. Provisions de Claude Bossuet, conseiller au Parlement et commissaire aux requêtes du palais (1610). — Fol. 222. Lettres de confirmation au vicomte de Tavannes, de la jouissance des prés dépendant de la capitainerie de Talant (1610). — Fol. 230. Bail à cens d'une place dépendant du Teureau de Bert, près la ville d'Auxerre (1610). — Fol. 237. Lettres patentes du Roi Louis XIII, portant règlement pour l'élection du maire de Dijon (1610). — Fol. 240. Lettres de provisions de l'office de premier président du Parlement, obtenues par Nicolas Brulart (1610). — Lettres de continuation d'octroi, accordées aux habitants de Mâcon (1611). — Fol. 266. Lettres de provisions de gouverneur en titre du duché de Bourgogne, données au duc de Bellegarde (1610). — Fol. 279. Lettres de cachet du roi Louis XIII et de sa mère la régente Marie de Médicis sur le gouvernement des finances (1611). — Fol. 286. Provisions de P. Pourcelet, receveur des domaines et bois en Bourgogne (1608). — Fol. 292. Lettres d'anoblissement de Rémond de Crimieux, procureur du Roi au bailliage de Bourg (1609). — Fol. 299. Lettres de concession d'octroi sur les marchandises, accordées aux habitants d'Autun (1611). — Fol. 300. Provisions de Georges de Souvert, conseiller au Parlement (1611); — Fol. 302. de Nicolas Gagne, trésorier de France (1611). — Fol. 306. Remontrances du Bureau, touchant les réparations de la conciergerie du palais à Dijon (1611). — Fol. 313. Provisions de Benoît Giroud, président au Parlement (1610); — de Paul Dumay, conseiller (1611); — Fol. 322. de Souvert, nommé conseiller laïc audit Parlement (1611); — Fol. 330. de Théodore Pinsonnat, président au Bureau des finances (1611); — Fol. 332. de Prudent Boisselier, conseiller au Parlement (1611). — Fol. 336. Bail à cens d'un emplacement pour moulin à Verrières-sous-Glenne, au bailliage d'Autun (1611). — Fol 347. Ordonnance pour les réparations des moulins de Perrigny-sur-l'Ognon (1611).

C. 2095. (Registre.) — In-folio, 845 feuillets, papier.

1591-1613. — Enregistrements (suite). — Fol. 8. Lettres patentes du roi Louis XIII, portant concession d'octrois aux habitants de Bligny-sur-Ouche, pour le paiement de leurs dettes (1611). — Fol. 11. Provisions de Philippe Rigollier, chapelain de la chapelle du grand-autel au château de Rouvres (1611) ; — Fol. 15. de Jean Fleutelot, conseiller-maître des comptes à Dijon (1611) ; — Fol. 19. de J. Logerot, maître particulier des eaux et forêts au bailliage de la Montagne (1611) ; — Fol. 23. de Claude Potel, conseiller et commissaires des requêtes du palais à Dijon (1611). — Fol. 33. Ordonnance du Roi, touchant la démolition de la citadelle de Bourg (1611). — Fol. 53. Lettres du don du revenu des châtellenies de Rouvres et de Pontailler, fait au duc de Bellegarde, gouverneur de la province (1611). — Fol. 55. Avis au Roi pour établir la taille personnelle en Bresse (1612). — Fol. 65. Ordonnances du Bureau, pour les réparations d'Auxonne et du pont de Seurre (1612). — Fol. 69. Provisions de Lazare Chevalier, conseiller à la Table de Marbre de Dijon (1608). — Fol. 77. Provisions de Jacques de Cluguy, lieutenant criminel en la prévôté d'Avallon (1611) ; — Fol. 99. de J. Massol, président à la Chambre des comptes (1611). — Fol. 100. Lettres d'anoblissement accordées par Catherine d'Autriche, duchesse de Savoie à François Sottomaz, dit Tocquet de Nantua (1591). — Fol. 105. Provisions de Pierre d'Esbarres, président au Parlement de Dijon (1612) ; — Fol. 107. de P. Tiraqueau, trésorier de France (1612) ; — Fol. 108. de Charles Robineau, receveur général des bois en Bourgogne (1611) ; — Fol. 124. Id., de Jacques Venot, trésorier et garde des chartes de la Chambre des comptes (1612). — Fol. 135. Concession faite par le Roi aux Cordeliers de Bourg, de l'emplacement de la citadelle pour y construire leur couvent (1612). — Fol. 146. Décharge de tailles obtenue par les habitants de Ceyserieux en Bugey, dont un incendie avait détruit les maisons (1612). — Fol. 153. Provisions de Claude Saumaise, conseiller laïque au Parlement (1602) ; — Fol. 157. de Hugues Pouillard, lieutenant-général au bailliage de Mâcon (1612) ; — de J. Morin, conseiller-clerc au Parlement (1612) ; — Fol. 174. Lettre d'assiette pour l'imposition de la subvention en Bourgogne (1612). — Fol. 179. Provisions de Jean-François de Gand-Remond, conseiller au Parlement (1612). — Fol. 190. Brevet qui accorde aux capucins de Bourg l'autorisation de bâtir leur couvent sur l'emplacement de la citadelle (1612). — Fol. 208. Lettres-patentes pour l'augmentation des gages des officiers du Parlement (1613). — Fol. 210. Provisions de Nicolas de Gaulle, conseiller et commissaire aux requêtes du palais (1612) ; — Fol. 219. de bailli de Bresse en faveur de Jacques de Champier, baron de la Batye (1610) ; — Fol. 220. de Guillaume de Govallois, bailli de Bourbon Lancy (1612). — Fol. 227. Confirmation aux habitants de Fontaine-Française du privilège d'user du sel de Comté (1613). — Fol. 237. Provisions de J.-B. Marlou, maître à la Chambre des comptes ; — Fol. 267. de Barthélemy de Roux, lieutenant-général au bailliage de Belley (1613). — Fol. 277. Ordonnance du Bureau, touchant la Chambre à sel établie à Chagny (1613). — Fol. 306. Lettres de continuation d'octrois, obtenues par les habitants de Semur (1613). — Fol. 328. Avis au Roi touchant la proposition d'échange de la châtellenie royale de la Toison, contre la seigneurie de Senavelle, appartenant au président Jeannin (1613).

C. 2096. (Registre.) — In-folio, 153 feuillets, papier.

1608-1614. — Enregistrements (suite). — Fol. 8. Articles ou cahiers présentés au Roi par les trois ordres du Bugey (1614). — Fol. 10. Arrêt du Conseil d'État qui augmente de six archers la prévôté des maréchaux de Bourgogne, pour l'établissement d'une prévôté à Gex (1609). — Fol. 12. Provisions d'Olivier Foudrial, président au siège présidial d'Auxerre (1611). — Fol. 31. Bail à cens d'une place vuide, joignant l'écurie de la maison du Roi à Dijon (1614). — Fol. 33. Provisions de Jacques Cugnois, concierge de la Chambre des comptes de Dijon (1613). — Fol 34. Édit du roi Henri IV (1608), portant rétablissement des Bureaux des finances supprimés en 1598. — Fol. 44. Provisions d'Étienne Constant, receveur des amendes de la cour du Parlement (1614). — Fol. 53. Arrêt du Conseil, pour l'assiette de la cotisation demandée par les juges consuls de la ville de Dijon, pour la construction d'un auditoire aux halles (1613). — Fol. 60. Provisions de Palamèdes Gontier, Élu du Roi aux États de Bourgogne (1614). — Fol. 61. Lettres patentes de Louis XIII, qui maintient à M. de Bourdillon, seigneur d'Epoisses, le droit d'usage dans les forêts du domaine, sa vie durant (1613). — Fol. 65. Lettres d'assiette de l'impôt pour la réparation des levées d'Arc-sur-Tille (1613). — Fol. 67. Lettres d'amortissement des biens de la dotation du couvent des Feuillants de Fontaine (1614). — Fol. 82. Lettres d'assiette d'un impôt de 5,500 livres pour la construction de l'auditoire de la Table de Marbre au Palais à Dijon (1613). — Fol. 89. Provisions de Claude Bouton, président de l'élection de Mâcon (1614). — Fol. 92. Règlement pour les limites entre la Bresse et la Dombe (1612). — Fol. 98. Lettres de convocation des États de Bourgogne pour le 18 septembre 1614. — Fol. 107. Provisions de Louis Chassepot, procureur du Roi au bailliage de Chalon (1614). — Fol. 110, 111. Ordonnances du bureau pour les réparations du château de Bourbon-Lancy, des moulins et des étangs de Sagy (1614). — Fol. 113. Don d'une maison à Talant, fait par le Roi à M. de la Fondrière, grand-prévôt de Bourgogne (1612). — Fol. 124. Provisions de Hugues Lecompasseur, receveur général du taillon (1614). — Fol. 140. Ordonnance pour la réparation des fortifications d'Auxerre (1614).

C. 2007. (Registre.) — In-folio, 241 feuillets, papier.

1612-1616. — Enregistrements (suite). — Fol. 1 verso. Achat d'une maison pour l'auditoire du bailliage de Gex (1615). — Fol. 14. Provisions de J. Carrelet, premier huissier du Parlement (1614). — Fol. 18. Avis au Roi touchant les anciennes murailles de Chalon (1615). — Fol. 37. Taxe faite par le Conseil d'État aux députés du Pays de Bresse à l'assemblée des États généraux (1615). — Fol. 49. Provisions de Pierre de Xaintonge, avocat général au Parlement (1614). — Fol. 59. Remontrances faites au Roi par les Élus des États de Bourgogne, touchant les états au vrai des deniers d'octroi (1615). — Fol. 113. Lettres de continuation d'octroi, accordées aux habitants de Beaune (1614). — Fol. 127. Provisions d'Alexandre Arcelin, élu en l'élection de Mâcon (1612); — Fol. 145. de Guillaume Gaillard, lieutenant général au Bailliage de Dijon (1615); — Fol. 148. Id. de Hubert de la Rivière, bailli et gouverneur d'Auxerrois (1613); — Fol. 151. de Nicolas Moisson, avocat du Roi au Bailliage de Mâcon (1613); — Fol. 156. de Jacques de Sayve, président au Parlement de Dijon (1613); — Fol. 192. de Antoine Gautier, conseiller-maître à la Chambre des comptes de Dijon (1615). — Fol. 204. Lettres du don fait à M. de Coulanges de tout le droit dû au Roi sur la terre de Coulanges (1615). — Fol. 209. Avis pour la réparation du grand chemin de Fauverney (1616). — Fol. 210. Autre pour celle du pont de St-Jean-de-Losne (1616). — Fol. 217. Provisions de Barthélemy Darlay, conseiller-maître extraordinaire à la Chambre des comptes (1615).

C. 2008. (Registre.) — In-folio, 409 feuillets, papier.

1605-1618. — Enregistrements (suite). — Fol. 1. Provisions de Melchior du Vaigne, lieutenant particulier au Bailliage d'Auxerre (1614); — Fol. 12. de Germain de Gissey, receveur du Bailliage de la Montagne (1616). — Fol. 56. Avis au Roi, concernant la demande des maire et échevins de Chalon, touchant la pêche des poissons à la suite des débordements de la rivière de Saône (1616). — Fol. 67. Provisions de M. Hector Joly, conseiller-maître à la Chambre des comptes (1616). — Fol. 87. Ordonnance royale pour le paiement des anciens gages dus au vicomte de Tavannes, chevalier d'honneur du Parlement (1616). — Fol. 118. Provisions d'Isaac Lemulier, lieutenant particulier au Bailliage d'Autun (1615); — Fol. 123. de Charles Charbonnier, procureur du Roi au Bailliage de Bourg (1615); — Fol. 165. de Jacques Vallon, conseiller-clerc au Parlement (1616); — Fol. 174. de Philippe Fyot, conseiller laïc au Parlement (1616); — Fol. 177. de Edme Pitoiset, geôlier des prisons de Châtillon (1617); — Fol. 190. de François Blondeau, conseiller et garde des sceaux de la chancellerie du Parlement (1614); — Fol. 192. d'Étienne Martene, avocat général à la Chambre des comptes (1617); — Fol. 204. de Jean de Gouvenain, procureur du Roi au Bailliage de Charolles (1616). — Fol. 221. Commission envoyée aux Élus de Bourg, pour les tailles ordinaires (1617). — Fol. 240. Lettres d'assiette de l'imposition pour les réparations de l'auditoire d'Auxerre (1617). — Fol. 257. Lettres de confirmation aux habitants de Fays-Billot, Mouvy, Merrey et Bassoncourt, de la liberté d'user du sel de Comté (1615). — Fol. 267. Don du revenu de la châtellenie de Montluel, fait par le Roi au duc de Bellegarde, gouverneur de Bourgogne (1617). — Fol. 270. Provisions de Jean Legrand, président à la Chambre des comptes (1617). — Fol. 275. Défense faite par le Bureau aux officiers du Bailliage de la Montagne, de ne rien imposer sans commission (1618). — Fol. 282. Provisions de Ponthus de Cibereau, bailli de Mâcon (1617). — Fol. 293. Lettres de continuation d'une aumône annuelle de 100 livres sur les tailles, obtenue par les religieuses clarisses de Bourg (1618). — Fol. 294. Provisions de J. Folin, conseiller à la Table de Marbre de Dijon (1615); — Fol. 314. de Vincent de Bernugat, conseiller au Parlement (1617); — Fol. 321. de Antoine Drouas, conseiller-maître à la Chambre des comptes (1618). — Fol. 324. Remontrances des habitants de St-Jean-de-Losne, au sujet de l'acquisition de la maison de l'auditoire du Bailliage (1618). — Fol. 339. Provisions de Philibert Descrots, lieutenant général au Bailliage d'Autun (1605). — Fol. 341. Ordonnance touchant la réparation des bâtiments joignant le Jeu de paume de la maison du Roi à Dijon (1618). — Fol. 352, 354. Lettres pour la convocation des États de la Province et de ceux du comté d'Auxonne (1618). — Fol. 356. Provisions de Pierre Venot, conseiller-maître de la Chambre des comptes (1617); — Fol. 367. de Denis Bouteiller, trésorier de France (1618); — Fol. 390. de Toussaint Porteret, maître maçon des ouvrages du Roi (1618).

C. 2099. (Registre.) — In-folio, 498 feuillets, papier.

1591-1623. — Enregistrements (suite). — Fol. 1. Lettres d'office de contrôleur des fortifications en Bourgogne, pour Gilbert de Pringles (1618); — Fol. 3. Id. de grand louvetier en Bourgogne et Bresse, pour Roger Blondeau, sieur de Sivry (1617). — Fol. 8. Ordonnance pour la réparation du pont de Seurre (1619). — Fol. 14. Lettres de charte, par lesquelles le roi Louis XIII fonde le monastère des Feuillants de Fontaine d'une rente de 1000 livres sur la recette générale et d'une somme de 3000 livres une fois payée pour la construction de la chapelle (juillet 1618). — Fol. 17. Provisions de Girard Richard, Élu du Roi aux États de Bourgogne (1618) ; — Fol. 30. de portier du château de Rouvres pour Philippe Byet (1618) ; — Fol. 32. de Jean Dubuisson, lieutenant civil et criminel au bailliage de Gex (1618). — Fol. 35. Défense à toutes personnes d'enlever les matériaux des démolitions du château de Talant (1619). — Fol. 43. Arrêt du Conseil d'État qui change les quatre offices de maîtres extraordinaires en la Chambre des comptes en maîtres ordinaires (1617). — Fol. 59. Provisions de l'office de conseiller au Parlement en faveur de Denis Brulard (1619) ; — Fol. 69. de Jacques Folin, conseiller à la Table de Marbre de Dijon (1618). — Fol. 72. Arrêt du Conseil d'État qui autorise l'établissement d'une chambre à sel à Vitteaux (1618). — Fol. 80. Provisions de Claude Robert, auditeur à la Chambre des comptes (1619) ; — Fol. 87. de Louis Arnaud, contrôleur des restes à la Chambre des comptes (1615); — Fol. 97. de Hugues de la Croix, payeur triennal des gages des officiers du Parlement (1619). — Fol. 109. Provisions de Philibert Bernardon, président à la Chambre des comptes (1619) ; — Fol. 116. du sieur de Lantages, bailli de la Montagne (1618). — Fol. 118. Don de la cour et place du château du Seyssel, à Fr. Boujat, prêtre, pour y édifier une chapelle (1618). — Fol. 123. Provisions de Joseph de Brun, maître des ports, ponts et passages de Bourgogne (1619) ; — Fol. 135. de Mathieu Bauldry, huissier au Parlement (1619) ; — Fol. 142. de Prudent Boissolier, conseiller au Parlement (1619). — Fol. 167. Mandement de l'Épargne pour le versement d'une somme de 10,073 livres destinée aux menus plaisirs du Roi (1620). — Fol. 181. Provisions de Gaspard Gonthier, conseiller aux requêtes du Palais à Dijon (1619). — Fol. 185. Pension de 108 livres, obtenue par Antoine Parisot, garde des oiseaux de poing de S. M. à Villiers-le-Duc (1619). — Fol. 191. Provisions de Philibert Leclere, président au Présidial d'Auxerre (1620) ; — Fol. 195. d'Antoine Jacquot, conseiller au Parlement (1619). — Fol. 197. Autres pour Claude Fremyot. — Fol. 199. Réception des ouvrages de construction de la halle de Seurre (1620). — Fol. 207. Provisions d'Adrien Secousse, trésorier de France à Dijon (1620) ; — Fol. 208. de Jacques Guijon, procureur du Roi au Bailliage d'Autun (1619). — Fol. 218. Ordonnance du Bureau, touchant les réparations faites aux moulins et écluses de Perrigny-sur-l'Ognon (1620). — Fol. 224. Provisions de Guillaume Guinet, procureur du Roi au Bailliage de Belley (1620); — Fol. 235. de Nicolas Triboulle, lieutenant criminel et commissaire extraordinaire au présidial d'Auxerre (1620); — Fol. 240. de Claude Rousselet, grand-maître des eaux et forêts en Bourgogne et Bresse (1620). — Fol. 250. Ordonnance touchant la construction de l'auditoire du Bailliage de Chalon (1621). — Fol. 250. Remontrances présentées au Roi par les officiers du Parlement, de la Chambre des comptes et du Bureau de finances au sujet du rétablissement du droit annuel (1620). — Fol. 265. Ordonnance de paiement du prix d'une maison située près le Logis du Roi, à Dijon, achetée par le Domaine (1621). — Fol. 311. Bail à cens de 15 arpents de terre à St-Germain de Modéon (1621). — Fol. 317. Provisions de trésorier de France, obtenues par Lazare de la Toison, secrétaire du Roi (1620); — Fol. 321. de procureur général de la Chambre des comptes, en faveur de Lazare de Pringles (1620). — Fol. 344. Avis au Roi d'accorder 5000 livres aux habitants d'Auxonne, à l'effet d'acheter une maison pour y établir l'auditoire et le lieu d'assemblée des États du Comté (1621). — Fol. 367. Lettres patentes du roi Louis XIII, portant augmentation des menus nécessités des officiers du Parlement jusqu'à 7000 livres (1620). — Fol. 394. Permission à François Cautin, tanneur à Montluel, de bâtir un battoir et moulin à écorce sur la rivière (1621). — Fol. 398. Provisions de Claude Chaussey, maître des œuvres de charpenterie du Roi en Bourgogne (1630) ; — Fol. 399. de Michel de Toulorge, avocat du Roi au Bailliage de St-Jean-de-Losne (1620) ; — Fol. 402. de Henri Petit, conseiller-maître à la Chambre des comptes (1621). — Fol. 404. Provisions de Germain Leclerc, sieur des Boisseaux, grand maître des Eaux et forêts de Bourgogne (1622); — Fol. 407. de Simon Villemeureux, garde des celliers du Roi à Chenôve et à Talant (1621); — Fol. 411. de Joly, baron de Langes, bailli de Bresse (1622); — Fol. 427. de Simon Bernard, maître particulier des Eaux et forêts à Dijon (1620). — Fol. 430. Lettres de légitimation de Lude Robert, fille naturelle de François Robert et d'Antoinette Bouveron (1621). — Fol. 431. Lettres d'anoblissement, accordées par le duc de Savoie à Gaspard Bruisset, secrétaire des armes (1594). — Fol. 434. Articles arrêtés entre la Chambre des comptes et le Bureau des finances, touchant les rangs et fonctions de leurs charges (1617). — Fol. 439. Commission du Roi au sieur Olier, conseiller d'État, pour assister à l'assemblée des États et obtenir l'aide que ceux-ci avaient refusé à leur première convocation.

C. 2100. (Registre.) — In-folio, 452 feuillets, papier.

1616-1626. — Enregistrements (suite). — Fol. 1. Confirmation des lettres de noblesse accordées par le duc de Savoie à Georges des Bordes (1620). — Fol. 32 et 34. Confirmation par le roi Louis XIII des privilèges, immunités et franchises des chartreux de Meyria et d'Arvières en Bugey (1620). — Fol. 49. Avis au Roi pour les réparations à faire aux bâtiments de la Chambre des comptes et du Parlement (1623). — Fol. 51. Provisions de l'office de bailli de Chalon pour Claude Charles Roger de Bauffremont, marquis de Sennecey (1621). — Fol. 60.

Taux et tarifs de la douane de Valence (1621). — Fol. 68. Provisions de Jacques Valon, trésorier de France (1623); — Fol. 85. de Guillaume Pouffier, gouverneur de la chancellerie du duché de Bourgogne (1621); — Fol. 88. de Jacques Fyot, conseiller au Parlement (1622); — Fol. 101. de J.-B. Rabyot maître particulier des Eaux et forêts d'Autun, Bourbon-Lancy, et Montcenis (1616). — Fol 112. Bail pour le « fournissement » du sel en Suisse (1620). — Fol. 129. Lettres de légitimation de Jeanne, fille naturelle de Pierre de Maupied, demeurant à Aignay (1623). — Fol. 141. Lettres de « naturalité » accordées à J. Balbe, dit Brocard, natif de Ranconi en Piémont (1607). — Fol. 185. Autres accordées à J.-B. Ferrari, professeur de langue hébraïque, né à Milan (1613). — Fol. 202. Adresses au Roi, sur la demande formée par le sieur de Montperroux d'établir un coche d'eau sur la Saône depuis Chalon à Lyon (1624). — Fol. 209. Autre touchant les réparations de l'hôtel de la Monnaie à Dijon (1622).— Fol. 212. Provisions de Guillaume Pouffier sieur de Longepierre, grand-maître enquêteur et général réformateur des Eaux et forêts en Bourgogne (1623). — Fol. 225. Ordonnance du Bureau, portant règlement du greffe de la Table de Marbre à Dijon (1624). — Fol. 241. Autre touchant les limites de la Savoie et du Bugey (1124). — Fol. 244. Provisions de Pierre Fournoret, trésorier des mortes payes en Bourgogne (1624). — Fol. 274. Arrêt de suppression de la douane de Valence (1624). — Fol. 290. Lettres de confirmation de l'exemption des tailles sur les biens possédés par les Lyonnais en Bresse (1624). — Fol. 300. Provisions d'Antoine Loppin, conseiller-maître à la Chambre des comptes de Dijon (1624); — Fol. 304. de Philibert Jehannin, contrôleur général des finances en Bourgogne (1624); — Fol. 305. de Claude de Montillet, élu à Belley (1624); — Fol. 306. de Jacques Languet, conseiller correcteur à la Chambre des comptes (1624); — Fol. 312. de Gilles Blondeau, trésorier de France à Dijon (1621); — Fol. 315. de Jacques de Berbisey, conseiller au Parlement (1623); — Fol. 345. de Charles de Prosses, lieutenant général civil et criminel au bailliage de Gex (1625). — Fol. 367. de Bouthillier de Rancé, président de la Chambre des comptes de Dijon (1624); — Fol. 396. d'Étienne Filjean, conseiller-maître en ladite Chambre (1625) — Fol. 399, 400. de Gilles Bargedé et Ch. Leclerc, conseillers au Présidial d'Auxerre (1622); — Fol. 401. de Philibert Bridon concierge du Bureau des finances (1626); — Fol. 407. de Claude Lecompasseur, conseiller au Parlement (1625); — Fol. 409. Id. d'Alexandre Legrand, trésorier de France (1626). — Fol. 417. Lettres de légitimation des enfants naturels que le sieur de la Tour, sieur de Villars-Fontaine, avait eus de deux de ses servantes (1626). — Fol. 419. Provisions de M. de Guénegaud, trésorier de l'Épargne (1626); — Fol. 422. de Claude Mathoux, président de l'Élection de Mâcon (1626). — Fol. 325. Édit de création de la Cour des comptes, aides et finances à Dijon (1626, juillet).

C. 2101. (Registre.) — In-folio, 436 feuillets, papier.

1618-1630. — Enregistrements (suite). — Fol. 1. Provisions de P. Floriet, conseiller-maître à la Chambre des comptes de Dijon (1626); — Fol. 21. Id. de Galeran Gaillard, sieur de la Morinière, président en ladite Cour (1626); — Fol. 24. de Jean Le Roy, conseiller-maître en la même Cour (1626). — Fol. 28. Don fait par le Roi au duc de Chevreuse du produit des amendes prononcées contre les usuriers (1626). — Fol. 31. Provisions de l'office de trésorier de France, pour M. de la Mare (1626); — Fol. 37. Id. de Jacques Orlandin, seigneur de Ste-Claire, bailli de Gex (1626); — Fol. 46. de l'office de premier président du Parlement de Dijon, obtenues par J.-B. Legoux, sieur de la Berchère (1627). — Fol. 51. Arrêt du Conseil, qui transfère la Chambre des comptes de Dijon à Autun (1617). — Fol. 55. Avis au Roi touchant les secours demandés par le chapitre épiscopal d'Autun, pour la réparation de l'église St-Lazare, brûlée par le feu du ciel (1627). — Fol. 57. Provisions de l'office de bailli de Mâcon, pour le baron de Tavannes (1626); — Fol. 59. de M. de Commarin, bailli d'Auxois (1625); — de Guillaume Bernardon, conseiller laïc au Parlement (1625); — Fol. 61. de Jean Joly, conseiller-maître à la Chambre des comptes (1623). — Fol. 69. Avis au Roi sur les réparations à faire au jeu de paume du Roi à Dijon (1627). — Fol. 70, 72. Provisions de conseiller au Parlement, obtenues par Philippe Giroux (1627) et Jean Baillet (1626); — Fol. 80, 81. de conseiller-maître en la Chambre des comptes, pour MM. de Thésut et Filsjean (1626). — Fol. 94. Lettre de cachet du roi Louis XIII, pour l'habillement des soldats campés devant la Rochelle (1627). — Fol. 95. Provisions de Claude Grenette, conseiller-maître à la Chambre des comptes (1626); — Fol. 104. de P. Camus, sieur d'Olu, bailli gouverneur de l'Auxerrois, Vallée d'Aillant et Hurepoy (1627); — Fol. 105. de Mauroy, grand-maître enquêteur et général réformateur des Eaux et forêts de Bourgogne et Bresse (1627); — Fol. 111. de P. Baillot, trésorier de France (1627). — Fol. 116. Ordonnance portant défense d'enlever aucune pierre de la chapelle du château de Vergy (1628). — Fol. 148. Provisions de Thomas de Bullion, conseiller-maître à la Chambre des comptes (1627); — Fol. 151. de J. Desplaces, substitut du procureur général de ladite Chambre (1621); — Fol. 190, 193. de trésorier de France, pour Edme Régnier, seigneur de Montmoyen (1627); — Bernard Berbisey (1621) et Claude Cattin (1627); — Fol. 192. de Jean Soucelier, payeur des gages du Parlement (1627). — Fol. 199. Aliénation de 5 journaux de terre sur Talant, à Pierre Naissant, chauffecire de la Chambre des comptes (1628).

— Fol. 213. Édit de création de la chancellerie près la Chambre des comptes et Cour des aides, transférée à Autun (1627). — Fol. 229. Provisions de Jacques d'Autin, lieutenant criminel au bailliage de Bourg (1624); — Fol. 281. de Claude Marguenat, conseiller-maître à la Chambre des comptes de Dijon (1624); — Fol. 341. de Claude de Sayve, premier président de cette chambre (1628); — Fol. 345. de Claude Bretagne, conseiller au Parlement (1628); — Fol. 349. de Jean de Souvert (1628). — Fol. 351. Avis au Roi, touchant les réparations du palais épiscopal d'Autun (1629). — Fol. 355. Provisions de Jean Dugay, conseiller-maître à la Chambre des comptes (1629); — Fol. 357. de J. Jacob, avocat du Roi au bailliage d'Auxois (1618); — Fol. 319. de Bernard d'Esbarres, trésorier de France (1629) ; — Fol. 371. de André Bossuet, capitaine des plaisirs du Roi en la gruerie de Châlon (1628). — Fol. 371. Lettres de légitimation de Bertrand, fils naturel de Zacharie Piget, trésorier de France, et de Simonne Mugnier (1628). — Fol. 391. Provisions de François Saumaise, procureur général à la Chambre des comptes (1629). — Fol. 413. Lettres de confirmation du don fait au duc d'Orléans, du revenu des châtellenies de Bar-sur-Seine et Aisey-le-Duc (1629). — Fol. 415. Provisions de Claude Charbonnier, lieutenant-général au Bailliage de Bourg (1629) ; — Fol. 420-422. de Bénigne Sayve, conseiller eu Parlement (1629) ;—Fol.421, 422. de Philippe de Villers (1629) et J. Massol (1628) ; — Fol. 428. de J. Comeau, sieur de la Serrée (1628).

C. 2102. (Registre.) — In-folio, 403 feuillets, papier.

1626-1634. — Enregistrements (suite). — Fol. 10. Provisions de l'office de bailli d'Auxois, obtenues par Louis d'Ancienville, marquis d'Époisses (1630) ; — Fol. 14. de Claude Vignier, conseiller au Parlement (1630) ; — Fol. 21. de Bouthillier de Rancé, président de la Chambre des enquêtes au Parlement (1630). — Fol. 22. Édit de réunion de la Cour des aides au Parlement (1630). — Fol. 73. Provisions de Robelin, président au Présidial de Bourg (1630) ; — Fol. 82 bis. de J. Bouchu, président au Parlement (1630). — Fol. 90. de Nicolas Martineau, président de l'élection d'Auxerre (1629) ; — Fol. 93. de Claude Bretagne, conseiller au Parlement (1631) ; — Fol. 94. de M. de Tavannes, lieutenant au gouvernement du bailliage de Dijon (1630) ; — Fol. 91, 108, 109, 113, 120. Id. de J. Maillard (1631), Nicolas Valon (1630), Jean de Bullion (1131), de Macheco (1631) et Milletot (1629), conseillers au Parlement; — Fol. 110. de Maire, conseiller-maître à la Chambre des comptes (1631) ; — Fol. 123. de M. de Chaumelis, receveur général des finances de Bourgogne (1631); — Fol. 125, 127, 131, 132, 133. de MM. Mérault, Bouhier, Bernard (1630). d'Esbarres (1631), Joly et Floris (1630), conseillers au Parlement ; — Fol. 138. de Joly, conseiller-maître des comptes (1631). — Fol. 139. Provisions de la charge de gouverneur de Bourgogne et Bresse, données à Henri de Bourbon, prince de Condé (1631) ; — Fol. 141. de Badoux, trésorier de France (1631). — Fol. 143. Arrêt du Conseil et lettres patentes pour la révocation des Élections établies en Bourgogne (1631). — Fol. 136. Pouvoirs donnés à M. de Thianges, lieutenant du Roi en Bresse (1631). — Fol. 165. Érection de la terre de St-Uruge en baronnie, en faveur de Fr. de Thibaut, maître d'hôtel du Roi, lieutenant-colonel au régiment de Champagne, pour sa belle conduite au siège de Ré (1631). — Fol. 203. Édit de rétablissement de plusieurs offices de la Chambre des comptes (1631). — Fol. 207. Provisions de François Vedeau, conseiller au Parlement (1631) ; — Fol. 208, 209. de MM. de Ganay et Catherine, trésoriers de France (1628); — Fol. 212. de M. Givet, conseiller-maître des comptes à Dijon (1632) ; — Fol. 219. de Gaspard de Coligny, bailli de Charollais (1628) ; — Fol. 220. de M. Soyrot, conseiller-maître de la Chambre des comptes (1632); — Fol. 223 et 225. de MM. Fyot (1628), et de Bussères (1632), trésoriers de France ; — Fol. 252. de M. Favier, conseiller au Parlement (1631).—Fol.254.Édit de création de deux chevaliers d'honneur, des secrétaires et un premier huissier à la Chambre des comptes de Dijon (1632). — Fol. 262. Provisions de André d'Escroz, lieutenant-général au Bailliage d'Autun (1629) ; — Fol. 269. de M. Jany, trésorier de France (1631) ; — Fol. 270. de Claude de Saulx, baron de Tavannes et de Luguy, bailli du Mâconnais et capitaine de Mâcon (1629);—Fol. 274, 277 de Henri de Saulx, marquis de Mirebel, comme bailli de robe courte de Bourbon-Lancy et chevalier d'honneur du Parlement (1627); — Fol. 309. de Catherine, conseiller laïc au Parlement (1633). — Fol. 318. Lettres de don à M. le prince de Condé, des biens confisqués sur M. le duc de Montmorency (1633). — Fol. 324, 347. Provisions de Claude de Marguenat et Baillet, présidents en la Chambre des comptes de Dijon (1633) ; — Fol. 345. de Bretagne, conseiller au Parlement (1632) ; — Fol. 347, 349. de M. de Ganay fils, et Duval, trésoriers de France (1633); — Fol. 356. de M. Gaillard, président aux requêtes du Palais à Dijon (1633). — Fol. 358. de Jacques Terrion, sollicteur général des causes du Roi au Parlement et à la Chambre des comptes (1632) ; — Fol. 368. de M. d'Uxelles, lieutenant-général du Roi au Châlonnais (1629) ; — Fol. 384. de J. de Nicey, bailli de la Montagne (1626);— Fol. 388. de J. Lessee, bailli de Gex (1633) ; — Fol. 388. de l'office de chevalier d'honneur de la Chambre des comptes, en faveur d'Edme Régnier, sieur de Montmoyen (1632).

C. 2103. (Registre.) — In-folio, 344 feuillets, papier.

1618-1639. — Enregistrements (suite). — Fol. 17 et 22. Provisions de l'office de conseiller au Parlement, en faveur de

Bénigne Berbis et Bénigne de Macheco (1633) ; — Fol. 25. de l'office de contrôleur des mortes-payes en Bourgogne, obtenues par Odot Guéniot (1633). — Fol. 28. Concession faite par le roi Louis XIII de l'emplacement du château de Seyssel pour y bâtir un couvent de Capucins (1628). — Fol. 33. Édit de création des offices de receveurs et contrôleurs généraux et provinciaux des ponts et chaussées (1633). — Fol. 42. Provisions de Nicolas Fillote, secrétaire du Parlement (1633). — Fol. 43. Lettres d'érection du comté de Pont-de-Vaux en duché, en faveur d'Emmanuel de Gorrevod (1623). — Fol. 48. Autorisation donnée aux maire et échevins de Semur, de transférer leur chambre commune dans le bâtiment des prisons royales (1634). — Provisions de M. Lecomte, trésorier de France (1633) ; — Fol. 62. de Eustache le Boulanger, conseiller au Parlement de Dijon (1633). — Fol. 65. Lettres de naturalité obtenues par Christophe Dimanche, natif de Gorze en Lorraine (1633). — Fol 68. Provisions de M. A. Millotet, avocat général au Parlement (1633) ; — Fol. 71. de Guillaume Millière, conseiller-maître à la Chambre des comptes (1633). Fol. 75. Lettres de reconnaissance de noblesse en faveur de M. de Montespin (1635). — Fol. 77. Provisions de Barthélemy Joly, avocat général à la Chambre des comptes (1634) ; — Fol. 101. de Beau, conseiller-auditeur en ladite Chambre ; — Fol. 111. d'Étienne Lantin, conseiller-maître à la même Chambre (1133). — Fol. 94. Lettres de « naturalité » obtenues par Guillaume Mathieu et Louis Dujoux, F. Charlet, natifs de Savoie (1626, 1633). — Fol. 95, 99, 106, 109, 110, 111. Provisions d'offices de conseiller au Parlement de Dijon, en faveur de J. Jaquotot, Bénigne Legoux, Le Belin (1633), J.-D. de Chaumelis (1634), J. Catin, Bernard Moisson (1635). — Fol. 120. Lettres de naturalité, obtenues par Frédéric Casimir, de Bavière, prince palatin, duc de Landsberg, Amélie Antuerpie de Nassau, sa femme et Frédéric-Louis, leur fils, tous trois demeurant au château de Montfort, près Montbard (1631). — Fol. 140. Provisions de Vincent Robelin, président au Parlement (1629) ; — Fol. 149. de Philibert Bullion, président en l'Élection de Mâcon (1635) ; — Fol. 154. de Ant. De Pringles, conseiller-maître à la Chambre des comptes (1633) ; — Fol. 159. de Michel de la Boutière, conseiller au Parlement (1630) ; — Fol. 162. de M. de la Garde, trésorier de France (1631) ; — Fol. 172, 173. de Pouffier (1635), de Jacquinot (1637), conseillers-maîtres des comptes ; — Fol. 189, 197. de M. Du Fay (1635) et d'Arce (1633), trésoriers de France ; — Fol. 240, 241, 243, 250, 259, 260, 270, 273. de MM. Potet, de Berbisey, de la Mare, Bossuet, Perroy (1637), de Mussy, de Mongey et de Cirey (1638), conseillers au Parlement ; — Fol. 257, 276. de MM. Fyot (1637) et Giroux (1633), présidents à la même Cour. — Fol. 273. Lettres d'érection de la terre de Montjeu en baronnie et d'incorporation des justices d'Étang, d'Antuilly et autres dans celle de la seigneurie, en faveur de Jeannin de Castille (1638). — Fol. 282. Provisions de M. Catherine, trésorier de France (1638). — Lettres de légitimation de Charles, fils naturel de Charles de Gontaut-Biron, duc, pair, maréchal de France et gouverneur de Bourgogne, et de Mlle Gillotte Sebillotte, damoiselle de Saunières, tous deux célibataires (1638). — Fol. 340. Provisions d'Et. Humbert, conseiller-maître à la Chambre des comptes (1638).

C. 2104. (Registre.) — In-folio, 541 feuillets, papier.

1635-1644. — Enregistrements (suite). — Fol. 1. Provisions de l'office de procureur du Roi au Bailliage de Dijon, en faveur de François Humbert (1638). — Fol. 5. Avis au Roi, touchant la demande de M. Brulart, maître des requêtes de l'hôtel du Roi et seigneur de Sombernon, tendant à faire reporter le grand chemin à une certaine distance de son château (1639). — Fol. 16. Don d'une somme de 25,000 livres sur le produit des bois du Charollais, fait par le roi Louis XIII au vicomte d'Arpajon, lieutenant-général au Bas Languedoc (il avait rendu de grands services en 1636, lors de l'invasion de la Bourgogne par l'armée impériale) (1639). — Fol. 17. Provisions de M. de la Motte Houdancourt, lieutenant du Roi en Bresse et Bugey (1639). — Fol. 22. Ordonnance pour la réparation des halles de la ville de Bourg (1639). — Provisions de Jacques Soyrot, grand-maître des Eaux et forêts en Bourgogne (1638) ; — Fol. 52. de François Coutier, seigneur de Souhey, chevalier d'honneur de la Chambre des comptes (1633). — Fol. 71. Bail à cens d'un emplacement à Vanvey, fait au conseiller d'Esbarres (1640). — Fol. 80. Édit qui attribue la qualité de présidents des Bureaux des finances aux Intendants de justice, police et finances, et celle d'Intendants de finances aux trésoriers de France à Dijon (1635). — Fol. 91. Don fait par le roi Louis XIII à Gaspard de la Croix, comte de Castres, de la terre et comté de Varambon, appartenant à feu le marquis de Rye, sujet espagnol, et confisqué sur ses héritiers (1639). — Fol. 96, 99, 101. Provisions de MM. Girard, Richard et Fourneret, trésoriers de France (1639) ; — Fol. 108. de M. Ferrand, président en la Chambre des comptes (1637) ; — Fol. 109, 113, 155. de MM. Rosseau, Bauyn et Jacquot, conseillers-maîtres (1637). — Fol. 137. Ordonnance faisant défense d'élever des constructions sur la voie publique, sans la permission des trésoriers (1640). — Fol. 176. de M. Préjouant de Clugny, trésorier de France (1640) ; — Fol. 179. de M. Massol, président en la Chambre des comptes (1640) ; — Fol. 183. de M. de la Poype, président de l'élection de Bourg (1639) ; — Fol. 198. de M. Guibert, capitaine de la châtellenie d'Aignay (1640). — Fol. 303. Édit du Roi qui supprime, dans la Chambre des comptes, un office de maître, un de correcteur et un d'auditeur, et les remplace par deux nouveaux substituts, un contrôleur des restes et un receveur des épices (1640). — Fol. 209. Provisions de M. Perrachon, trésorier de France (1640) ; — Fol. 230. de M. Lebœuf, contrôleur général du Taillon (1640) ; — Fol. 248. de J.-B. Lantin, conseiller au Parlement (1640) ; — Fol. 290. de Claude Lenet, président en la Chambre des comptes (1641) ; — Fol. 295, 297, 299, 309, 311, 338, 341, 368, 371, 375, 380. Provisions de MM. Legrand, Bouhier (1640), de Macheco, Bretagne, Potet, Garnier, Pétard, Baudinot, Richard (1641), Bossuet (1642), conseillers au Parlement, Gaspard Quarré d'Alligny, avocat général ; — Fol. 307. de M. de Montrevel, lieutenant du Roi en Bresse et Bugey (1641) ; — Fol. 332. de Piget, trésorier de France (1641) ; — Fol. 333. de Martin de Hix, sieur de St-Martin de Chenique, bailli de Charolles (1639) ; — Fol. 335, 336, 337, 377. de M. Legrand, premier président à la Chambre des comptes (1641) ; de MM. Filsjean, Thomas, Mochot, conseillers-maîtres à ladite Chambre (1641). — Fol. 357. Commission royale pour la convocation des États de Bourgogne (1642). — Fol. 364. Provisions du comte de Fleix, gouverneur de Mâcon (1641) ; — Fol. 373. de Louis Chalon Dubled d'Uxelles, bailli de Chalon (1641) ; — Fol. 382. de Joly, trésorier de France (1641). — Fol. 426. Don fait par le roi Louis XIII à Henri de Bourbon, évêque de Metz, son frère naturel, d'une somme de 30,000 livres à prendre sur le produit de la recherche des nouveaux acquets en Bourgogne (1642). — Fol. 443. Autre au baron de Sirot, maître de camp de cavalerie, du revenu des étangs et moulins du comté de Charollais, appartenant au roi d'Espagne et confisqués depuis la guerre (1642). — Fol. 449. Provisions de M. de Migieux, président des requêtes du Palais (1642) ; — Fol. 463. de Lenet, procureur général du Parlement (1640) ; — Fol. 473. de d'Esbarres (1637) ; — Fol. 487. et de la Croix (1642), présidents à la même cour ; — Fol. 514. de Guillaume Claude de Joly, baron de Langes, bailli de Bresse (1639). — Fol. 518. Articles accordés par le roi Louis XIII aux États de la Bourgogne pour l'extinction de la subvention (1641). — Fol. 522. Provisions de conseiller au Parlement, en faveur de Claude Maleteste (1643).

C. 2105. (Registre.) — In-folio, 346 feuillets, papier.

1631-1649. — Enregistrements (suite). — Fol. 2. Provisions d'Antoine Regnier, seigneur de Bussières, nommé prévôt général de Bourgogne et Bresse sur la présentation du prince de Condé (1613) ; — Fol. 8. de Claude Frémyot, président au Parlement (1613). — Fol. 16. de M. Girardin, conseiller au Présidial d'Auxerre (1641) ; — Fol. 18. de Camus et Moreau, trésoriers de France (1644) ; — Fol. 19. de Nicolas d'Arlay, lieutenant-général au Bailliage d'Autun (1643) ; — Fol. 24. de M. Poussot, conseiller à la Table de Marbre (1642) ; — Fol. 29. de Berthelot, maître à la Chambre des comptes (1643). — Fol. 35. de Garnier et Bailly, conseillers au Parlement (1644). — Fol. 42. Démission de M. Legoux de la Berchère, premier président du Parlement, et provisions de Jean Bouchu, son remplaçant (1644). — Fol. 47. Lettres d'amortissement des maisons acquises par les Ursulines de Dijon, pour l'établissement de leur monastère (1644). — Fol. 53. Lettres de « naturalité » obtenues par les mariés Bouchard, originaires de St-Amour en Franche-Comté (1631). — Fol. 61. Don fait par le roi Louis XIII à Saintpère, commissaire de la marine, des biens du sieur Duguet, échus au Domaine par droit d'aubaine (1644). — Fol. 79, 81. Provisions des sieurs Bouveau et Fabvre, conseillers au Parlement (1644). — Fol. 83. Lettres d'amortissement des maisons acquises par les Carmélites de Châtillon, pour l'établissement de leur couvent (1644). — Fol. 86. Provisions de Cazotte, conseiller à la Table de Marbre de Dijon (1638). — Fol. 113 et 127. Lettres d'anoblissement accordées à Nicolas Burette, sieur de Beausoleil, capitaine au régiment du commandeur de Souvré, et à Georges Filsjean, bailli et gouverneur de l'Auxerrois (1645). — Fol. 126. Remise faite par le Roi à Henri Giroux, des biens confisqués sur Philippe Giroux, son père, président au Parlement, condamné et exécuté par arrêt de cette cour (1644). — Fol. 139, 141. Provisions de Bretagne et Dumont, trésoriers de France (1645) ; — Fol. 152. de Joly, président au Parlement (1645) ; — Fol. 170. de Potet, président des requêtes au Palais (1644) ; — Fol. 172, 175. de Gagne et de Thésut, conseillers au Parlement (1645). — Fol. 184. Lettres patentes de Louis XIII, qui donne et affecte 8 arpents de coupe annuelle de la forêt domaniale de Mantuan, dans la châtellenie de Vergy, pour le chauffage des pauvres de l'hôpital de Dijon (1645). — Lettres patentes d'érection de la terre de Lantenay en marquisat, obtenues par M. Legoux, maître des requêtes de l'hôtel du Roi (1646). — Fol. 189, 190. Provisions de Cl. Guillard (1645) et Fr. Leboulz (1646), conseillers au Parlement. — Fol. 192. Lettres de noblesse accordées à Jacques Ferraud, président à la Chambre des comptes (1646). — Fol. 195. Provisions de M. de la Michaudière, trésorier de France (1646) ; — Fol. 201. de M. de Bussière, chevalier d'honneur de la Chambre des comptes (1646) ; — Fol. 202. de M. de la Croix, conseiller aux requêtes du Palais (1646) ; — Fol. 203, 227. de MM. de Clugny et David, trésoriers de France (1646) ; — Fol. 222. de M. de la Toison, conseiller au Parlement (1645) ; — Fol. 223. de M. de Mongey, conseiller-maître à la Chambre des comptes (1646) ; — Fol. 249. de gouverneur des villes et châteaux de Dijon, St-Jean-de-Losne et Seurre, obtenues par Louis de Bourbon, prince de Condé, gouverneur de Bourgogne (1647) ; — Fol. 252. de Gaston de Fleix, nommé gouverneur de Mâcon et du Mâconnais (1647). — Fol. 260. Lettres de Louis XIV, qui octroye douze minots de sel à l'hôpital général de Dijon (1647). — Fol. 267. Autres qui en accordent 7 aux pauvres de Chalon (1647). — Fol. 279. Lettres de noblesse obtenues par Rémond de Tussery, S' de Trapenard, capitaine au régiment d'Uxelles (1646).— Fol. 281, 283, 287. Provisions de MM. Perrenet, Dumay, et Richard, conseillers au Parlement (1647). — Fol. 285, 288. de Barbier (1647), de Requeleyne (1648), conseillers-maîtres à la Chambre des comptes ; — Fol. 289. de Legrand, premier président de cette cour (1644). — Fol. 320. Lettres d'anoblissement accordées à Antoine Jarry (1648). — Provisions de Simon Guyet, conseiller aux requêtes du Palais (1649). — Fol. 345. Achat fait par le Roi de plusieurs petits bâtiments joignant son logis à Dijon (1649).

C. 2106. (Registre.) — In-folio, 483 feuillets, papier.

1649-1657. — Enregistrements (suite). — Fol. 1. Provisions de l'office de conseiller au Bailliage présidial de Bourg, pour Nicolas Chevrier (1649) ; — Fol. 4, 5, 14. de P. Baillet, Charles Bénigne de Thésut et Pierre Legoux-Morin ; conseillers au Parlement (1649) ; — Fol. 15. de Chrétien Bouillet, conseiller-maître à la Chambre des comptes (1649). — Fol. 20. Arrêt du conseil pour le recouvrement des deniers du don gratuit, des tailles et de la subsistance dans les provinces de Bourgogne et Berry (1650). — Fol. 20. Provisions de François de Mucie, trésorier de France (1649) ; — Fol. 22. de Jacques de Guillon, procureur général au Parlement (1649) ; — de André Fleutelot, conseiller, commissaire aux requêtes du Palais (1649) ; — Fol. 32. de Jean Fyot, conseiller clerc au Parlement (1649) ; — Fol. 34. de M. David, trésorier de France (1649). — Fol. 35. Lettres patentes portant autorisation aux Élus du duché, d'imposer 40 sols par minot de sel durant trois ans (1650). — Fol. 38. Brevet du Roi, autorisant M. Richard, conseiller maître des comptes, à voyager pendant trois ans à l'étranger (1649). — Provisions de M. Du Guay, conseiller au Parlement (1649). — Fol. 46. Provisions de la charge de gouverneur de Bourgogne obtenues par César, duc de Vendôme (1650). — Fol. 48, 52. Provisions de Bénigne Richard et Rignauld, trésoriers de France (1650). — Fol. 51. de Jean Bouhier, conseiller au Parlement (1650). — Fol. 54, 62. Don fait par le roi Louis XIV aux religieux Jacobins et aux religieuses Carmélites de Dijon, de quatre minots de sel (1650). — Fol. 55. Lettres d'érection de la baronnie de Verdun en Chalonnais, en faveur de Guillaume de Gadagne (1593), 1648. — Fol. 59. Provisions de Philippe Fyot, président au Parlement, comme garde des sceaux de la chancellerie de Bourgogne (1650). — Fol. 63. Continuation de la jouissance d'un ban au Palais, accordée à l'imprimeur Guiot (1651). — Fol. 72. Brevet qui accorde au sieur Grangier à Dijon le titre de libraire du Roi (1650). — Fol. 73. Provisions de M. Cœur de Roi, trésorier de France (1650) ; — Fol. 89. de Christophe Bernard, conseiller maître à la Chambre des comptes (1650). — Fol. 91. Notification faite par Louis de Bourbon, prince de Condé, de sa nomination comme gouverneur de Guyenne (1651).— Fol. 92. Lettre du Roi à ce sujet et avis de son remplacement par le duc d'Épernon (1651). — Fol. 93. Lettres du duc d'Épernon sur le même sujet (1651).— Fol. 98 Provisions de M. Filjean trésorier de France (1651). — Fol. 99. Confirmation par le Roi, du règlement arrêté en Parlement pour la conservation du bien des pauvres à Dijon (1650). — Fol. 103. Provisions de Nicolas Brulart, président (1649) ; — Fol. 102, 104, 106. de Fr. Bourrée (1651), Ph. Bernard (1650) et Fr. B^t Jacob et J-B. Lantin (1651), conseillers au Parlement ; — Fol. 117. de M. de Nagu, marquis de Varennes, chevalier d'honneur du Parlement (1651); — Fol. 126. de M. Boucha. président du présidial de Bourg (1651) ; — Fol. 143. de M. Drouas (1650) et Trocut (1651), conseillers-maîtres à la Chambre des comptes. — Fol. 162. Don de 6 minots de sel, fait par le Roi aux Chartreux de Beaune (1652). — Fol. 171, 172, 183, 203, 204, 205, 212. Provisions de Bernard, président, Étienne Bossuet, Jean Pérard, Richard Valon de Mimeure, conseillers, Pierre Baillet, président, J-B. Lantin et Claude Espiard Delamarre, conseillers au Parlement de Dijon (1652) ; — Fol. 175, 177, 179, 198, 199. de MM. Boivault-Dagonneau, de Mouhy (1652); de Michel d'Ivory, de Bretagne (1653), trésoriers de France; — Fol. 197, 206. de MM. Gauthier et Bernard, conseillers-maîtres à la Chambre des comptes (1652) ; — Fol. 198. de M. de Clugny lieutenant général au Bailliage de Dijon (1653) ; — Fol. 233. de Fleutelot, conseiller au Parlement (1653) ; — Fol. 236. de Marguenat, président à la Chambre des comptes (1650). — Fol. 246. Lettres d'adoption d'Élisabeth Bauderon par le sieur Rousseau, et Marie Deslandes, sa femme (1650). — Fol. 250. Don de quatre minots de sel fait par le Roi au couvent des Feuillants de Fontaine-les-Dijon (1653). — Fol. 272. Lettres de provisions de l'office de premier président du parlement pour M. de la Marguerie (1654) ; — Fol. 273. d'avocat du Roi au bailliage d'Autun pour M. Cortelot (1652);— Fol. 279. de M. d'Amanzé comme bailli de robe courte de Bourbon-Lancy et comme chevalier d'honneur du Parlement (1654) ; — Fol. 288. du marquis d'Entragues, lieutenant-général en Mâconnais (1654) ; — Fol. 298. de M. de Virey, lieutenant général au bailliage de Chalon (1651) ; — Fol. 302, 303. de MM. Legrand et Massol, présidents à la Chambre des comptes (1651); — Fol. 310. de M. de Mauroy, grand maître enquesteur, réformateur général des Eaux et forêts en Bourgogne (1654); — Fol. 323. du marquis de Saint-Martin, lieutenant-général de Bresse et Bugey (1654). — Fol. 332. Amortissement de partie de la seigneurie de Recey-sur-Ource, acquise par la Chartreuse de Lugny sur M. de Vesvres (1653) ; — Fol. 338, 340. Provisions de MM. de Beuverand (1654) et Bouhier (1653), conseillers au Parlement; — Fol. 314. de Barthélemy d'Arlay, lieutenant-général au Bailliage d'Autun (1652). — Fol. 379. Arrêt du Conseil d'État portant renvoi au Bureau des finances de la requête du chapitre de la Sainte-Chapelle, pour dresser l'état des réparations à faire au cloître (1656). — Fol. 384. Lettres de convocation des États du duché de Bourgogne (1656). — Fol. 395. Provisions de M. de la Fond, bailli de Bugey et Gex (1655); — Fol. 396. de M. de la Rivière, gouverneur de la ville d'Auxerre (1656). — Fol. 409. Bail des jardins du logis du Roi, au sieur Bourgeois (1656). — Fol. 414. Provisions de M. Duguay, premier président de la Chambre des comptes (1654). — Fol. 425. Lettres d'anoblissement accordées à Pierre de Beuverand (1644). — Fol. 439. Provisions de Bernard, conseiller au Parlement (1656). — Fol. 444. de Nicolas Brulart, premier président de cette Cour (1657). — Fol. 457. Lettres patentes qui accordent le franc salé à la maison de N. D. du Refuge à Dijon (1657).

C. 2107. (Régistre.) — In-folio, 461 feuillets, papier.

1622-1665. — Enregistrements (suite). — Fol. 2. Provisions de l'office de receveur général alternatif et mitriennal des finances en Bourgogne pour Ch. Bretaigne (1657); — Fol. 3. de Claude de Thésut, trésorier de France (1657). — Fol. 9. Don fait par le roi Louis XIV à Nic. Brulart, premier président du Parlement, de 60 cordes de bois pour son chauffage, à prendre tous les ans dans les forêts pendant le temps qu'il exercera son office (1657). — Fol. 18. Lettres d'anoblissement accordées à Jean Bozon de la ville de Belley (1657). — Fol. 27. Lettres de validation de la cession de la jouissance du comté de Charolais et de la baronnie du Mont Saint-Vincent, faite à la duchesse de Chevreuse (1658). — Fol. 32. Commission pour dresser l'état des réparations à faire à l'auditoire du bailliage de Chalon (1657). — Fol. 33. Provisions de Jean-Jérôme Tisserand, conseiller au Bailliage de Dijon (1658). — Fol. 39, 41 et 43. Lettres du franc-salé accordé aux Ursulines d'Arnay (1657), aux Jésuites de Dijon et aux pauvres de l'hôpital général (1658). — Fol. 45. Érection de la terre de Vantoux en baronnie, en faveur du président de Berbisey (1622). — Fol. 55. Location comme chantier de bois de l'ancien jeu de paume du Roi, à Dijon (1659). — Fol. 57. Inféodation du marquisat de Saint-Rambert à Mesdames Marie-Jeanne-Baptiste et Marie-Françoise-Élisabeth de Savoie (1659). — Fol. 68 Lettres de neutralisation, accordées par le roi Louis XIV à Frédéric Louis, prince palatin du Rhin, duc de Landsberg, baron de Montfort en Bourgogne, Julienne-Madeleine des Deux-Ponts, sa femme et ses enfants (1659). — Fol. 100, 102. — Lettres du franc-salé accordé aux Carmélites de Chalon et de Beaune (1659). — Fol. 103. Provisions de Jean-Nicolas, avocat général au Parlement (1659). — Fol. 112. Arrêt du Conseil portant injonction aux trésoriers de France, de dresser l'état de tous les officiers; du prix, valeur et émoluments de leurs offices (1660). — Fol. 125. Nouvelles provisions de l'office de gouverneur de Bourgogne et Bresse, accordées à Louis de Bourbon, prince de Condé (1660); — Fol. 126, 130. de Michel Badoux et Michel Arviset, trésoriers de France (1660). — Fol. 132, 133, 152. de Bénigne Milletot, Philibert Jannon et Hector Cattin, conseillers au Parlement (1660). — Fol. 155. Lettres d'anoblissement des frères Fromager, seigneurs de Nogent-les-Montbard (1660). — Fol. 164. Lettres de l'échange des terres près la seigneurie de Montjeu entre le Roi et Jeannin de Castille, trésorier de l'Épargne (1660). — Fol. 169. Provisions de François-Bernard Le Compasseur, conseiller au Parlement (1660); — Fol. 197. de Cl. de la Michodière, secrétaire du Parlement (1661); — Fol. 203. de P. Tapin, commissaire aux requêtes du Palais (1661). — Fol. 204. Lettres patentes de confirmation de l'établissement de l'hôpital d'Alise Sainte-Reine (1659). — Fol. 207. Provisions de Jean de Berbisey, conseiller au Parlement (1658). — Fol. 208. Confirmation par le roi Louis XIV des privilèges de la ville de Talant (1647). — Fol. 224. Édit de suppression de la chambre souveraine de Bresse et réunion de son ressort aux cours souveraines de Dijon (1661). — Fol. 241, 253. Lettres de provisions en survivance des charges de lieutenants généraux du Dijonnois et du Chalonnois accordées à MM. d'Amanzé (1661) et Dubled d'Uxelles (1653). — Fol. 247. Lettres de confirmation de noblesse accordées à Cl. Touzin, sieur de Mercy (1660). — Fol. 259. Lettres d'anoblissement de Thomas Marie, lieutenant général du Bailliage d'Auxerre (1660). — Lettres d'érection de la terre de Branges en marquisat en faveur d'Antoine de Barillon, sieur de Moranges (1655). — Fol. 278. Provisions de Cl. de la Coste, conseiller au Parlement (1661); — Fol. 283. de François de Chanlecy, baron de Pluvault, chevalier d'honneur du Parlement (1661). — Fol. 284. Confirmation de l'érection de la terre de Larrey en marquisat sous le titre de Lenet, conseiller d'État, son possesseur (1662.) — Fol. 288. Provisions de bailli de La Montagne pour M. de la Madeleine-Cypierre (1654); — Fol. 291. d'Abraham Quarré, conseiller aux requêtes du palais (1662). — Fol. 294. Lettres d'amortissement obtenues par les Ursulines de Dijon pour acquisition de maisons englobées dans leur enclos (1659). — Fol. 307. Autres par lesquelles le Roi autorise la translation à Chalon du monastère des religieuses de Lancharre (1661). — Fol. 333. Autres portant autorisation à la ville de Dijon de doubler ses octrois pendant neuf années (1663). — Fol. 336. Provisions de Palamèdes Baudinot sieur du Breuil, conseiller au Parlement (1663); — Fol. 339. de Brice Dauderon, lieutenant général au présidial de Mâcon

(1644). — Fol. 343. Confirmation des privilèges de la Chartreuse de Dijon (1645). — Fol. 344. Provisions de Jacques Martineau, président de l'élection d'Auxerre (1651) ; — Fol. 367. de Barthélemy Joly, conseiller maître à la Chambre des comptes (1660). — Fol. 371. Lettres de l'autorisation donnée par le Roi à François Mallet de faire monter les coches sur toutes les rivières du royaume « par une nouvelle invention qu'il a trouvée » (1663). — Fol. 375. Provisions de Philibert Bernard, conseiller au Parlement (1663) ; — Fol. 393. de Jacques Boivault, ci-devant trésorier de France, président à la Chambre des comptes (1663). — Fol. 394. Brevet de chevalier de l'ordre de Saint-Michel, accordé à M. Legrand, sieur d'Aluze (1657). — Fol. 395. Érection de la terre de Saulon-la-Rue en comté, obtenue par M. Legrand, président à la Chambre des comptes (1657). — Fol. 397, 398, 399, 416. Provisions de Lazare de Villars, Émilien Arviset, Jacques de Mucie (1663), Claude de Souvert (1662), conseillers au Parlement. — Fol. 399. Institution de Philippe Jouan, couvreur du Roi à Dijon (1664). — Fol. 419. Confirmation des privilèges accordés aux religieux capucins (1663). — Fol. 421. Provisions de Fr. Reydellet, président de l'élection de Belley (1664). — Fol. 446. Lettres de naturalisation obtenues par Philibert de Gorrevod, duc de Pont-de-Vaux (1665). — Fol. 448. Provisions de Jacques Berbis et Auguste Espiard, conseillers au Parlement (1665) ; — Fol. 458. de Charles de Sommièvre, bailli de Bar-sur-Seine (1660).

C. 2108. (Registre.) — In-folio, 279 feuillets, papier.

1654-1671. — Enregistrements. — Fol. 4. Commission donnée à MM. Brotagne et Filjean pour représenter le Bureau aux États du duché (1665). — Fol. 12. Provisions de Bénigne Bouhier, président au Parlement (1665) ; — Fol. 14. Fol. de Pierre de Brosses, bailli de Gex (1664). — Fol. 19. Nomination d'Étienne Foucherot, tapissier du Bureau des finances (1666). — Fol. 18 et 47. Provisions de MM. Jannon (1665) et Bazin (1666), substituts du procureur général au Parlement ; Fol. 53. 67. de MM. de Montigny et Fevret, conseillers (1666) ; — Fol. 58. Id. de M. Baconnier, prévôt des maréchaux en Bresse ; — Fol. 58. de Fyot, président au Parlement (1665) ; — Fol. 62. de Fourneret, trésorier de France (1666) ; — Fol. 64. de M. de la Chaume, conseiller à la Table de Marbre de Dijon (1657). — Fol. 65. Provisions de bailli de la montagne pour M. de la Madeleine-Ragny (1666) ; — Fol. 98. de M. de Toulongeon, bailli d'Autun (1667) ; — Fol. 85. d'Espiard, conseiller clerc au Parlement (1666). — Fol. 87, 99, 101, 125. Lettres de confirmation de noblesse obtenues par MM. Filjean (1667), Fromager (1666), les prévôts des marchands et échevins de Lyon ; M. de St-Micaut (1667). — Fol. 102. Lettres d'approbation de l'ordre nouveau de la Visitation (1666).

— Fol. 131. Nomination de M. Petitot, chapelain de la chapelle du château de Talant (1668). — Fol. 142. Provisions de Louis Detault, président à la Chambre des comptes (1668) ; — Fol. 173. de M. Bourrée, conseiller au Parlement (1668) ; — Fol. 176, 179, 188. de MM. Canabelin (1660), Loppin (1654) et Millière (1665) conseillers-maîtres à la Chambre des comptes. — Fol. 179, 183. Lettres d'anoblissement de MM. de Guignan (1654), et de la Jarrie (1668). — Fol. 203. Provisions de M. Legrand, trésorier de France (1669) ; — Fol. 211. de Chrétien Miette, garde des livres de la Chambre des comptes (1661) ; Fol. 232, 233. de MM. Quarré (1660) et d'Arlay (1661), conseillers maîtres des comptes. — Fol. 237. Lettres d'anoblissement de M. Berthon (1662). — Fol. 239. Provisions de P. Bouchu, conseiller au Parlement (1662). — Fol. 242. Confirmation du nouvel institut de saint Joseph de Lyon (1661). — Fol. 250. Lettres d'amortissement obtenues par les religieuses du couvent de sainte Marie de Chalon (1670). — Fol. 252. Brevet de Jean Grangier, libraire du Roi à Dijon (1670). — Fol. 253. Provisions de M. Ricard, conseiller-maître à la Chambre des comptes (1669). — Fol. 256. Procès-verbal de délivrance de la réparation des bâtiments du château de Dijon (1669). — Fol. 256. Édit de réunion des États du comté d'Auxerre aux États du duché de Bourgogne (1668).

C. 2109. (Registre.) — In-folio, 283 feuillets, papier.

1671-1673. — Enregistrements (suite). — Fol. 55, 57, 58, 59, 60. Lettres de provisions des offices de gouverneur des provinces de Bourgogne et Bresse, de gouverneur des villes de Dijon, Seurre et Saint-Jean-de-Losne et de capitaine des chasses en Bourgogne et Bresse, données par le roi Louis XIV à Henri Jules de Bourbon, duc d'Enghien, en remplacement du prince de Condé son père (1670). — Fol. 69. 72, 73. de Filjean de Sainte-Colombe (1660), Demongey (1665) et Jacob (1670), conseillers-maîtres à la Chambre des comptes (1669) ; — Fol. 77. de M. de Granville, capitaine des douze mousquetaires du gouverneur (1661). — Fol. 80. Lettres de convocation des États du duché de Bourgogne en 1671. — Fol. 81. Lettres de don à la princesse Palatine pendant 10 ans de tous les droits seigneuriaux dus au Roi à cause des ventes féodales, dans l'Auxerrois et le Bugey (1670). — Fol. 94. Lettres de confirmation de l'établissement de l'hôpital d'Autun (1668). — Fol. 104. Provision de conseiller-maître à la Chambre des comptes, pour Jean Filjean (1671). — Fol. 107. Lettres d'érection de la terre de Seignelay en marquisat pour J.-B. Colbert, contrôleur général des Finances (1668). — Fol. 110. Provisions de l'office de Gouverneur du pays de Gex pour M. de Morneret (1671). — Fol. 133. Lettres d'anoblissement d'Étienne de Cournaut, commissaire des guerres (1670). — Fol. 144. Provisions de Bernard de la Monnoye, conseiller-correcteur à la Chambre des comptes (1672); — Fol. 158, 167, 169, 171, 172. de MM. Guyard de Grenand de Rougemond (1671). — Bretagne de Nan-sous-Thil, de la Motte, conseillers, et Bouscaut, substitut du procureur général au Parlement (1672) : — Fol. 170. de M. Lebelin, conseiller-maître à la Chambre des comptes (1671) ; —Fol. 178. Lettres d'érection du fief d'Arviset en la châtellenie de Sagy, en faveur d'Antoine Arviset, trésorier de France (1672). — Fol. 175, 194, 196, 202. Provisions de MM. Blanot (1672), J.-J. Lebelin, Étienne Malteste, Girard du Thil (1673), conseillers au Parlement ; — Fol. 176. de Moreau, avocat général à la Chambre des comptes (1672). — Fol. 180. Lettres d'autorisation aux États de la province, de percevoir 50 sols par minot de sel (1671). — Fol. 193. Provisions de Vittier, conseiller-maître à la Chambre des comptes (1672) ; — Fol. 208. de M. de Berbis de Champvans, chevalier d'honneur de la Chambre des comptes (1673); — Fol. 210. d'Antoine de Mucie, conseiller-maître en ladite chambre (1673) ; — Fol. 212, 226. de J. Vétu et Jacques Lebelin, trésoriers de France (1673). — Fol. 216. Lettres d'honneur accordées à Jean David, trésorier de France (1672).

C. 2110. (Registre.) — In-folio, 534 feuillets, papier.

1654-1682. — Enregistrements (suite). — Fol. 1, 43. Provisions de l'office de trésorier de France pour Barthélemy Moreau (1673) et David puiné (1674) ; — Fol. 4. de M. de Berbisey, président au Parlement (1673). — Fol. 2, 15, 25, 28, 29, 33, 35, 37, 38, 43. de MM. Fleury (1673) ; Joly, Gagne, Delamare (1674), Comeau (1673), Benoit-Legoux, Bénigne Legouz, de Machéco, Lantin et Bouhin (1674), conseillers au Parlement; — Fol. 2, 16, 18, 22, 36. de MM. Barbier (1674), Baudot (1674), Grillot, Loppin et Cothenot (1674), conseillers-maîtres de la Chambre des comptes ; — Fol. 21. de Seguenot, avocat général en ladite Chambre (1656) ; — Fol. 23. de M. de la Bussière, chevalier d'honneur de cette chambre (1674) ; — Fol. 77, 93. de MM. Gagne (1673) et de Souvert (1674), présidents au Parlement ; — Fol. 56, 67, 74, 76, 79, 106, 112. de MM. Fevret (1674), Rigoley, Thomas (1675), Fournier (1674), Guye (1675), Lebaut (1676) et de Brosses (1675) conseillers au Parlement. — Fol. 49. Ordonnance pour la réparation de l'auditoire de Châtillon (1674). — Fol. 85. Provisions de M. Jacob, lieutenant général à la Table de Marbre (1675); — Fol. 91. de M. Sousselier, trésorier des mortes-payes en Bourgogne (1675) ; — Fol. 95, 99. de Berthaut (1675) et Malpoy (1676), trésoriers de France. — Fol. 114. Lettres d'anoblissement de Venot de Noisy, capitaine au régiment de Champagne (1673). — Fol. 114. Provisions de M. Quarré, avocat général au Parlement (1675).—Fol. 117, 141. de Mochot et de Michodière, trésoriers de France (1676) ; — Fol 119. Édit de réunion de l'office de trésorier des chartes au corps de la Chambre des comptes (1654).— Fol. 126. Provisions de Morel, président du grenier à sel de Châtillon (1676). — Fol. 128. de M. de la Boutière, conseiller au Parlement (1676). — Fol. 132. Lettres d'érection de la terre de Bantanges en marquisat pour M. Potet (1675). — Fol. 134, 138. Provisions des offices de baillis de Gex et de Bar-sur-Seine pour MM. de Brosses (1676) et Gabriel de Ville (1665). — Fol. 137, 140. Lettres de confirmation de noblesse, obtenues par les sieurs de Thésut et de la Marc (1676). — Fol. 141. Provisions de M. de la Michodière, trésorier de France ; — Fol. 146. de Jacques de Clugny, lieutenant général au bailliage présidial de Dijon (1676). — Fol. 154. Lettres d'érection de la baronnie d'Arcelot en marquisat pour M. de Guéribout (1676). — Fol. 162, 191. Provisions de MM. Burgat et Mochot, conseillers-maîtres à la Chambre des comptes (1677) ; — Fol. 163, 166, 169, 170. de MM. Jacques Morelet, Claude Cusonier, P. David, Étienne Joly, trésoriers de France (1677) ; — Fol. 178. de P. Mignard, conseiller référendaire en la chancellerie de Bourgogne (1677) ; — Fol. 173. de Bernard Bernard, conseiller au Parlement (1677). — Fol. 187. Lettres d'amortissement obtenues par les religieuses Carmélites de Beaune (1659). — Fol. 201. Provisions de Fr. Perrier et Lazare Raviot, substituts du procureur général au Parlement (1677). — Fol. 207. Lettres d'érection de la terre de Lantenay en marquisat de Beaumanoir pour M. Bouhier de Lantenay (1677). — Fol. 235. Lettres d'anoblissement accordées à Jean François Fulvy (1677). — Fol. 240, 254, 257, 265, 270, 281. Provisions de Guillaume Burteur, Georges de Berbisey, Philibert Jehannin, Étienne Millière, Nicolas Perreney (1678) et Burteur (1679) conseillers au Parlement ; — Fol. 255 et 286, de Nicolas de la Bonne, marquis de Montréal (1673), et du comte d'Entremont (1679), lieutenants généraux des pays de Bresse, Bugey et Gex ; — Fol. 273, 283. de M. P. Thomas, conseiller-maître et Jachiet, président à la Chambre des comptes (1679) ; — Fol. 294. de P. Morel, conseiller à la Table de Marbre (1678) ; — Fol. 296, 312, 379, 381, 385. de Pérard (1678), Baillet, Bertrand de la Michodière, conseillers (1680), Antide de Migueux, substitut du procureur général et Joseph Durand, avocat général au Parlement (1680) ; — Fol. 321, 364, 374. de Pierre Maire, conseiller-maître, Michel Badoux et Bernard Bernardon, présidents à la Chambre des comptes (1680). — Fol. 353, 365, 367, 377, 378, 388. Provisions de Guillaume Mailly, François-Joseph de Requeleyne, Melchior Couchet, Louis de Thésut, Pierre Taisand, (1680), Charles Gravier (1681), trésoriers de France. — Fol. 386. Lettres d'érection de la terre de Souhey en marquisat pour Claude Couthier (1679). — Fol. 393, 396, 398, 402, 406, 407, 409, 410, 414, 423. Reprises de fief des seigneuries de Mont-Regard, de Pont-Bernard, de Gerland, de Tailly, de Granchamp, de Massingy, de Charmes, du marquisat de la Perrière, de Soussoy, de la chapelle de Bragny, de Lays, de Saint-Julien-les-Dijon (1681). — Fol. 403. Provisions de M. de Frasans, commissaire ordinaire des guerres (1680). — Fol. 404. Lettres d'anoblissement de Thomas du Rollet (1677). — Fol. 425. Provisions de Jacques de Mucie, président au Parlement de Dijon (1681); — Fol. 433, 472. de MM. Chanrenault (1681) et de la Ramisse (1682), substituts du procureur général; — Fol. 442, 443, 444, 471, des conseillers au Parlement, Claude Garon, sieur de Chatenay, Antide de Migieux, Hector Bernard Pouffier (1681), Jean Bouhier (1682); — Fol. 474. du procureur général Parisot (1681); — Fol. 438. de Bernard Bernardon, président à la Chambre des comptes (1680); — Fol. 452, 475. de Prosper Bauyn (1681) et François Joly (1682), conseillers-maîtres en ladite cour; — Fol. 473. de J.-Barthélemy Joly, trésorier de France (1682). — Fol. 434, 437, 445, 447, 448, 455, 465, 466, 470. Reprises de fief des seigneuries de Chevannes, Saint-Aubin et Gamay (1681), Méru, Meilly et Rouvres, de Prangey, Épinac La Palud, Drambon, de l'Abbaye de sieur Rambert, de Chamesson (1682).

C. 2111. (Registre.) — In-folio, 416 feuillets, papier.

1671-1688. — Enregistrements (suite). — Fol. 1, 2. Provisions de l'office de trésorier de France pour MM. Bichot et Blanche (1682); — Fol. 3. de M. Bernard, président au Parlement (1682); — Fol. 5. de M. Legrand de Saulon, conseiller et commissaire aux requêtes du palais (1682). — Fol. 14. Arrêt du Conseil pour la démolition d'un bâtiment situé devant le Logis du Roi à Dijon, pour l'ouverture de la Place d'Armes (1682). — Fol. 37. Procès-verbal de délivrance au sieur Jobard de l'enlèvement des boues des rues de Dijon (1682). — Fol. 43 et 45. Lettres d'amortissements obtenues par les religieuses Ursulines de Saint-Jean-de-Losne (1682) et les Jacobines de Dijon (1683) pour des acquisitions servant à agrandir leurs enclos. — Fol. 54. Provisions de Genreau, procureur général à la Chambre des comptes (1675); —Fol. 57. de M. Morelet, auditeur (1683); — Fol. 62. de Blanot, avocat du Roi au Bureau des finances (1683); —Fol. 66, 67. de Papillon et Saget, référendaires en la chancellerie de Bourgogne (1683); —Fol. 68, 69. de Bresse et Panponne, maîtres-particuliers des Eaux et forêts à Avallon et Châtillon (1683); — Fol. 80. de M. Cœur de Roy, président aux requêtes du palais (1684); Fol. 83. de M. Espiard, conseiller au Parlement (1683). — Fol. 93. Lettres patentes d'autorisation de l'établissement à Gex d'une maison pour la Propagation de la foi (1681). — Fol. 98. Provisions de M. Chossat, conseiller au Bailliage de Bourg (1684); — Fol. 109. de Pérard, conseiller-maître à la Chambre des comptes (1684). — Fol. 110. de Clopin, conseiller à la Cour, commissaire aux requêtes du palais (1684);

Fol. 111. du comte de Saulx-Tavannes, bailli de Dijon (1684); — Fol. 113 Provisions de Joly, concierge de la Chambre des comptes (1685); — Fol. 114, 127, de MM. Fyot de la Marche (1684), et Filjean (1685), conseillers au Parlement; — Fol. 122. de M. Rousselot, solliciteur général des causes du Roi (1685); — Fol. 134. de M. Legrand, comte de Saulon, président au Parlement (1685); — Fol. 128, 129, 138. de MM. Vitte, Jacob et Champrenaut, conseillers-maîtres (1685); — Fol. 131. de M. Gagne, président à la Chambre des comptes (1685). — Fol. 131. Confirmation de l'établissement des religieuses de Saint-Augustin en l'hôpital d'Autun (1685). — Fol. 139, 145. Lettres de confirmation de noblesse pour MM. de Charolles (1674) et d'Arlay (1668). — Fol. 149. Autres de l'établissement du monastère de Sainte-Marthe à Dijon (1678); — Autres de l'établissement d'un hôpital à Moutier-Saint-Jean, par M. de Rochechouart-Chandenier, abbé de Moutier-Saint-Jean (1681). — Fol. 156. Provisions de la charge de gouverneur de Bourgogne et Bresse, vacante par la démission de M. le duc de Bourbon en faveur de son fils (1685). — Fol. 160, 161, 162. Autres au même des charges de gouverneur du château de Dijon, des villes de Seurre, de Saint-Jean-de-Losne et de capitaine des chasses en Bourgogne (1685).— Fol. 163. Érection de la terre de Bosjan en comté, obtenue par M. Fyot (1680).— Fol. 165. Lettres de relief de noblesse obtenues par M. Ducret du Lyet (1674).— Fol. 174. Provisions de M. Sayve, seigneur de la Motte du Thil, chevalier d'honneur du Parlement (1685); — Fol. 180. de Bichot-Morel, receveur général des domaines et bois en Bourgogne (1685).— Fol. 188. Lettres de confirmation de l'établissement des religieuses de l'hôpital de Bourg (1671); — Fol. 194, 196, 199. Provisions de MM. Morisot (1685), Languet et Bernard de Chintré (1686), conseillers au Parlement; — Fol. 212. de Massol, président à la Chambre des comptes (1686); — Fol. 225, 231. de MM. Cœurderoy et Lucot, conseillers-maîtres en ladite Chambre (1686); — Fol. 239. de Joly, avocat du Roi au Bailliage de Dijon (1685); — Fol. 245. de Ch. Pillot, trésorier des mortes payes en Bourgogne (1684); — Fol. 261. de M. Legouz-Maillard, président au Parlement (1688). — Fol. 263. Lettres de légitimation de Pierre de la Rochotte de Marguenat (1687).— Fol. 269, 278, 289, 387, 407. Provisions de MM. A. de Berbisey, Fleutelot (1686), d'Ariay et de Montigny, conseillers au Parlement; — Fol. 275. de M. Dumay, greffier à la Chambre des comptes (1686). — Fol. 281. Fondation et dotation de la chapelle et cure de Chassagne, par M. de la Boutière (1687). — Fol. 286. Provisions de M. Berthier, lieutenant général au Bailliage de Dijon (1686). — Fol. 292. Lettres d'amortissement des bâtiments acquis par les Bernardines du Lieu Dieu à Beaune, pour l'agrandissement de leur couvent (1682).— Fol. 389, 403. Provisions de MM. Grillot et Frèrot, conseillers-maîtres à la Chambre des comptes (1687) ; — Fol. 391, 392, 396. de MM. Turrel, Gravier et Chevignard, trésoriers de France (1687). — Fol. 394, 404. Lettres d'amortissement obtenues par les religieuses de la Visitation de Chalon (1687) et de Beaune (1682). — Fol. 405. Provisions de M. Lorenchet, sieur de Tailly, receveur général des finances (1688).

C. 2112. (Registre.) — In-folio, 464 feuillets, papier.

1675-1693. — Enregistrements (suite). — Fol. 1. Provisions de l'office de conseiller-auditeur à la Chambre des comptes de Dijon, pour M. Gaudelet (1688) ; — Fol. 2. de M. Nicolas, avocat du Roi au Bureau des finances (1688) ; — Fol. 6. de M. des Hautels, procureur du Roi au Bailliage de Charolles (1688) ; — Fol. 8, 14, 20, 40. de MM. Legoux (1687), Richard, Berthier et de Requeleyne (1688), conseillers au Parlement. — Fol. 13. Lettres de convocation des États du duché de Bourgogne pour le 15 mai 1688. — Fol. 16. Provisions de M. A. Tricaut, lieutenant général au Bailliage de Belley (1688) ; — Fol. 26. de Claude Delacroix, receveur général du Taillon (1688) ; — Fol. 53. de M. Chifflot, conseiller-maître à la Chambre des comptes (1688) ; — Fol. 62, 80. de MM. Henrion (1688) et Champrenaut (1689), trésoriers de France. — Fol. 75. Lettres de naturalisation, accordées à Melle Ingeborch Wactoren, dame de Taniot, suédoise, venue en France avec le sieur de Besch, son mari, appelé par le Roi pour la fonte des canons (1675). — Fol. 86. Provisions de M. Violet, gouverneur de la chancellerie du duché (1688) ; — Fol. 94. de M. de la Gardette, capitaine des douze mousquetaires de la garde de la porte du Logis du Roi à Dijon (1687) ; — Fol. 97, 98, 107, 112. de MM. de Clugny, Tapin de Perrigny, Jannon et Jehannin, conseillers au Parlement (1689) ; — Fol. 100. de M. Genreau, procureur général à la Chambre des comptes (1689) ; — Fol. 101. de M. Perrier, trésorier de France (1689) ; — Fol. 104. de M. de Migieux, président au Parlement (1689) ; — Fol. 120. Ordonnance de paiement au sieur Lambert, architecte, du prix des travaux de construction du pavillon du Logis du Roi, au bout de la salle de Rocroy et de celui entre la salle d'assemblée des États et l'ancien corps de logis (1689). — Fol. 117. Provisions de M. Delacroix, prévôt royal d'Auxonne (1688) ; — Fol. 129. de M. Fyot de Vaugimois, conseiller-président des requêtes du palais (1689) ; — Fol. 138. de Bruno Robin, lieutenant civil au Bailliage de Gex (1689) ; — Fol. 141. de Jean Personne, conseiller au Bailliage du Châtillon (1689) ; — Fol. 181. de M. Bretagne d'Orain, receveur général des Finances (1690) ; — Fol. 195. de M. Thibert, greffier-criminel du Parlement (1690). — Fol. 223. Édit de création des présidents, lieutenants élus dans les élections et greniers à sel du royaume (1689). — Fol. 233, 261. Provisions de MM. Brondeaut et Canabelin, conseillers-maîtres à la Chambre des comptes (1690) ;

Fol. 260, 295. de MM. Quarré et Bazin, conseillers au Parlement (1690) ; — Fol. 276. de M. de Jussey, grand prévôt de Bourgogne (1691) ; — Fol. 284, 286. de MM. Vautier et Guibaudet, trésoriers de France (1691). — Fol. 289. Lettres de convocation des États de Bourgogne en 1691. — Fol. 301. Provisions de M. Bretagne, chevalier d'honneur de la Chambre des comptes (1691) ; — Fol. 304. de M. Massonot, payeur des officiers du Bureau des finances (1691) ; — Fol. 310, 312, 318, 338, 341. de MM. Moreau, président, Bourrelier, substitut, Chapotot, conseiller-maître, Carnier, substitut, et Perrency, président en la Chambre des comptes (1691) ; — Fol. 315, 323, 324, 347, 360. de MM. Bouhier, président, Berbis, de la Mare, Chartraire de St-Aignan et Joly de la Sorrée, conseillers au Parlement (1691) ; — Fol. 376. de M. Maillerois, président de l'élection et du grenier à sel de Bar-sur-Seine (1691) ; — Fol. 398. de M. Devello, sieur de la Salle, trésorier-contrôleur des fortifications (1692) ; — Fol. 389, 390, 412, 440, 443, 445. de M. Le Compasseur de Courtivron, président à mortier, Le Compasseur fils, François Chartraire, Jean Bouhier, Antoine-Bernard Bouhier et Jean Bouhier, conseillers au Parlement (1692) ; — Fol. 424. de Jean Seguenot, avocat général à la Chambre des comptes (1692) ; — Fol. 430. de Pierre Berbis de Dracy, bailli d'Autun (1691).

C. 2113. (Registre.) — In-folio, 481 feuillets, papier.

1691-1698. — Enregistrements (suite). — Fol. 1. Édit de création des offices de maires, procureurs, syndics et assesseurs des hôtels de ville du royaume (1692). — Fol. 3. Provisions de Claude Champion, maire de la ville d'Avallon (1693) ; — de Pierre-Paul Coignet de la Tuilerie, comte de Courson, bailli et gouverneur de l'Auxerrois (1693) ; — Fol. 10. de Claude Noirot, conseiller-maître à la Chambre des comptes (1693). — Fol. 12. de J. Chevignard, trésorier de France (1693) ; — Fol. 16. de J. Pillot, lieutenant-général au Bailliage d'Autun (1693) ; — Fol. 18. de P. Fol, notaire et secrétaire de la Chambre des comptes (1693) ; — Fol. 19, 21, 46, 47, 50. de Claude Coquet, maire de Pontailler, Nicolle, maire d'Arnay, J. Michel, maire de Fontaine-Française, Louis de Marcenay, maire de Coulmier-le-Sec (1693) ; — Fol 25. de Fr.-B^d de Sayve, comte de Thil, chevalier d'honneur du Parlement (1693) ; — Fol. 27, 55. de MM. Louis Gontier et J.-B. Garron de Chatenay, conseillers au Parlement (1693) : — Fol. 53. de Mme Bouchu, premier président au Parlement (1693) ; — Fol. 58, 59, 64, 65, 68, 73, 85, 86, 93. des maires des villes et bourgs de Seyssel, Montbard, Saint-Laurent-les-Mâcon, Bagé, Is-sur-Tille (1693), Latrecey, Bussy, Cuisery, Tournus et Ambronay (1694) ; — Fol. 79. de M. Mouchenaire, trésorier de France (1694) ; — Fol. 87. de M. Philibert Barthelot d'Ozenay, sieur de Rambuteau, gouverneur de Mâcon

(1693) ; — Fol. 111. de André Balme, lieutenant général au Bailliage de Belley (1694) ; — Fol. 114, 116. de Claude Lebault et Hugues J.-B. Bazin, conseillers au Parlement (1694) ; — Fol. 124. de J. Louis de Grenand, sieur de Rougemont, bailli de Bugey (1694) ; — Fol. 133. de M. de Bois, bailli du Mâconnais (1694). — Fol. 142. Lettres d'autorisation aux États de lever les trois quarts des octrois de Saône (1694) ; — Fol. 152. Provisions de M. Loranchet, sieur de Bouilland, conseiller et secrétaire des maison et couronne de France (1693) ; — Fol. 158, 164, 168, 193. de Claude Lobelin (1694), J.-B. Filjean, J. de Bize et Philibert Baudot (1695), conseillers-maîtres à la Chambre des comptes. — Fol. 170. de J. Baillet, premier président (1693) ; — Fol. 187. de J. Barthélemy Joly, président de cette Chambre (1695) ; — Fol. 173. de P. de Comeau, sieur de Créancey, lieutenant-général en Bourgogne (1692) ; — Fol. 175, 192, 233. de J. Gault, A. Bénigne Durand et François David, trésoriers de France (1695) ; — Fol. 180, 202, 235, 237. d'Abraham Quarré, Cl. Joseph Guye, sieur de Labergement, Claude-Bénigne Fleury et Hugues David, conseillers au Parlement (1695) ; — Fol. 211. de Germain, élu du Roi aux États du duché de Bourgogne (1691) ; — Fol. 239. de M. Derepas, maire de Vitteaux (1691). — Fol. 246. Provisions de M. Henry, lieutenant-général au Bailliage de Semur en Auxois (1695) ; — Fol. 252. de Jacques de Ganay, chevalier d'honneur de la Chambre des comptes (1696) ; — Fol. 257. de J.-B. de Lamare, président au Parlement (1696) ; — Fol. 278. de Gabriel Ducharne, chauffe-cire-scelleur héréditaire en la chancellerie du Parlement (1695) ; — Fol. 287. de M. Nicolas Simon, conseiller-maître à la Chambre des comptes de Dijon (1696) ; — Fol. 300. de Jean des Autels, procureur du Roi au Bailliage de Charolles (1695) ; — Fol. 306. d'Antoine Martin, conseiller-auditeur à la Chambre des comptes (1696) ; — Fol. 320. de M. Jacques du Tour-Vuilliard, lieutenant-général au Bailliage présidial de Bourg (1697) ; — Fol. 324. de Claude Boucard, concierge de la Chambre des comptes (1697) ; — Fol. 339. d'André Malpoy, trésorier de France (1697) ; — Fol. 347, 362. de Denis Rigoley, de Jacques de Mucie, conseillers au Parlement (1697). — Fol. 352. Lettres de convocation des États du duché de Bourgogne (1697). — Fol. 364. Provisions de Armand Madaillan de Lesparre, marquis de Lassay, lieutenant général en Alsace et en Bresse (1696) ; — Fol. 367. d'Antoine Lonet, conseiller au Parlement (1697) ; — Fol. 385. de Jean de Berbisey, premier président (1697) ; — Fol. 388. de M. de Vienne, chevalier d'honneur du Parlement (1676). — Fol. 387. Lettres d'érection de la terre de Mimeure en marquisat, pour M. Valon de Mimeure (1697) ; — Fol. 400. de la terre et seigneurie de Bantanges en marquisat, pour François Guyet, maître des requêtes de l'hôtel du Roi (1696). — Fol. 396, 421 et 427. Provisions de Bernard Filjean, de Sainte-Colombe et Antoine Arcelot (1697), Simon Martenot (1698), conseillers-maîtres à la Chambre des comptes ; — Fol. 435. de Simon Badoux, président de la Chambre des comptes (1698) ; — Fol. 433, 441. de Nicolas Espiard de Vernot, conseiller (1698) et François Quarré, avocat général au Parlement (1697). — Fol. 445. Lettres de noblesse accordées à André Balme, lieutenant général au Bailliage du Bugey (1698). — Fol. 458. Lettres d'érection de la seigneurie de Courtivron en marquisat pour M. Jean Le Compasseur (1698).

C. 2114. (Registre.) — In-folio, 360 feuillets, papier.

1693-1701. — Enregistrements (suite). — Fol. 525. Provisions de l'office de substitut du procureur général au Parlement pour MM. Gouget-Duval (1697) et Cœurderoy (1698) ; — Fol. 12. de M. Rémond, substitut des avocat et procureur du Roi au Bureau des finances (1698) ; — Fol. 29. de M. Lemulier, président du présidial de Semur (1698) ; — Fol. 31. de M. Morillon, chevalier d'honneur de ce Présidial (1698). — Fol. 36. Arrêt du Conseil d'État qui approuve l'établissement des lanternes pour l'éclairage des rues à Dijon (1698). — Fol. 40. Provisions de M. Denizot, conseiller-maître à la Chambre des comptes de Dijon (1698) ; — Fol. 54. de M. Jacques Malteste, conseiller au Parlement (1699) ; — Fol. 62. de Malmont Legrand de Sainte-Colombe, bailli de la Montagne (1698). — Fol. 81. Lettres de noblesse accordées à M. Cartier, seigneur de la Boutière (1698) ; — Fol. 94, 95, 97. de MM. David de Villars, David de Ponthémery, trésoriers de France, et Taisand, procureur du Roi au Bureau des finances (1699). — Fol. 111. Lettres d'érection de la seigneurie de Blaisy en marquisat, pour Joly, président au grand Conseil (1695). — Fol. 116, 122, 126. Provisions de MM. de Ricard (1698), Fleutelot de Marliens et Malteste (1699), conseillers au Parlement ; — Fol. 147. de J. Grégoire, capitaine des douze arquebusiers à pied de la garde de la porte du Logis du Roi à Dijon (1699) ; — Fol. 148. de Barbier d'Entre-deux-Monts, trésorier de France (1699) ; — Fol. 156. de M. Dagonneau de Marcilly, conseiller au Parlement (1699) ; — Fol. 157. de Gabriel Vestu, président au présidial d'Autun (1699). — Fol. 173. Lettres d'amortissement de la terre de Marigny-les-Reullée, obtenues par les religieuses Carmélites de Beaune (1699). — Fol. 179. Provisions de Claude Couthier, marquis de Souhey, gouverneur de la ville de Flavigny (1698) ; — Fol. 180. d'Andoche Voisenet, lieutenant civil et criminel du Bailliage de Saulieu (1695) ; — Fol. 187. de M. Chevrot, trésorier de France (1700). — Fol. 191. Lettres de noblesse accordées à Charles-François Favier, avocat au Bailliage de Bourg (1700). — Fol. 194. Provisions de M. Du Ban de la Feuillée, gouverneur de Châtillon-sur-Seine (1699). — Fol. 201. Arrêt du Conseil d'État, qui change le nom du hameau de Loges, vers Tintry, en celui de Morelet (1700). — Fol. 208. Lettres de convocation des États de Bourgogne (1700). — Fol. 216, 217. Lettres d'anoblissement accordées aux frères Bernard de la Vernette, conseillers au présidial de Mâcon (1699). — Fol. 231. Provisions de Michel Potot, maire de la ville de Semur (1693). — Fol. 253. Lettres de naturalisation obtenues par Jean-Pierre d'Estraka de Nedabilis, natif de Prague, en Bohême (1700). — Fol. 282. Provisions de Joseph Lebault, procureur général à la Chambre des comptes (1700) ; — Fol. 291, 292, 319. de MM. Jannon, Audoux (1701), Labotte, sieur d'Orain, trésoriers de France (1701) ; — Fol. 331. de Jean Guyard, garde des livres de la Chambre des comptes (1701) ; — Fol. 337. de M. de Lestrée, gouverneur de la ville d'Auxerre (1701).

C. 2115. (Registre.) — In-folio, 311 feuillets, papier.

1684-1705. — *Enregistrements* (suite). — Fol. 13, 17. Provisions de MM. Millet et Debadier, chevaliers d'honneur des présidiaux de Chalon-sur-Saône et de Châtillon-sur-Seine (1700, 1701) ; — Fol. 47. de Jacques Goussard, conseiller honoraire au présidial de Dijon (1702) ; — Fol. 58. de M. André Marie, lieutenant général au Bailliage d'Auxerre (1684) ; — Fol. 76. de Jean-Jérôme Caillet, conseiller auditeur en la Chambre des comptes (1702). — Fol. 86. Édit de création des offices de contrôleurs et receveurs du prêt et droit annuel (1702). — Fol. 94. Provisions de Henri Rémond, conseiller-maître à la Chambre des comptes (1703) ; — Fol. 112. de Guillaume Papillon, référendaire en la chancellerie du Parlement (1703). — Fol. 117. Convocation des États de la province de Bourgogne (1703). — Fol. 134, 154. Provisions de MM. Charpy, trésorier de France (1703), et F. Rougeot, greffier en chef alternatif et mi-triennal au Bureau des finances (1704) ; — Fol. 136. de M. de La Loge, conseiller-maître à la Chambre des comptes (1703). — Fol. 144. Provisions de M. Joly de Choin, lieutenant du Roi au gouvernement de Bourgogne (1703).—Fol. 157. Lettres patentes qui autorisent la continuation du droit accordé aux États du duché de quatre crues sur le sel (1700). — Fol. 164, 176. Provisions de MM. Pernot, conseiller, et Jean Bouhier, président au Parlement de Dijon (1704) ; — Fol. 188, 233. de Cl. Perret et Charles Guyard, lieutenants généraux d'épée aux Bailliages de Bourg et de Beaune (1704) ; — Fol. 193, de Hugues-Foillard, président en l'élection de Mâcon (1704) ; — Fol. 198, 200, 202, 203, 204, 219, 227. de MM. Rigoley (1703, 1704), Baillet, Bouhier, de Brosses, Vitte, de Pizé, Guyard (1704), conseillers au Parlement ; — Fol. 236. d'Étienne Dagonneau, trésorier de France (1705) ; — Fol. 248. de M. de La Loge, président du présidial de Semur (1705) ; — Fol. 277. de M. Burgat, subdélégué de l'Intendant à Chalon (1704) ; — Fol. 285, 300. de MM. Fevret (1703), Loppin (1705), conseillers au Parlement ; — Fol. 294, 295. de MM. Rousselot, Billard et Arnault, conseillers au Bailliage de Dijon (1704) ; — Fol. 296. de M. Lamy, conseiller-maître des comptes (1705).

C. 2116. (Registre.) — In-folio, 285 feuillets, papier.

1702-1707. — *Enregistrements* (suite). — Fol. 1. Provisions de M. Grillet, lieutenant-général d'épée au Bailliage d'Auxerre (1705) ; — Fol. 3. de M. Valby, rapporteur du point d'honneur au Bailliage de Beaune (1705) ; — Fol. 8. de M. de Migieux, conseiller au Parlement (1705);—Fol. 15. de M. Joseph Bouchin, président à la Chambre des comptes (1706). — Fol. 31. Déclarations des trésoriers de France en faveur du degré de noblesse sollicité par M. Gravier de Saint-Vincent (1708). — Fol. 45. Provisions de M. Piétrequin, lieutenant-général d'épée au Bailliage de Châtillon (1705) ; — Fol. 70. de M. Malteste, président du Bureau des finances à Dijon (1706) ; — Fol. 89. de M. Durand, président à la Chambre des comptes (1706) ; — Fol. 97. de M. P. Thomas, conseiller-maître à ladite Chambre (1706). — Fol. 102. de M. Legouz, conseiller au Parlement (1706) ; — Fol. 104, 106, 132. de MM. Cothenot Pourcher et Papillon, trésoriers de France (1702) ; — Fol. 109. de M. Comeau, premier président du Bureau des finances (1706) ; — Fol. 156. de M. de Mucie, chevalier d'honneur dudit Bureau (1706) ; — Fol. 172. de M. Taisand, trésorier de France en ce Bureau (1707) ; — Fol. 179. de M. Leclerc, subdélégué de l'intendant à Montbard (1707) ; — Fol. 214. de M. Bichot-Morel, receveur général du domaine en Bourgogne (1707) ; — Fol. 223. de Gabriel de Vienne de Busserotte, lieutenant de vaisseau, capitaine du château de Bar-sur-Seine (1702).

C. 2117. (Registre.) — In-folio, 285 feuillets, papier.

1707-1709. — *Enregistrements* (suite). — Fol. 7. Provisions de gouverneur de la ville d'Auxerre pour Paul Benoit, comte de Braque, seigneur de Luaz. — Fol. 30. Lettres d'honneur accordées à Pierre Taisand, doyen des trésoriers de France. — Provisions de Jean Bouhier, conseiller au Parlement ; — Fol. 42. de M. Bichot, trésorier de France. — Fol. 56. Provisions de M. Haguenier, garde des livres de la Chambre des comptes;— Fol. 63. de M. J. Jacob, conseiller au Bailliage de Semur ; — Fol. 89. de M. Parisot, conseiller au Parlement ; — Fol. 90. de M. Feré, bailli de Montcenis. — Fol. 96. Bulle du pape Clément XI pour l'institution de Paul de Faure, Ferrière du Terrail, nommé prieur *commendataire de St-Vivant-de-Vergy*. — Fol. 107. Provisions de M. Guillaume, lieutenant-général d'épée au Bailliage d'Avallon. — Fol. 131. de M. Durand de Saint-Eugène, président à la Chambre des comptes ; — Fol. 187. de M. J.-A. Ryard, écuyer, lieutenant-général au Bailliage de Chalon ; — Fol. 196. de M. Cothenot, conseiller-maître à la Chambre des comptes. — Fol. 222. Lettres de confirmation aux maire et eschevins de Beaune, de l'aliénation de la châtellenie de Beaune, Pommard et Volnay. — Fol. 239. Provisions de M. Thierry, avocat général au Parlement. — Fol. 243. Lettres d'érection de la seigneurie de Bierre-les-Semur en comté, obtenues par M. Chartraire.

C. 2118 et 2119. (Registres.) — In-folio, 444 feuillets, papier.

1709-1712. — Enregistrements (suite). — Fol. 5. Lettre de convocation des États du duché de Bourgogne (1709). — Fol. 42. Quittance de la somme de 900 livres, donnée par le garde du Trésor royal, pour le rachat de la capitation du Bureau des finances pendant six ans (1709). — Fol. 65. Provisions de P. Boillon, substitut du procureur général au Parlement (1709) ; — Fol. 66. de M. Hérroult de la Closture, président de Bar-sur-Seine (1708). — Fol. 77. Provisions de M. Develle, substitut de l'Intendant à Saulieu (1709) ; — Fol. 99. de M. Clerguet, lieutenant-général en la chancellerie de Chalon (1708) ; — Fol. 110. de M. Jean-Bernard Gaultier, lieutenant-général au Bailliage de Dijon (1709) ; — Fol. 113, 115, 129, 142. de M. Thoreau, avocat du Roi au Bureau des finances, Durand, Louis Chevignard et Jacques Michel, trésoriers de France (1710) ; — Fol. 136, 139. de Louis-Henri de Bourbon, duc de Bourbon, comme gouverneur de Bourgogne et Bresse, du château de Dijon, des villes de St-Jean-de-Losne, de Seurre, et capitaine des chasses dans la Province (1710) ; — Fol. 161. de M. de Salins, conseiller-maître des comptes (1710) ; — Fol. 165, 174. de MM. Morelot et Filjean (1710) ; — Fol. 171. de M. Denizot, président aux requêtes du palais (1708) ; — Fol. 178. de M. le baron Davois de Blanchefort, gouverneur du Bailliage de Gex (1710) ; — Fol. 210, 236. de MM. Guy de Vornes et Thomas, conseillers (1710) ; — Fol. 218. de M. Legoux, président à mortier au Parlement (1710) ; — Fol. 217. de M. Quarré d'Aligny, bailli du Charollais (1696) ; — Fol. 224. de M. Segault, conseiller-maître des comptes (1710) ; — Fol. 263. de M. de Rougemont, lieutenant-général d'épée au Bailliage du Bugey (1712) ; — Fol. 291, 307, 383, 422. de MM. Pasquier, trésorier de France, Verchère, président du Bureau des finances (1711), Gravier de St-Vincent et Guibaudet, trésoriers de France (1712) ; — Fol. 329, 337, 338, 339, 314, 418, 420, 428, 439. de MM. Durand, Champion, Filjean, Perreney, Delamare (1712), Chartraire (1710), de Clugny (1712), conseiller, Chanlecy de Pluvault, chevalier d'honneur (1711) et Parisot, avocat général au Parlement (1709) ; — Fol. 346. de M. Segault, procureur général à la Table de Marbre (1712) ; Fol. 493. du comte de Saulx-Tavannes, bailli de Dijon (1705).

C. 2120. (Registre.) — In-folio, 398 feuillets, papier.

1709-1714. — Enregistrements (suite). — Fol. 1, 11, 44, 49, 69, 78. Provisions d'offices de conseillers au Parlement, pour Philibert Gagne (1711), J.-B. de Requeleyne (1712), de Bretagne (1710), de la Michaudière (1711), Espiard de la Cour, et Gagne (1712) ; — Fol. 8, 126, 173. de MM. de Pise (1710) et Pourcher (1712), conseillers-maîtres, de Jean Filjean de Mimande, président à la Chambre des comptes de Dijon (1713). — Fol. 86, 89. Lettres de noblesse obtenues par MM. Thoreau (1713) et Baudinet (1712). — Fol. 97, 106, 122. Provisions de MM. Cottin, Boulanger et Larcher, trésoriers de France (1713). Fol. 140. Transaction entre le Parlement et le Bureau des finances au sujet de leurs attributions respectives (1714). — Fol. 169. Provisions de Jean-Pierre de Grenant, marquis de Rougemont, grand bailli du Bugey (1712). — Fol. 192. Procès-verbal du refus fait par la Chambre des comptes de recevoir des trésoriers en robes de gradués (1713). — Fol. 269. Provisions de M. Benoit, lieutenant général à la Table de Marbre (1713). — Fol. 271, 272, 278, 304, 333, 382. de MM. Suremain (1713), Burteur, Verchère (1714), Filjean (1713), de Fontette (1709) et David de Villars (1713), conseillers au Parlement. — Fol. 279, 281, 293, 386. Provisions de MM. Thibert, Parise, Viesse du Breuil et Barbier d'Entre-deux-monts, trésoriers de France (1714) ; — Fol. 283. de M. de Frasans, chevalier d'honneur de la Chambre des comptes (1714) ; — Fol. 309, 313, 357. de MM. Hélyotte, Surget (1714) et Chevaldin (1709), conseillers-maîtres à ladite Chambre ; — Fol. 287, 288. de MM. Panet et Émery, conseillers-auditeurs en ladite Chambre (1714) ; — Fol. 373. de M. Logerot, président du présidial de Châtillon (1714).

C. 2121. (Registre.) — In-folio, 286 feuillets, papier.

1703-1717. — Enregistrements (suite). — Fol. 2, 71, 103, 194, 206, 221, 253, 257, 258. Provisions de l'office de conseiller au Parlement, obtenues par MM. Pérard (1714), Berthier (1713), Rigoley (1715), de Chintrey (1714), de la Loge (1715), de Clugny, Richard et Fleutelot (1716) ; — Fol. 91, 160, 162. de MM. Baillet (1710), Gagne (1715), Bouhier de Versailleux (1716), présidents à mortier ; — Fol. 253. de M. Calon, substitut du procureur général au Parlement (1714) ; — Fol. 3. de M. Chifflot, conseiller-maître à la Chambre des comptes (1712) ; — Fol. 48. de M. Berthelier, président au présidial de Chalon (1713) ; — Fol. 70. de M. Chamont, lieutenant criminel au Bailliage de la Montagne (1714) ; — Fol. 19, 93. de J. Bernard Boileau de Corcelotte et Gault, trésoriers de France (1715). — Fol. 80. Lettres de convocation des États de Bourgogne (1715). — Fol. 81. Provisions de président au présidial de Dijon pour M. Devienne (1703) ; — Fol. 89. de l'office de bailli de Dijon pour M. de Saulx-Tavannes (1705); — Fol. 114. de M. Duplessis, receveur général des finances (1715); — Fol. 145, 169. de M. de Berbisey, premier président du Parlement (1715) et de M. Rigoley, premier président de la Chambre des comptes (1716); — Fol. 174. de M. Chesnard, lieutenant-général au présidial de Mâcon (1712). — Fol. 182. Confirmation par le roi Louis XV du privilège des habitants des marquisats de Chaussin et La Perrière, de trafiquer avec les Comtois et d'user du sel de Salins (1716). — Fol. 183, 192, 193, 196, 205, 232, 249, 250, 270, 273, 279. Confirmation par le même du franc salé accordé aux Ursulines, aux Jacobines, aux Jacobins, aux Jésuites, aux Carmélites de Dijon, aux Jacobines de Beaune, aux Visitandines et Bernardines de Dijon, à l'hôpital du St-Esprit de Dijon, à celui de Beaune et aux Jacobines de Chalon (1716). — Fol. 244. Provisions de M. Durand d'Auxy, grand maître des Eaux et forêts (1714). — Fol. 268. Lettres qui autorisent la *translation dans l'intérieur de la ville de Dijon*, de l'hospice Ste-Anne fondé à l'hôpital général et confirment le franc salé accordé par le roi Louis XIV (1716).

C. 2122. (Registre.) — In-folio, 291 feuillets, papier.

1714-1719. — Enregistrements (suite). — Fol. 14. Provisions de M. Mathieu, greffier en chef du Bureau des finances (1714). — Fol 1, 3, 7, 21, 22, 23, 53, 106. Lettres de confirmations du franc salé accordé aux Feuillants de Fontaine-les-Dijon, aux *Bénédictines du Puits-d'Orbe*, aux Bernardines du Lieu-Dieu à Beaune, aux Chartreux de Dijon, de Meyriat, aux habitants de Fontaine-Française (1716), à l'abbaye d'Oigny, et des privilèges et exceptions octroyés aux religieuses Claristes d'Auxonne (1717). — Fol. 58. Confirmation par le roi Louis XV des privilèges de la ville de Beaune (1716). — Fol. 36, 159, 170, 229, 249, 259. Provisions de MM. Turrel (1717), Gravier, Lebelin (1718), Cretin, Pilot de Fougerette et Guyton (1719), conseillers-maîtres à la Chambre des comptes; — Fol. 96, 200. de MM. de Migieux (1717), Fyot de la Marche (1718), présidents à mortier au Parlement; — Fol. 110. de Fr. Hugues de Siry, baron de Couches, président à la Chambre des comptes (1718); — Fol. 103. de M. Fyot de la Marche, conseiller garde des sceaux de la chancellerie du Parlement (1717); — Fol. 149, 197, 203, 228. de MM. Joly de Norges, Jeannin (1717), Comeau (1716) et Merlet (1718), conseillers au Parlement. — Fol. 156. Lettres de légitimation obtenues par Léopold-Érard, duc de Wurtemberg-Montbéliard pour Éberardine, et Léopoldine-Éberardine Lespérance de Coligny, ses filles naturelles (1718). — Fol. 157. Autres de confirmation de l'adoption par le même prince, de Charles-Léopold, Ferdinand-Ébérard et Éléonore-Charlotte de Sandersleben, enfants du sieur de Sandersleben et de feue dame Henriette Hedvige, baronne de l'Espérance, sa femme, mère des demoiselles de Coligny (1718). — Fol. 181. Confirmation du don de la terre de Coligny fait par le duc de Wurtemberg aux enfants de Coligny et de Sandersleben, et érection de cette terre en comté en leur faveur (1718). — Fol. 221. Provisions de M. Bolet, substitut du procureur général à la Chambre des comptes (1719); — Fol. 265. de M. de la Motte-Champeau, avocat général à la Table de Marbre (1719). — Fol. 281. Arrêt du Conseil qui renvoie à la à la Chambre du domaine la connaissance des droits domaniaux (1719).

C. 2123. (Registre.) — In-folio, 281 feuillets, papier.

1701-1723. — Enregistrements (suite). — Fol. 6. Contrat d'aliénation de la terre de Billy au sieur Pierre de la Mare, conseiller au Parlement (1719). — Fol. 2, 59, 68, 73, 74, 76, 82, 112, 116, 117, 120, 149, 153. Provisions d'offices de conseillers au Parlement obtenues par MM. Joly de Chintrey (1618), Johannin (1619), Philibert de Maillard (1720), Antoine Joly de Norges (1719), Pierre Leauté, François Leclerc, Duport, Varenne, Lamy de Samerey, Pierre Normand, Louis Charpy de St-Usage et Antoine-Louis de Mucie (1720), Rollet de la Tour des Forts (1721); — Fol. 63. de M. Perreney de Grosbois, président au Parlement (1730); — Fol. 23. Lettres d'anoblissement d'Édouard Boulon, capitaine au régiment Dauphin (1720). — Fol. 98. Provisions de M. Nicolas Gonreau, avocat général au Parlement (1719); — Fol. 103. de M. Quarré de Quintin, substitut du procureur général au Parlement (1720); — Fol. 101. de M. Gontier, comte du Pérou, lieutenant du Roi en Bourgogne (1720). — Fol. 146. Lettres d'abolition de la redevance en bled dite la Matroce, qui se percevait dans la châtellenie de Rouvres (1701). — Fol. 157. Provisions de M. Chevignard, avocat général à la Chambre des comptes (1718); — Fol. 194. de François Grillot, conseiller-maître en ladite Chambre (1721). — Fol. 197. Lettres de don au comte de Tavannes, lieutenant-général du roi, au Dijonnais, d'une somme de 2,000 livres en augmentation de son traitement (1721).

C. 2124. (Registre.) — In-folio, 308 feuillets, papier.

1720-1728. — Enregistrements (suite). — Fol. 1. Quittance de la finance de 102,020 livres payées par les présidents et maîtres de la Chambre des comptes pour le rachat des offices de receveurs et contrôleurs anciens alternatifs et triennaux (1720). — Fol. 24. Autre de 31,325 livres payées par Ph. Bernard Gagne, pour son office de receveur des Épices et autres des requêtes du palais à Dijon (1721). — Fol. 38. Autre de 3,248 livres payée par les maire, échevins et syndic de Semur en Auxois, pour le rachat des offices de contrôleur du greffe de l'hôtel de ville, de l'écritoire et de commissaire aux revues et aux logements des gens de guerre (1721).— Fol. 65. Autre de la somme de 6,512 livres payée par la communauté des procureurs du Bailliage de Beaune pour le rachat des offices de tiers référendaire, taxateur et calculateur des dépens, de contrôleurs des dépens et de syndic perpétuel (1723). — Fol. 83. Autre de la somme de 1,512 livres payée par les maire, échevins et habitants de Selongey, pour le rachat des offices de procureur du Roi et de greffier-secrétaire de l'hôtel de ville (1723).— Fol. 91. Quittance de la somme de 1,728 livres payée par la ville de Pontailler, pour le rachat des offices de procureur du Roi et de secrétaire ou greffier de l'hôtel de ville (1723).— Fol. 11. Registre d'enregistrement des quittances de finance, portant rente au denier 58, créé sur les tailles par édit du mois d'août 1720.

C. 2125. (Registre.) — In-folio, 394 feuillets, papier.

1719-1728. — Enregistrements (suite).— Fol. 7. Provisions de procureur du Roi au Bureau des finances obtenues par M. Deslandes (1722). — Fol. 40, 172, 174, 175, 191, 243, 253, 324, 328. de MM. Henrion (1722), Boillot, Réfrognet, Sirot, Bolet (1724), Sevrey, Malpoy (1725), Garnier, Samson Vial, Gravier (1727), trésoriers de France ; — Fol. 33, 60, 78, 187, 204, 210, 269, 293, 297, 393. de Jean Mille, Quarré d'Etroyes, Pierre Espiard, Humbert de Varennes (1722), Cothenot de Mailly, Bazin, Dagonneau fils (1724), Jacques Vincent, Langret (1723), Robelin, Pierre Normand (1726), Joseph-Louis Perrin (1725), Antoine-Jean-Gabriel Lebault et Charles Perroney d'Athesans (1728), conseillers au Parlement ;— Fol. 43, 360. de MM. de Thésut (1721) et Antoine-Bernard-Marguerite de Bretagne (1728), chevaliers d'honneur de la Chambre des comptes ; — Fol. 21. de M. de Créancey, lieutenant du Roi dans l'Autunois (1720) ;— Fol. 45. de Michel Dorothée, marquis de Grandmont, grand bailli d'Autun (1719) ;— Fol. 103. de M. de Fautrières, lieutenant du Roi en Charollais (1720) ; — Fol. 112, 114. de gouverneurs des villes de Beaune et de Louhans pour MM. Chevignard de Chavigny et Guyet (1723).— Fol. 134. Lettres de réunion de la châtellenie de Montréal à celle de Guillon en faveur du duc de Saint-Aignan (1723).— Fol. 136. Provisions de M. de Saulx-Tavannes, lieutenant du Roi à Dijon (1723) ;— Fol. 151. de M. Cœur de Roi, président des requêtes du Palais à Dijon (1723).— Fol. 159. Contrat de revente de la châtellenie royale de St-Seine à Mme veuve Legouz (1724). — Fol. 188. Commission donnée à M. de Saulx-Tavannes, lieutenant général à Dijon pour présider les États de la Province (1724).— Fol. 234. Provisions de M. Lemulier de Beauvais, président du présidial de Semur (1724) ; — Fol. 263. de Pierre Marin Curtil, président de l'Élection de Belley (1725) ; — Fol. 278, 353. de MM. Paul-Théodore Bouchin de Grandmont (1726) et Joseph Joly de Bévy

(1727), présidents en la Chambre des comptes ; — Fol. 299. de de P. Parisot de Boissiat, conseiller-maître en ladite Chambre (1725). — Fol. 317. Lettres d'érection de la châtellenie de La Perrière en marquisat, obtenues par M. Lamy, secrétaire du Roi (1724). — Fol. 325. Lettres de noblesse obtenues par M. Deodati de Genève (1719). — Fol. 343. Provisions de M. de Montplaisant, président à mortier au Parlement (1727) ; — Fol. 391. de Pierre Perrin, référendaire en la chancellerie du Parlement à Dijon (1728).

C. 2126. (Registre.) — In-folio, 269 feuillets, papier.

1709-1731. — Enregistrements (suite). — Fol. 77. Lettres de convocation des États de la province de Bourgogne (1730). — Fol. 111, 193. Provisions de MM. Gautier (1728) et Pourcher (1729), trésoriers de France ; — Fol. 123. de M. de Joly de Choin, lieutenant du Roi aux pays de Bugey, Valromey et Gex (1723). — Fol. 125. Contrat d'aliénation de la portion domaniale de la terre de Véronnes à la comtesse de Tavannes (1726).— Fol. 130. Lettres patentes obtenues par Antoine-Bernard Bouhier pour changer le nom du marquisat de Beaumanoir (Lantenay) en celui de Bouhier (1709). — Fol. 146, 147, 151, 230. Provisions de MM. Claude-Antoine Cortois, Jean-Louis Malteste de Villy, Louis-Arnaud de la Brife (1727), Jean Villedieu (1730), conseillers au Parlement ; — Fol. 153, 177. de Étienne Cottefert et Nicaise, conseillers-maîtres à la Chambre des comptes (1729) ; — Fol. 156. de Louis Butard, substitut du procureur général au Parlement (1727) ; — Fol. 158. de Louis Bouillet, procureur général à la Chambre des comptes (1727) ; — Fol. 189. de M. de Rochefort, président au Parlement (1729) ; — Fol. 193. de M. Serpillon, lieutenant criminel au Bailliage d'Autun (1725) ; — Fol. 222. de M. de la Vernette, lieutenant du Roi en Mâconnais (1730) ; — Fol. 223. de M. Daubenton, contrôleur général des domaines et bois en Bourgogne (1730) ; — Fol. 241. d'Antoine Joly d'Arlay, président à la Chambre des comptes (1730).

C. 2127. (Registre.) — In-folio, 236 feuillets, papier.

1723-1733. — Enregistrements (suite). — Fol. 3. Provisions de François Clesquin, trésorier de France (1731). — Fol. 9. Paiement au charpentier Linassier de la construction du reposoir établi le jour de la Fête-Dieu sur la contrescarpe du château de Dijon (1731).—Fol. 36. Provisions de Joseph Émery, lieutenant général criminel au Bailliage de Gex (1731 ; — Fol. 72. de Charles de Brosses, conseiller au Parlement (1731) ;— Fol. 84. de Jean Nadault, avocat général à la Chambre des comptes (1730). — Fol. 92. Lettres de prise de possession du prieuré de Saint-Sauveur par Dom Bernard Bicher (1723) ; — Fol. 96. Provisions de Germain-Anne Loppin, conseiller au Parlement (1731) ; — Fol. 102. de Gilles-Germain Ricuard, président à la Chambre des comptes (1730) ; — Fol. 105. de M. Richard, élu du Roi aux États de Bourgogne (1731) ; — Fol. 116. de Henri-Jacques Coignèt de la Tuilerie, bailli d'épée et gouverneur d'Auxerre (1730) ; — Fol. 134. de François Duruisseau, substitut du procureur général au Parlement (1731). — Fol. 143. Lettres ou brevet de l'abbaye de Fontenay pour M. Antoine-François Montcley, évêque d'Autun (1729). — Fol. 147. Provisions de François Maublanc de Martenay, conseiller au Parlement (1732) ; — Fol. 151. de J.-B. Simon de Grandchamp, trésorier de France (1732) ; — Fol. 153. de Jacques Nicolas Simonet de Coulommiers, trésorier de France (1732) ; — Fol. 155. de Antoine-Simon Perreney, président à la Chambre des comptes (1732) ; — Fol. 164. de Nicolas Bonaventure Rousselet, greffier des affirmations du Parlement (1732) ; — 171. de Bénigne Bouhier de Chevigny, conseiller au Parlement (1733). — Fol. 176. Provisions d'Esprit Laureau, garde des livres de la Chambre des comptes (1732) ; — Fol. 191. de Jean-Maurice-Léonard-Magdelaine Bureau, conseiller au Parlement (1733) ; — Fol. 217. de Pierre Joly Valot, conseiller-maître des comptes (1733) ; — Fol. 220. de Nicolas Charpy, seigneur de Chenaut, conseiller au Parlement (1733) ; — Fol. 227. Arrêt du Conseil d'État, qui accorde 500 fr. par an aux trésoriers de France à Dijon pour la réparation de leur bâtiment (1732).

C. 2128. (Registre.) — In-folio, 488 feuillets, papier.

1711-1738. — Enregistrements (suite). — Fol. 6, 7, 45. Provisions de Claude Gautier, seigneur de Brévans, d'André Le Belin (1728) et Nicolas (1731), conseillers-maîtres à la Chambre des comptes ; — Fol. 12. de M. Chaumont, lieutenant-général criminel au Bailliage de la Montagne (1714) ; — Fol. 19. de Claude Rameau, contrôleur général du Taillon (1730) ; — Fol. 25. 33. de François-Bernard Normant (1730), de Jean Étienne Quarré de Givry (1738), conseillers au Parlement ; — Fol. 47. de Barthélemy Guillaume, seigneur de Sermiselles, bailli d'épée d'Avallon (1731). — Fol. 54. Ordonnance portant règlement pour l'exercice des trésoriers des fortifications (1732). — Fol. 73, 79. Provisions de MM. Henri Rémond (1711) et Delagoutte (1733), présidents des présidiaux de Châtillon et d'Autun ; — Fol. 75, 81, 92, 119, 130. de MM. Bureau et Fleutelot (1733), de Macheco, Bazin et Chartraire de Bourbonne (1734), conseillers au Parlement. — Fol. 85, 117. Provisions de MM. Chevignard (1733) et Gouget Duval (1734), conseillers-maîtres à la Chambre des comptes ; — Fol. 111. de M. Perrault, président à la Chambre des comptes de Chalon (1733) ; — Fol. 156, 181. de MM. Durand de Chalas (1733) et Richard de Ruffey (1735), présidents à la Chambre des comptes. — Fol. 167. Lettres de naturalité, obtenues par Maxime Arnollet, originaire de Savoie (1720). — Fol. 194. Provisions d'Étienne d'Aligny, bailli de Charollais (1723) ; — Fol. 198, 199. d'Antholme Balme, lieutenant civil et criminel au Bailliage de Belley (1728) ; — Fol. 222. de M. Boussard, contrôleur général des finances (1735) ; — Fol. 230, 231, 249. de MM. Chartraire de Bourbonne, président, Butard des Montots et Cœur de Roy, conseillers au Parlement (1735) ; — Fol. 255. de Nicolas Seguin, secrétaire du Roi (1735). — Fol. 262. Arrêt du Conseil d'État qui renvoie à la connaissance de l'Intendant toutes les contestations relatives aux matroces de Rouvres (1735). — Fol. 297. Provisions de Pierre Salomon des Bois, bailli du Mâconnais (1736) ; — Fol. 299. de Pierre Guillemin, greffier du point d'honneur au Bailliage de Beaune (1731). — Fol. 312. Contrat d'aliénation de la châtellenie de Davayé à M. Claude de Meaux (1733) ; — Fol. 329, 331, 334, 345, 357, 337, 347, 359. Provisions de Pierre Fijean de Talmay, Févret de Fontette, Pierre-Nicolas-Marie d'Arlay (1735), Robin, Louis-Joseph Perreney, conseillers, Loppin de Preigny, avocat général, Fardel de Daix, président des requêtes, et de Sennevoy, chevalier d'honneur du Parlement à Dijon (1736) ; — Fol. 341, 379, 435. de Jacques Millot, J.-B. Rasse (1736), et Nicolas-Olivier Le Moine (1737), trésoriers de France. — Fol. 366, 425. Provisions de MM. Bonnard (1736) et J.-B. Gagne de Pouilly (1737), conseillers au Parlement. — Fol. 399. Lettres de confirmation de noblesse obtenues par E. Boyveau de Pralin, commandant pour le Roi à Colmar (1737). — Fol. 432. Provisions de M. Chevignard de Chavigny, gouverneur de Beaune (1737) ; — Fol. 437. de Philibert Vuilerod, président de l'élection de Belley (1737). — Fol. 452. Lettres d'anoblissement d'Étienne Minard, capitaine au régiment du Forez (1737). — Fol. 458. Provisions de Hugues Violet, gouverneur de la chancellerie et président du présidial de Dijon (1737). — Fol. 467. Lettres de noblesse accordées à Antoine Esmonin, commissaire provincial d'artillerie (1737). — Fol. 477. Provisions de Denis Baptault, substitut du procureur général au Parlement (1737).

C. 2129. (Registre.) — In-folio, 374 feuillets, papier.

1718-1741. — Enregistrements (suite). — Fol. 2. Provisions de Jean Boucard, concierge de la Chambre des comptes (1737) ; — Fol. 4, 41. de MM. Lemuller (1737) et Jean Legoux (1738), conseillers au Parlement ; — Fol. 14. de Philippe Gaudet, conseiller-auditeur à la Chambre des comptes (1738) ; — Fol. 31. de Claude Boucard, substitut du procureur général à la Chambre des comptes (1738). — Fol. 60. Contrat d'aliénation du domaine du comté de Roussillon en Antunois, faite au sieur de Malarmey, comte de Roussillon (1737). — Fol. 64. Provisions de M. Baillardet, lieutenant particulier au Bailliage d'Autun (1738). — Fol. 80. Contrat d'aliénation des cens de Talant au sieur Boulée (1737). — Fol. 87, 113, 120, 132. Provisions de MM. Abraham Guy de Migieux, de la Mare, Pierre

François Cottin de la Barre (1738) et Bénigne Legoux (1739), conseillers au Parlement.— Fol. 88. Contrat d'aliénation de la châtellenie de Salives à MM. Golyot et Siredey (1724. — Fol. 103. Réquisitoire des gens du Roi contre les adjudicataires de anciens plombs provenant de la couverture de la terrasse du Logis du Roi à Dijon (1738). — Fol. 108, 122. Provisions de MM. de Champrenault et Jean Gravier, conseillers-maîtres des comptes (1738); — Fol. 110. de M. de Paradis, lieutenant-général au Bailliage de Bourg (1738); — Fol. 126. de M. Violet de la Faye, lieutenant-général en celui de Dijon (1738) ; — Fol. 159. d'Anglard, conseiller-auditeur à la Chambre des comptes (1739) ; — Fol. 160, 181. de Perrot et Porchet, conseillers-correcteurs (1739) ; — Fol. 203. de Pierre Siredey, avocat général (1739); — Fol. 207. de Louis Morel-Bichot de Corberon, conseiller-maître en ladite Chambre des comptes (1739) ; — Fol. 165, 212. de MM. Defrance et Jean-Claude Perreney de Vellemont, conseillers au Parlement (1739) ; — Fol. 243. de M. Paradis Philippe, président du présidial de Bourg en Bresse (1740) ; — Fol. 252. de M. Chantepinot, substitut du procureur général au Parlement (1740) ; — Fol. 269. de M. Charles Chamon, lieutenant-criminel au Bailliage de Châtillon (1740). — Fol. 273. Arrêt du Conseil d'État qui règle la manière dont les vassaux doivent se présenter au Bureau des finances pour les actes de foi et hommage (1740). — Fol. 293. Provisions de M. Hudelot de Létancourt, chevalier d'honneur de la Chambre des comptes (1741). — Fol. 296. Lettres de naturalité de François Arnolfet, savoyard, marchand à Pontailler (1739). — Fol. 309. Lettres d'érection de la terre de Ricey en marquisat, pour M. de Pommereux (1718). — Fol. 312. Provisions de Philibert Papillon, conseiller-maître à la Chambre des comptes (1740). — Fol. 314, 315. Provisions de Philibert Verchère et François-Marie-Bernard de Sassenay, conseillers au Parlement (1740) ; — Fol. 330. de M. de Montillet de Champdor, bailli du Bugey (1740) ; — Fol. 336. de M. de Lantage, capitaine de la ville de Bar-sur-Seine (1739). — Fol. 363. Lettres d'érection de Saint-Maurice, de Saint-Martin-du-Tartre, etc., en Mâconnais, en marquisat d'Henin, pour Jean-Louis d'Henin-Liétard (1730).

C. 2130. (Registre.) — In-folio, 424 feuillets, papier.

1735-1740. — Enregistrements (suite). — Fol. 23. Provisions de MM. Filjean de Ste-Colombe et de Bernard Philibert Espiard, conseillers (1742) ; — Fol. 11. de Charles de Brosses, président à mortier au Parlement (1742) ; — Fol. 5. de Marie-François de la Botte, conseiller-auditeur (1741) ; — Fol. 14. de Bernard Dromard, conseiller-correcteur à la Chambre des comptes (1741) ; — Fol. 23. de François Gauthey, maître des ports, ponts et passages de Chalon (1741) ; — Fol. 25, 62, 72. de Vincent-Louis Chifflot et Surget, Vergnette La Motte, conseillers-maîtres des comptes (1742). — Fol. 39. Brevet du don de l'abbaye de Fontenay faite par le Roi à André, comte de Zaluski (1735). — Fol. 40. Provisions du comte de Sades, lieutenant du Roi en Bresse (1742). — Fol. 83, 84, 85, 86. Provisions du duc de Saint-Aignan comme gouverneur de Bourgogne, de Dijon, de Seurre, de Saint-Jean-de-Losne, et de capitaine des chasses en Bourgogne (1740). — Fol. 87. Commission du même pour présider les États de la Province (1742). — Fol. 98. Provisions de Claude-Philibert Bernard, sieur de la Vernette, lieutenant du Roi au Mâconnais (1742); — Fol. 101. de Claude-François Rougeot, receveur-général des domaines et bois de la généralité (1741) ; — Fol. 115, 130, 131, 141. de François-J.-B. Johannin, de Jean-Marie Bouhier de Bernardon, de Jean Bouhier de Fontaine (1742), de François-Samuel Rigolier (1743), conseillers au Parlement ; — Fol. 117, 168, 179. de Daniel de Salins (1742), de Claude Brondeault, de Claude-Clément Colmont (1743), conseillers-maîtres à la Chambre des comptes. — Fol. 120. Bulle du pape Benoît XIV, qui confère le grand prieuré de Saint-Vivant de Vergy à Jean Bonafous du Terrail (1742). — Fol. 157. Provisions de Claude-Charles de Brosses, bailli de Gex (1743). — Fol. 164. Contrat d'aliénation du domaine de Couches à M. de Truchis (1742). — Fol. 206. Provisions de M. de Mallet, conseiller-maître à la Table de Marbre (1742). — Fol. 207, 218. de MM. Jean-Philippe Fyot de la Marche (1744), François-Bernard Artaud (1743), conseillers au Parlement. — Fol. 231. Provisions en cour de Rome de Pierre Vastel, pour le prieuré de Saint-Étienne-de-Duême (1744) ; — Fol. 248. de Claude Varenne de Longvoy, garde des sceaux près la chancellerie du Parlement, à Dijon (1744) ; — Fol. 250, 253. d'Étienne Maillard, conseiller-maître, et Nicolas de Ganay-Visigneux, chevalier d'honneur à la Chambre des comptes (1744). — Fol. 255. Provisions de M. de Vauberey, gouverneur de la ville d'Autun (1743) ; — Fol. 256, 269. de Henri de la Troche, Antoine Demanche, conseillers-auditeurs à la Chambre des comptes (1744) ; — Fol. 259. de Joseph de Merméty, substitut (1744) ; — Fol. 275. de Jacques-François Adelon, lieutenant-général à la Table de Marbre (1745) ; — Fol. 306, 307, 319. de Léonard Bureau, Jean-François Le Normand, conseillers; Bénigne Legouz, président à mortier au Parlement (1745) ; — Fol. 331. d'Andréa, payeur ancien des gages du Parlement (1745); — Fol. 332. de M. de Grammont de Dracy, grand bailli d'épée de l'Autunois (1745) ; — Fol. 336, 359. de Claude-Philibert Fyot de la Marche, premier président, Jean-Joseph Fyot de la Marche, président à mortier, Jean Rigoley, conseiller au Parlement (1745) ; — Fol. 338, 340. de Jean Regnault, conseiller (1743), et Toussaint Bullier, procureur-général à la Table de Marbre (1745) ; — Fol. 357, 390. de Nicolas-Claude Rousselot (1745), Edme Maitrise (1746), conseillers-maîtres à la Chambre des comptes ; — Fol. 369. de Hubert-Joseph Pasquier, trésorier de France (1745) ; — Fol. 386. de Claude Poulletier de Perrigny, receveur général des domaines et bois de la généralité (1746). — Fol. 402. Contrat d'aliénation du droit d'établir un bac sur la rivière d'Yonne, à Cravant (1746). — Fol. 405. Provisions de J.-B.-Claude Suremain de Flammerans, conseiller au Parlement (1746) ; — Fol. 409. de Théodore Chevignard de Chavigny, gouverneur de Beaune (1745).

C. 2131. (Registre.) — In-folio, 512 feuillets, papier.

1713-1752. — Enregistrements (suite). — Fol. 30. Provisions de M. Guenichot, secrétaire du Roi (1746) ; — Fol. 33. de Jacques de Serrey, trésorier de France (1747) ; — Fol. 34. de Jacques Pourcher, conseiller aux requêtes du Palais (1746). — Fol. 39. Aliénation de la justice domaniale des Véronnes à M. Espiard de Vernot (1746). — Fol. 47. Brevet qui confère à Pierre-Philibert Forestier le prieuré de la Sainte-Trinité de Bar-sur-Seine (1745). — Fol. 53. Provisions de André Dubard de Chazan, conseiller-auditeur à la Chambre des comptes (1747) ; — Fol. 54. de Crétin, conseiller-maître à ladite Chambre (1747). — Fol. 55. Engagement de la justice domaniale de Vergy à M. de Massol (1744). — Fol. 89. Provisions de Claude Gelot, procureur du Roi au Bureau des finances (1747) ; — Fol. 91. de Jacques Edmery, lieutenant-criminel au Bailliage de Gex (1747) ; — Fol. 93. de Jérôme Arbet, conseiller référendaire en la chancellerie de Dijon (1744) ; — Fol. 94. de Bénigne Bouhier, conseiller au Parlement (1747) ; — Fol. 102, 147, 152. de MM. Louis-François Verchère, Louis-Henri Fitzjean de Sainte-Colombe, Vivant Mathias, Léonard-Raphaël Villedieu de Torcy, aussi conseillers (1748) ; — Fol. 120. de Claude-Marie Burignot, trésorier de France (1747) ; — Fol. 121. de Siméon-Louis Ligier, conseiller-auditeur à la Chambre des comptes (1747) ; — Fol. 128. de Christophe Lemuet, lieutenant-général d'épée au Bailliage d'Auxerre (1748). — Fol. 132. Contrat d'engagement de la châtellenie de Montcenis à M. de Rochemont (1747). — Fol. 168. Provisions d'Abel-Hugues-Marie Foillard, président de l'élection de Mâcon (1748) ; — Fol. 175. de Simon Ranfer, avocat du Roi au Bureau des finances (1748) ; — Fol. 176. du marquis de Crussol, bailli d'épée du Bailliage de Bar-sur-Seine (1742). — Fol. 178. Provisions de Richard Regley, président au même Bailliage (1748) ; — Fol. 186, 193, 237, 243, 249. de Henri Mairetet de Thorcy (1748), Pierre-Anne Chesnard de Layé, Bernard-Étienne de Clugny, Pierre-François Gauthier, conseillers ; François Gravier (1749), substitut du procureur général au Parlement. — Fol. 189. Arrêt du Conseil d'État portant confirmation de la noblesse de Guillaume-Léonard Guiller et Claude Guiller frères (1748). — Fol. 194. Provisions de Pierre-Anne Chesnard de Layé, lieutenant-général au Bailliage de Mâcon (1748) ; — Fol. 204. de Jean-Claude Clesquin, trésorier de France (1749) ; — Fol. 219, 242. de Pierre Brusson (1748), Nicolas Guirot (1749), conseillers-maîtres des comptes ; — Fol. 225. de Denis-Guillaume Cazotte, avocat général à la Table de Marbre (1749). — Fol. 238. Vente d'une partie de la terre de Baigneux-les-Juifs par Mme la comtesse de Chavigny, à l'abbaye d'Oigny (1746). — Fol. 252. Provisions de Claude-André-Andréa de Nerciat, payeur des gages au Parlement (1749) ; — Fol. 264. de Chrétien de Macheco, conseiller du Parlement (1749) ; — Fol. 265. de Bernard de la Mare d'Aluze, bailli de Dijon (1749) ; — Fol. 267. de Michel Deschamps, contrôleur des finances en Bourgogne (1749) ; — Fol. 277. de Morel de Bréviande, trésorier de France (1749) ; — Fol. 285, 312. de Pierre-François Guillet (1747), et Louis Malfin (1748), conseillers référendaires en la chancellerie près le Parlement. — Fol. 302. Lettres de naturalité accordées à J.-B. Mac-Mahon, natif de Limerick en Irlande et domicilié à Autun (1749). — Fol. 305. Provisions de Jean Giraud, écuyer, sieur de Montbellet, chevalier d'honneur de la Chambre des comptes. — Fol. 315. Lettres du surannation de celles d'érection de la terre de la Roche-Pot en comté, obtenues par J.-B.-François Blancheton (1745). — Fol. 323, 325, 376. Provisions de Jean-Claude-Nicolas Perrenet de Vellemont, procureur général, de la Loge du Bassin, Nicolas Perrin, conseillers au Parlement (1750) ; — Fol. 340. de Toussaint Roux, lieutenant-général au présidial d'Autun (1750) ; — Fol. 353, 372. de Jean-Claude Berthier et Jean-Claude Berthier et Jean-Antoine Piffond, trésoriers de France (1750) ; — Fol. 375. d'Antoine Juillet, conseiller à la Table de Marbre (1751) ; — Fol. 384. de Pierre Siméon, président du présidial de Semur (1751) ; — Fol. 387. de Lazare-Guillaume de Ganay, sieur de Lusigny, chevalier d'honneur de la Chambre des comptes de Dijon (1751) ; — Fol. 388, 398. de Pierre-Léonard Tranchant et J.-Cl.-Maurice Piffond, trésoriers de France (1751) ; — Fol. 393, 399, 423. de Claude-Louis de la Loge de la Fontenelle, Bernard-Étienne Pérard, conseillers, de François-Marie-Bernard de Sassenay, président au Parlement (1751). — Fol. 402. Lettres de Pierre Durand, seigneur du Meix (1751). — Fol. 406. Provisions de Jacques Darcy, lieutenant-général à la Table de Marbre de Dijon (1751) ; — Fol. 396, 407. de Jean-François Morel, avocat général ; d'Étienne Jacquinot, conseiller-correcteur à la Chambre des comptes (1751) ; — Fol. 441. d'Étienne Rougemont, arpenteur général des bois des deux Bourgognes et d'Alsace (1732). — Fol. 449. Arrêt du Conseil d'État qui autorise le vicomte de Tavannes, seigneur engagiste d'Aisey-le-Duc, à enlever les matériaux de la Tour de Saint-Marc (1751). — Fol. 450, 477. Provisions d'Étienne-Henri Colas (1751) et Nicolas Lacoste

(1752), substituts du procureur général du Parlement; — Fol. 471. d'Auguste-Louis-Zacharie-Humbert Espiard d'Allerey, conseiller au Parlement (1752); — Fol. 486, 492. de Pierre-Anne Chesnard de Layé, Germain-Anne Loppin de Givry, présidents au Parlement (1752); — Fol. 460. de P. Petitjean, conseiller-correcteur à la Chambre des comptes (1751). — Fol. 464. Contrat d'engagement de la terre de Meloisey, à M. Durand d'Aubigny (1751). — Fol. 468. Arrêt du Conseil qui met à la disposition du grand prieuré de Saint-Vivant, tous les matériaux de l'ancien château de Vergy (1751). — Fol. 503. Lettres d'union des terres d'Aloxe et de Pernand au comté de Serrigny (1713). — Fol. 503. Lettres d'établissement de deux foires à Chailly (1726).

C. 2132. (Registre.) — In-folio, 474 feuillets, papier.

1745-1759. — Enregistrements (suite). — Fol. 4, 30, 91. Provisions d'Alexandre Jouard, sieur de Gissey (1752), Bernard-Nicolas-Garnier de Bretenières (1753) et Henri Maulbon d'Arbaumont (1754), trésoriers de France. — Fol. 7. Arrêt du Conseil d'État pour la revendication du trésor, trouvé au château de Châteauneuf en Mâconnais (1752). — Fol. 9, 43, 56, 22. Provisions de Dominique Joly, Charles-François Fevret (1752), François Laureau de Lavault, Louis-François Anglard (1753), conseillers auditeurs à la Chambre des comptes; — Fol. 10. de M. François de Sennevoy, chevalier d'honneur au Parlement (1752). — Fol. 11. Contrat d'engagement de la terre de Bourbon-Lancy à M. Ducrest, marquis de Saint-Aubin (1752). — Fol. 17. Provisions de Henri-Pierre-Gilbert Créqui de la Tuilerie, bailli d'épée d'Auxerre (1745); — Fol. 20. de Barthélemy-Siméon Jomard, conseiller-maître des comptes (1752); — Fol. 33, 77, 49. de Baudot Louis, François-Élisabeth Voisin, substituts du procureur général, Étienne-Henri Colas, avocat général au Parlement (1753). — Fol. 64. Contrat d'aliénation des terres de Bouilland, Fussey, Changey, Échevronne, l'Étang, la Cras, Chaux, Meuilley, dépendant de la châtellenie de Vergy, à Jean-Porreau de Conflans (1753). — Fol. 81, 83. Provisions de Philippe Barbuot (1751) et de François Espiard de la Borde (1753), conseiller au Parlement. — Fol. 92. Arrêt du Conseil d'État, qui maintient J.-B. Mac-Mahon, natif de Limerick en Irlande, dans sa noblesse d'ancienne extraction (1750). — Fol. 98. Provisions de Charles-Étienne Syrot, trésorier de France (1754); — Fol. 106. de M. de Labergement, lieutenant du Roi au Chalonnais (1753). — Fol. 111. Contrat d'aliénation de la châtellenie d'Aisey-le-Duc au sieur Pacotte (1753). — Fol. 118. Contrat d'affranchissement de la mainmorte des habitants de Coëffan (1750). — Fol. 125. Provisions de Pierre Devenet, conseiller auditeur à la Chambre des comptes (1754); — Fol. 128, 133, 135, 430, 151, 165. d'Antoine Juillet, Andoche-Richard Descrots, Barthélemy Cortois, Charles Richard, Claude Fyot de Mimeure de Genlis, François Pelletier de Cléry, conseillers au Parlement (1754). — Fol. 129, 130, 131, 135. Provisions de M. Louis-Joseph de Bourbon, prince de Condé, gouverneur de Bourgogne et Bresse, Seurre, Saint-Jean-de-Losne et capitaine des chasses (1754); — Fol. 146. de François-Joseph Legrand de Marizy, grand maître des forêts de Bourgogne (1754); — Fol. 156. de Claude-Pierre Roux, président du présidial d'Autun (1754); — Fol. 166. de Jean-Bernard Gauthier, conseiller-maître à la Chambre des comptes (1755); — Fol. 177. de Claude Picardet, conseiller à la Table de Marbre de Dijon (1754); — Fol. 182, 218. de Pierre Magnien, Claude Morel de Villiers, trésoriers de France (1755); — Fol. 224. de M. de Ganay, gouverneur de la ville d'Autun (1752). — Fol. 226. Brevet du don du prieuré de Pontailler à Jean-Maurice Bureau de Saint-Pierre (1755). — Fol. 233, 252. Provisions de Charles de Bourbonne, conseiller et Bénigne Bouhier de Lantenay, président au Parlement (1756); — Fol. 243. d'Étienne Jomard, conseiller-maître à la Chambre des comptes (1756); — Fol. 259. de Jacques de Brançion, chevalier d'honneur au Parlement (1756). — Fol. 264. de Louis Boisot, procureur général à la Table de Marbre (1756). — Fol. 272, 317. de Nicolas Jannon (1756), Jacques Philibert Guenichot (1757), conseillers au Parlement; — Fol. 277. de Claude Toussaint Locquin, contrôleur général des finances en Bourgogne (1756); — Fol. 284. de Balthasar Gauthier, conseiller auditeur à la Chambre des comptes (1757). — Fol. 288. Lettres de réunion de l'hôpital des Bains de Bourbon-Lancy à celui de la ville (1755). — Fol. 294, 300, 303. Provisions de Jacques Febvre, Bertrand Mollerat, Hector-Joseph de Bruère, trésoriers de France (1757). — Fol. 301. Contrat d'aliénation des châtellenies d'Aisey, Salmaise et de Blessey à M. de Lugeac (1757). — Fol. 306, 320. Provisions de Florent Joly et Bernard Coquard, conseillers-maîtres (1757); — Fol. 318. de Claude Brondeault, président à la Chambre des comptes (1757); — Fol. 313. d'Anne-Paul de Fontenay, lieutenant-général au Bailliage d'Autun (1757); — Fol. 324. de Laurent Durand, conseiller référendaire à la Chancellerie de Dijon (1757); — Fol. 328. d'Émilien Noly, président de l'élection de Mâcon (1757). — Fol. 346. Contrat d'engagement de la châtellenie de Bois-Sainte-Marie, à Gilbert, marquis de Drée (1757). — Fol. 349. Arrêt du Conseil d'État, qui règle l'accensement des fortifications de la ville de Nuits (1757). — Fol. 357, 387, 460. Provisions de Marc-Antoine-Bernard-Claude Chartraire de Bourbonne, président, Michel-Joseph Cœur de Roi (1758), Bénigne-Charles Fevret (1759), conseillers au Parlement; — Fol. 371, 392, 394, 406, 450, 461, 467. de Guillaume Jacquinot, Jean Vergnette (1758), J.-B. Vaillant, J.-B. Perret, conseillers-maîtres, Charles Trucut de la Grange Neuve, Henri-Vincent Logerot (1759), substituts du procureur général et Claude-Denis-Marguerite Rigoley (1759), premier président de la Chambre des comptes; — Fol. 397. de Jean-Baptiste-Antide Fevret de Fontette, bailli de la Montagne (1753); — Fol. 431. d'André Joannin, trésorier de France (1759). — Fol. 434. Lettres patentes portant établissement de deux foires à Tarsul et changement du nom de ce village en celui de Compasseur (1758). — Fol. 452. Décret de l'archevêque de Lyon pour la sécularisation du chapitre de Neuville-les-Dames, et règlement de cette communauté (1755). — Fol. 459. Provisions de Charles-Louis Brondeault, chevalier d'honneur du Bureau des finances (1759). — Fol. 462. Contrat d'aliénation de la terre domaniale de Buncey à Mme Guenebault (1756).

C. 2133. (Registre.) — In-folio, 282 feuillets, papier.

1722-1763. — Enregistrements (suite). — Fol. 5. Provisions de Claude-Marie Gollety, président de l'élection de Bourg (1759). — Fol. 16. Lettres patentes pour la réunion des offices de président du présidial et de lieutenant-général du Bailliage de Chalon (1759).— Fol. 20. Provisions de M. Dugoud du Bouzel, gouverneur de la ville d'Avallon (1759); — Fol. 23. d'Antoine-Léonard Guyot de Saint-Amand, lieutenant du Roi au Chalonnais (1758); — Fol. 26. de Denis-François Lardillon, conseiller-correcteur à la Chambre des comptes (1759); — Fol. 37. de Guillaume-Augustin Calon, substitut du Procureur général au Parlement (1759); — Fol. 50, 66. de J.-B. Arnoult, Sébastien Moreau, trésoriers de France (1760); — Fol. 59. de Jules-César de Crémeaux, marquis d'Entragues, gouverneur de Mâcon (1760); — Fol. 67. de Claude Gallier, conseiller-maître à la Chambre des comptes (1760); — Fol. 79. de J.-B. Baron, avocat-général en ladite Chambre (1760); — Fol. 84, 85, 115. de Hugues Monin, conseiller-auditeur (1760), J.-B. François Torchet de Bois-Mélé, président (1759), Jean-Gaspard Morel, avocat-général à la Chambre des comptes (1761); — Fol. 93. Rapport d'experts sur les réparations à faire aux moulins de Montbard (1720) et arrêts du Conseil pour la délivrance des réparations à exécuter et la vente des moulins (1724); — Fol. 97. de Jean Lemulier, conseiller au Parlement (1761). — Fol. 102. Lettres d'anoblissement de M. Claude Robert Cromot (1761); — Fol. 104. d'Antoine Lardillon, lieutenant-général à la Table de Marbre (1758). — Fol. 112, 127. Provisions de Gabriel-Marie de la Grange, Daniel-Charles Hernoux (1761), trésoriers de France. — Fol. 114, 119. Contrats d'engagement de terres et prés, sur Volnay et Combertault, à M. Bannier de Beaumont (1760); de la châtellenie de Chatel-Gérard, à M. Orry de Fulvy (1732). — Fol. 140. Provisions de Claude Forneron, greffier en chef des requêtes du Palais (1761); — Fol. 144, 153, 177, 187. de Nicolas Seguin, chanoine de la cathédrale Saint-Étienne, conseiller-maître (1761), Bernard Lejeune, conseiller-correcteur, Philibert Reyne, Chiquot, de Fley, président; Pierre-Bernard Ranfer, conseiller-maître (1762) à la Chambre des comptes; — Fol. 152. de Pierre de Montherot de Montferrand, capitaine des gardes de la porte du Logis du Roi à Dijon (1755). — Fol. 157. Contrat d'engagement de la châtellenie de Saulnières, à M. Devoyo (1761). — Fol. 179. Provisions de M. Givoisot, concierge et portier du Logis du Roi à Dijon (1762); — Fol. 197. de Jean-Baptiste Marie Chesne, lieutenant particulier au Bailliage d'Autun (1761); — Fol. 210, 221, 247, 274. de Louis Lesage, substitut du Procureur général, de Pierre-Bernard Fontette de Sommery, chevalier d'honneur (1762); — de Guillaume Raviot et de Melchior-Bénigne Cochet du Magny, conseillers au Parlement (1763); — Fol. 216. de Jean-François de Faubert, grand bailli d'épée de Bourbon-Lancy (1762); — Fol. 222. d'Antoine Clerguet de Loisey, lieutenant du Roi au Chalonnais (1762); — Fol. 244. de Jean-Pierre Bretagne, gouverneur de Saint-Gengoux (1763); — Fol. 250. de Pierre-Hilaire-Joseph de Bruère, président du présidial de Châtillon-sur-Seine; — Fol. 252. de Léonard de Mortières, greffier en chef du Bureau des finances (1763); — Fol. 257. de Jean-Claude Jobard, trésorier de France (1763); — Fol. 259. du comte de la Guiche, lieutenant-général du Roi au Charollais (1763).

C. 2134. (Registre.) — In-folio, 332 feuillets, papier.

1731-1769. — Enregistrements (suite). — Fol. 282. Contrat d'engagement de la terre et prévôté de Baigneux, à M. Caminade (1760). — Fol. 287. Provisions de François Marie Quarré, conseiller au Parlement (1763); — Fol. 290. de J.-B. Dufréneau, conseiller référendaire en la chancellerie du Parlement (1761). — Fol. 295. Contrat d'aliénation des fortifications de la ville de Saint-Jean-de-Losne faite aux habitants (1764). — Fol. 301. Id., de la mairie de Pontailler à Claude Joly (1741). — Fol. 302. Provisions de François-Abraham Regneau, concierge de la Chambre des comptes (1764). — Fol. 320. Brevet du roi Louis XV pour l'établissement de la promenade dite la Terrasse, construite par la mairie de Semur sur les remparts de la ville (1753). — Fol. 323, 325, 330. Provisions d'Émiland-Jean-Mency, Nicolas-Pierre et Jacques Didier Bernard, trésoriers de France (1764). — Fol. 337. Traité de partage du comté de Rossillon en Bugey entre Guy de Migieux, président au Parlement de Dijon, Joachim du Crot, comte de Groléé et Antoine de Carron (1753). — Fol. 343. Provisions de M. Poulletier de Perrigny, receveur général des domaines et bois en Bourgogne (1764); — Fol. 346. de M. Métrillot, conseiller-correcteur à la Chambre des comptes (1764); — Fol. 347. de M. Deshois, grand bailli du Mâconnais (1764); — Fol. 364, 373. de Bernard-Étienne Pérard, procureur général (1765), Claude-Marguerite Rigoley, conseiller au Parlement (1763); — Fol. 366. de Pernet de Blercourt, capitaine de la ville de Bar-s-Seine (1765) ; — Fol. 368, 369. de Charles Gault (1731), Pierre-Edme Grasset (1757), Jean-Marie Cellard (1756), procureurs du Roi aux Bailliages de Saint-Jean-de-Losne, Auxerre et Mâcon; — Fol. 374. de François Chevrot, substitut du procureur général à la Chambre des comptes (1765); — Fol. 389. de Philippe-Antoine-Gabriel-Victor de la Tour du Pin, marquis de la Charce, comme lieutenant-général au Charollais et commandant pour le Roi en Bourgogne (1765); — Fol. 393. de Thomas André, marquis d'Avigneau, grand bailli d'épée et gouverneur d'Auxerre (1761); — Fol. 405. de Jean Fyot de la Marche de Dracy, conseiller au Parlement (1765). — Fol. 447. Lettres patentes pour la continuation, pendant neuf ans, de cent livres au couvent des Clarisses de Bourg-en-Bresse (1766). — Fol. 436. Provisions de Nicolas-Jean-Jacques Dupré, lieutenant-criminel au Bailliage de Saulieu (1765); — Fol. 457, 462. de Jean-Marie Bégin d'Orgeux (1762) et Antoine Esmonin (1766), conseillers au Parlement; — Fol. 463, 467. de Donatien-Alphonse François, marquis de Sades (1760) et Étienne Duprest de Crassier (1764), lieutenants généraux du Roi, en Bresse et en Charollais; — Fol. 471. d'Antoine Girault, conseiller-auditeur en la Chambre des comptes (1766); — Fol. 473, 477, 484. d'Alexandre-André Giraud de Vesvre, Étienne Genreau, Charles-Claude Devoyo, conseillers au Parlement (1766); — Fol. 474. de Denis-Joseph Simon, sieur de Grandchamp, trésorier de France (1766). — Fol. 506. Lettres d'érection de la terre d'Éguilly en marquisat, pour Jean-Baptiste de Mac-Mahon (1763). — Fol. 516, 539. Provisions de François-Henry d'Anthès de Longepierre, président, de Charles-Marie de Fontette de Sommery, chevalier d'honneur du Parlement (1767). — Fol. 520. Lettres de noblesse accordées à Louis-Gaspard Fabry, subdélégué de l'Intendant à Gex (1767). — Fol. 522, 526. Contrats d'engagement des terres domaniales de Vesvres-les-Vitteaux et de Dampierre-en-Montagne, à MM. Violet et Berthier de Sauvigny (1767). — Fol. 528, 529. Provisions de Jacques Godard, conseiller-auditeur (1767), Jacques Bouguelet, conseiller-maître à la Chambre des comptes (1768); — Fol. 535. Lettres portant création de trois foires à Meursault (1747). — Fol. 543. Arrêt du Conseil d'État, qui concède à M. Deschamps de Charmelieu, les remparts et fortifications de la ville de Saint-Bris (1767). — Fol. 546. Provisions d'Émiland-Marthe Morel, trésorier de France (1767); — Fol. 548. de Charles-Marie, comte de Ricée, grand bailli d'épée de Bresse (1767). — Fol. 567. de Louis Moussière, substitut du procureur général au Parlement (1768) ; — Fol. 590. d'Étienne-Louis Champion de Nan-sous-Thil, conseiller au Parlement (1768) ; — Fol. 568, 569. de Jean Chauvot, substitut du procureur général, François-Guy de Chassenard, conseiller-correcteur à la Chambre des comptes (1768). — Fol. 578. Contrat d'aliénation de la châtellenie de Brancion à M. René Molineau (1759). — Fol. 596. Lettres d'établissement de deux foires au bourg de Sassangy, obtenues par Jean-Pierre Damas, marquis de Thianges (1764).

C. 2135. (Registre.) — In-folio, 306 feuillets, papier.

1750-1776. — Enregistrements (suite). — Fol. 7, 9, 31, 34. Provisions de Jean-Pierre Ligier, Jean-Pierre-Marie Monnier de Gazon, conseillers-maîtres; Jean-Claude de Finot, substitut du procureur général; de La Vault, conseiller-maître à la Chambre des comptes (1769) ; — Fol. 13, 25, 51, 56, 57, 63, 65. de Jean Chiquet, conseiller ; Nicolas-Guillaume Chantepinot, substitut du procureur général; Louis Fardel, président des requêtes du palais (1769), Jean Raviot, Charles-Claude Devoyo, Benjamin-Pierre Nadault et J.-F. Mayon d'Aunoy, conseillers au Parlement (1770). — Fol. 3, 15. Lettres patentes portant création de huit foires à Tournus (1767) et six à Saulieu (1768). — Fol. 18. Lettres de noblesse de Claude-François Passerat, médecin en chef des troupes de l'île de Corse (1769). — Fol. 38, 53. Provisions de Philibert Deschamps (1769), Léonard de Mortières (1770), trésoriers de France ; — Fol. 40. de Petitot, avocat du Roi au Bureau des finances (1769); — Fol. 42. d'Antoine Lardillon, lieutenant-général à la Table de Marbre (1769); — Fol. 59. de Pierre de la Forêt, comte de Divonne, grand bailli d'épée du pays de Gex (1769); — Fol. 75. de François, comte de Monteynard, gouverneur de la citadelle de Chalon (1770); — Fol. 77, 82, 83, 130. de Nicolas Surget, conseiller-maître (1770), Guillaume-Olympe Rigoley de Juvigny (1769), Marc-Antoine-Claude Pradier d'Agrain (1770), premiers présidents; Jean-Bernard Cocquard (1772), conseiller-maître à la Chambre des comptes ; — Fol. 78, 103, 109, 110, 111, 117, 118, 119, 120, 122, 125, 127. de Bénigne-Bernard Legouz, Frédéric-Henri-Richard de Ruffey, conseillers (1770); Claude Fleutelot de Beneuvre, Lebault (1771), Émonin de Dampierre (1772), présidents; Violet de la Faye, Marc-Antoine-Joseph Juillet, Guillaume-Augustin Caion, Jean-Baptiste Arnoult, Jean Renault (1771), conseillers; Chrétien-Gaspard de Macheco de Premeaux, président; Jean-Chrétien de Macheco, Pierre-Anne Cœur de Roy, François Gauvin de Viéville (1771), Jacques-Joseph Balay (1771) ; Jacques Durand de Salives, Augustin-François Lebelin de Chatellenot (1772), conseillers au Parlement; — Fol. 104. de M. Moussière, lieutenant-général au Bailliage de Dijon (1771). — Fol. 136. Contrat d'engagement de la châtellenie de Montréal à M. Charles-Philippe Aymard, marquis de Fontaine (1772). — Fol. 142, 146, 158, 159, 160. Provisions de Claude-Louis de la Loge de la Fontenelle, président (1772) ; de Joseph Pasquier de Villars (1771), Simon de Grandchamp, J.-B. Folin, Le Tors, Barthélemy-Jacques

Leclerc de Saint-Denis, conseillers au Parlement (1772). — Fol. 153. Arrêt du Conseil d'État qui concède au sieur Baudement les fortifications du bourg de Saint-Gengoux (1772). — Fol. 155. Provisions d'Alexandre-Ambroise de Rafélis, gouverneur de Beaune (1771); — Fol. 155. de Jean-Louis Bernigaud, lieutenant-général au Bailliage de Chalon (1770); — Fol. 164. de Michel Minard, greffier de la justice consulaire de Dijon (1767); — Fol. 168. de J.-B.-Zacharie Paradis de Reymondis, lieutenant-général au Bailliage de Bourg (1773). — Fol. 175. Lettres de noblesse accordées à Pierre Jobard, ancien payeur des gages du Parlement (1773). — Fol. 178. Contrat d'engagement de la châtellenie de Vieuchateau à Henri-Guy Sallier (1772). — Fol. 187. Provisions de Claude Chaudon, greffier en chef du Bureau des finances (1763); — Fol. 203. de Pierre-Hilaire-Joseph de Bruère, trésorier de France (1774); — Fol. 208, 229. de Melchior-Louis Petitot, conseiller-auditeur; Philibert Moussière, conseiller-maître; J.-B. Peincedé, conseiller, garde des livres de la Chambre des comptes (1774); — Fol. 217. de Jacques-Antoine Lemulier, lieutenant-général au Bailliage de Semur (1769); — Fol. 219. de Claude Quarré du Plexis, conseiller au Parlement (1774); — Fol. 236, 250, 254, 279, 292. de Jean Surget, Augustin de la Ramisse, conseillers-maîtres; Étienne de Mermety, conseiller-auditeur (1775); Charles-Philibert Bouillet d'Arlod, procureur général; Nicolas-Gabriel Bourée, conseiller-auditeur à la Chambre des comptes de Dijon (1776). — Fol. 245. Provisions de Claude-Antoine de la Forêt, comte de Divonne, gouverneur du pays de Gex (1775). — Fol. 245. Commission donnée au Bureau des finances pour la tenue des États de Bourgogne en 1775. — Fol. 246. Provisions de Guillaume Vulliérod, président de l'élection de Belley (1775); — Fol. 248, 249, 250, 253, 256, 266, 267, 269, 282, 287, 289. de Charles de Brosses, premier président; Claude de la Loge, Jacques Cottin de Joncy, de la Goutte, Nicolas Baillyat, Clopin de Bessey, Hugues-Jean Brunet de Barain, Boussard de la Chapelle, Charles Gravier de Vergennes (1778), Quirot de Poligny, conseillers; Frédéric-Henri-Richard de Ruffey, président; J.-B.-Bénigne-Alexis Charpy de Jugny, conseiller au Parlement (1776). — Fol. 247. Lettres de noblesse de Thomas du Morey, ingénieur de la province (1775) — Fol. 264. Provisions de Georges Mathieu, trésorier de France (1775). — Fol. 268. Arrêt du Conseil d'État qui réunit les fortifications de la ville d'Avallon au domaine du Roi (1775). — Fol. 273. Provisions de Louis-Archambault-Palamède Baudinot, lieutenant-général au Bailliage de Charolles (1756). — Fol. 275. Prise de possession du prieuré de Saint-Sauveur par Nicolas Seguin, promu à ce bénéfice (1773). — Fol. 291. Provisions du comte de Saulx-Tavannes, nommé gouverneur de la ville de Talant (1761).

C. 2136. (Registre.) — In-folio, 210 feuillets, papier.

1551-1783. — Enregistrements (suite). — Table par ordre chronologique des arrêts du Conseil, édits, déclarations contenus dans les registres qui précèdent, avec la mention des fonds des archives du Bureau où ils existent en original et celle des ouvrages où ils ont été imprimés.

C. 2137. (Registre.) — Petit in-folio, 220 feuillets, papier.

1559-1560. — Procès-verbal de chevauchée de Jean Peyrat, chevalier, conseiller du Roi, trésorier de France en la généralité de Bourgogne. — Fol. 1. Commission pour assister à la tenue des États du duché, convoquée à Dijon, au 20 mai 1560. — Fol. 2. Visitation des bâtiments de la maison du Roi, à Dijon. — Fol. 3. Réception d'un paquet de lettres missives du Roi, relatives à la conspiration d'Amboise. — Fol. 3, 86, 98, 194. Procès-verbaux des réparations à faire au château de Rouvres. — Fol. 18. Rapport de la session des États, tenue au réfectoire des Cordeliers à Dijon. — Fol. 21, 87, 128. Visitations de la maison du Roi, des halles et du château à Auxonne; — Fol. 27. Id. de l'auditoire royal de Beaune; — Fol. 34. du château d'Argilly. — Fol. 38, 63, 86, 122, 146. Délivrances des réparations à faire au Jeu de paume et à la maison du Roi à Dijon. — Fol. 45, 80. Réparations ordonnées à faire aux bâtiments de la Chambre des comptes; — Fol. 48. au château d'Auxerre; — Fol. 51. au palais du Parlement; — Fol. 73. au Treuil (pressoir) du Roi à Chenôve. — Fol. 87. Procès-verbal de visite des bâtiments et fortifications du château de Dijon, en présence du duc d'Aumale, gouverneur de la Province; — Fol. 102. Id. des châteaux d'Argilly et de Beaune; — Fol. 109. des boucheries et prisons de Chalon; — Fol. 112. du château de Germolles. — Fol. 119. Concession des matériaux de la tour de Guierfans, au sieur Drouhot, sommelier de l'échansonnerie du Roi. — Fol. 121. Visite de la maison du Roi et des fortifications de la ville de Seurre. — Fol. 148. Paiement des ouvrages de verrerie faits par Euvrard Bredin au Logis du Roi à Dijon. — Fol. 153. Inventaire des meubles existant dans ce Logis; on mentionne la salle basse, la salle des munitions, la panneterie, le garde-manger, le puits, la cuisine, la « saulcerie », la salle du Roi, la grande salle, la salle du poile, la chambre de la Reine, la chambre du Roi, les garde-robes, la chambre du fourrier, la chambre des filles, la chambre du barbier, la chambre Tribolet, la salle neuve, etc. — Fol. 162. Amodiation de la châtellenie de Germolles. — Fol. 182. Visitation des réparations à faire au château de Vergy; — Fol. 189. Id. au palais du Parlement.

SÉRIE C. — BUREAU DES FINANCES.

C. 2138. (Registre.) — Petit in-folio, 122 feuillets, papier.

1559-1560. — Double du procès-verbal précédent.

C. 2139. (Registre.) — Petit in-folio, 412 feuillets, papier.

1562-1563. — Procès-verbal de chevauchée du même trésorier de France. — Fol. 2. Paiement des réparations faites à la maison de la monnaie à Dijon. — Fol. 6. Procès-verbal de délivrance du tabellionage de Rouvres. — Fol. 14. Main levée à Claude d'Anglure, seigneur de Jours, de la seigneurie de Duême, dépendant du domaine. — Fol. 16. Mention des difficultés faites au trésorier par les gardiens des portes d'Auxonne, pour pénétrer dans cette ville, faute d'un passeport. — Fol. 20. Marché pour la reconstruction de la tuilerie de Brasey. — Fol. 22. Visite des réparations à faire au château d'Auxonne; — Fol. 25. au château de Pontailler et aux moulins de Perrigny-sur-l'Ognon. — Fol. 35. Délivrance de celles à faire aux moulins de Fauverney; — Fol. 40. au château d'Argilly. — Fol. 47. Amodiation des étangs de cette châtellenie. — Fol. 68. Remise au trésorier par M. de Villefrançon, lieutenant du Roi en Bourgogne, d'un ordre exprès du Roi, aux maire et échevins de Dijon, de ne mettre aucun obstacle à la résidence du trésorier Peyrat dans leur ville. — Fol. 83. Main levée faite à Antoine, sieur de Colombier, de la jouissance de la terre de Cortevaix. — Fol. 93. Visitation des étangs de la Loge et de Moleron au Chalonnais. — Fol. 104. Procès-verbal de l'établissement d'une douane à Chalon. — Fol. 122. Promesse faite par Gaspard de Saulx-Tavannes, lieutenant général du Roi en Bourgogne, le pays pacifié, de rendre la liberté au commerce. — Fol. 125. Visite des réparations à faire au château de Germolles; — Fol. 133, 264. aux étangs et au château d'Argilly. — Fol. 154. Voyage à Mâcon, pour presser l'aliénation du domaine temporel des églises, afin de subvenir aux pressantes nécessités du Roi; — Fol. 161. Id. à Autun. — Fol. 169. Le trésorier, après avoir blâmé les officiers du Roi qui avaient fixé à 8 heures du soir, la délivrance des fermes du Bailliage, nonobstant le préjudice qui pourrait en résulter pour le Roi à cause de l'obscurité qui se faisait à ladite heure et empêchait de reconnaître les enchérisseurs, la renvoie au lendemain à 8 heures du matin. — Fol. 190. Réparations faites à la conciergerie du Palais à Dijon; — Fol. 211. au Palais et à la Chambre des comptes; — Fol. 213. aux étangs de Sathenay. — Fol. 226. Enquête relative à la construction d'un moulin et d'un foulon, faite à Is-sur-Tille sans permission du Roi. — Fol. 255. Commission pour l'aliénation du revenu temporel du clergé du royaume, jusqu'à concurrence de 100,000 écus de rente. — Fol. 270. État général du domaine du Roi en Bourgogne. — Fol. 281. Procès-verbal d'aliénation des bois de Brise et de la Vesvre-Guillaume. — Fol. 358. Réception de Claude Thémard, contrôleur général des finances en Bourgogne comme capitaine et châtelain de Rouvres. — Fol. 375. Entérinement des lettres de don des châtellenies d'Aisey-le-Duc et de Bar-sur-Seine, fait par le Roi à Louis de Bourbon, duc de Montpensier. — Fol. 383. Commission royale pour la convocation des États du duché de Bourgogne.

C. 2140. (Registre.) — Petit in-folio, 447 feuillets, papier.

1563-1564. — Procès-verbal de chevauchée du même trésorier. — Fol. 2. Établissement à Louhans d'un bureau pour la « cueillette » de la douane de Lyon. — Fol. 15. Confirmation de la concession faite en 1483 à deux habitants d'Is-sur-Tille, du droit d'établir un moulin et battoir audit lieu. — Fol. 18. Délivrance des réparations à faire aux étangs d'Argilly. — Fol. 32. Réception des lettres du Roi, prescrivant de suspendre l'aliénation des biens du clergé. — Fol. 34. Aliénation d'un petit corps de logis inhabité, joignant le Jeu de paume du Roi à Dijon. — Fol. 62. Réparations ordonnées en la chapelle du château d'Argilly; — Fol. 73, 79. Id. de la toiture du Jeu de paume précité. — Fol. 92. Amodiation de ce Jeu de paume. — Fol. 91. Réparations prescrites par le trésorier, aux étangs de la châtellenie de Brasey; — Fol. 104, 110. au château de Talant. — Fol. 139. Délivrance des travaux de « blanchissage et torchis à faire dans une maison estant en la cour du Palais » à Dijon. — Fol. 156, 394. Entérinement des lettres du don fait par le Roi à Humbert de la Platrière, sieur de Bourdillon et d'Époisses, maréchal de France, « gouverneur et lieutenant général de là les monts », du droit d'usage, dans les forêts de Vausse, de Chatel-Gérard, de Saint-Léger de Foucheret et de Saint-Germain de Modéon. — Fol. 159. Le trésorier averti de la « vacation » des abbayes de Citeaux et de Maisières en fait saisir les revenus pour un an, afin de les employer au paiement de l'annate. — Fol. 174. Semblable saisie du revenu des prieurés d'Époisses, de Losne et de Bonvaux. — Fol. 199. Établissement à Gilly, « passaige du grand chemin de Beaune à Dijon, d'un bureau, resve et transport, destiné à obvier aux fraudes des charretiers qui évitent le passage par Dijon ». Jean Duveau, maître de la poste, est commis pour tenir ce bureau. — Fol. 233. Visite des bâtiments du château de Beaune. — Fol. 237, 250. Délivrance des réparations à faire au château de Pontailler et enquête sur les dégâts commis dans le bois des Haies près Maxilly. — Fol. 261. Visite du château de Vernot, tombé en ruine par la négligence des engagistes. — Fol. 275. Paiement des réparations faites aux bâtiments de la Chambre des comptes. — Fol. 290. Procès-verbal de chevauchée de Bénigne Soyrot, commis de Jean Peyrat. — Le débordement de la Saône à Chalon, l'impétuosité du vent telle que les bateliers n'osaient s'aventurer, joint à l'invasion de la Bresse chalonnaise par des bandes armées (huguenots) qui saccageaient tout, empêchent le commis de se rendre à Cuisery (4 février 1563). — Fol. 298. Amodiation du revenu de la châtellenie de Verdun-sur-Saône. — Fol. 349. Entérinement des lettres d'office de Jacques Chativeaux, prévôt d'Auxerre. — Fol. 350. Id. des lettres du Roi qui décharge les habitants du Mâconnais d'une somme de 11,000 livres, accordée par les États du pays. — Fol. 351. Id. des lettres d'office d'Antoine sieur d'Ydron, gouverneur de Seurre ; — Fol. 358. de la nomination de Nicolle de Vienne à l'abbaye d'Oigny ; — Fol. 385. Id. de celle de Humbert de Marcilly, sieur de Cypierre, bailli du Charollais ; — Fol. 395. des lettres de nomination de Charles de Birague à l'abbaye de Maizières. — Fol. 400. de l'assignation ordonnée par le Roi à faire tous les ans au concierge du Palais à Dijon, d'une somme de 100 livres, pour acheter du pain et subvenir aux nécessités des prisonniers.

C. 2141. (Registre.) — Petit in-folio, 135 feuillets, papier.

1566-1568. — Procès-verbal de chevauchée de Lazare de Souvert, conseiller-maître à la Chambre des comptes de Dijon, commis de François de Rougier, trésorier de France établi à Lyon, Bourgogne, Auvergne, Dauphiné et Provence. — Fol. 4. Gaspard de Saulx-Tavannes, lieutenant général du Roi en Bourgogne, auquel de Souvert présente sa commission, se plaint de la négligence apportée par le trésorier Peyrat dans l'entretien des maisons royales et surtout des forteresses. — Fol. 5. Paiement de 8 livres pour les gages de Jean de Cutigny, serrurier, gouverneur de l'horloge du Palais. — Fol. 6, 57, 69. Visite des moulins de Fauverney et du château de Rouvres. — Fol. 12. Mandement du roi Charles IX qui prescrit la réparation de celui des Germolles. — Fol. 15. Réparations ordonnées aux maisons du Roy de Semur et de Dijon ; — Fol. 17, 48. au château de Dijon ; — Fol. 18. des bancs et sièges de l'audience du palais. — Fol. 26. Lettre missive du Roy qui demande l'état de tous les subsides sur la laine, qui se perçoivent dans les villes. — Fol. 26. Réponse du trésorier qu'en Bourgogne la laine ne paye d'autre droit que ceux des péages et de foraine. — Fol. 33. Cahier des charges et condition pour la ferme du recouvrement des amendes de la cour. — Fol. 46. Avis au Roi touchant l'engagement de la terre de la Chocelle à M. des Bruyères. — Fol. 50, 60. Sommaire estat des réparations à faire aux maisons et domaines du Roy en Bourgogne.— Fol. 59, 60. Ordonnance de payement des draps de tendues des chambres et salle du palais à Dijon. — Fol. 64. Visite des étangs de Sathenay. — Fol. 76. Réparations de la chapelle du château d'Argilly. — Fol. 82. Réception des lettres du Roi qui ordonne aux baillis de faire perquisition de tous les gentilshommes qui se sont retirés dans leurs maisons depuis la bataille de Saint-Denis. — Fol. 85. D'autres lettres qui ordonnent la saisie des biens de ceux qui portent les armes contre S. M. — Fol. 89. Délivrance aux enchères de cours et jardins joignant l'auditoire du Bailliage à Chalon. — Fol. 101. Confirmation par le Roi de la concession d'une tour proche le Chatelet de Chalon. — Fol. 114. Réparation faite à l'escalier de la maison du Roi à Dijon. — Fol. 119. Lettres patentes du roi Charles IX, qui, vu les troubles, suspend l'exécution de l'édit portant création de 17 Bureaux des trésoriers de France.

C. 2142. (Registre.) — Petit in-folio, 76 feuillets, papier.

1566-1568. Copie authentique du procès-verbal précédent.

C. 2143. — (Registre.) — In-folio, 88 feuillets, papier.

1571. — Procès-verbal de chevauchée de Prudent Chabut, trésorier de France en Bourgogne. — Fol. 1. Entérinement des lettres de don à Simon de Saulx, sieur de Torpes, gouverneur d'Auxonne, des balles « lices » et tonneaux de marchandises prohibées arrêtées audit lieu. — Fol. 3. Réparations faites à la couverture du Palais à Dijon. — Fol. 4. Don viager de la maison de Bar, dépendant de son Logis à Dijon, fait par le Roi à J. Naullet, gentilhomme de sa fauconnerie. — Fol. 6. Enquête sur les usurpations commises sur le domaine du Roi dans la châtellenie de Pontailler. — Réparations du pont et du château dudit lieu ; — Fol. 16. Id. à Auxonne. — Fol. 21. Provision de J. Belriant, gouverneur de la Chancellerie du duché. — Fol. 26. Réparations de la halle et du château de Saulx-le-Duc. — Ordre aux habitants de justifier des titres de leurs droits d'usage dans les bois de la châtellenie. — Fol. 30. Inventaire des papiers de la trésorerie de Bourgogne, trouvés chez la veuve de J. de Loysie, commis des trésoriers. — Fol. 36. Édit du roi Charles IX, qui réunit l'Auxerrois à la généralité de Dijon. — Fol. 38. Visite de la châtellenie d'Aisey ; — Fol. 45. du domaine de Châtillon ; — Fol. 48. du château d'Aignay. — Fol. 51. Enquête sur le projet d'aliénation de la forêt des Hervaux, près de Joux. — Fol. 69. Le trésorier conclut à l'aliénation sollicitée par M. de la Fin. — Fol. 79. Saisie du temporel de l'abbaye de Citeaux, vacant par suite du décès du cardinal de la Souchère, abbé dudit monastère. — Fol. 85. Visitation du château de Rouvres.

C. 2144. (Registre.) — In-folio, 58 feuillets, papier.

1571. — Copie du procès-verbal qui précède.

C. 2145. (Registre.) — In-folio, 116 feuillets, papier.

1572. — Procès-verbal de chevauchée du même trésorier. — Fol. 1. Baux à cens de plusieurs cantons de terre dans la châtellenie de Brancion. — Fol. 6. Entérinement des lettres de don du domaine du Bailliage de la Montagne, fait par le Roi à Jean Guillaume, duc de Saxe; — Fol. 8. Id. du bail à cens passé à M. Jacquot, maître des comptes, d'une mesure joignant le Jeu de paume du Roi à Dijon; — Fol. 10. des provisions d'Étienne Millet, conseiller au Parlement; — Fol. 12. Id. de Pierre de Courcelles chevalier, baron d'Auvillars. — Fol. 16. Avis au Roi sur l'accensement du Meix Moron, dépendant de la châtellenie d'Aisey-sur-Seine. — Fol. 21. Entérinement des lettres de provision de Humbert de Marcilly-Cypierre, bailli du Charollais. — Fol. 26. État du domaine du Roi au Mâconnais. — Fol. 29. Octroi d'une somme de 1200 livres pour la construction de l'auditoire du Bailliage.— Fol. 37. Délivrance de la construction d'une salle au Palais de Dijon. — Fol. 40. Don de 3000 livres provenant d'une amende, fait par le Roi à Guillaume fils aîné de Gaspard de Saulx-Tavannes, maréchal de France. — Fol. 49. Injonction aux habitants de Jancigny d'amener une partie des bois nécessaires à la réparation du pont de Pontailler. — Fol. 52. Accensement de terres vagues en la garenne de Talant; — Fol. 58, 73. Id. du bois de Faye à Vergy. — Fol. 60. Procès-verbal de l'enquête sur un trésor, découvert dans les démolitions d'une maison à Nuits.— Fol. 76. Engagement de la terre de Brancion à Françoise de Polignac, veuve du sieur de Lugny. — Fol. 78. Don de 3,000 livres fait par le Roi à Jean de Saulx, sieur de Lugny, fils puîné du maréchal de Tavannes. — Fol. 79. Entérinement des provisions de Bénigne la Verne, « quart » président au Parlement. — Fol. 98. Assignation sur la recette générale du duché, des 4000 livres de pension, accordée à Mme veuve de Cypierre; — Fol. 99. des 5900 accordées au duc de Nevers. — Vente des matériaux d'une petite maison ayant servi de greffe, située dans la cour du Palais où l'on commence à construire une salle. — Fol. 101. Entérinement des lettres de provisions de Jean du Moutier, chevalier de l'ordre du Roi, bailli de Bar-sur-Seine. — Fol. 109. Id. de Louis de Bauffremont, sieur de Chaumont, gouverneur d'Auxerre.

C. 2146. (Registre.) — In-folio, 113 feuillets, papier.

1572-1573. — Procès-verbal de chevauchée de François Maillard, nommé trésorier de France en Bourgogne conjointement avec Prudent Chabut. — Fol. 1. Procès-verbal de recherche dans les bureaux de recette et à la monnaie de Dijon des tetons et demi-tetons qui pourraient s'y trouver. Fol. 2, 11, 86. Visite des réparations à faire à l'auditoire et au château de Beaune. — Fol. 4. Délivrance des réparations à faire au château du Riveau à Autun; — Fol. 12, 21. au château de Rouvres. — Fol. 15. Visite des maisons les plus convenables de Mâcon pour y établir l'auditoire de justice. — Fol. 25. Maillard fait connaître que son collègue Chabut, qui avait opté pour faire le service du bureau à Dijon, ayant prétendu faire aussi celui des chevauchées du dehors, il fut obligé d'aller en cour et d'en rapporter un règlement qui mit fin à ces entreprises. — Fol. 27. Conditions pour le bail du revenu du domaine du Bailliage de la Montagne — et État de ce domaine par châtellenie. — Fol. 41. Visite des réparations à faire aux châteaux d'Aisey-le-Duc et de Duesme. — Fol. 46. Amodiation du revenu du domaine de Bar-sur-Seine; — Fol. 66, 90. de celui de l'Auxois. — Fol. 69. Visite des réparations à faire au château de Chatel-Gérard. — Amodiation du revenu du domaine dans l'Autunois. — Fol. 93. Délivrance des réparations à faire au donjon de Semur; — Fol. 110. Id. de la « charpenterie » pour la perfection de la salle commune au Palais à Dijon.

C. 2147. (Registre.) — In-folio, 199 feuillets, papier.

1572-1577. — Fol. 1. Procès-verbal de chevauchée de François Maillard, trésorier de France. Extrait de celui qui précède. — Fol. 70. Procès-verbal de chevauchée de Prudent Chabut, trésorier de France (1577). — Fol. 72. Pension de 500 livres, accordée par le Roi à Nicolas de Montholon, avocat général au Parlement. — Don de 4,000 livres à Denis Brulard, premier président. — Fol. 75, 80. Entérinement des provisions de Pierre Quarré, de Guillaume de Monthard, de Pierre Boyer, et Pierre du Vaulx, conseillers au Parlement. — Fol. 76. Amodiation des moulins d'Is-sur-Tille; — Fol. 82. Délivrance des ouvrages de blanchissage de la grande salle du Palais. — Fol. 97. Accensement d'un moulin et battoir à Verrières-sous-Glennes. — Fol. 100. Aumône de 10 livres faite au couvent des Jacobins de Dijon. — Fol. 102. Entérinement des lettres de provisions de Perpétue Berbisey, conseiller au Parlement.— Fol. 108. Avis au Roi pour la concession aux habitants de Saint-Martin-sous-Montagu et Mellecey, de terrains et broussailles nécessaires au pâturage de leurs troupeaux. — Fol. 117. Paiement des réparations faites à la Chambre des comptes. — Fol. 123. Procès-verbal de chevauchée de Prudent Chabut, trésorier de France (1572). (Même que celui inséré plus haut à l'art. C. 2145).

C. 2148 (Registre.) — In-folio, 154 feuillets, papier.

1573. — Procès-verbal des chevauchées de Prudent Chabut et François Maillard, trésoriers de France en Bourgogne. — Fol. 2. Aliénation de la seigneurie de Duême au sieur de Birague.— Fol. 4. Paiement de charpente faite au château de Dijon. — Fol. 9. Amodiation du domaine du Chalonnais; — Fol. 37. Id. du Mâconnais; — Fol. 54, 80. du Dijonnais; — Fol. 73. Réparation faite au magasin du château de Talant.— Fol. 75. Don de 10,000 livres fait par le Roi à Adonicq comte de Montaffier. — Fol. 98. Amodiation du domaine de l'Auxerrois. — Fol. 21. Commission royale pour affermer toutes les dépendances du Domaine. — Fol. 126. Paiement de réparations faites aux châteaux de Dijon, Saulx-le-Duc, Pontailler. — Fol. 132. Injonction aux maire et échevins de Pontailler, de faire réparer leurs ponts. — Fol. 146. Autorisation donnée à Germain Boyrot d'Auxerre, de construire un moulin sur la rivière de Beauche à Saint-Georges.

C. 2149. (Cahier.) — In-folio, 77 feuillets, papier.

1574. — « Discours et procès-verbal des affaires qui ont occurré au bureau sous la charge de Jean Jacquot, général des finances. » — Fol. 2. Réponses des officiers des greniers à sel sur la fourniture et le débit du sel dans leurs greniers. — Fol. 11, 16. Injonction aux receveurs généraux de verser une somme de 10,000 livres « pour employer au descry des monnoies étrangères; » — Fol. 13. Id. de faire fonds pour le payement de la solde des mortes payes et de la gendarmerie. — Fol. 23. Rescription de 200 livres sur le receveur général au profit de Noël Toreaul, Jean Poirier, François Burillon et Guy d'Avon, joueurs de viole et de hautbois du Roi. — Fol. 27. Main levée de la défense de payer les rentes assignées sur les recettes de la généralité. — Fol. 37. Rescription de 9,000 livres au profit du trésorier des 100 gentilshommes de la maison du Roi. — Fol. 38. Publication de l'ordonnance de la reine régente, enjoignant à tous officiers du Roi de poursuivre dans le délai de quatre mois la confirmation de leurs charges. — Fol. 45. Réception des lettres du Roi qui, voulant « veoir clerement au fait de ses finances, ordonne d'en dresser l'estat au vray et par le menu dans toute la généralité. » — Fol. 59. Délivrance des aides de l'élection d'Auxerre.

C. 2150. (Registre.) — In-folio, 181 feuillets, papier.

1573-1574. — Procès-verbal de chevauchée de Maillard, trésorier de France. — Fol. 17. Visite des bâtiments du château de Saulx-le-Duc. — Fol. 3. Paiement de 100 livres à Magnien, entrepreneur de la charpente de la grande salle du Palais; — Visite des moulins de Tarsul; — Fol. 8. de ceux de Salives; — Fol. 19, 86. des étangs d'Argilly, de la tuilerie et des bâtiments du château. — Fol. 30. Paiement des frais de voyage à Nuits de Hugues Sambin « maître architecteur » et de Germain Chambrette, maître-charpentier pour le Roi, qui y étaient allés pour tirer le plan d'une chapelle qui y est, dans le but de régler la charpenterie de la salle du Palais et en avoir fait le devis, et depuis par ledit Chambrette, Philippe Craselli et Natoire Tribollet avoir fait la montée de la charpente et déclaration de la longueur des bois. — Fol. 37, 42, 56, 57, 58, 59, 60, 67, 70, 72, 73, 78, 92, 102. Paiement de ces ouvrages et de ceux faits à la Chambre des comptes. — Fol. 38. Enquête sur la proposition faite de supprimer l'étang du moulin de Salives. — Fol. 42. Délivrance des réparations à faire au château d'Argilly. — Fol. 48, 62, 117, 123. Visite des étangs de Brise, de Soissons et du château d'Auxonne. — Fol. 57. Ordre du Roi qui rétablit une garnison de six mortes payes au château de Saulx-le-Duc. — Fol. 66. Visite des grange, moulin et fours de Chatel-Gérard. — Fol. 68, 98. Réparations faites au château de Pontailler, à celui de Dijon. — Fol. 73, 76. Accensement d'une place entre le Jeu de paume du Roi et la maison de l'élu d'Esbarres à Dijon. — Fol. 74, 77, 107. Devis et délivrance de la construction du portail de la grande salle du Palais moyennant 1850 livres; — Fol. 78. Id. de celle de l'escalier de la maison du Roi, ordonné par la reine Catherine et le Chancelier. — Fol. 81, 120. Visite des bâtiments et de la chapelle du château de Talant; — Fol. 82. de la halle de Saint-Jean-de-Losne; — Fol. 83. des étangs de Brasey; — Fol. 85. de l'auditoire royal de Beaune. — Fol. 89, 102. Délivrance de la couverture de la salle du Palais et de la chapelle. — Fol. 96. Estimation d'une maison sise devant le portail de l'église Saint-Michel de Dijon, du côté de Saint-Étienne, dans laquelle il y avait une tour (castrum) et qui fut démolie par ordre de M. de Vantoux, lieutenant du Roi en Bourgogne. Le Roi paye l'indemnité. — Fol. 102. Paiement de six livres à Hugues Brouhée, maçon, pour la façon des trois « portraits » du portail de la salle du Palais. — Fol. 111. Visite du château de Vieuchâteau.

C. 2151. (Registre.) — In-folio, 99 feuillets, papier.

1576. — Procès-verbal des affaires qui ont occurré au bureau de la Recette générale, sous Jean Jacquot, général des finances. — Fol. 1. Paiement de la somme de 2,400 livres au profit du comte de Barby, colonel de 2,000 chevaux reitres. — Fol. 5. Notification faite par le procureur des États au général des finances de la députation envoyée au Roi pour demander décharge du taillon, motivée sur la ruine du pays, causée par le passage de l'armée du Roi et de celle des Allemands. — Fol. 7. Les officiers du Roi taxés à l'emprunt, déclarent pour la même cause être dans l'impossibilité d'acquitter leurs cottes, ils délèguent un des leurs pour aller présenter leurs doléances au Roi. — Fol. 11, 22. Sommation à J. Malyon, marchand à Dijon, de livrer aux magasins de l'artillerie les 85 milliers pesant de boulets de fer auxquels il s'est engagé. — Fol. 18. Avis de la décharge de la moitié du taillon obtenue par les États du duché, sous la condition que cette moitié tourne au profit des localités brûlées ou foulées. — Fol. 28. Avis donné à toutes les villes de presser la levée des deniers de la subvention au Roi. — Fol. 44, 61. Entérinement des lettres de provisions de Claude Bourgeois, de Jean Fyot, conseillers au Parlement. — Fol. 64. Délivrance de la fourniture des greniers à sel de la province, moyennant la somme de 30,000 livres répartie sur les greniers de la province.

C. 2152. (Cahier.) — In-folio, 7 feuillets, papier.

1576. — Procès-verbal de chevauchée de Prudent Chabut, trésorier de France. — Fol. 2. Entérinement des lettres de don du revenu du péage de Mâcon, fait par le Roi à la maréchale de Tavannes ; — Id. des lettres de provisions de Gérard Esperit, lieutenant général des Eaux et forêts en Bourgogne. — Fol. 3. Réparations à l'auditoire royal de Beaune ; — Fol. 5. de la citadelle de Chalon.

C. 2153. (Registre.) — In-folio, 303 feuillets, papier.

1579-1580. — Procès-verbaux des chevauchées de J. Maillard, P. Chabut, trésoriers de France. — Fol. 1. Conditions du bail et procès-verbaux de délivrance pour 3 ans du domaine du Roi, au Bailliage de Dijon. — Fol. 34. Visite des réparations à faire au château de Saulx-le-Duc ; — Fol. 42. du pavé et des fortifications de Seurre ; — Fol. 49. de la salle de l'auditoire royal. — Fol. 62. Procès-verbaux de délivrance pour 3 ans du domaine du Roi au Bailliage de la Montagne et des aides des comtés d'Auxerre et de Bar-sur-Seine. — Fol. 74. Visite des réparations à faire à l'auditoire et aux prisons de Châtillon. — Fol. 83. Visite de la chaussée au bout des Ponteaulx à Bar-sur-Seine. — Fol. 93. Lettres patentes de Henri III, qui maintient le don fait par son père au duc de Montpensier du comté de Bar-sur-Seine et de la châtellenie d'Aiscy. — Fol. 109. Vérification sur place de la dépense faite par les maire et échevins d'Auxonne, pour la « réfection » de la levée et répartition de l'aide octroyé pour couvrir cette dépense. — Fol. 118. Réparation du glacis des moulins d'Auxonne. — Fol. 123. Visite des fortifications de la ville ; — Fol. 130. des moulins de Perrigny-sur-l'Ognon. — Fol. 137, 187. Procès-verbaux de délivrance du domaine du Roi au Chalonnais et Mâconnais, l'Auxois et l'Auxerrois. — Fol. 187. Visite des fortifications de la ville de Montbard ; — Fol. 204. Id. de celles d'Auxerre. — Fol. 211. Dépenses de la création d'un grenier à sel à Cravant. — Fol. 222. Visite des bâtiments de la maison du Roi à Avallon ; — Fol. 234. du château de Semur et de l'auditoire. — Fol. 249. Procès-verbaux de délivrance du domaine du Roi dans l'Autunois ; — Fol. 265. Id. des aides de l'Auxerrois. — Fol. 291. Visite des bâtiments du château d'Auxerre. — Fol. 300. de la chaussée de Montréal ; — Fol. 301. du donjon de Semur.

C. 2154. (Cahier.) — In-quarto, 76 feuillets, papier.

1579. — Copie des procès-verbaux de délivrance du domaine du Roi, dans l'Auxois et l'Auxerrois, compris aux folios 187 et 239 de l'article précédent.

C. 2155. (Registre.) — In-folio, 159 feuillets, papier.

1580-1581. — Procès-verbaux de chevauchée des trésoriers de France. — Fol. 1. Prudent Chabut, trésorier de France, revenant de Paris et traversant Auxerre, veut s'assurer si le bail des aides de cette ville passé en son absence par ses collègues est avantageux au Roi ; il mande à cet effet tous les officiers royaux qui s'excusent et excitent une telle rumeur contre lui, que craignant pour sa vie il quitte précipitamment la ville. — Fol. 10, 39. Visite des réparations faites à la citadelle de Chalon et aux fortifications de la ville ; — Fol. 18. Id. aux bâtiments du collège ; — Fol. 21. au château de Cuisery ; — Fol. 27. au château de Mâcon ; — Fol. 33. aux moulins de Beaumont-sur-Grosne ; — Fol. 43. au château et au moulin d'Aisey-le-Duc. — Fol. 51. Visite de la chaussée des moulins de Perrigny-sur-l'Ognon ; — Fol. 54. du château de Rouvres. — Fol. 58. Après la tenue des États du vicomté d'Auxonne commencée le 8 juin 1581, le trésorier Jacquot visite les réparations faites à la chaussée d'Auxonne ; — à la maison du Roi ; — Fol. 62. aux étangs et moulins de Soissons ; — Fol. 66. aux châteaux de Dijon et de Saulx-le-Duc ; — Fol. 68. aux moulins de Fauverney ; — Fol. 72. au château de Vergy ; — Fol. 73. au château, à la tuilerie et aux étangs d'Argilly ; — Fol. 79. au château de Beaune. — Fol. 93. Procès-verbal de délivrance des aides et fermes du comté d'Auxerre ; — Fol. 121. Avis au Roi sur la demande par M. de Montfort en autorisation d'établir deux moulins sur la Grosne à Beaumont ; — Fol. 124. Visite des bâtiments des seigneuries de Sigy et Beaumont ; — Fol. 133. de la châtellenie de Sagy ; — Fol. 140. de celle de Cuisery ; — Fol. 151. des moulins de Fauverney ; — Fol. 155. du château de Talant.

C. 2156. (Registre.) — Petit in-folio, 41 feuillets, papier.

1581. — Fragments de procès-verbaux de chevauchée des trésoriers de France. — Fol. 1. Réception des lettres closes du Roi prescrivant l'envoi dans le plus bref délai possible des états au vrai du Domaine. — Fol. 14. Présentations faites par les officiers municipaux des villes de Dijon, Beaune, Chalon, Mâcon, Cluny, Flavigny, Saint-Jean-de-Losne, Châtillon, Avallon, Noyers, Nuits, Mirebeau, Auxonne, Rouvres, Montbard, Semur, Bar-sur-Seine, Fleurey, Montréal, Saulieu et Cravant. — Fol. 28. Visite des réparations à faire aux châteaux d'Argilly et de Beaune.

C. 2157. (Registre.) — In-folio, 227 feuillets, papier.

1582. — Procès-verbaux de chevauchée des trésoriers de France. — Fol. 1. Conditions générales du renouvellement des baux à ferme du Domaine en Bourgogne. — Fol. 3. Procès-verbal de délivrance des fermes du Dijonnais, de Talant, Pontailler, Saulx-le-Duc, Rouvres, Arg[n]y, Vergy, Beaune, Auxonne, Brasey, etc. — Fol. 17. Autre de celles de l'Auxois et de l'Auxerrois; Montbard, Noyers, Auxerre, Mailly-la-Ville, Coulanges-sur-Yonne, Saint-Georges, Vermanton, Avallon, Saint-Léger de Foucheret, Vieuchâteau, Semur, etc. — Fol. 20. Visite du bâtiment de la grande école d'Auxerre, destiné à être converti en collège. — Fol. 41. Visite des fortifications de la ville d'Auxerre; — Fol. 54. Id. des réparations à faire aux prisons d'Avallon. — Fol. 62. Procès-verbal de délivrance des aides des villes et villages du comté d'Auxerre. — Fol. 103. Enquête sur l'enlèvement du sel du grenier de Luzy fait à main armée par les soldats de M. d'Épinac. — Fol. 113. Procès-verbal de délivrance des revenus de la châtellenie de Vergy. — Fol. 117. Accensement de places vagues dans l'intérieur du château de Montaigu au Chalonnais et visite de ce château. — Fol. 123. Procès-verbal de délivrance du revenu du Domaine dans le Chalonnais. — Fol. 144. Visite des réparations à faire à la grande boucherie de Chalon. — Fol. 151. Déclaration fournie par M. d'Alteriac écuyer, du domaine qu'il possède à Brienne, relevant de la châtellenie de Cuisery. — Fol. 156. Visite du pont de Goyes près Cuisery. — Fol. 158. Procès-verbal de délivrance des fermes du Domaine au Mâconnais. — Fol. 173. Visites des réparations à faire au château de Saint-Gengoux. — Fol. 178. Déclaration fournie par Guillaume de Drée, seigneur de la Serrée, près Saint-Gengoux. — Fol. 189. Visite des réparations à faire à la halle de Buxy. — Fol. 200. Procès-verbaux de délivrance des fermes du Domaine au Bailliage de la Montagne et du comté de Bar-sur-Seine. — Fol. 217. Visite des réparations à faire aux prisons de Châtillon; — Fol. 221. au château d'Aisey-le-Duc.

C. 2158. (Registre.) — In-folio, 81 feuillets, papier.

1582. — Copie des procès-verbaux de chevauchée des trésoriers Maillard et Le Compasseur compris feuillets 17 et 200 de l'article précédent.

C. 2159. (Cahier.) — Petit in-folio, 53 feuillets, papier.

1583. — Procès-verbaux de chevauchée des trésoriers de France. — Fol. 5. Visite des réparations à faire au château d'Auxonne; — Fol. 8. à celui de Rouvres; — Fol. 12. aux moulins de Fauverney; — Fol. 16. au château de Saulx-le-Duc et aux moulins de Tarsul. — Fol. 23. Visite de l'emplacement d'une maison sise à Nuits, brulée lors du sac de la ville par les reitres et destinée à y édifier la prison du Bailliage; — Fol 28. des réparations à faire au château et aux étangs d'Argilly; — Fol. 43. à la grande boucherie de Chalon, au château et aux étangs de Sagy.

C. 2160. (Registre.) — In-folio, 161 feuillets, papier.

1584. — « Discours et procès-verbal contenant le succès des affaires (du domaine) en Bourgongne ». — Fol. 2. État des gages des officiers royaux payés sur le produit des tailles. — Fol. 9. Don de 3,500 livres fait par le Roi au duc d'Épernon. — Fol. 15. Réception des lettres de commission du Roi pour l'assemblée des États. — Fol. 25, 45. Ordonnances des trésoriers pour parachever le bâtiment du Bailliage de Dijon. — Fol. 40. Délivrance des réparations à faire aux moulins et étangs de Soissons. — Fol. 73. Accensement à J. *Turpin*, sommelier de la panneterie du Roi, du domaine de Rochelimard, dépendant de la châtellenie d'Aisey. — Fol. 86. Commission royale pour la réparation demandée par M. de Chastellux, du pont de Chastellux, seul passage pour communiquer « du pays de Bourgogne en Nivernais. » — Fol. 96. Déclaration du roi Henri III, touchant certains droits attribués aux secrétaires de la création des quarante. — Fol. 118. Ordre du Roi de faire payer aux recteur et compagnie de Jésus à Dijon, la somme de 996 francs, due au président Godran, dont ils sont les héritiers. — Fol. 123. Délivrance des réparations à faire à la maison du Roi à Dijon; — Fol. 130. Id. au château de Rouvres. — Fol. 156. Entérinement des lettres de provisions de J. Cothenot, conseiller au Parlement.

C. 2161. (Cahier.) — In-folio, 46 feuillets, papier.

1586. — Procès-verbaux de chevauchée des trésoriers de France. — Fol. 1. Édit du roi Henri III pour l'aliénation de 1,000 écus de rente du Domaine en Bourgogne. — Procès-verbaux de cette aliénation qui a porté sur des portions des châtellenies de Saulx-le-Duc, de Brasey, de Saint-Jean-de Losne, les seigneuries de Curley, Véronnes, Fénay, la Colonne, Billey et Villers-Rotin. — Fol. 16. Autre édit pour l'aliénation de 700 écus de rente du domaine, procès-verbal de cette aliénation qui a porté sur la seigneurie de Bouilland, Fussey, Echevronne, Meuilley, Létang-Vergy, Messanges, Chaux, dépendant de la châtellenie de Vergy. — Fol. 23. Procès-verbal de délivrance des aides du comté d'Auxerre. — Fol. 36. Procès-verbal de visite du château de Bar-sur-Seine. — Fol. 41. Le trésorier mentionne que le château de Châtillon-sur-Seine est depuis longtemps inhabité et qu'il en coûterait plus de 4,000 écus pour le réparer.

C. 2162. (Cahier.) — In-folio, 68 feuillets, papier.

1587. — Procès-verbaux de chevauchée des trésoriers de France. — Fol. 1. Procès-verbaux de délivrance des fermes du domaine de l'Autunois. — Fol. 6, 13, 27, 30, 38. Visite par le trésorier Jean Jaquot, assisté de Hugues Sambin, « architecq » des réparations à faire au château du Riveau à

Autun ; — au château et aux étangs d'Argilly ; — au château et aux fortifications de Vergy, au château de Saulx-le-Duc, au four banal d'Avot et aux moulins de Salives. — Fol. 46. Procès-verbaux de délivrance des fermes du domaine de Chalon ; — Fol. 57. Id. d'Auxerre. — Fol. 63. Visite des réparations ordonnées pour le château de Beaune par le duc de Mayenne, gouverneur de Bourgogne.

C. 2163. (Registre). — In-folio, 136 feuillets, papier.

1588. — Procès-verbaux de chevauchée des trésoriers de France. — Fol. 1. Procès-verbal de délivrance des fermes du domaine d'Auxois. — Fol. 5. Visite des réparations à faire à l'auditoire, aux prisons et au château de Semur. — Fol. 14. Le trésorier Maillard consigne dans son procès-verbal que le 4 septembre sortant d'Avallon en compagnie de son greffier et d'un serviteur pour se rendre à Cravant, ils trouvèrent près de Saint-Moré trois cavaliers, masqués de thoille qui les assaillirent « l'épée haute et le pistolle le chien abattu » les contraignirent à les suivre dans un bois où ils les dépouillèrent de tout l'argent qu'ils avaient sur eux et lui trésorier « d'une montre d'horloge sonnante valant bien 30 écus ». — Fol. 16. Procès-verbal de délivrance des fermes de l'Auxerrois. — Fol. 27. Visite des réparations faites aux fortifications de la ville d'Auxerre ; — Fol. 31. Id. de celles à faire au grand pont de pierre de Chalon-sur-Saône et à celui d'Eschevannes. — Fol. 51. 73. Procès-verbal de délivrance des baux du domaine dans le Chalonnais. — Fol. 72. Visite des réparations à faire à la citadelle de Chalon. — Fol. 76. Procès-verbal de délivrance des fermes et des aides du Mâconnais. — Fol. 86. Visite des réparations à faire à l'auditoire, aux prisons et à la grande boucherie de Chalon. — Fol. 98. Autre du grenier à sel de Digoin, servant d'entrepôt pour la fourniture des greniers à sel de la généralité. — Fol. 104. Les officiers du Roi au Bailliage de Bourbon-Lancy interrogés par le trésorier sur la suite qu'ils avaient donnée aux édits de confiscation des biens des réformés, répondent qu'ils ne connaissent dans leur circonscription que M. de Beauvais La Noclé, lequel demeure en sa maison et a obtenu main-levée du Roi. — Fol. 107. Visite des réparations à faire au château de Bourbon ; — Fol. 114. Id. à l'étang du Villars distant d'une lieue dudit Bourbon. — Fol. 121. Délivrance des fermes du domaine de l'Autunois. — Fol. 128. Visite des réparations faites aux étangs d'Argilly.

C. 2164. (Registre.) — In-folio, 231 feuillets, papier.

1595-1597. — Procès-verbaux de chevauchée de Henri Le Compasseur, premier président et trésorier de France au Bureau des finances, commissaire du Roi à Dijon pour faire « bon règlement touchant la levée de l'impôt dans les pays de Bresse nouvellement conquis et y établir des greniers à sel. » — Fol. 6. État de la dépense ordonnée par le Roi pour l'entretien des garnisons françaises établies en Bresse sous le commandement du maréchal de Biron laquelle monte par mois à 13,544 écus 2 tiers. — Fol. 21. Ordonnance rendue par le maréchal pour mettre un terme aux exactions commises par les soldats et rétablir la sûreté des communications. — Fol. 27. Le trésorier se rend successivement dans tous les chefs-lieux des mandements occupés par l'armée française, il y assoit l'impôt et constitue les greniers à sel. — Fol. 62. Réponse du roi Henri IV aux articles de la soumission des habitants de Pont-de-Vaux. — Tableau tracé par le trésorier, du misérable état de Montluel après le siège et le sac de la ville par les troupes du Roi. — Le connétable de Montmorency paye la rançon de plusieurs habitants. — Le Compasseur signale les brigandages des soldats des garnisons de Montluel et Pérouges. — Fol. 91. Visite des fortifications à faire au château de Bagé. — Fol. 93. Le trésorier maintient à la demande des syndics et des habitants du pays les sergents et les notaires qui exerçaient sous la domination des ducs de Savoie. — Fol. 96. La délivrance de la fourniture des greniers à sel nouvellement établis en Bresse ne trouve aucun soumissionnaire, parce que le bruit se répandait que le Roi devait rendre ces pays au duc de Savoie. — Fol. 101. État des garnisons permanentes établies à Pont-de-Vaux, Pont-de-Veyle, Bagé, Montrevel, Châtillon, Montluel et Loyette. — Fol. 118. Saisie et confiscation ordonnées par le trésorier des biens des malaffectionnés au service du Roi et qui tiennent parti contraire. — Fol. 121. Procès-verbaux de remise des places tenues par les garnisons du Roi entre les mains des commissaires du duc de Savoie et de la liquidation des impôts perçus dans le pays. — Fol. 142. Promesse faite par le trésorier au baron de Lux d'assister au jugement des complices du feu capitaine La Pierre, accusé d'avoir eu « intelligence » avec les députés du duc de Savoie pour leur remettre la place de Pont-de-Vaux. — Fol. 153. Continuation de la levée des impôts pour l'entretien des garnisons maintenues dans les places de Bresse. — Fol. 165. Les habitants de Pont-de-Vaux se plaignent de ce qu'après l'occupation de leur ville, le baron de Lux a fait démolir la plus grande partie des maisons des faubourgs, couper les arbres pour en employer les matériaux à la fortification du château. — Fol. 172. Le trésorier se rend à Rouen à l'assemblée des notables pour conférer avec le maréchal de Biron des affaires de la Bresse. — Biron le mène au Roi, qui, après l'avoir entendu, lui ordonne d'en dresser mémoires qu'il remettra à M. de Villeroy et au chancelier et d'attendre à Rouen la résolution qui sera prise en Conseil. — Le Roi revient à Paris sans rien conclure. La prise d'Amiens ajourne encore toute décision, et c'est seulement le

15 mars 1597 que le maréchal lui remet une ordonnance des plus sévères, pour mettre fin aux pilleries des soldats, rétablir la sûreté des communications et assurer le paiement des troupes.

C. 2165. (Registre.) — In-folio, 55 feuillets, papier.

1627-1768. — Registre des Édits, déclarations, arrêts et autres règlements concernant le contentieux du Domaine. Fol. 1. Édit qui attribue aux Bureaux des finances la juridiction contentieuse des causes du Domaine, de la voierie et des fois et hommages (1627) ; — Fol. 5. autre qui attribue cette même connaissance au Bureau des finances de Dijon (1663) ; — Fol. 9. autre qui lui attribue la connaissance exclusive en première instance de toutes les causes intéressant le domaine du Roi et en dernier ressort jusqu'à la somme de 250 livres (1703). — Fol 10. Protestations du Bureau des finances contre l'arrêt d'enregistrement du Parlement qui l'avait assimilé à un Bailliage (1703). — Fol. 12. Réquisitions du Bureau des finances contre les entreprises des officiers des Bailliages sur sa juridiction. — Fol. 14. Règlement pour l'ordre judiciaire des causes portées devant la Chambre du Domaine. — Fol. 16. Arrêt du Conseil d'État qui autorise les procureurs au Parlement à postuler devant cette Chambre. — Fol. 17. Autre qui règle les droits du sceau, du marc d'or et des frais de réception des nouvelles charges de second président. — Fol. 20. Réunion de cette charge au Bureau. — Fol. 23. Arrêt du Conseil qui déclare obligatoire le contrôle des actes des tabellions et des greffiers (1704). — Fol. 25. Autre qui étend la même mesure aux actes judiciaires (1703). — Fol. 26. Autre qui interdit au présidial de Dijon de s'immiscer dans les causes réservées au Bureau des finances (1705). — Fol. 32. Autre qui attribue aux commissaires départis dans les provinces, la connaissance de tout ce qui concerne la ferme du contrôle des actes des notaires, petits sceaux et insinuations laïques (1706). — Fol. 37. Délibération concernant le partage des Épices (1708) ; — Fol. 38. Id. touchant la qualification de président, attribuée aux quatre anciens trésoriers de France (1709). — Fol. 41. Arrêt du Parlement qui casse un arrêt de la Chambre des comptes, au sujet de la saisie féodale de la terre du sieur Rambert et renvoie la connaissance de cette saisie devant la Chambre du Domaine (1717). — Fol. 42. Arrêt du Conseil d'État qui met les réparations des bâtiments domaniaux engagés à la charge des engagistes (1722).

C. 2165 bis. (Registre.) — In-folio, 280 feuillets, papier.

1703-1707. — Registre des qualités des audiences, jugements et appointements de la Chambre du Domaine. — Fol. 2. Jugement portant que les minutes des notaires ne pourront être communiquées au contrôleur des petits scellés qu'en présence du juge royal du lieu. — Fol. 3. Autre rendu sur la requête du fermier général des contrôles et petits sceels, qui condamne le concierge des prisons royales de Dijon à représenter J. Joly, notaire royal à Vitteaux qui lui avait été donné en garde ou à payer la somme de 1,000 livres. — Fol. 13. Autre qui condamne le fermier du contrôle des publications de mariage à restituer ce qu'il avait perçu en dehors du tarif des mariés Stivert de Sallignat. — Fol. 39. Autre qui condamne Guillaume Mozint, sieur de Chatel-Gérard à payer à L. A. G. de Pernes, chevalier, comte d'Epinac, les intérêts d'une rente de 14,000 livres (1704). — Fol. 54. Appointement entre les fermiers du domaine de Montbard et Mme Lorain, au sujet de l'origine de la propriété de 80 journaux de terre dépendant de la métairie du Chardonnet. — Fol. 81. Autre dans la cause entre le sous-fermier de la marque de l'or et de l'argent, et Dargent, orfèvre à Dijon, au sujet d'une contravention. — Fol. 97. Jugement qui astreint un habitant de Villaines-en-Duêmois à fournir au fermier de la châtellenie, la déclaration de ses biens. — Fol. 97. Débat entre Melchior Jolyot (de Crébillon) greffier de la Chambre des comptes et le fermier des droits de greffe au sujet des gages. — Fol. 119. Poursuites exercées par Louis de Bourbon, prince de Conti, seigneur engagiste de la châtellenie d'Argilly, à l'effet d'obtenir des tenanciers une déclaration de leurs biens. — Fol. 131. Jugement qui étend aux villes de la province, le règlement intervenu entre le sous-fermier du revenu des greffes et les Élus du pays (1705). — Fol. 164. Appointement dans la cause entre Jean Baillet, premier président de la Chambre des comptes, seigneur engagiste de la châtellenie de Brasey et Saint-Jean-de-Losne, et Étienne Pérard, conseiller au Parlement au sujet de droits sur la rivière de Saône ; — Id. dans celle entre Alexandre Derapas, maire perpétuel de Vitteaux, sieur de Grandchamp et les forains de Vesvres, pour la prestation de certaines redevances. — Fol. 251. Jugement qui réduit à 3 francs 15 sous la cote de 12 livres de taille négociale, imposée par les échevins d'Arnay au contrôleur en titre des exploits (1706).

C. 2166. (Registre.) — In folio, 301 feuillets papier.

1707-1716. — Registre des audiences de la Chambre du Domaine (suite). — Fol. 5. Appointement dans la cause en réclamation des arrérages de la taille seigneuriale, due par les habitants de Verrey au fermier du Domaine de la châtellenie de Salmaise. — Fol. 37. Jugement du débat entre Ch. Pidard et Jacques Brenot, marchands orfèvres à Dijon, au sujet des poinçons et des registres et comptes de la marque des objets d'or et d'argent. — Fol. 43. Appointement dans la cause entre Jacques de la Couste, baron d'Arceloît, sieur de Présilly et les Bordes, et les habitants des Bordes, pour le paiement de la taille seigneuriale (1707); — Fol. 56. Autre sur la demande en réunion au Domaine, de la châtellenie de Sagy, engagée à M⁰ᵉ la duchesse de Bourbon, formée par le fermier du Domaine; — Fol. 77. Autre touchant la sommation faite par le prince de Conti, seigneur engagiste de la châtellenie d'Argilly à Henri-Bénigne d'Esbarres, sieur de Cussigny, de reconnaître son domaine de Chandelans relever de ladite châtellenie. — Fol. 80. Autre semblable à Louis Binet, hôtelier de l'Écu de France à Nuits pour une maison rue de Quincey. — Fol. 105. Autre dans la cause entre Louis-Anne Georges de Pernes, comte d'Épinac, sieur gentilhomme de la Chambre du duc de Bourbon, seigneur engagiste de la châtellenie d'Aignay et les habitants du lieu, au sujet de la redevance annuelle de 120 setiers d'avoine (1708). — Fol. 137. Jugement d'un débat entre le fermier des octrois patrimoniaux d'Auxonne et les officiers de la ville, au sujet de la reddition des comptes. — Fol. 143. Appointement dans la cause entre la princesse de Conti, dame engagiste de la châtellenie d'Argilly et Cl. Metelin, pour la déclaration d'une terre au finage de Nuits. — Fol. 144. Autre dans celle entre le fermier du domaine d'Aisey et les habitants de Beilenod, Origny, Vaux et la Montagne, au sujet d'une redevance en avoine (1709). — Fol. 202. Autre touchant un débat survenu entre les huissiers du Bureau des finances et ceux de la Chambre du Domaine, au sujet de leurs attributions. — Fol. 214. Autre touchant la cause entre le fermier du Domaine et les héritiers de Jean Lardoise aubain, natif d'Allemagne, dont les biens étaient prétendus par le Roi (1710). — Fol. 238. Autre d'un débat entre la trésorière Blanche et le chapitre N.-D. de Beaune, au sujet de redevances sur les « matroces » de Rouvres. — Fol. 258. Autre touchant le refus des habitants de Saint-Marc-sur-Seine, de payer leurs redevances au fermier du Domaine, autrement que sur le pied de l'ancienne mesure de Châtillon (1711). — Fol. 275. Autre relatif à l'obligation imposée par le fermier du Domaine, à tous les censitaires de la châtellenie de Chenôve, de justifier des titres en vertu desquels ils jouissaient (1712). — Fol. 296. Autre touchant le débat entre les sous-fermiers des redevances dues au Roi dans la châtellenie de Vergy et les habitants de Collonges, au sujet des redevances (1713).

C. 2167. (Registre.) — In-folio, 494 feuillets, papier.

1716-1749. — Registre des audiences de la Chambre du Domaine (suite). — Fol. 7. Poursuites formées par les fermiers du Domaine contre Nicolas d'Essalon, seigneur de Boussenois, pour le payement du droit de franc fief. — Fol. 12. Appointement dans une cause entre Pierre Niepce, fermier général du marquisat de Sennecey, et de la châtellenie de Cuisery et les habitants de la communauté de Saint-André

Côte-d'Or. — Série C. — Tome II.

au sujet des redevances en avoine (1716). — Fol. 29. Autre dans la cause entre Jacques de la Cousse, seigneur engagiste de Boux, Présilly, et les Bordes, et le prieur de Salmaise, au sujet de la propriété d'un moulin (1717). — Fol. 33. Mainlevée faite aux maire, échevins et habitants de Saulieu des redevances prétendues par le Domaine pour les fortifications de la ville. — Fol. 40. Appointement dans la cause entre Jean Dupuy, seigneur et baron de Semur en Brionnois et un habitant de Saint-Martin de la Vallée pour des redevances. — Fol. 51. Autre entre le curé de Coulmier-le-Sec et un habitant qui avait rompu le chemin de Coulmier à Chamesson le long de son héritage. — Fol. 52. Autre relatif à la propriété d'une maison et de jardins du Roi à Rouvres, de terres et prés à Varanges et Magny-sur-Tille, contestés par les princes et les princesses de Conti engagistes de Rouvres au prévôt châtelain dudit lieu (1718). — Fol. 73. Poursuites dirigées par Paul de Monginot écuyer, sieur de Joncy, contre les sieurs Villot, pour usurpation sur le chemin de Joncy aux Filletières (1720). — Fol. 98. Appointement dans une question de revendication de l'étang de Saint-Euphrône, poursuivie par Ponthus de Thiard, seigneur engagiste, contre les habitants du lieu (1721). — Fol. 102. Autre touchant une réclamation des droits de lods de l'acquisition de la terre de Cerdon et Poncin, formée par le Domaine, contre Joseph de la Poype et Julien de Grandmont, conseiller au Parlement de Grenoble. — Fol. 109. Autre dans une question de propriété de bois, entre les habitants d'Anglefort et Pierre-Joseph de la Porte, seigneur engagiste. — Fol. 118. Autre dans la cause entre le Domaine et les habitants de Montbard, au sujet des droits sur les foires et marchés (1722). — Fol. 123. Autre dans celle entre les habitants d'Aignay et le fermier du Domaine, au sujet de la taille seigneuriale et d'une redevance en avoine (1723). — Fol. 143. Nomination d'experts pour l'étaiement de deux maisons ruineuses, sises devant le portail de l'église Saint-Pierre de Beaune (1724). — Fol. 150. Jugement qui, du consentement des habitants de Reulle, accorde au seigneur du lieu l'usage des eaux de la fontaine (1725). — Fol. 1. Appointement dans une cause en résolution de bail, demandée par les fermiers d'Aisey contre François de Tenarre, marquis de Montmain, seigneur engagiste (1726). — Fol. 224. Autre dans la cause entre le châtelain et les habitants de Montbard, au sujet de la justice totale dans tout le territoire, à l'exception du donjon du château (1729). — Fol. 231. Autre entre le marquis de Bissy, sieur de Charnay, et les habitants, au sujet du droit de pâturage dans les bois. — Fol. 240. Autre entre Marc-Antoine Chartraire, comte de Montigny-sur-Armançon et les habitants du lieu, au sujet d'une opposition à l'aveu et dénombrement fourni par ce seigneur (1730). — Fol. 256. Opposition formée par Françoise Vernette, veuve

7

Dubard, dame en partie de Chazans et de Curley, au dénombrement fourni par Claude Fleutelot, conseiller au Parlement, seigneur en partie de Chazans. — Fol. 257. Jugement entre les fermiers du Domaine et Bénigne-Germain Legouz, président au Parlement, seigneur de Saint-Seine-sur-Vingeanne, au sujet des limites de la terre de Saint-Seine-l'Église (1732). — Fol. 285. Opposition formée par les habitants de Flammerans, au dénombrement fourni par Philippe Suremain, leur seigneur. — Appointement entre Charles-Henri Gaspard de Saulx, vicomte de Tavannes, seigneur engagiste de la châtellenie de Salmaise et les habitants de Fontette, auxquels il réclamait une redevance en avoine (1734). — Fol. 330. Autre entre les seigneurs engagistes de Sallves, le prévôt royal, son lieutenant et le notaire du lieu, au sujet des émoluments de la justice. — Fol. 336. Autre entre Charles-Henri Gaspard de Saulx, vicomte de Tavannes, seigneur engagiste d'Aisey, qui réclamait aux habitants la pièce de terre de la combe Jean Bossu, convertie en bois (1738). — Fol. 388. Autre entre Charles-Antoine Garnier, seigneur engagiste de Brion et le prieuré du Val-des-Choux, au sujet des droits de justice (1743). — Fol. 412. Autre entre Anne-Louis de Thiard, marquis de Bissy, sieur de Bragny et le curé du lieu, relativement à la dîme du vin (1746). — Fol. 423. Jugement qui déboute Jacques Fevret de la Ferrière, de l'opposition formée contre le dénombrement produit par Jacques Bégin, seigneur d'Orgeux. — Fol. 435. Appointement sur celle formée par les habitants de Véronnes, au dénombrement fourni par M. Espiard de Vernot, seigneur engagiste. — Fol. 440. Autre entre Louis-Antoine Duprat, marquis de Barbançon et Jean Gabriel Lebaut, conseiller au Parlement, au sujet de la haute justice dans leur seigneurie de Pichanges (1747). — Fol. 455. Autre entre Henri François de Chastenay-Saint-Vincent, sieur de Villeveny et les officiers de la châtellenie de Cuisery, qui se contestaient la haute justice dans une maison de Villeveny (1748).

C. 2168. (Registre.) — In-folio, 232 feuillets, papier.

1703-1708. — Carnot des audiences de la chambre du Domaine. — Fol. 1. Main levée de l'hoirie de Pierre Maignien, chanoine de l'église Saint-Étienne de Dijon, faite à ses neveux et nièces (1703). — Fol. 10. Poursuites du fermier du contrôle et petit scel contre Bénigne d'Autecloche, notaire à Auxonne, pour contravention au contrôle des actes (1704). — Fol. 30. Cause entre J. Thibert, greffier de la Chambre des comptes et Melchior Jolyot, engagiste de partie de ce greffe, au sujet des émoluments (1704); — Fol. 61. Id. entre M. Charroy, sieur engagiste de Brasey et un habitant de Saint-Usage, pour des cens (1705). — Fol. 99. Assignation donnée au châtelain de Germolles, qui s'était permis de faire adjudication de travaux au château de Germolles, sans l'aveu de la Chambre (1705). — Fol. 108. Instance entre la communauté de Talmay et un agent du Domaine, au sujet de son inscription sur le rôle des Tailles (1705). — Fol. 129. Autre semblable pour le rôle des logements militaires, entre la communauté de Saint-Seine et un commis de la Ferme (1705). — Fol. 194. Autre entre Baillet, premier président à la Chambre des comptes, seigneur engagiste de Brasey, les maire et échevins et les boulangers de Saint-Jean-de-Losne, au sujet des octrois (1707).

C. 2169. (Registre.) — In-folio, 220 feuillets, papier.

1708-1714. — Carnot des audiences de la Chambre du Domaine. — Fol. 5. Instance entre le prince de Conti et Hélin de Livron, au sujet des lots d'une acquisition. — Fol. 14. Autre entre le prince de Condé, seigneur engagiste de la châtellenie d'Argilly et les Ursulines de Seurre, au sujet d'un cens sur des prés à Labergement. — Fol. 24. Autre entre Louis-Anne-Georges de Pernes, comte d'Épinac, seigneur engagiste d'Aignay et les habitants d'Aignay, concernant une redevance en avoine (1708). — Fol 62. Jugement rendu à la requête de la princesse de Conti, dame engagiste de la châtellenie d'Argilly, qui ordonne la suppression d'un article du dénombrement fourni par les maire et échevins de Nuits (1709). — Fol. 97. Autre qui fait défense aux habitants de Chanceaux, de comprendre le contrôleur des exploits, au rôle de la Taille (1710). — Fol. 112. Autre relatif aux redevances sur les matroces de Rouvres, réclamées par les chanoines de N.-D. de Beaune au syndic des propriétaires de Rouvres (1711). — Fol. 132. Autre qui condamne un habitant de Comblanchien à fournir à la princesse de Conti, dame engagiste d'Argilly, une reconnaissance des terres qu'il tient à cens audit Comblanchien (1711). — Fol. 153. Autre relatif à la mitoyenneté du mur séparatif de la maison de M. Mailly, prieur du Fête et des prisons royales du Châtelet à Chalon (1712). — Fol. 178. Autre qui condamne Thibaut de Boux à payer à Jacques de la Cousse, sieur du lieu, les redevances assignées pour l'affranchissement de ses héritages (1713).

C. 2170. (Registre.) — In-folio, 253 feuillets, papier.

1714-1733. — Carnot des audiences de la Chambre du Domaine. — Fol. 19. Jugement qui condamne un habitant de Villaines-en-Duesmois à payer au fermier du Domaine, les lods d'une acquisition (1715). — Fol. 37. Autre relatif au procès entre le Domaine, M. Legoux de la Berchère, l'hôpital général de Dijon et les autres héritiers de M. Duplessis. — Fol. 46. Autre qui condamne Ch. Le Vieux, écuyer, sieur de Corcelles, à payer des arrérages de rentes à Villebernoux, châtellenie de Sagy (1717). — Fol. 61. Autre qui condamne F. Dinot, laboureur au Fourneau, châtellenie de Bourbon-Lancy, à payer des échutes de cens au fermier du Domaine (1718). —

Fol. 81. Autre semblable entre Henri-Bénigne d'Esbarres, sieur de Cussigny et un habitant de Corgoloin (1719). — Fol. 90. Appointement dans une cause entre A. Mantely et les habitants de la Tour-St-Vallerin, prévôté de Buxy, au sujet d'un terrain communal, situé près du cimetière (1720). — Fol. 102. Jugement qui condamne Charles Guyard, seigneur engagiste de Balon, à payer la redevance en avoine due à l'abbaye de Cîteaux (1721). — Fol. 135. Autre dans l'instance entre le fermier du Domaine et les habitants d'Aignay, pour la redevance en avoine et la taille seigneuriale (1723). — Fol. 142. Jugement portant règlement pour le service des huissiers du Bureau des Finances (1713). — Fol. 182. Autre qui autorise le sieur Boulié, acquéreur du Domaine du Roi à Talant, à vendanger ses vignes en dehors du ban fixé par les maire et échevins du lieu (1726). — Fol. 212. Jugement qui retranche du dénombrement fourni par Jeanne-Ingelburge de Morisot, dame de Taniot, les deux articles relatifs à la mainmorte et à la défense aux forains de posséder des héritages sans le consentement du seigneur (1729).

C. 2171. (Registre.) — In-folio, 619 feuillets, papier.

1733-1746. — Carnet des audiences de la Chambre du Domaine. — Fol. 5. Jugement qui condamne des habitants du faubourg d'Avallon, à payer au prieur de Saint-Martin, la moitié de 5 sols de redevance et d'un setier d'avoine; l'autre moitié appartenant au Roi, d'après la charte d'affranchissement de 1210. — Fol. 9. Évocation d'une cause pendante au bailliage d'Arnay, entre les habitants de Bellenot-sous-Pouilly, M. de Comeau, sieur de Créancey, M. de Riollet, écuyer et B. Millot, bourgeois, au sujet de cotisations comme forains (1733). — Fol. 17. Jugement rendu à la requête des habitants de Flammerans, qui réforme le dénombrement produit par leur seigneur. — Fol. 27. Autre entre le vicomte de Tavannes, seigneur engagiste de Salmaise et la veuve Lombard, au sujet des redevances affectées sur les héritages de cette dernière et notamment de la métairie de la Bretache (1734). — Fol 73. Autre qui maintient les chapelains de la chapelle de la Trinité dans l'église N.-D. de Saulx-le-Duc, en possession de ce bénéfice et donne acte aux gens du Roi, de leur protestation contre le projet de la transférer au château de Courtivron (1737). — Fol. 92. Autre entre Nicolas Vaillant, écuyer, seigneur de Mosson et Antoine Garnier, sieur de Brion, au sujet d'une prestation d'un char de foin exigé par le premier (1738). — Fol. 102. Autre qui maintient les seigneurs engagistes de la terre de Salives dans leur droit de faire exercer la justice, contrairement aux prétentions du prévôt royal d'Aignay (1739). — Fol. 116. Autre qui maintient François Henrion, écuyer, trésorier de France, et gouverneur des pages de la chambre du Roi, en possession du terrain de la halle de Buxy (1739).

— Fol. 158. Autre qui condamne Pierre de Collabeau, baron de Châtillon-de-la-Palud, à payer aux fermiers du Domaine, les lods de l'acquisition de la terre de Saint-Maurice de Remens (1741). — Fol. 169. Autre qui ordonne l'adjudication des travaux de réparation du château de Montcenis, aux frais de la succession de P. H. de Tenarre-Montmain, seigneur engagiste (1742). — Fol. 196. Opposition formée par Mme veuve Dufresne de Montjallin et M. Morot de Grésigny, au dénombrement fourni par M. de Sercey, seigneur engagiste de Saint-Léger-de-Foucheret (1743). — Fol. 283. Évocation de la cause entre le collège des Jésuites d'Autun, aux droits du prieur de Couches et le seigneur engagiste dudit lieu, au sujet des redevances sur les langues des animaux abattus (1748). — Fol. 323. Jugement relatif au payement par Mlle de Charolais, dame engagiste de Rouvres, d'une redevance sur les matroces, due à l'abbaye d'Auberive (1749). — Fol. 378. Nomination d'experts pour reconnaître si un paquier de la commune de Chivres a été usurpé sur le Pré-au-Duc, dépendant de la châtellenie d'Argilly, dont Mlle de Charolais est engagiste (1750). — Fol. 423. Jugement entre les gens du Roi, la Chambre du Domaine, Joseph Viennot, chapelain de la chapelle de Chassagne et Mme Ganuere Benoist, au sujet des réparations de cette chapelle (1751). — Fol. 459. Autre qui condamne M. de Rochemont, seigneur engagiste de Montcenis, à chauffer les fours banaux de Montcenis, sauf aux habitants à acquitter le droit de cuisson (1752). — Fol. 476. Jugement entre le Domaine et les maire et échevins et habitants de Saulieu, concernant les accensements des terrains dépendant des anciennes fortifications (1752). — Fol. 502. Jugement entre les fermiers du Domaine et les créanciers de l'hoirie abandonnée de Claude-André Andréa, payeur des gages du Parlement (1753). — Fol. 585. Jugement qui, contrairement aux prétentions du curé de Bremur, maintient le sieur de Ligny, seigneur engagiste de Bremur, Vaurois et Rocheprise dans le droit d'être inhumé dans le chœur de l'église, d'y avoir son banc seigneurial et d'y recevoir l'encens et l'eau bénite (1755).

C. 2172. (Registre.) — In-folio, 630 feuillets, papier.

1757-1774. — Carnet des audiences de la Chambre du Domaine. — Fol. 9. Jugement relatif au remboursement, par M. Perreau de Conflans, seigneur engagiste de Bouilland, Fussey et autres parties de la châtellenie de Vergy, des sommes appartenant aux anciens engagistes (1757). — Fol. 19. Autre qui maintient Mlle de Charolais, dame engagiste d'Argilly, en possession d'un pré usurpé sur elle à Labergement (1759). — Fol. 35. Autre qui annule la concession de terrain sur la voie publique, faite par les maire et échevins de Saint-Jean-de-Losne au sieur Gelot, prêtre; défend à ces magistrats de faire aucune aliénation de terrains dépendant des fortifications, et aux habitants de construire sur la voie publique, sans l'autorisation du Bureau (1758). — Fol. 30. Autre qui, sur la demande de M. Jean-Étienne Bernard de Clugny, conseiller au Parlement, seigneur engagiste de Nuits-sur-Armançon, ordonne aux habitants du lieu de fournir une nouvelle déclaration pour le terrier (1758). — Fol. 61. Autres qui condamnent plusieurs particuliers à payer les lods des acquisitions par eux faites sur Arrans (1759). — Fol. 95. Autre qui règle le mode de paiement de la redevance de 252 mesures d'avoine due au Roi, sur les terres de la châtellenie de Saint-Jean-de-Losne (1760). — Fol. 119. Autre qui déclare acquis au Roi par droit d'aubaine, les biens de Joseph Peyrani, mort à Dijon (1760). — Fol. 137. Autre qui astreint les habitants de La Marche-sur-Saône, à payer péage sur le pont de Pontailler (1761). — Fol. 186. Enquête sur l'empêchement apporté par la mairie d'Auxonne à la perception des droits du Roi sur les marchands venus à la foire (1763). — Fol 222. Conclusions des gens du Roi contre l'usurpation d'un chemin de desserte à Salmaise, commise par Jean-Baptiste Versey (1763). — Fol. 251. Jugement qui ordonne une enquête (1764). — Fol. 265. Autre qui ordonne une enquête dans la cause entre la mairie de Semur et M. Lemullier, au sujet d'un passage sur le rempart (1764). — Fol. 326. Autre qui, contrairement à la prétention de M. Massol, seigneur engagiste de Vergy, maintient le prieuré de Saint-Vivant, en possession du droit de prélever la dîme sur le territoire de Curtil et au parc de Faye (1760). — Fol. 394. Jugement qui condamne le seigneur haut justicier de Saint-Vallier, à payer au Domaine, sa cote du rôle de recouvrement des frais de justice (1768). — Fol. 413. Autre qui condamne Mme Courtot de Montbreuil, à relâcher M. L. Dupré, seigneur engagiste des terres de Bouilland et Fussey, la justice et les bois cédés par les habitants de Fussey, pour le droit de triage (1769). — Fol. 428. Opposition formée par les habitants de Ternant et de Curley au dénombrement produit par Dubard de Chazan, leur seigneur (1769). — Fol. 456. Jugement qui déboute l'abbaye de Sainte-Marguerite, des droits de justice qu'elle prétendait dans la prévôté de Bouilland (1770). — Fol. 470. Autre qui condamne les habitants de plusieurs localités de la châtellenie de Cuisery, à payer les droits de pontenage dus à Louis-Antoine de Gontaud-Biron, seigneur engagiste (1770). — Fol. 538. Autre qui déboute les maire, échevins et habitants de Saint-Bris, de leurs prétentions d'être propriétaires des terrains occupés par les fortifications (1771). — Fol. 541. Autre qui condamne les habitants de Meuilley, à payer des cens arriérés à M. Dupré de Bouilland, seigneur engagiste (1772). — Fol. 570. Jugement qui condamne le possesseur de la citadelle de Vincelles, paroisse de Moroges, à payer les cens et servis dus au seigneur engagiste de Buxy (1772). — Fol. 590. Autre qui ordonne un rapport d'experts dans une question de cours d'eau, entre les moulins et le fourneau de Pretin à Charolles (1773). — Fol. 626. Autre semblable pour un débat, entre la cure et la commune de Flammerans, au sujet de certains héritages (1774).

C. 2173. (Registre.) — In-folio, 598 feuillets, papier.

1774-1790. — Carnot des audiences de la Chambre du Domaine. — Fol. 4. Jugement qui condamne les abbés et religieux d'Oigny, à payer chaque année à Mme de Cugnac, comtesse de Dampierre, dame engagiste de Baigneux, une somme de 300 livres (1774). — Fol. 29. Autres qui condamnent plusieurs habitants de Mellecey, à payer au Domaine, les échus des cens qui grevaient leurs héritages (1775). — Fol. 54. Autre relatif à la liquidation de l'engagement de la terre de Montréal et Guillon transféré des héritiers Chartraire à Philippe-Aymar, marquis de Fontaine (1775). — Fol. 61. Jugement qui condamne les habitants de la commune de Rymon, à payer au sieur Henrion, seigneur engagiste de Buxy, les arrérages de la redevance due pour le droit de chasse (1776). — Fol. 71. Autre qui condamne les seigneurs engagistes de Saulx-le-Duc et Salives, à fournir au Domaine les quittances des redevances au profit de l'abbé d'Oigny et des héritiers Géliot (1776). — Fol. 89. Autre qui ordonne un rapport d'experts dans la cause entre J. de Mallet, seigneur de La Motte d'Ubine et Henri Guy Sallier, seigneur de La Roche en Brénil, Vieilchâtel, au sujet de délimitation de propriétés limitrophes du fief (1772). — Fol. 117. Autre qui condamne Louis François de La Martine, écuyer, seigneur engagiste de Quemigny, à payer les arrérages d'une redevance, due à l'abbaye du Lieu-Dieu à Beaune (1778). — Fol. 124. Autre qui condamne les habitants d'Ornex et Prevesins au pays de Gex, à payer au Domaine, la redevance en avoine assignée sur leurs héritages (1778). — Fol. 138. Autres qui condamnent plusieurs habitants de Chatel-Gérard, à payer à M. Orry de Fulvy, seigneur engagiste, la tierce due sur les héritages, dont ou donne la contenance et la situation (1779). — Fol. 151. Jugement qui ordonne à Mme veuve Étienne, dame engagiste d'Aignay, de justifier des redevances payées au prieuré du Val-des-Choux et de fournir un état détaillé de la châtellenie (1779). — Fol. 175. Jugements rendus à la requête du marquis de Fontaine, seigneur engagiste de Montréal et Guillon, contre plusieurs habitants de la châtellenie, qui refusaient d'acquitter le droit de tierce (1780). — Fol. 195. Autre qui ratifie le procès-verbal de bornage de terres sur Chassagne entre M. de Clermont-Montoison et le marquis d'Agrain (1781). — Fol. 236. Jugement qui condamne l'avocat Cullard à Saulieu à décombrer l'aqueduc, par lequel les eaux du jardin de Mme Morot s'écoulent dans l'aqueduc public (1783). — Fol. 280 et suiv. Jugements rendus à la requête des officiers du Domaine, contre plusieurs habitants de Charolles et du comté de Charolais, pour usurpations de terrains et défaut de paiement de redevances (1783). — Fol. 385. Jugement qui maintient les officiers de la châtellenie de Pontailler, dans le droit d'exercer la justice à Renève, seigneurie appartenant au comte de Saulx-Tavannes (1785). — Fol. 413. Autre qui condamne M. de Massol, à relâcher au Domaine, la Tour-Oudin, de la ville de Semur, avec toutes ses dépendances (1786). — Fol. 440. Ratification par la Chambre, du procès-verbal de bornage du territoire et de la directe de Pommard et de Volnay (1787). — Fol. 512. Jugements rendus contre plusieurs particuliers du Charolais, pour anticipations ou défaut de paiement de redevances (1784).

C. 2174. (Portefeuille.) — 183 pièces, papier.

1704-1771. — Jugements définitifs des procès par écrit. — Obligation à J. Péchinot de Saint-Usage, de fournir à M. Charpy, seigneur engagiste, une déclaration de ses biens (1705). — Autre à Marie Dubard, de fournir à François-Antoine de Moisy-Cléron-Saffres, seigneur engagiste de Meuilley, la déclaration du Meix Copin à Villars-Fontaine (1705). — Autre qui ordonne la visite des bâtiments et héritages de la châtellenie de Montbard, à l'effet d'y faire faire les réparations à la charge du fermier (1706). — Jugement qui condamne les habitants de Bellecroix, près Chalon, à acquitter les redevances dues au Domaine; — qui ordonne un rapport sur les constructions établies par A. Perruchon, au-dessus des écluses du moulin banal d'Aisey-le-Duc; — qui exempte F. Perrot, notaire royal et contrôleur des exploits à Flavigny, de la taille et des logements militaires; — qui condamne les greffiers des villes et des États de la province à justifier des présentations des demandeurs et défendeurs, devant le sous-fermier des revenus des greffes réunis au Domaine; — qui ordonne un rapport d'experts sur les causes qui ont amené la chute du pont de Deroux, près Chalon, construit par ordre des Élus des États; — qui contrairement aux prétentions du procureur syndic de Dijon, maintient les notaires en possession du droit de dresser des inventaires après décès; — qui termine le débat entre M. Baillet, premier président de la Chambre des comptes, seigneur engagiste de Brasey et les habitants de Saint-Jean-de-Losne, au sujet de l'éminage et de la banalité du four (1706); — qui condamne le curé de Villaines-en-Duesmois à relâcher la tour de l'enceinte, qu'il avait convertie en colombier du presbytère, la place du corps de garde et à rétablir les murs comme ils étaient précédemment (1707). — Jugement qui condamne les habitants de Montmain à payer au prince de Conti, seigneur engagiste d'Argilly, les arrérages dus pour le droit de vain pâturage dans les bois (1708). — Autre semblable pour ceux de Corberon (1708); — Jugement qui déboute la princesse de Conti, dame engagiste d'Argilly, de ses prétentions sur le territoire de Chandelans, appartenant à M. d'Esbarres, sieur de Cussigny (1709); — qui condamne les habitants de Ponthemery, au paiement des redevances en avoine, dues à M. Baillet, seigneur engagiste de Brasey (1709); — qui règle les conditions de la mitoyenneté du mur du Logis du Roi à Saint-Jean-de-Losne, avec les maisons des héritiers Collinet (1710); — qui règle le différend entre les habitants de Nod, Aisey et chemin d'Aisey, au sujet des prestations dues au Roi (1711).

C. 2175. (Portefeuille.) — 143 pièces, papier.

1712-1729. — Suite des jugements des procès par écrit. — Jugement qui renvoie plusieurs habitants de Bourbon-Lancy d'une demande en solidarité du paiement des redevances dues sur le domaine du Fourneau, formée par le fermier du Domaine (1712); — qui délègue un expert pour reconnaître le mur mitoyen entre les prisons royales de Chalon et le sieur Mailly, prieur du Fête (1712); — qui attribue aux mineurs de Bourbon-Condé, seigneurs engagistes de la baronnie de Gex, l'échute de J.-G. Pelard, décédé sans hoirs et de condition mainmortable à Collonges (1714); — qui condamne plusieurs habitants d'Argilly et Nuits, à la princesse de Conti, dame engagiste, les arrérages des redevances dont leurs héritages sont chargés (1714). — Autre semblable obtenu par le fermier de la châtellenie de Germolles contre plusieurs habitants de Saint-Denis-de-Vaux (1715). — Autre semblable au bénéfice de Louise de Montricard, comtesse de Saint-Remy et J.-B. Suremain, écuyer, seigneurs engagistes de Flammerans, contre les habitants du lieu (1715). — Jugement qui déboute Mme Fyot de Vauginois de la directe qu'elle prétendait sur la pièce de terre dite la Combe au Breuil, finage de Villaines, laquelle est déclarée appartenir au Roi (1715); — qui condamne les habitants de Prévessin à payer au fermier de la baronnie de Gex, les redevances d'avoine inscrites au terrier (1717). — Autre semblable obtenu par le fermier de la châtellenie de Montréal contre plusieurs tenanciers qui refusaient le droit de tierce (1717). — Mémoire des gens du Roi contre la prétention du prieur de Salmaise à la banalité de la rivière d'Oze (1718). — Jugement qui condamne les religieux de la Chartreuse de Portes à payer les lods de leur acquisition du marquisat de Saint-Sorlin (1721); — qui maintient contrairement aux prétentions de Louis Gonthier, baron d'Auvillars, Charles Guyard, écuyer, seigneur engagiste de Bagnot, dans ses droits de totale justice audit lieu (1723); — qui détermine les corvées que les habitants de Labergement de Cuisery sont tenus de faire chaque année pour le compte du Domaine

(1724); — qui, du consentement des habitants de Reulle, concède à Cl.-J. Magnin, seigneur du lieu, l'usage des eaux de la fontaine (1725); — qui maintient les habitants d'Anglefort et des hameaux de la paroisse dans la possession de tous les bois de la montagne (1726); — qui ordonne la délimitation des parties de la terre de Saint-Seine-sur-Vingeanne appartenant à J.-B. de Melin, écuyer (1728); — qui règle l'exercice de certains droits de justice entre le châtelain royal et la mairie de Montbard (1729).

C. 2176. (Portefeuille.) — 50 pièces, papier.

1730-1736. — Suite des jugements des procès par écrit. — Jugement qui maintient Bernard de Budé, comte de Montréal, en possession des biens situés à Souverny, à lui légués par le comte de Varax, et que les seigneurs engagistes de la baronnie de Gex prétendaient être échus au Domaine 1730); — qui condamne Barthélemy de Pelissary, écuyer, à payer aux mêmes seigneurs les lods de l'acquisition du fief de Sacconex; — qui maintient le seigneur Durey de Noinville et le comte de Guitaud, coseigneurs de Cussy-les-Forges, dans leurs droits de totale justice, à la condition, par le premier, de les faire exercer par les officiers de Montréal; — qui déboute les habitants de Charnay-sur-Saône de leur opposition au dénombrement fourni par Anne-Claude de Thiard, marquis de Bissy, leur seigneur (1730); — qui statue sur une question de bornage de la seigneurie de Chazan, entre M. V. Dubard et Claude Fleutelot, coseigneurs (1732). — Autre semblable pour un débat entre Bénigne Germain Legouz, président au Parlement et Claude Dubois, coseigneurs de Saint-Seine-l'Église. — Jugement qui, contrairement aux prétentions de François Damas, marquis d'Antigny, déclare la terre de Sivry-les-Arnay, appartenant à Charles Languet, relever du Domaine du Roi (1733); — qui renvoye les habitants du faubourg Saint-Martin d'Avallon des fins d'une demande de l'abbé de Saint-Martin d'Autun, prieur d'Avallon, en paiement de certaines redevances; — qui condamne les habitants d'Aignay à payer au seigneur engagiste les redevances en avoine appartenant au Domaine (1733); — qui déboute les habitants de Lays de leur opposition au dénombrement fourni par Mme de Truchis, leur dame (1735); — qui défend à Nicolas Richard, seigneur de Vermanton, de se dire seigneur spirituel et temporel de son église (1736); — qui enjoint à tous les possesseurs de fonds du Domaine dans la châtellenie de Davayé d'en fournir une déclaration (1736).

C. 2177. (Portefeuille.) — 78 pièces, papier.

1737-1748. — Suite des jugements des procès par écrit. — Jugement qui casse une sentence de la mairie de Châtillon-sur-Seine qui ordonnait à P. Colas, garde-magasin des poudres et salpêtres d'avoir à fournir titre nouvel d'un cens assigné sur une maison appartenant à la ville, mais provenant du Domaine (1737); — qui, contrairement à la prétention de M. B. de Ricé, seigneur engagiste de Saint-Germain-des-Paroisses et de Meyrieux, maintient les habitants de ces localités en possession des bois sur la montagne (1738); — qui déboute le prévôt royal d'Aignay des droits de justice qu'il contestait aux seigneurs engagistes de Salives (1738); — qui maintient M. de Ricé, seigneur engagiste de Saint-Germain-des-Paroisses, en possession de la rivière de la Baize (1739); — qui astreint le propriétaire du moulin de Fauverney à réparer cette usine (1739); — qui exempte les sujets de l'abbaye de Citeaux à Tarsul, Izeure et La Forgeotte, d'assister aux jours du châtelain de Rouvres (1741); — qui, dans une instance entre les agents du Domaine et Bernard de Budé, comte de Montréal, règle les conditions de la mouvance du Domaine du Roi dans le Bugey (1742); — qui maintient Cl. M. B. de Ricé, seigneur engagiste de Saint-Germain-des-Paroisses, en possession de ses droits de justice et le seigneur de Seyssel dans ceux qui lui appartenaient sur la seigneurie de Seyssel (1743); — qui condamne le meunier de Cortevaix à payer des échus de cens dus au seigneur d'Uzès, seigneur engagiste, et à faire les réparations nécessaires à son moulin (1744). — Jugement qui déboute Jacques Dupuy, seigneur engagiste de Semur-en-Brionnais, de ses prétentions sur la propriété du cours d'eau dit le Mardassin, alimentant le moulin de la Marque, paroisse de Saint-Martin-la-Vallée (1744); — qui déboute les habitants de Saint-Léger-de-Foucheret de leur opposition au dénombrement fourni par le seigneur engagiste (1745). — Autre semblable concernant les habitants de Poinson-les-Fays-Billot et F.-Hubert Hudelot, leur seigneur (1745). — Autre semblable contre les habitants de Fretterans, vis-à-vis Anne-Claude de Thiard, marquis de Bissy, leur seigneur (1746); — qui déboute la veuve de Truchis, dame de Lays, de ses prétentions d'insérer dans son dénombrement un article établissant que la mainmorte générale régnait audit lieu (1748).

C. 2178. (Portefeuille.) — 80 pièces, papier.

1749-1753. — Suite des jugements des procès par écrit. — Jugement qui déboute les habitants des Véronnes de leur opposition au dénombrement fourni par M. Espiard de Vernot, seigneur engagiste, d'une partie des Véronnes, sans néanmoins que ce dénombrement leur puisse préjudicier sur les articles qu'ils contestent (1749); — qui maintient le seigneur engagiste en possession des corvées dues par les habitants de Saint-Usage (1749); — qui modifie le dénombrement fourni par Louise de Beaumont, veuve de Philibert Buffot, écuyer et dame de Sivry-les-Voudenay, en ce qui concerne la mainmorte, l'assistance aux exécutions et les lods

(1750) ; qui condamne les habitants de Pommard à payer la dîme de vin due au Chapitre de Notre-Dame de Beaune et au prieuré du Val-des-Choux (1750); — qui maintient M. de Jussieu, seigneur engagiste de Montluel, dans le droit de percevoir la redevance, dite la maréchaussée, sur les habitants de la Boësse (1751); — qui maintient Jacques Cromot, écuyer, dans sa qualité de seigneur engagiste de Vassy et la Vaivre (1751); — qui règle la succession d'Antoinette Durand, femme Baudinet (1752); — qui déboute les habitants de Villers-les-Pots de leur opposition formée contre le dénombrement fourni par Jean-Jacques Gallot de Coulanges-Montdragon, leur seigneur (1753); — qui condamne les habitants de Villiers-le-Duc à payer les redevances en poules à Morel de Bréviande, seigneur engagiste (1753); — qui déboute le marquis d'Argens et F. Lamy, écuyer, coseigneurs du marquisat de La Perrière, de leur demande en paiement de redevances prétendues sur les habitants de Foucherans (1754); — qui règle la perception de la dîme entre Charles-Antoine de Cluny, seigneur engagiste d'Étalante, et le curé (1755); qui, contrairement aux prétentions de M. Ducret de Saint-Aubin, seigneur engagiste de Bourbon-Lancy, maintient M. de Fontette de Sommery dans ses droits de totale justice à Gilly-sur-Loire (1755); — qui condamne la prieure de Marcigny à payer à M. Dupuy, seigneur engagiste de Semur en Brionnais, les arrérages de redevances en paille (1757).

C. 2179. (Portefeuille.) — 90 pièces, papier.

1757-1768. — Suite des jugements des procès par écrit. — Jugement qui règle les droits de justice de M. Ducret de Saint-Aubin, seigneur engagiste de Bourbon-Lancy et de P. M. de Jarsaillon, sur la paroisse de Challemoux (1757). — Délivrance des réparations à faire aux moulins et étang de Perrigny-les-Saunières (1757). — Jugements qui condamnent plusieurs particuliers de Montcenis à passer reconnaissance de cens au profit du seigneur engagiste (1758) ; — qui condamne le procureur Leutet à payer à l'engagiste les cens de la maison qu'il possède à Talant (1758) ; — qui règle un débat entre M. de Truchis, seigneur engagiste de Couches et les Jésuites d'Autun, en leur qualité de prieurs de Couches, au sujet de leurs droits réciproques (1760). — Autre semblable entre Antoine Clerguet de Loisey, seigneur engagiste de la terre de Rosey, et M. Marchand de Maugny (1761). — Autre semblable entre Nicolas de Jussieu, seigneur engagiste de Montluel, le prieur de la Boësse et M. de Montherot (1761). — Jugement qui condamne M. B. de Ricey, seigneur de Saint-Germain-les-Paroisses, à payer certains droits à Anne-Françoise de Guérin de Tencin, comtesse de Grolée et de Rossilion (1764); — qui défend aux maire et échevins d'Auxonne de troubler les agents du Domaine dans l'exercice de leurs fonctions et les condamne en 150 livres de dommages et intérêts (1764) ; — qui adjuge au Roi, par droit d'aubaine, la maison achetée à Plombières par le général anglais Brown (1765); — qui déboute les habitants de Perrigny et Guierfans, Collenand, Grand et Petit-Chassagne, des exemptions qu'ils prétendaient des droits seigneuriaux de la châtellenie de Saunières (1765); — qui condamne les habitants des communautés formant la châtellenie de Cuisery à fournir une déclaration de leurs biens à Louis-Antoine de Gontaud, duc de Biron, seigneur engagiste (1766) ; — qui, contrairement aux prétentions des religieux de l'abbaye de Bèze, maintient M. Legouz en qualité de seul seigneur de Saint-Seine-sur-Vingeanne (1766) ; — qui condamne les habitants de Saunières à fournir au seigneur engagiste une déclaration des droits seigneuriaux (1766). — Appointement dans un débat entre Louis de Villers-la Faye, l'abbé de Moutier-Saint-Jean, l'abbesse de Saint-Andoche d'Autun et M. Chartraire de Ragny, seigneur engagiste de Montréal, au sujet de leurs droits respectifs sur la seigneurie de Santigny (1767). — Jugement portant défense aux receveurs, fermiers, engagistes ou autres personnes de poursuivre le jugement des causes du Domaine autrement que devant la Chambre (1768) ; — qui condamne les habitants de Montluel à payer les droits de mesurage dus au seigneur engagiste (1768).

C. 2180. (Portefeuille.) — 65 pièces, papier.

1768-1774. — Suite des jugements des procès par écrit. — Jugement qui maintient Catherine de Berthelot de Mursault, veuve de Cl.-Henry de Veny, en possession de bichetées de bois sur le territoire de Sivignon usurpées par F. Fumet, procureur (1768) ; — qui détermine les droits respectifs de Fr. et Ch. de Truchis et des administrateurs du collège d'Autun, coseigneurs de Couches (1769) ; — qui maintient J.-B. Versey, avocat à Boux, descendant de Renaudot Valon, affranchi par le duc Eudes IV en 1347, dans tous ses droits de franchise que lui disputait J.-J. de l'Estrade de la Cousse, seigneur engagiste, et enjoint à ce dernier de justifier du titre de marquis qu'il a pris dans ses actes (1769) ; — qui condamne le notaire Cazotte, propriétaire de la Rente de Changey, à payer au sieur Fardel, seigneur engagiste de Daix, une somme de 5 livres et une redevance de 3 setiers d'huile au profit du prieuré de Bonvaux (1769) ; — qui maintient Henri Guy Sallier, président à la cour des aides de Paris et seigneur engagiste de Vieuchâteau en possession de percevoir le droit de tierce sur tous les héritages de la châtellenie (1769) ; — qui modifie sur la demande des habitants de Précy-sur-Pierre-Perthuis, le dénombrement fourni par P. Champion, leur seigneur (1770). — Autre semblable obtenu par les habitants de Selongey vis-à-vis Nicolas Quirot, conseiller-maître à la Chambre des comptes, leur seigneur (1770) ; qui, contrairement aux prétentions de M. de Faudoas, seigneur engagiste de Bar-sur-Seine, maintient Gabriel Vautier, receveur, en possession de deux arpents de vigne aux Collinettes, qu'il a fait défricher et planter (1770) ; — qui modifie le dénombrement fourni par Jacques Grisot, seigneur de Poinson-les-Fays (1770) ; — qui règle un différend entre Charles-Antoine de Clugny, seigneur engagiste de Darcey, et les habitants, au sujet du droit d'indire (1770) ; — qui modifie sur la demande des habitants de Chambœuf, le dénombrement fourni par Anne Seguenot, veuve de Nicolas d'Estagny, leur dame (1771). — Autre semblable obtenu par les religieux du Val-des-Choux contre le dénombrement fourni par M. Ch. Garnier, seigneur engagiste de Brion (1771) ; — qui condamne Ch.-A. de Guérin, marquis du Lugeac, seigneur engagiste de Salmaise, à relâcher les pièces de terre usurpées sur le curé (1771) ; — qui, sur la demande des habitants de Chaussin, modifie le dénombrement produit par Fr. Gaspard, comte de Poly, leur seigneur engagiste (1771) ; — qui règle le différend pour comptes entre René Molineau, avocat et Florent-Alexandre-Melchior de la Baume-Montrevel, tous deux seigneurs engagistes de la terre de Brancion (1772) ; — qui maintient les religieux du Val-des-Choux en possession de la dîme de vendanges à Pommard (1772) ; — qui condamne Ch.-J. Douglas, écuyer, seigneur engagiste du comté de Montréal en Bugey, à payer les lods de son acquisition (1773) ; — qui règle une question de vassalité entre Guy-Louis Guenichon, seigneur de Ville-sur-Arce, Élisabeth Arnold, baronne de Chassenay et la veuve Porcher, aussi baronne de Chassenay (1773) ; — pour un règlement de compte entre Cl. Poulletier de Perrigny, receveur général des Domaines et des habitants d'Avot (1774).

C. 2181. (Portefeuille.) — 51 pièces, papier.

1774-1790. — Suite des jugements des procès par écrit. — Jugement qui condamne les forains de la terre de Salornay-sur-Guye à fournir une déclaration de leurs héritages à J.-J. Léopold Beaunien de Beaucourt, seigneur engagiste (1774). — Autre semblable contre les Cordeliers de Bourg, vis-à-vis du Domaine (1775). — Jugement qui déclare réuni au Domaine la portion de la terre de Baigneux, échangée par la comtesse de Soissons avec l'abbaye d'Oigny et maintient la comtesse de Dampierre, dame engagiste, en possession de tous les droits et héritages de la châtellenie (1775) ; — qui règle le différend entre M. Henrion, seigneur engagiste de Buxy, et les habitants de Juilly au sujet de la propriété de terrains, prétendus communaux (1775) ; — qui maintient les religieux du Val-des-Choux en possession des cens et redevances qui leur ont été assignées dans la châtellenie d'Aignay, Étalante,

Saint-Broing et Moitron (1776) ; — qui règle le différend entre MM. Chartraire de Ragny, de Bourbonne et de Montigny et Philippe Aymard, marquis de Fontaine, tous seigneurs engagistes de la châtellenie de Montréal et Guillon, au sujet de leurs droits réciproques (1776) ; — qui maintient le seigneur engagiste de Buxy dans ses droits de totale justice au village de Saint-Désert, appartenant au Chapitre de la cathédrale de Chalon (1777) ; — qui déboute les habitants d'Aisey de leur opposition au dénombrement fourni par M. Vaillant, seigneur du fief de Meix-Moron (1778) ; — qui règle le différend entre J.-J. de Beaunien de Beaucourt, seigneur engagiste de Salornay-sur-Guye et les habitants, au sujet des droits seigneuriaux (1778) ; — qui, contrairement aux prétentions des habitants de Vougeot, maintient l'abbaye de Citeaux en possession du terrain appelé La Perrière (1779) ; — qui déclare les habitants d'Arrans sujets au droit de tierce, envers M. de Buffon, seigneur engagiste de Montbard (1781) ; — qui déclare les habitants de Magny sujets à une redevance en avoine envers le fermier du Domaine de la baronnie de Gex (1781) ; — qui déboute Louis-Hercule-Timoléon de Cossé de Brissac, seigneur de la Motte-Saint-Jean, de ses prétentions d'obliger M. Martenot de Maubianc à lui faire hommage de son fief de Chizeuil (1783) ; — qui condamne les habitants de Coulmier-le-Sec à payer au seigneur engagiste de Villaines-en-Duesmois, les redevances auxquelles les obligent les terriers (1786) ; — qui règle le différend entre M. Brunet, seigneur de Monthelie et les habitants de Volnay, au sujet de leurs droits sur les terrains joignant les fontaines froides (1789). — Autre semblable entre les habitants de Dnème et ceux de Quemignerot pour des terrains (1789) ; — qui déclare la terre du Tiret, appartenant à M. Dominique Étienne, mouvante du Roi à cause de la châtellenie de Saint-Germain-d'Ambérieux, engagée à Philippe Buynaud, seigneur de l'Échelle (1789).

C. 2182. (Portefeuille.) — 504 pièces, papier.

1689-1709. — Instructions, procès-verbaux et jugements préparatoires de la Chambre du Domaine. — Enquête sur le mode d'entretien du pont de la Varise à Saint-Seine-sur-Vingeanne (1689). — Procès-verbal de remplacement d'un carnet des audiences de la Chambre, dérobé au greffier en chef (1704). — Jugement qui liquide l'arriéré des cens sur une pièce de 10 journaux de terre en la corvée de Villey, finage de Chaux, due par un habitant à Ant.-F. de Moisy-Cléron, seigneur engagiste de Meuilley et Chaux (1705). — Autre de saisie et confiscation de la terre de Posanges, sur Bernard de Cléron, écuyer, condamné par contumace à avoir la tête tranchée pour assassinat commis sur la personne de P. Simon, avocat à Semur (1705). — Jugement de liquidation des redevances en vin et argent dues au Domaine par plusieurs habitants de Landreville (1706). — Plaintes faites par le meunier du moulin d'Aisey-le-Duc, des infractions à la banalité du moulin, commises par les habitants de la châtellenie (1706). — Exécution du jugement rendu entre François de Moisy-Cléron, seigneur engagiste de Vergy, et M¹¹ᵉ Dubard, au sujet de redevances prétendues à Curtil-Vergy (1706). — Procès-verbal de réception de Claude Pidard, marchand à Dijon, commis à la perception des droits de la marque des objets d'or et d'argent (1706). — Autre de réception de M. Clerguet, bourgeois de Tournus, comme délégué du directeur de la Rêve de la Saône, pour le contrôle des marchandises assujetties à ce droit (1707). — Autre d'Antoine Garreau, procureur contrôleur aux séquestres dans le diocèse de Langres (1707). — Commission donnée à chacun des trésoriers de France, pour visiter les auditoires royaux et y prescrire les réparations nécessaires (1708). — Visite de celui de Beaune par M. Chevignard ; — de celui de Bourg par J. Gault et A.-B. Durand. — Procès-verbal de réception de J. Helyotte, concierge et portier de la maison du Roi à Dijon (1708). — Dossier relatif aux saisies faites à la requête des syndics du Parlement, aux domiciles de Paquier, payeur des gages de la Cour et Lamy, receveur général des gabelles, qui tous deux avaient pris la fuite, et nomination du procureur Chenevet pour remplacer le premier (1709). — Procès-verbal d'apposition de scellés au domicile de feu M. Bretagne, conseiller au Parlement, propriétaire de l'office de receveur-général des finances (1709).

C. 2183. (Portefeuille.) — 295 pièces, papier.

1710-1731. — Instructions, procès-verbaux et jugements préparatoires de la Chambre du Domaine. — Procès-verbal d'exécution de jugement, prononcé contre plusieurs particuliers de Boncourt-la-Fontaine et la Ronce, au sujet de cens dus à la princesse de Conti, dame engagiste d'Argilly (1710). — Commission donnée à P. Drouillot, pour remplir l'office de receveur-général des finances (1712). — Procès-verbal de reconnaissance des moulins de Montbard (1713). — Commission de payeur des gages du Parlement donnée à M. Devenet, notaire (1715). — Procès-verbal de levée des scellés apposés au domicile de Louis Goussard, son prédécesseur (1716). — Procès-verbal d'égalation de la redevance due par plusieurs particuliers de Boncourt-la-Ronce à M. d'Esbarres, seigneur de Cussigny (1719) ; — de reconnaissance des usurpations commises par les habitants de Nuits sur les fortifications de la ville (1722) ; — de l'exécution du jugement qui condamne les habitants de Saint-Euphrône à relâcher le pré de la Couhée à M. de Bissy, seigneur engagiste : — d'apposition de scellés au domicile de Bernard Brechillet dit Jourdain, greffier en chef, receveur des fonds communs du Bureau des
CÔTE-D'OR. — SÉRIE C. — TOME II.

finances et caissier de M. Dulaurent, receveur-général des Domaines et bois, lequel était en fuite. — Procédures contre ce comptable. — Procès-verbal de vérification de la caisse de De la Cour, receveur des tailles à Bourg ; — de la liquidation des lods de l'achat du marquisat de Saint-Rambert (1727) ; — d'apposition de scellés sur les papiers et la caisse de M. Desormes du Plessis, receveur-général des finances, mort à Bouze (1729).

C. 2184. (Portefeuille.) — 383 pièces, papier.

1731-1745. — Suite des instructions, procès-verbaux et jugements préparatoires. — Procès-verbal d'apposition de scellés au domicile de feu Jean Crevoisier, payeur des gages du Parlement (1731) ; — de reconnaissances des meix du village de Cussy-les-Forges, contestés par M. de Guitaud à M. Chartraire de Saint-Aignan, seigneur engagiste de Montréal (1731). — Procès-verbal d'apposition de scellés au domicile de feu Louis Dulaurens, receveur-général des Domaines et bois, sis rue des Champs à Dijon (1731). — Jugement du procès entre M. Legouz, seigneur en titre et engagiste des deux portions de Saint-Seine et le seigneur d'Orain, au sujet des limites du territoire de Saint-Seine-l'Église (1732). — Inventaire des biens de Jacques Ducas, serrurier à Dijon, natif de Chambéry, échus au Roi, par droit d'aubaine (1733). — Procès-verbal de reconnaissance et de transcription des lettres d'affranchissement accordées, en 1347, par Eudes IV, duc de Bourgogne, à Regnault Valon de Boux-sous-Salmaise (1736) ; — de croisement des scellés apposés par les officiers du bailliage de Chalon-sur-Saône, sur les effets de la succession vacante d'Élisabeth Dufresne, veuve de Claude de Drée, écuyer, capitaine au régiment de Brie (1736) ; — de vérification des espèces en billon trouvées dans la caisse de M. Andréa, payeur des gages du Parlement (1738). — Commissions pour visiter les caisses des comptables, à cause de la diminution de 6 deniers par pièce de 2 sols (1738) ; — donnée à M. Devenet, trésorier alternatif des fortifications, de faire l'intérim vacant par la mort de J. Bertheau, trésorier ancien (1739). — Procès-verbal de Philibert Vullierod, président en l'élection du Bugey, qui met M. de Malermey en possession du comté de Rossillon (1740) ; — d'apposition de scellés au domicile d'Auguste Espiard, réputé bâtard à Dijon (1748).

C. 2185. (Portefeuille.) — 446 pièces, papier.

1745-1764. — Suite des instructions, procès-verbaux et jugements préparatoires. — Jugement qui condamne Mᵐᵉ de Charolais, dame engagiste de Rouvres, à payer à l'abbaye d'Auberive une redevance annuelle de 8 émines de blé et avoine, mesure de Saint-Louis, à percevoir sur les matroces de Rouvres (1749). — Procès-verbaux d'inventaire et de vente

8

de marchandises de quincaillerie, ayant appartenu à deux prisonniers pendus à Charolles (1749). — Procès-verbal d'inventaire des meubles et effets de Joseph Bouret, charcutier, natif de Savoie, décédé à Dijon (1750). — Commission donnée au procureur, J.-L. Dubreuil, pour remplir, par intérim, l'office de payeur des gages du Parlement, vacant par suite du décès de Claude-André Andréa de Nerciat, avocat à la Cour (1750). — Envoi de M. Noël Laurent, procureur, en possession des biens qui lui ont été légués par Antoine dit Jacquinot, réputé bâtard. — Procès-verbal d'interrogatoire du sieur Beauchamp, marchand à Joncy, sur les limites et la mouvance de la pièce de terre des Badolières, sise audit lieu. — Commission donnée à Philibert-Charles-Marie Varenne de Feuille, écuyer, pour parachever les exercices de feu Claude Varenne, son père, receveur des impositions de l'élection de Bourg (1757). — Procès-verbaux de la quantité et qualité des espèces de la recette du prêt et annuel de 1760, remises par le receveur au bureau des carrosses à Dijon (1760); — d'apposition de scellés sur les deniers et la caisse de J.-B. Bonnardel-Audra, décédé receveur général alternatif mi-triennal du Taillon en Bourgogne (1762).

C. 2186. (Portefeuille.) — 453 pièces, papier, un plan.

1765-1773. — Suite des instructions, procès-verbaux et jugements préparatoires. — Jugement dans une cause entre le fermier du Domaine à Brasey et des habitants de Pontémery, au sujet d'une redevance en avoine (1765). — Autre dans une cause entre Mme Haumont, veuve de Cugnac, dame engagiste de Baigneux et l'abbaye d'Oigny, au sujet de leurs droits réciproques sur cette terre (1766); — entre Louis Dupré, bourgeois de Lyon, seigneur engagiste de Bouilland et Claude Collot, laboureur audit lieu, qui, prétendant posséder en francaleu, refusait d'acquitter les redevances (1769); — entre l'abbaye de Sept-Fonds et du Val-des-Choux et M. Garnier, seigneur engagiste de Brion, au sujet de leurs droits réciproques sur cette terre (1769). — Jugement qui maintient Gaspard Le Compasseur, marquis de Courtivron, seigneur engagiste de Saulx-le-Duc, contrairement aux prétentions de Louis Malteste, seigneur de Villey, en possession la justice totale dans la châtellenie de Saulx-le-Duc (1770). — Procès-verbal de reconnaissance et plan des chemins servant de limite à la seigneurie de Joncy-la-Guiche (1772).

C. 2187. (Portefeuille.) — 389 pièces, papier.

1774-1790. — Suite des instructions, procès-verbaux et jugements préparatoires. — Jugement d'une cause entre Jacques-André de Bretagne, seigneur d'Is-sur-Tille, et plusieurs particuliers du lieu, au sujet du bail du moulin des Courtines 1774); — entre les habitants de Flammeraus et leur curé touchant la reconnaissance d'héritages censables au Roi (1774); — entre le receveur général des Domaines et bois et Jacques Barbe, citoyen de Genève, pour les lods d'acquisition de la terre de Versoix (1775); — entre Philibert-Louis Orry de Fulvy, seigneur engagiste de Châtel-Gérard et les habitants de cette châtellenie pour le droit de tierce (1777); — entre Georges-Louis Leclerc, comte de Buffon, de l'Académie française, de l'Académie des sciences, intendant des jardins du Roi, seigneur engagiste de Montbard et les habitants d'Arrans, qui lui refusaient le droit de tierce (1779); — entre M. Lestre, contrôleur au grenier à sel de Semur et M. de Massol, au sujet de décombres déposés à l'entrée de la Tour-David, du côté du faubourg de Bourgvoisin à Semur (1780); — entre Émilade Roidot, cavalier de maréchaussée à Saulieu et A. Jordanis, perruquier, au sujet de la jouissance d'un creux, au bas du bastion de la porte des Forges; — entre Louis-Hercule-Timoléon de Cossé, duc de Brissac, gouverneur de Paris, seigneur de la Motte-Saint-Jean et F. Maublanc de Martenet, conseiller au Parlement de Dijon, lequel refusait de faire hommage au premier, à cause de son fief de Chizeuil. — Dénonciation faite à la justice du marquisat de Treffort, des dégâts commis dans la forêt du Souillat, près Pont-d'Ain. — Jugement entre le duc de Noailles, seigneur engagiste de Germolles et un habitant du lieu, qui refusait d'acquitter ses redevances en corvées (1789).

C. 2188. (Portefeuille.) — 65 pièces, papier.

1747-1785. — Jugements et ordonnances sur requête de la Chambre du Domaine. — Evocations de la cause entre Louise de Beaumont, veuve de Philibert Buffot, écuyer, dame de Sivry-les-Voudenay et les habitants du lieu, au sujet de l'opposition de ces derniers à certains articles du dénombrement de la seigneurie (1747); — de celle entre M. de Truchis, seigneur engagiste de Couches et les pères jésuites d'Autun, prieurs de Couches, au sujet de leurs droits respectifs dans la châtellenie (1747). — Jugement qui délègue un trésorier pour mettre en possession César Ducret, sieur de Saint-Aubin, acquéreur de la châtellenie royale de Bourbon-Lancy (1753); — pour le bornage et la délimitation de la terre de Tallecy, appartenant au chapitre collégial d'Autun, et de la châtellenie de Montréal (1754); — qui renvoie au conseil d'État le débat entre M. Grivaud, garde marteau à Chalon et les confrères de la confrérie de Saint-Nicolas à Chalon, les habitants d'Épervans, de Ronget, au sujet de l'accensement des îles de Saint-Nicolas et des terrains bordant la Saône (1767). — Évocation d'instance entre M. Henryon, seigneur engagiste de Buxy et plusieurs habitants, au sujet de la propriété des terrains joignant les halles (1770). — Jugement qui approuve le plan d'alignement des rues de Paray-le-Monial, avec injonction aux habitants de s'y conformer pour l'avenir (1770); — qui règle par provision le débat entre Philippe Aymar, marquis de Fontaine, seigneur engagiste de Montréal et M. Chartraire de Ragny, son prédécesseur, au sujet de la liquidation des redevances (1772); — pour la reconnaissance des limites séparatives des finages de Corpoyer et de Munois (1774). — Procès-verbal de mise en possession de la châtellenie de Montréal pour M. Orry de Fulvy (1774). — Jugement qui envoie M. Perrin de Cypierre, intendant d'Orléans, en possession de la châtellenie de Saint-Gengoux, récemment acquise par lui (1775); — qui ordonne des poursuites contre Ch. Carra, maréchal à Bellegarde en Bugey, qui s'est permis de bâtir sur un terrain dépendant de la Ferme (1779); — qui règle la liquidation des lods de l'acquisition faite par le Domaine, dans la charbonnière du Creusot, à l'effet d'y élever une fonderie royale (1783). — Conclusions du Directeur des Domaines sur la requête des habitants de Montréal, consitaires de l'emplacement du château (1784). — Liquidation des lods de l'acquisition de la terre de Mauvelain sur Dampierre-en-Montagne (1785). — Jugement qui condamne Jacques Louis de Budé, à payer les lods de l'acquisition de la terre de Fernex sur le marquis de Villette.

C. 2189. (Registre.) — In-4, 117 feuillets, papier.

1577-1712. — Registre du Greffe. — Fol. 1. Analyse des édits, ordonnances et déclarations concernant les charges des trésoriers de France contenus dans le tome 1er des registres d'enregistrement; — Fol. 50. de toutes les pièces concernant le Domaine, enregistrées dans les registres des expéditions ordinaires. — Fol. 68. Extraits d'ordonnances concernant la juridiction, les prérogatives et les droits des officiers du Bureau des Finances. — Fol. 92. Arrêts concernant les petits scellés et le contrôle des actes des notaires. — Fol. 113. Analyse du registre des reprises de fief.

C. 2190. (Liasse.) — 6 pièces, parchemin; 28 pièces, papier.

1473-1785. — Receveurs généraux des Finances, Contrôleurs etc. — Nomination de Jean Félix, solliciteur des causes du duc, aux cours de Parlement, du Conseil et des Comptes (1473). — Mandements signés des rois Louis XI et François Ier, qui accordent une indemnité de 1,000 livres à Jean Saumaire et A. Lamacon, receveurs généraux de Bourgogne. — Provisions de Jean Boisot, solliciteur des causes du Roi en Bourgogne (1505). — Édit de François Ier, qui crée un office de contrôleur général des finances en Bourgogne (1522). — Provisions de Ch. Moret, collecteur de la Recette générale de Bourgogne (1573). — Lettres de jussion pour l'enregistrement de l'édit de création d'un office de contrôleur du Domaine en Bourgogne (1586). — Provisions de Nicolas Boulier, contrôleur général des finances en Bourgogne (1693). — Procès-verbal de reconnaissance des espèces en billon trouvées, dans la caisse de M. Carrelet, receveur général

des finances en Bourgogne (1733). — Autre du scellé, mis sur la caisse de ce receveur général après son décès (1777). — Inventaire des titres remis par Ch. Pouliotier de Perrigny, receveur général des Domaines et bois, à l'administration des Domaines (1778). — Autres des papiers et registres dépendant de la succession de M. Desvaux, décédé receveur général des finances de Bourgogne (1785).

C. 2191. (Liasse.) — 16 pièces, parchemin; 3 pièces, papier.

1538-1694. — Mandements de Finances. — Mandements signés du roi François Ier, qui commet Antoine Le Maçon, receveur général des Finances en Bourgogne, pour le recouvrement des deniers des Domaines, gabelles, aides, tailles et autres finances (1538); — du roi Henri II, qui alloue à Girard Sayve, receveur général, une somme de 1,523 livres, pour le recouvrement et conduite des finances (1548); — qui ordonne le remboursement au sieur Bonneau, d'une somme de 900 livres, prix d'achat de l'office de garde des sceaux du comté d'Angoumois, qui lui avait été cédé par Jean Larchevêque, sieur de Soubise, cessionnaire du feu duc d'Orléans, comte apanagiste d'Angoulême, et dont il n'avait pas joui par suite de la cession du duché de Châtellerault, au comte d'Arcus (1557); — qui ordonne le remboursement de 7,118 livres due à P. de Bonacorsy, trésorier des chevau-légers, sur la gabelle d'Auxerre; — qui ordonne le paiement de la somme de 443 livres 6 sols, due au trésorier de France Jean Peyrat, pour ses gages (1557). — Autorisation donnée par M. de Saulx-Villefrancon, lieutenant du Roi en Bourgogne, au receveur général, d'armer d'arquebuses et pistolets préposés à l'escorte du convoi d'argent qu'il doit envoyer à Paris (1560). — Ordre signé du roi François II, à J. Jacquot, receveur général, d'envoyer au trésorier de l'Épargne la somme de 21,000 livres provenant des décimes (1560). — Mandements signés du roi Charles IX qui décharge la veuve et les héritiers de Viardot, sergent du bailliage de Dijon, du paiement de la somme de 800 livres, livrée par le fournisseur du grenier à sel de Montbard et qui lui avait été volée à main armée par trois cavaliers aux environs de Chanceaux (1564); — qui ordonne le paiement à J. Dresse, menuisier à Dijon, d'une somme de 800 livres, prix d'une maison démolie dans l'intérêt de la fortification de la ville (1572); — Id., le paiement au sieur de la Topane, l'un des huissiers de sa chambre, de la somme de 5000 livres dont il l'a gratifié (1573). — Continuation du même don par le roi Henri III (1575).

C. 2192. (Cahier.) — Petit in-folio, 86 feuillets, papier.

1505-1507. — Recette générale de Bourgogne et recettes particulières. — Contrôle de la recette générale de Bourgogne. — Fol 1. Recette ordinaire du bailliage de Dijon 115 livres, 2 sols, 9 deniers. — Fol. 14. Recette ordinaire de bailliage de Chalon, 2185 livres, 11 sols. — Fol 18. Recette ordinaire du bailliage d'Auxois, 1199 livres, 17 sols, 9 deniers. — Fol. 22. Recette ordinaire du bailliage de la Montagne, 360 livres. — Fol. 25. Recette ordinaire du bailliage d'Autun, 377 livres, 9 sols, 10 deniers. — Fol. 44. Recette de la châtellenie de Rouvres, Brasey et Saint-Jean-de-Losne, 1,200 livres. — Fol. 46. de celle de Beaune, Pommard et Volnay, 80 livres; — Fol. 47. du grenier à sel de Beaune, 8,442 livres, 18 sols; — de la prévôté d'Auxonne, 319 livres, 11 sols, 1 denier; — Fol. 58. de la châtellenie de Montréal, 200 livres; — Fol. 65. de la recette ordinaire des aides de Mâcon, 4,009 livres (1556). — Fol. 83. Contrôle de la recette des deniers reçus et payés par le trésorier général Jean Peyrat.

C. 2193. (Registre.) — Petit in-folio, 200 feuillets, papier.

1559-1574. — Fol. 1. État au vrai de Jean Jaquot, receveur général, dont la recette monte à 96,420 livres, 15 sols, 4 deniers et la dépense à 83,747 livres, 19 sols, 5 deniers. — Fol. 19. Déclaration des frais faits en 1560, par J. Duvigny, commis du receveur général pour le transport de 40,200 livres à l'Épargne royale à Paris; — Fol. 39. État au vrai du même receveur pour l'année 1561. Recette : 96,250 livres, 13 sols, 6 deniers. Dépense : 96,052 livres, 14 sols, 6 deniers. — Fol. 59. État de toutes les taxes et ordonnances faites en 1561 et 1562 sur les deniers des menues affaires que sur les autres deniers, pour la réunion des aides et gabelles qui avaient été aliénées. — Fol. 73, 95. État au vrai de l'année 1562-1563. — Fol. 87 et 117. États de la valeur des finances du Roi à cause du son Domaine et revenu ordinaire dans la trésorerie de Bourgogne. — Fol. 129. État au vrai de la recette et dépense de Jean Bourlier, receveur général pour l'année 1574.

C. 2193 *bis*. (Registre.) — In-folio, 188 feuillets, papier.

1565. — État particulier de toutes les recettes du Domaine du Roi, centralisées par J. Peyrat, trésorier de France, receveur général des finances de la Généralité de Dijon. — Fol. 1. Recette du Domaine de la châtellenie d'Argilly. — Fol. 21. du Domaine d'Auxois; — Fol. 49. de celui de la châtellenie de Beaune, Pommard et Volnay; — Fol. 63. de celui du Domaine de Chalon, etc.

C. 2193 *ter*. (Registre.) — In-folio, 292 feuillets, papier.

1591-1611. — États au vrai de la recette et de la dépense des ventes des coupes de bois en Bourgogne, faites par le receveur général Abdenago Blondeau. De 1591 à 1602, la recette monte à 14,750 écus 43 sols, et la dépense à 14, 667 écus 44 sols. — Fol. 174.1610. Compte de M. de Cugny, successeur de Blondeau. La recette de l'année s'élève à 15,977 livres 16 sols et la dépense à 15,966 livres 6 sols 9 deniers.

C. 2193 *quater*. (Registre.) — In-folio, 24 feuillets, papier.

1600. — État au vrai (incomplet) de la recette du bailliage d'Auxois. — Fol. 2. Somme de 25 livres de rente payée par les habitants de Pouillenay, pour leur garde et franchises. — Fol. 10. La maison du Roi à Semur, tombant en ruine et toute découverte n'a pu être amodiée faute de réparations. — Fol. 14. Amodiation pour trois écus du droit de cerclerie et des exploits de justice de la gruerie à Saint-Léger de Foucheret.

C. 2193 *quinquies*. (Registre.) — In-folio, 104 feuillets, papier.

1602. — État au vrai du compte de P. Chazot, receveur des deniers de l'aliénation du Domaine du Roi en Bourgogne. — Fol. 1. Recette de 23,000 écus de Marguerite Chabot, duchesse d'Elbeuf, Catherine Chabot, comtesse de Tavannes, Charlotte Chabot, comtesse de Tillières, Françoise Chabot, comtesse de Chiverny, Léonore Chabot, marquise de Varambon, filles et héritiers de Léonor Chabot, comte de Charny, grand écuyer de France, acquéreur du péage de Mâcon. — Fol 5. de 2,273 livres de Ch. Fremyot, président à la Chambre des comptes, acquéreur de la seigneurie d'Is-sur-Tille à la réserve des bois. — Fol. 12. Denis Brulard, premier président au Parlement, paie la somme de 1980 écus pour la vente de l'hôtel de Langres. — Charles de Gontaut, duc de Biron, maréchal de France et gouverneur de Bourgogne, celle de 9,777 écus pour celle de la châtellenie de Saulx-le-Duc.

C. 2193 *sexies*. (Registre.) — In-folio, 301 feuillets, papier.

1612-1631. — États au vrai des deniers de la recette de Nicolas de Cuigy, Ch. Robineau, Toussaint Guyot, G. Robineau, Philip et Grusot, receveurs généraux des bois en Bourgogne. — Adjudications des ventes des coupes faites par les grands-maîtres B. Prudhomme et F. Chausse. — Fol 23. Gages de 3,000 livres de B. Prudhomme. — Fol. 45. Maclou de Ganay, lieutenant des eaux et forêts du bailliage de la Montagne, préside aux ventes de coupes dans la forêt de Villiers. — Fol. 112. Gages de 3,000 livres payés à G. Pouffier, seigneur de Longepierre, grand-maître des eaux et forêts.

C. 2193 *septies*. (Registre.) — In-folio, 429 feuillets, papier.

1613-1640. — Manquent les années 1614-1621 inclusivement, 1635. — États au vrai des deniers de la recette des mêmes receveurs généraux des bois en Bourgogne. — Les deux grands-maîtres enquêteurs touchent indépendamment de leurs gages de 3,000 livres, une somme de 500 livres pour leur droit de chauffage. — En 1613, la recette monte à 12,526 livres 6 sols 8 deniers, et la dépense à 12,881 livres 6 sols 8 deniers. — Fol. 108, 1625. Le lieutenant général de la Table de Marbre à Dijon touche 250 livres de gages. — Recette : 12,812 livres 1 sol 10 deniers. Dépense : 12,244 livres 15 sols 8 deniers. — Fol. 238. 1620. G. Pouffier, grand-maître des eaux et forêts; — Séraphin Mauroy, aussi grand-maître; N. de Cuigy, G. Robineau, T. Guyot, E. de Cuigy, G. Blanot et P. Gruyot, tous receveurs généraux alternatifs ont chacun 600 francs de gages.

C. 2194. (Registre.) — In-folio, 177 feuillets, papier.

1626. — Registre du contrôleur-général des finances en Bourgogne. — Fol. 1. Le registre de la gabelle sur le sel monte à 108,000 livres non compris les crues. — Fol. 5. L'octroi fait au Roi par les États de Bourgogne à 16,666 livres 13 sols 4 deniers. — Fol. 6. Celui fait par les États du comte d'Auxonne, à 1,000 livres. — Fol. 8. L'entretien des garnisons en Bourgogne, à 71,710 livres. — Fol. 15. Les impositions des pays de Bresse, à 79,236 livres 19 sols. — Fol. 23. Paiement au duc de Bellegarde de la somme de 18,000 livres savoir, 10,000 comme grand écuyer, 2,000 comme conseiller d'État et 6,000 comme gouverneur et lieutenant-général du Roi en Bourgogne. — Fol. 44, 45. Allocation de fonds aux payeurs des gages du Parlement, de la Chambre des comptes, des officiers des finances. — Fol. 55. Paiement des droits de bûche dus aux officiers des finances ; — Fol. 60. des droits d'entrée et de présence dus aux Trésoriers de France ; — Fol. 70. des réparations faites au Logis du Roi et au château de Dijon; — Fol. 74. de la somme de 6,000 livres pour l'entretien des ponts et chaussées ; — Fol. 88. des rentes assignées sur la recette générale.

A la fin du volume se trouve l'analyse sommaire des principaux arrêts rendus par le Parlement du mois de janvier 1647 au 11 janvier 1657.

C. 2194 bis. (Registre.) — In-folio, 318 feuillets, papier.

1632-1655. — Manquent les années 1635, 1636, 1638, 1642 à 1647 inclus., 1653. États au vrai de la recette de la vente des coupes de bois en Bourgogne et des états des amendes adjugées, de T. Guyot, G. Robineau, M. Regnault, receveurs-généraux des bois. — F. Thierry, marchand à la forge de Chamesson, achète pour 1,260 livres la coupe de 30 arpents de la forêt de Villiers. — Fol. 165 (1646). États au vrai de A. Moreau, receveur des Domaines et bois du bailliage de Chalon. — Fol. 301 (1654). La recette monte à 10,048 livres 10 sols, et la dépense à 9,476 livres 10 sols.

C. 2194 ter. (Registre). — In-folio, 112 feuillets, papier.

1641-1652. — Manquent les années 1644, 1646, 1647, 1649, 1651, 1652. États au vrai de A. Poussard, receveur du Domaine et bois du Chalonnais. — Fol. 5. Amodiation de la glandée et paissons de la forêt de Bragny pour 873 livres. — Fol. 7. P. d'Hoges, gruyer du Chalonnais, d'Autun et de Charolles, touche 300 livres de gages; — le procureur du Roi 10 livres, le greffier 10 livres, le garde-marteau 100 sols.

C. 2194 quater. — (Registre.) — In-folio, 385 feuillets, papier.

1642-1682. — Manquent les années 1643 à 1649 inclusivement, 1651, 1653, 1656 à 1659 inclusivement, 1661 à 1675 inclusivement, 1681. — États au vrai des recettes de B. Ponier, T. Guyot, M. Regnault, Ch. Bretagne et J. Tassinot, receveurs-généraux des bois. — Fol. 20 (1650). Fol. 26. Gages de 3,000 livres à J.-J. Lebelin et Ch. Berthaut, tous deux grands-maîtres des Eaux et forêts de Bourgogne. — Fol. 94 (1660). Recette : 394,258 livres 7 sols 4 deniers ; dépense : 391,393 livres 7 sols. — Fol. 314 (1680). Recette : 48,280 livres 18 sols 4 deniers ; dépense : 44,208 livres.

C. 2194 quinquies. (Registre.) — In-folio, 81 feuillets, papier.

1676-1677. — États au vrai de la recette de J. Tassinot, receveur-général des bois en Bourgogne. — Fol. 1. Cl. Guichard, maître de la forge de Moloy, paie 300 livres la coupe de 15 arpents de bois du mont de l'Échelle. — Guill. Arnoult, maître des forges de Marey, paie 522 livres la coupe de 29 arpents du même bois.

C. 2194 sexies. (Registre.) — In-folio, 310 feuillets, papier.

1679-1685. — États au vrai de la recette du même. — Fol. 1. La coupe d'un arpent de la forêt d'Argilly est vendue 25 livres. — Fol. 25. Gages de 6,000 livres à René de Mauroy, grand-maître enquêteur au département de Bourgogne, de 1,000 livres au receveur Tassinot. — Fol. 54. Paiement des journées de J. Chavardin, arpenteur juré à la maîtrise de Dijon. — Fol. 103. Gages d'Ant. La Forte, maître particulier des forêts à Avallon. — Fol. 269 (1685). La recette monte à 49,964 livres 17 sols 5 deniers, la dépense à 49,516 livres 4 sols 4 deniers.

C. 2194 septies. (Registre.) — In-folio, 165 feuillets, papier.

1682-1685. — États au vrai de Jean Tassinot, receveur-général des bois en Bourgogne. — Fol. 6. Recette de 14,417 livres 8 sols 10 deniers, provenant de la vente des coupes de bois de la maîtrise de Dijon. — Fol. 20. Versement de 24,570 livres 12 sols 6 deniers au trésor royal. — Fol. 22. Gages de 375 livres à P. Prinstet, maître particulier des Eaux et forêts à Dijon ; — de 250 livres à Pierre Terrion, procureur du Roi ; — de 130 à P. Gallas, garde-marteau ; de 72 à chacun des gardes. — Fol. 52. Recette de 9,375 livres provenant de la vente des coupes de bois de la maîtrise de Chalon. — Fol. 164. La recette de l'état de 1685 monte à 49,964 livres 17 sols et la dépense à 49,516 livres 4 sols 4 deniers.

C. 2195. (Registre.) — In-folio, 547 feuillets, papier.

1686-1690. — États au vrai de Pierre Bichot-Morel, receveur-général des Domaines et bois en Bourgogne et Bresse. — Fol. 1. Recette de 19,899 livres 19 sols 6 deniers provenant de la ferme du Domaine. — Fol. 52. Aumône de 50 sols à l'abbaye de Sainte-Marguerite. — Fol. 40. Paiement de 1,172 livres 10 sols pour les bougies de cire, fournies aux officiers du Parlement; — Fol. 66. de la somme de 6,000 livres de gages à René de Mauroy, écuyer, grand-maître enquêteur et général réformateur des Eaux et forêts de France au département de Bourgogne et Bresse. — Fol. 103. Recette de la somme de 15,764 livres 19 sols 8 deniers, prix de la vente des coupes de bois de la maîtrise de Dijon. — Fol. 125. Gages de 400 livres attribués à Louis de Lorraine, comte d'Armagnac, grand sénéchal héréditaire de Bourgogne. — Fol. 140. Paiement à Gabriel Revel, peintre du Roi, demeurant à Dijon, de partie de la somme de 625 livres pour le marché de la peinture à faire dans la Chambre des enquêtes, au Palais du Parlement. — Fol. 153. De 306 livres 10 sols à J. Besançon, exécuteur de la haute justice à Dijon, pour l'exécution de plusieurs arrêts du Parlement. — Fol. 189. Gages de 2,000 livres du receveur-général des Domaines et bois. — Fol. 248. Aumône de 51 livres faite annuellement au chapitre de la Sainte-Chapelle à Dijon, savoir 25 livres pour les anniversaires des ducs Robert II et Eudes IV et 25 livres pour la robe fourrée d'hermine du doyen. — Fol. 259. Paiement d'une somme de 150 livres aux religieux Jacobins de Dijon, chargés des offices religieux de la chapelle du Palais; — Fol. 368. de 337 livres 1 sol au boulanger chargé de la fourniture du pain des prisonniers à la charge du Roi, détenus tant à la Conciergerie du Palais qu'à l'Hôtel de ville de Dijon. — L'état au vrai de 1690 se solde ainsi : Recette : 83,307 livres 3 sols 3 deniers, dépense: 71,275 livres 4 sols 10 deniers.

C. 2196. (Registre.) — In-folio, 527 feuillets, papier.

1691-1695. —Suite des états au vrai. — Fol. 6. Recette de 14,074 livres 17 sols 8 deniers provenant de la vente des coupes de bois de la maîtrise de Châtillon. — Fol. 15. Aumône de 3 livres à l'abbaye des Bernardines de Tart, pour l'anniversaire d'un duc de Bourgogne. — Fol. 25. Paiement de 30 livres à Claude Deroy, maître de la musique de la Sainte-Chapelle, pour la musique chantée à la messe du Saint-Esprit, lors de la rentrée du Parlement. — Fol. 56. de 52 livres à J. Grangier, imprimeur à Dijon, pour l'impression des édits et déclarations envoyés aux bailliages du ressort. — Fol. 67. Versements de 34,720 livres 8 sols 2 deniers à Nicolas de Frémont, garde du trésor royal. — Fol. 134. Aumône de 35 livres faite aux religieuses Clarisses de Seurre. — Fol. 171. Paiement de 175 livres à Louis Prinstet, maître particulier des Eaux et forêts à Dijon, pour ses gages et son droit de chauffage. — Fol. 226. Aumône de 39 sols 4 deniers aux abbé et religieux de Saint-Étienne de Dijon. — Fol. 242. Gages de 100 livres à Jacques Begin, maître chirurgien, chargé de traiter les pauvres prisonniers malades à la conciergerie du Palais. — Fol. 308. Gages de 750 livres à Antoine Lebault, contrôleur-général des Domaines et bois; — Fol. 340. plus 100 livres pour son droit de chauffage. — L'état au vrai de 1695 se solde ainsi : Recette : 40,001 livres 5 sols 9 deniers; dépense: 39,416 livres 19 sols 1 denier.

C. 2197. (Registre.) — In-folio, 490 feuillets, papier.

1696-1701. — Suite des états au vrai du même. — Fol. 13. Recette de la somme de 18,913 livres 9 sols 6 deniers provenant de la vente des coupes de bois de la maîtrise de Chalon. — Fol. 33. Aumône de 7 sols 6 deniers faite au Chapitre de la chapelle aux Riches de Dijon. — Fol. 35. Paiement de 52 livres 10 sols pour deux quartiers des gages de Charles-Marie de Saulx, comte de Tavannes, bailli de Dijon ; — Fol. 68. de 17 livres 10 sols à Antoine Asport, questionnaire, pour avoir appliqué à la question le nommé Marion, boulanger à Auxonne. — Fol. 87. Versements de 72,690 livres 4 sols 7 deniers au trésor royal. — Fol. 151. Recette de 50 livres, prix de l'accensement de la forêt de Montabon, fait aux habitants de Saint-Marc-de-Vaux. — Fol. 223. Paiement de 15 livres à Louis d'Amanzé d'Escars, comte d'Amanzé, lieutenant-général en Bourgogne, pour deux quartiers de ses gages de capitaine de Talant. — Fol. 320. de 375 livres pour les gages et le droit de chauffage de Jean Pamponne, maître particulier des Eaux et forêts à Châtillon. — Fol. 347. Aumône de 3 livres à l'abbaye de Cîteaux. — L'état au vrai de l'année 1701 finit ainsi : Recette: 135,724 livres 9 sols 2 deniers; dépense: 127,649 livres 3 sols 7 deniers.

C. 2198. (Registre.) — In-folio, 234 feuillets, papier.

1702-1704. — Suite des états au vrai du même. — Fol. 3. Recette de la somme de 7,920 livres 2 sols 2 deniers pour les droits casuels; — Fol. 10. de celle de 8,803 livres 14 sols provenant de la vente des coupes de bois de la maîtrise d'Autun. — Fol. 13. Gages de 150 livres à P.-A. Massenot, lieutenant-général au bailliage de Dijon. — Fol. 16. Aumône de 141 livres 17 sols 6 deniers au chapitre de l'église cathédrale d'Autun. — Fol. 30. Paiement de 3,000 livres à F. Guinod, buvetier du Palais, pour les buvettes et le chauffage des officiers du Parlement; — Fol. 69. de 475 livres pour les gages de Jacques de Candras, maître particulier des

Eaux et forêts à Autun ; — Fol. 109. de 100 livres à F. Midan, chirurgien chargé de traiter les pauvres prisonniers et d'assister aux tortures ; — Fol. 156. de 6,900 livres à Guillaume Perrault, grand-maître enquêteur et général réformateur des Eaux et forêts au département de Bourgogne.— L'état de 1704 se résume ainsi : Recette : 90,076 livres 3 sols 5 deniers ; dépense : 87,750 livres 17 sols 5 deniers.

C. 2199. (Registre.) — In-folio, 324 feuillets, papier.

1705-1706. — Suite des états au vrai du receveur-général Bichot-Morel. — Fol. 10. Recette de la somme de 1,626 livres provenant de la vente des coupes de bois de la maîtrise de Bar-sur-Seine. — Fol. 25. Gages de 100 livres à Cl. Violet, gouverneur de la Chancellerie aux contrats du duché. — Fol. 29. Aumône de 8 livres faite au prieur commandataire de Saint-Léger. — Fol. 30. Gages de 70 livres à J. Durand, premier avocat général au Parlement. — Fol. 74. Paiement de 50 livres au buvetier du bailliage d'Auxonne, tant pour les menues nécessités des officiers que pour les réparations locatives ; — Fol. 115. de 4 livres pour les feux et chandelles des ventes de coupes de bois de la maîtrise de Châtillon, fournis par le concierge de l'auditoire royal ; — Fol. 160. de 93 livres 12 sols pour les gages de P.-P. Coignet de la Tuilerie, chevalier, comte de Courson, bailli et gouverneur d'Auxerre. — Fol. 225. Aumône de 5 livres faite au couvent des Bonshommes de Notre-Dame de Plancy, vers Montréal. — Fol. 241. Remboursement d'une somme de 200 livres au buvetier de l'auditoire du bailliage de Dijon, pour le service divin et les menues nécessités. — L'état de 1706 est arrêté comme il suit : Recette : 147,362 livres 13 sols ; dépense : 143,835 livres 17 sols 8 deniers.

C. 2200. (Registre.) — In-folio, 127 feuillets, papier.

1705. — Double de l'état au vrai contenu dans le volume précédent.

C. 2201. (Registre.) — In-folio, 356 feuillets, papier.

1707-1708. — Suite des états au vrai. — Fol. 1. État au vrai de Nicolas Gauthier, seigneur de Moux, receveur-général des Domaines et bois. — Fol. 19. Recette de 7,171 livres 10 sols provenant des ventes des coupes de bois de la maîtrise d'Avallon. — Fol. 22. Gages de 20 livres de Nicolas Gaudet, conseiller au bailliage de Dijon ; — Id. de Joseph Lebault, procureur-général à la Chambre des comptes. — Fol. 32. Aumône de 30 livres aux religieux et couvent de Saint-Marien d'Auxerre. — Fol. 41. Gages des officiers du bailliage de Saulieu, créé par édit du mois d'avril 1694 et montant à la somme de 475 livres. — Fol. 50. Paiement des charges assignées sur les marcs de la ville de Dijon, montant à 275 livres 15 sols 1 denier. — Fol. 78. Paiement des rentes constituées en 1573 et montant à 94 livres 5 sols. — Fol. 155. État au vrai de Jacques Bichot-Morel de Corberon, receveur-général alternatif et mi-triennal (1708). — Fol. 240. Gages de 6 livres attribués à Claude Lemulier, maire de Semur. — Fol. 257. Paiement de la somme de 419 livres 10 sols aux officiers de la Chambre des comptes pour les épices de poisson qu'ils ont droit de prendre sur les étangs de la châtellenie d'Argilly. — Fol. 298. Paiement au charpentier Rémond Pommier à Dijon, de la somme de 62 livres pour les bois nécessaires à l'échafaud destiné à l'exécution d'un homme condamné à être rompu. — L'état de 1708 se solde ainsi : Recette : 106,856 livres 12 sols 2 deniers ; dépense : 103,311 livres 11 sols 9 deniers.

C. 2202. (Registre.) — In-folio, 243 feuillets, papier.

1709. — Suite des états au vrai. État au vrai d'Edme Riballier, subrogé de Cotte de Fert d'Héricourt, chargé par arrêt du Conseil de faire les fonctions de receveur-général, en remplacement de Gauthier de Mont déclaré en faillite. — Fol. 1. Recette de 45,656 livres 14 sols 5 deniers, provenant de la ferme du Domaine. — Fol. 27. Dépense de 4,500 livres pour les augmentations de gages dus aux trésoriers de France. — Fol. 31. Gages de 105 livres attribués à P. Berbis, seigneur de Dracy, bailli d'Autun. — Fol. 75. Aumône de 30 livres en remplacement des cinq muids de vin de coutume, attribués à l'abbaye de Molaise, sur le clos du Roi à Beaune. — Fol. 113. Paiement de 1,000 livres à F. Guyenot, buvetier du Parlement, pour l'entretien des couvertures du Palais, nattes, tapisseries, vitres, châssis, entretien du mobilier, de l'horloge, gages du concierge et d'un valet. — Fol. 132. Remboursement au procureur général au Parlement, de la somme de 449 livres 6 sols 3 deniers pour les frais du procès fait aux assassins de l'huissier Vaudoiset. — Recette totale de l'état : 144,324 livres 11 sols 9 deniers ; dépense : 90,120 livres 12 sols 9 deniers.

C. 2203. (Registre.) — In-folio, 356 feuillets, papier.

1710. — Suite des états au vrai. État au vrai de Jacques Bichot-Morel, receveur général alternatif et mi-triennal. — Fol. 19. Recette de la somme de 152,320 livres 15 sols 8 deniers provenant de la vente des coupes de bois des maîtrises. — Fol. 30. Paiement d'une rente de 148 livres 8 sols perçue par la ville d'Auxonne sur les revenus du Domaine. — Fol. 33. Mention de la permission donnée par l'évêque de Langres au curé de Nod, chapelain de la chapelle des Nonnains au château d'Aisey, de transférer la desserte de cette chapelle à l'église du Chemin d'Aisey, jusqu'au rétablissement de cette chapelle. — Fol. 107. Gages de 200 livres à Antoine Desbois, bailli du Mâconnais. — Fol. 130. Paiement de 1,200 livres à Étienne Masson, architecte, pour la « réfection » du Palais et de la conciergerie à Dijon ; — Fol. 140. de 15 livres à J. Mignot, questionnaire de la ville de Dijon, pour avoir donné la question ordinaire et extraordinaire à Foissard, fondeur à Auxerre, accusé du crime de fausse monnaie. — Fol. 212. Réparations considérables faites aux moulins de Saint-Marc et d'Aisey-le-Duc. — Fol. 259. Paiement de 50 livres pour les frais de la procédure criminelle faite contre Jean Noyant et autres complices, accusés de dire « la bonne fortune »; — Fol. 261. de deux procès criminels pour raison d'insultes et de violence faites à l'exécuteur de la haute justice qui procédait à l'exécution d'un criminel et d'attroupement pendant la nuit pour commettre un assassinat sur la personne d'un des curés de Beaune. — La recette de l'état s'élève à 152,328 livres 15 sols et la dépense à 146,403 livres 18 sols 5 deniers.

C. 2204. (Registre.) — In-folio, 169 feuillets, papier.

1711. — États au vrai (suite). — État d'Edme Riballier, subrogé au lieu et place de Cottefert d'Héricourt, suppléant de Nicolas Gautier de Mont, receveur-général en faillite. — Fol. 17. Gages de 35 livres à Jean Henry, lieutenant général au bailliage d'Auxois. — Fol. 29. Rentes de 3 setiers de froment et de 6 setiers d'avoine perçus par l'abbaye de Fontenay sur les revenus de la châtellenie de Montbard; — Fol. 58. de 87 livres 10 sols, assignée à la Sainte-Chapelle de Dijon sur les marcs de la ville. — Fol. 74. Gages de 7 livres de Daniel Guénepin, maire perpétuel, capitaine et juge châtelain de Baigneux-les-Juifs. — Fol. 93. Paiement de 200 livres aux Cordeliers de Dijon pour la desserte de la chapelle de la cour et de la conciergerie du Palais; — Fol. 96. de 3,000 livres pour le chauffage et les buvettes du Parlement. — Fol. 109. Gages de 300 livres de Louis Prinstet, maître particulier de la maîtrise des Eaux et forêts à Dijon; — de J. Pompunne, id. à Châtillon; — de J. Janthial, id. à Chalon; — de Jacques de Candras, id. à Autun; — de P. Bresse, id. à Avallon. — Fol. 161. Paiement de 2,745 livres 5 sols 6 deniers pour les gages des officiers de la Table de Marbre à Dijon.

C. 2205. (Registre.) — In-folio, 249 feuillets, papier.

1712. — Suite des états au vrai. État de Jacques Bichot-Morel, receveur-général des Domaines et bois. — Fol. 23 et suivants. Gages de 150 livres à Bernard Gautier, lieutenant-général au bailliage de Dijon; — de 35 livres à J. Henry, lieutenant-général au bailliage de Semur; — de 93 livres 12 sols à Pierre-Paul Coignet de la Tuilerie, comte de Courson, bailli et gouverneur d'Auxerre; — de 105 livres à P. Berbis de Dracy, bailli d'Autun; — de 30 livres à Louis Leclerc, châtelain de Montbard; — Fol. 101. de P. Charpy, capitaine, châtelain et prévôt d'Aignay. — Fol. 105. Rente de 30 livres sur les revenus de la châtellenie de Baigneux, au profit de la Chartreuse de Lugny. — Fol. 138. Paiement de 68 livres 18 sols 6 deniers à Jérôme Renaut, lanternier, pour ouvrages faits au Palais à Dijon. — Fol. 141. Paiement de sommes de 200 livres pour les menues nécessités de chacun des sièges présidiaux de Bourgogne. — Fol. 169. Versement de la somme de 8,375 livres au trésor royal. — Résumé de l'état: recette: 100,999 livres 2 sols 7 deniers; dépense: 94,537 livres 16 sols 3 deniers.

C. 2206. (Registre.) — In-folio, 242 feuillets, papier.

1713. — Suite des états au vrai. État d'Edme Riballier. — Fol. 20. Aumône de 3 livres à l'abbaye de Cîteaux, pour un anniversaire fondé dans l'église de Gilly. — Fol. 21. Gages de 50 livres et de 20 livres à Nicolas Gaudet et Quentin Petitot, avocat et procureur du Roi au bailliage de Dijon; — Fol. 27. de 30 et 40 livres à Jacques de la Toison et Lazare Rabyot, avocat et procureur au bailliage d'Autun; — Fol. 40. de 50 livres à Antoine de Vienne, capitaine du château de Bar-sur-Seine. — Fol. 56. Paiement des gages des offices de certificateurs des criées, réunis aux corporations des procureurs des bailliages de la Généralité. — Fol. 79. Aumône de 10 livres au chapitre Notre-Dame de Beaune pour les anniversaires de pain et de vin, fondés par le duc Eudes; — Fol. 87. de 3 livres 5 sols aux religieux du Val-des-Choux assignée sur les revenus de la châtellenie de Duême. — Fol. 98. Paiement de 235 livres de rentes assignées sur le péage de Mâcon; — Fol. 114. de 125 livres à Jacque Sire, maître charpentier, adjudicataire des réparations à faire au devant du perron du Palais. — Fol. 115. Achat d'une boutique dans la salle du Palais pour l'entrée de la Table de Marbre. — Paiement de 802 livres 2 sols sur celles de 7,800 destinée aux dépenses de la construction de la Table de Marbre. — Fol. 142. Frais de poursuites contre une bande de brigands armés et masqués qui détroussaient les voyageurs dans les montagnes du Val-de-Suzon. — Fol. 156. Paiement de 71 livres 5 sols à P. Valet, praticien à Dijon qui, sur l'ordre du procureur-général, avait fait quatre copies, sur parchemin, de la renonciation du roi d'Espagne à la couronne de France, de celles du duc de Berry et du duc d'Orléans à celle d'Espagne.

C. 2207 (Registre.) — In-folio, 338 feuillets, papier.

1714. — États au vrai (suite). État de Jacques Bichot Morel, receveur général. — Fol. 42. Aumône de 8 livres au chapitre de Saint-Vincent de Chalon à prendre sur les revenus de la châtellenie de Saunières, pour l'anniversaire de Gauthier seigneur de Verdun. — Fol. 49. Paiement de 8 livres au chapelain desservant la chapelle du château de Montbard; — Fol. 60. de 200 livres pour les augmentations de gages de François Joly, baron de Langes, bailli de Bresse; — Fol. 85. des gages des offices de garde-scels, créés par édit de 1701. — Fol. 102. Rente de 100 livres sur les marcs de Dijon, attribués à Mme de la Toison. — Fol. 143. Autre de 5 livres constituée en 1573, appartenant aux Carmélites de Mâcon. — Fol. 153. Autre de 1,000 livres, acquises par les Ursulines de Dijon, de M. et Mme de Souhey. — Fol. 165. Paiement de 21 livres à P. Champion, exécuteur à Dijon, pour avoir rompu en effigie ; — Fol. 167. de 55 livres à J. Griveau, exécuteur à Dijon, pour avoir rompu vif un nommé Beudot, voleur de grand chemin, l'avoir exposé sur le grand chemin et appliqué à la question. — Fol. 177. Frais du procès commencé au bailliage d'Auxerre contre Françoise de Gentil, demoiselle de la Breuille, accusée de vie libertine et de plusieurs infanticides. Elle meurt en prison. — Fol. 203. Achat, moyennant 380 livres, d'ornements pour la chapelle des prisons d'Auxonne. — Fol. 204. Remboursement à M. de la Maison-Neuve, de la somme de 62 livres 10 sols, avancée pour faire éteindre le feu qui, du couvent des religieux de Sainte-Claire de Bourg, se communiquait aux prisons royales. — Fol. 229. Paiement de 30 livres à Joseph Michel, maître de musique à la Sainte-Chapelle, pour la messe de la rentrée de la Saint-Martin. — Résumé de l'État. Recette : 131,754 livres 14 sols 7 deniers. Dépense : 111,477 livres 19 sols 4 deniers.

C. 2208. (Registre.) — In-folio, 150 feuillets, papier.

1716. — États au vrai (suite). État au vrai de François Rougeot, receveur alternatif et mi-triennal des Domaines et bois. — Fol. 23. Aumône de 10 livres à l'abbaye des Isles, sur le rivage d'Auxerre. — Fol. 26. Gages de 35 livres à J. Pillot, lieutenant général au bailliage d'Autun ; — Fol. 28. de 80 livres à Lombard, bailli de Salmaise. — Fol. 55. Aumône de 55 livres, assignée sur la châtellenie de Brasey, au profit de l'abbaye de Cîteaux, pour l'anniversaire du duc Eudes, fondateur du monastère. — Fol. 59. Rente de 30 livres sur les revenus de la châtellenie d'Aignay, assignée à l'hôpital Sainte-Anne de Dijon. — Fol. 60. Gages de 3 livres au chapelain de la chapelle de Cosne-sur-Seine ; — Fol. 65. de 100 livres à Antoine Desvoies, capitaine du château de Mâcon. — Fol. 85. Rétablissement d'une pierre au champ du Morimont, à Dijon, et fourniture d'une chaîne et du plomb pour la sceller. — Fol. 86. Procédures contre quatre individus de Beaune, accusés de vol de vases sacrés à l'église Saint-Pierre et dans celle de Chevigny-en-Valière ; — Fol. 97. contre le curé de Bissey-la-Côte et autres pour l'ouverture des troncs de l'église. — Fol. 109. Paiement de 109 livres pour réparations faites au Palais de justice à Dijon. — Fol. 115. Claude Monseigneur, garde marteau de la maîtrise de Dijon, touche 100 livres de gages, Claude Tisserand, garde, 60 livres.

C. 2209. (Registre.) — In-folio, 101 feuillets, papier.

1717. — États au vrai (suite). État au vrai de Jean Lamy,

Côte-d'Or. — Série C. — Tome II.

receveur général ancien et mi-triennal des Domaines et bois. — Fol. 7. Gages de 60 livres à Zacharie Gilles Thiéria?, prévôt d'Auxerre. — Fol. 18. Cens de 30 sols, appartenant aux religieux Trinitaires de Bar-sur-Seine, assigné sur la maison servant d'auditoire et de prisons au bailliage. — Fol. 35. Gages de 10 livres au juge royal de Buxy ; — de 15 livres au capitaine châtelain de Cuisery ; — Fol. 40. de 4 livres 3 sols 4 deniers à Charleuf, châtelain de Couches. — Fol. 53. Paiement de 1,505 livres 10 sols à J. Ressayre, imprimeur à Dijon, pour les impressions de la cour du Parlement. — Fol. 68. Réparations faites à la Chambre des requêtes du Palais. — Fol. 70. 200 livres sont affectées pour le service divin et les menues nécessités des bailliages présidiaux de la Généralité, sauf celui de Châtillon qui n'en touche que 150 livres.

C. 2210. (Registre.) — In-folio, 432 feuillets, papier.

1717-1719. — États au vrai (suite). — Folio 1. Double de l'état au vrai qui précède. — Fol. 132. État au vrai de François Rougeot. — Fol. 135. Recette de 12,832 livres 17 sols 3 deniers provenant de la vente des coupes de bois de la maîtrise de Dijon. — Fol. 151. Gages de 15 livres à Cl. Bouçard, concierge de la Chambre des comptes. — Fol. 152. Aumône de 8 livres au prieuré de Saint-Léger. — Fol. 154. Gages de 10 livres à Marie, avocat du Roi au bailliage d'Auxerre. — Fol. 161. Aumône d'un muid de vin à prendre sur les revenus de la châtellenie de Montbard, assignée au prieuré d'Époisses. — Fol. 290. État au vrai de Louis Dulaurent, receveur général des Domaines et bois de Bourgogne. — Fol. 353. Paiement des 121 livres 12 sols de rentes, assignées sur le péage de Mâcon ; — Fol. 355. de 419 livres 10 sols, dues aux officiers de la Chambre des comptes, pour les épices de poisson qu'ils ont droit de prendre dans la châtellenie d'Argilly. — Fol. 379. Paiement de 1,272 livres 10 sols à J. Thoridenet, épicier à Dijon, prix de la distribution de 940 livres de cire aux officiers du Parlement, à raison de 25 sols la livre.

C. 2211. (Registre.) — In-folio, 305 feuillets, papier.

1720-1721. — États au vrai (suite). — Fol. 1. État de F. Rougeot. — Fol. 5. Recette de 1,864 livres, produit des amendes prononcées à la maîtrise de Dijon. — Fol. 30. Aumône à l'abbaye d'Oigny, d'une demi-livre de cire à percevoir sur les revenus de la châtellenie de Salmaise. — Fol. 33. de 3 livres au chapelain de la chapelle Saint-Louis de Montbard ; — Fol. 36. de 25 émines de froment et 16 d'orge au chapitre de Bar-sur-Seine, sur les revenus de la châtellenie. — Fol. 60. Gages de 20 livres au châtelain de Saulx-le-Duc. — Fol. 153. État de Louis Dulaurent, receveur général. — Fol. 210. Paiement de 15 livres à Poncerot, curé de Villaines-en-Duesmois, pour la desserte de la chapelle du château ;

9

Fol. 232. de 1,098 livres 10 sols au boulanger Cl. de la Borde, pour la fourniture du pain des prisonniers, détenus à la conciergerie du Palais et à l'Hôtel de ville de Dijon. — Fol. 253. Aumônes de 35 livres, accordées aux couvents des Clarisses de Seurre, Auxonne et Bourg. — La recette de ce dernier état monte à 164,851 livres 12 sols 1 denier et la dépense à 152,561 livres 3 deniers.

C. 2212. (Registre). — In-folio, 302 feuillets, papier.

1722-1723. — États au vrai (suite). — Fol. 1. État de F. Rougeot. — Fol. 64. Paiement de 200 livres sur les 600 alloués pour les réparations des bâtiments de l'auditoire royal d'Auxerre ; — Fol. 65. de 1,465 livres pour celles des prisons du bailliage de Gex ; — Fol. 67. de 166 livres 10 sols, pour frais d'auditions de témoins, assignés à requête du procureur général. — Fol. 71. Gages de 200 livres à Cl.-A. Cuinet, chirurgien des prisons de Bourg. — Fol. 89. Paiement de la somme de 1,800 livres à valoir sur celle de 7,200, prix de l'adjudication des travaux d'agrandissement des prisons de la conciergerie du Palais à Dijon ; — Fol. 97. de la somme de 150 livres pour les frais de service divin et les menues nécessités des officiers du bailliage de Beaune. — Fol. 152. État du receveur Dulaurent. — Fol. 156. Recette de 35,194 livres 3 sols 4 deniers provenant des ventes de coupes de bois de la maîtrise de Châtillon. — Fol. 165. Gages de 200 livres au prince Charles de Lorraine, héritier du comte d'Armagnac, grand sénéchal de Bourgogne. — Fol. 169. Aumône de 5 livres à l'abbaye de Notre-Dame de Reconfort, au comté d'Auxerre. — Fol. 201. Gages de 7 livres 10 sols à Guénepin, capitaine et juge de la châtellenie de Duême.

C. 2213. (Registre). — In-folio, 177 feuillets, papier.

1724. — États au vrai (suite). État de François Rougeot. — Fol. 7. Recette de la somme de 47.038 livres 9 sols 2 deniers provenant de la vente des coupes de bois de la maîtrise d'Avallon et de la gruerie de Bourg ; — Fol. 13. de la somme de 9,283 livres 13 sols 4 deniers provenant des droits casuels. — Fol. 15. Gages de 50 livres à Nicolas Gaudet, avocat du Roi au bailliage de Dijon ; — Fol. 19. et de 105 livres à Michel Dorothée, marquis de Grammont, bailli d'Autun ; — Fol. 21. de 25 livres à P. Espagnol, châtelain d'Aisey-le-Duc. — Fol. 23. Aumônes de 30 et 35 livres au chapitre de Bar-sur-Seine pour les fondations faites par Thibaut, comte de Champagne. — Fol. 40. Gages de 11 livres 5 sols à Charpy, prévôt et châtelain d'Aignay ; — Fol. 42. de 4 livres 3 sols 4 deniers à Delagoutte, chatelain de le chatellenie de Glennes. — Fol. 47. de 20 livres à Ligeret, chapelain de la chapelle du château d'Argilly ; — Fol. 50. de 30 livres à Joseph Arthaud, prévôt royal d'Avallon. — Fol. 91. Paiement à J. Tortochaut, entrepreneur à Dijon, de la somme de 3,000 livres à valoir sur les 9,000 affectés aux réparations du Logis du Roi. — Fol. 103. Frais de procédure criminelle instruite au bailliage d'Auxerre, contre trois individus inculpés d'assassinat prémédité sur la personne de M. de la Coudre, gentilhomme demeurant à Vincelles. — Fol. 105. Paiement de 30,000 livres pour les buvettes du Palais. — Recette totale : 263,417 livres 19 sols 8 deniers. Dépense : 259,379 livres 14 sols 4 deniers.

C. 2214. (Registre). — In-folio, 239 feuillets, papier.

1725. — États au vrai (suite). État de François Rougeot. — Fol. 7. Recette de 11,944 livres 3 sols 10 deniers, provenant de la vente des coupes de bois de la maîtrise de Chalon. — Fol. 19. Aumône de 3 livres à l'abbesse de Notre-Dame de Tart. — Fol. 20. Gages de 100 livres à Bernard Gautier, lieutenant général au bailliage de Dijon ; — Fol. 34. de 70 livres à Andoche Rouge, lieutenant général criminel en celui de Saulieu. — Fol. 54. Paiement des réparations faites à la maison du Roi et aux prisons de Bar-sur-Seine ; — Fol. 88. aux moulins et usines dudit lieu ; — Fol. 95. des honoraires dus aux couvents des Cordeliers et des Jacobins, pour la desserte des chapelles du Parlement et de la conciergerie à Dijon ; — Fol. 104. Gages de 104 livres à Albert Prinstet, maître particulier des Eaux et forêts à Dijon ; — de 60 livres à J. Rémond, sergent garde ; — Fol. 144. de 5,000 livres à Philibert Durand d'Auxy, grand-maître des Eaux et forêts de Bourgogne et Alsace. — Fol. 158. État en détail de la consistance du Domaine du Roi dans la Généralité de Dijon.

C. 2215. (Registre). — In-folio, 464 feuillets, papier.

1729-1731. — États au vrai (suite). — Fol. 1. État de Catherine Dusaux, veuve de Louis Dulaurent receveur général. — Fol. 18. Gages de 52 livres à Bénigne Legoux, grand bailli du Dijonnais ; — de 50 livres à Nicolas Godet, avocat du Roi au bailliage de Dijon ; — de 20 livres à Guillaume-Élisabeth Bouillet, procureur général à la Chambre des comptes ; — Fol. 30. de 120 livres à François Joly de Choin, comte de Langes, grand bailli d'épée de Bresse. — Fol. 41. Aumône de 40 livres à l'abbaye de Molaise. — Fol. 139. État de François Rougeot, receveur général. — Fol. 164. Gages de 100 livres à M. J.-B. Fleuriau d'Armenonville, grand bailli d'épée de Bar-sur-Seine. — Fol. 226. Paiement de 150 livres pour les chandelles, bougies et flambeaux des chambres du Palais à Dijon ; — Fol. 228. de 1,156 livres 5 sols pour les cires et bougies délivrées aux officiers du Parlement. — Fol. 286. État de Philippe Dusaux, receveur général. — Fol. 312. Aumône de 141 livres 17 sols 6 deniers, au chapitre de la cathédrale d'Autun. — Fol. 324. Paiement des gages des greffiers des insinuations ecclésiastiques, des diocèses de la Généralité, réduits au denier 50 ; montant à la somme de 800 livres. —

Fol. 340. Gages de 30 livres à Guillaume de Roche, châtelain de Saint-Laurent-les-Chalon. — Fol. 348. Aumône de 5 livres au prieuré des Bons hommes de Blanzy, près Montréal. — Fol. 423. Gages de 300 livres à J.-François Pamponne, maître particulier des Eaux et forêts à Châtillon. — La recette de cet état monte à 288,680 livres 19 sols 5 deniers et la dépense à 198,679 livres 10 sols 7 deniers.

C. 2216. (Registre.) — In-folio, 285 feuillets, papier.

1748-1749. — États au vrai (suite). État de François Rougeot, receveur-général. — Fol. 19. Gages de 105 livres à Ferdinand de Grammont, grand bailli d'épée de l'Autunois. — Fol. 30. Aumône de 30 sols et d'une demi-livre de cire à l'abbaye d'Oigny, à prendre sur les revenus de la châtellenie de Salmaise. — Fol. 26. Paiement de la somme de 792 livres pour les gages des greffiers créés par l'édit de 1699. — Fol. 40. Aumône de 80 livres à l'abbaye de Moutier-Saint-Jean, à prendre sur les revenus de la châtellenie de Semur. — Fol. 99. Gages de 100 livres à Bernard Quarré, chirurgien de la conciergerie du Palais à Dijon. — Fol. 101. État de Claude-Louis Poulletier de Perrigny, receveur-général. — Fol. 223. Paiement de sommes de 2,000 et 1,797 livres pour les réparations faites au Palais et au logis du Roi à Dijon, sous la direction de de Lejolivet, architecte. — Fol. 251. Gages de 300 livres à Dominique Boisserand, maître particulier des Eaux et forêts à Chalon; — de 200 livres à François Guéret, lieutenant, et à Antoine Millard, procureur du Roi. — Fol. 264. Gages de 300 livres à Étienne Brosse, maître particulier de la maîtrise des Eaux et forêts d'Avallon; — 200 livres à François Prévôt, lieutenant, et à Paul-Thibaut Betry de la Brosse, procureur du Roi. — Cet état se résume ainsi : Recette: 227,184 livres 17 sols 11 deniers; dépense: 109,817 livres 9 sols 11 deniers.

C. 2217. (Registre.) — In-folio, 222 feuillets, papier.

1750-1751. — États au vrai (suite). État de F. Rougeot. — Fol. 5. Recette de 6,950 livres 9 sols 4 deniers, provenant de la vente des coupes de bois de la métairie de Bar-sur-Seine. — Fol. 13. Gages de 25 livres, à P. Duméru, châtelain d'Aiscy-le-Duc; — Fol. 17. de 100 livres à Étienne Debadier de Juillenay, lieutenant-civil au bailliage de Saulieu; — de 70 livres à Andoche Rouge, lieutenant-criminel; de 60 livres à Monnot, lieutenant-particulier au même siège. — Fol. 56. Paiement d'une somme de 7,953 livres pour les constructions et réparations faites au Palais. — Fol. 93. État de M. Poulletier de Perrigny. — Fol. 110. Gages de 52 livres à M. J.-B.-Bénigne de la Mare-d'Aluse, grand bailli d'épée du bailliage de Dijon; — de 150 livres à Joseph Violet de la Faye, lieutenant-général; — de 50 à Ch. Gaudet, avocat du Roi, audit siège. — Fol. 118. Fondations diverses sur le revenu du Domaine de Bar-sur-Seine, en faveur de l'Hôtel-Dieu de cette ville. — Fol. 144. Indemnité de 500 livres au Bureau des Finances, pour payer la dépense de l'établissement d'une salle d'archives. — Fol. 151. Paiement de 27 livres à François Montagne, exécuteur à Dijon, pour avoir pendu et étranglé le nommé Lazare Prot. — Fol. 223. Réparations faites aux prisons de la Conciergerie du Palais, à Dijon, et à celles de Châtillon. — Résumé de l'État. Recette : 219,443 livres 18 sols 10 deniers. Dépense : 92,395 livres 11 sols 4 deniers.

C. 2217 bis. (Registre.) — In-folio, 159 feuillets, papier.

1611-1654. — (Manquent les années 1614 à 1620 incl., 1637 à 1641 incl., 1643, 1645, 1647, 1648, 1649, 1651, 1652.) États du Roi dressés en Conseil d'État, portant fixation des recettes du produit des ventes de coupes de bois et des charges affectées sur ce produit. La plupart de ces États sont accompagnés de lettres signées comme l'État lui-même par le souverain, enjoignant aux Trésoriers de France, de s'assurer de l'exécution dudit État. — Fol. 1 (1612). La recette des ventes monte à 10,832 livres. — Fol. 52 (1624). Gages de 3,000 à Germain Leclerc et G. Pouffier, grands maîtres des Eaux et forêts. — Fol. 110 (1634). Le produit de la vente des coupes s'élève à 9,340 livres.

C. 2217 ter. (Registre.) — In-folio, 240 feuillets, papier.

1612-1682. — (Manquent les années 1614 à 1621 incl., 1635, 1641 à 1643, 1645, 1647 à 1649, 1651 à 1653, 1655 à 1678 incl.). États semblables aux précédents pour la recette de N. de Cuigy, Ch. Robineau, G. Robineau, T. Guyot et J. Tassenot, receveurs-généraux des bois. Ils comprennent trois chapitres, la recette divisée par grands bailliages de la vente des bois, le produit des amendes et la dépense. — Fol. 127 (1610). La recette est de 9,501 livres et la dépense de 7,306 livres 5 sols 6 deniers. — Fol. 213 (1682). Recette : 9,414 livres 7 sols 8 deniers. Dépense : 13,050 livres.

C. 2217 quater. (Registre.) — In-folio, 135 feuillets, papier.

1670-1680. (Manque l'année 1673). États du Roi semblables aux précédents pour la recette générale du Domaine du Roi en Bourgogne. — Fol. 5. Fondation de 51 livres payées au chapitre de la Sainte-Chapelle, pour l'anniversaire d'un duc de Bourgogne. — Gages de 200 livres au comte d'Armagnac, grand sénéchal de Bourgogne. — Gages de 52 livres au bailli de Dijon, de 15 livres à M. d'Amanzé, capitaine de Talant, de 150 livres à M. de Clugny, lieutenant-général du bailliage de Dijon. — Fol. 13. 800 livres prélevées sur le produit des amendes sont destinées à l'entretien des couvertures, tapisseries, vitres et châssis du Palais de Justice.

C. 2217 *quinquies*. (Registre.) — In-folio, 60 feuillets, papier.

1673-1680. — (L'année 1675 manque). États du Roi semblables aux précédents pour la recette de J. Tassinot, receveur-général des Bois en Bourgogne. — Fol. 1 (1674). La recette et la dépense montent à la somme de 29,664 livres 17 sols 2 deniers. — Fol. 26. Les recettes de la maîtrise d'Avallon s'élèvent à 3,362 livres 7 sols 6 deniers.

C. 2218. (Registre.) — In-folio, 242 feuillets, papier.

1681-1697. — États du Roi arrêtés en Conseil d'État, portant fixation des recettes des ventes de coupes de bois et des charges affectées sur ce produit. La plupart de ces États sont accompagnés de lettres signées comme l'État par le souverain, enjoignant aux Trésoriers de France de s'assurer de l'exécution dudit État. — Les recettes et les dépenses sont divisées par maîtrise. La maîtrise de Dijon comprend un maître particulier, un lieutenant, un procureur du Roi, un garde-marteau, un greffier et cinq sergents gardes.

C. 2219 (Registre.) — In-folio, 269 feuillets, papier.

1683-1724. — États du Roi arrêtés en Conseil d'État, portant fixation des recettes des ventes de coupes de bois et des charges affectées sur ce produit, sous le contrôle des Trésoriers de France. — Fol. 6. La recette de la maîtrise d'Autun monte à 8,153 livres 5 sols. La dépense, y compris les gages du maître particulier, du lieutenant du procureur du Roi, du greffier, des 9 sergents gardes, du gruyer de Bourbon-Lancy, du substitut et du greffier, s'élève à 1,110 livres.

C. 2220. (Registre.) — In-folio, 91 feuillets, papier.

1701-1703. — États du Roi semblables aux précédents. — Fol. 17. La recette de la maîtrise de Châtillon s'élève à 11,288 livres 19 sols 5 deniers. La dépense compris les gages du maître particulier, du lieutenant du procureur du Roi, de son substitut, du maître des eaux, du garde-marteau, du garde-scel, du greffier, des 8 gardes, du receveur particulier, monte à 3,386 livres 7 sols. — Fol. 90. En 1703, assignation de 183,000 à verser au Trésor royal.

C. 2221. (Registre.) — In folio, 216 feuillets, papier.

1701-1720. — États du Roi semblables aux précédents, portant fixation des recettes des Bois et des Domaines, et des charges affectées sur ces deux produits. — Fol. 5. La recette de la maîtrise de Chalon-sur-Saône et des gruries de Bourg-en-Bresse et de Sagy, s'élève à 10,183 livres 4 sols. La dépense y compris les gages du maître particulier, du lieutenant, du procureur du Roi, du garde-marteau et des 9 gardes, monte à 2,180 livres 10 sols. — Fol. 110. Fixation des fiefs et aumônes à la charge du Domaine de Dijon ; — Fol. 117. des gages des officiers du bailliage de Saulieu, créé en avril 1694 ; — Fol. 132. des dépenses du Parlement et des bailliages qui se soldent sur le produit des amendes.

C. 2222. (Registre.) — In-folio, 345 feuillets, papier.

1711-1716. — États du Roi semblables aux précédents. — Fol. 1. Allocation de 42,916 livres 3 sols à verser par le fermier général des Domaines, au receveur-général pour l'acquit des dépenses. — Fol. 2. Les gages d'officiers assignés sur les revenus du Domaine de Dijon, sont ceux du grand-sénéchal de Bourgogne, du bailli de Dijon, du capitaine de Talant, du lieutenant général du bailliage, du gouverneur de la chancellerie, de l'avocat et du procureur du Roi, du procureur général de la Chambre des comptes, du concierge de cette chambre et de celui de la maison du Roi. — Fol. 139. Les fiefs et aumônes sur le domaine d'Auxerre, comprennent les abbayes de N. D. des Iles sur le rivage de Saint-Marien et de N. D. de Reconfort.

C. 2223. (Registre.) — In-folio, 194 feuillets, papier.

1721-1724. — États du Roi faisant suite aux précédents. — Fol. 4. Aumône de 141 livres au chapitre de la cathédrale d'Autun assignée, sur les revenus du Domaine d'Autun, ainsi que les gages du bailli, du lieutenant, de l'avocat et du procureur du Roi. — Fol. 36. Fiefs et aumônes assignées sur les revenus du Domaine de Bar-sur-Seine avec les gages du bailli, du gouverneur du château, du lieutenant général et criminel. — Fol. 142. La recette du produit des coupes de la maîtrise d'Autun est fixée à 21,855 livres, et la dépense y compris les gages du maître particulier, du procureur du Roi, du garde-marteau, du garde scel, du greffier et des 9 gardes.

C. 2224. (Registre.) — In-folio, 227 feuillets, papier.

1725-1729. — État du Roi faisant suite aux précédents. — Fol. 6. Les fiefs et aumônes assignées sur la châtellenie de Montbard, consistent en redevances en argent ou en nature dues à l'abbaye de Fontenay et au chapelain de la chapelle du château. — Le seul officier est le châtelain qui reçoit 12 livres de gages et deux charrettes de foin. — Fol. 9. Allocation pour les gages des greffiers des insinuations ecclésiastiques des diocèses de la Généralité de Dijon. — Fol. 114. Charges assignées sur les revenus de la châtellenie de Baigneux. — Fol. 198. La recette du produit des ventes de coupes de bois de la maîtrise d'Avallon est fixée à 11,496 livres 11 sols et la dépense non compris les gages du maître particulier du lieutenant, du procureur du Roi, du garde-marteau, du greffier, des 11 gardes, du receveur du bailliage, du receveur de la maîtrise monte à 3,199 livres 3 sols 6 deniers.

C. 2225. (Registre.) — In-folio, 58 feuillets, papier.

1730. — État du Roi faisant suite aux précédents. — Fol. 9. La recette du produit des ventes de coupes de bois de la maîtrise de Bar-sur-Seine s'élève à 2,216 livres 13 sols 4 deniers et la dépense y compris les gages du procureur du Roi, du garde marteau et des 4 gardes, à 246 livres 4 sols 1 denier. — Fol. 44. Fixation des charges assignées sur les marcs de la ville de Dijon; — Fol. 45. sur les châtellenies de Saulx-le-Duc, Brazey et Saint-Jean-de-Losne ; — Fol. 49. sur celle de Semur-en-Auxois.

C. 2226. (Registre.) — In-folio, 155 feuillets, papier.

1676-1685. — État au vrai de Denis du Hault, procureur spécial de Louis Goguery, sous-fermier des domaines du Roi dans l'étendue du ressort de la Chambre des comptes pour les charges assignées sur les revenus du Domaine et des amendes. — Fol. 1. La recette des amendes est fixée pour 1676 à 15,552 livres 10 sols. — Fol. 5. La somme de 3,050 livres est affectée pour les dépenses intérieures, le matériel et l'entretien des bâtiments de la Chambre des comptes. — Fol. 12. Le maçon des bâtiments royaux reçoit 4 livres pour ses gages, le charpentier 3 livres et le couvreur 30 sols. — Fol. 20. Les frais de justice du présidial de Mâcon sont fixés à 300 livres. — Fol. 83. État au vrai dressés par Thomas Demange, procureur spécial de Jean de Faulconnier, fermier général pour les mêmes charges. — Fol. 87. Assignation de 1,995 livres 7 sols 8 deniers et pour le paiement en 1685 des fiefs, aumônes, gages et autres charges relevant de la Chambre des comptes. — Fol. 110. Paiement de 300 livres pour les frais de justice du présidial de Bourg ; — Fol. 123. de 3,000 livres aux buvettes des chambres de la Tournelle, enquêtes, requêtes et autres officiers du Parlement ; — Fol. 139 de 800 livres pour l'entretien des couvertures du Palais, des nattes, tapisseries, vitres, châssis, les gages du portier et le balayage.

C. 2227. (Registre.) — In-folio, 154 feuillets, papier.

1676-1686. — Double du registre précédent.

C. 2228. (Registre). — In-folio, 288 feuillets, papier.

1676-1697. — États du Roi arrêtés en Conseil d'État portant fixation des charges assignées sur le produit des amendes et des domaines. La plupart de ces états dressés chaque année sont accompagnés d'un mandement signé du Roi, qui en commet l'exécution au Bureau des finances. — Fol. 3. Assignation de 300 livres pour le service des messes qui se disent en la chapelle du Palais à Dijon, « l'une à l'entrée et l'autre à la sortie »; pour celles qui se disent les jours de fêtes et dimanches, à la chapelle de la conciergerie du Palais pour les prisonniers, le luminaire et l'entretien des ornements; — Fol. 4. de 800 livres pour les frais d'instruction des affaires criminelles à la requête du procureur général, des exécutions, des condamnations, des trompettes, tableaux, « fanstosmes, » impressions etc ; — Fol. 82. de 101 livres 50 sols pour les fiefs et aumônes à prendre sur les revenus du Domaine de Dijon ; — Fol. 100. de 21 livres 5 sols 6 deniers pour ceux assignés sur les revenus du Domaine d'Auxonne. — Fol. 134. En 1689 allocation de 14,719 livres 1 sol 8 deniers, pour l'acquis des charges du Domaine de la Généralité.

C. 2229. (Registre.) — In-folio, 186 feuillets, papier.

1698-1703. — États du Roi faisant suite aux précédents. — Fol. 5. Assignation de 822 livres pour les gages du grand sénéchal de Bourgogne, du bailli de Dijon, du capitaine de Talant, et des officiers du bailliage ; — Fol. 10. de 150 livres pour ceux du bailli et du procureur du Roi de la châtellenie de Salmaise. — Fol. 40. de 270 livres pour ceux du bailli d'épée de Bar-sur-Seine ; — Fol. 175. de 40 livres pour l'amodiation de l'auditoire du bailliage de cette ville ; — Fol. 102. de 203 livres 2 sols pour les gages des officiers du bailliage d'Auxerre.

C. 2230. (Registre.) — In-folio, 229 feuillets, papier.

1703-1710. — États du Roi semblables aux précédents. Fol. 7. Assignation de 203 livres 2 sols, pour les gages des officiers du bailliage d'Auxerre ; — Fol. 10. de 85 livres pour ceux du bailli de Montcenis ; — Fol. 32. de 900 livres pour ceux des greffiers en chef créés par l'édit du mois de décembre 1699 ; — Fol. 40. de 2,250 livres pour les menues nécessités et réparations locatives des présidiaux et bailliages de la Généralité ; — Fol. 74. de 3,897 pour les gages des garde-scels, créés par édit du mois de novembre 1696 ; — Fol. 119. de 16 livres 19 sols pour ceux du capitaine, du châtelain et du forestier de la châtellenie de Vielchatel ; — Fol. 152. de 55 livres pour ceux du capitaine, du châtelain et du procureur du Roi de la châtellenie de Pontailler.

C. 2231. (Registre.) — In-folio, 382 feuillets, papier.

1676-1721. — États du Roi, semblables aux précédents et doublés, sauf ceux des années 1706 et 1721. — Fol. 351. En 1706, assignation de 150 livres pour les bougies, chandelles et flambeaux des chambres du Parlement. Le premier président reçoit en outre 54 livres de cire, les 9 présidents, le procureur général et le doyen, chacun 14 livres, les 70 conseillers, les deux présidents aux requêtes, les deux avocats généraux et le receveur général des Domaines et bois, chacun 8 livres, les 8 substituts du procureur général, chacun 6 livres, les quatre greffiers en chef 8 livres chacun, les quatre principaux commis, chacun 24 livres, les notaires et secrétaires de la Cour, chacun dix livres; le 1er huissier 6 livres et autant à chacun des trois payeurs des gages. En tout 1,006 livres à 25 sols la livre, montant pour le tout à 1,257 livres 10 sols.

C. 2232. (Registre.) — In-folio, 126 feuillets, papier.

1688-1695. — État au vrai dressé par P. Bichot-Morel receveur général des Domaines et bois en Bourgogne, de la recette et dépense des Domaines engagés dans la Généralité de Dijon. — Fol. 1. Recette de la somme de 2997 livres 1 sol 8 deniers payée par la ville de Dijon, pour acquitter les charges assignées sur les marcs ; — Fol. 13 de 576 livres 13 sols de Mme Bouhier, dame engagiste de Lantenay, pour acquitter les charges assignées sur cette châtellenie ; — Fol. 8. de 6,685 livres payée dans le même but par le prince de Conti, seigneur engagiste de la châtellenie d'Argilly ; — Fol. 17. de 6,781 livres payée par MM. de Courtivron et Goliot, seigneurs engagistes de Saulx-le-Duc ; — Fol. 60. de 610 livres payée par les héritiers de Mlle de Montpensier, dame engagiste d'Aisey-le-Duc, toujours pour l'acquéreur des charges de la châtellenie.

C. 2233. (Registre.) — In-folio, 103 feuillets, papier.

1688-1695. — Double de l'état au vrai précédent.

C. 2233 bis. (Registre.) — In-folio, 73 feuillets, papier.

1706-1712. — État au vrai de la recette et dépense des charges locales en espèces, assignées sur le domaine engagé, produit devant le Bureau des finances par Jacques Bichot-Morel, receveur général en Bourgogne. — Fol. 4. La redevance en grain due par l'engagiste du moulin de l'Étang-Vergy est payée au prieuré de Saint-Vivant. — Fol. 19. Celles perçues dans la châtellenie de Beaune sont versées au curé de Volnay, et l'abbaye de Maizières.

C. 2234. (Registre.) — In-4, 84 feuillets, papier.

1688-1693. — États du Roi, dressés au Conseil d'État pour la fixation des recettes et des charges assignées sur le Domaine engagé. — Fol. 3. Aumône de 3 livres assignées au chapelain de la chapelle de N. D. (la noire) de Lantenay ; — Fol. 5. de 2 quarteaux de seigle, 2 d'orge et 2 d'avoine au chapitre de Saint-Denis de Vergy, à percevoir sur la dîme de Clémencey. — Fol. 8. Gages de 10 livres au châtelain de Saint-Romain, de 25 sols au procureur du Roi, de 20 sols au greffier, 30 au forestier et 42 aux quatre sergents ; — Fol. 22. de 20 livres au châtelain de Brasey et Saint-Jean-de-Losne, 25 au receveur, 50 sols au maître du marteau, 20 livres au portier du château de Brasey, 41 sols 8 deniers aux quatre sergents et 20 sols aux quatre échevins de Saint-Jean-de-Losne. —

Fol. 33. Aumône d'une queue de vin de la châtellenie de Germolles à l'abbaye de La Ferté-sur-Grosne ; — Fol. 50. de six setiers d'orge à l'hôpital de Maisey-sur-Ource.

C. 2235. (Registre.) — In-folio, 98 feuillets, papier.

1688-1693. — États du Roi. Double de l'article précédent.

C. 2236. (Registre.) — In-folio, 82 feuillets, papier.

1698-1703. — États du Roi faisant suite au précédent. — Fol. 2. Rente de 100 livres sur les marcs de la ville de Dijon à M. de la Toison étant au droit de MM. de Montmartin. — Fol. 8. Gages de 111 livres 2 sols aux deux chanoines de la chapelle du Roi au château de Rouvres et de 10 livres aux deux chapelains de ces chapelles. — Fol. 18. Allocation de 20 livres au chapelain de la chapelle de Saint-Siméon au château de Saulx-le-Duc, et 7 livres 15 sols pour le luminaire; — Fol. 29. de deux bichets de froment au curé de l'église Saint-Cyr de Volnay pour la desserte de deux messes dans la chapelle de Saint-Barthélemy au château de Volnay ; — Fol. 44. de 15 livres pour les gages du châtelain de Cuisery, de 5 au lieutenant, autant au procureur du Roi, de 30 au receveur et de 50 sols au geôlier du château ; — Fol. 57. de 4 livres 3 sols 4 deniers au châtelain de Giennes, 6 livres 18 sols 9 deniers au receveur, 30 sols au procureur du Roi et 50 au forestier.

C. 2237. (Registre.) — In-folio, 438 feuillets, papier.

1563-1596. — Domaine du bailliage de Dijon et châtel lenies de Chenôve et Talant. États au vrai de recette et de dépenses produits par Étienne Humbert, Edme Rappellet, fermiers généraux du Domaine (1569-1579) et Claude Berthaut, receveur (1578-1596) (manquent les années 1572, 1573, 1584, 1593 et 1594). — Fol. 1. Les châtellenies de Chenôve et de Talant sont affermées sauf les bois et la justice 130 livres. — Fol. 5. Cens annuel de 17 sols 6 deniers, payé au Roi par les habitants d'Oisilly. — Fol. 8. Redevance de deux émines d'avoine due au Roi par ceux d'Échirey. — Fol. 20. Paiement de 20 écus pour six mois de gages de J. Francolin, concierge de la Chambre des comptes. — Fol. 48. Aumône de 3 setiers d'huile de noix au prieuré de N.-D. de Bouvaux. — Fol. 58. En 1592 les gages des officiers du bailliage ne sont pas payés, faute de fonds.

C. 2238. (Registre.) — In-folio, 265 feuillets, papier.

1572-1617. — Dijonnais, Chenôve et Talant. États au vrai (suite), produits par Étienne Humbert, fermier (1572, 1573) Jean Berthaut (1594, 1597), Jean Chrétiennot (1610-1617), receveurs. — Fol. 87. Recette de 100 sols sur les amendes de la prévôté de Dijon aliénée à la mairie de cette ville ; — de 40 sols pour la garde et la commendise de Longvic. — Fol. 88. Recette de 14 livres pour la cense de 14 boutiques «estans contre la muraille de la grande salle du Palais»; — de 100 sols. pour les cinq boutiques « construites joignant ledit palais et dans la muraille de la cour d'icellui. » — Fol. 91. de 122 livres produit des amendes adjugées au bailliage. — Fol. 98. Gages de 130 livres à Mme la duchesse d'Elbœuf, à cause de la sénéchaussée héréditaire de Bourgogne, dont elle jouit; — Fol. 100. de 20 livres à J. Depringles, procureur général à la Chambre des comptes.

C. 2239. (Registre.) — In-folio, 248 feuillets, papier.

1599-1609. — Dijonnais, Chenôve, Talant. États au vrai fournis par le receveur Chrétiennot. — Fol. 35. Recette de 14 livres de cire de redevance, due au Roi par les habitants de Dampierre-sur-Vingeanne ; — Fol. 36. de 60 sols pour le droit qui appartient au Roi sur les trois marchés de Dijon, aliénés à la niairie de cette ville. — Fol. 39. Jacques Cornu paie 10 livres sur le revenu du tabellionnage de Saulx-le-Duc qui lui a été aliéné. — Fol 42. Recette de 11 livres 10 sols, produit des amendes adjugées par le prévôt des maréchaux dans l'étendue du bailliage de Dijon. — Fol. 50. Aumône de 100 livres au curé de l'église paroissiale de Talant.

C. 2240. (Registre.) — In-folio, 290 feuillets, papier.

1572-1625. — Dijonnais, Chenôve, Talant. États au vrai fourni par J. Berthaut, J. Chrétiennot, et Pierre Mouton receveurs. — Fol. 138. Recette de 10 sols de M. le président Jacquot de Neuilly pour « la cense de certaines rayues deppendant de la maison du Roi;» — Fol. 132 de 150 livres pour le revenu du tabellionnage de Dijon ; — Fol. 134. de 50 livres produit des amendes adjugées au bailliage de Nuits ; de 137 livres 10 sols pour la ferme du péage de la ville de Dijon. — Fol. 150. Aumône de 3 livres à l'abbaye de N.-D. de Tart. — Fol. 151. de 7 sols 6 deniers au chapitre de la chapelle au Riches de Dijon.

C. 2241. (Registre.) — In-folio, 278 feuillets, papier.

1626-1636. — Dijonnais, Chenôve, Talant. États au vrai (produits par Jean et Jacques Chrétiennot. Manquent les années 1629, 1631, 1633 et 1634). — Fol. 100. Recette de 43 sols 2 deniers payés par les héritiers Meullesot pour le cens d'une maison rue du Pautet, à Dijon ; — Fol. 102. de 20 deniers dus par Jean Morelet procureur d'un cens, assigné sur une petite maison et « establerie » joignant le jeu de paume du Roi dans la même ville; — Fol. 105. de « refusion » de 100 livres sur le tabellionnage de Beaune ci-devant aliéné ; — Fol. 109. de la somme de 120 livres payée par Hugues Picardet, procureur général au Parlement, acquéreur du droit de rêve, transports et hauts passage au bailliage de Dijon. — Fol. 115. Aumône de 5" sols faite à l'abbaye de Sainte-Marguerite — Fol. 116. Cense de 43 sols payée au chapitre de Saint-Jean pour des maisons démolies « afin d'établir le treige ou chemin du château. »

C. 2242. (Registre.) — In-folio, 275 feuillets, papier.

1637-1656. — Dijonnais, Chenôve et Talant. États au vrai produits par Jacques Chrétiennot, Pierre Legrand et Bernard Pepin successivement receveurs (les années 1638, 1642-1649, 1651 manquent). — Fol. 137. Recette de 241 livres provenant des amendes adjugées par le bailliage ; — Fol. 137. de 115 livres provenant de celles adjugées par la cour de la Chancellerie ; — Fol. 141. de celle de 50 livres payée par les habitants de Fontaine-Française pour la permission à eux accordée par le Roi d'user de sel blanc. — Fol. 143. Aumône de 10 livres au chapitre de la Sainte-Chapelle du Roi à Dijon, pour les anniversaires des ducs Eudes et Robert. — Fol. 148. Gages de 4 livres 5 sols à maître Jacques de Choillat, « masson des ouvrages du Roy;» de 5 livres à Nicolas Chaussier, charpentier du Roi.

C. 2243. (Registre.) — In-folio, 241 feuillets, papier.

1653-1669. — Dijonnais, Chenôve, Talant. États au vrai produits par le receveur Pierre Legrand. Les années 1654, 1656, 1658, 1660, 1662; 1664, 1664, et 1668 manquent. — Fol. 64. Recette de 98 livres 10 sols provenant des amendes adjugées au bailliage de Beaune ; — de 50 livres provenant de celles du bailliage de Nuits. — Fol. 72. Gages de 150 livres à Jean de Clugny, lieutenant général au bailliage de Dijon; — de 100 livres au gouverneur de la chancellerie; — de 4 livres à la ville de Dijon, propriétaire de l'office de maître clerc des juges consuls.

C. 2243 bis. (Registre.) — In-folio, 440 feuillets, papier.

1613-1669. — Manquent les années 1618, 1630, 1633 à 1635, 1637 à 1639, 1641, 1647, 1752 à 1656, 1658, 1662, 1664, 1666. Dijonnais. États particuliers produits par les receveurs Chrétiennot, Legrand, Pepin pour la justification de leurs recettes et de leurs dépenses.

C. 2244. (Registre.) — In-folio, 267 feuillets, papier.

1571-1631. — Châtellenie d'Argilly. États au vrai de la recette et de la dépense produits par Etienne Lebœuf, Odot-Gueniot receveurs, et Jean Gozet fermier. Les années 1572-1578, 1588-1605, 1612-1613 manquent. — Fol. 2. La coupe du bois de la couhée du Vernoy d'Antilly est vendue à raison de 6 livres l'arpent. — Fol. 10. Réduction de 127 écus 2 tiers 6 sols 8 deniers est accordée par le Roi au fermier de la châtellenie, à cause de ses pertes « au passage du camp conduit par le prince de Condé et le duc Casimir en janvier 1577. » — Fol. 22. Réparation de deux « pertuis » en la muraille du château, du côté du pont, et d'une fenêtre près de la galerie ; — Fol. 46. de la charpente du bâtiment de la tuilerie. — Fol. 73. Don du revenu net de la châtellenie, fait par le Roi au duc de Mayenne, gouverneur de la province. — Fol. 187. Gages de 4 écus 30 sols à Fr. Degand, capitaine du château. — Fol. 92. Il fait barrer les fenêtrages de la grande salle du château « pour éviter que l'on ne peut passer par iceux. » — Fol. 170. La desserte de la chapelle est suspendue faute de fonds ; — Fol. 183. de même que les gages de Jacques de Méritan, seigneur de Lagno, capitaine du château.

C. 2244 bis. (Registre.) — In-folio, 187 feuillets, papier.

1578-1629. — Argilly, Rouvres, Pontailler, Mâconnais, Domaine. États particuliers portant fixation de la recette et de la dépense du Domaine de ces châtellenies, dressés par les officiers du Bureau des finances pour servir de règle de conduite aux receveurs châtelains.

C. 2245. (Registre.) — In-folio, 59 feuillets, papier.

1610-1666. — Prévôté d'Auxonne. États particuliers du revenu dressés par les Trésoriers de France (manquent les années 1611-1613, 1638-1639, 1658-1663). — Fol. 1. Amodiation du revenu de la prévôté pour 525 livres. — Aumône de 8 livres au prieuré Saint-Léger, à prendre sur le revenu des foires et marchés de la ville. — Fol. 2. Gages de 60 livres au receveur. — de 8 livres pour les deux sergents de la mairie. — Fol. 18. Rente de 330 livres au profit des maire et échevins. En 1666, la recette monte à 930 livres et la dépense à 619 livres 12 sols.

C. 2246. (Registre.) — In folio, 189 feuillets papier.

1580-1615. — Prévôté d'Auxonne. États au vrai dressés par les prévôts receveurs, Claude Jurain, Hugues, Étienne et Jean de la Croix (Manque l'année 1582.) — Fol. 1. Amodiation du revenu pour 505 livres. — Fol. 9. Remboursement de 60 sols au prévôt pour la fourniture de quatre torches allumées, savoir : 2 à la foire d'Auxonne qui se tient après Pâques et deux à la foire de Saint-Denis. — Fol. 54. Rente de 83 livres assignée à Simon de Valleroi, sieur de Bussillon, comme mari de Claudine, fille de dame Antoinette de Montrichard dame de Flammerans. — Fol. 112. Paiement de 5 livres de revenu sur la prévôté, dues à Jean de la Croix, seigneur de Villiers-les-Pots. — Fol. 60. Gages de 60 livres au prévôt receveur ; — de 8 écus aux deux sergents de la mairie et pour leur robe ; — d'un écu au greffier de la mairie, de 3 écus au commis du procureur du Roi et d'un écu au sergent de Labergement.

C. 2247. (Registre.) — In-folio, 214 feuillets, papier.

1618-1666. — Prévôté d'Auxonne. États au vrai dressés par Claude Jurain, Jean Jurain et Jean de la Croix, prévôts receveurs (manquent les années 1618, 1627, 1629, 1635, 1636, 1643 à 1645, 1651 à 1657, 1661 à 1664). — Au Fol. 10. Le chapitre des épaves, aubaines, confiscations, biens vacants et d'autres droits casuels ne donne lieu à aucune recette. — Fol. 27. Rente de 8 livres 6 sols 8 deniers à Mlle Charlotte Tabourot, veuve de Jean de Malacris, avocat et procureur du Roi au bailliage d'Auxonne. Fol. 31. Amodiation moyennant 6 livres d'une maison à Auxonne pour recevoir les moulins à bras et à cheval de la ville. — Fol. 40. Paiement des frais de justice s'élevant à 35 livres 10 sols ; — de 41, livres 5 sols pour les épices de l'audition du compte.

C. 2248. (Registre.) — In-folio, 123 feuillets, papier.

1551-1625. — Beaune, Pommard et Volnay. Châtellenie. État particulier dressé par les trésoriers de France. — Fol. 1. Recette de 13 livres 10 sols 3 deniers, valeur des redevances en blé de la châtellenie ; — de 8 livres 14 sols, valeur de celles en avoine, les redevances en vin sont absorbées par les fiefs et aumônes. — Fol. 3. Gages de 1 livre au châtelain receveur ; — de 60 livres aux quatre sergents ; — de 15 livres au maître des celliers de Beaune et Germolles. — Fol. 22. Recette d'un poinçon pour la taille du vin due à Pommard. — Fol. 24. Rente de deux bichets de froment au curé de l'église de Volnay — et de trois trousseaux à Charlotte Chabot, veuve du comte de Tillières ; — Fol. 25 de deux muids de vin, dus à l'abbaye de Maizières. — Fol. 29. Taille de 4 livres dues par les habitants de Volnay ; — de 40 sols payée par ceux d'Essey. — Fol. 44. La taille due par les habitants d'Auxey est comprise dans le bail de la châtellenie.

C. 2249. (Registre.) — In-folio, 211 feuillets, papier.

1578-1611. — Beaune, Pommard et Volnay. Châtellenie. Manquent les années 1586-1594. États au vrai de la recette et de la dépense des Claude Nyault et Jacques Clément châtelain, du receveur du grenier à sel et du tabellion de Nolay. — Fol. 30. Recette de 4 bichets deux tiers d'avoine de coutumes dues à Pommard. — Fol. 37. La ferme de la pêche dans la Bouzaize à Beaune ne trouve point d'enchérisseur. — Fol. 39. Recette de 215 livres prix de la vente de la coupe de bois de la Faye. — Fol. 42. Aumône annuelle de 4 queues 3 feuillettes de vins à prendre sur la dîme de Pommard, faite au prieuré du Val-des-Choux ; — de 10 muids de vins sur la récolte du domaine, faite à l'abbaye du Lieu-Dieu ; — Fol. 44. de 28 livres 6 sols 8 deniers représentant la valeur des deux milliers de harengs, à prendre sur les bans de vins, de Beaune, assignés au prieur de la grande Chartreuse de Grenoble. — Fol. 105. Mention de l'aliénation de la terre de Meloisey au chapitre de la Cathédrale Saint-Autun ; — de la seigneurie de Mipont et Puligny à Philippe de Mipont ; — de la Borde au Bureau à Denis Brulart, premier président au Parlement.

C. 2250. (Registre.) — In-folio, 296 feuillets, papier.

1662-1665. — Beaune, Pommard et Volnay. Châtellenie. Suite des États au vrai de Claude Nyault, Jacques Lebelin, Pierre Creusevault, J.-B. Berthot et Denis de la Bazerolle, receveurs châtelains. (Manquent les années 1616-1621, 1637-1639, 1643-1649.) — Fol. 66. Aumône annuelle de 3 muids de vin aux religieuses de Champchanoux ; — de 4 muids à l'abbaye de Citeaux ; — de 2 muids au chapitre de N.-D. de Beaune, d'un muid au président Jeannin, comme ayant droit de la comtesse de Tillières. — Fol. 70. Recette de 4 florins, de 16 sols 8 deniers pièce, dues par les habitants d'Aubaine et de Becoup à cause de la Prévôté. — Fol. 77. Recette de 150 livres payée par René de Carol, seigneur en partie de Mipont, comme taxe, par forme de « refusion » à cause de l'aliénation de sa terre. — Fol. 84. Don de 540 livres fait par le Roi aux maire et échevins de Beaune pour trois années de bail du portage. — Fol. 146. État au vrai dressé par les maire et échevins de Beaune des dettes contractées pour le service de la ville depuis 1626 à 1634. Le total monte à 101,109 livres.

C. 2251. (Registre.) — In-folio, 254 feuillets, papier.

1580-1599. — Brazey et Saint-Jean-de-Losne. Châtelnie. États au vrai de la recette et de la dépense dressés par Guillaume Bezard et Claude Tassinot receveurs. — Fol. 56. Recette de 6 écus 40 sols d'amendes adjugées par les officiers de la gruerie de Brazey. — Fol. 68. Rente de 40 livres tournois, due à l'abbaye de Citeaux pour la fondation de l'anniversaire d'un duc de Bourgogne ; — gages de deux écus au chapelain de la chapelle royale de Brazey. — Fol. 70. Paiement de 20 sols aux quatre échevins de Saint-Jean-de-Losne pour le droit qu'ils ont de prendre sur les censes des habitants. — Fol. 77. État au vrai des « deniers à constitution de rentes » empruntés par les échevins et habitants de Saint-Jean-de-Losne pendant les troubles pour les réparations, fortifications, pavés, ponts, chaussées, etc. L'état s'élève à 18,321 livres 4 sols 1 denier. — Fol. 83. État au vrai dressé par Claude Rémond Marchand, commis par les Trésoriers généraux à Semur à la recette particulière des biens des rebelles au Roi dans le Dijonnais. Recette des grains perçus chez les fermiers de l'abbaye de Citeaux, des églises et des bourgeois de Dijon et versés dans les magasins de l'armée du Roi. — Fol. 95. Don des revenus de la terre des Mailly appartenant à la Sainte-Chapelle de Dijon, fait par le Roi à M. de Marnay. — Fol. 107. Pain pour la nourriture des vignerons de Dijon faits prisonniers et employés aux fortifications de Saint-Jean-de-Losne. — Fol. 112. Versement de 136 écus à J. Camus, commis aux vivres des troupes employées au blocus de Seurre (1596). — Fol. 113. Avances d'argent faites à M. Vallon, conseiller au Parlement, Barthélemy Gagne et P. Maillard, chanoines de la Sainte-Chapelle, royalistes réfugiés à Saint-Jean-de-Losne après la conspiration La Verne à Dijon.

C. 2252. (Registre.) — In-folio, 149 feuillets, papier.

1600-1658. — Brazey et Saint-Jean-de-Losne. Châtellenie. Suite des États au vrai de Claude Tassinot, Jean et Jacques Chrétionnot, P. Legrand et Bernard Pépin receveurs. (Manquent les années 1610-1617, 1620-1622, 1627-1629, 1632-1634, 1636-1638, 1640-1641, 1643-1650.) — Fol. 4. Aumône de 20 sols estevenants, due au prieur de Losne. — Fol. 5. Gages de 13 écus 20 sols à Nicolas Morelot, capitaine châtelain de Brazey. — Fol. 24. Rentes de 48 livres payées à Guillemette de Carmone, veuve d'Étienne Noblet, président à la Chambre des comptes ; — de 34 livres à J. de Ganay, conseiller au bailliage d'Autun comme mari de Huguette, fille du conseiller Tisserand et de Marie de Cirey. — Fol. 37. État au vrai de la recette des droits de péage, perçus sur le pont de Saint-Jean-de-Losne (1603-1605). La recette monte à 480 livres, la dépense à 480 livres. Le fermier était tenu d'entretenir le pont en bon état. — Fol. 131. Rente de 221 livres à Pontus de Chanlecy, baron de Pluvault, marié à Jeanne de Pontailler, héritière de Mlle de Poligny, sa tante.

C. 2253. (Cahier.) — In-folio, 64 feuillets, papier.

1585-1647. — Brazey et Saint-Jean-de-Losne. États particuliers de la même châtellenie, dressés par les Trésoriers de France. (Manquent les années 1604-1617, 1632-1639, 1643-1646.) — Fol. 8. Versement de 2,641 livres 10 sols, fait par Marguerite Chabot, duchesse d'Elbœuf, fille et héritière d'Éléonor Chabot, chevalier des ordres du Roi, grand écuyer de France, usufruitière de la châtellenie, pour trois années d'arrérages des charges assignées sur les revenus. — Fol. 9. Gages de 120 livres au portier du château de Brazey. — Fol. 25. Rente de 60 livres sur l'éminage de Saint-Jean-de-Losne, payée aux héritiers de Jean de la Grange, lieutenant-général au bailliage d'Autun.

C. 2254. (Registre.) — In-folio, 219 feuillets, papier.

1562-1612. — Pontailler-sur-Saône. Châtellenie. États au vrai dressés par Jean Joly, François Joly, J. Berthault et Antoine Joly, châtelains receveurs. (Manquent les années 1564-1579, 1587, 1589-1593, 1603, 1609.) — Fol. 1. Recettes de 1875 livres, prix de la ferme de la châtellenie ; — de 149 livres

12 sols, pour la tondue de 88 soitures de prés sur Heuilley et Maxilly, à raison de 24 sols la soiture; — Fol. 19. de 9 écus 1 tiers et 10 sols de la ferme de la pêche dans la Saône sur Pontailler.—Fol. 33. Aumône de 2 écus 2 tiers 17 sols 10 deniers au prieur de N.-D. de Pontailler, plus une émine de froment; — de 20 sols au prieur du Saint-Sauveur.—Fol. 37. Charroi de bois amoncelé sur le pont de bois de St-Jean-de-Pontailler « afin d'éviter qu'il ne fût endommagé par les inondations advenues en novembre 1582. » — Fol. 58. Réparations à la charpente et à la maçonnerie du pont. — Fol. 69. Don de 238 écus à prendre sur les revenus du Domaine, fait par le Roi au duc de Mayenne, gouverneur de Bourgogne. — Réparations faites à la couverture des bâtiments du château. — Fol. 77. Rente de 65 écus au collège des Jésuites à Dijon, héritiers du président Godran.

C. 2255. (Registre.) — In-folio, 180 feuillets, papier.

1613-1631. — Pontailler. Châtellenie. États au vrai de Jean, Antoine et François Joly, châtelains receveurs. —Fol. 20. Gages de 30 livres à J. Gillot, capitaine du château ; — au châtelain ; — de 5 livres à F. Gillot forestier et garde-marteau de la châtellenie. — Fol. 22. Rente de 262 livres, payée à René de Montmoyen, sieur de Latrecey, président à la Chambre des comptes de Dijon. — Fol. 73. Mention que l'entretien des bâtiments du Domaine sont à la charge de Roger, duc de Bellegarde.—Fol.117.Versement de 1,615 livres 18 sols 4 deniers à Roger, duc de Bellegarde, donataire de la châtellenie, pour le revenu de l'année 1624.

C. 2256. (Registre.) — In-folio, 133 feuillets, papier.

1614-1625. — Pontailler. Châtellenie. États au vrai de Antoine et François Joly, châtelains et receveurs. — Fol. 13. Paiement de la somme de 537 livres par Louis Aubert, marchand à Auxonne, pour les deniers d'entrée et de belle main de l'aliénation qui lui a été faite de l'étang de Brise en ruine, moyennant la rente annuelle de 37 livres 10 sols. — Fol. 18. Emploi de cette somme pour la réparation de la maison du gouverneur du château, qui avait été ruinée durant les guerres. — Fol. 26. Rentes de 26 livres payée au curé de Pontailler ;— Fol. 34. de 20 sols à Claude Pouffier, prieur de St.-Sauveur; — Fol. 58. de 40 sols due au châtelain pour les 13 pintes de vin et la livre de chandelles lors du guet et garde de la foire de St-Maurice. — Fol. 78. Gages de 30 livres à Jean Gillot, capitaine du château.

C. 2257. (Registre.) — In-folio, 185 feuillets, papier.

1580-1598. — Rouvres. Châtellenie. États au vrai de Antoine et Pierre Terrion et Claude Thomas dit Montaigne, receveurs de la châtellenie. (Manquent les années 1586 1589.) — Fol. 4. Rente de 70 émines de blé et 70 émines d'avoine sur la matroce, payée au chapitre Notre-Dame de Beaune. — Fol. 17. Recette de 332 émines 10 carteranches 28° et 48° de carteranche, mesure de Saint-Louis froment et avoine, dues par la commune de Rouvres. — Fol. 26. Réparations faites à la charpente de la maison du capitaine châtelain dans l'intérieur du château, au four banal, aux moulins de Fauverney.—Fol. 28. Réduction du prix de fermage accordée par le Roi au meunier de Fauverney, à raison de la non-jouissance causée par la famine, la peste et la pauvreté du peuple arrivée en 1598. — Fol. 71. Réparations faites au grenier de Rouvres. — Fol. 106. Aumônes de 52 émines de froment, faite par le Roi au prieur d'Époisses; — de 30 émines de froment et avoine à chacun des deux chapelains du château. — Fol. 109. Gages d'Antoine Terrion, capitaine châtelain fixés à 8 écus 45 sols. — Fol. 124. Réparations faites à la halle et à l'auditoire de Rouvres. — Fol. 136. Couverture du grand corps de bois de château.

C. 2258. (Registre.) — In-folio, 115 feuillets, papier.

1600-1607. — Rouvres. Châtellenie. États au vrai de Claude Thomas, receveur. (Manquent les années 1601, 1603.) — Fol. 5. Aumônes de 8 émines moitié froment et avoine sur la matroce, à l'abbaye d'Auberive; — de 3 émines au prieur de Bonvaux ; — de dix émines à l'abbaye de Pontigny. — Fol. 13. Réparations des brèches causées par les inondations dans les moulins de Fauverney ; — des bâtiments de la porterie du château de Rouvres. — Fol. 26. Paiement de 6 émines de froment pour les gages en grains du portier de la porterie, donjon et basse-cour du château ; — de 3 émines pour ceux du couvreur. — Fol. 32. Réparations des toitures du moulin de Fauverney qui avaient été endommagées « par un impétueulx orage arrivé le mercredi 20° aoust 1603 ; » — du four banal de Rouvres ; — Fol. 67. au canal du moulin de Fauverney et construction de porcheries. — Fol. 105. Autres à la halle du four banal de Rouvres ; — des brèches survenues dans les biefs et glacis du moulin de Fauverney « advenus en 1600 par le moyen des grands débordements causés par les grandes neiges qui fondirent tout-à-coup ensemblement. »

C. 2259. (Registre.) — In-folio, 201 feuillets, papier.

1609-1627. — Rouvres. Châtellenie. États au vrai de Claude Thomas et Étienne Terrion, receveurs. (Manquent les années 1566, 1578, 1590 à 1595, 1612, 1613, 1614, 1619, 1620, 1621, 1622, 1624, 1626.) — Fol. 22. Aumône de 10 émines de froment et de 12 d'avoine, faite sur le revenu de la matroce à l'abbaye de Clairvaux ; — de 12 émines de froment et quatre d'avoine à l'abbaye de Notre-Dame de Tart ; — d'une émine de froment à Guillaume de Cessey, curé de Rouvres, et de 3 émines d'avoine à l'abbaye de Maizières. — Fol. 25. Le service de la chapelle du Roi à Rouvres, par les chanoines et chapelains est déclaré vacant. — Gages de 10 livres et fourniture de robe au chapelain de la chapelle de Marie-Madeleine au château et autres de même somme au chapelain de l'autre chapelle du château.—Fol. 31. Réparations faites à la porterie du château. — Achat moyennant 76 livres 10 sols d'une cloche du poids de 102 livres, à raison de 15 sols la livre, posée « en la tour du château pour servir à la recette de la redevance des matroces. » — Fol. 33. Réparations faites à la salle du Roi et au pont du château ; — à la maison du grand étang de Sathenay.— Fol. 68. au four banal. — Fol. 129. Gages de Pierre Terrion, capitaine châtelain.

C. 2260. (Registre.) — In-folio, 154 feuillets, papier.

1591-1599. — Saulx-le-Duc. Châtellenie. États au vrai de Guillaume Morillon, sa veuve et héritiers et Daniel Folin, receveurs. (Manquent les années 1582, 1584.) — Fol. 146. Paiement de 6 écus deux tiers pour les gages des chapelains de la chapelle de Saint-Siméon au château ; — Fol. 148. de 13 écus 1 tiers à Gabriel de Bouhy, fermier de Richemont, capitaine châtelain ; — de 13 écus 2 tiers à chacun des 3 premiers portiers et guettes ; — de 10 écus un tiers et 12 sols au portier du bourg du château ; — au portier de la porte du second fort du château. Les gages du maire pour le Roi à Is-sur-Tille sont à la charge de l'engagiste de la seigneurie. — Fol. 107. Guillaume de Ribaulde, écuyer, capitaine châtelain en 1585.— Fol. 86. Le receveur déclare qu'en 1589 il n'a point été payé de gages au capitaine, parce qu'à l'occasion des troubles, il était détenu et n'a point exercé son office. — Fol. 75. Nicolas de la Ferrière est lieutenant au gouvernement du château en 1590. — Fol. 63. On constate que Guillaume Morillon, receveur de la châtellenie, a été détenu durant les troubles par ceux du parti contraire à S. M. depuis 1591 jusqu'en 1595.

C. 2261. (Registre.) — In-folio, 106 feuillets, papier.

1600-1613. — Saulx-le-Duc.Châtellenie.États au vrai de Daniel Folin et Guillaume Morillon, receveurs alternatifs. — Fol. 99. Recette de 226 écus 2 sols 8 deniers des héritiers du feu comte de Charny, fermier de la châtellenie.—Fol.93.Paiement de 2 écus et 30 sols pour le luminaire de la chapelle Saint-Siméon. — Fol. 79. Gages de 5 livres au maître du marteau de la châtellenie ; — Fol. 77. de François Mussy, curé de Villecomte, desservant la chapelle Saint-Siméon au château, 20 livres. — Fol. 63. Rente annuelle de 9 livres 16 sols, due aux doyen et chapitre de Saint-Mamès de Langres. — Fol. 49. La rente en grains due au chapitre de Saulx-le-Duc à prendre sur la dîme du Champfouchard, est à la charge du fermier du Domaine. — Fol. 27. Gages de 40 livres à Barthélemy Baudot, avocat, châtelain.

C. 2262. (Registre.) — In-folio, 272 feuillets, papier.

1614-1625. — Volume auquel on a ajouté les états au vrai de 1549-1552, 1566-1580. Saulx-le-Duc. Châtellenie. États au vrai de Nicolas Folin, Guillaume Morillon, Daniel Folin, J. Chrétiennot et Richard Guenard et Jacques Chrétiennot, receveurs .(Manque l'année 1625.) — Fol. 6. Recette de 56 sols de tailles dues par ceux de Saulx-le-Duc qui ne payent franchise ; — de 15 sols tournois, prix des corvées dues par les pucelles et femmes veuves. — Le four banal de Saulx est amodié 37 livres, la vente du marché 20 sols 10 deniers. — Fol. 11. La taille abonnée monte à 25 livres. — Fol. 18. Recettes de grains à Avot ; — Fol. 30. d'argent à Salives. — Fol. 46. Gages de J. d'Amoncourt, chevalier, sieur de Montigny, capitaine châtelain (1549). — Fol. 49. Réparations faites au treuil (pressoir) de Saulx-le-Duc. — Fol. 76. Recettes d'argent et de grains des redevances dues à Poiseuil.—Fol. 99. Gages du chapelain de la chapelle de Saint-Venant, fondée au château de Vernot; — Fol. 114. 1580.de Jacques d'Agey, écuyer, seigneur d'Agey et d'Ancey, capitaine châtelain. — Fol. 259. 1628. La duchesse d'Elbœuf,fille et héritière de Léonor Chabot,comte de Charny, continue le bail de la châtellenie.

C. 2263. (Registre.) — In-folio, 198 feuillets, papier.

1629-1651. — Saulx-le-Duc. Châtellenie. États au vrai. (Manquent les années 1641-1648.) — Fol. 2. Vente, moyennant 360 livres de la coupe,de 120 arpens de bois en Cornillon. — Fol. 3. Gages de 20 livres à René Bérard, prêtre vicaire en la collégiale de Saulx-le-Duc, chargé de desservir les messes des lundis et vendredis à la chapelle Saint-Siméon au donjon du château. — Fol. 26. Gages des deux portiers du château ; — Fol. 60. de 300 livres par an de Sigismond, Bernard, maître particulier des Eaux et forêts du bailliage de Dijon,assignés sur le prix des ventes de bois de la seigneurie ; — de 50 livres à P. Terrion, procureur du Roi en ladite maîtrise.

C. 2264. (Cahier.) — In-folio, 62 feuillets, papier.

1608-1666. — Saulx-le-Duc. Châtellenie. États particuliers du revenu du Domaine du Roi dressés par le Bureau des finances pour la gestion des receveurs de la châtellenie. (Manquent les années 1609, 1616,1621 1624, 1625, 1626, 1633, 1642, 1646, 1665.)

C. 2265. (Registre.) — In-folio, 158 feuillets papier.

1597-1631. — Talant et Chenôve. Châtellenies. États au vrai de Jean Berthaut, Jean Crestiennot, Pierre Mouton, Paris Reynault, receveurs. (Manquent les années 1598, 1609, 1612, 1616.) — Fol. 1. Le revenu des deux châtellenies, moins la gruerie et les amendes, est affermé 130 écus. —Fol. 9. Gages des trois chapelains de la chapelle du Roi à Talant.— Fol. 24. Prestation de deux queues de vin à l'abbaye d'Auberive, à prendre chaque année dans les celliers de Talant, a raison de 10 livres la queue, supprimée par suite de l'accensement des vignes. — Fol. 33. Paiement de 36 sols à Landriot, pour avoir blanchi les linges de la chapelle. — Fol. 36. Aumône annuelle de 10 sols, faite à l'abbaye de Saint-Bénigne de Dijon. — Fol. 57. La redevance de 24 pintes d'huile de noix, due au prieuré de Bonvaux à prendre sur les revenus de Daix, est supprimée par suite de l'aliénation de cette seigneurie. — Fol. 100. En 1627, Vivant Devillebichot, curé de Talant et les chapelains touchent 56 livres 14 sols pour la desserte en l'église paroissiale des services de la chapelle du Roy « attendu la ruine et démolition de l'édifice d'icelle. »

C. 2266. (Registre. — In-folio, 188 feuillets, papier.

1634-1665. — Talant et Chenôve. Châtellenie. États au vrai de Jacques Crestiennot, Paris Regnault, Bernard Philippe, Bernard Pepin et Pierre Legrand, receveurs. (Manquent les années 1641, 1646, 1647, 1649, 1651, 1653, 1659, 1661 et 1664.) — Fol. 1. En 1634, le revenu des deux châtellenies est amodié 145 livres. — Fol. 3. Gages de 4 livres du sergent de la châtellenie de Talant. — L'office de closier est supprimé. — Fol. 12. Paiement de 10 livres aux procureurs de la fabrique de Talant pour le luminaire de la desserte des services de la chapelle du Roi. — Fol. 31. En 1631, Claude Garrotot, curé de Talant. — Fol. 180. Remplacé en 1665 par J. Petitot, bachelier en théologie.

C. 2267. (Registre). — In-folio, 67 feuillets, papier.

1580-1705. — Vergy. Châtellenie. États au vrai de Jean et Claude Berthault, F. Rion, receveurs du bailliage de Dijon et de la châtellenie et de Pierre Bichot Morel, receveur général des finances. (Manquent les années 1581, 1584, 1586, 1591, 1595-1687.) — Fol. 1. Recette de 75 écus pour la ferme du domaine de la châtellenie; — de 30 livres pour celle de la prévôté de Nuits, ban, étalage et poids de la ville; — de 24 livres pour le pâturage, « aragot » et bois mort des forêts d'Argilly. — Fol. 8. Construction sur l'ordre de M. de Tavannes, lieutenant général en Bourgogne, de deux barrières en charpente et ferrées au bourg de Vergy, « pour empescher les entreprises dont ledit sieur de Tavannes avoit heu advis. » — Fol. 9. Messagers secrets envoyés par le même en divers lieux « pour quelques affaires concernant le service du Roy. » — Fol. 10. Gages de 10 écus à J. Rouhier, dit le capitaine La Planche, capitaine du château. — Fol. 30. Gages de 8 écus un tiers à Guillaume Bailly, son successeur. — Fol. 47. Gages d'un écu deux tiers à Philibert Belin, châtelain.

C. 2268. (Registre). — In-folio, 124 feuillets, papier.

1562-1590. — Autunois. Domaine. États au vrai de Hugues Penier, Antoine Charnot, Claude Berthaut, vierg d'Autun, Philibert Bolon, Pierre Chaudreau et Jean Thiroux, receveurs du bailliage. (Manquent les années 1564-1569, 1572, 1573, 1575-1578, 1580-1582, 1585, 1586.) — Fol. 101. Recette de 3 livres pour le revenu de la vierie d'Autun délaissée par le Roi aux habitants. — Fol. 108. Gages de 105 livres à Simon des Loges, bailli d'Autun ; de 35 livres à Lazare Ladone, lieutenant gén ral ; de 30 livres à Nicolas Muguier, avocat du Roi et de 40 à Jean de Ganay, procureur du Roi audit bailliage. — Fol. 97. Aliénation par l'État des terrages de Rivaut, de la Garenne de Champelon, de la Forêt aux chevaux, de la Fiolle aux environs d'Autun. — Fol. 92. Gages de 100 sols à Edme Barbet, maître forestier. — Fol. 72. Rente annuelle de 6 écus deux tiers servie au chapitre de Saint-Lazare. — Fol. 40. Recette de 2 écus 1 tiers pour la ferme de la pêche dans la Loire depuis le bec de Somine jusqu'à la pierre de la Maulgarnye. — Fol. 27. La châtellenie de Glennes est amodiée 233 écus, vingt sols.

C. 2269. (Registre). — In-folio, 165 feuillets, papier.

1571-1611. — Autunois. Domaine. États au vrai de Claude Berthault, Philibert Boullon, François Dubreuil, mari de Françoise fille et héritière de J. Thiroux, fermiers ou receveurs du Domaine. — Fol. 1. Rentes annuelles de 62 sols 9 deniers, au chapitre de Saint-Lazare ; — de 10 livres au prieur de Saint-Symphorien, — de 50 livres à Jean de Ganay. — Fol. 23. La vierie est amodiée 100 écus par an à la ville. — Fol. 97. Rente de 28 sols 4 deniers payée par les habitants de Couhard et Curbigny. — Fol. 97. Recette de 1200 livres, produit des aides du Bois Sainte-Marie, dépendant du bailliage. — Fol. 144. Gages de 70 livres au capitaine du château de Bourbon-Lancy ; — de 15 livres à Guill. Gevalois, bailli ; — de 10 livres à P. Chantereau, procureur du Roi.

C. 2270. (Registre). — In-folio, 225 feuillets, papier.

1612-1650. — Autunois, Domaine. États au vrai de Philibert Boulon et Jean de Cercy receveurs du bailliage. (Manquent les années 1619-1622, 1631-1634, 1640-1642.) — Fol. 2. Recette de 200 livres sur P. Jeannin, conseiller d'État, superintendant des finances pour l'échange de la terre de Senavelle. — Fol. 14. Rente de 50 livres assignée à J. Guijon sur la recette du bailliage. — Fol. 52. Recette de 148 livres produit des amendes adjugées au bailliage d'Autun ; — de 170 livres, produit de celles adjugées à la chancellerie ; — de 135 livres, produit de celles de la prévôté des maréchaux. — Fol. 95. Aumônes annuelles de 10 livres à l'abbaye de Saint-Andoche d'Autun ; — de 20 livres au couvent de Saint-Jean-Le-Grand du même lieu. — Fol. 171. Amende de 235 livres en bloc, prononcées au bailliage contre la plupart des curés, qui n'avaient pas déposé au bailliage les extraits des baptistères et mortuaires de leurs paroisses. — Fol. 179. Gages de 126 livres 17 sols 6 deniers de Nicolas d'Arlay, lieutenant général du bailliage ; — de 362 livres à Hugues Desplaces, lieutenant criminel ; — de 108 livres 15 sols à Antoine Thiroux, avocat du Roi, et de 135 livres à Nicolas de Chenôve, procureur du Roi.

C. 2271. (Registre). — In-folio, 300 feuillets, papier.

1560-1650. — Autunois. Domaine. États particuliers du revenu du Domaine. — Fol. 1. Recette de 15 livres pour la ferme de l'Étang d'Auvillars ; — de 104 livres 10 sols pour la ferme des greffes des bailliage et châtellenie de Bourbon-Lancy ; — Fol. 35. Gages de 16 livres à Lazare Anthouard, châtelain d'Autun. — Fol. 153. Recette de 30 livres pour la ferme des amendes du bailliage de Bourbon-Lancy ; — Fol. 156. Gages de 60 livres au capitaine de Bourbon-Lancy ; — de 15 livres au bailli ; — de 10 livres au maître particulier des Eaux et forêts ; — de 10 livres au garde des sceaux et de 10 livres au procureur du Roi.

C. 2272. (Registre). — In-folio, 284 feuillets, papier.

1561-1595. — Auxerrois. Domaine. États au vrai de Drouet Symonet, Charles Rousselet et Claude de Franay, receveurs. (Manquent les années 1563-1566, 1568-1575, 1581.) — Fol. 2. Recettes de 40 écus pour la « ferme des cens, iods, ventes, défauts et amendes appartenant au Roy en la ville d'Auxerre ; » — Fol. 20. de 35 écus pour la ferme du revenu du Domaine, du greffe et du tabellionnage de Vermanton. — Fol. 45. Aumône annuelle de 3 écus 20 sols, faite à l'abbaye de Notre-Dame des Îles. — Fol. 84. Paiement de 8 écus pour le carrelage du parquet du château d'Auxerre. — Fol. 94. Gages de 31 écus 15 sols à J. Damas, sieur de Villiers, bailli d'Auxerre ; — de 10 écus 25 sols à Henry Le Clerc, lieutenant-général ; — de 10 écus à J. Naulde, avocat du Roi ; — de 6 écus 40 sols à Joachim Ferroux, avocat du Roi ; de 41 écus 40 sols à Gille Thériot, prévôt. — Fol. 103. Aumône annuelle de 4 écus au chapitre Saint-Étienne d'Auxerre. — Fol. 108. Frais de reconstruction du pilori de la ville d'Auxerre et réparation du carrelage de l'allée du parquet et de celle de la Chambre du conseil, de l'auditoire et du Ban des gens du Roi au bailliage. — Fol. 122. Réparation des fenêtres et des vitres du chastel d'Auxerre et de l'auditoire royal ; — Fol. 148. de la prison criminelle située sous l'auditoire. — Fol. 163. Bandes de fer mises à la question des prisons. — Fol. 182. Réparations faites en la galerie du château d'Auxerre où se tiennent les plaids ordinaires ; en la tour Gaillard et en la cachotte des prisons, aux deux chambres sur l'escalier ou galerie des prisons, qui va à la tour Gaillard, au-dessus de la chambre du geôlier.

C. 2273. (Registre.) — In-folio, 163 feuillets, papier.

1600-1611. — Auxerrois. Domaine. États au vrai de Claude de Franay et Charles Rousselot receveurs, du bailliage. (Manque l'année 1603.) — Fol. 4. Recettes de 30 sols pour le revenu de Joux et le forestage de Lucy le bois ; — Fol. 5. de 333 livres 10 sols, provenant des amendes criminelles adjugées au bailliage d'Auxerre. — Fol. 8. Aumône annuelle de 50 sols attribuée à l'abbaye de Reigny. — Fol. 27. La coupe de 132 arpents de vieux taillis de la forêt d'Hervaux, est adjugée pour 1,210 livres. — Fol. 33. Gages de 187 livres 10 sols, attribués à Hubert de la Rivière, chevalier de l'ordre du Roi, bailli et gouverneur d'Auxerre et de l'Auxerrois ; — de 31 livres 5 sols à Henry Le Clerc, lieutenant général du bailliage. — Fol. 37. Frais de construction de deux échafauds en la place de la Feverye à Auxerre pour l'exécution du maçon Pardon Forêt et du seigneur d'Arsy. — Fol. 39. Réparation du grand escalier du château d'Auxerre. — Fol. 50. Recette de 129 livres 14 sols 2 deniers, pour le droit de salage et de ban sur le sel vendu au grenier d'Auxerre. — Fol. 61. Aumône annuelle de 20 livres faite aux religieux de l'abbaye Notre-Dame de Reconfort. — Fol. 69. Réparations faites à la couverture, charpente et maçonnerie du château d'Auxerre, auquel est la chambre du conseil et auditoire royal. — Fol. 99. Paiement de 445 livres à Cl. Martigny, exécuteur de la haute justice, pour l'exécution des sentences de la maréchaussée.

C. 2274. (Registre.) — In-folio, 224 feuillets, papier.

1605-1619. — Auxerrois. Domaine. États au vrai de Claude de Franay et Jeanne Guérin, veuve de Fr. Ducrot receveurs du bailliage. — Fol. 3. Location des 1er, 2e, 3e « estaux de changeurs, à l'entour, et joignant le cadran d'Auxerre. » — Fol. 22. Paiement de 50 livres aux Cordeliers d'Auxerre pour une messe quotidienne à l'issue des plaids du bailliage. — Fol. 42. Aumône annuelle de 20 livres faite au prieuré de la Charité-sur-Loire. — Fol. 48. Réparations faites à la grande porte du château d'Auxerre et au parquet du bailliage. — Fol. 60. Recette de 45 livres pour la ferme de la mairie de Saint-Gervais. — Fol. 66. Aumône annuelle de 50 sols, perçue par l'abbaye de Reigny sur les revenus de la prévôté de Vermanton. — Fol. 125. Réparations faites à la charpente de la chambre du conseil au bailliage d'Auxerre. — Fol. 196. Ferrure de la grande porte du château, et vitraux blancs posés dans la chambre du conseil du bailliage.

C. 2275. (Registre.) — In-folio, 203 feuillets, papier.

1620-1633. — Auxerrois. Domaine. États au vrai de Louis de Franay et Adrien Magdalenat, receveurs du bailliage. (Manquent les années 1623, 1625, 1627, 1629, 1631.) Fol. 2. Recettes de 400 livres provenant du revenu du rouage d'Auxerre ; — de 18 livres pour celui de la ferme des lins et chanvres. — Fol. 10. Gages de 93 livres 15 sols de Jacques de la Rivière, vicomte de Tonnerre, bailli et gouverneur d'Auxerre ; — de 31 livres 15 sols à Cl. Chevalier, lieutenant général au bailliage ; — de 125 livres à Claude Girardin, prévôt d'Auxerre : de 30 livres à Michel Thibaut, avocat du Roi au bailliage, et de 20 livres à Joachim Ferroux, procureur du Roi audit bailliage. — Fol. 57. Frais d'exécution à mort de Léonard Benot, Georges Millot, J. Beaucheron, des faubourg Saint-Amâtre d'Auxerre, et de Paul de Ressignel, seigneur de la Touche. — Impression moyennant 8 livres par D. Vatard, imprimeur à Auxerre, de l'arrêt rendu par le Parlement de Paris, au sujet du tumulte fait pour ceux de Paris « à ceux de la religion prétendue réformée retournant du prêche de Charenton. » — Fol. 152. Réparations faites à la charpenterie du cabinet joignant la chambre du conseil au bailliage, à l'escalier de la salle d'audience et au grand corps de logis du Palais.

C. 2276. (Registre.) — In-folio, 204 feuillets, papier.

1634-1649. — Auxerrois. Domaine. État au vrai de Louis de Franay, Adrien Magdalenat et Germain Drivot, receveurs du bailliage. (Manquent les années 1640, 1642, 1645, 1646, 1648.) Fol. 4. Recette de 43 sols de rente due au Roi sur le cours d'eau du moulin Morlet, près Auxerre. — Pierre Camus, sieur d'Élu, bailli d'Auxerre. — Fol. 28. Paiement de 30 livres pour la ferme du moulin et de l'Étang de la Coudre. — Fol. 36. Gages de 300 livres à Edme Leclerc, maître particulier des Eaux et forêts du bailliage. — Fol. 133. Remise faite par le Roi à Marc Antoine de Grève, écuyer de la grande écurie et de celle du cardinal de Richelieu des droits de quint et requint par lui dus pour son acquisition de la terre de Villefargeau sur Monsieur de la Ferté-Imbaut.

C. 2277. (Registre.) — In-folio, 258 feuillets, papier.

1585-1654. — Auxois. Domaine. États particuliers du revenu du domaine du Roi, audit pays, dressés chaque année par les officiers du Bureau des finances et transmis aux receveurs du bailliage, pour leur servir de règle dans la recette et la dépense de leurs comptes.

C. 2278. (Registre.) — In-folio, 447 feuillets, papier.

1563-1592. — Auxois. Domaine et châtellenies d'Avallon et de Châtel-Gérard, grenier à sel d'Avallon. États au vrai de Bonaventure Gaigneaul, J. Daubenton, Jacques Odin, Nicolas David, J. Masouyer, Caillat et J. Leloup, receveurs du Domaine de l'Auxois etc. — Fol. 124. La prévôté de Semur est affermée pour 6 ans moyennant 240 livres. Celle d'Avallon, 112 livres. — Le revenu de la traite des laines traversant le bailliage monte à 83 livres. — Fol. 416. La coupe de 407 arpents et cinq cordes de bois de haute futaie dans les bois de la châtellenie de Saint-Léger de Foucheret, produit 12,625 livres 2 sols. — Fol. 405. Aumône annuelle de 50 sols faite à l'abbaye de N.-D. de Bon Repos. — Fol. 243. Compte de l'emploi des fonds provenant d'une taille levée en 1574 sur toutes les communautés du bailliage pour la réparation des ponts et chaussées. On mentionne les ponts de Pany, de Montréal, d'Athie, de Quincerot, de Montigny Saint-Barthelemy, de Courcelles-sous-Grignon, de Pontaubert, de Moutier-Saint-Jean, de Celse, de Chevigny-les-Semur, de Villeaux, d'Uncey, de Grandchamp, de Bellenod, de Chailly, de Saint-Jeux, de l'étang de Varennes, d'Écouote et de Mont-Saint-Jean. — Fol. 81. Gages de François de la Magdeleine, sieur de Ragny, bailli d'Auxois, de Claude Bretagne, lieutenant général, de Guy Milletot avocat du Roi, N. Suchon, procureur du Roi.

C. 2279. (Registre.) — In-folio, 111 feuillets, papier.

1608-1609. — Auxois. Domaine. États au vrai de Jean Leloup, receveur du bailliage et de Simon Clabard, caution de l'amodiateur de la châtellenie de Châtel-Gérard. — Fol. 87. Recette de 33 florins des gardes et franchises dues par les habitants de Pouillenay, Hauteroche et Jailly. — Les habitants de Flavigny doivent un guet de 40 livres au Roi, quand il vient dans leur ville. — Fol. 59. Mention que le produit des amendes du bailliage sert à payer les réparations faites aux bâtiments ; — Fol. 44. de l'aliénation des terres d'Arnay, Pouilly et Courcelles, aux héritiers du comte de Charny ; de Montbard, au duc de Nemours ; de Noyers à la princesse douairière de Condé.

C. 2280. (Registre.) — In-folio, 333 feuillets, papier.

1604-1618. — Auxois. Domaine. États au vrai des héritiers de J. Leloup et de Sébastien Leloup, receveurs du Bailliage et des collecteurs d'impôts pour les chemins. — Fol. 497. Recette de 2 sols 11 deniers pour la ferme du moulin à vent près la ville de Semur ; — de 16 sols 8 deniers que par les habitants de Marcigny et l'évêque de Chalon pour leurs gardes et franchises ; — Fol. 499. de 6 livres de cens annuel prix de l'aliénation de la mairie et justice de Semur aux habitans. — Fol. 507. Aumône annuelle de 40 sols faites aux religieuses de l'abbaye de Pralon. — Fol. 305. État au vrai du compte des deniers levés sur les communautés les plus voisines de Leuguy, Seigny et Courcelles-sous-Grignon pour la réparation des ponts de ces lieux. — Fol. 284. Id. de Vielchatel et Marcigny-sous-Thil.—Fol. 252. Id. des ponts, «pontots,» passages et levées du bailliage. — Fol. 294. Id. de l'impôt levé sur le bailliage pour payer les constructions en réparations faites à l'auditoire royal. — Fol. 14. Aumône annuelle de 100 sols faites au chapitre de la collégiale de Saulieu.

C. 2281. (Registre.) — In-folio, 207 feuillets, papier.

1610-1633. — Auxois. Domaine. États au vrai de Sébastien Leloup, receveur du bailliage. — Fol. 14. La recette totale des ventes de coupes de bois et glandées dans la période de 1610 à 1633, monte à 7,341 livres 7 sols 2 deniers. — Fol. 33. Tous les tabellionnages du bailliage sont aliénés. — Fol. 63. Mention que le geôlage et la conciergerie des prisons d'Avallon ont été érigés en titre d'office. — Fol. 68. Aumône annuelle de 100 sols faite au chapitre de Saint-Lazare d'Avallon. — Fol. 122. Mention de l'aliénation des seigneuries de Marcilly-les-Vitteaux et de Saint-Euphrône. — Fol. 134. Pension de 100 livres accordée par le Roi à P. Suchon, procureur du Roi au bailliage de Semur : de 175 livres à Ant. Boursault, procureur du Roi au bailliage et prévôté d'Avallon.

C. 2282. (Registre.) — In-folio, 231 feuillets, papier.

1625-1631. — Auxois. Domaine. États au vrai de Sébastien Leloup, receveur du bailliage. — Fol. 2. — Mention de l'aliénation de la seigneurie de Thory, dépendant de la prévôté d'Avallon ; de celle de Lucy-le-Bois, de celle de Vassy, des châtellenies de Montréal, de Vieuchâteau et de Châtel-Gérard. — Fol. 9. La chapelle du donjon de Semur étant ruinée et démolie, la somme portée pour le luminaire reste sans emploi. — Fol. 41. Aumône annuelle de 10 livres au prieur cloîtrier de l'abbaye de Moutier-Saint-Jean, pour un anniversaire. — Fol. 156. Paiement de 18 livres à Gaspard Perret, exécuteur du bailliage, pour avoir exécuté à mort P. et F. Chastennet.

C. 2283. (Registre.) — In-folio, 232 feuillets, papier.

1632-1637. — Auxois. Domaine. États au vrai de Sébastien Leloup, receveur du bailliage. — Fol. 23. Gages de 200 livres à Louis d'Ancienville, marquis de Vitteaux, bailli d'Auxois, de 35 livres à Claude Bretagne, lieutenant général au bailliage de Semur ; — de 25 à Fr. Jacob, avocat du Roi ; de 40 à P. Suchon, procureur du Roi, de 25 à Nicolas Seguenot, advocat du Roi au siège d'Avalon ; — de 25 à P. Normand, procureur du Roi au même siège. — Fol. 97. Mention de l'aliénation des seigneuries de Guillon, Saint-André et Savigny en-Terre-Plaine ; de celle de Courcelles-Frenoy, faite au président Jeannin et par lui cédée à M. Guy Blondeau. — Fol. 138. Les gages des juges des prévôtés de Châtel-Gérard, Montréal et Cessey sont à la charge des seigneurs engagistes. — Fol. 148. Rente de 137 livres 10 sols sur le Domaine, assignée à Chrétienne Sayve, veuve d'André Du Prat, baron de Vitteaux, en qualité d'héritière de Charlotte Noblet, sa mère.

C. 2284. (Registre.) — In-folio, 247 feuillets, papier.

1639-1646. — (Manque l'année 1643.) Auxois. Domaine. — Fol. 2. Recette de 2,136 livres 13 sols 4 deniers pour une année de la ferme de la châtellenie de Châtel-Gérard amodiée à J. Ballyat, notaire de Flavigny. — Fol. 15. Aumône annuelle des 50 sols à l'abbaye de N.-D. de Bon Repos. — Fol. 32. Recette de 70 sols 8 deniers payés par les habitants de Melin et Fleurey sous Mont-Saint-Jean, pour leur garde. — Fol. 73. Gages de 300 livres de Fr. Henry, maître particulier des Eaux et forêts du bailliage ; — de 50 livres à Bénigne Duveau, procureur du Roi en ladite maîtrise. — Fol. 185. Réparations de charpenterie, maçonnerie et couverture faites à l'auditoire du bailliage d'Avallon. — Fol. 235. Gages de 100 livres à Louis d'Ancienville-Bourdillon, chevalier des ordres du Roi, conseiller d'État, marquis d'Époisses, bailli d'Auxois ; — de François Bretagne, lieutenant-général audit bailliage ; — de Guy Chartraire, procureur du Roi ; — de Nicolas Seguenot, avocat du Roi ; — de P. Normant, procureur du Roi au siège d'Avallon.

C. 2285. (Registre.) — In-folio, 331 feuillets, papier.

1584-1652. — Auxois. Domaine. États particuliers du revenu du Domaine dressés chaque année par les Trésoriers de France à Dijon, pour la recette et la dépense des receveurs du bailliage. En 1585, la recette est fixée à 697 livres 30 sols 3 deniers et la dépense à 754 livres 1 sol 5 deniers. En 1652, la recette est à 1,338 livres 9 sols et la dépense à 1,079 livres 9 sols deniers.

C. 2286. (Registre.) — In-folio, 86 feuillets, papier.

1668-1674. — Bar-sur-Seine. Bailliage et Comté. Domaine. États au vrai de Claude Ravelet, receveur. — Fol. 2. Les 49 livres 7 sols 4 deniers de taille abonnée dues annuellement par les habitans à cause des franchises, justice, libertés et autres droits, sont, ainsi que les autres cences et rentes de Bar, comprises dans la ferme générale du Domaine. Il en est de même des recettes du Domaine à Villeneuve, Avirey-le-Bois, Lingey, Landreville. En 1663, la recette totale monte à 2,429 livres 18 sols 8 deniers. — Fol. 30. Aumône annuelle de 20 livres, faite au chapitre royal de Saint-George de Bar, à cause de la fondation de Thibaut, roi de Navarre, comte de Champagne et Brie. — Fol. 33. Redevance de 6 livres perçue par le curé de Bar sur les produits de la recette. — Fol. 36. Gages de 150 livres à Gabriel de Vienne, chevalier, seigneur de

Buss rotte, bailli; — de 60 livres à J. d'Ouges, avocat du Roi ; — et à Étienne Bourbonne, procureur du Roi. — Fol. 77. Aumône annuelle de 12 livres aux religieux de l'Hôtel-Dieu le comte de Bar ; de 12 setiers de froment aux religieux de l'abbaye de Mores.

C. 2287. (Registre.) — In-folio, 271 feuillets, papier.

1601-1629. — Bresse, Bugey, Valromey et Gex. Domaine des bailliages. États au vrai de Jean de Beauchâteau, Pierre de Gendrier et François de Gendrier, receveurs. (Manquent les années 1606, 1608, 1610, 1613, 1615, 1617, 1618, 1620, 1622, 1624, 1626, 1628.) — Fol. 1. et suiv. Recettes de censes et redevances à Gex, Gex-la-Ville, Gex-la-Combe, Miribel, Sepmoncel, Tougin, Divonne, Vizenay, Les Chavannes de Bogie, Crassy, Les Rippes, Visency etc. — Fol. 64. Gages de 236 livres à Pierre de Brosses, lieutenant-général au bailliage de Gex. — Fol. 121. Recette des censes et redevances dues par les communautés du bailliage, notamment Grellier, Sacconex, Mersonnex, Vernier, Collourex, Versoy, Fernex, Preveyssin, Ornex, Boissy, Villard-Tacon, etc. — Fol. 267. Mention du don du revenu du bailliage de Gex fait en 1624 par le Roi à Roger, duc de Bellegarde, gouverneur de Bourgogne.

C. 2288. (Registre.) — In-folio, 294 feuillets, papier.

1606-1640. Bresse, Bugey et Valromey. (Manquent les années 1607, 1609, 1611, 1624, 1636.) États au vrai de Pierre et François de Gendrier, receveurs du Domaine. — Fol. 1. Le revenu de la châtellenie de Bourg est affermé 112 livres 10 sols, de celle de Montluel 1,260 livres, de celle des Échets 229 livres, de Seyssel 100 livres. — Fol. 32. Frais de la pendaison à Bourg de F. Bruyers, soldat de la garnison, exécuté pour fabrication de fausse monnaie. — Fol. 37. Réparations de travaux de maçonnerie et charpente, faites à la maison des Échets. — Fol. 77. Autres à l'auditoire du bailliage de Bourg. — Fol. 112. Aumône de 20 livres faite aux religieux de Saint-François de Belley. — Fol. 161. La recette, en 1618, monte à 9,471 livres 11 sols 4 deniers.

C. 2289. (Registre.) — In-folio, 104 feuillets, papier.

1601-1655. — Bresse, Bugey, Valromey et Gex. États particuliers de la recette et de la dépense du Domaine, dressés par les Trésoriers de France à Dijon pour la direction des receveurs du bailliage. Ils renferment le sommaire des chapitres détaillés dans les États au vrai de ces derniers.

C. 2290. (Registre.) — In-folio, 603 feuillets, papier.

1511-1552. — Chalonnais. Domaine. États au vrai et particuliers dressés par les trésoriers de France ou produits par J. Ragon, fermier de la châtellenie de Cuisery, Claude Clerc, châtelain de Verdun, J. Atous et P. Bugnon, châtelains de Beaumont et La Colonne, J. Jeannin, châtelain de Sagy, R. Dupont, châtelain de Fronterard, Claude Marloud et F. Ragot, receveurs de la gruerie de Chalon, F. Ragot, J. Garnier et P. Guide, receveurs du Domaine et du grenier à sel de Chalon, et Cl. Hugueneau, châtelain de Brancion. — Fol. 5. Gages de Philippe de Mipont, écuyer, capitaine châtelain de Cuisery. — Fol. 7. Aumône de 6 bichets de seigle à J. de Gaulles, recteur et maître de l'hôpital de Cuisery. — Fol. 41. Rente de 20 bichets d'avoine, due par les habitants de Saunières, pour leur affranchissement de la mainmorte. — Fol. 69. Rente de 45 livres due à Mme Colette Rolin, dame de Soye et de Bragny etc. — Fol. 81. Les moulins de Beaumont-sur-Grosne sont amodiés moyennant 23 bichets de froment, autant d'avoine et 5 quarterons de chanvre battu. — Fol. 91. Gages de 100 sols à Guyard de Drée, capitaine du château de La Colonne ; — Fol. 112. de Guillaume Marchand, portier du château de Sagy. — Fol. 124. Le four banal de Sagy auquel les habitants « de la franchise » doivent cuire leurs pâtes est, affermé 10 livres. — Fol. 170. Mention que les moulins de Fronterard ont été emportés par les inondations depuis longtemps et qu'il n'y a « jà enseignements de molins. » — Les trois maîtres forestiers de la gruerie de Chalon reçoivent chacun 100 sols de gages par an et le procureur dix livres. — Fol. 270. Les exploits de la foire chaude de Chalon produisent 60 sols, le grand « poy » de la foire des épiciers 15 sols, le four banal de Saint-Laurent 7 livres 10 sols. — Fol. 279. Gages de 300 livres à J. de Ligny, chevalier, bailli de Chalon. — On lui rembourse 25 sols, prix des fagots brûlés lors du feu de joie allumé devant le Châtelet, à l'occasion de la publication de la paix. — Fol. 320. Recette de 60 sols pour les franchises des habitants de Brancion ; — de 31 livres 13 sols pour le péage. — Fol. 326. Le portier du château de Brancion reçoit 30 sols tournois de gages. — Fol. 353. Amodiation des clergies du bailliage, de la chancellerie, des châtellenies de Saint-Laurent, Brancion, Cortevaix, La Colonne, Saunières, Germolles, Buxy, Fronterard, Navilly, Port de Chauvort, et Aluze. — Fol. 447. Paiement des charges assignées sur le revenu des foires.

C. 2291. (Registre.) — In-folio, 710 feuillets, papier.

1559-1600. — Chalonnais. Domaine. États particuliers dressés par les Trésoriers de France, et états au vrai présentés à ces derniers par J. Caillard, D. Lambert, J.-Bernard-André de Launoy, receveurs du bailliage, Zacharie Lantin, fermier du Domaine du Chalonnais, J. Sauvageot, Hugues Fournier et André de Launoy, receveur de la gruerie de Chalon, Charles Druot, capitaine châtelain de Germolles et Montagu, Nicolas Sirau..., receveur de la châtellenie de Cuisery. — Fol. 1. Le revenu des foires froides et chaudes de Chalon, le grand poids de la halle des épiciers, la « foureterye » des foires, la clergie de la châtellenie d'Aluze, les langues de bœufs tués à la grande boucherie, le droit de buchailles aux portes, sont amodiés 730 livres par an. — Fol. 19. Le bailli de Chalon touche 105 livres de gages. Philibert de Montholon, lieutenant général, 35 livres, J. Languet, avocat du Roi, 40 livres, Philibert Bernardon, procureur du Roi, 40 livres. — Fol. 26 Réparations faites à la grande boucherie de Chalon. — Fol. 124. Rente de 88 livres tournois sur le Domaine, due à Claude de Thiard, seigneur de Bissy. — Fol. 174. Réparations faites au château de Germolles. — Fol. 190. Nicolas de Bauffremont, seigneur et baron de Sennecey, bailli de Chalon. — Fol. 330. Rente de 3 écus 1 tiers, due annuellement au chapitre de la Sainte-Chapelle de Dijon. — Fol. 553. En 1589, Claude de Beauffremont, chevalier, baron de Sennecey, est bailli de Chalon, Philippe de Montholon, lieutenant général, Abraham Crestin avocat du Roi, et Guillaume Prisque, procureur du Roi. — Fol. 643. En 1598, Étienne Bernard est lieutenant général. — Fol. 646. Le portier du château de Montagu avait 40 sols de gages. — Fol. 651. Le moulin de Germolles est amodié pour 16 bichets de blé.

C. 2292. (Registre.) — In-folio, 801 feuillets, papier.

1599-1615. — Chalonnais. Domaine. États au vrai présentés par André de Launay, receveur du bailliage et de la gruerie et Daniel Vornette, châtelain de Verdun et Saunières. — Fol. 7. Recette de 16 livres 17 sols des habitants de Beaumont pour le terrage du bois de Verney. — Fol. 53. Amodiation du bois de la Menuise, faite pour 20 ans aux habitants de Saint-Jean-des-Vignes et de Saint-Martin-des-Champs moyennant 20 livres par an. — Fol. 95. Réparations faites à la maison de l'exécuteur et à l'auditoire royal de Chalon. — Fol. 112. Gages de 600 livres à P. d'Hoges, maître particulier des Eaux et forêts du Chalonnais, de Jacques Giroud, procureur du Roi, de Louis Chassepot, greffier de la gruerie. — Fol. 157. Mention du don des revenus de la châtellenie fait en 1606, par le roi Henri IV à Gillette Sebillotte. — Fol. 159. Autre du rachat par le duc de Biron, ancien donataire de la châtellenie, de la rente de 44 livres sur les revenus de la terre de Bragny, constituée dans le temps par Philippe le Bon, duc de Bourgogne, en faveur du chancelier Rolin et qui était arrivée dans la suite aux mains de Pontus de Thiard, évêque de Chalon, en qualité de tuteur des enfants de son neveu Héliodore de Thiard, sieur de Bissy.

C. 2293. (Registre.) — In-folio, 145 feuillets, papier.

1611-1619. — Chalonnais. Domaine. États au vrai présentés par André de Launay, receveur du bailliage, et Gabriel Rigoley, receveur de la gruerie. — Fol. 3. La coupe de 10 arpents de taillis dans le bois du Clapier et de la Croisette châtellenie de Saunières, est payée 8 livres l'arpent. — Fol. 6. Celle de 60 arpents de bois taillis dans la forêt de Marloux, près Chalon, est payée 3 livres l'arpent. — Fol. 53. Aumône annuelle de 105 livres, faite au Commandeur du Temple de Chalon. — Fol. 54. Gages de Jean Bernard, lieutenant général du bailliage, J. Crestin, avocat du Roi, Louis Chassepot, procureur du Roi, et de Benoit de Mucie, juge de la prévôté de Buxy ; — de F. de Thésut, juge de la châtellenie de Chalon, de Gabriel de Brun, maître des ports, ponts et passages établis au duché de Bourgogne au bureau de la « reve » de Chalon.

C. 2294. (Registre.) — In-folio, 179 feuillets, papier.

1620-1622. — Chalonnais. Domaine. États au vrai, présentés par Gabriel Rigoley, receveur du bailliage et de la gruerie de Chalon. — Fol. 3. La coupe de 35 arpents de bois taillis dans la forêt de Marloux est payée 4 livres l'arpent. — Fol. 4. Soixante moules de bois de la forêt de Saunières sont estimés 84 livres. — Fol. 10. Gages de Pierre d'Hoges, gruyer et maître particulier des Eaux et forêts, de Louis Chassepot, procureur du Roi, J. Du Moutier, garde du marteau. — Fol. 25. Délivrance d'une place près l'auditoire royal de Chalon, faite à J. Niquevert, conseiller au bailliage. — Fol. 27. Aumônes annuelles de 35 livres faites à César Lemaire de la Bondue, chevalier de Saint-Jean de Jérusalem, en sa qualité de Commandeur du Temple de Chalon ; — de 12 livres faite à Cyrus de Thiard, évêque de Chalon. — Fol. 33. Gages de 5 livres à Martin La Vigne, trompette de la Ville. — Fol. 37. Rente de 209 livres 13 sols, due à J. de Malain, écuyer, sieur de la Canche, mari de Michelle Bouvot, fille et héritière d'Anne Lembert, veuve de Claude Bouvot, conseiller maître à la Chambre des comptes. — Fol. 86. Réparations faites à la grande boucherie de Chalon.

C. 2295. (Registre.) — In-folio, 222 feuillets, papier.

1622-1624. — Chalonnais. Domaine. États au vrai, produits par Jean Poussard et Pierre Dubois, receveurs du Domaine et de la gruerie. — Fol. 7. Délivrance du revenu des prisons royales moyennant 75 livres par an. — Fol. 19. Aumône annuelle de 12 livres 10 sols au chapitre de Saint-Vincent de Chalon pour l'anniversaire du duc Philippe ; — de 3 livres 6 sols 8 deniers pour celui de la duchesse. — Fol. 26. Mention du don des revenus de la prévôté de Buxy fait au comte de Soissons. — Fol. 26. Frais de l'enquête dirigée contre Benoite Fontany de Cuisery, accusée d'adultère. — Fol. 30. Autres de l'inhumation à Saint-Jean de Maisel d'un nommé Le Cadet du ciel, qui s'était noyé dans la Saône en s'évadant des prisons de Chalon. — Fol. 33. Les réparations aux prisons qui devaient être payées avec le prix de la forma, n'ont pu être exécutées, parce que l'adjudicataire a été déclaré insolvable et condamné aux galères. — Fol. 148. La glandée et paisson des bois de la terre de Bragny est amodiée 240 livres. — Fol. 193. Réparations faites à la prison. On mentionne la chapelle, le logement du concierge, la chambre des «debturiers», le puits, etc.

C. 2296. (Registre.) — In-folio, 290 feuillets, papier.

1625-1628. — Chalonnais. Domaine. États au vrai, présentés par Jean Poussard, receveur du Domaine et de la gruerie. — Fol. 13. Amende prononcée contre Mathe Buisson, d'Auxonne, trouvé nanti d'une demie «aulne deffectueuse de l'espesseur d'un teston.» — Autre de 6 sols 8 deniers pour enharrement de volailles au marché. — Fol. 19. Aumône annuelle de 20 livres 16 sols pour les robes et vêtures des religieux du prieuré et couvent de N.-D. du Quartier. — Fol. 20. Gages de Claude-Charles Roger de Bauffremont bailli, de J. Bernard, lieutenant-général, de J. Crestin, avocat du Roi, de Louis Chassepot, procureur du Roi. — Fol. 57. La coupe de 40 arpents de taillis du bois des Esmerillons dans la prévôté de Buxy, est vendue 7 livres 10 sols l'arpent. — Fol. 67. Le maitre des Eaux et forêts avait droit à 100 moules de bois pour son chauffage, estimé 30 sols le moule dont il touchait le prix en argent; son lieutenant avait droit à 30, le procureur et le greffier du Roi à 20. — Fol. 142 et 218. Réparations faites aux bâtiments de la grande boucherie et des prisons.

C. 2297. (Registre.) — In-folio, 308 feuillets, papier.

1629-1634. — Chalonnais. Domaine. États au vrai produits par J. Poussard, receveur du Domaine et de la gruerie. — Fol. 13. Aumône annuelle de 10 sols, faite au chapitre de Saint-Vincent de Chalon pour le service de l'anniversaire fondé par le duc Robert II. — Fol. 15. Les trois sergents forestiers de la Maîtrise, touchent chacun 400 sols de gages. — Fol. 17. Paiement de 22 livres à l'exécuteur pour avoir roué en effigie Abraham Chufin, Gérard du Chêne et La Jeunesse. — Fol. 22. La presque totalité des rentes assignées sur le Domaine, ne sont pas payées faute de fonds. — Fol. 66. Amende de 30 sols contre un boulanger, dont le pain n'avait pas le poids. — Fol. 144. Réparations faites aux bâtiments de la boucherie de Chalon « pour en éviter la ruyne. »

C. 2298. (Registre.) — In-folio, 294 feuillets, papier.

1635-1639. — Chalonnais. Domaine. États au vrai produits par Antoine Poussard, receveur du bailliage et de la gruerie. — Fol. 31. Aumône de 20 livres au chapitre de Saint-Vincent de Chalon pour l'anniversaire fondé par Eudes, duc de Bourgogne. — Fol. 35. Frais d'exécution de Laurent Cru-cierge dit Fripond, condamné par le Prévôt des Maréchaux à être pendu et étranglé. Le bourreau touche 100 sols, les pères Jésuites qui ont consolé le patient 40 sols, et le trompette 10 sols. — Fol. 56. Réparations faites aux bâtiments des prisons. — Fol. 64. La coupe d'arpent de bois taillis dans la forêt de Marloux est vendue 5 livres. — Fol. 65. La glandée des forêts de la châtellenie de Brancion est vendue 14 livres. — Fol. 98. Rente de 100 livres sur les revenus du Domaine payée à Philibert de la Mare, avocat au Parlement, mari de Marie Tisserand, fille de P. Tisserand, conseiller à la Chambre des comptes. — Fol. 134. Gillette Sebillotte continue à jouir de l'usufruit de la terre de Saunières.

C. 2299. (Registre.) — In-folio, 268 feuillets, papier.

1640-1645. — Chalonnais. Domaine. États au vrai produits par Antoine Poussard et Aminadab Moreau, receveurs du bailliage et de la gruerie. — Fol. 2. La coupe du bois taillis de la forêt de Brully, châtellenie de Buxy, est vendue à raison de 8 livres 10 sols l'arpent. — Fol. 16. Les frais de vente de ces bois se montent à 169 livres 2 sols 6 deniers en 1640. — Fol. 24. Tous les greffes du bailliage sont aliénés, à l'exception de ceux du tabellionnage de Brancion, de Chalon, des châtellenies de Chalon, de Saint-Laurent, de Saunières, de Germolles, etc. — Fol. 31. Délivrance de la boucherie de Chalon faite pour 29 années à F. Maillard, charpentier à Chalon, à la charge d'en reconstruire les bâtiments. — Fol. 43. Jacques Quantin, exécuteur de la haute justice à Chalon, reçoit 25 livres pour avoir mis à mort Antoine Bail, condamné par jugement de H. d'Orgères, intendant de Bourgogne, transporté le corps à Étais et l'avoir pendu à une potence sur le grand chemin. — Fol. 85. La plupart des rentes assignées sur le Domaine continuent à n'être point payées, faute de fonds.

C. 2300. (Registre.) — In-folio, 228 feuillets, papier.

1647-1652 (manque l'année 1646). — Chalonnais. Domaine. États au vrai produits par Aminadab Moreau, receveur du bailliage. — Fol. 20. Paiement de 100 sols à l'exécuteur de Chalon, pour avoir fustigé et battu de verges par les carrefours de la ville, Philippe Royer, de Saint-Nicolas en Lorraine, accusé d'avoir volé le tronc de l'église des Minimes. — Fol. 45. Autre de 45 livres pour l'exécution en effigie de la sentence prononcée par les officiers du bailliage contre Claude de Cesantret, condamné à avoir la tête tranchée pour crime de fratricide commis sur la personne de Charles de Cesantret, chevalier de Malte, son frère. — Le trompette de la ville de Chalon reçoit 5 livres pour ses gages. — Fol. 95. Gages de Louis Du Bled, marquis d'Uxelles, bailli ; de Jean Bernard, lieutenant général ; de J. Crestin, avocat du Roi ;

F. Chalot, procureur du Roi; Philippe de Mucie, juge de la prévôté de Buxy; Gabriel Brun, maître des ports et passages.

C. 2301. (Registre.) — In-folio, 227 feuillets, papier.

1653-1658. — Chalonnais. Domaine. États au vrai produits par Aminadab Moreau, receveur du bailliage. — Fol. 9. Versement par le receveur des finances de la somme de 125 livres 17 sols 7 deniers pour les gages des maîtres clercs du bailliage. — Fol. 12. Somme annuelle de 10 livres 15 sols allouée au chapitre de la Sainte-Chapelle de Dijon, pour la fondation de l'anniversaire de Bertrand Bois. — Fol. 15. Gages de Pierre d'Hoges, gruyer du Chalonnais. — Fol. 20. Point de frais de justice en 1653-1654. — Fol. 75. Réparations faites à la maçonnerie et à la couverture de la grande boucherie. — Fol. 227. La recette de l'État de 1658 monte à la somme de 1,142 livres 18 sols 7 deniers, égale à celle de la dépense.

C. 2302. (Registre.) — In-folio, 32 feuillets, papier.

1662-1667. — Chalonnais. Domaine. État au vrai produit par les héritiers Aminadab Moreau, receveur des « reffuzions » touchées par lui de la recette générale des finances pour le paiement des gages des maîtres clercs du bailliage. Recette: 2,494 livres 13 sols égale à la dépense.

C. 2303. (Registre.) — In-folio, 717 feuillets, papier.

1608-1667. — Chalonnais. Domaine. États particuliers dressés par les trésoriers de France au Bureau des Finances à Dijon, portant fixation des articles de recette et de dépense de chacun des comptes, et états au vrai produits précédemment par les receveurs du bailliage.

C. 2304. (Registre.) — In-folio, 178 feuillets, papier.

1581-1672. — Verdun et Saunières. Châtellenie. États au vrai produits par Claude Vornelle, Daniel Vornelle, Guillaume Giroux, Pierre Leslorand, Claude Leslorand, receveurs châtelains. — Fol. 1. Amodiation du terrage des corvées de la Barre de Saunières, faite moyennant 47 bichots orge et avoine. — Taille de 100 livres due par les habitants de Saunières et La Barre. — Fol. 46. Rente de 44 livres due à dame Guillemette de Montgommery, dame de Charny et Bragny en partie. — Fol. 65. Aumône de 8 livres au chapitre Saint-Vincent de Chalon, pour l'anniversaire fondé par Gauthier de Verdun. — Fol. 69. Mention que par lettres données à Fontainebleau, le 30 mai 1606, le Roi a donné l'usufruit de la châtellenie à Gillette Sebillotte (maîtresse du feu duc de Biron, morte vers 1610). — Fol. 130. Aumône annuelle de 10 livres, fondée par le duc de Bourgogne au profit de l'hôpital de Verdun.

C. 2305. (Registre.) — In-folio, 272 feuillets, papier.

1463-1615. — Mâconnais. Domaine (manquent les années 1463-1560, 1562-1565, 1567-1571, 1573-1575, 1578-1599). Rôle du bail des fermes du Domaine des bailliage et « royal judicature ». — État du Domaine aliéné, réuni et affermé. — États au vrai produits par Joachim Grillet, Salomon Chesnard, Girard Dagonneau, receveurs du bailliage. — Fol. 1. Le péage de Mâcon est amodié 325 livres par an. — La maison des Asines 23 livres, les bans et coppons de la ville 7 livres 10 sols. — Fol. 5. Amodiation des eaux du Roi au-dessus du pont de Mâcon pour 110 livres par an. — Fol. 14. Rente de 28 livres 10 sols payée à Gabrielle de Gadagne, veuve de Jacques de Miolans, seigneur de Chevrières, comme tutrice de Jean François de Miolans. — Fol. 109. Autre de 200 livres à Marie, Gabrielle et Philiberte, enfants de Caradoc de Vichy, écuyer, sieur de Luzillac et de Huguette Barjot. — Fol. 132. Paiement des « terrillons qui ont nettoyé les cloacques des prisons royales de Mascon, qui apportoient de grandes infections en cet auditoire royal. » — Fol. 133. Pose de 12 châssis de verre dans l'auditoire. — Fol. 171. Gages de Pierre d'Ormy, baron de Vinzelles, bailli; de Philibert Barjot, lieutenant civil; de Palamède Bourgeois, lieutenant particulier, assesseur criminel; de Jacques de la Porte, avocat du Roi; de Benoît Bachet, procureur du Roi; de Jean du Rocher, capitaine et garde de la porte du Pont-de-Mâcon; de Guillaume de Drée, seigneur de la Sarrée, capitaine du château de Saint-Gengoux.

C. 2306. (Registre.) — In-folio, 216 feuillets, papier.

1566-1622. — Mâconnais. Domaine. États au vrai produits par Alexandre Arcelin, ses héritiers. Olivier Dagonneau, Joachim Grillet, Salomon Chesnard, receveur du bailliage. — Fol. 12. Amodiation du péage de Mâcon, fait pour trois ans à Vincent Gratier, moyennant 5,336 francs 13 sols 4 deniers par an. — Fol. 12. Bail de la rente du Roi appelée le Vin d'août et place Bourgeois, moyennant 66 livres tournois par an. — Fol. 18. Radiation des 12 livres 10 sols portés en compte pour la desserte de la chapelle Saint-Louis, parce qu'il y a longtemps que la chapelle est ruinée et qu'il n'y a plus de chapelain. — Fol. 19. En 1572 le bailli avait 300 livres de gages, le lieutenant général 100 livres, l'avocat du Roi 40 livres, le procureur du Roi 30 livres, le capitaine du château 100 livres, celui de la porte du Pont 11 livres 6 sols 6 deniers; — le portier du château, le capitaine de Saint-Gengoux 50 livres et le capitaine du château de Vériset 30 livres. — Fol. 22. Don de 1,500 livres sur les revenus de Mâcon, fait par le Roi au duc de Nivernais. — Fol. 53. Mention du don des revenus de la châtellenie de

Saint-Gengoux, fait par le Roi à la princesse Françoise d'Orléans, dame de Saint-Gengoux. — Fol. 82. Rente de 130 livres touchée par Pierre d'Albon, Seigneur de Saint-Forgeul.

C. 2307. (Registre). — In-folio, 191 feuillets, papier.

1623-1632. — Mâconnais. Domaine. États au vrai produits par Salomon Chesnard et François Paisseau, receveurs du bailliage (manquent les années 1624, 1625). — Fol. 2. La châtellenie de Saint-Gengoux est amodiée 60 livres, la prévôté de Salornay-sur-Guye 40 livres, les amendes civiles et criminelles adjugées au bailliage 60 livres. — Fol. 3. La desserte de la chapelle Saint-Louis du château est rétablie. — Fol. 4. Le revenu de la terre de Saint-Gengoux a été transmis par Charles de Bourbon, comte de Soissons, fils et héritier de Françoise d'Orléans, à Léonor de Semur, sieur de Trémont, gouverneur du Mâconnais. — Fol. 5. Gages de Ponthus de Ciberault, seigneur de Bouhier, bailli; d'Hugues Poillard, lieutenant général, de Claude Verjus, lieutenant particulier, de Nicolas Moisson et Benoît Bucher, avocat et procureur du Roi ; de Ponthus de Ciberault, capitaine du château ; de Jean Durocher, sieur de la Roche, capitaine du pont de la Porte ; de Guillaume de Drée, sieur de la Serrée, capitaine du château de Saint-Gengoux. — Fol. 103. Rente de 60 livres touchée par Pierre de Fussey, seigneur de Serrigny. — Fol. 141. Mention d'une rente de 200 livres sur la *reve* de Mâcon, appartenant à l'abbaye de Hautecombe, en Savoie.

C. 2308. (Registre). — In-folio, 260 feuillets, papier.

1633-1643. — Mâconnais. Domaine. États au vrai produits par Salomon Chesnard et François Paisseau, receveurs du bailliage. — Fol. 1. Le péage de Mâcon est affermé à Marguerite Chabot, duchesse d'Elbeuf, et à Charlotte Chabot, comtesse de Tillières, filles et héritières de Léonor Chabot, comte de Charny, savoir Marguerite pour les trois quarts et Charlotte pour un quart. — Fol. 5. M. de Vergy, comte de Chintré, perçoit une rente de 300 livres sur la *reve*. — Fol. 6. Gages de Claude de Saulx, baron de Tavanes, bailli de Mâcon. — Fol. 29. Pierre Desbois, avocat au bailliage, touche une rente de 20 livres. — Fol. 115. Pierre Beau, sieur de Sauzelle, une de 70 livres. — Fol 196. Gages de Claude de Meaux, sieur de Marbé, capitaine de la porte du Pont de Mâcon.

C. 2309. (Registre). — In-folio, 190 feuillets, papier.

1585-1644. — Mâconnais. Domaine. États particuliers dressés par les trésoriers de France, contenant la fixation sommaire de chacun des articles de recette et de dépense des comptes des receveurs du Domaine qui précèdent.

C. 2310. (Registre). — In-folio, 548 feuillets, papier.

1560-1598. — La Montagne ou Châtillonnais. Domaine. États au vrai présentés par J. Fichot, F. Garnier, A. Belin, receveurs du bailliage et des bois, par J. Fichot, châtelain intérimaire de Villiers et Maisey, et J. Jouvenet, châtelain d'Aisey-le-Duc. — Fol. 1. Le Domaine du bailliage comprend en 1598 la prévôté de Châtillon, la châtellenie de Villiers et Vanvey, la justice de Baigneux-les-Juifs, le rouage, la vente, la messerie, le droit du sauivage ou la Jamée, le droit de pâturage, le droit des étrangers, des tallemetiers et des pannetières, les foires de la rue de Chaumont, l'étalage, le criage du vin, les bans vins, les places communes de Châtillon, le domaine d'Étrochey. Ce domaine est affermé 480 livres. — Fol. 9. Aumône annuelle de 2 écus 5 sols à l'abbaye de Moutier-Saint-Jean. — Fol 11. En 1598, gages d'Edme de Lantage, chevalier, bailli; d'Edme Rémond, lieutenant général; d'Étienne Rémond, avocat du Roi ; de Nicolas Bonnet, procureur du Roi; de Charles Legrand, Eudes de Gissey, Antoine Verdin, Germain Royer, juges, gardes des prévôtés de Châtillon, Aignay, Villiers-le-Duc, Baigneux, Villaines. — Fol. 42. Rémission de 21 écus sur la taille faite par le Roi aux habitants de Châtillon. — Fol. 75. Recette des 60 sols de garde et coutume dus par les habitants de Trouhaut ; — de 50 dus par les habitants de Mosson, liges et communs du Roi. — Fol. 84. En 1584, les fiefs et aumônes ne sont point acquittés, *faute de fonds*. — Fol. 240. Recette de 4 écus 2/3 17 sols, provenant des meix et finages de Baigneux-les-Juifs. — Fol. 246. Aumône annuelle de 2 écus 2/3 à l'abbaye de Quincy, pour l'acquit d'un anniversaire. — Fol. 286. Autre de 6 écus 2/3, représentant la valeur de 100 livres de cire que le chapitre de Saint-Mamès de Langres percevait sur la recette du Domaine. — Fol. 293. Rente de 5 livres due à Marie Philandrier. — Fol. 298. La coupe de 12 arpents de haute futaye dans la forêt de Villiers, est vendue 10 écus l'arpent ; — ailleurs elle va de 10 à 14 écus. — Fol. 315. Mention que la princesse de Condé jouit de la terre de Salmaise et le chancelier de Birague, de celles de Duesme et de Vernot. — Fol. 324. Rente de 3 écus 1/3 perçue par Girard de Bessey, chevalier, sieur de Noiron, au lieu du chapitre de Langres, cessionnaire de cette terre. — Fol. 375, 474. Antoine Verdun acquiert pour 12 deniers de cens annuel, l'emplacement du château de Villiers-le-Duc. — On mentionne l'accensement à plusieurs particuliers de vastes emplacements, terrages, bois rabougris aux environs de la forêt de Villiers. — Fol. 450. La coupe de 50 arpents de bois gros et menu taillis du canton de Pierreleau, dans la forêt de Villiers, est vendue 3 écus 1/3 5 sols l'arpent. — Fol. 469. Celle de 220 arpents de bois taillis dans la même forêt, 7 livres l'arpent. — Fol. 314. Mention qu'en 1838 le Roi a abandonné les revenus du Domaine au duc de Saxe à la condition d'acquitter les charges.

C. 2311. (Registre.) — In-folio, 179 feuillets, papier.

1599-1618. — *La Montagne ou Châtillonnais. Domaine.* États au vrai produits par André Belin et Germain de Gissey, receveurs du bailliage. — Fol. 2. Versement de 116 livres par Richard Philandrier, commis à la recette des menues fermes et redevances du Domaine non aliéné. — Fol. 3. Paiement par les habitants de la ville de Châtillon de la somme de 993 livres 17 sols 8 deniers, représentant les 100 marcs d'argent de la taille abonnée. — Fol. 26. Édouard Bouton, sieur de Jouancy, jouit comme héritier du baron de Thenissey, d'une rente de 125 livres. — Fol. 57. La coupe de 28 arpents de bois taillis dans la forêt de Villiers, est vendue 7 livres l'arpent. — Fol. 58. En 1606, tous les bois, tombés et arrachés « par orvales du temps » dans la forêt de Villiers, sont vendus 115 livres. — Fol. 101. Aumône annuelle de 120 livres à l'abbaye de Fontenay ; — autres de 30 livres à la Chartreuse de Lugny et au Grand Val-des-Choux. — Fol. 155. Gages d'Anne de Lantage, bailli ; de Claude-François Lesain, lieutenant général ; de J. Graveron, avocat du Roi ; d'Anne Bouvot, procureur du Roi ; de Guillaume Gastefossé, geôlier des prisons royales. L'office de capitaine du château de Châtillon que tenait Edme Regnier, sieur de Montmoyen, est supprimé, « ledit chasteau ayant esté ruyné et démoly par le commandement du Roy. »

C. 2312. (Registre.) — In-folio, 310 feuillets, papier.

1619-1653. — *La Montagne ou Châtillonnais.* États au vrai produits par Germain de Gissey, receveur du bailliage, Vorle Tridon et Catherine Jacquinot, fermiers du Domaine (manquent les années 1633-1644). — Fol. 4. Mention que les greffes et tabellionnages du bailliage ont été érigés en titre d'office ou aliénés. — Fol. 15. Aumônes annuelles de 100 sols, faites à l'abbaye de N.-D. d'Oigny ; — de 30 livres au prieuré de N.-D. du Quartier. — Fol. 58. Le président d'Esbarres, engagiste de la seigneurie de Villiers, ayant prétendu que le droit de vain pâturage était compris dans l'engagement, le receveur n'en a point poursuivi l'adjudication. — Fol. 90. Compte de la dépense de la levée de l'augmentation sur le taillon, frappée sur le bailliage en 1627. — Fol. 183. En 1633, gages de Jean, baron de Nicey, bailli ; de Claude Simony, sieur de Rouelle, lieutenant général ; d'André Surget, avocat du Roi, de Joachim Jouard, procureur du Roi. — Fol. 285. de Maclou de Ganay, conseiller du Roi, lieutenant général des Eaux et forêts en Bourgogne ; de Jacques Pamponne, maître particulier ; de Jean Chasot, contrôleur ; de François Parisot, procureur du Roi ; de Nicolas Siredey, greffier ; de Jean Collassot, sergent traversier ; de Claude Simony, maître forestier et garde du marteau.

C. 2313. (Registre.) — In-folio, 370 feuillets, papier.

1585-1642. — *La Montagne ou Châtillonnais. Domaine.* États particuliers dressés par les trésoriers de France, contenant pour chaque année le sommaire des articles des recettes et dépenses, contenus dans les comptes qui précèdent.

C. 2314. (Registre.) — In-folio, 170 feuillets, papier.

1562-1708. — Gages des officiers. — Fol. 1. État du retranchement du quart des gages des officiers du Roi dans la Généralité de Bourgogne (1562). — Fol. 7. Autre état contenant le nom des gages des officiers comptables, des officiers des bailliages, des châtellenies et des grueries (1564). — Fol. 39, 49. États semblables. — Fol. 108. États des gages des officiers du Parlement, de la Chambre des comptes, de l'Élection de Bourg, du bailliage de Belley, de la recette générale des finances, du Taillon, de la maréchaussée et des Eaux et forêts (vers 1690).

C. 2315. (Registre.) — In-folio, 50 feuillets, papier.

1667. — Registre des finances et gages des officiers de la province qui ont exercice. — Fol. 2. Le receveur général Thomas Berthier à 72,195 livres 16 sols de finances pour jouir de 5,353 livres 3 sols et 4 deniers de gages. — Fol. 6. Le receveur particulier de Dijon à 41,994 9 sols de finances pour jouir de 2,999 livres 12 sols de gages ; — Fol. 19. celui de Beaune 31,250 livres pour 1,232 livres 3 sols de gages ; — Fol. 24. celui d'Autun 19,000 pour 1,357 livres 3 sols de gages ; — Fol. 33. celui de Chalon, 24,000 pour 1,714 livres 5 sols 6 deniers de gages.

C. 2316. (Registre.) — In-folio, 42 feuillets, papier.

1596-1607. — Registre des dettes de cautions données par les receveurs. — Fol. 1. Acte par lequel Claude Valon, seigneur de Barain, capitaine pour le Roi à Flavigny, se porte caution de Richard Millotet, nommé receveur général des deniers des restes et bons d'États de la province (1596). — Fol. 5. Autre semblable de Michel Barbier, contrôleur général du taillon en faveur de J. Euvrard, nommé receveur du bailliage de Dijon (1600). — Fol. 6. Autre de Hugues Rozerot, bourgeois de Beaune, en faveur de Jacques de Maillard, nommé receveur général des États de Bourgogne (1600). — Fol. 10. Autre de Jacques Valon, conseiller à la Cour de Parlement, en faveur de Claude Valon, successeur du précédent (1602). — Fol. 37. Autre de Hugues Berthault, sieur de Vaulx et de l'Éperviere et de Lazare Berthault, bourgeois à Beaune, en faveur de Pierre Bacquot, receveur du bailliage de Beaune (1607).

C. 2317. (Registre.) — In-folio, 100 feuillets, papier.

1729-1778. — Registre d'enregistrement des prestations de cautions des comptables du Bureau des finances. Fol. 1. Caution d'Edme Doublot, contrôleur au grenier à sel de Montbard (1729) ; — Fol. 2. d'A. Carrelet, receveur général des finances en Bourgogne (1729) ; — Fol. 3. de J. Locquin, contrôleur général des finances en Bourgogne (1730) ; — Fol. 14. de Jacques Hernoux, grènetier du grenier à sel de St.-Jean-de-Losne (1737) ; — Fol. 32. de Claude-André Andréa de Nerciat, receveur-payeur des gages du Parlement (1745) ; — Fol. 49. de Joseph Napple, trésorier ancien des mortes payes dans la Généralité (1753) ; — Fol. 66. de J.-B. Andréa, receveur général alternatif et mi-triennal du taillon (1762).

C. 2318. (Registre.) — In-folio, 50 feuillets, papier,

1779-1789. — Suite du registre précédent. — Fol. 1. Jugement portant défense à M. Desvaux nommé receveur général des finances, de s'immiscer dans sa charge avant d'avoir fourni caution (1779). — Fol. 5. Caution de Denis Ozanon, grènetier au grenier à sel de Beaune (1779) ; — Fol. 9. de Jean Ladey, grènetier au grenier à sel de Nuits (1781) ; — Fol. 15. de Pierre Monteau, grènetier en celui de Bourbon-Lancy (1784) ; — Fol. 21. d'Antonin Lanaud, grènetier en celui d'Auxonne (1786) ; — Fol. 23. d'Antoine Joseph, drapier, grènetier en celui d'Arnay-le-Duc (1789).

C. 2319. (Liasse.) — 6 pièces parchemin ; 8 pièces, papier.

1552-1588. — Impositions. — Arrêt du Conseil qui, sur le rapport de Gabriel Marlan, trésorier de France en Bourgogne et Jacques de Vintimille, conseiller au Parlement, commissaires pour l'institution des traites foraines, établit un bureau à Beaune, à Chaussin, à Renève et à Selongey et fixe les gages des officiers, tant de ces nouveaux bureaux que de celui général de Dijon, de ceux d'Auxonne, Pontailler, St-Seine-sur-Vingeanne, St-Jean-de-Losne, Seurre, Chalon, Verdun, Bellevesvre et Loubans (1552). — Mandements signés du roi Charles IX qui déchargent Philippe de Lenoncourt, évêque d'Auxerre, et Pierre de Marcilly, évêque d'Autun, de leur cote de l'emprunt ordonné par son frère le roi François II (1560). — Rôle des villes fermées de la Généralité soumises au subside de 5 sols sur le vin (1562). — Lettres patentes du roi Charles IX qui ordonne l'imposition de 31 livres 10 sols sur chaque village de Bourgogne pour l'entretien des gens de guerre, chevaux, suite et train d'artillerie (1574). — Mandement de F. Maillard, receveur général des finances, pour la contribution de plusieurs habitants de Saulieu, à l'emprunt de 30,000 livres, ordonné par le Roi être levé sur les riches et aisés subjets du duché (1571). — Règlement arrêté en conseil du Roi, pour faire cesser les abus et malversations qui se commettaient en adjudication des baux à terme des aides, impositions et octrois (1573). — Lettres patentes de Henri III, qui prescrit la subvention de 86,366 écus 2/3 sur les villes et bourgs fermés, destinée à l'entretien de l'armée (1588).

C. 2320. (Liasse.) — 16 pièces parchemin ; 8 pièces, papier.

1601-1635. — Impositions. Procès-verbal dressé par M. de Tournay, trésorier général, du règlement et de l'imposition des tailles, établissement des droits d'entrée et dans les pays de Bresse, Bugey, Valromey et Gex (1601). — Commission pour l'imposition sur la Bresse d'une somme de 100,145 livres (1608). — Lettres de commission signées du roi Louis XIII adressées aux trésoriers de France à Dijon, pour la levée de l'impôt du taillon en Bourgogne, des tailles des pays de Bresse, gages des officiers, maréchaussée etc. (1610). — Enregistrements par le Bureau des finances de la commission royale (1618) qui impose sur les tailliables de la Bresse, la somme de 7,185 livres 11 sols, pour les étapes fournies lors du passage de 4,000 lansquenets conduits au Piémont par le comte de Schomberg. — Lettres patentes de Louis XIII qui autorise les syndics de Bresse à s'imposer une somme de 48,450 livres tant pour gratifier le prince de Condé, gouverneur de la province, et le marquis de Thianges, lieutenant général, des soins qu'ils ont pris pour le soulagement du pays, que pour obvier à d'autres affaires (1635). — Semblables lettres obtenues pour le même motif par les syndics du pays de Bugey (1635).

C. 2321. (Liasse.) — 23 pièces, parchemin ; 2 pièces, papier.

1643-1731. — Impositions. « Rolle des taxes ordonnées par le Roy estre payées par les officiers, privilégiés, communautés, arts et métiers, propriétaires des ports, ponts, péages, passages, moulins bâtis sur sa censive », pour son droit de nouvel avènement (1643). — Mémoire pour la forme de la levée de l'impôt de la subsistance en Bresse (1652). — Commissions signées du roi Louis XIV, adressées au Bureau des finances à Dijon, pour la levée des impositions ordinaires et extraordinaires dans les Élections de Bourg et de Belley. — Arrêts d'enregistrement de ces lettres par le Bureau des finances (1657-1701). — Lettres patentes du Roi, qui autorisent les pays de Bresse, Bugey et Gex, à s'imposer tant pour gratifier le gouverneur et ses lieutenants généraux, que pour subvenir aux affaires du pays (1719-1731).

C. 2322. (Cahier.) — In-4, 12 feuillets, papier.

1681. — Registre du contrôle de la recette générale du

taillon en Bourgogne et Bresse, présenté au Bureau des finances par Pierre Deslandes, contrôleur général du taillon, Bénigne Le Compasseur étant receveur général. Ce registre constate *tous les versements faits par les receveurs particuliers des bailliages à la caisse du receveur général.*

C. 2323. (Cahier.) — In-4, 15 feuillets, papier.

1683. — Autre semblable présenté par Humbert de Morey, contrôleur général du taillon. Jacques Fournier Bussy, receveur général.

C. 2324. (Cahier.) — In-4, 11 feuillets, papier.

1684. — Autre semblable présenté par Pierre Deslandes, contrôleur général du taillon. Jacques Fournier Bussy, receveur général.

C. 2325. (Cahier.) — In-4, 14 feuillets, papier.

1685. — Autre semblable aux précédents, présenté par Humbert de Morey, contrôleur général du taillon. Jacques Fournier Bussy, receveur général.

C. 2326. (Registre.) — In-folio, 53 feuillets, papier.

1762-1789. — Registre des cotes d'offices imposées d'autorité par le Bureau des finances. — Fol. 1. La veuve Millet, directrice de la poste de Sennecey-le-Grand, qui se prétendait exempte à cause de son office, est imposée pour les *biens qu'elle possède sur le territoire.* — Joseph Lantissier, marchand à Marchesseuil, est imposé à 38 livres pour s'être rendu maître du rôle des tailles et avoir vexé la communauté (1762). — Fol. 8. Pierre Lacroix, de Digoin, est imposé à 50 livres pour avoir faussement déclaré aux élus qu'il demeurait en Brionnais (1769). — Fol. 15. Le sieur Charéault, de Chazelles-l'Écho, ayant hérité d'une riche succession, est cotisé à 300 livres, plus la capitation de la noblesse (1776). — Fol. 23. Tassin, marchand et fermier à Longchamp, paye 230 livres, pour n'avoir point été imposé au rôle de la taille, selon ses facultés (1784), etc.

C. 2327. (Liasse.) — 1 pièce, parchemin; 28 pièces, papier.

1557-1558. — Constitutions de rentes au denier 12, sur l'hôtel-de-ville de Paris ou à volonté sur l'Épargne, les aides ou le domaine, établies par forme *d'emprunt forcé sur les personnes riches ou aisées* et suivant édit du 16 janvier 1557, par Claude Lefèvre, premier président au Parlement de Dijon, et les trésoriers de France. Nicolas Des Prés, bourgeois de Flavigny, acquiert 20 livres de rente pour un capital de 240 livres. — Claude Menant, contrôleur à Bar-sur-Seine, 80 livres pour 960 livres. — André Clerc, avocat à Chalon, 16 livres pour 192 livres. — Girard Tirand de Fautrières, 10 livres pour un capital de 120 livres. — Louis Piollot, élu du Roi à Bar-sur-Seine, 50 livres pour 600 livres; — Motin, bourgeois de Charolles, 20 livres pour 240 livres. — Contrat par lequel *les trésoriers de France, commissaires sur le fait des emprunts, assignent sur la recette générale de Bourgogne, la rente de 83 livres 6 s. 8 d.,* au capital de 1,000 livres, achetée par Palamèdes Gontier, greffier au Parlement, et qui avait été assigné sur les revenus du Charollais, depuis cédé au roi d'Espagne.

C. 2328. (Liasse.) — 10 pièces, papier.

1559. — Constitutions de rentes semblables aux précédentes. — Jean Duvivier, bourgeois d'Autun, est cotisé avec plusieurs autres habitants aisés à 890 livres de capital pour 74 livres de rente. — Jacques Arthaud, avocat à Semur, à 720 livres pour 60 livres. — Plusieurs habitants de Dijon, Chenôve et Fontaines, parmi lesquels figurent Girard de Moissey, procureur en Parlement, Blaise Achery, marchand, Guillaume Mongin, grènetier à St-Jean-de-Losne, sont taxés ensemble à fournir la somme de 213 livres. — Les habitants d'Auxonne, représentés par Claude Devenet, leur mayeur, contribuent pour 517 livres tournois à la cote des 20,000 livres d'emprunt, ordonnés par le Roi et reçoivent une rente de 43 livres 1 sol 8 deniers. — Odart Bailly de Ruilly, à 144 livres pour lesquelles il touche 12 livres de rente.

C. 2329. (Liasse.) — 25 pièces, papier.

1560-1561. — Constitutions de rentes semblables aux précédentes. Les paroissiens de Bragny en Charolais, cotisés à 240 livres, reçoivent une rente de 20 livres sur la recette générale. — Jean Fagotin et autres habitants aisés du pays d'Arc-en-Barrois, sont cotisés à 323 livres. — Les gens aisés de Chaussin à 100 livres. J. Piget, grènetier du grenier à sel de Pouilly, est cotisé à 20 livres de rente. — J. de Nozeret, avocat à Beaune, J. Simon, notaire royal, Philibert de la Mare, Mathieu Richard, Vivant Guyard, Hugues Brunet, châtelain, Vivant Loppin et autres habitants aisés de la même ville, souscrivent pour 340 livres tournois. — Cotisation de plusieurs habitants de Dijon, Mirebeau, Marsannay-le-Bois, Rouvres et Ahuy, en tête desquels figurent Nicolas Jachiet, procureur au Parlement et Vivant Menand. Elle monte à 1,206 livres produisant la rente de 106 livres tournois. — Noble Jean Legrand, greffier au bailliage de Châtillon, et 4 habitants de la même ville sont cotisés à 102 livres.

C. 2330. (Liasse.) — 1 pièce, parchemin; 22 pièces, papier.

1562-1563. — Constitutions de rente (suite). — Quittance de 20 livres de rente donnée par Gaspard Picardet et Nicolas Bonne, notaires à Mirebeau. — Constitutions de rente par emprunt forcé, semblables aux précédentes. — Étienne Coussin, procureur au Parlement de Dijon, achète 45 livres une rente de 41 sols 8 deniers. — Philibert Gerardenot, de St-Seine, et ses consorts payent 76 livres pour une rente de 6 livres 6 sols 8 deniers. — Claude Vergier, du Vernois, près Beaune, et ses consorts des villages circonvoisins, fournissent 110 livres pour une rente de 9 livres 3 sols 4 deniers. — Blaise Guyot d'Oudry et Claude Pacquelot de Merly achètent 120 livres une rente de 10 livres. — Jean Pitoiset, dit Maugras, d'Ampilly-le-Sec, et d'autres habitants du « basty » et ressort de la Montagne, payent 731 livres, une rente de 60 livres 18 sols 4 deniers. — Cession par Antoine Pascand de St-Ligier, et ses parsonniers, à J. Racaud, bourgeois de Paray-le-Monial de la somme de 100 écus d'or empruntée par le Roi et pour le même prix.

C. 2331. (Liasse.) — 47 pièces, papier.

1570-1572. — Constitutions de rentes semblables aux précédentes, faites par les commissaires du Roi sur les emprunts forcés à rente. — Rente de 4 livres 3 sols 4 deniers, payée 30 livres par les consorts d'Aumont d'Autun. — Guillaume Galoche de Chalon paye 75 livres une rente de 6 livres 5 sols. Vorle Tuebeuf et J. Guérittée, de Ste-Colombe, payent 25 livres, 2 l. 1 s. 8 d. de rente. — Edme Dubled de Saulieu paye 90 livres 7 livres 10 sols de rente. — Constitutions au profit de sieur Larmier, la veuve Lécrivain de Châteauneuf, Vincent Lobelin, avocat à Dijon, plusieurs habitants, de Fleurey, les frères Verdin, d'Auxonne, Thomas Gay, de Digoin, Mlle Claude Barbier, veuve de François Carrey, seigneur de Châtel Regnaut, Quentin Garnier, de Villers-le-Duc, Nicolas Odebert, Nicolas Graillenet, marchand à Argilly, Anne de Malyon, veuve de J. de Poligny, bourgeois de Dijon.

C. 2332. (Liasse.) — 23 pièces, papier.

1673. — Constitutions de rentes semblables aux précédentes, faites au denier douze par les commissaires du Roi, au profit de J. Poncet de Lugny-les-Mâcon, Archambaut-Chaumelis de Cluny, Claude Bulyer, sieur de Lays, Antoine Bouchard, marchand à Saulieu, Édouard Bolon, marchand à Autun, J. Joleau de St-Didier-sur-Arroux, Natoire Guillier, marchand à Seurre, J. Tribolet, marchand à Nuits, la veuve de Nicolas Richard, marchand à Beaune, Jean et Jacques Mausol, de Beaune, Vincent Soscelier, d'Antheuil, J. d'Ablain, procureur à Chalon, Jacques Maignien, notaire à Chalon, M^{de} Pierre Mantoux, veuve du sieur de Perseval, à Verdun, Claude Mazuyer, de Bellevesvre.

C. 2333. (Liasse.) — 102 pièces, papier.

1573. — Constitutions de rentes semblables aux précédentes, faites au denier 12 par les commissaires du Roi au profit de Anne Guiller, veuve Denis de Vaux, Claude Laboret d'Autun, Philippe Chapuis, marchand à La Chaleur, plusieurs habitants de Fontaine en Duesmois, Philibert Vasselin, marchand à Auxonne, Claudine Popelard, veuve Boulier, à Dijon, A. Chirat, marchand à Seurre, J. Esprit, contrôleur au grenier à sel de Châtillon, P. Tallot, marchand à Montcenis, J. Buisson, marchand à Paray, J. Angély, praticien à Groisses, Claude Nouvellat et consorts, marchands à Auxonne, J. Druet, marchand à Seurre, Philibert Clunot, maréchal à Vériset, Edme Putas, de Montréal, etc.

C. 2334. (Liasse.) — 66 pièces, papier.

1574-1577. — Constitutions de rentes semblables aux précédentes, faites au profit de Fiacre Benoît de la Cros, les paroissiens de Verrières-sous-Glenne, Antoine de la Croix, d'Autun, la veuve Lescaille, de Montbard, J. Boudrenet, marchand de Dijon, J. Marquet, de Villeneuve, J. Ciolu de Franxaut, Nicolas Guichard, de Clessé, plusieurs habitants de Trouhans, la veuve Baudinet, de Paray-le-Monial, les héritiers d'Edme Mignard, notaire à Coulmier-le-Sec. — Vente d'une rente de 27 lots, 1 denier, au capital de 16 livres, 5 sols faite par Girard Jouvenot, praticien à Dijon, à Jean Berthault, concierge de la maison du Roi au même lieu.

C. 2335. (Liasse.) — 4 pièces, parchemin; 21 pièces, papier.

1586-1667. — Constitution d'une rente d'un écu, trente sols, au capital de 18 écus, faite par les commissaires du Roi, au profit de Chrétien Buvée, lieutenant au marquisat de Mirebeau. — Édit du roi Henri IV qui défend toutes constitutions de rente au-delà du denier seize. — Transport fait par J. Envrard, poursuivant d'armes en la grande écurie du Roi à P. Chasot, conseiller à la Chambre des comptes, de deux rentes de 6 livres et de 100 sols, moyennant la somme de 84 livres, 6 sols, 8 deniers. — Arrêt du Conseil qui commet deux députés de la Chambre des comptes, pour constater les désordres signalés dans le payement des arrérages des rentes en Bourgogne et y remédier. — Quittance d'arrérages de rente sur le Domaine, donnée par l'abbesse de N.-D. des Iles. — Procuration donnée par les demoiselles Viénot, de Nuits, pour se faire inscrire comme rentières sur la province. Jugements sur requêtes du Bureau des finances pour l'inscription à ce même titre de P. Grozelier, écuyer, avocat au Parlement et Catherine de Brisay, veuve d'Aimé Marie Gontier, premier lieutenant du Roi en Bourgogne, Marguerite Bonneau, veuve Adenot; Guy Dumont, avocat au Parlement de Bourgogne, demeurant à Baigneux-les-Juifs.

C. 2336. (Liasse.) — 108 pièces, papier.

1720-1789. — Régie et administration des domaines.

Bureau d'Aignay. Observations de la direction des Domaines sur les comptereaux du receveur. — Débat avec le prieur de Duême, concernant les limites de la censive. — État du Domaine engagé. — Bureau d'Arnay-le-Duc. — État des produits du nouveau sol pour livre. — Bureau de Baigneux. — État des paroisses et seigneuries qui composent l'arrondissement du Bureau. — Rôle des particuliers qui doivent être employés en contrainte. — Observations de la Direction sur les comptereaux du receveur. — État du Domaine engagé à Baigneux et Billy. — Correspondance entre le directeur et le receveur. — Bureau de Bar-sur-Seine. — Relevé des droits de lods dus au Domaine du Roi sur les ventes et autres mutations. — Adjudication du greffe de la maîtrise des Eaux et Forêts.

C. 2337. (Liasse.) — 167 pièces, papier; 1 pièce, parchemin.

1674-1789. — Domaine. — Bureau de Beaune. État des paroisses et seigneuries de l'arrondissement du Bureau. — Correspondance entre les receveurs Louvot et Boyer et la Direction sur l'acquisition, par M. Bourgeon, du domaine de Volnay, ayant appartenu à Mme Fleutelot de L'Arçon, veuve de M. de Colin de Montigny; — sur les biens oubliés dans les déclarations de successions; — sur le manuel de la châtellenie; — sur une demande d'intervention de la régie des Domaines dans un débat suscité par le fermier des octrois; — sur un cens au domaine, assigné sur une maison située proche la chapelle Saint-Baudèle, à Beaune; — sur une acquisition d'une partie de la seigneurie de Meursault, par l'Hôtel-Dieu de Beaune; — sur les comptereaux. — État du Domaine engagé. — Jugement de la Chambre du Domaine qui contraint P. de la Mare, écuyer à Beaune, à représenter à la régie les titres du Domaine de Volnay, dont il vient d'hériter.

C. 2338. (Liasse.) — 96 pièces, papier.

1754-1790. — Domaine. — Bureau de Châtillon. État des paroisses et seigneuries de la circonscription du Bureau. — Correspondance entre la Direction et le Bureau au sujet de l'engagement de la seigneurie de Maisey au marquis de Ragny; de la surtaxe des nouveaux sols pour livre, des rentes abergées dues par les communautés d'habitants; — sur le dénombrement du fief du Champ-Chevalier, l'amodiation des châtellenies d'Aisey-le-Duc et Salmaise. — Observations sur les comptereaux.

C. 2339. (Liasse.) — 192 pièces, papier.

1750-1787. — Domaine. — Bureau d'Époisses. État des paroisses et seigneuries de la circonscription. — Correspondance du Bureau avec la Direction touchant des droits de

CÔTE-D'OR. — SÉRIE C. — TOME II.

lods, contestés à Vieuchâteau et exigés des habitants de cette châtellenie; — d'autres de la vente de la maison de Sainte-Barbe, à Montbertault, faite par Philibert Tarin au sieur Guenot. — *Observations sur les comptereaux.* — Inventaire des registres du Bureau. — Bureau de Fays-Baillot. Circonscription. — Bureau de Flavigny. Réclamation de deux registres. — Lettres relatives à l'impôt du Don gratuit. — Bureau de Fontaine-Française. Correspondance entre le receveur et la régie, au sujet des registres de recette, de droits indûment perçus et des péages de Beaumont. — Bureau de Fresne-Saint-Mammès. Relevé des mutations depuis 1750. — État des droits seigneuriaux casuels, d'ensaisissement et droits de quittance dus au Roi dans l'arrondissement du Bureau. — Bureaux de Gemeaux et d'Is-sur-Tille. États des paroisses et des seigneuries de la circonscription de ces deux Bureaux. — Lettre de l'administration des Domaines, touchant une contestation relative au moulin des Courtines, à Is-sur-Tille.

C. 2340. (Liasse.) — 138 pièces, papier.

1728-1790. — Domaine. — Bureau de Montbard. État des paroisses et seigneuries de la circonscription du Bureau. — Correspondance entre la régie et le Bureau, au sujet de l'octroi du Pied-Fourchu, à Montbard, du droit de faîtage, de l'abonnement de nouveaux sols pour livre, de l'engagement de la terre de Montbard, des rentes rachetées dues par les habitants de Montbard, la mairie, etc. — *Observations sur les comptereaux.* — Bureau de Mont-Saint-Jean. — État des paroisses et seigneuries de la circonscription. — Observations de l'administration centrale sur cette circonscription. — Lettres concernant la rente due par les habitants de Melin-sous-Orches. — Bureau de Moutier-Saint-Jean. — Bureau de Nuits. État de la circonscription du Bureau. — Correspondance entre la régie et le Bureau au sujet de la perception des droits de lods dans toute l'étendue des châtellenies d'Argilly et de Vergy, des mutations. — Inventaire des registres. — Observations sur les comptereaux.

C. 2341. (Liasse.) — 128 pièces, papier.

1779-1789. — Domaine. — Bureau de Pontailler. Circonscription du Bureau. — États des recouvrements faits par le *contrôleur* Choblet. — Correspondance entre la régie et le Bureau, concernant l'achat d'un pâquier de la commune de Maxilly par celle d'Heuilley, l'accensement d'alluvions de la Saône à M. Lebault, les moulins de Pontailler. — Observations sur les comptereaux. — Bureau de Rouvray. Circonscription. — Correspondance au sujet des anciennes fortifications de Rouvray, de la perception des droits de lods, la succession en déshérence de Baquet-Bocq.

12

C. 2342. (Liasse.) — 239 pièces, papier.

1772-1780. — Domaine. — Bureau de Saint-Jean-de-Losne. Correspondance entre la régie et le Bureau, au sujet des redevances dues à Brasey, des moulins sur la Saône, du four banal de Saint-Jean-de-Losne, de l'engagement du pré de l'Île, près Saint-Seine-en-Bâche, de la succession en déshérence de la veuve Lamblin. — Observations sur les comptereaux. — Bureau de Saint-Seine. Circonscription. — Correspondance avec la régie au sujet des sols pour livre, frappés sur les octrois, de la rente due par les habitants de Trouhaut. — Bureaux de Salives, Salmaise. Circonscription. — Correspondance concernant les mutations, les droits seigneuriaux sur les biens de la châtellenie. — Observations sur les comptereaux.

C. 2343. (Liasse.) — 112 pièces, papier.

1772-1788. — Domaine. — Bureau de Saulieu. Circonscription. — Correspondance avec la régie au sujet des censes et rentes sur les anciennes fortifications de la ville. — Bureau de Semur. Circonscription. — Correspondance avec la régie concernant l'établissement des nouveaux sols pour livre, la revendication de la terre de Grignon, l'engagement de la terre de Saint-Euphrône, des découvertes de censes et rentes à Semur. — Observations sur les comptereaux. — Bureau de Vitteaux. Correspondance avec la régie au sujet des nouveaux sols pour livre, la cense due par le seigneur engagiste de Vesvre, du droit d'aubaine prétendu sur un Anglais malade et condamné par les médecins; le péage et le minage de Vitteaux. — Observations sur les comptereaux.

C. 2344. (Registre.) — In-folio, 12 feuillets, papier.

1746-1758. — Domaine. — Registre des droits casuels. — Fol. 1. La commune de Clomot paie 100 francs pour droit d'affranchissement (1746). — Fol. 2. Confiscation de 152 livres 2 sols 6 deniers sur des vagabonds (1748) ; — Fol 4. celle de Gilbert Lhéritier se chiffre ainsi: recette, 18,665 livres 16 sols 6 deniers ; dépense, 35,285 livres 17 sols 2 deniers (1753). — Fol. 9. Recette de 3,000 francs de droit de quint dû par Mme Achille d'Assigny (1753). — Fol. 10. Autre de 5,000 de droit de relief, par M. d'Harcourt (1755).

C. 2345. (Registre.) — In-folio, 158 feuillets, papier.

1622-1704. — Domaine. — Ensaisinements. Registre pour servir à la confection et renouvellement du Domaine du Roi en Bourgogne. — Fol. 1. Acquisition par le couvent de la Visitation de Dijon d'une maison dite le logis du Petit-St-Bernard, rue Porte-au-Fermerot (1702). — Vente par MM. de Requeleyne d'une boutique dans la salle du Palais à Dijon (1702). — Fol. 4. Aliénation par les commissaires du Roi au sieur Collet de la propriété des Moulins de Montbard (1704) ; — Fol. 5. de la terre de Quemigny et Poisot au sieur Richard (1622) ; — de la moitié de la métairie de Champ-d'Arçon, par l'abbaye d'Oigny, aux frères Brigandet (1696 ; — Fol. 26. d'une maison située entre les deux ponts de Montbard, au profit de M. J. Nadault, ancien élu des États de Bourgogne (1699) ; — Fol. 38. d'un domaine à Salmaise, au profit de Pierre Languedey (1704) ; — Fol. 87. de deux maisons et jardins situés à Talant, au profit de Claude Lemaître, cordonnier (1691) ; — Fol. 99. de plusieurs propriétés à Villaines-en-Duesmois (1687) ; — Fol. 121. du domaine des Bordes-sous-Salmaise, au profit de Mme J. Goujon (1672) ; — Fol. 144. des biens situés à Montarmet, provenant de la prévôté de Salives (1668) ; — Fol. 151. de la châtellenie de Châtel-Gérard, faite par J. de Robec de Pallières, au profit de Guillaume Mazen, seigneur d'Arquin (1645) ; — Fol. 155. du fief de la Grande Dame Guye, près Châtillon, au profit de M. J. Chevignard, trésorier de France à Dijon (1697).

C. 2346. (Registre.) — In-folio, 151 feuillets, papier.

1733-1767. — Ensaisinements. — Registre d'André de la Poix, préposé pour l'enregistrement des actes des biens nobles dans la Généralité de Dijon sujets à l'ensaisinement. — Fol. 1. Reprise de fief de la Motte d'Ahuy, par P. Seguin, écuyer (1745). — Fol. 3. Aliénation de la terre de Saint-Seine-sur-Vingeanne, par les consorts de Paillard et de Melin à Bénigne Legouz-Gagne, président au Parlement (1746). — Testament d'Antoine Bernard Bouhier, marquis de Bouhier, qui lègue son marquisat de Lantenay à Bénigne, second fils de Bénigne Bouhier, seigneur de Fontaine (1745). — Fol. 5. Aliénation de la terre de Pichanges, par Louis-Antoine Duprat-Barbançon, baron de Vitteaux, à M. Loppin de Gemeaux (1753). — Fol. 18. Vente de la seigneurie de Chambolle et Morey, par les héritiers Croonambourg, à Marie Fromageot, veuve de M. Pelletier de Cléry (1747). — Fol. 10. Contrat de mariage de Bénigne Fardel, conseiller au Parlement, avec Marie Boillaud (1745). — Fol. 12. Vente de la terre de Lusigny, par Bernard de Royer, sieur de Saint-Micault, à Nicolas de Ganay, sieur de Vesigneux (1748). — Fol. 13. Donation de la seigneurie de Sermesse, faite par Charlotte-Louise de Gadagne d'Hostun, comtesse de Pons, à Louis-Robert Mallet, comte de Graville, maréchal de camp (1744). — Fol. 14. Vente de la seigneurie de La Frette, par Louis, marquis de Bauffremont-Tenarre, à Bénigne de la Michaudière, veuve de M. Chartraire de Bierro (1747). — Fol. 17. Contrats de mariage de Jacques-Philippe-Sébastien Leprostre, comte de Vauban, maréchal de camp, avec Anne-Josèphe, fille d'Anne-Philibert de la Cueille de Châteaugay, premier lieutenant-général en Bourgogne, et de Marie-Josèphe d'Amanzé (1733) ; — Fol. 19.

de Gilbert, marquis de Drée, avec Adrienne-Élisabeth de Neuville (1755) ; — Fol. 20. de Louis-Gilbert, comte de la Queille, avec Louise-Jacqueline de Lastic de Saint-Sal (1741). — Fol. 22. Vente des terres et seigneuries de Rivoires, Montagnac, Revonaz, et faite par P. F. Chanzy, à Charles Leloup, premier président en l'Élection de Bresse (1736). — Fol. 23. Reprise de fief du marquisat de Villars-en-Bresse, au nom de François Dugas (1754). — Fol. 25. Ventes du marquisat de Varambon, de la baronnie de Richemond et de la seigneurie de La Palud, faites par Louis Guichard Perachon, comte de Varax, à J.-F. Baland d'Augustebourg, écuyer (1756) ; — Fol. 27. de la baronnie de Varey-en-Bugey, par Jacques, marquis de Beaurepaire, à J. Dervieu, écuyer, sieur de Villard (1753) ; — Fol. 28. du comté de Montréal-en-Bugey, par MM. de Budé, à M. Joseph Douglas (1757). — Fol. 30. Reprises de fief des seigneuries de Brasey et Échigey et baronnie de Saint-Julien, par Guillaume Baillet, chevalier (1767) ; — Fol. 31. de la seigneurie d'Aiserey, par Claude Fleurelot de Beneuvre (1769). — Fol. 32. Aliénation du marquisat de Montjeu et de la baronnie de Dracy-St-Loup, faite par les commissaires du Roi à Madeleine-Catherine de Boivin, veuve de M. d'Allgre, président au Parlement de Paris (1747). — Fol. 34. Acquisition de la seigneurie de Sivry-lés-Voudenay, par J.-B. de Mac-Mahon, chevalier, sieur de Voudenay et d'Éguilly et Charlotte Lebelin, son épouse (1755) ; — Fol. 36. de celle de Villiers au bailliage de Saulieu, sur Charles-Jules Damas de Cormaillon (1761). — Fol. 38. Donation des seigneuries de Monnay et du Gratoux, faite par Jeanne-Baptiste Thomas, veuve du président Quarré, à François-Marie Quarré, conseiller au Parlement (1763). — Fol. 41. Testament de François de Froissard, comte de Broissia, en faveur de Bernard-Angélique, son fils cadet, chevalier non profès de Malte (1732). — Fol. 43. Ventes d'une portion de la seigneurie de Clamerey, par Frédéric du Fresne, écuyer, sieur de Saint-Beury, à Claude-Antoine Espiard, sieur de Clamerey (1754) ; — Fol. 45. de la baronnie de Marigny-sur-Ouche, par Marie-Gabrielle de Pons-Praslin, veuve de Henry-Anne de Fuligny-Damas de Rochechouart et ses enfants, à Jean Pâris de Montmartel, conseiller d'État, marquis de Brunoy (1766) ; — Fol. 48. de la seigneurie de Saint-Georges au bailliage d'Auxerre, par M. Doublet de Croier, conseiller au Parlement de Paris, au profit de M. Astruc, président en la Cour des Aides (1755) ; — Fol. 51. de la châtellenie de Vincelles, par Jacqueline Maniquet, veuve de Nicolas de Commeau, comte de Créancey, Joseph-Nicolas de Commeau, chevalier, Élisabeth Pelletier de Cléry, sa femme, Nicolas et Bénigne de Commeau, ses enfants, à Edme-Germain Villetard, écuyer (1769). — Fol. 64. Contrat de mariage de Pierre Dujast, d'Ambérieux, Luysandres et les Alimes, avec Lucrèce Dareste d'Albonne (1765). — Fol. 56. Testament de Mme Minerve Renée de Chanlecy-Pluvault, veuve de François-Éléonor, comte de Choiseul, par lequel elle donne entre autres legs, une rente de 150 livres à l'église paroissiale de Pluvault, bâtie par sa mère (1746). — Fol. 61. Reprise de fief de la Roche d'Ily, par Mme Espiard, veuve de M. de Saux, conseiller au Parlement (1758) ; — Fol. 65. du marquisat de La Perrière, par Edme Lamy, écuyer, et Philiberte-Marie, sa sœur (1746) ; — Fol. 70. de la terre d'Avirey et Lingey, près Bar-sur-Seine, par Hugues-François de Conygham (1746) ; — Fol. 74. de la seigneurie de Souhey, Magny et Saint-Euphrône, par M. Mollerat, secrétaire du Roi (1764). — Fol. 80. Aliénation de la châtellenie de Vermanton, faite par S. A. S. Mlle de Charolais à M.-A. J. du Chatelet, sieur de Bazarne (1745). — Fol. 85. Testament de Louis-Urbain Aubert, chevalier, marquis de Tourny, conseiller d'État, par lequel il lègue à son fils Galiot Aubert les terres et seigneuries de Selongey, Marcy, Vernois, Busserotte (1759). — Fol. 90. Aliénation de la seigneurie de Fontaine-en-Duesmois, par Claude Morel-Villiers, au profit de Frédéric de Fresne, sieur de Saint-Beury (1768) ; — Fol. 95. de la seigneurie de Chambon, près Cronat-sur-Loire, au profit de G. L. Le Bègue, sieur d'Ambly, trésorier de France à Moulins (1751). — Fol. 100. Contrat de mariage de Claude-Jacques-Henry-Ange de Truchy, écuyer, capitaine au régiment de commissaire général, avec Charlotte-Étienne de Truchy (1750). — Fol. 110. Partage de biens entre Claude-Louis, comte de Clermont-Montoison, brigadier des armées du Roi, et Louis-Claude de Clermont-Montoison, chevalier de l'ordre de Saint-Jean-de-Jérusalem (1766). — Fol. 121. Acquisition de la seigneurie de Villers-la-Faye par Pierre-Louis de Villers-la-Faye, sur Marie-Suzanne-Simonne-Ferdinande de Tenarre-Montmain, veuve de Louis de Bauffremont, prince du Saint-Empire (1770). — Fol. 130. Reprises de fief de la seigneurie d'Orsa au bailliage d'Autun, par Marie-Jacques de Chalon, veuve de Jacques de Méric (1762) ; — Fol. 135. de la seigneurie de La Mairie et de Lhée-les-Argilly, par les administrateurs de l'hôpital de Dijon (1766). — Fol. 137. Acquisitions de la terre de Fernex, par Marie-Louise Mignot, veuve de Nicolas-Charles Denis, écuyer, capitaine au régiment de Champagne, sur M. Jacob de Budé, citoyen de Genève (1756) ; — Fol 142. de la seigneurie de Magny-sur-Tille, par Cl. L. Poulletier de Perrigny, receveur général, sur Mme veuve Dagonneau de Marcilly (1766).

C. 2347. (Registre.) — In-folio, 166 feuillets, papier.

1721-1777. — Ensaisinements. — Registre pour le contrôle des titres des biens nobles de la Généralité de Dijon et des biens de roture du bailliage de Dijon. — Fol. 2. Cession du fief de Crébillon, sis à Brochon, faite par Mme Arcelot à Charles-Claude Devoyo, conseiller au Parlement (1771). —

Fol. 4. Envoi de M. Bénigne Legouz de Saint-Seine, président au Parlement, en possession de la terre de Jancigny, à lui léguée par Legouz-de-Gerland, ancien bailli du Dijonnais (1777). — Fol. 20. Reprise de fief de la seigneurie de Bragny et La Barre, par Claude de Thiard de Bissy, lieutenant-général des armées du Roi (1771). — Fol. 30. Acquisitions de la terre de Mercey, par J. Cœurderoy, conseiller au Parlement, sur Pierre-Louis de Villers-la-Faye, comte du Rousset (1775) ; — Fol. 40. du fief de Raconnay, près Gergy, par Louis-Étienne Lorenchet, conseiller au Parlement, sur Charles-Marie Fontette de Sommery, capitaine du régiment des dragons Damas (1772). — Fol. 43. Reprise de fief du comté de Chamilly et de la baronnie de Nantoux, par Armand-Joseph de Béthune, duc de Charost (1776). — Fol. 56. Acquisition de la seigneurie de Crary-en-Mâconnais, par P. L. Dumiral, seigneur de Malinière, sur Mlle Henriette-Françoise de Foudras de Châteautiers (1771). — Fol. 64. Testament de Marc-Antoine Gayot, comte de Châteauvieux, en faveur de Claude J.-M.-A. Gayot, son fils (1771). — Fol. 70. Reprise de fief de la seigneurie de Montrilloux-en-Bresse, par Christophe-François-Nicolas de Montrilloux, sieur du Châtelet (1777). — Fol. 72. Testament de Ét.-Marc.-Joseph de Moyria, capitaine réformé, en faveur de Jean-Joseph, son troisième fils, capitaine au régiment de Foy (1771). — Fol. 80. Reprise de fief de la seigneurie du Haut-Sergy et Bezenax, au pays de Gex, par Pierre de La Forêt, comte de Rumilly (1774). — Fol. 82. Envoi de Philippe-Louis, marquis de Chastellux, en possession des biens à lui légués par Nicolas-Étienne de Chaugy, comte de Roussillon-en-Autunois (1773). — Fol. 90. Acquisitions de la seigneurie de Meñessaire, par Gaspard Le Compasseur, marquis de Courtivron, et Élie-Élisabeth de Fussey-Courtivron, sa femme, sur Léopold-Charles de Fussey (1773) ; — Fol. 93. de la terre de Châtelmoron, près Montcenis, par Louis Morel de Corberon, conseiller à la Chambre des comptes de Dijon, sur Charles-François et François-Marie de la Madeleine (1776). — Fol. 102. Reprise de fief de la seigneurie de Courson, de la baronnie de Migé, etc., en Auxerrois, par Mme veuve Pierre Perrinet (1776). — Fol. 120. Acquisition de la seigneurie de Vaux-Vallon, au bailliage d'Avallon, de la baronnie de Conforgien et Beaumont, au bailliage de Saulieu, et de la seigneurie de Villefargeau, au bailliage d'Auxerre, par N. Germain de Monmien, secrétaire du Roi, sur Jacques-Anne, comte de Jaucourt (1772) ; — Fol. 130. de la seigneurie de Saint-Beury, Beurisot, Lignières, etc., par Louis Moussier, écuyer, lieutenant-général au bailliage de Dijon, sur Gilles-Germain Richard de Ruffey et Claude de La Forêt, sa femme, héritiers de F.-F. de Fresne, baron de Saint-Beury (1773) ; — Fol. 143. de la seigneurie de Saint-François, près La Perrière, par F. Joly, avocat, sur Claude-Louis, marquis de La Perrière (1773) ; — Fol. 150. des seigneuries de Polisy, Polisot, Buxault, Bourguignon, bailliage de Bar-sur-Seine, par François Fargès, chevalier, sieur de Domerac, sur Louis-Marie-Joseph de Bourbon, duc de Penthièvre (1776). — Fol. 154. Partage des biens de la succession de Michel-François Le Tellier de Louvois, chevalier, marquis de Courtanvaux et de Villequier (1721-1741). — Fol. 164. Reprise de fief de la seigneurie d'Esbarres, par Mme Marie-Marguerite Berbis de Rancy, femme d'Ét.-P. Chifflet, d'Orchamps, premier président du Parlement de Besançon, et Marie-Edmée, sa sœur, douairière de Philippe de Bérence de Malan, grand bailli d'Amont (1775). — Fol. 168. Testament d'Armand-Honoré de Villars, duc de Villars, en faveur de Marie-Éléonore de Choiseul, relicte de J.-Ch. d'Andigné, et de Pierre de Vogüé, brigadier des armées du Roi (1773). — Fol. 172. Acquisition du fief de Marmorat au bailliage de Charolles, par Charles-Antoine de Raguet de Brancion, chevalier, sieur de Fossé, lieutenant-colonel au régiment de la Mark, et Pierre-Anne-Charles de Raguet de Fossé, capitaine dans le corps du génie, sur la succession de dame Marie-Antoinette de Lombard de Millery, femme d'Étienne de Raguet (1772).

C. 2348. (Cahier.) — In-folio, 20 feuillets, papier.

1507-1730. — Ensaisinements. — Registre d'enregistrement des actes reçus au Bureau de Dijon et sujets au contrôle. — Fol. 1. Acquisition du comté de Montréal-en-Bugey, par Marie-Joseph d'Alinges de la Chambre, sur Bernard de Budé, sieur de Fernex (1720). — Fol. 4. Transaction entre MM. de Médavy et de Putanges, au sujet du comté de Bouligneux (1721). — Fol. 10. Acquisition par Toussaint La Motte d'une maison située rue du Cordon, à Aignay-le-Duc (1723). — Fol. 11. Accensement des terres près Congey-lès-Reulle-Vergy, fait par le comte de Cléron à M. de la Croix (1527). — Fol. 12. Déclarations des biens du domaine de la Borde-Roquille, possédée par Mme Vaillant (1507) ; — Fol. 16. d'une maison à Talant, par François Gaudelet, maire du lieu. — Fol. 18. Vente de la baronnie de la Tour-Saint-Parise-de-Chassenay, près Bar-sur-Seine, faite par Damet, comte des Marets, à Joseph-Antoine Hennequin, comte de Charmont (1724). — Fol. 21. Contrat de mariage d'Alexandre Mairetet, conseiller au Parlement, avec Catherine Quirot (1722).

C. 2349. (Cahier.) — In-folio, 70 feuillets, papier.

1777. — Ensaisinements. — Registre des cens et rentes dus à l'abbaye de Cîteaux sur les finages de Fixin, Fixey, Couchey, Gevrey et Plombières ; — de ceux dus par l'hospice Sainte-Anne-sur-Dijon, à la cathédrale de Dijon, au chapitre de Saint-Jean, à la Sainte-Chapelle, à la chapelle aux Riches, à l'abbaye de Clairvaux, aux fabriques de Saint-Philibert et de N.-D. de Dijon.

C. 2350. (Cahier.) — In-folio, 10 feuillets, papier.

1751-1766. — Ensaisinements. — Registre d'enregistrements des actes des possesseurs de fonds de la mouvance du Roi dans l'arrondissement du Bureau d'Autun. — Fol. 1. Déclaration des biens acquis par les époux Boucheret sur le territoire de la châtellenie de Glenne (1756). — Fol. 6. Acquisition par Fr. Guenot de St-Léger-sous-Beuvray, d'un domaine situé à Collonges, même paroisse (1764). — Fol. 7. Testament de Denise Michelu, femme de Claude Saclier, avocat à Autun, par lequel elle lègue à ses filles les domaines des Bornes et des Porreaux près de Glennes (1751). — Acquisitions de deux domaines à Argentot, paroisse de Saint-Prix, par Jacques Pauchard et Léonard Marchand (1764) ; — Fol. 10. des domaines d'Ussepoix et de la Rebondie, paroisse de la Comelle-sous-Beuvray, par J.-B. Marie de Sercey, prieur de Marcilly (1766).

C. 2351. (Cahier.) — In-folio, 13 feuillets, papier.

1761-1778. — Ensaisinements. — Suite du registre du Bureau d'Autun. — Fol. 1. Aliénation par Jeanne Matherot, veuve de Sébastien de la Goutte, avocat du Roi au présidial d'Autun, du domaine des Vernottes, paroisse de la grande Verrières (1761). — Fol. 2. Legs d'une maison et de deux manouvreries sises dans la paroisse de Verrières-sous-Glenne, fait par Mme Cortet de Montigny à son neveu Étienne Martene, secrétaire du Roi à Autun (1768). — Fol. 5. Vente du tiers du domaine des Mouillet-Regnand, paroisse de Verrières, faite par Claude de Montcharmont à Vivant son frère (1772). — Fol. 7. Échange entre la ville d'Autun et M. Sicher, curé de Nauvy, de maisons près l'emplacement de la petite boucherie qui doit être démolie pour le relargissement de la rue Chauchien (1773). — Fol. 12. Acquisition par M. Germain de Montmier d'une auberge à Glux, de 4 domaines à Léchenault, même paroisse, et d'un bois sur le mont de Beuvray, moyennant 200,000 livres (1777).

C. 2352. (Cahier.) — In-folio, 5 feuillets, papier.

1757-1760. — Ensaisinements. — Registre servant au contrôle des actes des possesseurs des biens fonds de la mouvance du Roi dans l'arrondissement du Bureau d'Auxonne. — Fol. 1. Acquisition de terres à Billey, par Denis Duborgia, marchand à Auxonne (1757). — Fol. 2. Testament du même en faveur de Catherine Robin, sa femme (1758). — Fol. 4. Acquisition de prés sur Auxonne et Labergement, par P. Truchelet, marchand à Auxonne (1758).

C. 2353. (Cahier.) — In-folio, 10 feuillets, papier.

1700-1760. — Ensaisinements. — Registre servant au contrôle des actes des possesseurs des biens fonds de la mouvance du Roi, dans l'arrondissement du Bureau d'Avallon. — Fol. 1. Acquisitions par le couvent des Visitandines d'Avallon de terres joignant l'enclos du monastère (1739) ; — Fol. 3. par Étienne Bruchard, de la moitié de l'hôtellerie de la Croix-Blanche située au faubourg Saint-Martin d'Avallon (1751); — Fol. 5. par Étienne Champeau, marchand, d'un jardin situé en la ruelle de Bourdelaine, au même faubourg (1700). — Fol. 6. Déclarations par les consorts Gaudot de la propriété de leur moulin situé à Cousin-le-Pont ; par les héritiers Piant, du moulin situé à Cousin-la-Roche (1758).

C. 2354. (Cahier.) — In-folio, 10 feuillets, papier.

1772-1778. — Ensaisinements. — Extrait du registre des droits perçus au Bureau de Beaune. — Fol. 1. Déclarations de succession par Jacques Paquet de Gery, secrétaire de la Légation de France en Saxe, héritier de Zacharie Paquet, son père, greffier au bailliage de Beaune (1778) ; — Fol. 2. par les sœurs de Saint-Lazare de Beaune, de la possession d'une maison située devant la rivière et vers le moulin (1778) ; — Fol. 3. d'un domaine à Auxey, par Jean-Edme Durande, avocat à Dijon (1778) ; — Fol. 4. d'un domaine à Volnay, appartenant à Marie-Thérèse Courtot, femme d'Edme-Théodore Chauvelot de Chevannes, écuyer (1772) ; — Fol. 6. d'un domaine au même lieu, appartenant à la succession d'Isaac-François Grozelier, marchand à Volnay (1777).

C. 2354 bis. (Cahier.) — In-folio, 9 feuillets, papier.

1712-1733. — Ensaisinements. — Registre des mutations de la mouvance du Roi ensaisinées au Bureau de Chalon-sur-Saône (1723). — Fol. 1. Acquisitions d'une maison, grande rue, à Chalon, par M. François Paccard, receveur de la ville (1723); — d'une maison, même rue, par Edme Berbis des Maillis, capitaine au régiment de Normandie (1713). — Fol. 3. Déclarations d'une maison rue Saint-Georges, appartenant à M. Janthial-Canat, maître particulier des Eaux et Forêts (1732) ; — Fol. 4. du fief de Chuzeau, par Jean Leschenault, docteur en médecine à Chalon (1732) ; — Fol. 5. du fief de Moix-Berthaut à Gorgy, par Louis Quarré (1732). — Fol. 6. Acquisition d'une maison près du port Villiers, au faubourg St-Jean-de-Maisel, par les religieuses de l'abbaye de Lancharre (1712). — Fol. 8. Déclaration de la seigneurie de Lans, de la moitié du fief d'Esbarres, et de la vacherie de La Villeneuve, faite par M. Solliveau du Pont (1733).

C. 2355. (Registre.) — In-folio, 20 feuillets, papier.

1764-1771. — Ensaisinements. — Table alphabétique des mutations ensaisinées au Bureau de Chalon. Elles sont presque toutes de roture. — Fol. 1. Acquisitions par J.-B. Alleron d'une maison rue au Change, à Chalon (1770) ; — Fol. 3.

par Chiquet Petit, écuyer, d'une maison à Saint-Laurent (1764) ; — Fol. 4. d'une maison rue au Change, à Chalon, par M. de Collemont, écuyer (1771) ; — Fol. 10. par J. Létourneau ou le Tourneur, organiste à Chalon, d'une maison rue Saint-Vincent (1769) ; — Fol. 14. par Poncet, receveur des bois, de portion des terrains communaux de Damerey (1770).

C. 2356. (Registre.) — In-folio, 32 feuillets, papier.

1713-1733. — Ensaisinements. — Registre des mutations ensaisinées au Bureau de Châtillon-sur-Seine. — Fol. 2. Acquisition de fonds à Montliot, par Étienne, boulanger à Châtillon (1734) ; — Fol. 5. par la fabrique de l'église Notre-Dame de Vanvey, de terres sur le finage de Maisey (1730). — Fol. 6. Déclaration de la fondation faite en l'église par Didier de Montliot par Mme Leautey (1713). — Maison donnée par la même pour le logement du maître d'école (1713). — Fol. 10. — Acquisitions de plusieurs héritages sur Vanvey par Guillaume Lebrun, marquis d'Inteville (1721) ; — par Claude Verdin, laboureur en la métairie du Puits-au-Rost, paroisse de Maisey (1732) ; — par Mamet Baudot, marchand à Aignay, d'une maison en la rue sur les Roches (1723). — Fol. 16-17. Ventes de maisons au même lieu, proche le pont d'Archeron, en la rue, sous la halle, sur le bief, sur le banc de l'Ile (1719-1730)).

C. 2357. (Registre.) — In-folio, 78 feuillets, papier.

1728-1741. — Ensaisinements. — Registre des mutations ensaisinées au Bureau de Châtillon. — Fol. 1. Acquisitions d'héritages à Vanvey et Villiers, par Ant. Gomier, marchand à Vanvey (1733) ; — Fol. 5. sur Buncey et Chaumont-le-Bois, par Perruchon, prêtre (1728) ; — sur Saint-Marc, par Vivant Morel, grenetier au grenier à sel de Châtillon (1733). — Fol. 11. Contrat de mariage de Nicolas Dufour, laboureur à Montliot, avec Marie Léautey, de Courcelles (1733). — Fol. 12. Acquisitions de portion de bois par J. Clerget, maire de Villaines, sur la veuve Viesse et ses enfants (1734) ; — Fol. 20. de fonds sur Saint-Marc, par Ch.-Fr. Lambert, bourgeois à Châtillon (1734). — Fol. 21. Déclaration par Gérard Siredey de Grandbois, capitaine de grenadiers au régiment de la marine, du domaine de la métairie de la Boiserotte sur Buncey, dont il a hérité de Nicolas son frère (1734). — Fol. 26. Acquisition d'une maison à Aignay, par Claude Maillard, chirurgien (1732). — Fol. 35. Reprise de fief de la Grande-Dame-Guye à Châtillon, par Bernard Millet, prévôt en la maréchaussée dudit lieu (1735). — Fol. 36. Cession de biens faite par François de Marcenay, curé de Coulmier-le-Sec (1735). — Fol. 38. Donation d'un domaine à Aignay, faite par A.-B. de Champeaux à Henri-Alexandre Rémond, sieur de Thoires, président du présidial de Châtillon (1735). — Fol. 62. Acquisition par Bernard Lécuyer, chirurgien, de terres à Vanvey (1739).

C. 2358. (Registre.) — In-folio, 93 feuillets, papier.

1742-1760. — Ensaisinements. — Registre des mutations ensaisinées au Bureau de Châtillon. — Fol. 1. Acquisitions de terres par Vincent Logniot, vigneron à Massingy (1754) ; — Fol. 11. de terres à Étrochey, par Pierre Étienne, contrôleur des guerres à Mussy-sur-Seine (1756) ; — Fol. 11. de terre sur Montliot, par Nicolas Hédouin, économe et receveur de l'hôpital Saint-Pierre de Châtillon (1749) ; — Fol. 13. sur Buncey et Villiers-le-Duc, par Mme Veuve Morel de Brévionde (1742) ; — Fol. 26. par M. Miot de la Colombière, bourgeois de Châtillon, sur Buncey (1757) ; — Fol. 32. par Nicolas et Pierre Venevault, cloutiers à Villiers-le-Duc, de terres sur ce finage (1749) ; — Fol. 38. par Edme Mongin, maçon à Vanvey, d'un emplacement à bâtir, cédé par la commune (1755). — Fol. 42. Déclarations fournies par les habitants de Saint-Germain-le-Rocheux des héritages qu'ils possèdent dans la mouvance du Roi (1758). — Fol. 48. Acquisition d'un domaine à Montliot, par Edme Étienne, contrôleur des guerres à Châtillon (1742). — Fol. 60. Déclarations semblables aux précédentes, fournies par les habitants de Busseaut (1758).

C. 2359. (Registre.) — In-folio, 44 feuillets, papier.

1754-1758. — Ensaisinements. — Registre des mutations ensaisinées au Bureau de Châtillon. Double du registre précédent.

C. 2360. (Registre.) — In-folio, 48 feuillets, papier.

1760-1767. — Ensaisinements. — Registre des mutations ensaisinées au Bureau de Châtillon. — Fol. 1. Acquisitions de fonds sur Vanvey, par Claude Jassot, affineur de chanvre (1760) ; — de fonds sur Saint-Marc, par Brice Agnus, platineur à la forge de Chenecières (1761) ; — Fol. 6. de terres à Coulmier-le-Sec, par Jean Lejeune, recteur d'école audit lieu (1761) ; — d'un domaine au même lieu, par François Guenebaut d'Arbois, écuyer (1761) ; — Fol. 12. de terres à Buncey, par P. Coiffu, recteur d'école audit lieu (1763) ; — Fol. 13. par Edme Personne, lieutenant de la maréchaussée à Châtillon, et Paul Lhuis, docteur en médecine dans la même ville (1763) ; — Fol. 24. d'un domaine à Villaines-en-Duesmois, par Joseph-François Jouard, maire et lieutenant général de police de Châtillon (1764). — Déclaration d'un domaine au même lieu, fournie par Jean Lemoine, maître de forges à Essarois (1765). — Fol. 37. Acquisition de terres sur Coulmier, par Nicolas-Bernard Trémisot, maire du lieu (1766).

C. 2361. (Cahier.) — In-folio, 7 feuillets, papier.

1754-1760. — Ensaisinements. — Registre des mutations ensaisinées au Bureau de Montbard. — Fol. 1. Acquisition d'une vigne à Montbard, par R. Beudet, notaire audit lieu (1755). — Fol. 2. Déclaration des terres appartenant à Louis Daubenton, secrétaire en chef de l'Hôtel-de-Ville de Montbard (1756). — Fol. 3. Ventes d'une maison à Montbard, par Denis Chantepinot, procureur au Parlement de Dijon (1756) ; — Fol. 5. par le comte de Montal (1758). — Fol. 6. Acquisitions d'une maison aux Arrans, par Claude Tournier, cordonnier (1759).

C. 2362. (Cahier.) — In-folio, 12 feuillets, papier.

1753-1760. — Ensaisinements. — Registre des mutations de la mouvance du Roi, ensaisinées au Bureau de Montcenis. — Fol. 1. Déclaration de succession de Lazare Clavier, demeurant au Breuil, paroisse d'Essertines (1755). — Fol. 2. Acquisition de terres au Creuzot, paroisse de Breuil, par Claude Dubois (1755) ; — Fol. 3. du domaine de La Vallotte-d'en-Haut, paroisse de Saint-Berain, par Gabriel de la Roche, curé de Montcenis (1755) ; — Fol. 4. d'une locaterie appelée La Valotte-le-Duc, au même lieu (1755). — Fol. 15. Vente de terres à Labergement, faite par Jacques-Antoine de Siry, seigneur d'Époisses (1755). — Fol. 6. Acquisition d'une maison sous les halles de Montcenis, par Blaise Leclerc, menuisier (1755). — Fol. 9. Déclaration du domaine de la Cueville, paroisse de Saint-Nizier-sous Charmoy, dépendant de la succession de M. de Fontenay, écuyer, demeurant à Autun (1757).

C. 2363. (Registre). — In-folio, 42 feuillets, papier.

1763-1768. — Ensaisinements. — Registre des mutations de la mouvance du Roi, ensaisinées dans les Bureaux de Noyers, Nuits-sous-Ravières et Chatel-Gérard. — Fol. 1. Déclaration de la succession d'Edme Brasley, laboureur à Sarry (1763). — Fol. 2. Vente de terre par Laurent Simonet, recteur d'école à Sarry (1764) ; — Fol. 7. Autre de bâtiments à Chatel-Gérard, par M. de la Crème, procureur du Roi à la maîtrise d'Avallon (1764). — Fol. 16. Acquisition par Pierre Mignard, bourgeois de Noyers, d'un domaine à Soulangy (1764) ; — Fol. 31. Autre par Étienne-Guillaume Baudenet, écuyer, sieur d'Annoux, d'un domaine à Villiers-les-Haults, provenant de M. André Boyer, avocat à Noyers (1765). — Fol. 25. Déclaration faite par ce dernier qui se qualifie d'ancien maire de Noyers, du domaine qu'il possède à Sarry et Soulangy (1765) ; — Fol. 30. Autre fournie par Marguerite Davout, fille majeure, demeurant à Annoux, tant en son nom qu'en celui de Jacques-François d'Avout, aide-major au régiment de Champagne, François d'Avout, lieutenant au même régiment, Nicolas d'Avout, lieutenant de carabiniers, et Claude d'Avout, lieutenant au régiment de Normandie, ses frères, tous enfants de Nicolas d'Avout, lieutenant de cavalerie au régiment de La Rochefoucauld et héritiers testamentaires de Anne-Françoise d'Avout, fille majeure, d'un labourage à Annoux d'une valeur de 3,000 livres (1765).

C. 2364. (Cahier.) — In-folio, 26 feuillets, papier.

1764-1768. — Ensaisinements. — Registre des mutations de la mouvance du Roi, ensaisinés dans les bureaux de Noyers et Châtel-Gérard. Double du registre précédent.

C. 2365. (Registre. — In-folio, 41 feuillets, papier.

1726-1734. — Ensaisinements. — Registre des actes de la mouvance du Roi, ensaisinés au Bureau de Nuits. — Fol. 1. Déclarations fournies par les détenteurs de terrains dépendant de l'ancienne fortification de la ville de Nuits (1726). — Fol. 4. Acquisition de vignes sur Gilly, par M. Philippe de Croonambourg, sieur de Morey et Chambolle (1729) ; — Fol. 6. par Thomas Gaveau, lieutenant criminel au bailliage de Nuits, d'un domaine à Meuilley (1729). — Fol. 9. Cession d'un emplacement au faubourg de Beaune, près la rivière, faite par la mairie de Nuits à Mme Naissant, maîtresse des postes (1730). — Fol. 10. Paiement de 7,200 livres, fait par Charles Guyard, écuyer, seigneur de Bagnot, à Alexandre-Joseph de Montrichard, chevalier d'Empire et de Saint-Georges, pour empêcher le retrait lignager qu'il prétendait faire de la terre de Bagnot qui lui avait été faite par sa mère et tutrice (1735). — Fol. 18. Vente faite par M. Richard Fyot de Mimeure, capitaine de cavalerie et Marie de Vienne, sa femme, de leur domaine de Premeaux à M. Marey, marchand-commissionnaire de vins à Nuits (1731). — Fol. 19. Domaine situé à Curley, acquis à fonds perdu par l'hôpital Saint-Laurent de Nuits sur la veuve de M. Papillon, référendaire à la chancellerie de Dijon (1731). — Fol. 25. Cession d'une place vague dépendant de la Grange-au-Duc, sise au faubourg de Dijon, à Nuits, faite par la princesse de Conty à Mme veuve Dacordeau. — Fol. 28. Saisie d'une maison sise rue des Fromages à Nuits, sur Prosper Jolyot, avocat à Dijon (1732).

C. 2366. (Registre). — In-folio, 55 feuillets, papier.

1734-1744. — Ensaisinements. — Registre faisant suite au précédent. — Fol. 6. Déclaration de Mme Jeanne Monnet, femme de M. Quarré de Gergy, de la propriété d'une maison à Nuits, derrière les Ursulines (1735). — Fol. 13. Vente faite par Fr. Bardin de Réal, colonel de dragons, à Frédéric de Fresne, d'une maison à Nuits, derrière les Capucins (1736). — Fol. 24. Déclaration par Benoît Dorey, marchand à Beaune, de la maison située rue des Nobles à Nuits, constituée en dot à sa femme (1736). — Fol. 27. Acquisition de l'hôtellerie de l'Écu de France, à Nuits, par Louis Moissenet (1737) ; — Fol. 29. Autre de la maison Pourcher, acquise par Jacques-François Adelon, avocat à Nuits (1737). — Fol. 38. Autre des prés de la fabrique d'Écuelles (1738); — Fol. 41. Autre des biens de la succession de Claude Poyen, sur Nuits, Boncourt, la Ronce et Argilly, appartenant à l'hôpital de Nuits (1738).

C. 2367. (Cahier.) — In-folio, 2 feuillets, papier.

1756-1757. — Ensaisinements (suite du registre précédent). — Fol. 1. Vente d'une maison à Nuits, par Claude Sarrasin, curé de Bretenières (1756). — Acquisition par Symphorien Lausseure, prêtre mépartiste de Saint-Symphorien, d'une maison proche l'église Saint-Denis, à Nuits (1756).

C. 2368. (Cahier.) — In-folio, 3 feuillets, papier.

1757-1759. — Ensaisinements. — Registre des actes de mutations de la mouvance du Roi, ensaisinés au Bureau de Saint-Jean-de-Losne. — Fol. 1. Déclaration, par Nicolas Fleury, avocat, d'une maison près la porte Dijonnaise (1757). — Autre par les RR. PP. Carmes, d'une maison acquise rue Franche (1757). — Fol. 2. Autre de la maison dite du Grenier-à-Sel, donné par M. Charpy, trésorier, à M. Bretagne (1758). — Fol. 3. Autre des île et moulin de Saint-Jean-de-Losne, acquis par Florent Mathey (1758).

C. 2369. (Cahier.) — In-folio, 14 feuillets, papier.

1756-1760. — Ensaisinements. — Registre des mutations de la mouvance du Roi, ensaisinées au Bureau de Salives. — Fol. 1. Acquisition, par François Pourcelet, d'un domaine à Montarmet (1757). — Fol. 4. Autre du domaine à Avot, par Jacques Brisebarrre (1757). — Fol. 6. Autres de petits cantons de bois sur Salives, par J. Durand et Jacob Deher (1757). — Fol. 7. Vente de la rente de Charmoy, finage d'Avot, par Gaspard Le Compasseur, marquis de Courtivron, à Ribouillot (1758). — Fol. 11. Testament de M P. Durand du Meix, écuyer, seigneur de Salives en partie, en faveur de sa femme (1758). — Fol. 13. Acquisition d'un bois sur Avot, par M. P. d'Anthès, sieur de Villecomte (1759).

C. 2370. (Cahier.) — In-folio, 19 feuillets, papier.

1746-1768. — Ensaisinements. — Registres des mutations de la mouvance du Roi, ensaisinés au Bureau de Salmaise. — Fol. 1. Acquisition d'un domaine, à Boux, par Guillaume Bizot, marchand de bois à Paris (1747). — Vente d'une pièce de terre à Salmaise, par Charles-Bénigne d'Archemant, écuyer, prêtre, curé de Gissey-sous-Flavigny, à B. de Thésut, chanoine de la Sainte-Chapelle de Dijon (1746). — Fol. 5. Autre semblable par Henry Verdin, procureur du Roi en la Maîtrise de Châtillon (1755). — Fol. 9. Autre de la métairie des Mazenottes-sur-Salmaise, par Simon Causeret, à son frère (1757). — Fol. 11. Cession de la moitié du moulin de Bonnevaux, situé à Blessey, paroisse de Saint-Germain-la-Feuille, par Mme Arbey, à son frère A. Moreau (1761).

C. 2371. (Cahier.) — In-folio, 37 feuillets, papier.

1732-1768. — Ensaisinements. — Registre des mutations de la mouvance du Roi ensaisinées au Bureau de Vermanton. — Fol. 1. Déclaration de biens à Vermanton, par Étienne Soufflot, officier, au nom de ses enfants (1732). — Fol. 6. Acquisition de terres à Mailly-la-Ville, par Gabriel de l'Escolle (1732); — Fol. 8. de terres à Mailly-le-Château, par Jean-de-Bretagne (1733); — Fol. 16. de la châtellenie de Vermanton, par Alexis-Jean, marquis du Châtelet, sur S. A. S. Mlle de Bourbon Charolais, moyennant 25,000 livres (1743). — Fol. 30. Partage de la maison Viard, sise en la grande rue de Vermanton, proche le Terreau (1738).

C. 2372. (Cahier.) — In-folio, 8 feuillets, papier.

1704-1714. — Ensaisinements. — Registre des mutations dans la mouvance du Roi, ensaisinées au Bureau de Villaines-en-Duesmois. — Fol. 1. Vente de terres à Villaines, par Marc-Antoine Maître, demeurant à Fresne (1704). — Fol. 3. Autres par Bénigne Lebœuf de Cerilly, à J. Clerget de Villaines (1704). — Fol. 5. Acquisitions, par le même, des domaine d'Orgeiot et Gelot, à Villaines (1712).

C. 2373. (Cahier.) — In-folio, 15 feuillets, papier.

1740-1749. — Ensaisinements. — Registre des mutations dans le mouvance du Roi, ensaisinées au Bureau de Villaines-en-Duesmois. — Fol. 2. Achat d'une maison à Saint-Marc-sur-Seine, par Antoine Ruelle (1741). — Fol. 4. Vente d'une maison à Villaines, par Clément Ponard, curé du lieu (1744). — Fol. 7. Acquisition d'une maison, rue des Étriers, dans l'enclos de Coulmier-le-Sec, faite par J.-Cl. Myard, curé du lieu (1744). — Fol. 11. Vente de la métairie des Principaux-sur-Coulmier, par Mme Suzanecour, à M. Morel de Bréviande (1748). — Fol. 14. Vente de maison à Villaines, par Baptiste Baudry, seigneur du lieu (1749).

C. 2374. (Liasse). — 1 pièce, parchemin; 31 pièces, papier.

1685-1764. — Ensaisinements. — Partage des biens de Catherine Rozerot, veuve de Jacques Moreau, conseiller à la Chambre des comptes de Dijon, produit pour être ensaisiné (1685). — Sommation aux propriétaires de biens dans la mouvance du Roi, de produire leurs titres afin d'être ensaisinés (1704). — Mémoire pour parvenir au recouvrement des droits d'ensaisinement (1723). — Rôle des biens nobles du bailliage de Dijon soumis à l'ensaisinement (1729). — Instruction pour la perception des droits d'ensaisinement (1701). — Prestations de serment des commis chargés de cette perception (1755-1764).

SÉRIE C. — BUREAU DES FINANCES.

C. 2375. (Registre.) — In-folio, 24 feuillets, papier.

1692-1693. — Contrôle des exploits, enregistrés au Bureau de Dijon. — Fol. 1. de Jean Fumée, contre le commandeur de la Madeleine ; — Fol. 5. du sieur Chapelet de Paris, contre les médecins et chirurgiens de Saint-Jean-de-Losne ;— Fol. 6. du sieur de Grandchamp, contre les cuisiniers, les chapeliers, les tondeurs, les armuriers, les fondeurs, etc., de Dijon.

C. 2376. (Registre). — In folio, 144 feuillets, papier.

1692-1693. — Contrôle des exploits, enregistrés au Bureau de Dijon : — Fol. 1. à requête de M. Debadier, contre le syndic des États de Bourgogne ; — Fol. 15. de Mlle Christine Mongin, contre le président de Courtivron ; — Fol. 30. de F. Joly, contre le procureur de la communauté de Fontaine-lès-Dijon ; — Fol. 45. du trésorier Languet, contre l'hoirie Petit ; — Fol. 60. du chapitre de la Sainte-Chapelle, contre le receveur des Pauvres ; — Fol. 80. de M. Arcelot, contre le maître des comptes Barbier ; — Fol. 100. de M. Jacques Barbier, écuyer, contre le même ; — Fol. 124. du conseiller Fleutelot, contre la veuve Boursot.

C. 2377. (Registre.) — In-folio, 144 feuillets, papier.

1693. — Contrôle des exploits de justice, enregistrés au Bureau de Dijon : — Fol. 1. à requête des sieur et dame de la Monnoye, contre J. Bourdin, boulanger ; — Fol. 15. de Mlle J. Vallerot, contre L'Huit, curé de Ruffey ; — Fol. 30. de M. le conseiller Bazin, contre François Martene ; — Fol. 50. de M. Morin, écuyer, contre Henri F. Garnier ; — Fol. 70. des RR. PP. Jésuites, contre les boulangers de Dijon ; — Fol. 90. de M. de la Coste, contre M. de Cirey ; — Fol. 110. de M. Berbis de Longecourt, contre Jacques Laurent ; — Fol. 130. du président Bernardon, contre Jacques Robillot.

C. 2378. (Registre.) — In-folio, 52 feuillets, papier.

1693. — Contrôle des exploits de justice, enregistrés au Bureau de Dijon : — Fol. 1. à requête du sieur Bertrand, contre M. de Clinchant et ses sœurs ; — Fol. 13. de M. de Grandchamp, contre Fleurot-Barbier ; — Fol. 21. de J. Fumée, contre les dames de Saint-Andoche d'Autun ; — Fol. 37. du procureur-syndic des États de Bourgogne, contre plusieurs particuliers ; — Fol. 41. du procureur général du Roi, contre plusieurs témoins.

C. 2379. (Registre.) — In-folio, 140 feuillets, papier.

1693. — Contrôle des exploits de justice, enregistrés au Bureau de Dijon : — Fol. 1. à requête de la communauté des chapeliers de Dijon, contre Moreau, chapelier ; — Fol. 15. de M. de la Berchère, contre M. Andoux, directeur des Domaines ; — de M. l'avocat Michel, contre Deleveau, de Velars ; — Fol. 50. des Ursulines d'Auxerre, contre le président Massol de Montmoyen ; — Fol. 70. de M. Fyot de Vaugimois, contre M. Bernard Maillard ; — Fol. 90. de M. de Saudoncourt, contre J.-B. Derepas ; — Fol. 110. de M. Barbotte, contre le conseiller Gontier.

C. 2380. (Registre.) — In-folio, 144 feuillets, papier.

1694-1695. — Contrôle des exploits de justice, enregistrés au Bureau de Dijon : — Fol. 1. à requête des habitants de Talcy, contre le procureur Mielle ; — Fol. 20. de M. le trésorier David, contre l'hoirie de M. de Blancey ; — Fol. 40. des habitants de Turcey, contre le procureur Rouget ; — Fol. 60. d'Étienne, organiste, contre la fabrique de Saint-Michel de Dijon ; — Fol. 80. de MM. d'Allemagne, contre M. de Salenove ; — Fol. 100. de Mlle Demongeay, contre le conseiller Bretagne ; — Fol. 120. de la communauté des épiciers de Dijon, contre le sieur Marandet.

C. 2381. (Registre.) — In-folio, 48 feuillets, papier.

1697-1698. — Contrôle des exploits de justice, enregistrés au Bureau de Dijon : — Fol. 1. à la requête du procureur du Roi, contre F. Mugnier ; — Fol. 15. de M. Jannon, procureur du Roi, contre les habitants de Fontaine ; — Fol. 25. de M. de Courtivron, contre J. Pourcelet ; — Fol. 35. des habitants d'Avot, contre le sieur Bazin ; — Fol. 43. de Massenot, lieutenant général, contre M. de Homier.

C. 2382. (Registre.) — In-folio, 40 feuillets, papier.

1698. — Contrôle des exploits de justice, taxés au demi-droit, enregistrés au Bureau de Dijon : — Fol. 1. à requête de Nicolas Loyer, contre les officiers du grenier à sel de Pouilly ; — de J. Mignot, traitant contre les héritiers Pommay ; — Fol. 25. contre Mme d'Arconcey ; — Fol. 3. de M. Ch. Forestier, contre M. de Siry.

C. 2383. (Cahier.) — In-folio, 36 feuillets, papier.

1698-1700. — Contrôle des exploits de justice, enregistrés au Bureau de Dijon : — à requête du procureur général Parisot, contre M. de Marliens ; — Fol. 10. de Genreau, procureur général, contre les Ursulines de Bourg ; — Fol. 20. du procureur du Roi au bailliage, contre de Chailloux, peintre ; — Fol. 30. du procureur du Roi à la maréchaussée, contre la nommée Tribert, accusée de recel.

C. 2384. (Cahier.) — In-folio, 40 feuillets, papier.

1698. — Contrôle des exploits de justice, enregistrés au Bureau de Dijon : — Fol. 1. à requête de Nicolas Loyer, contre

CÔTE-D'OR. — SÉRIE C. — TOME II.   13

M. de la Monnoye; — Fol. 10. de M. de Justmarre, contre la communauté de Moloy; — Fol. 20. du Traitant, contre les fondeurs et chaudronniers de Dijon; — Fol. 30. contre les officiers du bailliage de Saint-Jean-de-Losne; — Fol. 40. contre les officiers de la prévôté d'Argilly.

C. 2385. (Registre.) — In-folio, 186 feuillets, papier.

1698. — Contrôle des exploits de justice, enregistrés au Bureau de Dijon : — Fol. 1. à requête de Claude Trémisot, avocat, contre L. Teinturier ; — Fol. 15. de Louis Courant, procureur au Parlement de Paris, contre Louis de Rabutin, comte de Bussy ; — Fol. 30. de Marc-Antoine Dubard de Chasans, contre Cl. Bouvot ; — Fol. 50. de Jacques Mongin, collecteur à Gevrey, contre J. Machureau ; — Fol. 70. de Jeanne Munier, contre Clamonet, médecin, et Legoux, chirurgien ; — Fol. 95. de J. Viard, curé, contre M. de Bretagne, ancien conseiller ; — Fol. 120. des créanciers du sieur Fournier, contre les Ursulines de Dijon ; — Fol. 140. de M. de la Michodière, contre J. Petit ; — Fol. 186. de M. Guelaud, contre M. de Frasans.

C. 2386. (Registre.) — In-folio, 160 feuillets, papier.

1698. — Contrôle des exploits de justice, enregistrés au Bureau de Dijon : — Fol. 1. à requête de M. le président Perreney, contre Jacquinot Marchand ; — Fol. 20. des maîtres selliers de Dijon, contre Jean Carbillet ; — Fol. 40. du Traitant, contre Charles Legoux, curé de Varanges ; — Fol. 60. du même, contre les curés de Mandelot, Fussey, Bouze, etc.; — Fol. 90. du conseiller Poufflier, contre le conseiller Espiard, de la Cour ; — Fol. 120. de Mme Boullier, contre M. Millière, conseiller maître à la Chambre des comptes ; — Fol. 150. de M. Massenot, lieutenant général, contre les greffiers de la chancellerie.

C. 2387. (Cahier.) — In-folio, 24 feuillets, papier.

1698-1699. — Contrôle des exploits de justice, enregistrés au Bureau de Lux : — Fol. 1. à requête de Louis Lucot, curé d'Arceau, contre François de Léry ; — Fol. 8. de Philibert Cormeaux, curé de Lux, contre P. Guindey, de Dijon ; — Fol. 16. de Mlle Suzanne Duvarais de Lux, contre A. Charlier ; — Fol. 20. de Claude Baudin, conseiller, secrétaire du Roi à Is-sur-Tille, contre Lombard, d'Is-sur-Tille.

C. 2388. (Registre.) — In-folio, 200 feuillets, papier.

1698-1699. — Contrôle des exploits de justice, enregistrés au Bureau de Dijon : — à la requête de Pierre de la Verne, écuyer, contre les consorts Brodilliet ; — Fol. 20. des maîtres fourbisseurs de Dijon, contre Rollet, potier d'étain ; — Fol. 50. des laquais, cuisinier et palefrenier de l'abbé Legrand, contre leur maître ; — Fol. 80. du comte de Derouillée, contre le conseiller Bouhier ; — Fol. 110. des RR. PP. Chartreux, contre la veuve de La Motte-Compasseur ; — Fol. 140. de M. Fleury, rentier, contre les syndics de la communauté des menuisiers de Dijon ; — Fol. 160. du conseiller Poufflier, contre le notaire Rondot.

C. 2389. (Registre.) — In-folio, 100 feuillets, papier.

1699-1700. — Contrôle des exploits de justice, enregistrés au Bureau de Chalon : — Fol. 1. à requête des Carmélites de Chalon, contre Jeanne Biet ; — Fol. 10. du comte de Verdun, contre P. Thierry ; — Fol. 20. des consorts Rebillcaud, contre M. de Vacquerie ; — Fol. 35. de J. Fremiot, contre les échevins d'Allerey ; — Fol. 55. de Robert, contre les habitants de Palleau ; — Fol. 84. des habitants de Navilly, contre Cl. Ozanon.

C. 2390. (Registre.) — In-folio, 198 feuillets, papier.

1699. — Contrôle des exploits de justice, enregistrés au Bureau de Dijon : — Fol. 1. à requête du payeur, contre les curés des sept paroisses de Dijon ; — Fol. 25. de B. Colin, menuisier, contre Claude Mauby, recteur d'école à Saint-Nicolas ; — Fol. 58. de Mlle Jacqueline de Sumil, contre le conseiller Espiard, de la Cour ; — Fol. 80. des greffiers Mille et Maillet contre le conseiller de la Mare ; — Fol. 110. du lieutenant général du bailliage, contre les témoins ; — Fol. 140. des fabriciens de l'église Saint-Philibert, de Dijon, contre P. Braillot ; — Fol. 190. des RR. PP. Carmes de Dijon, contre M. Savot d'Ogny.

C. 2391. (Registre.) — In-folio, 100 feuillets, papier.

1699. — Contrôle des exploits de justice (à six sols), enregistrés au Bureau de Dijon : — Fol. 1. à requête du conseiller Dumay, contre P. Pousset de Vantoux ; — Fol. 20. de M. Perret d'Arrans contre M. de Siry, conseiller au bailliage ; — Fol. 40. de Bernard Sorlin, notaire à Villy, contre Baudot, notaire à Dijon ; — Fol. 60. des maîtres pâtissiers de Dijon contre le boulanger Baujon ; — Fol. 80. du conseiller Lantin, contre Nicolas Rousselot.

C. 2392. (Registre.) — In-folio, 102 feuillets, papier.

1699-1700. — Contrôle des exploits de justice enregistrés au bureau de Nuits : — Fol. 1. à requête du receveur Lamy, contre les habitants de Bagnot ; — Fol. 20. de Robert Seguin, contre les chanoines de Saint-Denis, de Nuits ; — Fol. 40. de la communauté de Nuits, contre F. Bonnardot ; — Fol. 60. du receveur Lamy contre les communautés d'Agencourt, Chevrey, Prissey, etc.; — Fol. 80. de M. Dubard, contre celle de Détain.

C. 2393. (Registre.) — In-folio, 200 feuillets, papier.

1700. — Contrôle des exploits de justice, enregistrés au Bureau de Dijon à la requête de M. Calon, échevin de Dijon, contre M. de la Loge, receveur de la ville ; — Fol. 25. des chapeliers de Dijon, contre le chapelier Brunet ; — Fol. 50. de Prosper Molle, notaire, contre Jacques Myette ; — Fol. 75 des habitants du bourg de Couches, contre Henry Armet ; —Fol. 100. du fermier du timbre, contre les huissiers de la Cour ; — Fol. 130. de M. Fyot, abbé de Saint-Étienne, de Dijon, contre des habitants de Saint-Philibert ; — Fol. 160. de M. Bernard Joly, correcteur, contre les greffiers du bailliage ; — Fol. 190. de Mme veuve de Robin, auditeur, contre M. Chartraire, trésorier des États.

C. 2394. (Registre.) — In-folio, 100 feuillets, papier.

1700. — Contrôle des exploits de justice, enregistrés au Bureau de Dijon : — Fol. 1. à la requête de Jacques Languet, seigneur de Couchey, contre des témoins ; — Fol. 20. de M. le président Bernardon, contre Pierre, notaire à Dijon ; — Fol. 40. de la veuve de J. Fleutelot, conseiller au Parlement, contre la veuve du trésorier Arviset ; — Fol. 60. de la corporation des chirurgiens de Dijon, contre le nommé Aupy, chirurgien à Orgeux ; — Fol. 80. de M. le prince de Condé contre M. de Ferrière, seigneur de Bretenières.

C. 2395. (Registre.) — In-folio, 200 feuillets, papier.

1700-1701. — Contrôle des exploits de justice, enregistrés au Bureau de Dijon. — Fol. 1. de Jacques Languet, écuyer, contre Turlot, greffier au bailliage ; — Fol. 25. du procureur des pauvres de l'hôpital contre le sieur Léopold ; — Fol. 50. de Bénigne Daniel, maître d'école à Dijon, contre Françoise Garnier ; — Fol. 80. de J. Larget dit Belaire, soldat, contre J. Ducret, échevin à Palleau ; — Fol. 120. de Ph. Loyson, trésorier des États contre les habitants de Chambeire ; — Fol. 150. de M. Bernard, sieur de Missery et Thorey, contre F. Fleutelot, écuyer, sieur de Larçon ; — Fol. 180. du conseiller Douchin contre le président de Souvert ; — Fol. 190. de J. Baudinet, avocat à la Cour, contre les habitants de Saint-Seine-l'Abbaye ; — Fol. 200. des religieuses Jacobines de Dijon, contre J. Gauthier, entrepreneur.

C. 2396. (Registre.) — In-folio, 94 feuillets, papier.

1696-1698. — Registre des actes d'affirmations de voyages à l'Intendance, délivrés aux divers officiers et fonctionnaires ; — Fol. 1. de Claude Regnard, échevin de Nolay, venu pour le procès de la commune contre P. de Broye ; — Fol. 20. de Claude Navarre, échevin de Saint-Bris, pour un procès contre le sieur Raveau ; — de Claude Refrognet, procureur du Roi en la mairie de Saint-Seine, pour un procès contre le bailli de la seigneurie ; — Fol. 60. de P. Fausse premier huissier au bailliage de Nuits, pour apporter les pièces d'un procès ; — Fol. 80. de Jacquinot Locquin, procureur et notaire à Châtillon, pour un voyage à l'Intendance, à l'occasion d'un procès contre la recette des deniers de Châtillon.

C. 2397. (Registre.) — In-folio, 66 feuillets, papier.

1698-1700. — Suite du registre précédent. — Fol. 1. Affirmation du voyage à Dijon de André Fleutot, avocat du Roi au bailliage d'Auxonne, pour apporter les pièces d'un procès contre la ville ; — de J. de Lausserrois, conseiller prévôt de la ville de Bar-sur-Seine, pour apporter les pièces du procès appelé devant l'Intendant contre les héritiers du conseiller Baillet ; — Fol. 20. de M. Antoine de la Forêt, écuyer, sieur de Fayolle, venu pour suivre un procès devant l'Intendant ; — Fol. 30. de Nicolas Respy, directeur du tabac de St-Rambert-en-Bugey, venu pour semblable cause ; — Fol. 40. de Claude Lombard, maréchal à Époisses, venu pour apporter à son procureur des pièces pour son procès contre la commune ; — Fol. 50. de Mme Brusselet, marchande à Auxerre, venue pour suivre un procès qu'elle et son mari ont à Dijon ; — Fol. 66. de Gabriel Gaudry, meunier au moulin de Hauterive, venu pour un procès contre les habitants de Saint-Martin-en-Gâtinais.

C. 2398. (Registre.) — In-folio, 248 feuillets, papier.

1581. — Domaine du Roi. — État au vrai dressé par les trésoriers de France, de tout le domaine dans la Généralité de Bourgogne, son revenu en nature ou en argent, ses charges, celui dont le Roi jouit, celui engagé, etc. — Fol. 2. Les habitants d'Échirey doivent 2 émines d'avoine pour bourgeoisie. — Fol. 22. La plus grande partie du domaine de Rouvres est amodiée. — Fol. 52. Les habitants de Saint-Symphorien-sur-Saône doivent un oison pour chaque couvée qui se fait dans le village. — Fol. 72. L' « escriptoire » près le Chatelet de Chalon est affermée 40 sols. — Fol. 106. La princesse de Condé, dame Françoise d'Orléans, perçoit une rente de 40 écus sur les revenus de la châtellenie de Saint-Gengoux.—Fol. 155. Aumône annuelle en blé et en avoine faite dans la châtellenie de Montréal aux bons hommes de Notre-Dame de Plancey-les-Avallon. — Fol. 210. La châtellenie de Duême a été aliénée au chancelier de Birague, etc.

C. 2399. (Registre.) — In-folio, 168 feuillets, papier.

1591. — Copie sans date de l'article précédent.

C. 2400. (Registre.) — In-folio, 163 feuillets, papier.

1581. — Copie de l'article précédent faite vers 1769, pour Gelot, procureur du Roi au Bureau des Finances.

C. 2401. (Registre.) — In-folio, 254 feuillets, papier.

1581. — Copie semblable faite pour la régie des domaines.

C. 2402. (Cahier.) — In-4, 13 feuillets, papier.

1581. — Copie sommaire de l'état au vrai, avec une table des noms de lieu à la fin du cahier.

C. 2403. (Cahier.) — In-4, 11 feuillets, papier.

1588. — État au vrai sommaire du domaine du Roi dans la Généralité de Dijon, dressé par les trésoriers de France. — Fol. 1. Le domaine dans le bailliage de Dijon a été affermé pour 3 ans, moyennant 5,580 écus, les charges montent à 5,545 écus ; — Fol. 4 v°. celui du bailliage de Chalon, monte à la somme de 2,967 écus, et les charges à 2,235 écus.

C. 2404. (Cahier.) — In-4, 65 feuillets, papier.

1603. — État au vrai sommaire du domaine du Roi en Bourgogne, dressé par le Bureau des Finances. — Fol. 5. Mention de l'aliénation des deux étangs de Sathenay à M. Le Marlet ; — Fol. 15. de celle de la châtellenie de Cortevaix, à M. de Colombier ; — Fol. 25. des franchises et de la justice de Forléans près Semur, à M. de Rabutin ; — Fol. 35. du bois de hayes ou de la Tuilerie, situé à Maxilly, à M. Cl. Vallée.

C. 2405. (Registre.) — In-folio, 270 feuillets, papier.

1620. — État au vrai du domaine du Roi de la Généralité de Bourgogne et Bresse, dressé par Bénigne de Frasans, greffier du Bureau des Finances à Dijon. — Fol. 1. Redevance annuelle de 16 sols 8 deniers, due par neuf habitants d'Oisilly. — Fol. 19. Mention de l'aliénation de la seigneurie de Daix, près Dijon, à F. Blondeau, conseiller au Parlement ; — Fol. 40. des florins de cens, dus par les habitants d'Argilly, Bagnot et Labergement-le-Duc. — Fol. 60. Aumône annuelle de 34 émines de grain au chapitre de Saulx-le-Duc. — Fol. 82. Mention du don de la châtellenie de Saint-Romain, fait en 1462 par Philippe-le-Bon, duc de Bourgogne, à Philippe Pot, seigneur de la Roche. — Fol. 102. Rente de 5 sols estevenans, de 18 sols le franc, due par les habitants d'Auxonne. — Fol. 120. Mention de l'aliénation des châtellenies de Brancion et de Sagy, à M. de Lugny ; — Fol. 182. de l'office de garde du petit scel, du bailliage de Charolais, à M. P. Desboys ; — Fol. 199. de la seigneurie de Villiers-le-Duc et Vanvey, à Claude Fremyot, président à la Chambre des Comptes de Dijon ; — Fol. 241. de l'aliénation de la terre de Vermanton à M. de Rochefort.

C. 2406. (Registre.) — In-folio, 134 feuillets, papier.

1620. — Copie du temps, de l'état au vrai qui précède.

C. 2407. (Registre.) — In-folio, 215 feuillets, papier.

1620. — Copie du temps du même état au vrai. Ce manuscrit provient de la bibliothèque du président Bouhier, où il était inscrit sous n° B 173.

C. 2408. (Registre.) — In-folio, 73 feuillets, papier.

1620. — Copie faite au XVIII° siècle, de l'état au vrai qui précède.

C. 2409. (Cahier.) — In-folio, 40 feuillets, papier.

1632. — État du domaine du Roi dressé par les trésoriers de France, afin de pourvoir à l'insuffisance des ressources pour l'acquittement des charges du Domaine. — Fol. 1. Redevance d'une livre de cire, due par la commanderie de la Madeleine de Dijon. — Fol. 5. Les frais de justice du bailliage de Dijon sont estimés à 200 livres par an. — Fol. 15. Redevance de 20 livres estevenans, due par les bouchers d'Auxonne. — Fol. 27. La vierie a été remise aux habitants d'Autun pour une rente annuelle de 300 livres.

C. 2410. (Cahier.) — Petit in-folio, 64 feuillets, papier.

1640. — État du domaine du Roi dans la Généralité de Bourgogne, Bresse, Bugey, Valromey, Gex, comtés de Mâcon, Auxerre et Bar-sur-Seine. — Fol. 1. Cense de 45 sols due par Claude Euvrard, sur une maison près la porte au Lion, à Dijon. — Fol. 10. Les seigneuries de Curley, Chaux et Messanges ont été réunies à la châtellenie de Vergy. — Fol. 20. Mention de l'aliénation de la seigneurie d'Échenon et Saint-Usage à P. Catherine, conseiller au Parlement ; — Fol. 40. de l'amodiation du revenu de Bourbon-Lancy pour 200 livres ; — Fol. 60. de l'aliénation du comté de Rossillon en Bugey, par le duc de Savoie à Isabelle de Chaillant, pour 8,000 écus d'or.

C. 2411. (Registre.) — In-folio, 77 feuillets, papier.

1723-1728. — État général des domaines du Roi dans la Généralité de Bourgogne et Bresse, dressé par bailliage. — Fol. 1. La châtellenie de Lantenay possédée par M. Bouhier, a été donnée par le roi Louis XI. — Fol. 10. La seigneurie de Labergement-les-Auxonne, possédée par M. de Pluvaut, a été donnée par le même prince. — Fol. 20. La seigneurie de Reulle-Vergy a été engagée en 1702. — Fol. 30. La seigneurie de Sainte-Hélène, possédée par M. de Bourlemont, a été aliénée en 1622. — Fol. 50. Celle de Villy-en-Auxois, possédée par M. de Macheco, a été également aliénée ; — Fol. 60. de même que celle de Bassou au comté d'Auxerre, appartenant à M. de Torcy.

C. 2412. (Liasse.) — 52 pièces, papier.

1560-1781. — Aliénation du Domaine. Ordonnance du roi Charles IX pour affermer ou accenser les terres vagues dépendant du Domaine en Bourgogne (1566). — Commissions du roi Henri III pour affermer le Domaine, lever un droit sur les engagistes, saisir les terres vendues, données ou engagées, dresser l'état du Domaine, en engager des portions (1579-1585). — Observations sur la prise de possession des domaines engagés (1588). — Commissions du roi Henri IV pour la réunion et la revente du Domaine (1591-1603). — Imprimé (en 1622) des édits et déclarations touchant la vente et la revente du Domaine en Bourgogne (1619). — Déclaration du roi Louis XIV, qui maintient les engagistes du Domaine en possession moyennant finance (1684-1696). — Proclamat des parties du Domaine à aliéner en Bourgogne (1695). — Édits du roi Louis XIV portant aliénation des Domaines et Justices de la couronne (1702). — Création d'office de conservateur des domaines aliénés. — Arrêts du Conseil d'État, enjoignant aux engagistes de produire leurs titres devant les Intendants, 1712, 1718, 1719; — qui fixe le prix des domaines qui seront engagés à vie. — État des parties de rentes albergues et redevances dépendant du Domaine en Bourgogne (1728). — Injonction aux engagistes, de fournir une déclaration des biens dont ils jouissent (1729). — Arrêt du Conseil d'État concernant le Domaine engagé (1781). — Mémoire sur les francsfiefs et le Domaine engagé (1730).

C. 2413. (Registre.) — In-folio, 263 feuillets, papier.

1603-1606. — Copie signée Campan, directeur des Domaines à Dijon, du recueil des procès-verbaux et jugements des commissaires du Roi sur les aliénations du Domaine en Bourgogne et Bresse. — Fol. 9. Réclamation du procureur du Roi contre l'aliénation du bois des Hyes de Maxilly-sur-Saône (1603). — Fol. 25. Claude Dorge, procureur à la Chambre des comptes, justifie de ses titres d'achat d'une vigne au clos de la Violette à Chenôve (1604). — Fol. 43. Mémoire adressé au conseil du Roi par les commissaires ci-dessus, touchant l'exécution de leur mandat (1604). — Fol. 75. Étienne Filsjean, acquéreur des greffes du bailliage, chancellerie et prévôté d'Avallon, justifie du titre en vertu duquel il jouit (1604). — Fol. 100. Phal Siredey, greffier de la châtellenie d'Aignay, en fait de même (1605). — Fol. 125. Jugement qui dépossède M. Morisot de la terre et seigneurie de Vernot (1605). — Fol. 150. Maintenue des pauvres de l'hôpital de Beaune en possession de la métairie de la Borde au Bureau (1605). — Fol. 200. Jugement qui dépossède M. de Naujay de la seigneurie du Teurreau de Bar vers Auxerre.

C. 2414. (Registre.) — In-folio, 729 feuillets, papier.

1573-1579. — Domaine. Aliénations. — Fol. 11. Procès-verbal de délivrance par P. Chabut, trésorier de France, à Edme Rappelet de la ferme du revenu du Domaine du Roi au bailliage de Dijon et des châtellenies en dépendant, faite pour six années consécutives (1573). — Fol. 30. Compte-rendu par Edme Rappelet des recettes et dépenses de sa ferme (1579). — Fol. 120. Rente de 30 livres due à l'abbaye de Saint-Bénigne de Dijon, sur la dîme du climat des Violettes à Chenôve advenue par confiscation au Roi sur Jean Coustein (1579). — Fol. 198. Redevance en grains sur le matroce de Rouvre, perçue par l'abbaye de Clairvaux. — Fol. 252. Les habitants de la franchise de Poiseuil-les-Saulx payent 15 sols par feu. — Fol. 300. Les habitants de Meloisey payent tous les ans au Roi, une coutume de 4 boisseaux de froment. — Fol. 380. Déclarations des rangs des maisons de Talant, sujettes au droit de perche. — Fol. 503. Redevance de 9 livres tournois, due par Jean de Gand, écuyer, pour sa seigneurie de La Outre.

C. 2415. (Registre.) — In-folio, 312 feuillets, papier.

1609-1618. — Aliénation du Domaine. Procès-verbal du rachat des greffes, places de clercs, parisis, présentations, double scel, aides et péages de la Généralité de Dijon, confié par le Roi à Michel Garnier, secrétaire de sa chambre sous la direction des officiers du Bureau des finances à Dijon. — Fol. 12. Instance contre Claude Béguin, greffier de la prévôté royale de Baigneux (1609); — Fol. 35. contre la veuve d'Antoine Juret, greffier du bailliage de Dijon; — Fol. 64. contre M. Damas de Saint-Riran, propriétaire de l'éminage d'Auxerre (1610); — Fol. 123. contre J. Dardault, greffier de la chancellerie d'Autun (1610); — Fol. 197. contre Jeanne Legourd, veuve de Joseph Griguette, greffier des présentations de la Cour du Parlement à Dijon (1612), etc., etc.

C. 2416. (Registre.) — In-folio, 746 pages, papier.

1619-1624. — Aliénations du Domaine. Copie des registres des aliénations du Domaine compris dans le fonds de la Chambre des comptes, B 426 et B 427, et des vérifications des finances payées par les possesseurs du Domaine. — Page 93. Aliénation du droit de rève, transport et haut passage à Dijon et à Châtillon, à M. Picardet, procureur général au Parlement de Dijon (1621). — Page 183. du péage de Saint-Jean-de-Losne à MM. Maillard, Malyon, Bourrelier et Milletot (1622). — Page 208. Liquidation des réparations faites dans la châtellenie de Beaumont (1624). — Page 251. Aliénation de la prévôté de Cessey-les-Vitteaux, confirmée aux héritiers de Jacques Moisson, gouverneur de la chancellerie de Dijon (1623). — Page

301. Remboursement à Cyprienne Sayve, baronne de Vitteaux, du prix de l'engagement de la châtellenie de Saint-Léger de Foucheret (1623). — Page 399. Aliénations des étangs de Bragny à Louis de Thiard, sieur de Bragny (1624); — Page 499. de la seigneurie de Rosey en Chalonnais au sieur Valon, conseiller au Parlement (1621); — Page 603. de la seigneurie de Brion-sur-Ource à M. de Macheco (1621).

C. 2417. (Registre.) — In-folio, 98 feuillets, papier.

1621-1625. — Aliénations du Domaine. Registre des expéditions concernant la vente et revente du Domaine du Roi de la Généralité de Bourgogne et des sentences de la vérification des finances et des ordonnances de remboursement aux anciens acquéreurs. — Fol. 1. État sommaire du Domaine, dont jouit S. M. (1621). — Fol. 9. Injonction aux acquéreurs de produire les titres en vertu desquels ils jouissent (1621). — Fol. 20. Opposition formée par Balthasar de Gadagne, comte de Verdun, à la vente de la châtellenie, proposée par le Bureau des finances, nonobstant les lettres de don faites par Charles, duc de Bourgogne, à Catherine, dame de Luyrieux, sa sœur naturelle (1624).—Fol. 39. Maintenue de J. de Cornod, seigneur d'Échallon, en possession de la seigneurie de Cornod, détachée de la châtellenie de Montdidier en Bresse (1622). — Fol. 49. Remboursement fait à Guy Blondeau, conseiller au Parlement, du prix des réparations par lui faites au château de Sagy, dont il était engagiste (1622). — Fol. 70. Maintenue des héritiers de Jacques Godran, président au Parlement et Claude Regnier, baron de Montmoyen, président à la Chambre des comptes en possession de prés, tuilerie, paissons et gruerie dépendant de la châtellenie d'Argilly (1622).

C. 2418. (Registre.) — In-folio, 153 feuillets, papier.

1719-1761. — Aliénations du Domaine.—Fol. 1. Aliénation de la justice de Billy et de la grange de Jugny à M. Regnaut, avocat au Conseil (1719);—Fol. 20. des moulins et usines de Bar-sur-Seine, au sieur Louis Labillo (1739); — Fol. 47. de la seigneurie de Billey et partie de Villers-Rotin à M. Autonne, avocat au Conseil (1737); — des châtellenies d'Alseyle-Duc, Salmaise, Blessey à P. Pacotte, procureur au Parlement. — Fol. 83. Sentence du Bureau des finances, qui condamne le commandeur de la Madeleine de Dijon, à payer les arrérages de la redevance en cire due au Roi à cause de la cession de la maison et pourpris de Magny, sur laquelle la commanderie a été établie (1751). — Fol. 103. Aliénation de la seigneurie des Échets en Bresse aux RR. P. P. Jésuites de Lyon (1756); — Fol. 117. du moulin de Saint-Jean-de-Losne, à V. Roy (1762); —Fol. 140. de la seigneurie de Vesvres-les-Vitteaux, à M. Violet des Myards (1767).

C. 2419. (Liasse.) — 48 pièces, papier.

1580-1789. — Aliénations du Domaine. État sommaire des délivrances du Domaine faites par les commissaires du Roi (1580); — autre des engagements du Domaine réuni; — autre de celui racheté par M. de Chevremont ayant charge du Roi (1610). — Sommation aux possesseurs du Domaine engagé, de justifier de leurs titres (1621). — État sommaire des engagements du Domaine en Bourgogne, dressé par M. de Frasans, greffier du Bureau des finances (1626). — Rôles des engagistes (1684). — État des domaines et droits domaniaux, donnés par les ducs de Bourgogne et les Rois de France (1687).— État du Domaine dressé par les trésoriers de France (1685). — Table générale des domaines engagés ou aliénés (1789).

C. 2420. (Registre.) — In-folio, 289 feuillets, papier.

1624-1626. —État au vrai de la recette et de la dépense, de la vente et revente du domaine du Roi en Bourgogne et Bresse, produit devant le Bureau des finances par Georges Scarron, commis à cette recette.— Fol. 20. Délivrance de la châtellenie de Brazey, au procureur Champy, moyennant 8,800 livres. — Fol. 56. La terre de Brion a été délivrée à M. de Macheco pour 6,330 livres. — Fol. 70. La justice du hameau de Montot, châtellenie d'Argilly, est acquise 880 livres par Mlle Jeanne de Fautrières. — Fol. 97. Remboursement à Jeanne de Poligny, veuve de P. Bouhier, conseiller au Parlement, de 273 livres, prix de la terre de Vougeot, jadis acquise par son mari. — Fol. 141. Remboursement de 3.717 livres à Guy Blondeau, conseiller d'État, ci-devant possesseur de la châtellenie de Sagy. — Fol. 204. Id. à M. Fyot de Barain, conseiller au Parlement, de la somme de 18,050 livres, prix de la seigneurie de Villiers-le-Duc et Vanvey qu'il avait engagée.

C. 2421. (Registre.) — In-folio, 264 feuillets, papier.

1755. — Aliénations du Domaine. État sommaire et par ordre alphabétique des domaines de Bourgogne et de Bresse, aliénés en exécution de divers édits, notamment de ceux de mars 1619, décembre 1652, mars et avril 1695, avril 1702, août 1708, août 1717 et déclaration du 5 mars 1708.

C. 2422. (Registre.) — In-folio, 68 feuillets, papier.

1768-1773. —Sommier du Domaine affermé, des rentes d'engagement, des articles découverts et des rentes albergues, faisant partie du bail passé à Alaterre. — Fol. 1. Amodiation de la pêche dans la Saône à l'abbé de Saint-Pierre, prieur de Pontailler. — Fol. 7. M. de Clugny, conseiller au Parlement, paie 10 livres de rente pour un quart de la seigneurie de Nuits-sous-Ravières; — Fol. 13. les habitants de Saint-

Jean-de-Losne, autant pour l'abandon qui leur a été fait des anciennes fortifications : — Fol. 24. Claude Étienne, négociant à Aignay-le-Duc, 150 livres pour l'achat de la châtellenie.

C. 2423. (Registre.) — In-folio, 119 feuillets, papier.

1769-1773. — Sommiers des Domaines « sousfermés » à Alaterre, des censes, rentes et redevances créés par engagement, à vie, à perpétuité, sous faculté de rachat et à titre d'inféodation — des rentes albergues — des rentes qui ne se payent pas. — États sommaires.

C. 2424. (Registre.) — In-folio, 41 feuillets, papier.

1774. — Sommier contenant par ordre alphabétique de lieux ou domaines, le tableau des engagistes, la date des actes, la nature des rentes, leurs échéances et les quartiers payés.

C. 2425. (Registre.) — In-folio, 50 feuillets, papier.

1775-1790. — Sommier des quittances données par les receveurs des domaines aux censitaires du Domaine du Roi à Saint-Jean-de-Losne.

C. 2426. (Registre.) — In-folio, 35 feuillets, papier.

1780-1791. — Sommier des requêtes et réponses à l'administration des domaines, des ventilations, accensements, etc. — Fol. 2. Demande de S. Fenéon en accensement de 17 journaux de terre dans la forêt de Moloise en Charolais (1783). — Fol. 12. Ventilation d'un domaine acquis à Fontabon, paroisse de Genouilly, par A. Cayet, procureur au bailliage de Charolles (1784). — Fol. 31. Avis de l'administration des domaines sur la concession des anciennes fortifications du bourg de Bèze et de la ville de Châtillon (1791).

C. 2427. (Registre.) — In-folio, 123 feuillets, papier.

1776. — Sommier des rentes, cens et redevances. — Fol. 1. Mention de l'engagement de la châtellenie de Châtel-Géra: M. Orry de Fulvy. — Fol. 23. Rente albergue de 1 liv., 10 sols, due par les habitants de Chaignay pour la garde. — Fol. 30. Autre de 12 liv. 10 sols due par ceux de Salmaise à cause de la chapelle du château de Talant. — Fol. 100. Cens dû par M. Magnien, trésorier de France, pour un jardin pris dans les fossés de la ville de Nuits. — Fol. 138. Rente de 50 sols due par la communauté du Mont-Saint-Vincent pour l'accensement d'un terrain.

C. 2428. (Registre.) — In-folio, 169 feuillets, papier.

1771-1790. — Sommier des rentes d'engagement émanées du Conseil par contrats de revente et autres. — Fol. 1. Rente de 55 liv. due par la veuve Bugier au lieu de Bouléo pour une maison et des vignes à Talant. — Fol. 54. Georges Louis Leclerc, écuyer, seigneur de Buffon, de l'Académie des sciences, intendant des jardins du Roi, paye 13 livres pour l'accensement de plusieurs parties du château de Montbard. — Fol. 50. Rente de 10 livres due par le duc de Rohan pour la concession d'un terrain défriché dans la forêt de Beaumont. — Fol. 100. La veuve Chaudon paye chaque année un boisseau de blé pour l'autorisation qui lui a été donnée de construire un moulin près des moulins banaux de Charolles. — Fol. 150. Jacques Dupuy de Saint-Martin, écuyer, paye une rente de 20 livres pour l'engagement du Pré du Breuil en Brionnais.

C. 2429. (Registre.) — In-folio, 158 feuillets, papier.

1778-1791. — Sommier des rentes d'accensement en vertu de jugements du Bureau des finances ou portées par les terriers. — Fol. 1. Rente de 13 livres due par A. Jordanis pour une maison et jardin dépendant des anciennes fortifications de Saulieu. — Fol. 25. Les consorts Champion et Descoutils doivent 15 sols de cens sur l'emplacement de la Ronde à Avallon. — Fol. 50. Louis Boyer, 4 livres pour un jardin rue du Belaire, au même lieu. — Fol. 15. Jean Perchet, correcteur à la Chambre des comptes, 2 livres pour une maison et jardin dépendant des fortifications de Nuits. — Les frères Jeanniard avocats, 3 livres pour un emplacement joignant aux murs de la même ville. — Fol. 130. Edme Verrier, 1 fr. pour un emplacement vers la porte de Sacy, provenant des anciennes fortifications de Vermanton.

C. 2430. (Cahier.) — In-folio, 26 feuillets, papier.

1778-1791. — Carnet d'enregistrement par le receveur des domaines à Châtillon, des sommes provenant des cens, redevances de toute nature dues au Roi, tant en argent qu'en grains, volailles, denrées, etc. — Fol. 2. Tailles seigneuriales dues par les habitants de Bellenod, Origny, Bremur et Vaurois, Busseaut.

C. 2431. (Registre.) — In-folio, 61 feuillets, papier.

1775-1789. — Carnets d'enregistrement par le receveur des domaines de Châtillon des sommes provenant des fruits et revenus du Domaine et des sols pour livre des deniers domaniaux; — des découvertes faites des domaines et des droits domaniaux négligés, recélés ou usurpés dans l'arrondissement du Bureau.

C. 2432. (Liasse.) — 15 pièces, papier.

1369-1786. — Domaine. — Dijonnais. Copies des comptes de Jean d'Auxonne, de Oudot le Bediet, de Jehan Jehannault et de Paris Regnault et de Pierre Legrand, receveurs du bailliage de Dijon, dont les originaux ont été décrits dans le fonds de la

Chambre des comptes B, 4434, 4504, 4520 et 4601 et 4620. — « État au vray des lieux et places vagues et vaines, bois rabougri, marets » situés dans le bailliage de Dijon et mis en vente par les commissaires du Roi pour l'aliénation du Domaine (1580). — Extrait de l'état au vrai de 1580, en ce qui concerne le Domaine du bailliage. — Extrait des titres du même domaine, conservés à la Chambre des comptes.

C. 2433. (Liasse.) — 25 pièces, papier.

1560-1785. — Dijon. Logis du Roi. — Visite des bâtiments par le trésorier Peyrat (1560). — Mémoire des ouvrages faits par Girard Jambe-de-fer, menuisier (1560). — Couverture en plomb de la tour dite la Terrasse (1605). — Avis donné au Roi par les Trésoriers de France pour des réparations aux bâtiments de la Sainte-Chapelle (1583). — Ordonnance des mêmes, touchant celles faites à la galerie, aux écuries, au Jeu de Paume, aux cabinets du duc de Bellegarde, gouverneur de la Province et du baron de Termes (1623). — Réparations ordonnées par J. Peyrat, trésorier de France. — Avis au Roi sur la demande formée par le général des monnaies, à l'effet d'avoir un auditoire près les bâtiments de la Vieille Monnoie (1624). — Acquisition par le Roi de plusieurs petits bâtiments joignant son Logis (1649-1635). — Arrêt du Conseil d'État qui autorise la ville de Dijon à acheter les maisons situées devant le Logis du Roi pour y ouvrir une place (1681). — État estimatif des réparations à faire au Logis du Roi (1784).

C. 2434. (Liasse.) — 3 pièces, parchemin ; 82 pièces, papier.

1560-1781. — Dijon. Palais de Justice et Conciergerie. Réparations ordonnées aux bâtiments de la Chambre des comptes (1560). — Marché pour des ouvrages dans la cour du Palais. — Réparations à la conciergerie, ordonnées par J. Peyrat, trésorier de France (1560). — Construction de la grande salle du Palais prescrite par le roi Charles IX (1572). — Délivrance de la construction de la charpente de cette salle (1579). — Vente d'une place dans cette salle pour y ouvrir une boutique (1580). — Ordonnance du roi Henri III qui autorise les officiers du Parlement à prélever la somme de 3,500 livres sur le produit des amendes, à l'effet de subvenir aux dépenses des buvettes, cires, bois et des réparations du Palais (1581). — Réparations au parquet de la Chambre des requêtes (1582). — Concession d'une boutique dans la salle du Palais à J. Desplanches, libraire à Dijon (1589). — Délivrance de cinq places dans la cour du Palais, pour y construire des boutiques (1600). — Contrats d'acquisition de plusieurs maisons joignant le Palais pour l'agrandissement de la Conciergerie (1611). — Maintenue de P. Palliot, historiographe du Roi et généalogiste, dans la jouissance d'un banc et d'une boutique dans la salle du Palais (1620). — Bail des boutiques du Palais. — Acquisition par le Roi, la Province et la Ville de Dijon, d'une maison pour agrandir les prisons de la Conciergerie (1780).

C. 2435. (Liasse.) — 100 pièces, papier.

1560-1626. — Dijon. Château. — Réparations ordonnées par J. Peyrat, trésorier de France, sur l'ordre du duc d'Aumale, gouverneur de Bourgogne (1560). — Délivrance des ouvrages à faire en charpenterie (1571). — Devis des réparations aux moulins, aux tours Guillaume, St-Martin, N.-D., aux canonières, au logis du capitaine, aux portes etc. (1571). — Devis des réparations en maçonnerie et charpente aux ponts, aux tours, aux galeries, canonières, etc. (1573). — Revestissement de l'inventaire du mobilier du château (1573). — Visite faite par le contrôleur des fortifications, des réparations demandées au château (1573). — Délivrance de ces réparations par le Bureau des finances (1573). — Construction d'un escalier de service entre le château et le rempart de la ville (1588). — Réparations prescrites par le Bureau des finances sur la demande de Franchesse, capitaine du château et de Jean de Saulx, vicomte de Tavanes, commandant en Bourgogne pour M. de Mayenne (1590-1595). — Visite du château par M. J. Jaquot, trésorier, sur la demande de M. de Parcours, successeur de Franchesse (1596). — Adjudication de la fourniture des meubles, ustensiles et munitions du château (1596). — Délivrances des ouvrages de maçonnerie, charpente et couverture à faire au château, payées devant les Trésoriers de France. — Devis dressé par Philibert Roulon, contrôleur des fortifications en Bourgogne. — Délivrances de travaux de blanchisserie et charpenterie. — Réparations ordonnées par le duc de Bellegarde (1598-1626).

C. 2436. (Liasse.) — 2 pièces parchemin ; 123 pièces, papier.

1635-1790. — Dijon. Château. — Sommation du Bureau des finances aux maire et échevins de la ville, d'avoir à représenter les procès-verbaux de délivrances des réparations qu'ils font faire aux fortifications (1635). — Emprunt de 16,000 livres pour l'achat des munitions nécessaires à la défense de la ville menacée par les Impériaux (1636). — Procès-verbal de délivrances par le trésorier Berbisey des réparations à faire au château : maçonnerie, charpenterie, couverture, serrurerie 1640). — Procès-verbaux de visite et reconnaissance des réparations à faire, dressés en présence des officiers du Bureau des Finances. — Devis dressés en conséquence (1643-1649). — Procès-verbal de l'état des munitions de la place, dressé par J. Jant, trésorier de France, sur l'ordre du duc de Vendôme, gouverneur de Bourgogne (1650). — Réparations faites à l'artillerie (1650). — Inventaire du mobilier et des munitions, dressé sur la demande de M. La Planchotte, capitaine commandant au nom du prince de Condé (1651). — Procès-verbal de reconnaissance de l'état des ruines du château (1631) ; — procès-verbaux de visite des réparations, devis, proclamats et délivrances faites devant les Trésoriers de France (1662-1673). — Observations de la Direction des domaines sur la demande formée par le comité municipal de Dijon en concession des bâtiments du château (1790).

C. 2437. (Liasse.) — 2 pièces parchemin; 204 pièces, papier.

1470-1788. — Dijon. Hôtel de Langres. Donation de cet hôtel faite par le roi Louis XI à Macé de Montroussel, son maître d'hôtel, sous la seule condition de bailler chaque année un épervier (1479). — Vente de cet hôtel par la veuve à Jean d'Amboise, évêque de Langres (1484). — Aliénation par les commissaires du Roi à Denis Brulart, premier président du Parlement (1597). — Contrat de vente de cet hôtel par ce dernier aux religieuses Jacobines (1615). — Lettres d'amortissement accordées par le roi Louis XIII. — Vente faite par les Jacobines à Mme Baillet de Vaugrenant d'une portion de leur jardin (1613). — Échange de terrain entre la ville et les Jacobines (1634). — Délivrance des travaux de construction de la place Royale tranchée au sieur Lambert. (Les bâtiments des Jacobins bordaient une grande partie de cette place.) — Alignement du mur de clôture du couvent du côté de la rue de Mouhy (Étioux) (1698). — Traité entre les religieuses et la ville pour l'établissement des halles de la rue St-Fiacre (1712). — Arrêt du Conseil qui, après la faillite des religieuses Jacobines, réunit l'hôtel de Langres au Domaine. — Procès-verbal de reconnaissance des bâtiments (1686). — Baux de plusieurs parties du couvent après le départ des religieuses (1780-1784). — Réclamation des créanciers contre cette réunion au Domaine. — Arrêt du Conseil portant concession des bâtiments de l'hôtel à la ville de Dijon et correspondance à ce sujet (1786).

C. 2438. (Liasse.) — 6 pièces, papier.

1582-1784. — Dijon, hôtel des Monnaies. Procès-verbal de l'accensement à Anne Malyon, veuve de Jean de Poligny, d'un emplacement dépendant de l'hôtel des Monnoies. — Autre de la dismensuration de l'emplacement de cet hôtel.

C. 2439. (Liasse.) — 23 pièces, papier.

1568-1782. — Dijon. Auditoire, prisons et greffes des juridictions du bailliage. Remise demandée par le fermier du greffe des consignations (1568). — Ordonnance du roi Henri III pour la réunion au Domaine, du greffe de la chancellerie de Dijon (1579). — Don par le même à M. de Ruffey, capitaine de 50 hommes d'armes, d'une somme de 5,668 écus 2/3 sur le produit de la revente des greffes (1578). — Bail à ferme du greffe de la chancellerie (1580). — Vente du greffe du grenier à sel à M. de Mouhy (1604). — Autre de celui de la Table de Marbre à M. Euvrard (1608). — Arrêts du Conseil qui prescrivent des réparations à l'auditoire du bailliage (1609) ; — qui autorisent les juges consuls à établir un auditoire dans les bâtiments des halles (1613) ; — qui accordent les gages au concierge des prisons (1782).

C. 2440. (Liasse.) — 101 pièces, papier.

1782-1788. — Dossier de l'instance portée devant le Parlement entre l'administration des Domaines et la mairie de Dijon, au sujet de la haute justice dans la ville et la banlieue (la mairie fut maintenue dans tous ses droits) ; factums, mémoires, correspondance et productions de pièces parmi lesquelles la transcription des chartes et lettres, privilèges accordées à la ville par les ducs de Bourgogne et les rois de France de 1183-1781, copiées sur le recueil imprimé de Pérard et d'après un recueil produit par la mairie, à l'appui de sa cause.

C. 2441. (Liasse.) — 2 pièces, papier.

1786. — Dijon. Franchise du territoire. Réflexions sur l'écrit intitulé : Mémoire sur la franchise du territoire et observations pour servir de suite à ce mémoire. Il s'agissait de la prétention des amodiateurs de vignes de se soustraire aux droits d'octroi perçus sur les vins à leur entrée dans la ville.

C. 2442. (Liasse.) — 11 pièces, papier.

1328-1774. — Dijon. Prestation des marcs de la ville. Lettres de Eudes IV, duc de Bourgogne, qui assigne à Mathieu de Montmartin, une rente annuelle de 100 livres sur cette prestation (1328). — Lettres patentes de Louis XIII, roi de France, qui remet à la ville de Dijon, la prestation des 500 marcs, sous la condition d'en acquitter les charges (1616). — Requête des doyen et chapitre de la Sainte-Chapelle pour l'acquit des rentes qui leur sont assignées sur le Domaine, parmi lesquelles figure celle de 126 livres sur les marcs (1691). — Extrait de l'état du Roi, des domaines engagés en ce qui concerne la prestation des marcs (1779).

C. 2443. (Liasse.) — 12 pièces, papier.

1580-1712. — Dijon. Prévôté, clergie et foires. Extraits de l'état au vrai du Domaine en ce qui concerne la prévôté aliénée à la mairie de Dijon (1580). — Quittance de 1,000 livres donnée par la ville, pour le droit de confirmation de cette aliénation. — Autre de 3,400 livres pour le même droit (1712).

C. 2444. (Liasse.) — 1 pièce, parchemin ; 61 pièces, papier.

1574-1770. — Dijon. Cens et rentes. Bail à cens d'une place près le Jeu de Paume du Roi (1574). — Concession viagère de la maison de Bar à Dijon, faite par le roi Charles IX à J. Nollet, gentilhomme de sa fauconnerie (1568). — Extraits de l'état au vrai du Domaine, en ce qui concerne le tiers de l'entrage des vins de la ville, les cens dus sur une tour, une maison devant Clairvaux, une autre au *viel chastel*, sur la commanderie de la Magdeleine ; sur des maisons rue Poulaillerie, rue du Pautet, rue St-Jean, rue Chapelotte (1580). — Revente d'un cens assigné sur l'hôtel de B. Giroud, conseiller au Parlement, situé rue de la Porte au Fermerot, et qui appartenait à François Chabot, comte de Charny et à Catherine de Silly, sa femme (1621). — Cens de 40 sols assigné sur la maison dite des Choux blancs, située rue de la Chapelotte aux Riches, appartenant à Guillaume Berbisey, lieutenant civil et criminel au bailliage (1623). — Reconnaissance par les religieuses de la Visitation de Dijon, d'un cens sur la maison dite le Logis de St-Bernard, englobée dans leur couvent (1643). — Autre par le commandeur de la Magdeleine, d'un cens assigné sur le meix de Magny et la Chapelle de St-Bénigne, annexés au pourpris de la Commanderie (1685). — Jugement de la Chambre du Domaine, qui condamne Denis Ledeuil, carreleur, à payer les arrérages d'un cens, assigné sur une maison, située devant le Palais (1733).

C. 2445. (Liasse.) — 65 pièces, papier.

1553-1790.—Dijon. Banlieue, cens et rentes. Extrait de l'état au vrai du Domaine du Roi en ce qui concerne les cens des gardes et commandises dus par les habitants de Longvic, Bellefond, Varois, Chaignot, Chaignay, Marsannay-le-Bois, Quetigny, Flacey, Velars (1580). — Déclaration de Mme Guenebaut, engagiste de ces cens (1687).—Aliénation des mêmes par les commissaires du Roi, à Jean Mathey, bourgeois à Dijon (1553). — Revente des mêmes par Marie Mathey, veuve de Vincent Robelin, conseiller au Parlement, à L. Marandet, marchand à Dijon (1589). — Extrait de l'état au vrai du Domaine du Roi, comprenant la redevance en avoine due par les habitants d'Échirey (1580). — Aliénations de cette redevance, faites par les commissaires du Roi à Bernard d'Esbarres, président au Parlement, seigneur de Ruffey (1596). — Extrait du sommier relatif à une rente de 20 livres, rachetée par les habitants de Fleurey. — Autre de l'état au vrai, concernant une redevance d'huile de noix, due par les possesseurs de la rente de Morveau (1580).—Autre relatif aux cens de franchise, dus par les habitants d'Oisilly (1580). — Sommations aux propriétaires de la Colombière et du Parc, de la justice de Beaumont, et de la terre de Bretigny et Clénay de produire leurs titres (1660).

C. 2446. (Liasse.) — 82 pièces, papier ; 1 plan.

1234-1790. — Argilly. Châtellenie. — Don des revenus des châtellenies d'Argilly et Pontailler, fait par le roi Henri III, au duc de Mayenne, gouverneur de Bourgogne (1577). — Autre des revenus de la châtellenie d'Argilly, fait par ce dernier au sieur Delage, écuyer de son écurie (1591). — Don des revenus des châtellenies de Rouvres et d'Argilly, fait par le roi Henri IV au duc de Biron (1595) et au duc de Bellegarde (1602, 1612, 1620), gouverneurs de Bourgogne. — Arrêt du conseil qui maintient Henri de Bourbon, prince de Condé, en possession de la châtellenie, dont il est engagiste (1631). — Réparations ordonnées par les trésoriers de France aux bâtiments du château, aux étangs, tuilerie (1560-1567), etc.—Enquête pour l'accensement d'un bois (1572).—Aliénation du Bois le Duc ou des Bruyères, des prés au Duc, du Chêne (1603-1625). — Nomination du chapelain de la chapelle du château, par la princesse de Conti, dame engagiste (1738). — Charte de franchise (copie) accordée par Hugues IV, duc de Bourgogne, aux habitants d'Argilly (1234). — Aliénation du bois de Lhée de Longvay au sieur Lebeuf. — Procès-verbal d'arpentage et plan de ce bois (1606) ; — procès-verbal de revente du revenu des prévôtés, dû par les habitants d'Argilly, Bagnot et Labergement-le-Duc (1624). — Sommation aux habitants d'Argilly de justifier du titre en vertu duquel ils payent les florins dus au Roi. — Déclaration générale et détaillée du domaine de la châtellenie (1790).

C. 2447. (Liasse.) — 1 pièce, papier.

(**XVIIIe siècle.**)— Argilly. Châtellenie. Plan général de la grande forêt.

C. 2448. (Plan.) — 1 pièce, papier.

1770.—Argilly. Châtellenie. Plan du grand étang d'Argilly levé par l'arpenteur Hubert.

C. 2449. (Liasse.) — 86 pièces, papier.

1567-1793. — Argilly. Seigneuries démembrées de la châtellenie.— *Antilly*. Procès-verbaux de vente et revente de cette baronnie à Jacques Godran, conseiller au Parlement, puis aux PP. Jésuites de Dijon (1624-1625). — *Bagnot*. Autre de la seigneurie à J. de Méritain, sieur de Lague (1621). —Déclaration fournie par Zacharie Hemery, seigneur engagiste (1665). — Procès-verbal de liquidation entre M. Guyard, écuyer, lieutenant général au bailliage, seigneur engagiste et l'abbaye de Cîteaux (1730). — Jugements concernant la propriété du bois de Chemenaut, la justice sur celui de Fontenotte (1720).—*Boncourt*. Jugements de la Chambre du Domaine qui condamnent plusieurs habitants à passer reconnaissance des cens qu'ils doivent à l'engagiste de la châtellenie (1708). — *La Chaume*. Aliénations de redevances sur la seigneurie de la

Chaume, faites par les commissaires du Roi à M. d'Hugon,sieur de la Chaume (1622).—*La Chocelle.* Avis donné au Roi touchant l'inféodation de La Chocelle (1567).—Enquête à ce sujet (1572). Inféodation faite par le roi Charles IX au profit de Guillaume des Bruyères (1574). — *Corberon.* Jugement qui condamne les habitants à porter reconnaissance du cens qu'ils doivent, pour leur droit de pâturage dans la forêt de Champgerley (1708).—

C. 2450. (Liasse.) — 29 pièces, papier.

1570-1781. — Argilly. Seigneuries démembrées de la châtellenie. Prévôté de *Comblanchien, Corgoloin, Boncourt-la-Ronce, Boncourt-la-Fontaine.* — Aliénation à Étienne Noblet, président à la Chambre des comptes de Dijon (1570). — États au vrai de la seigneurie (1580). — Revente à Cyprienne Sayve, baronne Duprat de Vitteaux, petite-fille du président Noblet (1624). — Jugement qui condamne les habitants de Boncourt-la-Ronce et Boncourt-la-Fontaine, à payer les redevances qu'ils doivent au prince de Conti, seigneur engagiste (1709).— Reconnaissance de cens sur Boncourt par Myette de Dijon. — Sommation au seigneur de Corgoloin de justifier de ses titres. Procès-verbal d'arpentage et de délimitation des territoires des deux Boncourt, dressé par l'arpenteur Boiteux en 1774.

C. 2451. (Plan.) — 1 pièce, papier.

1774. — Argilly. Suite de l'article précédent. Plan dressé par l'arpenteur Boiteux, pour être annexé au procès-verbal précité.

C. 2452. (Liasse.) — 81 pièces, papier.

1580-1784.— Argilly. Seigneuries démembrées de la châtellenie. — *Bragny-sur-Saône.* Aliénations par les commissaires du Roi à MM. de Thiard (1623). — Bail de la seigneurie passé par Claude de Thiard, comte de Bissy, à M. Constantin (1776). — *Chivres, Palleau, Ecuelles.* Extraits de l'état au vrai du Domaine (1580).—Remboursement du prix de la vente de cens dus par les habitants (1624). — Aliénation de la portion de la seigneurie d'Écuelles appartenant au Roi, par les commissaires royaux à J.-B. Guillier, seigneur d'Écuelles (1662).— *Labergement-le-Duc.* — Extraits de l'état au vrai du Domaine (1580). — Reventes de la terre et de la prévôté, faites par les mêmes au duc de Bellegarde (1625). — Jugement qui condamne les habitants à relâcher le terrain qu'ils avaient usurpé sur le Pré au Duc (1736). — Échange de la seigneurie de Labergement appartenant au Roi, contre l'hôtel des Travers, à Passy, appartenant à M. Ch. Desjobert, procureur au parlement de Paris (1767). — *Longvay.* Extraits de l'état au vrai du Domaine (1580). — Instance entre la princesse de Conty, engagiste de la terre et le sieur Bourgeois, au sujet de cens (1708). — *Montmain.* Jugement qui condamne les habitants à passer une reconnaissance des droits d'usage qu'ils ont dans la forêt de Champgerley (1708).—*Montot.* Vente de la justice de Montot à Mme de Fautrières, dame de Cussigny (1622).—Jugement de l'Intendant, qui modère de 800 à 600 fr. la taxe imposée à Mme Claude de Saint-Belin, veuve de Charles de Champagne, dame de Cussigny et Montot, pour la confirmation de la possession de cette dernière terre (1698).

C. 2453. (Liasse.) — 114 pièces, papier.

1573-1783. — Argilly. Seigneuries démembrées de la châtellenie.—*Nuits.* Réparations aux halles, ordonnées par les trésoriers de France (1573). — Extraits de l'état au vrai du Domaine concernant la prévôté, les bans et étalages, les censes (1580). — Arrêt du Conseil d'État qui prescrit des réparations aux prisons (1607). — Aliénation des greffes du bailliage à M. Soucelyer(1717).—Accensement de terrains près l'auditoire, fait au sieur Belin (1613). — Aliénation des censes et rentes dues au Roi, à MM. de Chaumelis, receveur général, Moreau, de Macheco, de Comeau, le chapitre Saint-Denis, etc. (1521-1622). — Débats entre la princesse de Conti, dame engagiste d'Argilly et plusieurs habitants de Nuits, au sujet des cens (1709) ; — et avec le Domaine pour le droit d'ensaisinement(1735).—Sommaire des rentes d'engagement des terrains provenant des anciennes fortifications de la ville (1756).

C. 2454. (Liasse.) — 43 pièces, papier.

1501-1788. — Argilly. Seigneuries démembrées de la châtellenie.—*La Outre.* Extraits de l'état au vrai du Domaine (1580). — Règlement du droit d'usage dans la forêt d'Argilly, accordé au propriétaire (1667). — Ensaisinement de l'acte d'acquisition de ce fief par Léon Trouvé, avocat (1759).—*Premeaux et Prissey.* Extraits de l'état au vrai du Domaine(1580). — Déclaration par Mme de Macheco, des cens en argent et en cire, dus au Roi dans ces deux villages (1722). — Autre de M. de Macheco, conseiller au Parlement, seigneur de Premeaux et Prissey (1722). — *Quincey.* Maintenue du seigneur en possession d'usages dans la forêt d'Argilly pour le chauffage de sa maison (1561). — Aliénation des censes et rentes dues au Roi à Quincey, faite par les commissaires à Claude d'Orges, dame de Thianges et du lieu (1621). — *Villebichot.* Aliénation par les mêmes à M. Legoux, sieur de la Berchère, d'une redevance de 25 livres, due par les habitants (1621).

C. 2455. (Liasse.) — 104 pièces, papier.

1580-1777. — Argilly. Seigneuries démembrées de la châtellenie. — *Vosne et Flagey.* Extrait de l'état au vrai du Domaine (1580). — Ordonnances du Bureau des finances pour le paiement à l'avocat Bouchard, ainsi qu'à Guillemette de Carmonne, veuve du président Noblet, engagistes, de la rente due par les habitants de Flagey et des exploits de la justice de la prévôté de Vosne (1590, 1591). — Enregistrement par le Bureau des finances des lettres patentes de Henri IV, qui confirme le droit d'échevinage des habitants de Flagey (1609). — Aliénation de la seigneurie de Vosne et de Flagey au profit de M. de Thésut, conseiller au Parlement (1622).—Déclarations du domaine fournies par Louis Legoux de la Berchère, conseiller d'État et Urbain Legoux de la Berchère, intendant de Montauban (1685). — Débats au sujet de l'assignal d'un cens à Vosne (1769).—Déclaration fournie par le président Joly de Bévy, seigneur engagiste (1770). — Vougeot. Extrait de l'état au vrai du Domaine (1580). — Aliénation au profit de Jacques Venot, conseiller maître à la Chambre des comptes (1695, 1621). — Déclaration fournie par lui et par les religieux de l'abbaye de Cîteaux, cessionnaires du prince de Conti (1685).— Modération de taxe pour la confirmation de la cession, accordée aux religieux par l'Intendant (1699). — Déclaration produite par M. de Croonambourg, seigneur de Vougeot (1769).

C. 2456. (Liasse.) — 77 pièces, papier.

1560-1782.—Auxonne. Châtellenie et prévôté. — Ordonnances des trésoriers de France pour des réparations à faire au château, à la maison du Roi, aux halles, aux murailles, à la grande levée, à la digue et aux moulins d'Auxonne. Procès-verbaux de visite, devis, et mémoires des travaux (1560-1624). — Confirmation par le roi Henri III, de l'octroi sur le sel accordé aux habitants (1602).— Concession par le roi Henri IV aux habitants, des greniers situés au-dessus des halles ; — autre des bâtiments de ces halles (1605). — Arrêts du Conseil qui prescrivent la réparation de la grande levée (1604-1613) ; la construction des prisons royales ; d'un auditoire du bailliage, servant en même temps de lieu d'assemblée des États du comté (1605).

C. 2457. (Liasse.) — 1 pièce, parchemin ; 143 pièces, papier.

1465-1789.—Auxonne. Châtellenie et prévôté.—Extraits des terriers de la châtellenie (1465, 1486, 1543). —Jugement qui maintient J. Regnard en possession de la ferme du tabellionage et des vieux contrats.—Extraits de l'état au vrai du Domaine en ce qui regarde la prévôté, les censes et rentes (1580). — Ratification par le roi Henri III de la vente de l'office de garde du petit scel, faite à J. Margeret (1582).—Amodiations du revenu de la prévôté (1628).— Maintenue des habitants d'Auxonne en possession du péage (1684). — Déclaration fournie par Mme Coquet, de l'Ile Catherin, dont elle est engagiste (1685). — Débats entre la ville d'Auxonne et le fermier du Domaine, au sujet des portions du Domaine, dont elle jouit à titre d'engagement (1734). — Dossier relatif à une rente de 10 florins, due par la ville en sa qualité d'engagiste d'un trou de la Saône appelé Ribaudeau (1566).

C. 2458. (Liasse.) — 39 pièces, papier.

1229-1771. — Auxonne. Châtellenie et prévôté. — Copie de la charte de commune octroyée aux habitants d'Auxonne par Étienne, comte de Bourgogne (Auxonne), Jean, comte de Chalon et Agnès, femme du comte Étienne (1229).—Rachat de la taille abonnée et du banvin (1561). —Sommation aux habitants d'avoir à justifier de leur possession de cette taille et d'autres parties du Domaine (1660).— Jugement de l'intendant de Harlay, qui condamne les habitants à payer les arrérages de la taille abonnée (1684).

C. 2459. (Liasse.) — 73 pièces, papier.

1458-1784. — Auxonne. Seigneuries démembrées de la châtellenie. *Billey, Villers-Rotin, Labergement-les-Auxonne.* Extrait des titres de la Mairie de Labergement, échangée contre la seigneurie de Billey et Villers-Rotin (1583). — Aliénations de cette seigneurie à M. De Lacroix ; à M. Jeannel, lieutenant général au bailliage de Saint-Jean-de-Losne, et à Marguerite Muay, veuve de Claude-Joseph Guy, écuyer, seigneur de Labergement (1584, 1585). — Déclaration du domaine produite par Mme veuve Jeannel (1685). — Jugement de l'Intendant qui somme le sieur Jeannel de fournir l'arrêt du Conseil qui l'exempte du droit de francfief (1696). — Déclaration de la terre de Villers-Rotin (1685). — *Flammerans.* Extraits du terrier de la seigneurie (1486) ; — et de l'état au vrai du Domaine (1580). — Revente de la seigneurie à Simon de Vellerot, seigneur de Buxillon, et J.-B. de Montrichard, écuyers (1622). — Id. par l'Intendant à J.-B. Rousselot, procureur (1696). — Déclaration fournie par J.-B. Suremain, écuyer, seigneur engagiste (1682). — Débats entre ce seigneur et les habitants, au sujet des redevances qu'il prétendait exigées par le terrier. — Procès-verbal d'évaluation de l'ancienne mesure d'avoine d'Auxonne avec la nouvelle, rédigé à l'occasion de ces débats (1733, 1734). — Jugement de la Chambre du Domaine qui annule le dénombrement fourni par le seigneur de Flammerans (1734).

C. 2460. (Liasse.) — 68 pièces, papier.

1560-1784.—Beaune, Pommard et Volnay. Châtellenie.— Cense de 80 livres due par les bouchers de Beaune (1381). — Aliénation de la châtellenie à M. Seguin de Volnay (1619). — État particulier du revenu du domaine de la châtellenie (1604). — État au vrai de ce domaine (1576). — Déclaration des héritages demeurés en ruine et en désert (1604). — Bail des revenus de la châtellenie. — Aliénation de la châtellenie faite par le commissaire du Roi au sieur Massol, conseiller au Parlement (1621). — Revente aux maire et échevins de Beaune (1626). Autre au sieur Legrain (1660).— Déclaration du domaine produite par les maire et échevins de Beaune, seigneurs engagistes

(1685).—Rôles des particuliers possédant des terres, maisons et vignes dans l'étendue de la châtellenie (1782).

C. 2461. (Liasse.) — 58 pièces, papier.

1203-1784. — Beaune, Pommard et Volnay. Châtellenie.— Ordonnances des trésoriers de France pour les réparations de l'auditoire du bailliage, de la poissonnerie, du château et des fortifications de la ville (1560-1582). — Réunion au Domaine des portages et des halles (1561). — Jugement des commissaires du Roi, qui déclarent le greffe de la ville patrimonial (1582). — Avis au Roi concernant la concession des halles de Beaune à la ville, les banvins, la taille des marcs (1618). — Débats entre l'administrateur des Domaines et la mairie au sujet de la haute justice. Cette dernière produit à l'appui de la cause, des copies de la charte de commune et du ban de vendanges octroyés en 1203 et 1210 par Eudes III, duc de Bourgogne, l'accord avec le duc Robert II pour les marcs (1283) ; la confirmation de la charte de commune par le même (1205) ; le jugement du duc Philippe-le-Bon concernant les privilèges (1459) ; l'amende de 4,000 livres infligée aux habitants pour crime de rébellion (1479) ; le don des marcs fait à la ville et la confirmation des privilèges de la ville par le roi Louis XV.

C. 2462. (Liasse.) — 26 pièces, papier.

1625-1784. — Beaune, Pommard et Volnay. Châtellenie. Aliénation de la prévôté et des banvins de Beaune au sieur Massol, conseiller au Parlement (1620).—Remboursement du prix de vente aux maire et échevins, anciens engagistes (1624). — Revente de la prévôté, banvins et setiers aux mêmes. — Mise en possession de la châtellenie, par la mairie de Beaune (1626). — Aliénation du droit sur la marque des cuirs qui se fabriquent dans la ville à la communauté des marchands tanneurs (1738). — Débats avec l'administration des Domaines, au sujet de la déclaration des revenus de la prévôté (1784).

C. 2463. (Liasse.) — 68 pièces, papier.

1544-1786. — Beaune, Pommard et Volnay. Châtellenie. Vente à J. Brunet, marchand à Beaune, de 2 francs de rente sur sa maison devant les halles (1544).—Autre au sieur Massol, de cens sur les bouchers et à Volnay (1553). — Accensement du pressoir du Roi à Beaune (1566). — Aliénation du clos du Roi dit de Bourache (1569). — États au vrai du Domaine. — Remboursements faits à divers acquéreurs du Domaine.— Ventilation d'une maison rue Bussière ; de vignes au clos du Roi (1781).—Dossier relatif à la vente du château et du bastion de la Bretonnière (1780).

C. 2464. (Liasse.) — 51 pièces, papier ; 7 plans.

1231-1786. — Beaune, Pommard et Volnay. Châtellenie. Copie de la charte par laquelle Mahaut, comtesse de Chalon, rétrocède au duc de Bourgogne les 104 muids de vin de Pommard qu'elle tenait en fief de lui (1231). — Aliénation par les Trésoriers de France, des broussailles et terres vagues situées dans la châtellenie de Pommard (1600). — Aliénation de la terre de Pommard et Volnay au sieur Jacquot (1605).— Réclamation par l'abbaye de Maizières de la redevance en vin qui lui est due sur Pommard (1699). — Débats entre les habitants de Pommard et le chapitre de Beaune, au sujet de la dîme (1749). — Procès-verbal d'égandillage de la mesure matrice destinée à la perception de la dîme (1765). — Débats entre le chapitre de Beaune, les habitants d'une part et les religieux du Val-des-Choux au sujet de la dîme de vin sur Pommard laquelle appartenait à ces derniers (1772). — Procès-verbal de reconnaissance des limites séparatives des finages de Pommard et de Volnay par Étienne Magnien. Plan annexé (1786).

C. 2465. (Liasse.) — 63 pièces, papier.

1490-1785. — Beaune, Pommard et Volnay. Châtellenie. Extraits du terrier de l'abbaye de Cîteaux et du Domaine en ce qui concerne Volnay. — Accensement de vignes au sieur Loppin (1490). — Extraits de l'état au vrai concernant Volnay et les prés de Combertault (1530). — Dossier relatif aux réparations et à la démolition de la tour de Volnay (1601, 1605). — Aliénation des domaines de Volnay et Combertault, faite aux frères Vincent (1622). — Déclaration fournie en 1685. — Revente faite à M. Bannière de Beaucourt, président au grenier à sel de Chagny (1769).

C. 2466. (Liasse.) — 97 pièces, papier ; 1 pièce, parchemin.

1561-1783. — Beaune, Pommard et Volnay. Seigneuries ou domaines détachés de la châtellenie. — *Auxey*. Ventilation du Domaine acquis par le greffier Monnot (1783).— *La Borde au Bureau*. Extraits de l'état au vrai du Domaine (1580). — Vente de la terre de La Borde par Ph. Faultrey, écuyer, sieur des Varennes, à Antoine de Vienne, baron de La Borde Reullée (1596). — Aliénation faite au sieur Humbelot par les commissaires du Roi. — Acquisition de cette terre par M. Brunet, écuyer, sur les pauvres du Grand Hôtel-Dieu de Beaune (1769) — *Bligny et Curtil*. Reconnaissance devant Venot, commissaire du Roi, des censes dues au Roi dans ces deux villages (1607).— *Meloisey*. Extraits de l'état au vrai du Domaine (1580). — Aliénation faite par les commissaires du Roi à Guy Blondeau (1613). — Reconnaissance par le même Venot des censes dues au Roi sur Meloisey (1609). — Aliénation faite au chapitre Saint-Lazare d'Autun (1622). — *Puligny et Mipont*. Extraits de l'état au vrai du Domaine (1580).—Procès-verbal de délimitation entre Chagny et Puligny (1615). — Aliénation du Domaine à Mlle Jacquot (1623). — Revente au vicomte d'Amanzé (1633). — Arrêt du Conseil d'État qui autorise la revente à M. Rigoley. — Mémoires à ce sujet (1755). — *Monthelie*. — *Nolay*. Contrat d'engagement des offices de prud'hommes, visiteurs et marqueurs des cuirs (1740). — *Savigny-sous-Beaune*. Remboursement au sieur Jacquot du prix des vignes dont il était engagiste (1624).

C. 2467. (Registre). — In-folio, 275 feuillets, papier.

1780. — Beaune, Pommard et Volnay. Châtellenie. Sommier des redevances dues au Domaine et assignées sur des maisons, meix, jardins, terres, vignes situées à Beaune et sur les territoires d'Aloxe, Aubaine, Auxey, Bligny-sous-Beaune, Bouilland, Chevignerot, Chorey, Curtil, Échevronne, Gigny, La Borde au Bureau, La Doix de Serrigny, Merceuil, Monthelie, Meursault, Pernand et Savigny-sous-Beaune.

C. 2468. (Registre). — In-folio, 320 feuillets, papier.

1780. — Beaune, Pommard et Volnay. Châtellenie. Sommier des redevances dues au Domaine, assignées sur les meix, maisons, curtils, plastres, terres, vignes, censables et de coutume, situées à Pommard, ainsi que de ceux sujets à la taille.

C. 2469. (Registre). — In-folio, 320 feuillets, papier.

1780. — Beaune, Pommard et Volnay. Châtellenie. Sommier des redevances dues au Domaine assignées sur les maisons, meix, curtils, jardins, terres et vignes censables et de coutume situées à Volnay, ainsi que sur ceux sujets à la taille.

C. 2470. (Liasse.) — 38 pièces, parchemin.

1416-1772. — Brazey et Saint-Jean-de-Losne. Châtellenie. Extrait du terrier de la châtellenie (1416). — Ordonnances des trésoriers de France pour la réparation de la tuilerie et des étangs de Brazey (1566-1574); le paiement des arrérages de la rente due aux héritiers de Bénigne d'Esbarres, élu en Bourgogne (1581). — Extraits de l'état au vrai du Domaine (1580). — État particulier du Domaine de la châtellenie (1583). — Aliénation et revente de la châtellenie, faites par les commissaires du Roi à Léonor Chabot, comte de Charny, grand écuyer de France, et à ses héritières (1621, 1625). — Réclamation par M. Baillet de Vaugrenant, président aux requêtes du Palais, des arrérages d'une rente qui lui appartient sur la châtellenie (1673). — État et détail de la seigneurie de Brazey (1696). — Procès-verbal de reconnaissance des limites des finages d'Esbarres et de Brazey (1741). — Autre de celle des mesures de Brazey (1744). — Autre des terres sujettes à la redevance sur les avoines (1753). — Autre de l'estimation des charretées de foin, dues au Domaine (1772).

C. 2471. (Liasse.) — 4 pièces, parchemin; 92 pièces, papier; 1 plan.

1774-1787. — Brazey et Saint-Jean-de-Losne. Châtellenie. Aliénation de la châtellenie faite par les commissaires du Roi à Pierre Poissonnier, médecin du Roi (1774). — Opposition de Guillaume Baillet, baron de Saint-Julien, à cette aliénation (1776). — Institution d'un garde forestier par ce dernier (1778). — Arrêt du Conseil d'État portant réunion de la châtellenie au Domaine (1779). — Tibériade des bois dépendant du Domaine (1781). — Bail général de la terre passé par le Domaine aux sieurs Philippon et Lamblin (1781). — Mémoires, manuels et déclarations.

C. 2472. (Liasse.) — 7 pièces, parchemin; 81 pièces, papier.

1687-1768. — Brazey et Saint-Jean-de-Losne. Châtellenie. Baux généraux du Domaine passés par les héritiers de la duchesse d'Elbeuf, M. J. Baillet, premier président de la Chambre des comptes, Guillaume Baillet, écuyer, seigneurs engagistes. — Dossier de l'instance portée devant la Chambre du Domaine, entre le sieur Mermet, fermier, et les censitaires de la châtellenie, pour l'égandillage et la fixation de la mesure servant à la perception des redevances en nature (1737-1747).

C. 2473. (Liasse.) — 4 pièces, parchemin; 55 pièces, papier.

1580-1784. — Brazey et Saint-Jean-de-Losne. Châtellenie. Baux passés par M. Baillet, seigneur engagiste de l'ancien château de Brazey concédé en 1780 par arrêt du Conseil à la veuve Niquet (1705). — Ordonnance des trésoriers de France, concernant des réparations faites aux moulins d'Ennevans (1582). — Baux de ces moulins (1753). — Arrêt du Conseil d'État qui les accense à Pierre Philippon (1780). — Jugement de la Chambre du Domaine qui condamne les habitants de Brazey, à payer les arrérages de la taille abonnée (1707). — Procès-verbal de reconnaissance des fonds sujets à cette taille (1760). — Autre de délivrance du Domaine dit des taillables (1776). — Etats au vrai des dîmes et tierces. — État des terres qui y sont sujettes (1416). — Acte d'accensement ou d'engagement du bois de la Barotte, consenti par les commissaires du Roi à Philbert Jacquot, sieur d'Esbarres (1597). — Déclaration du Domaine fourni par Bénigne Berbis, baron d'Esbarres (1685).

C. 2474. (Liasse.) — 56 pièces, papier; 1 plan.

1543-1788. — Brazey et Saint-Jean-de-Losne. Châtellenie. Extraits du terrier de 1543 portant déclaration des censes, tailles et rentes. — Instance entre la duchesse d'Elbeuf et M. Baillet, engagiste et des censitaires de Brazey (1646-1648). — Requête du chapelain chargé de la desserte d'une messe fondée à la chapelle Sainte-Barbe de Brazey (1653). — Mémoire concernant une demande d'accensement d'un paquier par M. Thomas (1767).

C. 2475. (Liasse.) — 4 pièces, parchemin; 87 pièces, papier.

1580-1761. — Brazey et Saint-Jean-de-Losne. Châtellenie. Extraits de l'état du Domaine concernant les tailles et et les censes de Pontémery (1582). — Autorisation d'élever un moulin à Pontémery sur la Biètre (1583). — Procès-verbal dressé par Guillaume Saunac, ingénieur ordinaire et géographe du Roi, de l'arpentage du territoire de Pontémery, sujet à la redevance des avoines (1754). — Déclaration des héritages grevés de cette redevance (1754). — Manuel au vrai des droits seigneuriaux dus à Pontémery (1761).

C. 2476. (Liasse.) — 2 pièces, parchemin; 89 pièces, papier.

1472-1783. — Brazey et Saint-Jean-de-Losne. Châtellenie. Concession du château de Saint-Jean-de-Losne, faite à l'abbaye de Cîteaux par Charles, duc de Bourgogne (1473) et confirmée par les rois Louis XI et Charles VIII (1483). — Déclaration de cette maison et de la seigneurie de Vougeot produite par l'abbaye (1687). — Aliénation de cette maison faite par les commissaires du Roi à Nicolas Hernoux, receveur des traites à Saint-Jean-de-Losne (1710). — Procès-verbal de reconnaissance de cette maison (1710). — Ordonnances des trésoriers de France pour l'établissement de l'auditoire du bailliage (1535). — Enquête au sujet de la répartition d'une taille dans le ressort de ce bailliage pour la construction ou l'achat d'un auditoire et des prisons (1609). — Arrêt du Conseil qui autorise ces constructions ou acquisitions et une taille de 4,000 livres pour les payer (1609). — État au vrai de la dépense d'acquisition de la maison Oudet; devis, marché et délivrance des travaux nécessaires pour l'appropriation de de cette maison en auditoire et en prison (1615). — Amodiation de la portion du bâtiment non occupé par la justice (1613). — État au vrai de cette location produit par Michel de Toulorge, avocat du Roi au bailliage (1618).

C. 2477. (Liasse.) — 20 pièces, papier.

1580-1740. — Brazey et Saint-Jean-de-Losne. Châtellenie. Extraits de l'état au vrai du Domaine, relatifs à l'éminage, à la justice et à la prévôté de Saint-Jean-de-Losne (1580). — Aliénation du droit d'éminage à J. Boiveau, grenetier au grenier à sel (1622); — et des exploits de la prévôté à M. Champy, procureur (1622). — Jugement de la Chambre du Domaine qui règle le débat survenu entre M. Baillet, seigneur engagiste et les habitants de Saint-Jean-de-Losne, au sujet de l'éminage et du four banal (1706).

C. 2478. (Liasse.) — 52 pièces, papier.

1563-1762. — Brazey et Saint-Jean-de-Losne. Châtellenie. Délivrance au sieur Lambert d'un emplacement sur la Saône entre Saint-Jean-de-Losne et le prieuré de Losne, à l'effet d'y établir un moulin. — Aliénation de ce moulin faite par Charles Marteno à Christophe Euvrard et Sauterot. — Mémoire des réparations à faire aux halles de Saint-Jean-de-Losne. — Aliénation du droit de gouvernaux et d'empreintes sur les bateaux, faite au sieur Jeannel, lieutenant général au bailliage. Autre du four banal au procureur Champy. — Procès-verbaux des réparations faites au pont de Saint-Jean-de-Losne; — aux murailles et fortifications de la ville. — Déclaration du moulin possédé par M. Delettre. — Autorisation donnée par les Trésoriers généraux au sieur Boy, de construire un moulin au-dessous du pont de Saint-Jean-de-Losne.

C. 2479. (Liasse.) — 1 pièce, parchemin; 38 pièces, papier.

1619-1780. — Brazey et Saint-Jean-de-Losne. Châtellenie. Censes dues au Roi, par les habitants de Saint-Jean-de-Losne pour le droit de façade de leurs maisons (1619). — Jugement de la Chambre du Domaine qui condamne ces habitants à payer les arrérages de ces droits à l'engagiste (1729). — Procès-verbal de dismensuration de toutes les maisons sujettes au droit de perche (1729). — Arrêt du parlement de Dijon portant règlement des débats entre les habitants et M. Baillet, seigneur engagiste, au sujet du recouvrement des droits du toisé des façades et du rôle des censitaires (1733). — Rôles des habitants, dressés en conséquence de cet arrêt (1734). — Déclarations des fonds.

C. 2480. (Liasse.) — 4 pièces, parchemin; 59 pièces, papier; 2 plans.

1515-1780. — Brazey et Saint-Jean-de-Losne. Châtellenie. Déclaration des héritages (1515). — Extraits de l'état au vrai du Domaine en ce qui concerne les censes et rentes à Saint-Jean-de-Losne (1580). — Baux à cens d'une place à bâtir près la porte de Dijon fait à Porterot (1731); — d'un terrain au même lieu fait à P. Gouget, marchand (1732). — Bail d'un jardin, rue du château, passé par le couvent des Ursulines aux sieurs Ferrieux et Ruinet (1751). — Plan du bastion Bernard, annexé à une demande de concession par le sieur Frilley (1751). — Dossier d'une instance devant la Chambre du Domaine entre le sieur Saulnier, négociant et le sieur Joly, lieutenant civil au bailliage, au sujet de la demande en annulation d'un contrat de vente d'un terrain. Plan du terrain en litige (1753-1754). — Jugement qui condamne le sieur Maison à démolir le mur qu'il avait fait élever, pour clore son jardin, le long de la ruelle qui conduit de la place publique aux remparts (1758). — Aliénation des terrains provenant des anciennes fortifications de la ville (1761).

C. 2481. (Liasse.) — 1 pièce, parchemin; 40 pièces, papier.

1416-1790. — Brazey et Saint-Jean-de-Losne. Seigneuries détachées de la châtellenie. *Aiserey*. Extrait du terrier de 1416 et de l'état au vrai du Domaine (1580). Validation de l'aliénation de la seigneurie à M. Millet, conseiller au Parlement (1600). — Reventes à Étienne Millière et Claude Bossuet, conseillers au Parlement (1622). — Déclarations fournies par M. Millière et Mme veuve Pouffier (1686). — Reprises de fief de la seigneurie par Hector-Bernard Pouffier, doyen du Parlement (1728) ; Guillaume Bouillet, écuyer (1737). — Dénombrement fourni par ce dernier (1737). — Manuel des cens, dressé en 1780.

C. 2482. (Liasse.) — 44 pièces, papier; 6 plans.

1417-1771. — Brazey et Saint-Jean-de-Losne. Seigneuries détachées de la châtellenie. — *Charrey*. Débat entre le duc d'Elbeuf, seigneur engagiste et Pierre Buatier, sieur de Charrey au sujet d'un cens sur une maison de Charrey (1664). — *Esbarres*. Extraits de l'état au vrai du Domaine (1580). — Sentence du bailliage de Dijon, constatant que le moulin d'Orsans relevait de la châtellenie de Brazey (1417). — Aliénation du clos d'Esbarres à J. Jeannel, lieutenant général au bailliage et de la moitié du péage d'Orsans à Jacquot, sieur de Gevrey (1622). — Instance entre M. Jacquot baron d'Esbarres et la duchesse d'Elbeuf, dame engagiste, au sujet des cens assignés sur le moulin d'Orsans (1640). — Déclaration de la moitié du péage d'Esbarres produite par Bénigne Berbis, baron d'Esbarres (1685). — Autorisation donnée à ce dernier par J. Baillet, seigneur engagiste de Brazey, de reporter et reconstruire le moulin d'Orsans dans une situation plus convenable, au haut d'Esbarres, sur la mère rivière de Vouge (1704). — *Gevrey*. Manuel incorporé des cens dus à Brochon et à Gevrey (1587). — Aliénation de ces redevances au procureur Champy (1622). — Plans visuels des fonds soumis à ces redevances.

C. 2483. (Liasse.) — 1 pièce, parchemin; 49 pièces, papier; 1 plan.

1416-1779. — Brazey et Saint-Jean-de-Losne. Seigneuries détachées de la châtellenie. *Aubigny* et *Magny*. Extraits du terrier de 1416. — *Montot*. Id. Aliénation de la seigneurie aux chanoines de la Sainte-Chapelle de Dijon (1622) ; — des corvées au procureur de Champy (1622). — Plan visuel des corvées. — Débats entre le chapitre de la Sainte-Chapelle et le seigneur engagiste, au sujet de la justice. Production de titres à cet effet (1769). — Déclaration des tailles. — *Saint-Usage* et *Échenon*. Extraits de l'état au vrai du Domaine (1580). — Déclaration fournie par l'échevin de Saint-Usage, des droits d'usage appartenant à la commune dans le bois de Langonge (1685). — Aliénation de la seigneurie de Saint-Usage et Échenon faite à J. Catherine, conseiller au Parlement (1621-1622). — Manuel des cens dus dans la seigneurie (1640). — Déclaration fournie par Marguerite de Neretz des Bois, veuve du conseiller Catherine (1685). — Jugement de la Chambre du Domaine qui condamne les habitants de Saint-Usage à faucher le pré de Langonge, et à en charrier les produits au grenier du seigneur engagiste (1749). — Déclaration des tailles et redevances dues à Échenon et Saint-Usage.

C. 2484. (Liasse.) — 59 pièces, papier.

1561-1782. — Fresne-St-Mamès. Châtellenie. Mention du don qui en avait été fait à M. de Marville, capitaine du château d'Auxonne (1561). — Réparation ordonnée à la halle (1567). — Aliénation de la châtellenie faite par les commissaires du Roi à Gérard Sayvé, abbé de La Bussière (1570). — Revente faite à Claude Sayve, sieur de Montculot (1596). — Extraits des terriers de 1529 et 1696. — Procès-verbal de vue et descente sur les lieux à Fresne-St-Mamès, dressé par un trésorier de France, dans un débat entre le marquis Duprat de Barbanson, seigneur engagiste et Charles-Luc-Claude de Maréchal, conseiller au Parlement de Besançon, seigneur de Veret (1765). — Jugement de la Chambre du Domaine qui condamne les habitants de la châtellenie à acquitter tous les droits d'ensaisinement (1782). — Mémoire produit par M. de Barbanson à l'appui de sa cause contre le Domaine. — Déclaration des héritages qui composent le domaine de la châtellenie. (1782-1783).

C. 2485. (Liasse.) — 17 pièces, papier.

1454-1788. — Fresne-St-Mamès. Châtellenie. Délimitation du territoire (1529). — Copie de la charte de franchise accordée par le duc Philippe le Bon aux habitants de Fresne (1454). — Débats entre ces habitants et l'administration des Domaines, au sujet du droit de lods (1773). — Confirmation par le roi Henri IV des privilèges des habitants de Fouvent et notamment du droit d'user de sel gris et blanc (1601). — Mention de rachat de rentes par les communautés d'Argillières et Fays-Billot (1733).

C. 2486. (Liasse.) — 9 pièces, papier.

1516-1709. — Lantenay. Châtellenie. Lettres patentes de François Ier, roi de France, qui transporte à Jeanne d'Orléans, sa sœur naturelle, dame de Givry, la propriété de cette châtellenie (1516). — Autres qui maintiennent le duc et la duchesse de Montpensier en possession de cette terre (1543). — Extrait de l'état au vrai du Domaine (1580). — Réclamation par le chapitre de la Sainte-Chapelle du Roi à Dijon, aux trésoriers de France, des redevances en grains qui lui sont dues dans la châtellenie (1695). — Arrêt du Conseil d'État qui décharge Bernard Bouhier, seigneur de Lantenay, de la somme à laquelle il avait été taxé pour le rachat des charges locales (1709).

C. 2487. (Liasse.) — 1 pièce, parchemin ; 33 pièces, papier.

1560-1788. — La Perrière-sur-Saône. Châtellenie. Extraits de l'état au vrai du Domaine (1580).—Extrait du terrier de la châtellenie en ce qui concerne Foucherans (1623).— Jugement de la Chambre du Domaine qui condamne les habitants de ce lieu au paiement de redevances en cire (1754). — Contrat d'échange entre le prince de Condé, Louis de Bourbon, qui cède à Nicolas de Goureaux, sieur du Mont, la châtellenie de la Perrière et reçoit en contreéchange les châtellenies de Chourses et Saint-Cyr en Bourg dans l'Anjou (1661). — Demande formée par Cl. Petet de l'accensement du pré de l'Ile de Saint-Seine.

C. 2488. (Plan.) — 1 pièce, papier.

1713. — La Perrière. Châtellenie. Plan du bois du Deffend levé par François Dausse, géomètre arpenteur, à la maîtrise des eaux et forêts de Dôle.

C. 2489. (Liasse.) — 49 pièces, papier.

1553-1787. — Pontailler-sur-Saône. Châtellenie. Copies des comptes de Jean Joly, châtelain et receveur pour les années 1553, 1566, 1567. — Extraits de l'état au vrai du Domaine (1580). — Décisions des trésoriers de France, concernant la ferme du Domaine (1613). — Bail de la châtellenie consenti par le duc de Bellegarde, donataire (1613). — Lettres d'office de châtelain et receveur alternatif en faveur de J. Joly (1619). — Manuel des revenus de la châtellenie, engagée aux princes de la maison de Condé (1729).—Rôles des possesseurs de fonds, maisons, terres, vignes dans la censive de la châtellenie (1787). — Aliénation de la châtellenie à Louis-Armand-François de La Rochefoucauld d'Estissac (1769). — Vente par ce dernier au marquis de Caumartin (1773).

C. 2490. (Liasse.) — 82 pièces, papier ; 1 plan.

1574-1769.—Pontailler. Châtellenie. Ordonnances des trésoriers de France, devis, mémoires et marchés pour les réparations faites au château, aux ponts, aux halles (1574), pour la construction de la maison du capitaine (1597).—Reconnaissance des ruines du château (1602). — Concession d'un emplacement près du château (1610). — Lettres d'office d'Antoine Gillot, capitaine châtelain (1616). — Dossier de l'instance entre les héritiers de Claude Joly et les héritiers Blondel au sujet d'emplacements joignant le château. Plan (1753).

CÔTE-D'OR. — SÉRIE C. — TOME II.

C. 2491. (Liasse.) — 1 pièce, parchemin ; 19 pièces, papier.

1567-1783. — Pontailler. Châtellenie. Ordonnances des trésoriers de France pour la réparation des ponts, halles et prisons (1567,1572,1596,1623) ; — touchant la construction d'un moulin (1594).—Baux de la pêche de la Saône à Pontailler (1783).

C. 2492. (Liasse.) — 34 pièces, papier.

1257-1787.—Pontailler. Châtellenie. Copie de la charte de franchise octroyée aux habitants de Pontailler par Guillaume de Champlitte, vicomte de Dijon (1257).—Ordonnances des trésoriers de France sur des usurpations commises dans la prairie (1571), sur des terres limitrophes de la Franche-Comté (1572) — et sur des emplacements dans Pontailler (1610). — Déclaration des cens dues sur les maisons dudit lieu (1687). — Jugements de la chambre du Domaine qui condamnent les habitants au paiement de ces cens (1754).—Vente d'un Domaine et de ces cens, faite par J.-B. Dubois, sieur d'Orain, à F. Belin, négociant à Pontailler. — Jugements qui condamnent plusieurs habitants, au paiement de ces cens et des lods à l'engagiste (1783).

C. 2493. (Liasse.) — 9 pièces, papier.

1552-1769. — Pontailler. Seigneuries démembrées de la châtellenie. *Brise.* Arrêts des commissaires du Roi qui déclarent le bois de Brise affranchi de la servitude du droit de pâturage prétendu par les habitants de Peintre (1552). — Réparations à l'étang et au moulin de Brise prescrites par le Bureau des Finances (1574). — Arpentage du bois de Brise (1566). — Accensement de ce bois à M. de Vezel avec faculté de défrichement (1582). — Déclaration de la rente de Brise (1699). — Procès-verbal de délivrance de 300 arpents de la forêt de Vêvre-Guillaume pour essarter, faite à un habitant de Nilieux et de la forêt de Brise aux habitants de Peintre (1561).

C. 2494. (Plan.) — 1 feuille, papier.

1574. — Pontailler. *Brise.* Plan des réparations à faire au moulin et à l'étang.

C. 2495. (Liasse.) — 2 pièces, parchemin ; 24 pièces, papier.

1530-1774. — Pontailler. Seigneuries démembrées de la châtellenie. *Clery et les Breuillots.* Extrait du terrier de la châtellenie contenant la déclaration des droits du Roi sur le hameau des Breuillots (1530). — Mandement du roi Charles IX pour la conversion en taillis des bois de la Vêvre-Guillaume, du Bois-le-Duc et du Vernois d'Antilly (1571). — Avis favorable donné par le Bureau des finances, sur la demande formée par le sieur Glaive de l'accensement du bois de la Vêvre-

Guillaume pour y établir des habitations (1572). — Remise de cet accensement par Glaive à M. Malassis de Cléry, écuyer (1572). — Opposition formée par les usagers à cet accensement. Avis donné par le Bureau des finances sur la situation du nouveau village de Cléry après les guerres de la Ligue (1596). — Décharge de trois années de cens, accordée par le roi Henri IV à J. de Malassis, sieur de Cléry (1597). — Reprise de fief des seigneuries de Cléry et Chambolle par M. Pelletier de Cléry (1781). — Arrêt du Conseil d'État qui déclare le fief de Cléry possédé à titre d'engagement et par conséquent tenu à l'ensaisinement (1781).

C. 2496. (Liasse). — 1 pièce, parchemin ; 15 pièces, papier.

1571-1673. — Pontailler. Seigneuries démembrées de la châtellenie : *Drambon et les Grands-Moulins*. Jugement de l'Intendant qui condamne MM. Gravier, seigneurs de Drambon, à payer les droits de francs-fiefs (1673). — Sommation du Trésorier de France aux habitants des Grands-Moulins de justifier de leurs titres de possession (1571). — Arrêt du Parlement qui les condamne à produire l'acte d'accensement de 1464 (1573). — Aliénation de la cense donné par les habitants à Mlle de Poligny (1578). — Revente de cette cense et de la justice au sieur Rouhier (1624). — Déclaration de cette cense fournie par Mme veuve Joly, maîtresse des Comptes (1649-1686).

C. 2497. (Liasse). — 1 pièce, parchemin ; 68 pièces, papier ; 2 plans.

1292-1784. — Pontailler. Seigneuries démembrées de la châtellenie. — *Heuilley*. Engagement de la seigneurie à Bénigne Le Compasseur, garde de la monnaie à Dijon (1574). — Déclaration du revenu (1579). — Extraits de l'état au vrai du Domaine (1580). — Revente de la seigneurie à Isaac Fevret, avocat à Dijon (1622). — *La Marche-sur-Saône*. Jugement qui condamne les habitants à payer les droits de péage au prieur de Pontailler (1761). — *Maxilly*. Opposition du Bureau des finances au don fait par le Roi à Fr. de Kalendel, sieur de Vonges, d'une portion du bois des Hayes (1571). — Extraits de l'état au vrai du Domaine, comprenant le revenu de Maxilly (1580). — Arpentage du bois des Hayes (1588). — Demande de la conversion de ce bois en fief à son profit, formée par Granvalet, attaché au marquis de Mirebeau (1594). — Vente de la coupe du bois (1621). — Procès-verbal d'assiette de ce bois, dressé par Guillaume Poufler, grand gruyer de Bourgogne (1624). — Procès-verbal de reconnaissance de terrains accensés dans ce bois et plan (1781). — *Talmay*. Copie des lettres de Guyot de Pontailler qui met sa terre de Talmay dans la mouvance du duc de Bourgogne (1292). — *Vonges*. Avis au Roi sur un projet d'établir un péage à Vonges (1614). — Procès-verbaux de délivrance des réparations à faire aux moulins à poudre (1700-1707).

C. 2498. (Liasse). — 1 pièce, parchemin; 89 pièces, papier ; 2 plans.

1578-1781. — Pontailler. Seigneuries démembrées de la châtellenie. *Perrigny-sur-l'Ognon*. Dossiers des procès-verbaux de visite, marchés, devis, adjudications des travaux de construction des moulins, cours d'eau et écluses (1578, 1581, 1597, 1600, 1620). — Baux de ces moulins (1581-1618). — Quelques-unes de ces réparations sont communes aux moulins de Soissons et de Brise. — Avis du Bureau des finances sur une demande des habitants de Perrigny, Soissons et Vielverge, en décharge de contributions pendant 20 ans à cause des ruines causées par l'armée impériale en 1636 (1649). — Délivrance d'une coupe de bois de marine (1646). — Accensement des moulins de Perrigny fait par le prince de Condé, engagiste de la châtellenie de Pontailler, à J. Monpinot, marchand (1648). — Arrêt du Conseil d'État portant accensement au sieur Lebeaut de plusieurs atterrissements à l'embouchure de l'Ognon dans la Saône. Procès-verbal et plan (1780).

C. 2499. (Plan). — 5 feuilles, papier.

Fin du XVIe siècle. — Pontailler. Seigneurie de Perrigny sur-l'Ognon. Cinq plans des cours d'eau, biefs et sous-biefs des moulins dressés à l'appui des devis de réparations mentionnés à l'article précédent.

C. 2500. (Liasse). — 43 pièces papier ; 2 plans, parchemin.

1580-1784. — Pontailler. Seigneuries détachées de la châtellenie. *Soissons et Vielverge*. Extraits de l'état au vrai du Domaine (1580). — Procès-verbaux de reconnaissance des ouvrages à faire à la chaussée de l'étang (1580). — Réparations ordonnées par les Trésoriers de France aux étang et moulins de Soissons (1582). — Délivrances des travaux (1582, 1584, 1594). — Plans des étang et moulins (1583). — Jugement de la chambre du Domaine qui astreint les habitants de Soissons et Vielverge à l'ensaisinement de tous leurs actes de propriété (1784).

C. 2501. (Liasse). — 84 pièces, papier.

1580-1687. — Rouvres. Châtellenie. Extraits de l'état sommaire du Domaine (1580). — Procès-verbaux de délivrance du Domaine de Rouvres (1580-1632). — Enquêtes touchant les pertes subies par les fermiers (1596-1623). — Sous-amodiations de partie du Domaine passées par le fermier (1596-1632). — Prise de possession de la châtellenie de Rouvres, par le prince de Condé (1632). — Aliénations du pré de Bèze au sieur Colle, et de la forêt le duc au sieur Potel (1624). — Réunion au Domaine des prés des Rondeaux, Picart et Peruhotte (1623-1624).

C. 2502. (Liasse.) — 81 pièces, papier; 2 plans.

1724-1790. — Rouvres. Châtellenie. État en détail de la consistance du Domaine (1724). — Amodiations des revenus du Domaine passés par les princes de la maison de Condé (1749). — Déclarations des terres, prés et autres droits du Domaine (1770). — Visite du Domaine à l'expiration du bail Polus (1775). — Rapport d'expert sur le préjudice causé aux habitants de Rouvres par le défrichement du pâquier de la croix de Bretenières. — Mémoire sur les droits, possessions et charges du Domaine. — Procès-verbal de plantation de bornes entre la justice du Roi et celle de Varanges (plan) (1785). — Autre du bornage de la pièce des Grands Charmes (plan) (1789).

C. 2503. (Liasse.) — 123 pièces, papier; 4 plans.

1534-1785. — Rouvres. Châtellenie. — Déclaration du château, d'après le terrier (1537). — Ordonnances des trésoriers de France, pour les réparations à faire au château (1560, 1566, 1618). — Délivrance, devis, marchés et mémoires de ces ouvrages (1581-1618). — Amodiations, réparations et aliénations du four banal (1580-1598). — Adjudication de la construction de la grange dîmeresse (1739). — Débats entre le châtelain, capitaine et le fermier, au sujet de la possession du château et de son pourpris (1766). — Devis des réparations à faire aux bâtiments de la ferme. — Plans du grenier et de la basse-cour, du château et de l'emplacement du château accensés par arrêt du Conseil, au sieur Tarnier (1775).

C. 2504. (Liasse.) — 29 pièces.

1215-1783. — Rouvres. Châtellenie. Copie de la charte de franchise accordée par le duc Eudes III aux habitants de Rouvres (1215). — Nomination par Henri IV, roi de France, à une des chapellenies de la chapelle de Sainte-Marie-Madeleine au château (1598). — Lettres du roi Louis XIII portant réunion de ces chapellenies à la Sainte-Chapelle de Dijon (1624). — Revente du revenu des exploits de la prévôté à Bénigne Morelet, conseiller au Parlement (1625). — Nomination de chapelains par le prince de Condé, seigneur engagiste (1693). — Dossier de la suppression de l'office de capitaine châtelain et de son remplacement par un prévôt royal (1782). — Rôle de la somme de 1,170 livres imposées sur tous les habitants pour la réparation de l'église et du cimetière (1783).

C. 2505. (Liasse.) — 95 pièces, papier.

1187-1719. — Rouvres. Châtellenie. Copies des chartes des ducs Hugues III (1187), Eudes III (1209), Hugues IV (1250) et de la duchesse Yolande (1249) qui accordent aux abbayes d'Auberive et de Clairvaux, au chapitre N.-D. de Beaune, des droits sur les redevances dites les matroces de Rouvres. — Enregistrement par le Bureau des finances des lettres du roi Henri III qui continue aux habitants de Rouvres l'affranchissement des deux tiers des 1,000 émines de la redevance des matroces (1574). — Ordonnances du Bureau pour acquitter les portions de cette redevance dues à l'abbaye de N-D. de Tart, et au prieuré d'Époisses. — Jugements de l'Intendant rendus contre plusieurs détenteurs de fonds à Rouvres qui se prétendaient exempts du droit de matroces (1692-1703). — Dossier relatif à la conversion de cette redevance en une double dîme et à la distribution de tout le territoire de Rouvres en grandes pièces régulières (1701).

C. 2506. (Liasse.) — 101 pièces, papier.

1733-1790. — Rouvres. Châtellenie. Délibération des propriétaires de Rouvres qui nomment un syndicat pour le règlement des charges de la double dîme (1733). — Instance entre le fermier du Domaine et le chapitre N.-D. au sujet de la redevance due à ce dernier (1775). — Procès-verbaux de délivrance de la dîme du Domaine, faites devant le subdélégué de l'intendant de Bourgogne (1781-1789).

C. 2507. (Liasse.) — 18 pièces, papier; 1 plan papier.

1580-1790. — Rouvres. Châtellenie. Extrait de l'état au vrai du domaine (1580). — Aliénations par les commissaires du Roi, des prés des Rotures et des Vazerois, du Bois-le-Duc, du Pré-des-Mondeaux et d'une redevance en blé et en avoine (1622-1625). — Procès-verbal de reconnaissance et de délimitation de la pièce de terre dite les Grands-Charmes. Plan (1789).

C. 2508. (Liasse.) — 29 pièces, papier.

1390-1786. — Rouvres. Châtellenie. *Fauverney*. Copie des titres produits par les Chartreux de Dijon à l'appui de leurs droits sur la rivière de la Senevasse (bras de l'Ouche) 1390-1698). — Aliénation par les commissaires du Roi d'un cens sur une maison (1603). — Procès-verbaux de reconnaissance et plantation de bornes des limites séparatives de la justice des Chartreux, à Fauverney, avec les justices du Roi, de la commanderie de la Madeleine, des seigneuries de Magny-sur-Tille et de Varanges. — Autre semblable des limites de la justice du Roi et celle du seigneur de Varanges (1780-1786).

C. 2509. (Plans.) — 5 feuilles, papier.

1781-1785. — Rouvres. Châtellenie. *Fauverney*. Cinq plans à l'appui des procès-verbaux de délimitation des justices de la Chartreuse, mentionnés à l'article précédent. — Plan de délimitation de la justice du Roi et du seigneur de Varanges à Fauverney.

C. 2510. (Liasse.) — 78 pièces, papier.

1529-1762. — Rouvres. Châtellenie. *Moulins de Fauverney.* Requêtes, ordonnances des trésoriers de France, devis, visites, délivrances et mémoires des réparations faites aux moulins (1566-1618). — Modérations obtenues par les fermiers (1596-1598). — Aliénation à M. Denis, seigneur de la Tournelle (1625). — Bail de ce moulin, passé par le prince de Condé, seigneur engagiste (1749).

C. 2511. (Liasse.) — 7 pièces, parchemin; 105 pièces, papier.

1775-1790. — Rouvres. Châtellenie. *Moulins de Fauverney.* — Arrêt du Conseil d'État qui autorise l'arrentement perpétuel des moulins de Fauverney au sieur Flamerion, meunier (1776). — Dossier relatif à cette affaire. — Amodiations de cette usine par l'administration du Domaine (1781). — Aliénation de cette usine faite par les commissaires du Roi au sieur Flamerion (1782). — Dossier relatif à l'égandillage de la nouvelle coupe du moulin (1783).

C. 2512. (Liasse.) — 74 pièces, papier; 1 plan.

1498-1786. — Rouvres. Châtellenie. Seigneuries détachées. *Marliens.* Aliénation de la seigneurie à Sébastien Margeret (1605). — Revente à M. Nagu de Varennes (1622). — *Magny-sur-Tille, Tart-le-Bas, Varanges.* Extrait de l'état au vrai du Domaine (1580). — Remboursement du prix de la vente de prés à P. Terrion (1624). — Plan du pré du petit Bèze. — *Pluvault-Longeaut.* Maintenue de Joachim de Rochefort, en possession de la seigneurie (1581). — Accord entre le roi Henri III et ce seigneur au sujet de cette possession (1583). — Arrêt du Conseil qui déclare cette terre patrimoniale (1583). — *Sathenay.* Débats avec l'abbé de Cluny pour la propriété des Étangs (1498). — Ordonnances des trésoriers de France pour leur réparation et leur amodiation (1560-1580). — Aliénation faite par les commissaires du Roi à M. de Jaquot (1625). — *Thorey-les-Epoisses.* Aliénation semblable à M. de Varennes (1625).

C. 2513. (Liasse.) — 1 pièce, parchemin ; 59 pièces, papier.

1561-1788. — Saint-Romain. Châtellenie. Sentence de maintenue par les commissaires du Roi en faveur des mariés Barolet (1561). — Commission pour l'amodiation de la châtellenie (1569). — Extraits de l'état au vrai du Domaine (1580). — Arrêt du Conseil d'État, portant réunion de la châtellenie au Domaine (1696). — Arrêt du Conseil d'État qui astreint la comtesse de La Rochepot à fournir une déclaration de la châtellenie de Saint-Romain (1787).

C. 2514. (Liasse.) — 57 pièces, papier.

1495-1781. — Saint-Seine-sur-Vingeanne. Châtellenie. Copie de la confirmation, par le roi Henri II, des lettres d'affranchissement accordées par Jacques de Clermont et François d'Aubetrée, seigneurs de Saint-Seine, aux habitants du lieu (1549). — Avis du Bureau des finances touchant la maintenue du maréchal de Retz, seigneur engagiste (1567). — Extraits de l'état au vrai du Domaine (1580). — Lettres de validation du contrat d'engagement de la terre aux héritiers du maréchal duc de Retz (1609). — Échange fait entre le Roi et Charles de Saint-Seine. — Déclaration de la terre de Saint-Seine (1685). — Transaction entre Étienne Benoit, Legouz Maillard, président au Parlement et J.-B. de Melion, écuyer, co-seigneurs de Saint-Seine (1587). — Instance entre les deux au sujet de la propriété d'une pièce de 30 journaux de terre (1731). — Procès-verbal dressé par Gambu, de la délimitation des villages de Saint-Seine-la-Tour et Saint-Seine-les-Halles. — Jugement rendu à ce sujet par la Chambre du Domaine. — Débats entre M. Legouz, sieur de Saint-Seine, et l'abbaye de Bèze, au sujet de la Justice. — Procès-verbal d'évaluation des biens échangés, entre le Roi et M. Legouz de Saint-Seine (1783).

C. 2514 bis. (Plans.) — 2 feuilles, papier.

1731. — Saint-Seine-sur-Vingeanne. Châtellenie. Plans de délimitation des territoires de Saint-Seine-l'Église et Saint-Seine-les-Halles pour l'explication du procès-verbal de l'arpenteur Gambu, rapporté à l'article précédent.

C. 2515. (Liasse.) — 39 pièces, papier.

1272-1786. — Saulx-le-Duc. Châtellenie. Copie de l'hommage fait par Guillaume de Saulx à Robert II, duc de Bourgogne. Extraits de l'état au vrai du Domaine (1580). — Aliénation de la châtellenie de Saulx et de la prévôté de Salives, faite par les commissaires du Roi à Léonor Chabot, comte de Charny, grand écuyer de France (1586). — Autre du bois de Vaudime à Guillaume Morillon (1602). — Vente de la châtellenie de Saulx-le-Duc et de la prévôté de Salives par Antoine Le Rouyer, pourvoyeur du Roi, étant aux droits des héritiers de Charny, à Claude Gelyot, intendant général de Mlle d'Elbœuf (1678). — Modérations de taxes obtenues par Guillaume Champeaux, sieur de Vaudime et F. B. Le Compasseur, seigneur engagiste de Saulx-le-Duc et Avot (1698).

C. 2516. (Liasse.) — 1 pièce, parchemin ; 42 pièces, papier.

1246-1779. — Saulx-le-Duc. Châtellenie. Copie des lettres de confirmation par Philippe-le-Hardi, duc de Bourgogne (1391), et Jean, roi de France (1361), des lettres de franchise accordées en 1246, par Jacques, sire de Saulx, à ses hommes dudit lieu. — Extrait du terrier de la châtellenie. — Marchés, devis, mémoires et pièces concernant les constructions et les réparations faites aux bâtiments des halles, du château, du our banal (1567-1580). — Procès-verbal de reconnaissance des travaux exécutés au château par ordre du capitaine La Marche (1584). — Bail à cens d'une place vague près des ruines du château (1625).

C. 2517. (Liasse.) — 1 pièce, parchemin, 80 pièces, papier.

1562-1785. — Saulx-le-Duc. Seigneuries détachées de la châtellenie. *Avot*. Extraits de l'état au vrai du Domaine (1580). — Autorisation donnée par le Bureau des finances au sieur Chauchot, de construire un moulin audit lieu (1587). — Engagement des cens dus sur les moulins (1596). — Bail à cens d'un moulin, passé par Bénigne Quillardet, écuyer, seigneur en partie d'Avot, à Claude Thibaut (1780).—*Busserotte, Gemeaux, Luxerois, Poiseul-les-Saulx*. Sommation aux seigneurs d'avoir à représenter leurs titres devant l'Intendant (1670). — Réparations aux fours de Luxerois et de Poiseul-les-Saulx (1567-1574). — Extraits de l'état au vrai du Domaine (1580). — *Is-sur-Tille*. Amodiation des moulin et foulon (1577). — Aliénation du Domaine faite par les commissaires du Roi, à Cl. Fremyot, président de la Chambre des comptes (1596). — État du revenu du Domaine (1580). — Déclarations fournies par les engagistes (1685).

C. 2518. (Liasse.) — 1 pièce, parchemin, 83 pièces, papier.

1488-1783. — Saulx-le-Duc. Châtellenie. *Prévôté de Salives*. Accensement d'une pièce de terre faite par les fabriciens de Salives à J. Clerc-le-vieil-de-Montarmet (1488). — Débat entre Daniel Geliot, seigneur en partie de Salives, propriétaire de cette terre, et le Domaine qui prétendait qu'elle appartenait au Roi (1695). — Visites par les trésoriers de France des moulin, étang, four et château de Salives (1573, 1574, 1585). — Aliénation de cens à Palus, faite par les commissaires du Roi à Claude Bourdin, sieur de Genouilly (1605). — Autre du moulin de Salives (1694). — Déclaration du Domaine produite par Geliot de Montarmet, seigneur engagiste. — Contrat de revente de la seigneurie aux sieurs Geliot et Siredey (1723). — Permission à eux donnée de percevoir la dîme sur certains héritages (1733). — Jugement qui les maintient dans l'exercice du droit de justice dans tout le ressort de la prévôté (1738).

C. 2519. (Liasse.) — 62 pièces, papier.

1574-1787. — Saulx-le-Duc. Seigneuries détachées de la châtellenie. — *Tarsul*. Visite des moulins (1574). — États au vrai du Domaine (1580). — *Vernot*. États au vrai du Domaine. — Aliénation de cantons de bois appelés les Grands et Petits Vougeots, à Morillon, grenetier de Saulx-le-Duc (1596). — Autre de la seigneurie faite par les commissaires du Roi à Scipion Maréchal, qui cède à Barthé-lemy Morisot (1596). — *Véronnes-les-Grandes et les Petites*. États au vrai du Domaine (1580). — Avis au Roi touchant un échange demandé par Alexandre Tabourot, co-seigneur du lieu (1603). — Aliénation de la seigneurie faite par les commissaires du Roi à Marie-Catherine d'Aguesseau, veuve du comte de Saulx-Tavannes (1596). — Revente faite par Henri-Charles de Saulx, comte de Tavannes, à Jacques Espiard de Vernot (1596). — Arrêt du Conseil qui concède à ce dernier, tous les droits de justice (1746). — Jugement de la Chambre du Domaine qui ordonne la distraction des parties de la seigneurie qui sont domaniales, de celles qui sont patrimoniales (1749).

C. 2520. (Plan.) — 1 pièce, papier.

1753. — Saulx-le-Duc. Châtellenie. Plan dressé par Trullard, arpenteur, des quatre cantons de bois dits Morvain, le Grand Vernot, le Moitenant et Vaudime, réunis à la châtellenie.

C. 2521. (Liasse.) — 1 pièce parchemin; 25 pièces, papier.

1580-1783. — Talant et Chenôve. Châtellenie. États au vrai du Domaine (1580). — Manuels des censes et dîmes (1638, 1671). — Amodiation des revenus faite au sieur Viard (1669). — Arrêt du Conseil qui ordonne la revente des vignes du Domaine (1723). — Autre par lequel le Roi informé des prétentions des détenteurs de ces vignes, ordonne qu'avant de procéder à cette revente, ces détenteurs produiront devant l'Intendant les titres en vertu desquels ils jouissent (1779).

C. 2522. (Liasse.) — 63 pièces, papier.

1505-1761. — Talant et Chenôve. Châtellenie. Marchés passés par la Chambre des comptes et le Bureau des finances, pour la culture des vignes du Roi, le criage des vins, les frais de vendanges, l'achat des vaisseaux et le charroi des vins (1505-1563). — Ordonnances des trésoriers de France pour les réparations à faire au château de Talant, aux ponts, aux fortifications de la ville, à la maison du Roi (1575-1590). — Lettres de don des matériaux des fortifications de Talant et de Vergy fait par le Roi au duc de Bellegarde, gouverneur de Bourgogne (1608). — Injonction aux échevins de Talant, de laisser les Jésuites du collège Godran, enlever les matériaux du château qui leur ont été donnés par le gouverneur (1609). — Visite des murailles et fortifications de la ville (1609). — Don d'une maison à Talant par le roi Louis XIII à M. de la Fondrière, prévôt général des maréchaux en Bourgogne (1611). — Défense faite par le Bureau des finances à toutes personnes, d'enlever les matériaux du château (1619). — Ordonnance du même qui prescrit le comblement du puits du château (1619). — Procès-verbal de reconnaissance de l'emplacement de l'ancien château (1731). — Manuel des cens assignés sur les terrains provenant des fortifications (1761).

C. 2523. (Liasse.) — 89 pièces, papier.

1216-1790. — Talant et Chenôve. Châtellenie. Copie de la charte de commune octroyée aux habitants de Talant par Eudes III, duc de Bourgogne (1216) et sa confirmation par les ducs, ses successeurs, et les rois de France. — Visite de la garenne du Roi à Talant (1562). — Bail à cens d'un emplacement près la cour du Roi (1604). — Minutes des déclarations fournies par les censitaires pour le renouvellement du terrier de la châtellenie. — Déclarations fournies par les détenteurs du Domaine, à Talant (1607). — Visite de la maison Obyer, à Talant. — Déclaration des biens possédés par F. Folin, aumônier du duc d'Orléans (1687). — Aliénation des censes et rentes sur Talant, faite par les commissaires du Roi au sieur Boulée (1714). — Procès-verbal de visite des carrières de Talant (1746). — Procès-verbal de toisage des maisons de Talant, sujettes au droit de perche (1784).

C. 2524. (Liasse.) — 48 pièces, papier ; 1 plan.

1560-1790. — Talant et Chenôve. Châtellenie. Bail à cens des vignes du Roi à Talant (1572). — Extraits de l'état au vrai du Domaine (1580). — Aliénations des clos du Roi, Moreau et Guillaume (1623). — Bail à cens d'une place près la maison Tournemotte (1625). — Déclaration fournie par l'acquéreur du clos Mugnier (1637). — États des droits de la seigneurie concernant les cens (1684). — Ordonnance des trésoriers de France pour la recherche des cens dus sur les clos Mugnier et des Marcs d'or (1673). — Jugements de la Chambre du Domaine qui astreignent les détenteurs des clos du Roi et Marchand au paiement des cens assignés sur ces vignes (1687).

C. 2525. (Liasse.) — 23 pièces, papier.

1653-1779. — Talant et Chenôve. Châtellenie. Copie du testament de saint Léger, évêque d'Autun, qui donne la terre de Chenôve à l'église d'Autun (653). — Confirmation des biens du chapitre d'Autun par le pape Innocent II (1132). — Traité entre Guillaume, sieur de Marigny, et le chapitre au sujet des dîmes de Chenôve (1258). — Arrêt du Parlement qui maintient le duc de Bourgogne en possession de la haute justice à Chenôve (1286). — Dossier d'une instance au Parlement de Dijon entre le chapitre et plusieurs forains, terminée par un arrêt, lequel maintient le Roi dans le droit de haute justice, et le chapitre dans celui de basse justice (1780).

C. 2526. (Liasse.) — 62 pièces, papier.

1580-1790. — Talant et Chenôve. Châtellenie. Arrêt de la Chambre des comptes qui condamne le sieur Flaichot à payer la dîme due sur ses vignes de Chenôve (1580). — Mémoire du procureur du Roi au bailliage contre les prétentions du chapitre à Chenôve (xvie siècle). — Manuel des cens (1661). — Ordonnances de l'Intendant et du Bureau des finances, prescrivant aux propriétaires des vignes sur Chenôve, d'en produire la déclaration pour l'acquit de la dîme (1674). — Contrat d'aliénation du Domaine de Chenôve au sieur Bourgeois (1719). — Baux des dîmes de Chenôve (1739).

C. 2527. (Liasse.) — 8 pièces, parchemin; 93 pièces, papier.

1560-1783. — Talant et Chenôve. Châtellenie. Marchés pour la façon des vignes du clos du Roi, et la fourniture des tonneaux (1560). — Réparations faites au pressoir du Roi. — Accensement et partage des vignes, des bâtiments et du pressoir de Chenôve, par les trésoriers de France (1566). — Arrêt du Conseil d'État qui maintient moyennant finance la possession des censitaires (1723-1769). — Déclarations fournies par les censitaires. — Procès-verbaux de visite par les commissaires du Bureau des finances, des bâtiments et pressoir du Roi, à Chenôve, et de l'état et de la culture des vignes (1760). — Rôle des propriétaires possédant vignes au clos du Roi.

C. 2528. (Liasse.) — 78 pièces, papier.

1580-1781. — Talant et Chenôve. Châtellenie. Clos des Bonnemères, des Violettes et des Marcs d'or. — Extraits de l'état au vrai du Domaine (1580). — Aliénation du clos des Bonnemères aux sieurs Maréchal, Peschard et Euvrard (1603). — Déclarations produites par Bernard de Montholon, sieur de Pluvault, Lazare de Pringles, procureur général à la Chambre des comptes ; les ayants cause de Barthélemy Morisot, Henry Petit, contrôleur des guerres, etc. (1621). — Aliénation du clos des Violettes au sieur Moreau ; de celui des Bonnemères aux sieurs De la Porte, Nicolas de Gouvenain, Moreau et Languet (1622). — Déclarations fournies par les propriétaires des vignes de Chenôve (1686).

C. 2529. (Liasse.) — 34 pièces, papier.

1245-1783. — Talant et Chenôve. Seigneuries détachées de la châtellenie. Fénay. Extraits de l'état au vrai du Domaine (1580). — Aliénation de la redevance en avoine, faite par les commissaires du Roi à F. Maréchal, élu pour le Roi en Bourgogne (1586). — Revente faite à Mlle Gérard (1624). — Plain d'Ahuy, Val-de-Suzon. — Accord entre Henri du Mont, chevalier, et le chapitre de la Sainte-Chapelle de Dijon, au sujet de la dîme d'Étaules et Darois (1245). — Aliénation des seigneuries de Daix, Plain-d'Ahuy et Val-de-Suzon, faite par les commissaires du Roi au conseiller Blondeau (1605). — Déclarations des biens possédés par la Sainte-Chapelle sur ces territoires (1680). — Ordonnance de l'Intendant de Bourgogne qui modère la taxe imposée à M. Fyot, abbé de Saint-Étienne, engagiste de ces terres (1698).

C. 2530. (Liasse.) — 63 pièces, papier, 4 plans.

1560-1784. — Talant et Chenôve. Seigneuries détachées de la châtellenie. *Daix, Champmoron, Changey, Darois.* Don des revenus de la seigneurie de Daix fait par le roi Henri III au sire de Rochefort (1577). — Extraits de l'état au vrai du Domaine (1580). — Enquête sur les causes de la diminution des revenus de la seigneurie de Daix (1590). — Aliénation de la seigneurie au conseiller Blondeau (1596). — Avis au Roi sur une demande de Jacquot, premier président de la Chambre des comptes en érection de son domaine de Daix en fief (1612). — Revente de la terre de Daix, faite à Guillaume et Pierre de Frasans (1642). — Déclaration formée par Bénigne Jaquot, seigneur engagiste (1685). — Dénombrement de la terre de Champmoron produit par les Chartreux de Dijon (1686). — Jugement qui condamne J.-B. Lamblin, propriétaire de la ferme de Changey, à acquitter les redevances dont elle est grevée (1769). — Dénombrement de la seigneurie de Daix, produit par M. Fardel, seigneur engagiste (1772). — Procès-verbal de bornage des territoires de Daix, de Champmoron, de Daix et de Talant. — Plan (1775). — *Plombières.* Mise en possession de Simon de Souverain, sieur de la Montagne, capitaine de Talant, des prés situés près du moulin de Vaisson. — Mandement du roi Henri IV pour faire jouir des mêmes prés, Jean de Saulx, vicomte de Tavanes, gouverneur de Talant (1609). — Procès-verbal de bornage et plan de ces prés (1749-1750).

C. 2531. (Liasse.) — 2 pièces, parchemin; 48 pièces, papier.

1580-1784. — Vergy. Châtellenie. Extraits de l'état au vrai du Domaine (1580). — Lettres de don du prix de la coupe du taillis de Mantuan fait par le roi Henri III à François de Bosse, seigneur de Noiron, l'un des cent gentilshommes de sa maison (1573). — Aliénation du Domaine de la châtellenie, faite par les commissaires du Roi à Chrétien de Macheco, écuyer (1596). — Id. des bois d'Epoisses et du Chêne, faite à M. Saumaise de Chasans (1605). — Baux du revenu de la châtellenie (1640). — Lettres patentes de Louis XIV, roi de France, qui accorde une certaine quantité de bois de la forêt de Mantuan, pour le chauffage de l'hôpital N.-D. et du Saint-Esprit de Dijon (1643). — Amodiations diverses des cens et revenus (1710-1740). — Contrat d'engagement de la châtellenie, fait par les commissaires du Roi à M. de Massol. — Procès-verbal de mise en possession (1740). — Arrêt du Conseil d'État qui maintient les droits de justice au seigneur engagiste (1744). — Déclaration fournie par ce dernier (1752).

C. 2532. (Liasse.) — 48 pièces, papier.

1560-1780. — Vergy. Châtellenie. Visite par un trésorier de France, des réparations à faire au château (1560). — Enquête sur la concession du parc de Faye, demandée au Roi par Bailly, capitaine du château (1579). — Accensement de ce parc à Philibert Reynard, correcteur à la Chambre des comptes (1572). — Mandement du roi Henri IV pour la visite des réparations faites au château (1596). — Proclamats pour la délivrance des matériaux provenant de la démolition du château (1609). — Aliénation du greffe de la châtellenie, à J. Morelet (1618). — Baux des cens de la châtellenie (1719-1740). — Aliénation de la justice de Vergy à M. de Massol (1740). — Autre du domaine de la châtellenie et notamment du parc de Faye (1747). — Jugement de la Chambre du Domaine, qui condamne des particuliers de Reulle à payer les cens dus sur le parc de Faye (1741). — Arrêt du Conseil d'État qui concède aux religieux de Saint-Vivant, le droit d'utiliser les matériaux de l'ancien château pour les constructions de leur couvent (1751).

C. 2533. (Plan.) — 1 feuille, papier.

1742. — Vergy. Châtellenie. Plan du château de Vergy et du parc de Faye, levé par B. Gambu, géomètre-arpenteur juré du Roi.

C. 2534. (Liasse.) — 82 pièces, papier; 2 plans.

1580-1788. — Vergy. Seigneuries détachées de la châtellenie. *Bouilland, Chevrey, Fussey.* Extraits de l'état au vrai du Domaine (1580). — Aliénations de la seigneurie, faite par les commissaires du Roi au sieur Blondeau, à J. Perrot de Conflans et à M. Louis Dupré (1622, 1752, 1766). — Ordonnance de l'Intendant qui modère à 40 livres la taxe assignée à Jacques Lebelin, receveur des décimes, en sa qualité de seigneur de Fussey (1700). — Procès-verbal de mise en possession de M. Perreau de Conflans, acquéreur de la seigneurie (1753). — Procès-verbal de délimitation et plan de la rente de Trentinière prétendue dépendre de la châtellenie (1769). — Jugement de la Chambre du Domaine qui condamne les consorts Ligeret à se désister de la propriété du bois de l'Étang, au profit de l'engagiste (1770). — Procès-verbaux dressés par Carette et Couturier, commissaires à terrier, de la reconnaissance du cens sur le moulin de la Forge, à Bouilland, assigné au profit de l'abbaye de Sainte-Marguerite (1771). — Plan annexé. — Procès-verbal de reconnaissance des limites des bois de Nesle ou de la combe de Fussey de la Genevras et du Plein des Chênes, revendiquées par le seigneur engagiste. Plan (1771). — Aliénation de la terre de Bouilland par MM. Dupré et Bernard-Dominique Courtot de Cissey (1786).

C. 2535. (Plan.) — 1 feuille, papier.

1771. — Vergy. Châtellenie. *Seigneurie de Bouilland.* Plan du moulin de la Forge, pour être annexé au rapport des experts Carette et Couturier mentionnés plus haut.

C. 2536. (Liasse.) — 71 pièces, papier; 4 plans.

1331-1778. — Vergy. Seigneuries détachées de la châtellenie. *Chambolle, Chaux, Morey, Clémencey, Corcelles-les-Monts et Villebichot.* Extrait de l'état au vrai du Domaine (1580). — Redevance pour la garde due par les habitants de Villebichot (1591). — Remboursement à Cyprien de Macheco, du prix d'achat du droit de boisselet, dû par les habitants de Corcelles-les-Monts (1624). — Extrait du terrier du chapitre de Saint-Denis de Vergy en ce qui concerne Clémencey (1445). — Aliénations par les commissaires du Roi de la justice à Chambolle et à Morey, à J.-B. Rousselot, puis à M. de Croonambourg (1697-1741). — *Chaux.* Rapports d'experts et plans concernant le placement d'un canton de bois, contesté par M. Dupré à M. Mollerat (1769). — Autre concernant les dépendances du moulin Monneau. Plan (1778-1785). — *Chasans et Curley.* Injonction de l'Intendant de Bourgogne à M. Dubard de Chasans, de produire une déclaration exacte des bois qui dépendent de sa seigneurie (1698). — Jugement de la Chambre du Domaine qui ordonne la correction du dénombrement fourni par Claude Fleutelot, conseiller au Parlement, co-seigneur de Chasans (1732). — Extrait de l'état au vrai du Domaine (1580). — Amodiation du four banal de Curley (1610). — Déclaration fournie par les habitants sur ce four (1686). — Autre de la seigneurie, par M. Bénigne-André-Charles Dubard, sieur de Chasans (1769). — Procès-verbal du dépôt du terrier à la Chambre du Domaine (1770). — *Collonges, Bévy.* Déclaration produite par Anne-Joseph d'Azincourt, de la contenance de son domaine de Bévy (1685). — Instance entre la Chambre du Domaine, entre le receveur général et M. et Mme de Massol, engagistes, au sujet d'une commise prétendue (1750). — *Echevronne et Changey.* Traduction de la charte d'Alix, duchesse de Bourgogne, qui accorde des franchises à Échevronnes (1231) et de sa confirmation par le duc Hugues IV (1265), le roi Jean (1362) et Philippe-le-Bon, duc de Bourgogne (1420). — Déclaration de la seigneurie, par M. Guyard, seigneur du lieu (1732).

C. 2537. (Liasse.) — 1 pièce parchemin ; 45 pièces, papier.

1502-1772. — Vergy. Seigneuries détachées de la châtellenie. *Meuilley, Chaux, L'Étang, Congey, Villars-Fontaine.* Sentence arbitrale qui astreint les tenementiers du moulin de l'Étang à payer les redevances en blé et orge au grand prieuré de Saint-Vivant de Vergy (1502). — Extrait du terrier du Prieuré, relatif à ce moulin (1511). — Extraits de l'état au vrai du Domaine (1580). — Ordonnance de l'Intendant qui modère la taxe assignée au sieur Bougault, acquéreur du moulin de l'Étang (1678). — Procès-verbal de dépôt du terrier de Meuilley, fait par Claude Mollerat, seigneur en partie du lieu (1751). — Dénombrement de la seigneurie fourni par Marguerite de Changy, baronne de Cléron-Saffres (1664). — Extrait du terrier de l'Étang et Congey (1545). — Arrêt du Conseil d'État qui met Jean Perreau de Conflans en possession de la châtellenie, dont il est engagiste (1751). — Décharge de taxe de confirmation de possession, donnée par l'Intendant à Antoine de Cléron-Saffres, seigneur de Meuilley, Messanges, Chaux, etc., etc. (1697). — Déclaration du Domaine fournie par lui. — Débats entre M. Dupré, seigneur engagiste de la châtellenie et M. Mollerat, seigneur de Meuilley (1763-1771).

C. 2538. (Liasse.) — 93 pièces, papier.

1580-1785. — Vergy. Châtellenie. Seigneuries détachées. *Quemigny et Poisot.* Extrait de l'état au vrai du Domaine (1580). — Aliénation de la terre faite par les commissaires du Roi à M. Legoux de la Berchère, président au Parlement (1621). — Requête d'André Lebelin, ancien conseiller-maître à la Chambre des comptes, et seigneur d'Urcy, à l'effet d'obtenir copie de plusieurs titres relatifs à la seigneurie de Quemigny (1766). — *Reulle et Curtil-Vergy.* Procès-verbaux de visite et réparations du four banal de Reulle (1665-1686). — Aliénation de la justice faite par l'Intendant de Bourgogne à Guillaume Magnien, avocat à Dijon (1702). — Déclarations du Domaine fournies par le même (1726) ; par Claude-Joseph Barbier d'Entre-deux-Monts (1769). — Procès-verbal de reconnaissance des ruines du four banal de Curtil (1648). — *Segrois et Messanges.* — Affectation du produit de la vente des biens confisqués sur Baudinot-Servient, au paiement des gages arriérés du procureur général Berbisey (1537). — Aliénation de la seigneurie de Segrois à Charles de Macheco (1603). — Déclaration fournie par Bénigne de Macheco, conseiller au Parlement (1723). — *Semesanges, Ternant et Rolle.* Procès-verbal de dépôt à la Chambre du Domaine de la grosse décrétale de la seigneurie, obtenue par Bénigne-André-Charles Dubard, seigneur du lieu (1770). — Bail des censes de Ternant (1727).

C. 2539. (Liasse.) — 6 pièces, papier.

1573-1634. — Autunois. Domaine. État au vrai dressé par Lazare Ladone, lieutenant-général au bailliage d'Autun, du remboursement des acquéreurs du Domaine (1561). — Bail des fermes du bailliage par F. Maillard, trésorier de France (1573). — Autre par J. Jaquot, trésorier de France (1579). — État au vrai de la recette et dépense de J. de Cercy, receveur ancien du Domaine (1635). — État du Domaine de l'Autunois.

C. 2540. (Liasse.) — 26 pièces, papier.

1587-1769. — Autun. Châtellenie. Devis, proclamats et procès-verbaux de délivrance de la construction d'un auditoire et des prisons du bailliage (1625-1704). — Visite des feux appartenant au Roi, aux villages de Charbonnières, Mailly et Peau-d'Orge (1618). — Avis au Roi donné par le Bureau des finances, au sujet d'une concession de terrain demandée par les Ursulines (1616). — Echange de bois entre le Domaine et le président Jeannin (2660). — Ordonnances de l'Intendant, concernant les taxes d'engagement de la Vierie d'Autun (1673-1675). — Procès-verbal de M. d'Arbaumont, trésorier de France, au sujet de la confiscation des biens de J. Goujon, à Autun (1769).

C. 2541. (Liasse.) — 2 pièces, parchemin; 44 pièces, papier.

1508-1718. — Bourbon-Lancy. Châtellenie. État des usurpations commises sur le Domaine (1594). — Contrat d'aliénation de la crue de la Cornière faite par les commissaires du Roi à M. Chalmoux, sieur d'Avigneau (1623). — Dossier d'une instance entre le Domaine et Mlle Marthe Robert, au sujet de la recherche des anciens thermes ou bains romains (1611). — Dénombrement de la seigneurie des Monts, par Philippe Guy de Salives (1685). — Déclaration du domaine du Fourneau, par Claude Bourachot, bourgeois de Bourbon-Lancy (1685). — Débats entre le Domaine et Léger Vauduron, au sujet d'un cens sur sa maison, à Bourbon-Lancy (1718).

C. 2542. (Liasse.) — 6 pièces, papier.

1529-1755. — Couches. Châtellenie. État des revenus produit par Nicolas Brulart, premier président au Parlement, seigneur engagiste (1685). — Ordonnance de l'Intendant qui modère la taxe qu'il doit en cette qualité (1697). — Avis au Roi par le Bureau des finances, sur une demande d'inféodation de la Tour Guérin, à Couches, formée par M. C. de Montégut, lieutenant général au bailliage d'Autun (1599). — Procès-verbal de prise de possession du domaine de Couches par M. de Truchis, engagiste (1743).

C. 2543. (Liasse.) — 14 pièces, papier.

1596-1776. — Glenne. Châtellenie. Contrat d'aliénation de la châtellenie, faite par les commissaires du Roi à Guy Blondeau, conseiller-maître enquêteur des Eaux et forêts (1596). — Avis du Bureau des finances, sur la demande de J. Balard, notaire à Saint-Léger-sous-Beuvray, en autorisation de construire un moulin et battoir sur la rivière de Marchat au finage de Glennes (1611). — Enquête du même, relative à une demande de François Dubreuil, archer des gardes du corps du Roi, en concession d'un canton de bois et terres vagues dit le Breuil, finage de Saint-Léger-sous-Beuvray (1616). — Procès-verbal de visite de l'Étang de Poisson, situé sur le même territoire (1618). — Déclaration du revenu de la terre de Glenne, par Gaspard Jeannin de Castille, marquis de Montjeu, seigneur engagiste (1651).

C. 2544. (Liasse.) — 59 pièces, papier.

1681-1789. — Montcenis. Châtellenie. Ordonnance de l'Intendant de Bourgogne qui enjoint à la princesse de Carignan et à la duchesse de Nemours de justifier des titres en vertu desquels elles jouissent de la châtellenie (1681). — Aliénation des droits de justice à Toulon-sur-Arroux et à Villiers, paroisse de Rosier, faite par l'Intendant à Charles-Louis de Gigault, marquis de Bellefonds (1704). — Dossier relatif aux réparations faites aux étangs, four banal et halles de Montcenis (1700-1741). — Aliénation du Domaine de la châtellenie, faite par l'Intendant à Jules-Mathieu de Rochemont, sieur des Buissons (1747). — Ventilation de domaines dans la vallée de Charbonnière de Montcenis, l'un appelé le Creusot, sur la paroisse du Breuil, l'autre la Chaize dans la paroisse de Torcy, acquis par MM. Lambert et Boyer, entrepreneurs de la manufacture des cristaux de la Reine (1786).

C. 2545. (Liasse.) — 4 pièces, papier.

1613-1685. — La Toison. Châtellenie. Dossier de l'échange de la terre de Senavelle contre celle de la Toison, conclu entre le Roi et le président Jeannin (1613).

C. 2546. (Liasse.) — 2 pièces, papier.

1580-1775. — Roussillon. Châtellenie. Extrait de l'état au vrai du Domaine (1580). — Jugement de l'Intendant qui condamne à l'amende Hugues de Chaugy, baron de Roussillon, pour les dégradations commises dans les bois (1675).

C. 2547. (Liasse.) — 1 pièce, parchemin; 34 pièces, papier.

1442-1758. — Semur-en-Brionnais. Châtellenie. Bail à cens par le gouverneur de la châtellenie, de deux maisons de la ville basse qui avaient été brûlées par les gens d'armes de la garnison (1442). — Aliénation du pré du Breuil faite par les commissaires du Roi à A. Marque (1548). — Autre de la justice de l'Hôpital le Mercier, faite à François Boulery, sieur de la Barre (1553). — Déclaration fournie par M. Duprat, seigneur du Port de Brienon-sur-Loire (1685). — Autre des revenus de la baronnie de Semur, fournie par le même (1718). Dossier d'une instance entre le même et G. Cathée, au sujet de la propriété de la pièce de terre des Beluzes, située sur le territoire de Mallye (1741). — Autre relatif à la question des biens situés à Semur, confisqués sur les époux Lhéritier (1745). — Arrêt du Conseil d'État qui met à la charge de l'engagiste, les réparations à faire à l'auditoire et aux prisons de Semur (1759).

C. 2548. (Liasse.) — 37 pièces, papier.

1506-1657. — Auxerrois. Procès-verbaux d'accensement par les commissaires du Roi, des terres vaines et vagues du bailliage (1508). — Procès-verbaux de délivrance par les Trésoriers de France de l'amodiation des aides du bailliage, du minage d'Auxerre, de la prévôté, du rouage d'Auxerre (1571); — des revenus du Domaine, à Vermanton, Mailly-la-Ville, Mailly-le-Châtel, Coulanges-sur-Yonne, Montigny-le-Roy, Servan, Joux, Saint-Georges, les trois étaux de la Tour du Cadran, à Auxerre (1579-1617). — État du recouvrement des taxes imposées aux acquéreurs du Domaine (1675).

C. 2549. (Liasse.) — 1 pièce, parchemin; 30 pièces, papier; 1 plan.

1569-1785. — Auxerre. Châtellenie. Procès-verbal dressé par le bailli d'Auxerre de la visite des bâtiments du château de l'auditoire et des prisons (1589). — Lettres patentes du roi Charles IX, qui autorisent Germain Boyrot à construire un moulin sur la rivière de Beauche à Saint-Georges-lès-Auxerre (1572). — Ordonnance de l'Intendant de Bourgogne contenant sommation au marquis de Grave, de justifier du titre en vertu duquel il jouit du droit de pêche dans la rivière d'Yonne (1680); — et aux religieux de Saint-Marien, des moulins de Brichon, pertuis et îles de la même rivière (1684); — au sieur Jacques Nigot, écuyer, du moulin Morelet (1685). — Contrat d'aliénation de l'éminage d'Auxerre, faite par les commissaires du Roi au président Seguier (1685). — Dossier du débat entre le prieuré de Saint-Gervais d'Auxerre et le Domaine au sujet de la délimitation du territoire de Saint-Gervais. Procès-verbal de débornement et plan (1783).

C. 2550. (Liasse.) — 1 pièce, parchemin; 23 pièces, papier.

1570-1783. — Auxerre. Seigneuries détachées de la châtellenie. *Champ-sur-Yonne, Coulangeron, La Coudre, Cravant, Fouronne, Lucy, Mailly, Saint-Georges.* — Visite des trois fours banaux de Mailly (1570). Déclaration produite par Claude Fervier, sieur de Saint-Georges (1685). — Mainlevée des seigneuries de Coulangeron et La Coudre au profit de M⁽ᵐᵉ⁾ Marie de la Borde, veuve de Loup de la Ferté, sieur de Merry-le-Sec (1624). — Ordonnance de l'Intendant de Bourgogne sur la réunion du moulin de La Coudre au Domaine (1680). — Autre qui modère la taxe assignée à Cl. Richer, lieutenant criminel au bailliage d'Auxerre, engagiste des franchises de Lucy-le-Bois (1693). — Déclaration de la seigneurie de Lucy. — Autorisation donnée au chapitre d'Auxerre, d'établir un bac sur l'Yonne à Cravant (1746).

C. 2551. (Liasse.) — 58 pièces, papier.

1585-1791. — Auxerre. Châtellenie. Seigneurie de *Vermanton.* Procès-verbal de délivrance des revenus du Domaine (1585). — Déclaration de ces revenus (1769). — Sommation aux engagistes de la terre, de justifier de leurs titres (1758). — Dossier des procédures soutenues par le Domaine contre les engagistes de la terre et par ces derniers contre plusieurs censitaires. Extraits de dénombrements, factums, mémoires, relevés de mutations, déclarations, rôles des vassaux et censitaires, inventaires de titres, etc.

C. 2552. (Liasse.) — 23 pièces, papier.

1573-1784. — Auxois. Domaine. Procès-verbal d'aliénation des terres vaines et vagues du bailliage, faites par les commissaires du Roi (1573). — Extraits de l'état au vrai du Domaine (1580). — État du Domaine, vendu, échangé ou engagé (1581). — Procès-verbaux de réunion au Domaine des terres et châtellenies de Montbard, Cessey-lès-Vitteaux, Chenault, Courcelles-lès-Semur, Arnay, Forléans, Châtel-Gérard, Courcelles-Fremoy, Vieuxchâteau et Semur (1581). — Autre de l'amodiation de ces terres par les Trésoriers de France (1589). — Autre de l'aliénation à Marguerite Le Bourgeois marquise de Tréchateau, des châtellenies de Saint-Euphrône, Saint-Léger-de-Foucheret, etc (1624).

C. 2553. (Liasse.) — 1 pièce, parchemin; 119 pièces, papier; 6 plans.

1571-1788. — Semur-en-Auxois. Châtellenie. Devis des réparations à faire au château et donjon (1571). — Visite des travaux des fortifications (1573-1595). — Devis de la construction d'un auditoire royal et des prisons (1595). — État au vrai de la taille assise sur le bailliage pour couvrir cette dépense. — Débats entre la mairie et le fermier du Domaine, au sujet de la déclaration des censes. — Adjudication des travaux de réparations aux prisons (1702). — Dossiers des instances soutenues par la mairie devant la chambre du Domaine contre les sieurs Lemulier, Lestre et de Massol, au sujet de la propriété des tours, fossés, remparts et bastions. — Procès-verbaux de vue des lieux. Plan (1781). — Contestation pour la propriété du Donjon entre la Mairie et le Domaine (1778). — Concession de la terrasse faite par le Roi à la ville (1780).

C. 2554. (Liasse.) — 61 pièces, papier.

1276-1785. — Semur. Châtellenie. Copie de la charte de commune octroyée par Robert II, duc de Bourgogne, aux habitants de Semur (1276). — Bail du revenu de la châtellenio, passé par le Bureau des Finances (1573). — Sommation aux détenteurs des biens du Domaine, de justifier de leurs titres (1579). — *Extraits de l'état au vrai du Domaine* (1580). — Lettres d'octroi sur le sel, accordées par le roi Henri III aux habitants pour l'entretien des fortifications (1604). — Aliénation au président Bourgeois de Crépy, d'une rente sur la grange de sa maison à Semur;—et au conseiller F. Brice d'un cens sur son jardin (1605). — Enregistrement par le Bureau des Finances des lettres patentes du roi Henri IV, qui décharge les habitants de tout ce qu'ils devaient au Domaine (1609). — *Bail des greffes et tabellionages*, passé par les Trésoriers de France (1609). — Lettres de continuation d'octroi sur le vin accordées par le roi Louis XIII (1613). — Autres par lesquelles il décharge les habitants, pendant six mois, de toutes impositions ordinaires, afin de les indemniser de la perte qu'ils ont éprouvée lors de l'inondation du 17 juillet 1612 (1615). — Procès-verbal d'aliénation de la mairie, greffe, prévôté, tierces, banvin, droits de foires, etc., faites par les commissaires du Roi aux habitants de Semur (1621). — Déclaration des vignes de la Comme (1676). — Autres des revenus du Domaine, tenus par la ville (1687).

C. 2555. (Liasse.) — 18 pièces, papier.

1573-1782. — Semur. Seigneuries détachées de la châtellenie. *Arnay-sous-Vitteaux*. Extraits de l'état au vrai du Domaine (1580). — Aliénation de la seigneurie faite par les commissaires du Roi à J. de Martineau seigneur de Dampierre (1605). — Revente à Claude de Croisier, seigneur de Blaisy (1625).— Déclaration extraite du terrier de 1674.

C. 2556. (Liasse.) — 21 pièces, papier.

1573-1755. — Semur. Seigneuries détachées de la châtellenie. *Braux, Cernois, Chassey, Chenault, Chevigny et Charrantois, Genay, Massingy-les-Semur, Merceuil, Romanet*. Extraits de l'état au vrai du Domaine (1580). — Bail du revenu de Cernois (1573). — Déclarations des seigneuries de Braux, Chassey, Chevigny-les-Semur, et Romanet, extraites du terrier de Semur (1674).— Débat entre M. de Choiseul, seigneur de Genay, et le fermier du Domaine pour les censes du Clos (1753).

C. 2557. (Liasse.) — 44 pièces, papier.

1442-1782. — Semur. Châtellenie. *Prévôté de Cessey.* Lettres patentes (copie) de Philippe-le-Bon, duc de Bourgogne, qui affranchit de la mainmorte les habitants de Cessey-les-Vitteaux (1442). — Contrat d'aliénation de la prévôté faite par les commissaires du Roi à Jacques et Philippe Moisson frères (1535). — Revente faite par les mêmes à Moisson, sieur du Bassin, conseiller au Parlement (1623). — Déclaration fournie par M. Jarry de la Jarrie, engagiste (1685). — Jugement qui décharge les habitants, de la banalité du four, du moulin et du pressoir (1700).

C. 2558. (Liasse.) — 15 pièces, papier.

1580-1783. — Semur. Seigneurie de *Dampierre* détachée de la châtellenie. — Extraits de l'état au vrai du Domaine (1580). — Aliénation de cette seigneurie faite par les commissaires du Roi à M. Berthier de Sauvigny (1703). — Déclaration fournie par sa veuve (1719). — Dénombrement produit par Jean-Louis Berthier de Sauvigny, intendant de Paris (1766). — Ordonnance de l'Intendant qui condamne les habitants au paiement des redevances qu'ils doivent au Domaine (1694).

C. 2559. (Liasse.) — 24 pièces, papier.

1374-1769. — Semur. Seigneuries détachées de la châtellenie. *Courcelles-les-Semur, Bierre, Lucenay, Montigny-Saint-Barthélemy, Ruffey.* — Donation de cette seigneurie faite par Philippe-le-Hardi duc de Bourgogne, à Guy et Guillaume de la Trémouille frères, ses chambellans (1374). — Lettres de rétrocession de cette terre, faite par les deux frères au duc de Bourgogne (1378-1386). — Extrait de l'état sommaire du Domaine (1580). — Déclaration de la terre de Courcelles, extraite du terrier de Semur (1674). — Arrêt du Conseil d'État qui décharge Marguerite de Saulx-Tavanes, veuve d'Eustache-Louis de Marion, marquis de Druys, dame de Courcelles-les-Semur, de la taxe qui lui avait été imposée comme prétendue détentrice du Domaine (1697). — Dénombrement de la seigneurie, produit par Louis de Montsaulnin, comte de Montal (1734). — Reprise de fief par M. Chartraire de Bierre (1748).

C. 2560. (Liasse.) — 20 pièces, papier.

1573-1783. — Semur. Seigneuries détachées de la châtellenie. *Dracy-les-Vitteaux, Fontette, Grosbois. Posanges, Villeberny, Vitteaux.* Amodiation du terrage de Grosbois (1573). — Main levée du tabellionage de Vitteaux (1573). — Extraits de l'état au vrai du Domaine, concernant Fontette, Grosbois Villeberny (1580). — Aliénation du terrage de Grosbois à Zacharie Savot (1605). — Déclarations de la seigneurie de Dracy (1674);—du terrage de Grosbois (1688).—Contrat d'engagement des offices de contrôleurs et prud'hommes des cuirs (1745). — Débats entre le Domaine et les Ursulines de Vitteaux pour la justice de Posanges (1733).

C. 2561. (Liasse.) — 16 pièces, papier.

1297-1784. — Semur. Châtellenie. Seigneurie de *Flavigny*. Copie. Charte d'inféodation de la Tour de Bourgogne à Flavigny, consentie par le duc Robert II à J. Ménard, clerc

(1297). — Extrait de l'état au vrai relatif au guet dû par les habitants lors du séjour du Roi (1580). — Mandement du roi Henri III au sujet de la demande de J. Maréchal, procureur de la prévôté de l'hôtel, d'établir un moulin-à-vent, près Flavigny et de le tenir en fief (1583). — Contrat d'engagement des offices de prud'hommes des cuirs (1743).

C. 2562. (Liasse.) — 20 pièces, papier.

1536-1786. — Semur. Châtellenie. Seigneuries détachées. *Forléans, Changy, Époisotte.* Aliénation de ces terres, faite par les commissaires du Roi à Jean de Rabutin, sieur de Bourbilly (1537). — Extraits de l'état au vrai (1580). — Déclaration de la seigneurie de Changy, extraite du terrier de Semur (1677) ; — des droits domaniaux sur la baronnie de Forléans (1783).

C. 2563. (Liasse.) — 24 pièces, papier; 1 plan.

1502-1783. — Semur. Châtellenie. *Magny* et *Souchey.* Seigneurie. Extrait du terrier de la châtellenie pour le placement du meix Mangonneau (1502). Plan. — Déclaration de la seigneurie de Magny, extraite du terrier de Semur (1673). — Aliénation des terres de Magny et Souhey, faite par les commissaires du Roi au sieur Mollerat (1731). — Déclaration fournie par l'engagiste. — Procès-verbal de bornage des terres domaniales et patrimoniales de Magny entre le Domaine et M. de Massol. Plan (1770).

C. 2564. (Liasse.) — 38 pièces, papier.

1502-1784. — Semur. Châtellenie. Seigneurie de *Marcilly-les-Vitteaux.* Déclarations de la seigneurie, extraites du terrier de la châtellenie (1502). — Aliénation faite par les commissaires du Roi à *Philibert de Genlis*, sieur de Dracy (1578). — Revente faite par les mêmes à Mme Filsjean, veuve de M. Massol, conseiller au Parlement (1625). — Dénombrement fourni par Jacob Robelot, conseiller général et provincial des des monnaies, seigneur du lieu (1752).

C. 2565. (Liasse.) — 57 pièces, papier.

1572-1789. — Semur. Châtellenie. Seigneurie de Saint-Euphrône. Bail de la seigneurie, par les trésoriers de France (1574). — Extraits de l'état au vrai (1580). — Transaction conclue avec les habitants pour l'abolition du four banal (1599). — Aliénation de la seigneurie faite par les commissaires du Roi à Mme Rose Brigandet, veuve de M. de Montholon, président au Parlement (1596). — Déclaration produite par Mme la marquise de Tréchateau, dame engagiste (1685). — Jugement de la Chambre du Domaine qui condamne les habitants à relâcher au seigneur, l'étang et les terres qu'ils avaient usurpés (1723). — Aliénation de la terre à Radegonde du Four, veuve de M. Pontus de Thiard de Bragny (1731). — Dénombrements produits par Gaspard Pontus et le marquis de Thiard (1767).

C. 2566. (Liasse.) — 63 pièces, papier; 2 plans.

1560-1784. — Arnay-le-Duc. Châtellenie. Travaux ordonnés par le Bureau des finances pour convertir une tour en auditoire de justice (1567). — Procès-verbal de délivrance du greffe du bailliage d'Arnay (1579). — Extraits de l'état au vrai du Domaine (1580). — Mandement du roi Henri III portant mainlevée des revenus de la châtellenie, au profit du comte de Charny et de Guillaume de Saulx-Tavanes (1582-1585). — Devis, délivrance, visite et pièces relatives à la construction d'un auditoire royal au moyen d'une taille levée dans les paroisses de la circonscription du bailliage (1584-1606). — Lettres d'assiette de cette taille. — Arrêt du Conseil d'État qui proroge les octrois levés aux portes et consacrés aux réparations publiques (1606-1609). — Arrêt du Conseil d'État qui maintient le duc d'Elbœuf et le comte d'Harcourt, fils et héritiers de Marguerite Chabot, duchesse d'Elbœuf, dans la possession des châtellenies d'Arnay et de Pouilly, comme dépendances des comtés de Charny et de Mont-Saint-Jean (1635). — Déclarations de la seigneurie extraites du terrier de Semur (1675). — Jugement de l'Intendant qui reconnaît la banalité du four (1677). — Jugement de la Chambre du Domaine, qui déclare la terre de Sivry mouvoir en plein fief de la directe du Roi (1733). — Proclamat de l'arrêt du Conseil, qui déclare propriété du Roi, les murs, tours, remparts et fossés de la ville (1782).

C. 2567. (Liasse.) — 31 pièces, papier; 1 plan.

1579-1773. — Avallon. Châtellenie. Réparations ordonnées par les trésoriers de France à la maison du Roi (1584). — Procès-verbaux de délivrance des fermes du Domaine (1607-1634). — Dossier relatif aux réparations faites à l'auditoire et aux prisons du bailliage (1613-1662). — Aliénation de l'étang au duc sur Avallon, faite par les commissaires du Roi au couvent des Minimes de cette ville (1635). — Déclaration produite par ces religieux (1685). — Contrat d'aliénation par les commissaires du Roi, des revenus de la prévôté d'Avallon à J. de Chandon premier président de la Cour des aides à Paris (1596). — Cession faite par ce dernier à Mme de la Madeleine, dame de la Bazolle (1597). — Modération de taxe accordée par l'Intendant aux habitants d'Avallon, engagistes de la ferme du banvin (1697). — Contrat de revente de la prévôté d'Avallon, passé par l'Intendant de Bourgogne au sieur Girard, bourgeois à Paris (1698). — Plan du Logis du Roi à Avallon d'après le terrier de la châtellenie (1770).

C. 2568. (Liasse.) — 22 pièces, papier.

1622-1723.—Avallon.Châtellenie. Seigneuries détachées. *Annay-la-Côte.* Aliénation de la seigneurie faite par les commissaires du Roi à Mᵐᵉ de la Madeleine Ragny. — Déclaration fournie par J. F. Bonne de Créquy, duc de Lesdiguières, seigneur engagiste (1685). — *Étaules-le-Bas.* Déclaration du domaine de la seigneurie donnée par le chapitre Saint-Lazare d'Avallon (1723). — Jugement de l'Intendant qui modère la taxe imposée aux engagistes des bourgeoisies d'Étaules (1697). —Aliénation de la terre d'Étaules au chapitre d'Avallon (1622). —Jugement de l'Intendant de Bourgogne qui modère la taxe imposée aux engagistes des bourgeoisies d'Étaules (1697). — Aliénation de la terre d'Étaules au chapitre d'Avallon (1622). — Jugement de l'Intendant de Bourgogne qui modère la taxe imposée à M. François d'Isse de Falcon, président à mortier au parlement de Grenoble, Henri de Marogue et Edmée de Jaucourt, veuve de Guy de Marogue, engagistes de la terre de *Thory* (1608). — Déclaration de cette seigneurie fournie par Honoré-Henri de Piolens, président au Parlement de Provence (1723).—Autre de celle de *Vassy et la Vaire* par J. Cromot, conseiller du Roi à la Cour des aides de Paris (1723).

C. 2569. (Liasse.) — 50 pièces, papier.

1257-1786. — Avallon. Châtellenie. Seigneuries détachées. *Saint-Germain-de-Modéon.* Traduction de la charte de partage de la terre entre le duc Hugues IV et l'abbaye de Moutier-Saint-Jean (1257). — Lettres de J. Jacquelin, lieutenant du grand gruyer de Bourgogne, qui reconnaît les droits d'usage et de pâturage des habitants de Bierres-les-Égarées dans les bois de Saint-Germain-de-Modéon (1464). — Déclarations du domaine de Rouvray, Bierre-les-Égarées, Saint-Germain-de-Modéon, extraites du terrier de la châtellenie (1486).— Enregistrement par le Bureau des finances, des lettres de don de la terre de Saint-Germain, faite par le Roi au sieur de Bricquemant (1572). — Bail de cette terre réunie par suite de confiscation sur le donataire (1573). — Revente faite par les commissaires du Roi à Edme de Rabutin, veuve de Philippe de Vichy (1578). — Bail de bois fait par les trésoriers de France à J. Girardot de Saulieu (1610). — Aliénations de plusieurs terres vaines et vagues dans le domaine de Saint-Germain (1621-1629). — Dossier relatif à la demande d'accensement pour défrichement du Bois-au-Duc sur Saint-Germain, formée par Jacques de Jaucourt, conseiller d'État, seigneur de Rouvray (1635). — Aveu et dénombrement de la terre de Saint-Germain produit par Guy Sallier, conseiller d'État, acquéreur de J.-B. de Brachet (1769). — Déclaration fournie par le même.

C. 2570. (Liasse.) — 110 pièces, papier.

1484-1789. — Avallon. Châtellenie. Seigneurie de *Saint-Léger-de-Foucheret.* — Déclarations des domaines de Saint Léger-Saint-Andeux et Beauvilliers, extraites du terrier de la châtellenie (1486). — Baux passés par le Bureau des finances (1572-1573). — Réparations au moulin de Saint-Léger (1574). — Extraits de l'état au vrai du Domaine (1580). — Arrêt du Conseil d'État, qui ordonne la visite des bois concédés à M. de Praslin (1603). — Aliénations de 1,000 arpents à M. Forget, seigneur de Fresne (1605); — de la seigneurie de Saint-Léger à M. Charles de Choiseuil, seigneur de Praslin (1605). — Revente au sieur Bourgeois, seigneur d'Origny (1622). — Bail à cens de deux cantons de bois, fait aux habitants de Saint-Léger-de-Foucheret (1627). — Dossier relatif à une demande formée par Loup Maillard, capitaine gruyer de la terre de l'Isle, cessionnaire du marquis de Nesle, engagiste de la Forêt-au-Duc, en défrichement d'une partie de cette forêt (1631). — Accensement du bois du Meix, fait au sire de Jaucourt avec faculté de défrichement (1633). — Accensements de portions de la Forêt-au-duc avec même faculté, faits audit Loup Maillard et à d'autres (1633). — Autres aux habitants de Bornoux, des bois des Châteliers et de Champlois (1642).—Jugement de l'Intendant de Bourgogne qui condamne les habitants de Corvignot, à payer leurs droits de garde (1679). — Déclaration de partie de la seigneurie de Saint-Léger par M. Élie de Sercey (1723).—Jugements de la Chambre du Domaine dans un débat entre MM. de Sercey, Mᵐᵉ Dufresne et P. de Morot de Grésigny, au sujet de leurs droits respectifs sur la seigneurie (1739); — qui réforme le dénombrement fourni par J. de Sercey en ce qui concerne les droits qu'il prétendait sur les habitants (1735). — Rôle des tenanciers du Domaine dans la châtellenie de Saint-Léger (1789).

C. 2571. (Plans.) — 2 feuilles, papier.

1785. — Avallon. Châtellenie. *Seigneurie de Saint-Léger.* Plans des coupes de bois de la Pérouse, des Effriches Maillard et des Foucherets.

C. 2572. (Liasse.) — 50 pièces, papier.

1617-1778. — Châtel-Gérard. Châtellenie. Conditions arrêtées par le Bureau des Finances pour l'amodiation du Domaine. — Ordonnance du même à Guillemette de Rouvray, dame dudit lieu, de justifier du titre en vertu duquel elle jouit d'une rente de 1,100 livres sur les revenus de la châtellenie (1617).—Amodiation du revenu de cette châtellenie, faite par Adrien de Chenu, baron de Nuits-sous-Ravières et Guillemette de Rouvray, sa femme, à F. Brerue, notaire royal (1625). — Autre par les trésoriers de France (1637). — Procès-verbal de

visite des bois de la châtellenie par les trésoriers de Fra...
à l'occasion d'un débat entre l'adjudicataire de la coupe des
bois et le fermier du Domaine (1642). — Aliénation de la châtellenie à M. Orry de Fulvy par les commissaires du Roi (1732).
— Procédures devant la Chambre du Domaine entre ces engagistes et plusieurs censitaires (1775-1778).

C. 2573. (Liasse.) — 22 pièces, papier.

1491-1778. — Châtel-Gérard. Châtellenie. Visites par les
trésoriers de France des réparations à faire au château sur
l'ordre de Jacques de la Magdeleine-Ragny, capitaine châtelain
(1625-1631). — Nuits-sous-Ravières. Déclaration du Domaine
extraite du terrier de la châtellenie (1494). — Contrat d'aliénation de la seigneurie faite par les commissaires du Roi à
Jacques Chantepinot, avocat du Roi au bailliage de Dijon (1555).
— Amodiation du moulin de Nuits-sous-Ravières (1562). —
État au vrai des grains et argent provenant de cette ferme
(1597). — Compte du fermage de Nuits (1601). — Aliénation
de la quatrième partie de la justice de Nuits, faite par les commissaires du Roi à Edme de Chenu, seigneur et baron du
lieu (1621). — Autre au même de la terre et seigneurie de
Nuits (1622).

C. 2574. (Liasse.) — 2 pièces, parchemin; 67 pièces, papier.

1478-1790. — Montbard. Châtellenie. Copie des lettres
patentes de Louis XI, roi de France, portant don des châtellenies de Montbard et Salmaise à Philippe de Hochberg, marquis
de Baudeville, maréchal de Bourgogne (1478). — Déclarations
de l'arpentage des bois (1550-1553). — Mainlevée de saisie de
la terre accordée à Éléonor d'Orléans, duc de Longueville
(1562); — au duc de Nemours (1582). — Extrait de l'état au
vrai du Domaine (1580). — Arrêt du Conseil d'État qui ratifie
le jugement de l'Intendant de Bourgogne, lequel prononce la
réunion de la châtellenie au Domaine (1681-1682). — Jugements
du même contre des usurpateurs des terres du Domaine (1694).
— Aliénation de la châtellenie faite par le même à J.-B. Rousselot, notaire à Dijon (1696). — Procès-verbal de visite des
bâtiments et du Domaine de la châtellenie (1704). — Contrat
d'aliénation des petits Domaines, faite par les commissaires du
Roi à Benjamin-François Leclerc, écuyer (1718). — Arrêt confirmatif de ce contrat, obtenu au Conseil d'État par Georges-
Louis Leclerc, écuyer, seigneur de Buffon, de l'Académie royale
des sciences, intendant du jardin royal (1742). — Autre qui
accorde au même l'arrentement des trois portions de forêts
de la châtellenie (1755). — Mémoire du comte de Buffon sur
l'engagement fait à son aïeul et à son père (1788).

C. 2575. (Plan.) — 1 pièce, papier.

1785. — Montbard. Châtellenie. Plan d'une coupe de la
forêt du grand Jailly.

C. 2576. (Liasse.) — 27 pièces, papier; 1 pièce, parchemin.

1579-1742. — Montbard. Châtellenie. Procès-verbal de
visite des réparations à faire aux fortifications de Montbard
(1579-1680). — Aliénation des bâtiments de la basse-cour du
château et de deux petits jardins dépendant du donjon, faite
par l'Intendant au sieur Lorin, curé de Montbard (1687). —
Ratification de cette aliénation par les commissaires du Roi
(1688). — Ordonnance de l'Intendant qui réunit au Domaine
du Roi les rentes et cens constitués sur les maisons et héritages situés dans l'enceinte de la ville (1694). — Procès-verbal
de visite des réparations à faire aux murs du château (1705).
— Autre de vue des lieux du château et de ses dépendances
pour une contestation entre le sieur Lorin et le fermier (1715).
— Arrêt du Conseil d'État portant concession à M. de Buffon
des places, tours et masures de la basse-cour et glacis du
château (1742).

C. 2577. (Liasse.) — 45 pièces, papier.

1201-1780. — Montbard. Châtellenie. Copies. Chartes de
Eudes III, duc de Bourgogne, qui affranchit les habitants du
droit de mainmorte (1201). — Charte de commune accordée par
le duc Hugues IV aux mêmes habitants (1231). — Lettres de
confirmation de ces privilèges par Philippe le Hardi, duc de
Bourgogne (1404). — Lettres patentes des rois Henri III (1578),
Henri IV (1597), portant concession d'octroi sur le sel et sur le
vin. — Procès-verbal dressé par le lieutenant général au bailliage des ruines « advenues » en la ville de Montbard, à la
suite de l'inondation de la rivière de Brenne du 17 juillet (1613).
— Jugement de la Chambre du Domaine, dans une instance
pour la justice, entre la mairie et le fermier du Domaine (1729).
— Dénombrement des habitants de Montbard, propriétaires ou
locataires (1764).

C. 2578. (Liasse.) — 53 pièces, papier.

1680-1788. — Montbard. Châtellenie. Amodiations des
moulins et foulon (1680-1685). — Jugement de l'Intendant qui
conda...ne les Ursulines à payer les cens dus sur leur foulon
du Guay-Saint-Jean (1694). — Arrêt du Conseil qui autorise
l'engagement des moulins au sieur Mouchot (1724). — Visite
des réparations à faire dans cette usine (1724). — Procès-verbal qui constate celles qui ont été faites (1724-1728). — Reprise
par le comte de Buffon de la propriété du foulon de l'Étang
Saint-Michel, au refus du censitaire de le rétablir comme il
était avant l'incendie qui l'a détruit (1754). — Traité entre le
même et le sieur Moucelot, engagiste des moulins du Pont, au
sujet des moulins de Poupenot et du Couhard (1769). — Déclaration des moulins du Pont, produite par Moucelot. — Débats
entre ce dernier et Renard, notaire, au sujet des constructions

SÉRIE C. — BUREAU DES FINANCES.

faites par ce dernier qui obstruaient le cours de la rivière (1769).

C. 2579. (Liasse.) — 40 pièces, papier; 1 plan.

1680-1788. — Montbard. Châtellenie. Jugements de l'Intendant rendus sur la requête du fermier du Domaine, au sujet des redevances dues par les propriétaires du clos de Couhard (1697); — par les habitants de Marmagne possesseurs du bois de la Brosse (1700); — les propriétaires de la plante du Foulon (1696) ; — les Ursulines pour l'acquisition de deux vergers (1703). — Procès-verbal de l'état de la vigne du Cloux, accensée par M. de Buffon et plan (1788). — Baux de terres, prés, vignes, tierces et revenus de la prévôté, passés par Philippe Aubry, baron de Montbard (1680).

C. 2580. (Liasse.) — 40 pièces, papier.

1680-1790. — Montbard. Châtellenie. Seigneuries détachées. *Arrans*. Baux des tierces et des métairies d'Arrans par le même (1680). — Rapport des experts Bruley et Malachin, chargés de la reconnaissance d'un terrain chargé de 25 livres 10 sols de cens envers le Roi (1751). — Jugements de la Chambre du Domaine qui contraignent les possesseurs de terres sur Arrans à justifier de leurs titres et à les faire ensaisiner (1759). — Autre qui condamne les mêmes à payer le droit de tierce dû à M. de Buffon et à en passer reconnaissance au profit du Roi (1780).

C. 2581. (Plan.) — 1 pièce, papier.

1751. — Montbard. Châtellenie. *Arrans*. Plan des terres d'Arrans chargées de cens envers le Roi, dressé par les experts Bruley et Malachin pour être joint au procès-verbal mentionné à l'article précédent.

C. 2582. (Liasse.) — 3 pièces, parchemin; 44 pièces, papier.

1680-1790. — Montbard. Châtellenie. Seigneuries détachées. *Buffon*. Lettres patentes sur arrêt, qui autorisent M. de Buffon à faire construire dans sa terre de Buffon un fourneau, une forge et une fonderie (1768). — *Chardenay* (Le). Jugement de la Chambre du Domaine qui condamne les propriétaires de cette métairie à payer la tierce (1706). — *Fain*. Débats entre le fermier du Domaine et M. Damas de Cormaillon au sujet d'une rente sur le meix Poinsot (1771). — *Nogent*. Bail de terres et prés par Aubry, baron de Montbard (1680). — *Verdonnet*. Jugements de l'Intendant et de la Chambre du Domaine qui condamnent les habitants à payer les droits de garde et des rentes dus au fermier du Domaine de Montbard (1691-1702).

C. 2583. (Liasse.) — 1 pièce, parchemin; 87 pièces, papier.

1596-1786. — Montréal. Châtellenie. Aliénation faite par les commissaires du Roi à M. de la Madeleine-Ragny (1596).
— Déclaration du Domaine (1685). — Revente de la châtellenie faite par les commissaires du Roi au marquis de Fontaines (1722). — État du Domaine. — Procès-verbal de prise de possession de la châtellenie par le marquis de Fontaines. — Procès-verbaux de dépôt et de vérifications de pièces, d'expertise et visite de lieux, dressés à l'occasion du débat survenu, entre M. Chartraire de Ragny, ancien engagiste de la châtellenie et le marquis de Fontaine, nouvel engagiste (1772-1782).

C. 2584. (Liasse.) — 29 pièces, papier.

1596-1774. — Montréal. Châtellenie. Procès-verbal dressé par J. Vallon, trésorier de France, de l'état des ruines du château de Montréal (1643). — Instance devant la chambre du Domaine entre le fermier et plusieurs habitants de Montréal, au sujet d'un cens assigné sur une place qui dépendait des fortifications du château (1741). — Procès-verbal de reconnaissance des réparations à faire au château (1741). — Autre semblable et de... le Domaine (1774). — Seigneuries détachées. *Guillon*. Aliénation faite par les commissaires à François de la Madeleine-Ragny (1596). — Déclaration de la terre (1685). — Déclarations des seigneuries de *Toutry*, *Chevannes* et *Courterolle* extraites du terrier de Semur (1677).

C. 2585. (Liasse.) — 3 pièces, papier.

1510-1775. — Noyers. Châtellenie. Lettres du roi Louis XII portant don de la seigneurie de Noyers à Louis d'Orléans, marquis de Rothelin (1510). (Copie.) — Aliénation des droits de justice sur les métairies des Antonnet, faite par le commissaires du Roi à M. de Dispense (1623). — Déclaration du domaine (1685).

C. 2586. (Liasse.) — 36 pièces, papier.

1560-1733. — Pouilly. Châtellenie. Extraits de l'état au vrai du Domaine (1580). — Déclaration du domaine de Pouilly. Extrait du terrier de Semur (1675). — Jugements de la Chambre du Domaine qui condamnent les habitants de Bellenod à payer les redevances de la taille abonnée, dont ils sont tenus envers le seigneur (1727).

C. 2587. (Liasse.) — 11 pièces, papier.

1712-1778. — Charny et Mont-Saint-Jean. Comté. Extrait du rôle de confirmation de maintenue du Domaine qui fixe à 7,000 le droit à payer par le comte d'Armagnac, possesseur du comté de Mont-Saint-Jean (1712). — Déclarations de ce comté et de celui de Charny; extraits du terrier de Semur (1675). — Copie des lettres patentes de Louis XVI qui autorise la maison royale de Saint-Cyr à acheter le comté de Charny (1779).

C. 2588. (Liasse.) — 62 pièces, papier.

1466-1784. — Vieilchatel. Châtellenie. Extraits du terrier dressé en 1466 en ce qui concerne le Domaine. Bail du revenu de la châtellenie, passé par les trésoriers de France (1573). — Aliénation de la seigneurie de Courcelles-Fremoy détachée de la châtellenie, faite par les commissaires du Roi à P. Jeannin, conseiller, gouverneur de la chancellerie de Bourgogne (1574). — Visite des réparations à faire au château de Vieilchatel (1575). — Extraits de l'état au vrai du Domaine (1580). — Ordonnance du Bureau des finances qui maintient François de la Madeleine-Ragny, en possession de la châtellenie (1581). — Revente de la châtellenie faite par les commissaires du Roi à Gilles Blondeau, conseiller maître à la Chambre des Comptes de Paris (1596). — Aliénation de la seigneurie de Courcelles-Fremoy, faite par P. Jeannin au même. — Aliénation de la châtellenie à Guy Blondeau, grand maître des Eaux et forêts de Bourgogne (1575). — Transaction entre la veuve de Guy Blondeau et les habitants de Vieilchatel, par laquelle la banalité du four est convertie en une redevance de 3 sols par feu (1638). — Déclaration de la seigneurie extraite du terrier de Semur (1673). — Aveu et dénombrement de la châtellenie, produit par H. G. Sallier, président à la Cour des Aides à Paris, seigneur engagiste (1771). — Rôles des censitaires. — Manuels et déclarations fournies par l'engagiste.

C. 2589. (Liasse.) — 25 pièces, papier.

1748-1783. — Vieilchatel. Châtellenie. Procès-verbal de plantation de bornes délimitatives des territoires de Vieilchatel et de Sincey, dressé à la requête de Mme d'Aligre, dame engagiste, par Bureau, châtelain royal. — Rapport des experts Gasser et Darnay pour le bornage des terres de la Charmée, joignant le finage de Sincey, lesquelles sont grevées de la tierce au profit de l'engagiste (1773). — Jugement de la Chambre du Domaine qui condamne M. Malet, seigneur de la Motte de Sincey, à payer cette tierce à M. Sallier, engagiste. — Aliénation du bois de Saulcey, faite par les commissaires du Roi à M. Sallier. — Autre rapport des experts Claude Niepce architecte arpenteur à Chalon et J. B. Guillaume Méry, commissaire à terrier pour la délimitation des terres de la Charmée appartenant à M. de Mallet sieur de la Motte de Sincey, sur lesquelles M. Sallier prétend un droit de tierce (1769). — Jugements de la Chambre du Domaine qui maintiennent M. Sallier en possession de ce droit (1773-1777).

C. 2590. (Plans.) — 2 feuilles, papier.

1769. — Vieilchatel. Châtellenie. Original et copie du plan levé par les experts Gasser et Darnay, à l'appui du rapport cité à l'article précédent.

C. 2591. (Plan.) — 1 feuille, papier.

1773. — Vieilchatel. Châtellenie. Plan des limites entre la Charmée et Sincey dressé par les experts Niepce et Méry pour être joint au rapport compris dans l'article 2589.

C. 2592. (Registre.) — In-folio, 39 feuillets, papier.

1466-1773. — Vieilchatel. Châtellenie. Déclaration du domaine seigneurial, extrait du terrier de la châtellenie (1466). — Reconnaissance des droits seigneuriaux du fief de Presle près Vieilchatel, reçue Guenean, notaire royal à Champmorlin (1772). — Procès-verbal de reconnaissance de plantation de bornes délimitatives des tierces du seigneur de Vieilchatel de celles de M. de Ragy, seigneur de Villars-Fremoy, Forléans, de M. Estiennot, sieur du fief de la Borde, des Ursulines de Semur et du tiers dîme appartenant au sieur de Vieilchatel sur le territoire d'Époisses (1711). — Plans annexés, numérotés 6, 7, 8, 9 et 10.

C. 2593. (Liasse.) — 38 pièces, papier.

1580-1788. — Bar-sur-Seine. Comté. Ville de Bar-sur-Seine. Lettres patentes des rois Henri III et Henri IV qui accordent un octroi sur le sel pour l'entretien des fortifications de la ville (1580-1607). — Lettres d'assiette de l'impôt sur le comté, d'une somme de 17,000 livres pour la réparation du pont de Bar-sur-Seine (1611). — Procès-verbal de délivrance des réparations à faire aux moulins, bâtiments et prisons de Bar-sur-Seine (1707). — Autre de mise en possession de N. Labille, engagiste des moulins (1739). Autre de M. de Faudoas, acquéreur du domaine du comté (1767). — Ordonnance pour la reconnaissance de l'état du château et de ses dépendances.

C. 2594. (Liasse.) — 10 pièces, papier.

1538-1785. — Bar-sur-Seine. Comté. Lettres patentes de François Ier, roi de France, portant don des revenus du comté de Bar-sur-Seine et de la châtellenie d'Aisey à Louis de Bourbon, comte de Montpensier, et à Jacquette de Longvy, sa femme (1538). — Mandement du roi Charles IX, qui maintient le duc de Montpensier en possession de ces Domaines (1524). — État du Domaine affermé au profit de ce donataire (1585). — Lettres de don (1538), de confirmation du don par Henri II (1552), par Charles IX (1565), et Henri III (1575), rois de France.

C. 2595. (Liasse.) — 134 pièces, papier.

1676-1788. — Bar-sur-Seine. Seigneuries détachées. Jugement de l'Intendant qui admet la preuve à fournir par

SÉRIE C. — BUREAU DES FINANCES.

les habitants de *Villeneuve*, des usurpations commises par le sieur Baudot (1676). — Autre touchant le droit de muage de vin dû par les habitants de *Landreville* (1699). — Procès-verbal d'adjudication de la ferme dudit lieu et du fief Boudrot qui y est situé et du droit de muage (1785).

C. 2596. (Liasse.) — 7 pièces, papier.

1601-1602. — Comté. Lettres patentes du roi Henri IV, et arrêt du Conseil qui maintiennent le duc de Nemours en possession des rentes et revenus de son apanage, assignés sur les pays de Bresse et Bugey (1601). — Procès-verbal de règlement des limites de la Bresse et de la Dombe (1614). — Confirmation par le roi Louis XIII des exemptions accordées aux Lyonnais possesseurs de terres en Bresse (1611).

C. 2597. (Liasse.) — 40 pièces, papier; 2 pièces, parchemin.

1602-1778. — Bourg. Châtellenie. Nomination du receveur par les commissaires du Roi (1602). — Dénombrement et état du domaine du Roi dans la ville. — Réparations faites aux halles (1619). — Cession de la citadelle de Bourg au couvent des Cordeliers (1613). — Baux à cens de plusieurs places à la halle (1631). — Enquête ordonnée par le Bureau des finances sur le transport de l'ancienne boucherie fait par les échevins de Bourg et la conservation des droits du Roi (1642). — Demande de concession du bastion de Montrevel, faite par M. de la Poype (1642). — Jugements de la Chambre du Domaine qui maintiennent Mlle de Conti, dame engagiste, en possession du droit de lods (1743). — Requête et procès-verbal de vue de lieux au sujet d'un pont jeté par la régie des Domaines sur le canal de la rivière de Reyssousse, près du moulin (1762). — Procès-verbal de reconnaissance et d'alignement des chemins de communication de la châtellenie (1761). — Procès-verbal de vue de lieu de la rente des Clapiers (1778). — Procès-verbaux de délivrance des Justices de Viriat et Attignat (1622).

C. 2598. (Liasse.) — 38 pièces, papier.

1525-1744. — Les Échets. Châtellenie. Lettres patentes de Charles, duc de Savoie, qui constitue une rente annuelle de 100 florins sur le produit de la pêche de l'étang des Échets à l'abbaye de Polletons (1525). — Lettres du duc d'Aumale, gouverneur de Bourgogne, qui met à la charge des fermiers du lac (desséché) le paiement de cette rente (1548). — Confirmation de cette décision par Charles-Emmanuel, duc de Savoie (1570). — Procès-verbaux d'amodiation du domaine des Échets et de délivrance des réparations à faire à la maison (1603). — Ordonnance du Bureau des finances qui maintient le couvent des Célestins de Lyon en possession de la rente de 50 florins sur le domaine des Échets (1625). — Aliénation de ce domaine faite par les commissaires du Roi, au sieur d'Antin pour les Jésuites de Lyon. — Déclaration fournie par ces derniers (1685). — Procès-verbal de visite des bâtiments du domaine (1744).

C. 2599. (Liasse.) — 4 pièces, papier.

1440-1656. — Gourdan. Châtellenie. Lettres patentes de Louis, duc de Savoie, qui déclare le domaine de la couronne inaliénable (1445). — Statut d'Yolande duchesse de Savoie, touchant l'aliénation des biens féodaux (1473). — Arrêt du Conseil d'État qui évoque le procès pendant en la chambre du Domaine entre le seigneur de Gourdon et le Domaine (1656). — Jugement de l'Intendant qui ordonne au seigneur de justifier de ses titres sur le péage et la pêche dans l'Ain (1697).

C. 2600. (Liasse.) — 2 pièces, papier.

1505-1586. — Montdidier. Châtellenie. Copie des lettres d'échange des terres de la baronne de Salleneuve, contre le droit de prévallance, réachat et mieux-value de la châtellenie de Montdidier, inféodée à M. Seyturier, sieur de Cornod, fait entre Laurence Perrenot veuve de Pierre de Montluel, seigneur de Châteaufort et le duc de Savoie, Emmanuel-Philibert.

C. 2601. (Liasse.) — 38 pièces, papier; 5 pièces, parchemin; 6 plans.

1605-1789. — Montluel. Châtellenie. Mandement du roi Henri IV et arrêt du Conseil d'État portant réunion au Domaine de la couronne du domaine ducal de Montluel aliéné aux habitants (1605). — Procès-verbal de prise de possession (1695). — Délivrance de la ferme du revenu de la châtellenie (1608). — Bail à cens d'un emplacement dépendant de l'ancien château (1612). — Sommation faite à A. de Saix, sieur de la Braz, de représenter les titres en vertu desquels il est en possession de la rivière de Glenans. — Dossier relatif à l'échange fait par le roi des châtellenies de Montluel et des Échets, contre le domaine de Montestruc en Languedoc, appartenant au duc de Bellegarde, gouverneur de Bourgogne. — Autre concernant la demande du sieur d'Antin de construire un battoir sur la Sereine à Montluel (1615). — Autre concernant le débat entre le chapitre Saint-Paul de Lyon d'une part, M. de Jussieu l'hôpital de Montluel et plusieurs particuliers du lieu, au sujet de plusieurs assignaux de rente et cens. Plan (1768).

C. 2602. (Liasse.) — 8 pièces, papier.

1561-1703. — Pont-de-Vaux, Pont-de-Veyle. Châtellenies. Échange du comté de Bennes en Piémont, contre la châtellenie de Pont-de-Veyle fait entre Emmanuel-Philibert, duc de Savoie, et le comte de Bennes (1561). — Dossier relatif à des réparations ordonnées par l'Intendant de Bourgogne dans une maison de Pont-de-Veyle, appartenant à Jean Frère, absent du royaume (1709). — Arrêt du Conseil d'État portant confirmation du don fait au comté de Montrevel, par représailles, des biens du comte de Pont-de-Vaux, comme étant au service d'Espagne (1639).

C. 2603. (Liasse.) — 35 pièces, papier; 3 pièces, parchemin.

1609-1640. — Bugey. Belley. Proclamat de la ferme du Domaine dans le Bugey (1614). — Arrêt du Conseil d'État qui ordonne la levée d'un impôt dans le bailliage pour la réparation de l'auditoire et des prisons de Belley (1609). — Location de deux boutiques dans la maison du roi à Belley (1626). — Ordonnance de l'Intendant portant injonction aux propriétaires des droits de travers, passages et pontenages sur le Rhône et l'Ain, de justifier de leurs titres (1633). — Autre relatif au droit de cens sur les brotteaux, îles et îlots de ces rivières et du droit de pêche (1698). — Demande formée par le sieur Gaillard, d'établir un moulin et battoir près du port de Rives sur le Rhône, paroisse de Massignieux (1788).

C. 2604. (Liasse.) — 5 pièces, papier.

1612-1722. — Chazey, Châteauneuf et Virieu-le-Grand. Châtellenies. Ordonnance des trésoriers de France qui accorde main levée aux frères Pastey de la saisie de la terre de Chazey, acquise par leur père du duc de Nemours, qui la tenait par engagement (1612). — Ordonnance de l'intendant de Bourgogne, qui modère la taxe imposée à Mlle de Cremeaux, dame de Chazey pour le port de Chazey et le droit de pêche dans la rivière d'Ain (1696). — Production par F.-Ph.-E. de Lévy, marquis de Château-Morand, de l'acte d'échange de la châtellenie de Châteauneuf et Virieu-le-Grand, contre le comté de Rivol en Piémont fait entre Charles-Emmanuel, duc de Savoie, et Renée de Savoie, marquise de Beaugey (1722).

C. 2605. (Plan.) — 1 pièce, papier.

S. D. Châteauneuf en Valromey. Châtellenie. Plan des limites des mandements de Châteauneuf et de Montréal.

C. 2606. (Liasse.) — 21 pièces, papier ; 2 pièces, parchemin.

1566-1715. — L'Écluse et Arlon, Loyette, Matafelon, Montaugé, Montfalcon, Montréal et Martignat. Châtellenies. Procès-verbal de délivrance des réparations à faire au château d'Arlon, dressé devant Roger de Bellegarde, gouverneur de Bourgogne (1613). — Autres ordonnés aux forts de l'Écluse et d'Arlon par les trésoriers de France (1613). — Arrêt du Conseil d'État qui décharge le sieur de Montgiffon, seigneur engagiste de la châtellenie de Matafelon, d'une taxe qui lui avait été imposée (1715). — Déclaration de cette châtellenie produite par Louis de Meximieux, seigneur engagiste et M. de Montgiffon (1685). — Ordonnance des trésoriers de France portant suspension de la saisie de la terre de Montfalcon, sur J.-Cl. de Clermont, mari d'Anne de Montfalcon (1685). — Contrat d'aliénation des châtellenies de Montfalcon, Montréal et Pérouges, faite par Emmanuel-Philibert, duc de Savoie, à Louis Oddinet, baron de Montfort, pour la somme de 6,000 écus d'or (1566). — Lettres d'érection de la terre de Montréa' en comté par le même en faveur du même (1570).

C. 2607. (Plan.) — 1 feuille, papier.

S. D. Montréal. Châtellenie. Brenod. Plan du territoire, dressé à l'occasion d'un procès pour les limites.

C. 2608. (Liasse.) — 27 pièces, papier.

1532-1698. — Rossillon en Bugey. Châtellenie. Engagement de la terre de Virieu-le-Grand, fait par Charles, duc de Savoie, au comte de Challand (1532). — Échange conclu entre Charles-Emmanuel duc de Savoie, et René de Savoie, marquis de Villars, qui cède le comté de Tende en Piémont et reçoit la terre de Virieu, retirée au comte de Challant, marquis d'Ogliani, qui reçoit en dédommagement la châtellenie de Rossillon (1583). — Vente de cette châtellenie par le marquis à Jean de Mallarmay (1631). — Vente par Emond Gauthier, bourgeois de Paris, à Claude de Villiers-la-Faye. — Revente par les commissaires du Roi à Emond Gauthier (1613). — Déclaration fournie par les seigneurs engagistes qui sont MM. de Grolée, de Migieux, d'Andert et de Seyssel (1686). — Débats entre le Bureau des finances et le châtelain au sujet de la pêche dans le Furans (1606). — Contrat de mariage de Chrétienne de Madruc et de Claude, comte de Salm-Brandebourg, dont la dot est assignée sur les revenus de la châtellenie (1586).

C. 2609. (Liasse.) — 30 pièces, papier; 1 pièce, parchemin.

1743-1744. — Rossillon. Châtellenie. Dossier du procès jugé devant la Chambre du Domaine entre M. de Ricey, seigneur engagiste de Saint-Germain des paroisses, et le curé du lieu, au sujet des droits de mutations de la cure.

C. 2610. (Liasse.) — 79 pièces, papier; 2 pièces, parchemin.

1359-1744. — Rossillon. Châtellenie. Dossier de l'instance jugée devant la même Chambre entre Anthelme-Melchior de Seyssel et M. de Ricey, au sujet des droits de justice et de servis sur Saint-Germain des paroisses. Parmi les pièces produites, sont les copies de l'inféodation de la justice de la châtellenie faite par Amédée VI comte de Savoie à P. Bonard, chevalier (1359). — L'acte de partage de la châtellenie entre Guy de Migieux, président aux requêtes du Palais à Dijon, Joachim de Croix, comte de Grolée et Antoine de Carron (1653).

SÉRIE C. — BUREAU DES FINANCES.

C. 2611. (Liasse.) — 17 pièces, papier.

1743-1744. — Rossillon. Châtellenie. Dossier d'une instance portée devant la Chambre du Domaine entre les mêmes au sujet de redevances sur le lac d'Arboreas et sur les moulins de Serretans.

C. 2612. (Liasse.) — 7 pièces, papier.

1719-1721. — Saint-Germain d'Ambérieux. Châtellenie. Dossier de l'instance devant la Chambre du Domaine entre le Domaine et François de Sudereaux, seigneur des Alines, au sujet des lods de la cession qui lui avait été faite de cette terre démembrée du marquisat de Saint-Rambert.

C. 2613. (Liasse.) — 37 pièces papier ; 1 pièce, parchemin.

1339-1739. — Saint-Germain d'Ambérieux. Châtellenie. Dossier de l'instance portée devant la Chambre du Domaine entre Philippe Buynand, seigneur des Échelles, Cottin de la Barra, coseigneurs de la châtellenie, et Dominique Étienne, seigneur du Tiret et de la forêt de Devans, au sujet des devoirs de ce fief que les premiers voulaient exiger de celui-ci et des droits de lods réclamés par l'administration du Domaine. Parmi les pièces produites par les parties figurent les copies de l'acte d'inféodation de la seigneurie du Tiret faite en 1339 par Aymon, comte de Savoie, à Pierre de la Baume, les dénombrements produits par Anthelme et Amédée de la Baume (1384), de l'inféodation de la forêt de Devans à P. du Creux de Saint-Germain (1445); de la quittance de la vente de cette forêt faite par lui au sieur de la Balme, etc. (1453).

C. 2614. (Liasse.) — 5 pièces, papier.

1705. — Saint-Sorlin. Marquisat. Ordonnances de l'Intendant de Bourgogne qui accorde une diminution aux fermiers du marquisat de Saint-Sorlin et de la châtellenie de Saint-Germain d'Ambérieux, saisis sur le duc de Savoie.

C. 2615. (Liasse.) — 15 pièces, papier; 1 plan.

1610-1760. — Seyssel. Châtellenie. Sommation aux héritiers de B. de Maillans, sieur du Bossin, de justifier des titres en vertu desquels ils jouissent de la rente de Salleneuve, des fours de Seyssel, du péage de Bossin (1659). — Procès-verbal de reconnaissance des îles et îlots du Rhône depuis Seyssel jusqu'à Lyon, dont la cession était demandée par M. de Montrevel (1656). — Autre dressé par Fabry, subdélégué de l'Intendant, des réparations à faire à la digue de Seyssel (1701). — Autre de la mise en possession de M. Devoyo en qualité de seigneur engagiste de Seyssel (1760). — Minute d'une demande de l'engagiste, en concession de plusieurs îles et îlots du Rhône. Plan annexé.

C. 2616. (Liasse.) — 39 pièces, papier.

1571-1726. — Seyssel. Châtellenie. Seigneurie d'Anglefort. Copie de lettres d'inféodation de la justice d'Anglefort, faite par Emmanuel-Philibert, duc de Savoie, à Gaspard de Maillans, sieur du Bossin (1571). — Injonction du Bureau des Finances au sieur de Maillans d'avoir à justifier de ses titres (1614). — Dossier de l'instance jugée devant la Chambre du Domaine entre M. de la Porte, seigneur engagiste, et les habitants, au sujet de la propriété de certains bois.

C. 2617. (Plan.) — 1 feuille, papier.

1784. — Seyssel. Châtellenie. Seigneurie d'Anglefort. Plan d'une partie de la montagne d'Anglefort, levé par Chauvot et Héritier, commissaires, en suite d'un arrêt de la Table de Marbre, rendu dans le procès entre M. de la Porte, seigneur engagiste et les habitants d'Anglefort.

C. 2618. (Liasse.) — 26 pièces, papier.

1619-1788. — Gex (Baronnie et pays de). Dossier relatif à l'établissement de l'auditoire et des prisons du bailliage (1614). — Requête des possesseurs des abergements de la montagne de Challex contre les prétentions des fermiers du Domaine qui exigeaient un poids considérable des fromages de redevances que c   usité jusque-là (1619). — Débats entre les princes et pr...cesses de Condé, engagistes de la baronnie, et MM. de Borsat et de Bon, coseigneurs de Farges, au sujet de redevances (1723). — Divers mémoires sur les aliénations et abergements faits par les Suisses du canton de Berne durant le temps qu'ils possédèrent le pays de Gex ; — sur les dîmes dont jouissent certains habitants de Genève. — Dossier concernant l'accensement fait à Louis-Gaspard Fabry, premier syndic du pays de Gex, des moulins de Gex et de Flies, du four de Gex et de l'ancien emplacement du château de Versoix (1772).

C. 2619. (Liasse.) — 41 pièces, papier.

1605-1788. — Gex. Pays. Dossier relatif à la saisie de la terre de Sergier pour défaut de production de titres (1605). — Jugement d'un trésorier de France qui frappe d'un cens, au profit du Roi, le moulin à papier, bâti par Sanoys, genevois, sur la rivière de Versoix. — Bail à cens au sieur Poncey des moulins de Gex. Versoy, Souvernier et du four de Versoy (1605). — Dossier relatif aux visites de ces usines et au paiement des censes assignées sur elles (1605). — Abandon du moulin de Flies au Domaine, fait par le censitaire, à cause de la disproportion entre le produit du moulin et la redevance dont il est chargé (1619). — Visite ordonnée par le Bureau des Finances pour constater les réparations à y faire (1626). — Déclarations des droits et revenus du marquisat de Versoix (1769).

C. 2620. (Liasse.) — 1 pièce, parchemin ; 41 pièces, papier.

1562-1785. — Chalonnais et ville de Chalon. Ordonnance du Trésorier de France, Peyrat, pour le recouvrement des deniers du Roi dans les bailliages de Chalon et de Mâcon (1562). — État du revenu et domaine du Roi au Chalonnais, tel qu'en jouit le fermier. — Ordonnance de paiement des réparations faites à la citadelle de Chalon (1582). — Dossier relatif à des usurpations commises par des particuliers sur les fortifications de la ville (1678). — Devis des réparations à faire à la citadelle (1619). — Mise par le Bureau des Finances, de M. Vinet, en possession de la tour qui lui a été donnée par le Roi (1616). — Sommation à Madame veuve Joly, de justifier du droit qu'elle prétend de jeter un coup de filet dans la Saône à l'endroit appelé Lesguillon (1686). — Concession de l'île Saint-Nicolas à Ch. Grivand, garde marteau de la Maîtrise (1766).

C. 2621. (Liasse.) — 31 pièces, papier ; 3 plans.

1533-1786. — Chalon. Reconnaissance par Pierre de Saint-Belin de Vaudremont, commandeur de la commanderie du Temple, de la possession des moulins Sous-le-Pont, provenant du Domaine (1685). — Aliénation par les commissaires du Roi, du cens dus sur des maisons à Chalon (1548). — Autre de la maison confisquée sur un calviniste. — Autre de l'aliénation au sieur Piget, d'une redevance d'avoine due par les habitants d'Ouroux (1621). — État et consistance des censes et rentes dues au Roi sur plusieurs maisons et héritages situés dans les ville, faubourgs et banlieue de Chalon (1697). — Jugement de l'Intendant de Bourgogne dans un débat entre le traitant et les habitants de Saint-Jean-des-Vignes et Saint-Martin-des-Champs, au sujet du bois de Menuisie (1699). — Procès-verbal de reconnaissance et plans d'un assignal de cens assis sur la maison de la Fleur de Lys, rue des Bons-Féaux à Chalon (1751).

C. 2622. (Liasse.) — 8 pièces, papier.

1626-1634. — Aluze. Châtellenie. Contrat d'aliénation par les commissaires du Roi à Cl. Fremyot, conseiller au Parlement (1626). — Revente faite par celui-ci à M. Legrand, premier président de la Chambre des comptes. — Déclaration fournie par M. J.-B. de la Mare, seigneur engagiste (1635).

C. 2623. (Liasse.) — 28 pièces, papier ; 1 pièce, parchemin.

1580-1785. — Beaumont et La Colonne. Châtellenie. Ordonnance du Bureau des Finances qui prescrit d'informer sur la demande de Claude de la Chambre, sieur de Montfort, en autorisation d'établir deux moulins sur la rivière de Grosne, à Beaumont (1580). — Demande du fermier du Domaine en réduction de fermage, motivée sur la peste, la famine et les inondations qui ont ravagé le pays (1588). — Aliénation de la redevance en grains due, par les habitants de Lalheue (1598). — Autre de la châtellenie faite à M. de la Boutière. — Jugement de l'Intendant de Bourgogne qui décharge les habitants de Beaumont, d'une taxe pour leurs bois (1699).

C. 2624. (Liasse.) — 33 pièces, papier.

1259-1768. — Brancion. Châtellenie. Acquisition de la châtellenie par Hugues IV, duc de Bourgogne, sur Henri, fils de Josserand de Brancion (1259). — Contrat d'aliénation par les commissaires du Roi, à Jean, baron de Lugny et à Françoise de Polignac, sa femme (1548). — Déclaration de la châtellenie fournie par celle-ci (1579). — Autre produite par la communauté de Fragne (1693). — Autre produite par Marie-Josèphe de la Baume-Montrevel, baronne de Lessard, héritière de Jacques-Philippe-Eugène de la Baume-Montrevel, son frère, comte de Cruzille et de Brancion (1731). — Contrat de revente de la châtellenie à René Molineau, avocat au Parlement de Dijon. — Procès-verbal de sa mise en possession (1768).

C. 2625. (Liasse.) — 48 pièces, papier ; 3 plans.

1588-1775. — Buxy. Prévôté. Procès-verbal de reconnaissance des réparations à faire à l'auditoire et aux prisons (1588). — Autre de celles à faire aux halles et au four banal (1639). — Bail à cens des halles de Buxy passé par les Trésoriers de France à Claude Dablan, marchand à Chalon (1626). — Dossier de l'instance portée en la Chambre du Domaine entre Henri-Camille Henrion, écuyer, seigneur engagiste, et les héritiers Chambon au sujet de la propriété des dépendances de l'ancien château. — Trois plans des lieux contentieux (1774).

C. 2626. (Liasse.) — 83 pièces, papier ; 9 pièces, parchemin ; 4 plans.

1768-1784. — Buxy. Prévôté. Suite du dossier précédent. Arrêt du Conseil d'État qui déclare réunis au Domaine les murs, fossés, remparts et fortifications de Buxy (1780). — Procès-verbal de reconnaissance de ces fortifications (1782). — Plan annexé. — Observations présentées par la commune de Buxy au sujet de l'arrêt du Conseil (1782). — Réclamation de M. Brusson, conseiller maître honoraire à la Chambre des comptes de Dijon, au sujet des terrains qu'il possède dans l'enceinte du château de Buxy. Deux plans (1782).

C. 2627. (Liasse.) — 27 pièces, papier ; 1 pièce, parchemin ; 2 plans.

1633-1761. — Buxy. Prévôté. Contrat d'aliénation de la

seigneurie de Pommeau et la Coudre faite par les commissaires du Roi à Antoine de Brecey, seigneur de Saint-Germain-du-Bois (1622). — Dénombrement fourni par Jacques de Mucye, avocat à Chalon, seigneur engagiste (1623). — Autre par Alphonse Joly et Théophile Joly, acquéreurs de J.-B. Pouffier, conseiller au Parlement, et Catherine de Mucye, sa femme (1656). — Autre par J. Janthial, lieutenant-colonel au régiment de Brie, seigneur engagiste (1722). — Demande de Antoine Caillard, curé de Saint-Ambreuil, en concession de terrains incultes sur Rymon, dépendant de Buxy. 2 plans annexés (1787). — Contrat d'aliénation de cette seigneurie faite par les commissaires du Roi à Théodore Pinsonnat, conseiller à la Chambre des comptes de Dijon (1596). — Contrat d'échange de forêts en la paroisse d'Épinasse, en Auvergne, fait par Pasquant de la Veualblanche, contre la seigneurie de Rosey en Bourgogne, appartenant au Roi (1761). — Procès-verbal de la mise de MM. Bonin et Fouquerand en possession de 320 journaux de terrains sur le territoire de Saint-Germain-du-Bois (1761). — Déclaration de la seigneurie de Sainte-Hélène, par Nicolas d'Anglure, sieur de Bourlemont (1685).

C. 2628. (Liasse.) — papier.

1589. — Cortevaux. Châtellenie. Réclamation des héritiers de M. Mandelot, seigneur engagiste, contre la « reffusion » du greffe de la châtellenie demandée par le partisan.

C. 2629. (Liasse.) — 32 pièces, papier.

1598-1789. — Cuisery. Châtellenie. Ordonnance du Bureau des finances pour la visite des réparations à faire dans les bâtiments de la châtellenie (1588). — Vente d'une coupe du bois de Baugy (1627). — Contrat d'aliénation de la châtellenie faite par les commissaires du Roi au marquis de Bauffremont-Sennecey. — Déclaration fournie par Henri-François, duc de Foix, fils et héritier de Marie-Claire de Bauffremont (1621). — Registre des causes du Domaine de Cuisery (1669). — Déclaration des droits de *pontenage* dus par les habitants de la châtellenie (1710). — Dossier d'une instance en la Chambre du Domaine, entre les officiers de la châtellenie et Henri-Fr. de Chastenay-Saint-Vincent, au sujet de certains cens assignés sur Villeveny, paroisse de Saint-Vincent (1749).

C. 2630. (Plan.) — 1 feuilles, papier.

1749. — Cuisery. Châtellenie. Plan du village de Villeveny dressé par les experts Segaud et Niepce pour être joint à leur rapport inséré au dossier qui précède.

C. 2631. (Liasse.) — 10 pièces, papier.

1685-1686. — Frontenard. Châtellenie. État au vrai du revenu du Domaine (1565). — Contrat d'aliénation de la châtellenie, faite par les commissaires du Roi à Louis Rymon, seigneur de la Rochette. — Déclaration fournie par Abigaïl-Jeanne Mathieu, veuve de Lazare de Villiers, conseiller au Parlement de Dijon, dame engagiste (1685).

C. 2632. (Liasse.) — 10 pièces, papier.

1572-1754. — Germolles et Montagu. Châtellenie. État au vrai du revenu de la châtellenie (1572). — Enregistrement par le Bureau des Finances des lettres du roi Henri II qui engage la châtellenie à Jacques de Germigny, seigneur de La Chapelle (1575). — Vente d'une coupe de bois de Marloux (1649). — Rapport d'experts pour l'assignal des cens dus au Roi, sur plusieurs terres de Mellecey, Russilly et Montagu (1754). — Procès-verbal de dépôt du terrier de la châtellenie (1790).

C. 2633. (Liasse.) — 118 pièces, papier; 2 pièces, parchemin.

1592-1789. — Germolles et Montagu. Châtellenie. Dossier d'une instance portée devant la Chambre du Domaine entre Monsieur et Madame de Thésut-Verrey et M. de Caumartin, contre M. Loyseau, écuyer, secrétaire du Roi, au sujet de cens et droits de lods à Champréconduit. Rapport des experts Chatelain et Juillet (1779).

C. 2634. (Plan.) — 3 feuilles, papier.

1779. — Germolles et Montagu. Châtellenie. Plan dressé par les experts Chatelain et Juillet, à l'appui d'un procès-verbal mentionné à l'article précédent et deux copies informes.

C. 2635. (Liasse.) — 6 pièces, papier; 3 plans.

1575-1774. — Germolles et Montagu. Châtellenie. Avis favorable donné par le Bureau des Finances pour la concession de terres vagues appelées les Chaumes de Mellecey, aux habitants de Saint-Martin-sur-Montagu (1577). — Procès-verbal de placement d'assignaux de cens sur le finage de Marloux (1711). — Procès-verbaux des rapports des experts Raimbault, Chauvot, Juillet et Pernot, dans un débat en la Chambre du Domaine, entre M. Caumartin, engagiste de la partie de la châtellenie, et Mme veuve Poncet, au sujet d'héritages frappés de cens dans la châtellenie et sur Buxy. 3 plans annexés (1773).

C. 2636. (Plan.) — 3 feuilles, papier.

1746. — Germolles et Montagu. Châtellenie. Plans du Domaine de Blaisy, paroisse de Saint-Marc-de-Vaux, dont le territoire s'étendait sur plusieurs dimeries.

C. 2637. (Liasse.) — 134 pièces, papier; 1 pièce, parchemin.

1769-1785. — Germolles et Montagu. Châtellenie. Dossier de procédures entamées devant la Chambre du Domaine, par l'administration des Domaines contre plusieurs particuliers de Saint-Jean-de-Vaux, qui refusaient d'acquitter les droits d'ensaisinement dus au Roi, lors des acquisitions par eux faites.

C. 2638. (Liasse.) — 25 pièces, papier.

1547-1788. — Sagy. Châtellenie. Contrat d'aliénation par les commissaires du Roi, à Jean de Lugny, baron de Branges (1547). — Procès-verbal de visite des bâtiments et moulins dépendant du Domaine, dressé par Maillard, trésorier de France (1593). — Autre des ruines du château de Sagy (1613). — État au vrai du Domaine. — Baux des revenus de la terre passés par P. du Martinet, seigneur du Moulin, usufruitier de la châtellenie (1626). — Ordonnance de l'Intendant qui enjoint à la princesse de Carignan et à la duchesse de Nemours, dames engagistes, de justifier du titre en vertu duquel elles sont en possession de la châtellenie (1670).

C. 2639. (Liasse.) — 41 pièces, papier; 2 pièces, parchemin.

1696-1779. — Sagy. Châtellenie. Villebernoux et Joux. Dossier d'une instance portée devant la Chambre du Domaine, entre le fermier de la châtellenie et M. Jacques Clerc, seigneur de Courcelles et de Villebernoux, au sujet de cens dus au Roi sur partie de ce dernier domaine et que le seigneur refusait d'acquitter. — Autre d'une instance devant le même tribunal entre les sieurs Pallus, Tricant et le Domaine d'une part et MM. Gagne de Perrigny, puis M. Damas d'Antigny, seigneurs engagistes de Sagy, au sujet de terres sises au finage de Joux, sur lesquels ces derniers prétendaient des droits. — Procès-verbaux d'enquête et de liquidation de cens. — Rapport des experts Darnay et Couturier (1778).

C. 2640. (Plans.) — 2 feuilles, papier.

1777. — Sagy. Châtellenie. Joux. Plans annexés au rapport d'experts précité.

C. 2641. (Liasse.) — 47 pièces, papier; 1 plan.

1571-1781. — Seurre. Marquisat. Enquête sur le projet d'acquérir à Seurre une maison pour y renfermer les munitions du Roi (1571). — Procès-verbal de visite des réparations à faire dans cette maison. — Ordonnance du duc de Bellegarde, gouverneur de Bourgogne, pour la réparation des ponts, magasins et fortifications de la ville (1614). — Adjudication des travaux (1614). — Réception des ouvrages faits au grenier à sel (1614). — Établissement d'un magasin pour l'artillerie (1618). — Avis des Trésoriers de France pour l'établissement d'un péage pour l'entretien du pont (1619). — Dossier relatif à la construction et à l'entretien de ce pont (1622). — Autre relatif aux réparations du pont, des chaussées et du grand chemin (1649). — Arrêt qui concède à M. Bataille de Francès, seigneur de Seurre, la propriété des murs, fossés et fortifications de la ville (1775). — Procès-verbal et plan de reconnaissance et dismensuration, dressés par G. Saunac, ingénieur du Roi (1776).

C. 2642. (Plan.) — 1 feuille, papier.

Vers **1780.** — Verdun. Châtellenie. Plan de la ville de Verdun.

C. 2643. (Liasse.) — 30 pièces, papier; 1 plan.

1566-1781. — Verdun et Saunières. Châtellenie. État au vrai du revenu de la châtellenie (1580). — Contrat d'aliénation de la terre de Bragny faite par les commissaires du Roi à Pontus de Thiard de Bissy (1569). — Déclaration de cette seigneurie fournie par Jacques de Thiard, seigneur de Bragny (1635). — Arrêt du Bureau des finances qui met Claude Sebillotte, veuve de F. Procès, procureur du Roi à la Table de Marbre, en possession de la châtellenie, comme héritière de sa sœur Gillette Sebillotte, qui en avait l'usufruit et la propriété depuis le décès de Charles de Gontaut, cornette de la compagnie de la Force, fils naturel et légitimé du maréchal duc de Biron, auquel le sieur de Saint-Plancard, frère du maréchal et donataire de ses biens, avait donné cette terre (1638). — Ordonnance de l'Intendant de Bourgogne touchant la perception de la taille seigneuriale de 100 livres due par les habitants de Saunières (1670). — Acte par lequel la communauté de Bragny reconnaît n'avoir aucun droit sur l'île du château de Verdun (1685). — Devis des réparations à faire à l'étang de Perrigny (1710). — Information secrète sur les auteurs de la destruction des clôtures des mares de la Marsanche et de la mare Carlot, à Saunières (1709). — Visite et reconnaissance des travaux de réparations à faire aux moulin, grange et étang de Perrigny (1759). — Prise de possession de la châtellenie de Saunières, par M. Devoyo (1762).

C. 2644. (Liasse.) — 32 pièces, papier; 1 pièce, parchemin.

1642-1790. — Charolais. Comté. Procès-verbal de visite des étangs par les Trésoriers de France (1642). — Arrêt du conseil d'État pour l'échange du comté de Charolais appartenant à Mlle de Sens, contre la châtellenie de Palaiseau appartenant au Roi (1770). — Lettres patentes pour la rénovation des terriers (1768). — Adjudications des dîmes du comté (1783).

SÉRIE C. — BUREAU DES FINANCES. 135

C. 2645. (Liasse.) — 66 pièces, papier; 1 pièce, parchemin; 10 plans.

1627-1687. — Charolles. Châtellenie. Procès-verbal d'amodiation des moulins et étangs de Charolles (1647). — Dossier de l'instance entre le Domaine et M. Guyet, pour la propriété de la terrasse située sous le château (1768). —Autre relatif au débat entre le meunier des moulins banaux et le maître du fourneau à fer de Pretin, au sujet du cours d'eau (1773). — Autre relatif au débat entre le meunier et Mme de Gouvenain pour entreprise sur la maison de cette dernière. Plan (1778). — Accensement de terres vagues dans la forêt de Moloise faite au sieur Fénéon. Plan (1781). — Autre d'une cour à Charolles aux héritiers de Beaumont (1782). — Autre d'une maison, terrasse et emplacement au même lieu, à Mme Quarré de Champvigny. Plan (1783). — Débat entre le procureur et le sieur Lagrange, au sujet de la propriété d'une maison au même lieu. Plan (1733). — Baux des prés et terres de Charolles (1786). — Rapport d'experts et plan, au sujet d'un débat entre F. Bernigaud de Cercy, lieutenant criminel au bailliage et Mme veuve Goyard, concernant la propriété du puits du château. Plan (1787).

C. 2646. (Plan.) — 1 pièce, papier.

1762. — Charolles. Châtellenie. Coupe, élévation et profil d'une partie des bâtiments, et de la tour des Archives du château.

C. 2647. (Liasse.) — 12 pièces, papier.

1780-1790. — Charolles. Châtellenie. Accensement du bois Mottin, paroisse de Saint-Symphorien-de-Charolles à F. Mielle, commissaire aux saisies réelles du bailliage de Charolles. Plan (1783). — Procès-verbaux de liquidation de cens à Bresche, entre le Domaine et J. Bouillot, marchand, et à Fontenay, Fontenoau, Chaux et Virey entre le Domaine et les héritiers Deshaires, Giroux et Ballay (1789). — Accensement de murs et terrains dépendant de l'enceinte de la ville de Paray, fait au sieur Desforges. Plan (1783).

C. 2648. (Liasse.) — 6 pièces, papier; 2 plans.

1755-1785. — Dondain. Châtellenie. Dossier d'une instance en la Chambre du Domaine, entre F. Fumet et Mme Henry de Veny d'Arbouse, dame de la Chapelle-du-Bois, au sujet de la propriété d'un bois en la paroisse de Pressy. Plan.

C. 2649. (Liasse.) — 13 pièces, papier, 1 plan.

1775-1786. — Mont-Saint-Vincent. Châtellenie. Procès-verbal de reconnaissance des limites de la châtellenie et de la baronnie de Joncy. Plan. — Ventilation du domaine Gayet à Fontabon, paroisse de Genouilly. —Autre du domaine Gacon, à Gourdon.

C. 2650. (Liasse.) — 3 pièces, papier.

1787-1788. — Sanvignes. Châtellenie. Dossier relatif à la rénovation du terrier de la châtellenie.

C. 2651. (Liasse.) — 18 pièces, papier; 2 plan.

1780-1788. — Le Sauvement. Châtellenie. Procès-verbal et plan de l'emplacement de l'ancien château. — Ventilations des domaines Lheury situés au Four et au Perrier, paroisse de Ciry-le-Noble. — Accensement à Philibert Chamlon, laboureur au Pouilloux, de bruyères en broussailles, sur ce finage. Autre semblable à Lazare Langeron et Philibert Aumônier.

C. 2652. (Liasse.) — 22 pièces, papier, 1 pièce, parchemin.

1560-1787. — Châtillonnais. Entérinement par le Bureau des Finances, des lettres de don des domaines de Châtillon, de Villiers et de Vanvey fait par le roi Henri II, à Jean Guillaume, duc de Saxe (1560). — Amodiation des fermes du Domaine (1563). —Extrait de l'état au vrai du Domaine (1580). — Lettres de don du revenu de Châtillon, fait par le roi Henri IV, au sieur de Schomberg (1596). — Concession de piliers de pierre faite par le roi Louis XIII aux Cordeliers de Châtillon pour la réédification de leur église (1611). — États des cens, rentes et autres droits domaniaux du bailliage de Châtillon (1684). — Rôle des possesseurs des biens du Domaine dans le même ressort (1771).

C. 2653. (Liasse.) — 7 pièces, papier.

1560-1612. — Châtillon. Visite des prisons royales (1560). — Ordonnance du Bureau des Finances pour le parachèvement de la conciergerie (1567). — Autorisation accordée aux habitants de Balot de s'imposer pour la clôture de leur village (1584). Vente des démolitions du château de Châtillon (1598). — Protestation du procureur du Roi au bailliage, contre l'élection par les maires de Chaumont, de Châtillon d'un procureur fiscal (1599). — Avis au Roi sur la construction d'un auditoire pour le bailliage (1610).

C. 2654. (Liasse.) — 52 pièces, papier.

1182-1782. — Châtillon. Châtellenie. Copies de l'accord entre Hugues III, duc de Bourgogne et l'abbaye Notre-Dame de Châtillon, au sujet de leurs droits respectifs sur leurs hommes (1182); entre le duc Eudes III et l'évêque de Langres, sur le même sujet (1206). — Charte de franchise octroyée aux habitants de Chaumont-les-Châtillon, par le même duc (1213). — Lettres patentes du roi Charles IX qui maintient les échevins et habitants en possession des censes et rentes (1565). — Continuation par les rois Henri III et Henri IV (1577-1586-1602) des lettres de l'octroi accordé sur le sel. — Lettres de trêve et suspension d'armes, accordées par ce dernier. — Concession faite aux habitants, des bâtiments de l'ancien auditoire pour y bâtir un collège (1611). — Ordonnance du Bureau des Finances pour le recouvrement de la taille abonnée, due par les habitants (1667). — Rachat, par la ville, du droit de jamée dû par les regratiers de Châtillon (1733). — Ordonnance de l'Intendant, portant décharge de taxes mises sur la ville, comme détentrice de portions du Domaine (1697). — Sommation à la même, comme détentrice de la prévôté, de la mairie, du péage, de la justice au faubourg de Saint-Léger et de cens et rentes, de justifier des titres en vertu desquels elle jouit (1781).

C. 2655. (Liasse.) — 45 pièces, papier.

1284-1789. — Châtillon. Châtellenie. Copie de la lettre de Pierre, abbé de Pothières, au bailli de Tonnerre, d'avoir à défendre le monastère contre les entreprises de ceux qui ravagent ses biens (1284). — Aliénation par les commissaires du Roi à M. de Gissey, de la redevance de 5 sols, due par le curé de Saint-Marcel en la montagne de Roussillon, pour la garde (1605). — Amodiation de la prévôté de Châtillon (1575). — Aliénation du revenu des censes et rentes faite par les commissaires du Roi à M. de Choiseul-Praslin, et cédé par lui à la ville (1596). — Autre greffe du bailliage à M. Michaut, lieutenant au gouvernement de Caen (1618).

C. 2656. (Liasse.) — 44 pièces, papier, 1 pièce, parchemin.

1693-1790. — Châtillon. Amodiation des droits de ban-vin et halages aux foires (1693-1784). — Procès intentés à plusieurs habitants qui avaient enfreint ces bans. — Baux des revenus du Domaine.

C. 2657. (Liasse.) — 77 pièces, papier.

1272-1790. — Châtillon. Criée de la ferme de la taille abonnée à Ampilly-le-Sec (1573). — Déclaration des bois de Bréviande ou de Sainte-Colombe (1683). — Lettre d'acquisition de la terre de Buncey, par Robert II, duc de Bourgogne, sur Mabille, dame de Charny, et Drocon, son fils (1272). — Poursuites ordonnées par les Trésoriers de France contre les usurpateurs de la contrée, dite la Borde-Roquille (1571). — Lettres d'inféodation de la terre d'Arbois, paroisse de Buncey, en faveur de François Fyot. — Aliénation de la justice de Buncey, faite par les commissaires du Roi à M. Fyot d'Arbois (1596). — Dénombrement des seigneuries de Buncey et d'Arbois donné par Daniel-François Guenebaud, écuyer (1737). — Revente de ce domaine consentie à Judith Arcelot, sa veuve (1756). — Dénombrement fourni par cette dame (1759). — Acte d'échange entre M. Fortier et Mme veuve de Sommièvre, laquelle cède la terre de Culle et reçoit en échange celle de Buncey. — Dénombrement de cette terre donné par Mme de Sommièvre (1782).

C. 2658. (Liasse.) — 53 pièces, papier ; 3 pièces, parchemin.

1500-1785. — Châtillon. Extrait du compte du receveur du bailliage de la Montagne, concernant les revenus d'Étrochey (1500). — Amodiation de ces revenus (1573). — Contrat d'aliénation des revenus de la seigneurie, faite par les commissaires du Roi à M. Jacquot des Barres (1596). — Autre par décret faite au Parlement au profit de M. Malet, secrétaire du Roi (1679). — Déclaration fournie par ce dernier (1683). — Dénombrement de la seigneurie d'Étrochey et du fief de Beauregard, par M. Lemuet de Belombré (1785). — Déclaration de la seigneurie de Montliot, fournie par Edme Lebascle, comte d'Argenteuil, seigneur du lieu, par suite d'échange conclu avec le Roi (1753). — Contrat d'aliénation de la taille de 50 livres et de la justice de Mosson, faite par les commissaires du Roi à Gaspard de Lantage, seigneur de Belan (1633).

C. 2659. (Liasse.) — 85 pièces, papier; 1 pièce, parchemin.

1561-1790. — Aignay-le-Duc. Châtellenie. Commission du Bureau des Finances pour réunir tout le domaine de la châtellenie qui avait été aliéné (1561). — Dossier des réparations faites au château (1561-1579). — Enquête sur la propriété du bois de Chevagney, près Aignay (1588). — Aliénation de la châtellenie faite par les commissaires du Roi à Antoine de Gerland, seigneur de Thenissey (1596). — Revente faite à Antoine d'Édouard, écuyer (1645). — Enregistrement par le Bureau des Finances du contrat d'aliénation de la châtellenie faite à Claude Étienne, négociant à Aignay (1772). — Procès-verbal de mise en possession (1773). — Déclaration générale du Domaine, en forme de terrier. — Obligation imposée à l'engagiste d'acquitter les charges portées en l'état du Roi. — Rôles des particuliers possédant des maisons et terres grevées de redevances envers le Domaine du Roi (1773).

C. 2660. (Liasse.) — 48 pièces, papier; 1 pièce, parchemin.

1575-1775. — Aignay-le-Duc. Châtellenie. Confirmation du bail à cens des terres de Champignolot-sur-Étalante (1575). — Autre par le roi Henri IV, de l'accensement du bois de la Forêt, au même territoire, fait à Antoine de Gerland, baron de Thenissey (1600). — Accensement du bois de Vaux-sur-Aignay, fait par Anne d'Édouard, seigneur engagiste, à A. Mugnier (1601). — Déclaration du domaine de la châtellenie fournie par Anne-Claude de Sennevoy, femme de Louis de Pernes, marquis d'Épinac, seigneur engagiste (1683). — Dossier du procès jugé devant la Chambre du Domaine, entre la dame de Pernes, le receveur général du Domaine et les habitants d'Aignay et d'Étalante, lesquels refusaient de fournir la déclaration de leurs biens sujets aux droits de lods, de cens et d'ensaisinement (1725). — Aliénation des bois de Vaux et de la Forêt, faite à Claude Étienne, engagiste de la châtellenie (1772).

C. 2661. (Liasse.) — 46 pièces, papier; 1 pièce, parchemin.

1571-1713. — Aignay. Châtellenie Arrêt du Bureau des Finances contre les usurpateurs des terres des Granges d'Asserois (Essarois) (1571). — Autre qui astreint Claude Parisot, seigneur de Bois-Fayot, gentilhomme ordinaire de la fauconnerie du Roi, à payer les lods de l'acquisition par lui faite de la métairie de Champ-d'Arcon-sur-Étalante (1635). — Jugement de la Chambre du Domaine qui règle le partage des dîmes entre le curé d'Étalante et le seigneur engagiste (1755). — Autre qui maintient M. Giraud, seigneur d'Essey, en possession du bois du Boucher-sur-Étalante (1733).

C. 2662. (Liasse.) — 19 pièces, papier.

1621-1714. — Aignay. Châtellenie. Pièces concernant la redevance de 12 bichets d'avoine, ou 162 livres 10 sols, payée chaque année par les habitants d'Origny et de Bellenod (1628). — Jugement de l'Intendant de Bourgogne pour la répartition de cette prestation (1680). — Jugement de la Chambre du Domaine, qui oblige les propriétaires de la métairie de Brevon, au paiement de la cense assignée sur cette ferme (1758). — Autre de l'Intendant pour la répartition et le paiement des cens dus au Roi par les habitants de Saint-Broing et Moitron (1696).

C. 2663. (Liasse.) — 94 pièces, papier; 3 pièces, parchemin.

1560-1719. — Aisey-le-Duc. Châtellenie. Amodiation du revenu à M. de Rocheprise, châtelain (1573). — Lettres de main-levée des comtés de Bar-sur-Seine et de la châtellenie d'Aisey, accordées par le roi Henri III au duc de Montpensier (1580). — Lettres de confirmation de don octroyées au même par le roi Henri IV (1598). — Autres semblables par les rois Louis XIII (1610) et Louis XIV (1644). — État et dénombrement du domaine fourni par les fermiers (1683). — Contrat d'engagement des châtellenies d'Aisey et Salmaise, fait par les commissaires du Roi à M. de Montmain (1719). — Autre fait par les mêmes au vicomte de Saulx-Tavannes (1726). — Procès-verbal de prise de possession par ce dernier et de visite des lieux (1727). — Procès-verbal d'aliénation des châtellenies d'Aisey, Salmaise et Blessey, faite par l'Intendant de Bourgogne au marquis de Lugeac (1753). — Procès-verbal de mise en possession (1757). — Contrat d'aliénation des mêmes domaines à la comtesse de Chalon (1785).

Côte-d'Or. — Série C. — Tome II.

C. 2664. (Liasse.) — 46 pièces, papier ; 1 plans.

1572-1790. — Aisey-le-Duc. Châtellenie. Ordonnances du Bureau des Finances pour la réparation des château, ponts, moulins, étangs d'Aisey et des moulins de Saint-Marc-sur-Seine (1573-1575). — Visite des réparations faites au château (1583). — Enquête sur les ruines « advenues » au bourg d'Aisey durant les troubles de la Ligue (1594). — Procès-verbal de la visite du château (1703). — Déclarations des censes et redevances du château (1669). — Procès-verbal de vue de lieu des biefs et déchargeoirs du moulin. — Réparations faites au moulin (1710). Plan. — Bail à cens d'une pièce de terre et de l'emplacement du moulin Jouant (1738). — Ventes de coupes du bois du Parc (1789).

C. 2665. (Plans.) — 2 feuilles, papier.

1752. — Aisey-le-Duc. Châtellenie. « Thibériade » des bois de la châtellenie qui doivent tiercer au Roi.

C. 2666. (Liasse.) — 22 pièces, papier ; 1 pièce parchemin.

1572-1781. — Aisey-le-Duc. Châtellenie. Mandement du roi Charles IX, qui, sur la requête de Lerchebault de Greneton, écuyer, archer de sa garde, et de Jeanne Handresson, sa femme, suspend la saisie du domaine de Meixmoron accensé à leurs auteurs par Philippe-le-Bon, duc de Bourgogne (1572). — Autre qui ordonne sa mise en délivrance et aliénation faite par le Bureau des finances à J. Remond (1573). — Jugement de la Chambre du Domaine concernant le dénombrement du fief de Meixmoron, fourni par Charles Vaillant, président à la Chambre des comptes (1778). — Débats entre ce seigneur et les habitants au sujet de la banalité du four (1778).

C. 2667. (Liasse.) — 47 pièces, papier.

1493-1787. — Aisey-le-Duc. Châtellenie. États de la rente due par les habitants de Bremur et de la rente assignée sur le moulin de Vaurois (1572). — Dossier relatif à l'accensement par le Bureau des finances du moulin de Busseaut et de la grange Didier (1493). — Accensement d'un emplacement au bas du pont de Nod à Ét. Jouvenot, pour y établir un moulin (1577). — Requête de Joseph Desaule afin d'obtenir l'autorisation d'édifier un moulin sous la chaussée de l'étang de Nod (1581). — Jugement de l'Intendant pour le paiement des redevances dues au Roi par les habitants de Nod (1670). — Réparations aux moulins (1716). — Débats entre le seigneur et les habitants de Coulmier-le-Sec, au sujet du four banal (1787). — Extrait de l'état au vrai du Domaine de Saint-Germain-le-Rocheux (1580). — Aliénation du revenu de ce domaine, faite par l'Intendant à Vivant Morel, président du grenier à sel de Châtillon (1703).

18

C. 2668. (Liasse.) — 81 pièces, papier.

1580-1789. — Aisey-le-Duc. Châtellenie. Jugement de l'Intendant qui ordonne la visite des moulins de Saint-Marc (1702). — Visite faite par le Bureau des finances (1705). — Débats portés devant la Chambre du Domaine entre le fermier de la châtellenie et les habitants de Saint-Marc, au sujet des redevances en nature (1709). — Remboursement des frais de l'amortissement d'une rente abonnée due par les mêmes. — Arrêt du Conseil qui autorise M. de Saulx-Tavannes, seigneur engagiste, à faire enlever les matériaux de la tour de Saint-Marc (1752). (Voir aussi C. 2674.)

C. 2669. (Liasse.) — 28 pièces, papier.

1243-1786. — Baigneux-les-Juifs. Prévôté. Charte de pariage entre Hugues IV, duc de Bourgogne, et l'abbaye d'Oigny (1243-1248). — Extrait du terrier de la Prévôté (1464). Bail de la clergie et du tabellionage (1573). — Extrait de l'état au vrai du Domaine (1580). — Aliénation du Domaine de Baigneux faite par les commissaires du Roi à M. Jaquot d'Esbarres (1597). — Acte par lequel François Blondeau, conseiller au Parlement, reçoit du comte et de la comtesse de Soissons, la seigneurie de Baigneux en échange de ce qu'il possédait dans la seigneurie de Noyers (1624). — Vente de la seigneurie de Baigneux faite par Claude Fremyot, président à la Chambre des comptes, à l'abbaye d'Oigny (1655). — Autre de partie de la même seigneurie faite au profit de sa même, par la comtesse de Chavigny (1747). — Revente de la seigneurie faite par les commissaires du Roi à Mme de Dampierre (1760). — Amodiation des revenus de la terre de Baigneux, consentie par l'abbaye d'Oigny (1786).

C. 2670. (Liasse.) — 72 pièces, papier.

1772-1784. — Baigneux-les-Juifs. Prévôté. Dossier de l'instance portée au Parlement entre l'abbaye d'Oigny et Mme de Dampierre, dame engagiste de la portion domaniale de la seigneurie de Baigneux, au sujet de la liquidation des portions revendues et de la déclaration de leurs droits respectifs.

C. 2671. (Liasse.) — 64 pièces, papier.

1570-1786. — Brion-sur-Ource. Seigneurie. Aliénation faite par les commissaires du Roi à Mme Claude du Châtelet, dame de Montigny (1570). — Lettres de main-levée accordées à cette dame par le roi Henri III. Contrat de revente à Bénigne de Macheco, lieutenant criminel au bailliage de Nuits (1623). — Transport de cette terre fait par Mlle d'Esbarres à l'abbaye de Clairvaux (1640). — Revente par les commissaires du Roi à M. de Morangis (1652). — Déclaration fournie par Mme de Barillon d'Amoncourt, dame engagiste (1685). — Autre par M. Garnier, seigneur engagiste (1764). — Dossier de l'instance entre ce seigneur et le prieuré du Val-des-Choux, au sujet de leurs droits respectifs dans la terre de Brion (1771). — Arrêt du Conseil d'État qui maintient M. Garnier de Silly en possession de la terre de Brion (1786).

C. 2672. (Liasse.) — 51 pièces, papier, 2 pièces, parchemin.

1573-1784. — Duême. Châtellenie. Bail du revenu du domaine passé par le Bureau des finances (1573). — Ordonnance du même pour les réparations à faire au château (1583). Aliénation de la châtellenie faite par les commissaires du Roi à Mme Baillet de Vaugrenant (1595). — Visite et reconnaissance du château par les commissaires du Bureau des finances (1705). — Traité entre l'abbaye d'Oigny, M. de Vaugrenant, conseiller au Parlement de Paris, seigneur de Duême et les habitants, au sujet de leurs droits dans les bois de Duême. — Débats devant la Chambre du Domaine à ce même sujet, entre M. Morel de Corberon, seigneur engagiste et les habitants (1727). — Dénombrements fournis par Louis Guenichon, seigneur engagiste (1769).

C. 2673. (Liasse.) — 55 pièces, papier.

1560-1784. — Maisey-le-Duc. Châtellenie. Réparations ordonnées au château par le Bureau des finances (1572). — Dénombrement des terres de Maisey et Villotte, données par Jean Gaillard, bourgeois de Châtillon, seigneur engagiste (1579). — Contrat de revente par les commissaires du Roi à Antoine de Gerland, baron de Thénissey (1605). — Autre à François de Chastenay, comte de Lanty-Rochefort, etc. (1621). — Déclaration fournie par François, son fils et héritier (1685). — Arrêt du Conseil d'État, qui ordonne la revente de la châtellenie (1758).

C. 2674. (Liasse.) — 132 pièces, papier ; 2 pièces parchemin.

1560-1790. — Salmaise. Châtellenie. Main-levée de la châtellenie en faveur du duc de Longueville (1561). — Extraits de l'état au vrai du Domaine (1580). — Arrêt du Conseil qui prescrit la réunion au Domaine des châtellenies de Salmaise, Villaines et Montcenis (1691). — Contrat d'aliénation de la châtellenie de Salmaise à M. de Montmain (1719). — Bail des revenus des châtellenies d'Aisey, Salmaise et Blessey passé par le Domaine après le décès de cet engagiste (1726-1763). — Aliénation à vie de ces châtellenies à Ch. A. de Guérin, marquis de Lugeac (1753). — Procès-verbal de prise de possession (1757). — États des revenus de la terre de Salmaise. — Déclaration du Domaine, fournie par l'engagiste.

C. 2675. (Liasse.) — 4 pièces, papier.

1349-1430. — Salmaise. Châtellenie. Extraits des comptes des châtelains. Vente d'héritages à Corpoyer, faite au duc Philippe-le-Hardi par Morin de Corpoyer, écuyer, et Oudotte de Charancey, sa femme. — Recettes d'argent pour les franchises des habitants de Salmaise. — Échute d'une femme de mainmorte. — Recette des cens dus à Boux, Bouzot, aux Bordes, à Présilly, à Blessey, à Salmaise et à Verrey. — Réparations faites à la salle du château de Salmaise derrière la chapelle et devers le Couhard, au donjon, aux tours Laurence, et de la porte et aux greniers.

C. 2676. (Liasse.) — 105 pièces, papier; 1 plan.

1573-1790. — Salmaise. Châtellenie. Déclaration des droits seigneuriaux, extraite du Terrier (1578). — Poursuites contre les habitants de Salmaise et de Verrey, qui ont envoyé leurs bestiaux pâturer dans le pré seigneurial de la dîmerie, mis en défense (1694). — Instance devant l'Intendant de Bourgogne entre le Domaine et le prieur de Salmaise, au sujet de la propriété de la corvée de Genestrie (1694). — Ordonnances du même qui réunissent le moulin de Rimbert et la corvée Flesche au Domaine (1694). — Brevet royal de nomination de Claude Rougeot, chapelain de la chapelle du château (1733). — Plainte formée par M. de Saulx-Tavanes, seigneur engagiste, des destructions commises dans le château et le parc (1752). — Déclaration du revenu du Domaine. — Instance portée devant la Chambre du Domaine et le seigneur engagiste et le curé, au sujet de la propriété du pré de la Dimerie (1769). — Traité par lequel les prêtres mépartistes de Flavigny cèdent à la duchesse de Longueville, dame de Salmaise, la chapelle de Saint-Jean de Bonnevaux avec le four banal de Boux, et reçoivent en contréchange une rente à Flavigny et des cens à Arnay-sous-Vitteaux (1577). — Débats pour la possession de cet ermitage entre l'engagiste et les habitants (1768). — Inventaire des effets laissés par frère Zozime, ermite (1786).

C. 2677. (Liasse.) — 87 pièces, papier; 2 pièces, parchemin; 1 plan.

1578-1786. — Salmaise. Châtellenie. Extrait du terrier de la châtellenie en ce qui concerne Corpoyer (1578). — Bail de la ferme du Domaine de Corpoyer (1729-1775). — Visites. — Rapport d'experts et plan pour la délimitation des finages de Corpoyer et Munois (1777). — Déclarations produites par les habitants. — Manuel des droits seigneuriaux (1763).

C. 2678. (Liasse.) — 35 pièces, papier.

1578-1783. — Salmaise. Châtellenie. Extrait du terrier en ce qui concerne les terres de Billy et de Jugny. — État au vrai du Domaine (1580). — Bail à cens de l'étang et du moulin de Billy, fait par la duchesse de Longueville à M. Armedey (1585). — Ordonnance de l'Intendant, qui oblige les fermiers sortants de la grange de Jugny, à réparer les dégradations qu'ils ont commises (1701). — Contrat d'aliénation de la justice de Billy et de la grange de Jugny, faite par les commissaires du Roi à M. de La Mare, conseiller au Parlement (1719). — Procès-verbal de prise de possession (1720). — Revente faite à Nicolas Charpy, aussi conseiller au Parlement (1741). — Cession de la seigneurie par M⁽ᵐᵉ⁾ de Charpy à M. Mairetet de Thorey (1772).

C. 2679. (Plan.) — 1 feuille, papier.

1731. — Salmaise. Châtellenie. Arpentage et plan de la forêt de Jugny, par l'arpenteur Verniquet.

C. 2680. (Plan.) — 1 feuille, papier.

S. D. — Salmaise. Châtellenie. Plan de la même forêt et de ses différents cantons.

C. 2681. (Liasse.) — 20 pièces, papier.

1578-1771. — Salmaise. Châtellenie. Extraits du terrier en ce qui concerne Dampierre-en-Montagne, Villotte-sur-Seine. — Extraits de l'état au vrai pour Grésigny, Gissey-sous-F., Verrey, Charancey (1578). — Aliénation de la seigneurie de Dampierre, faite par les commissaires du Roi à M. Legoux-Maillard, président au Parlement (1702). — Jugement de la Chambre du Domaine qui condamne les habitants de Fontette, à payer le droit de garde (1734). — Dénombrement de la terre de Charancey, par Cl. de Thesut (1767).

C. 2682. (Liasse.) — 80 pièces, papier.

1578-1784. — Salmaise. Châtellenie. Extraits du terrier en ce qui concerne Boux, Bouzot, les Bordes, Présilly (1578). — Autres de l'État au vrai du Domaine. Ordonnance de l'Intendant qui astreint le notaire Verrière à payer un cens au Domaine pour l'établissement d'un moulin à Boux (1694). — Autres concernant la propriété de la terre de la Riotte et des échutes de mainmorte à Présilly; — la propriété de la rente de Charmes au même lieu (1694); — qui annule la charte d'affranchissement accordée en 1577 par la princesse de Condé aux habitants des Bordes et de Présilly. — Aliénation sous forme d'inféodation de la seigneurie de Boux, faite par les commissaires du Roi à M. de la Cousse d'Arcelot (1702). — Acquisition par le même de la terre de Bouzot sur le président Baillet (1712). — Jugement de la Chambre du Domaine qui maintient le Roi en possession de la justice et banalité de la rivière et du moulin de Boux (1718). — Procès-verbal de reconnaissance des limites des territoires de Boux, Bouzot, Présilly et les Bordes (1724).

C. 2683. (Liasse.) — 34 pièces, papier.

1578-1780. — Salmaise. Châtellenie. Extrait de l'état au vrai de la seigneurie de Verrey (1578). — Ordonnance de l'Intendant qui déclare réunis au Domaine le pré de l'étang de Thoisy, la moitié du moulin de Verrey et d'autres terres (1694). — Procès-verbal de reconnaissance des réparations à faire au moulin de Verrey (1679). — Déclaration de biens fournie par le seigneur (1700).

C. 2684. (Liasse.) — 40 pièces, papier.

1578-1784. — Salmaise. Châtellenie. Extrait de l'état au vrai de la seigneurie de Vesvres (1578). — Procès entre la princesse de Condé, dame engagiste de Vesvres et des habitants de Vitteaux, qu'elle voulait obliger à se dessaisir des biens qu'ils possédaient à Vesvres comme village de mainmorte (1582). — Poursuites contre les forains de Vesvres en paiement d'arrérages de redevances (1695). — Aliénation de la seigneurie faite par les commissaires du Roi à M. Violet de Myard (1702). — Procès-verbal de mise en possession (1767).

C. 2685. (Registre.) — 240 feuillets, papier.

1693. — Salmaise. Châtellenie. Copie des titres et pièces produites par le receveur du Domaine contre les habitants de Vesvres et les forains, au sujet de la mainmorte et des redevances. Déclarations des terres de la seigneurie fournie par les procureurs de la communauté.

C. 2686. (Liasse.) — 7 pièces, papier.

1578-1701. — Salmaise. Châtellenie. Extrait du terrier en ce qui concerne la seigneurie de Villy-en-Auxois (1578). — Extrait de l'état au vrai du Domaine (1580). — Contrat d'aliénation de la seigneurie faite par les commissaires du Roi à M. Milletot, coseigneur du lieu (1704). — Déclaration du Domaine (1723).

C. 2687. (Liasse.) — 87 pièces, papier.

1560-1784. — Villaines-en-Duesmois. Châtellenie. Mainlevée obtenue par le duc de Longueville (1560). — États au vrai du Domaine (1580). — Lettres d'amortissement de la fondation du mépart de Villaines, par P. Audinot (1582). — Ordonnances de l'Intendant pour le paiement des redevances seigneuriales (1696). — Aliénation de la châtellenie, faite par les commissaires du Roi à André Baudry, capitaine des charrois de l'artillerie (1697). — Jugement qui condamne le curé Poncerot à rétablir le terrain qu'il a usurpé sur les fortifications (1708). — Dénombrement fourni par J. Baudry, seigneur engagiste (1760). — États des revenus de la seigneurie, dressés par l'administration des Domaines (1769). — Questionnaires et réponses (Voir aussi C. 2674).

C. 2688. (Liasse.) — 25 pièces, papier ; 1 pièce, parchemin.

1538-1784. — Darcey. Seigneurie. Copie du terrier de la seigneurie de Darcey (1538). — Extrait de l'état au vrai du Domaine (1580). — Procès-verbal de reconnaissance des chemins finérots de Thénissey et Darcey (1765). — Débats portés devant la Chambre du Domaine entre M. de Clugny, seigneur de Thénissey et les habitants de Darcey, au sujet des droits seigneuriaux (1770).

C. 2689. (Liasse.) — 61 pièces, papier ; 1 pièce, parchemin.

1560-1783. — Villiers-le-Duc et Vanvey. Châtellenie. Ordonnance du Trésorier de France Peyrat, qui casse un marché de coupe de bois comme désavantageux (1560). — Amodiations des revenus de la châtellenie (1573). — Acquisition du moulin de Vanvey, par F. Regnier, lieutenant général des Eaux et forêts en Bourgogne (1576). — Extraits de l'état au vrai du Domaine (1580). — Dossier relatif à l'établissement d'un moulin et foulon, à Vanvey (1583). — Aliénation de la châtellenie faite par les commissaires du Roi à Cl. Fremyot, président à la Chambre des Comptes (1605). — Autre au sieur Taisand, de 100 arpents de bois, près de Bréviande (1622). — Déclaration des bois possédés par MM. Rémond et Parisot par engagement du Roi (1685). — Aliénation de la seigneurie de Villiers et Vanvey, faite par M. et Mme de Bauffremont au marquis d'Inteville (1720). — Revente faite par celui-ci à M. de Morel de Bréviande (1743).

C. 2690. (Plan.) — 2 feuilles, papier.

S. D. — Villiers-le-Duc et Vanvey. Châtellenie. Plans de la forêt de la Monque, dont l'un a été dressé par l'arpenteur Royer.

C. 2691. (Liasse.) — 33 pièces, papier ; 2 pièces, parchemin.

1537-1772. — Mâconnais. Mâcon. Contrat d'aliénation d'une maison, près les halles, faite par les commissaires du Roi à Thibaut de Viju, marchand apothicaire (1537). — Sentence du maître des ports et passages de Bourgogne, qui règle le tarif des droits levés à Mâcon (1587). — Rapport du lieutenant général du bailliage, sur l'état d'un mur mitoyen, entre les halles et la maison du docteur Guichard (1591). — Dossier des réparations ordonnées par les Trésoriers de France aux bâtiments de l'auditoire royal et des prisons (1608). — Contrat d'aliénation faite par les commissaires du Roi, de la pêche au-dessus du pont de Mâcon (1662).—Vente faite par M. de Mucie à M. Salomon-Chesnard, des droits de glandée et paissons

SÉRIE C. — BUREAU DES FINANCES.

dans la forêt de Malessard (1662). — Arrêt du Conseil d'État qui autorise les Visitandines de Mâcon à englober la rue du Couloir dans leur enclos (1680). — Déclaration du droit de pêche dans la Saône (1685). — Ordonnances de l'Intendant relatives à des usurpations commises par les religieux Jacobins et les Directeurs de la Charité, sur les bastions de la ville (1696). — Procès-verbal de visite et reconnaissance des fortifications de Mâcon (1690). — Autre des bâtiments de l'auditoire, des prisons et du pont (1772).

C. 2692. (Liasse.) — 14 pièces, papier.

1596-1758. — Bois Sainte-Marie et Charbonnières. Châtellenies. Aliénation par les commissaires du Roi à François de la Madeleine Ragny (1596). — Déclaration fournie par J.-F. de Bonne de Créquy, duc de Lesdiguières (1685). — Acte de prise de possession par Gilbert, marquis de Drée (1758). — Aliénation de trois feux au village de Charbonnières, faite par les commissaires du Roi à M. Crimieux, seigneur du lieu (1596). — Déclaration du Domaine par les Carmélites de Mâcon (1685).

C. 2693. (Liasse.) — 22 pièces, papier; 3 pièces, parchemin; 3 plans.

1481-1772. — Châteauneuf-en-Mâconnais. Vente d'une loge de maison par les époux Jobin à Édouard Perrière dit de la Madeleine (1481). — Aliénation de la terre de Châteauneuf faite par les commissaires du Roi à Girard de la Madeleine, seigneur du Banchet (1772). — Dossier relatif à la découverte d'un trésor enfoui dans les murs du château, faite par M. de Drée, seigneur engagiste de la terre et à sa revendication par le Domaine (1752).

C. 2694. (Liasse.) — 10 pièces, papier.

1625-1685. — Creiche et Davayé. Châtellenies. Aliénation de la châtellenie de Creiche faite par les commissaires du Roi à M. Damas de Thianges (1625). — Inventaire produit par ce dernier des titres en vertu desquels il jouit de la châtellenie (1662). — Déclaration de la seigneurie de Charnay, membre de la châtellenie de Davayé. — Aliénation de cette châtellenie par les commissaires du Roi à M. de Meaux, seigneur de Marbe (1694). — Déclaration fournie par Henri de Macet, seigneur engagiste. — Autre du fief de Saint-Léger, dépendant de cette châtellenie (1685).

C. 2695. (Liasse.) — 5 pièces, papier.

1608-1611. — Cluny. Ville. Dossier des réparations à faire aux tours, remparts et fortifications de la ville et présenté par les Trésoriers de France, conformément aux ordres du Roi. Procès-verbal de visite. Proclamat et délivrance des travaux.

C. 2696. (Liasse.) — 10 pièces, papier.

1596-1685. — Hurigny. Châtellenie. Contrat d'aliénation par les commissaires du Roi à M. de Pradines-Sirot (1596). — Revente à M. d'Hurigny, écuyer (1624). — Déclarations fournies par M. de Lamartine, seigneur engagiste (1685).

C. 2697. (Liasse.) — 22 pièces, papier.

1596-1780. — Montbellet, Prissé, Vériset, Saint-André-le-Désert. Châtellenies. Aliénation de la châtellenie de Vériset faite par les commissaires du Roi à J. de Chandon, premier président de la Cour des aides, à Paris (1596); — de celle de Prissé, à Guyot-Fournier, de Mâcon (1687). — Déclaration de ces deux seigneuries fournie par l'évêque de Mâcon, seigneur engagiste (1687). — Déclaration de la seigneurie de Saint-André-le-Désert, produite par Mme Antoinette de Rabutin, dame de Champier (1685). — Ordonnance de l'Intendant qui condamne les habitants de Montbellet au paiement des arrérages d'une redevance en cire, due au Domaine (1694). — Autre relative au pontenage dudit lieu (1695).

C. 2698. (Liasse.) — 40 pièces, papier; 1 plan.

1023-1756. — Marcigny-les-Nonnains. Seigneurie. Dossier d'une instance en la Chambre du Domaine, entre le prieuré de Marcigny et M. Dupuy, seigneur engagiste de Semur, et encore les fermiers du Domaine, au sujet des droits prétendus par l'engagiste à Marcigny et des prétentions des fermiers sur les habitants des villages considérés par les uns comme dépendant de la Bourgogne, et les autres du Lyonnais. Parmi les titres produits par les parties figurent une donation faite en 1023 au prieuré de Marcigny par Geoffroy, baron de Semur ; — un jugement prononcé en 1218 par les commissaires du Pape, dans un débat entre le prieur et Simon, seigneur de Semur ; — une homologation, en 1290, par le Parlement de Paris, d'une transaction conclue entre le prieur et Jean de Châteauvillain, baron de Semur, au sujet de leurs droits respectifs ; — autre en 1323, d'un traité de même nature entre le prieur et Guichard de Beaujeu, baron de Semur ; — des enquêtes faites en 1502, par les commissaires du Roi, sur les limites des duchés de Bourgogne et de Bourbonnais, etc. — Concession de l'emplacement du château de Marcigny à M. Dupuy, seigneur engagiste de Semur. — Déclaration fournie par le même de la propriété de l'île Saint-Louis, sur la Loire. — Poursuites contre des particuliers détenteurs de terrains, provenant des anciennes fortifications.

C. 2699. (Liasse.) — 48 pièces, papier; 3 pièces, parchemin; 2 plans.

1510-1783. — Saint-Gengoux-le-Royal. Châtellenie. Procès-verbal de mise en possession, par le Bureau des Finances, de la châtellenie acquise par M. Perrin de Cypierre (1772). — Procès-verbal de la visite des terrains dépendant des fortifications de la ville cédés au sieur Baudement (1773). — Autre d'arpentage des fossés de la ville (1773), Plan annexé. — Dossier de l'instance portée devant la Chambre du Domaine entre M. Perrin de Cypierre, seigneur engagiste de Saint-Gengoux et M. Viard, représentant des anciens seigneurs, au sujet de la restitution des titres du Domaine (1772).

C. 2700. (Liasse.) — 6 pièces, papier.

1538-1581. — Saint-Gengoux-le-Royal. Châtellenie. Aliénation de la seigneurie de Burnand faite par les commissaires du Roi à Philibert Cajot, écuyer (1538). — Requête des habitants de Burnand qui offrent de payer au Roi la somme à laquelle a été évaluée la justice du lieu, afin de ne point être distraits du ressort de la châtellenie (1570). — Injonction du Bureau des Finances au receveur du Domaine de Mâcon, de recevoir en compte la somme imposée aux habitants pour le rachat de la seigneurie et sa réunion au Domaine (1581).

C. 2701. (Liasse.) — 26 pièces, papier; 8 pièces, parchemin; 1 plan.

1481-1787. — Salornay-sur-Guye. Prévôté. Acquisition de terres et prés à Salornay, par Édouard de la Madeleine, seigneur de Banchet (1481). — Autres faites par les consorts Dormy (1535). — Reconnaissances fournies par les consorts de Naulain (1609). — Acquisition du Domaine des Dormy, par Gérard de la Madeleine-Ragny, bailli d'Auxois. — Procès-verbal de prise de possession du domaine de la Prévôté par B. M. Lacoste du Puy, engagiste (1731). — Autre du dépôt et de la remise des titres par les anciens engagistes (1778).

C. 2702. (Liasse.) — 39 pièces, papier; 3 pièces, parchemin.

1543-1790. — Bois et Forêts. Affaires générales. Édit du roi François Ier pour le recouvrement des amendes prononcées par le grand maître des Eaux et forêts de Bourgogne (1543). — Extraits des rôles des taxes de confirmations des droits d'usage dans les bois du Roi (1585). — État des ventes de bois, faites pour le paiement des gages des officiers du Parlement (1574). — Procès-verbal d'assiette des coupes dans les bois du Roi, dressé par Guy Blondeau et G. Pouffier, maîtres enquêteurs et général-réformateurs des Eaux et Forêts de France (1603-1631-1633). — Arrêt du Conseil d'État qui réduit de 400 à 200 le nombre des arpents des coupes ordinaires en Bourgogne (1634). — Arrêt du Conseil d'État qui enjoint aux gens de mainmorte, communautés ecclésiastiques et d'habitants, de faire procéder à l'arpentage et au bornage de leurs bois et d'en déposer les procès-verbaux et plans aux greffes des maîtrises (1681). — État des gardes des bois du Roi dans la province de Bourgogne (1786).

C. 2703. (Registre.) — In-folio, 325 feuillets, papier.

1583. — Bois et Forêts. — Procès-verbal de la réformation des Eaux et Forêts du bailliage de Chaumont-en-Bassigny et duché de Bourgogne fait par Guillaume Fournier, seigneur de Roussay, grand maître des Eaux et forêts de France, Mathieu de Longueil, conseiller au Parlement de Paris, et François Maillard, trésorier de France et général des finances en Bourgogne, commissaires délégués du Roi pour mettre fin aux abus et malversations commis depuis plus de trente ans dans les forêts du Roi et des ecclésiastiques. — Fol. 120. Visite de la forêt de Châtillon. — Fol. 187. Id. de celle d'Argilly. — Fol. 372. Id. de celle de la châtellenie d'Autun. — Fol. 424. Id. de celles de la châtellenie de Saint-Germain-de-Modéon. — Fol. 463. Id. des bois de la seigneurie de Gilly. — Fol. 597. Id. de ceux de la châtellenie de Talant, etc.

C. 2703 bis. (Cahier.) — In-f°, 6 feuillets, papier.

1609. — « État sommaire des deniers des amandes, intérests, confiscations adjugés par Bernard Prudhomme, grand maître enquêteur, grand gruyer, louvetier et général-réformateur des eaux et forêts en Bourgogne et Bresse. » — Folio 3. Amende de 132 livres encourue par les charretiers de Soulangy.

C. 2704. (Liasse.) — 1 pièce, parchemin; 85 pièces, papier; 7 plans.

1571-1786. — Bois. Châtellenie d'Argilly. Procès-verbaux de ventes de coupes par-devant Guillaume Choillot, lieutenant particulier en la justice des Eaux et forêts du bailliage, Gabriel Richard, maître particulier, Claude Rousselet, Germain Leclerc, Guill. Pouffier, François Soyrot et Guillaume Berthault, grands maîtres des Eaux et forêts (1571-1047). — État au vrai du prix de ces coupes. — Taxe des vacations d'officiers auxquelles elles ont donné lieu. — Mandement pour une coupe de 300 arpents de bois blanc (1572). — Ordonnance du Bureau des Finances pour réprimer les abus commis par les usagers (1599). — Proclamats pour la vente des coupes. — Plans visuels des coupes. — Demande par le sieur Derassy de la concession de bois, entre Bragny et Écuelles, avec faculté de défricher (1786). — Décisions prises par le Bureau des finances et l'administration des forêts, au sujet des droits d'usages prétendus par les seigneurs de la Chaume, d'Auvillars, de Quincey, de Ruffey, d'Agencourt, des Varennes, de la Chocelle, de la Outre, de Gerland ; les abbayes de Cîteaux et de Lieu-Dieu, l'hôpital, les Chartreux et les Cordeliers de Beaune, les Chartreux de Dijon, les communes de Nuits, Bragny, Écuelles, Villy-le-Moutier, Corberon, Auvillars, Longvay, etc. (1667).

C. 2705. (Liasse.) — 66 pièces, papier; 6 plans.

1543-1787. — Bois. Châtellenies de Brazey et Saint-Jean-de-Losne, Pontailler et Rouvres. Arrêt du Conseil d'État qui maintient les habitants de Saint-Usage dans le droit de pâturage du bois Langonge (1543). — Avis des commissaires du Roi pour la réformation des usages accordés à certaines communautés dans les bois de la châtellenie de Pontailler (1562). — États particuliers des ventes de coupes de bois de celles de Rouvres et Brazey. — Procès-verbaux de ventes de ces coupes et de celles de Pontailler par les maîtres particuliers et grands maîtres des Eaux et forêts (1571-1656). — Décisions du Bureau des Finances et de l'administration des forêts, au sujet des droits d'usage prétendus par les habitants de Barges, de Saulon-la-Rue, Échigey, Brazey, Saint-Usage, Perrigny-sur-l'Ognon, Maxilly, Pontailler, Cléry, Heuilley etc. dans les bois du Roi (1667). — Demande formée par le grammairien Bauchetet, à Dijon, de l'accensement d'un terrain vague dépendant du bois des Idées, à Maxilly (1781). — Dossier relatif à l'accensement de la forêt de Langonge, sur Saint-Jean-de-Losne (1787). — Plans visuels des bois de ces châtellenies et des coupes.

C. 2706. (Liasse.) — 1 pièce, parchemin; 67 pièces, papier; 7 plans.

1561-1763. — Bois. Châtellenies de Saulx-le-Duc, Talant et Vergy. Extraits du procès-verbal de chevauchée du Trésorier de France, Peyrat, pour la réformation des usages dans les bois de ces châtellenies (1561). — États particuliers des ventes de coupes de bois, dressés par les officiers du Bureau des Finances. — Don de 3,000 livres sur le produit de ces coupes, fait par le roi Henri III au sieur de Beaumont (1577). — Procès-verbaux d'adjudication de ces coupes tantôt par le maître particulier de la maîtrise de Dijon, tantôt par le grand maître. Une coupe de 40 arpents de taillis dans la forêt de Mantaux-les-Vergy est payée 115 sols l'arpent. — 150 arpents de taillis dans les bois de Poiseuil-les-Saulx au prix de 3 livres l'arpent (1572-1652). — Décisions du Bureau des Finances et de l'administration des Eaux et forêts, concernant les usages prétendus par les communes de Talant, Chaux, Bruant, Détain, Collonges, Reulle, Saulx, Poiseuil, Vernot, Diénay, Is-sur-Tille, Saussy, Tarsul, Courtivron, Luxerois, Villecomte, ainsi que plusieurs seigneurs et communautés religieuses, dans les bois du Roi (1667). — Arrêt du Conseil d'État contenant règlement des coupes des bois de la châtellenie de Saulx-le-Duc (1763). — Plans figurés des bois de ces châtellenies.

C. 2707. (Liasse.) — 2 pièces, parchemin; 22 pièces, papier.

1580-1790. — Bois. Autunois. Procès-verbaux de délivrance des coupes de bois dans les forêts domaniales, par le maître particulier de la maîtrise et les grands maîtres. — En 1580, une coupe de 500 arpents dans la forêt de Faulin, est payée 2791 écus. — En 1648, la coupe de 28 arpents du même bois est payé 15 livres l'arpent. — Arrêt du Conseil d'État qui renvoie au bailliage d'Autun la connaissance souveraine du procès intenté par la maîtrise des Eaux et forêts d'Autun, à trois habitants du hameau des Mitays, pour dégradations commises dans la forêt de Faulin (1681).

C. 2708. (Liasse.) — 32 pièces, papier.

1565-1651. — Bois. Auxerrois. Enquête ordonnée par le Bureau des Finances, au sujet de la demande du sieur des Essarts, en concession de 500 journaux de bois et broussailles près la forêt du Bar (1565). — Procès-verbal d'arpentage des bois du bailliage (1571). — Procès-verbaux de ventes de coupes ordinaires et extraordinaires des bois domaniaux dressés par J. Simonnet, contrôleur du Domaine, J. Foucher, Claude Charles, seigneur de Vincelottes, lieutenant en la gruerie d'Auxerre, Edme Leclerc, Claude Leclerc, Jean Leclerc, maîtres particuliers en la maîtrise des Eaux et forêts d'Auxerre. — En 1573, une coupe de bois de haute futaie de la forêt d'Hervaux est vendue 26 livres l'arpent. — En 1623, celle de 100 arpents de taillis aux bois de Ferry près Coulanges-la-Vineuse et Attrapin est vendue 14 livres 5 sols l'arpent. — En 1632, l'arpent du même bois est délivré pour 10 livres. En 1642, pour 8 livres (1573-1612).

C. 2709. (Liasse.) — 9 pièces, papier; 1 plan.

1588-1785. — Bois. Auxois. Procès-verbaux dressés par P. Duneau, J. Cœur-de-Roy, maîtres particuliers des Eaux et forêts du bailliage, Christophe Bertheault et F. Soyrot, grands maîtres enquêteurs des Eaux et forêts au département de Bourgogne, de la vente des coupes de bois du bailliage. L'arpent de la coupe de la forêt de Saint-Léger-de-Foucheret est vendu 4 écus deux tiers. — En 1633, celui de la coupe de la forêt de Veausse est vendu 4 livres 15 sols. — États particuliers de ces ventes. — Plans des coupes des bois de Salmaise et Chatel-Gérard (1783).

C. 2710. (Liasse.) — 76 pièces, papier.

1557-1777. — Bois. Chalonnais et Charolais. États particuliers du produit des ventes de coupes, dressés par le Bureau des finances. — Procès-verbaux de vente de ces coupes faits en présence de Pierre d'Hoges, maître particulier des Eaux et forêts du bailliage, P. Legouz, trésorier de France, Claude Rousselet, Guillaume Pouffier et J. J. Lebelin, grands maîtres des Eaux et forêts en Bourgogne. En 1592, l'arpent de la forêt du Four, prévôté de Buxy, est vendu 2 écus. — En

1618, 20 arpents de celle de Marloux sont adjugés au prix de 193 livres 13 sols. En 1631, 52 arpents de bois de moyenne futaie de la forêt de Saunières, sont vendus 10 livres l'arpent. En 1631, 100 arpents de bois raftaux, situés dans la plaine du Péage, sont vendus 40 livres l'arpent.

C. 2711. (Liasse.) — 8 pièces papier; 1 pièce, parchemin.

1561-1783. — Bois. Châtillonnais. — Confirmation par les commissaires du Roi, du droit de l'abbaye d'Oigny de prendre du bois dans la forêt de Bransle, châtellenie d'Aignay, pour le chauffage du four d'Étalante (1561). — Procès-verbal de délivrance par F. Regnier, lieutenant en la grurie de Bourgogne, de la coupe de 55 arpents dans la forêt de Nod, châtellenie d'Aisey, moyennant 22 tournois l'arpent. — En 1625, la coupe d'un restant de futaies des petits bois d'Aisey, est vendue 20 livres l'arpent. En 1642, celle de 128 arpents de la forêt de Bransle est vendue 30 livres l'arpent.

C. 2712. (Liasse.) — 91 pièces, papier; 2 pièces, parchemin,

1561-1786. — Bois. Châtillonnais. Villiers-le-Duc. Confirmation par les commissaires du Roi, des droits d'usage des religieux du Val-des-Choux, de la Chartreuse de Lugny, des habitants de Maisey, Villotte et dans la forêt de Villiers (1561). — Procès-verbal de ventes de coupes de bois, ordinaires et extraordinaires de la dite forêt, faites par F. Regnier, Benjamin Jamin, Nicolas de Ganay, lieutenants généraux en la grurie; — Philibert Esprit, Jacques Panponne, maîtres particuliers de la maîtrise de Châtillon, Bernard Preudhomme, Claude Rousselot, François Soyrot, J.-J. Lebelin, Guillaume Pouffier et Germain Leclerc, grands maîtres des Eaux et forêts au département de Bourgogne. — En 1572, 80 arpents de taillis du bois du Servy sont vendus au prix de 14 livres l'un. — En 1593, on le vend 3 écus. — En 1621, le taillis de 101 arpents de la « Moccue » est vendu 13 livres l'arpent. — En 1632, le taillis de 65 arpents de Pierre Leau est vendu 27 livres l'arpent. — En 1648, la coupe de 50 arpents de haute futaie, bois blanc, est délivrée à raison de 40 livres l'arpent. — États des ventes dressés par le Bureau des finances. — Procès-verbal de récollement des bois délivrés à M. Gaillard dans les contrées de Pierre Leau et Baudot.

C. 2713. (Liasse.) — 6 pièces, papier.

1697-1769. — Anoblissements, naturalisations. Arrêt du Conseil d'Etat qui ordonne l'enregistrement des armoiries des personnes, maisons et familles, domaines, villes, provinces, corps, compagnies et communautés, qui n'ont point encore été soumises à cette formalité (1697). — Lettres de « naturalité » obtenues par Bitter Kaum, tailleur à Dijon (1752), Henri Deroy, liégeois établi à Chalon-sur-Saône 1761). — Lettres d'anoblissement accordées à Charles-Robert Cromot, d'Avallon, pour ses services militaires (1761); Louis-Gaspard Fabry, subdélégué de l'Intendant à Gex (1767); les frères Shéridan, irlandais, officiers attachés au service de la France (1766).

C. 3714. (Liasse.) — 2 pièces, parchemin ; 168, pièces, papier.

1559-1783. — Confiscations. Commises. Mainmises. Aubains. Bâtards. Gens de mainmorte. Successions en déshérence. — Lettres du roi François II, portant mainlevée à Louis d'Orléans, duc de Longueville, de la saisie des châtellenies de Noyers, Villaines, Salmaise, Montcenis, Château-Chinon, Buxy et Saint-Gengoux (1559). — Procès-verbal dressé par le lieutenant général du bailliage de Beaune, de la réunion au Domaine des biens des Réformés (1585). — Ordonnances du roi Henri III (1585), qui prescrit la remise de ces biens entre les mains des receveurs des finances ; — du roi Henri IV (1591) pour la gestion des biens saisis sur les ligueurs et autres rebelles ; — du même qui enjoint de faire porter à l'épargne les deniers des pensions du feu maréchal duc de Biron (1602). — Saisie par commise de la terre de Travoisy sur le seigneur de Montessus, pour défaut de reprise de fief (1640). — Ordonnance de l'Intendant de Bourgogne, portant mainlevée des terres de Coligny-en-Bresse et de Montpont, au profit du prince de Montbéliard (1681). — Procès-verbaux de saisie, d'estimation et de délivrance, jugements de la Chambre du Domaine, relatifs à la saisie des biens de Jacques Ducas, serrurier à Dijon, natif de Chambéry, Jeanne-Marie de Balthazar, décédée à Berne (1757), P. Vincent, savoyard, et Dominique Mathey, mouleur en plâtre, Denis Fraver, allemand, déclarés aubains. — Id. de ceux des mariés Lhéritier, procureur au bailliage de Semur en Brionnais; Claude de Montsaulnin, écuyer et Jeanne de Montsaulnin, sa sœur (1757), J. Reberjet, tourneur à Avallon (1754), François Lavigne de Rosèy (1753), les mariés Moultat, tonnelier à Avallon (1760), Étienne Gaudet, marchand à Alise-Sainte-Reine (1760), confisqués à la suite de sentences criminelles. — Id. des biens des successions de J. Goureau, seigneur de la Colonge, et Guenichon Thevenin, orfèvre à Beaune, J. Goujon, charpentier à Autun, de ceux de Gilbert Dupuy, procureur syndic de la ville de Flavigny, et J. Germain, reconnus bâtards.

C. 2715. (Plan.) — 6 pièces, papier; 4 pièces, parchemin.

1426-1769. — Foires. Sommaires des lettres patentes de Philippe-le-Bon, duc de Bourgogne, qui accordent trois foires au bourg de la Motte-Saint-Jean (1426) et une à celui de Sombernon (1454); — du roi Charles VIII autorisant Guillaume Rollin, seigneur de Savoisy, à ouvrir un marché au dit lieu (1483). — Enquête dressée par Claude de Tournay, trésorier de France, sur les avantages de l'établissement projeté par le roi Henri IV d'une foire franche à Versoy (1610). — Lettres patentes de Louis XV pour l'érection de huit nouvelles foires à Tournus (1763).

C. 2716. (Liasse.) — 131 pièces papier.

1197-1786. — Péages. Rève. Hauts passages. Traverses. Traite foraine. — Dijon. Ordonnance du Bureau des finances pour le paiement au commandeur de la Madeleine des droits qui lui appartiennent sur le péage (1604). — Délivrance par l'Intendant de Bourgogne de la ferme du péage, pour 3 ans, moyennant 611 livres (1684). — Production par le chapitre de la Sainte-Chapelle de Dijon, de la copie de ses titres sur le péage : donation par le duc Eudes III, de 600 sols de rente sur les revenus de ce péage (1197). — Testament de J. Obelet, dit de Bèze, qui lègue à ce chapitre, ce qui lui appartient sur les péages de Dijon, de Fleurey et de Rouvres (1339). — Confirmation par le roi François Ier des droits du chapitre sur le péage de Dijon (1538). — Arrêts du Conseil d'État portant défense à ce chapitre, aux abbayes de Cîteaux, de Pontigny, à la commanderie de la Madeleine, et à M. Leclerc de Buffon, de percevoir des droits de péage aux portes de la ville (1780). — Arc-en-Barrois. Tarif du péage appartenant au duc de Penthièvre (1773). — Artais-sur-Loire. Production devant l'Intendant de Bourgogne des titres du droit par Mme de Langeron (1704). — Auxonne. Lettres patentes du roi Henri III, qui accordent aux habitants la moitié des revenus du péage de cette ville (1579). — Chambon-sur-Loire. Tarif du péage. — Charolais. Extrait du terrier du comté, contenant la déclaration des limites des péages (1688). — Production des titres de ces péages, fournie devant l'Intendant par S. A. S. le comte de Charolais, seigneur engagiste (1762). — Chastellux. Enquête ordonnée par le roi Charles IX, sur la demande formée par le baron de Chastellux, de construire un pont au dit lieu et d'établir un péage pour son entretien (1574). — Grolée. Ordonnance de l'Intendant touchant la perception des nouveaux sous pour livre des droits de péage (1771). — Mâcon. Aliénation par les commissaires du Roi de 60 livres de rente sur le péage, faite au sieur Burnet (1587). — Déclaration des revenus du péage, fournie par Louis de Lorraine, comte d'Armagnac, engagiste (1604). — Lettres d'exécution de l'arrêt du Conseil du 13 octobre 1673, qui remet en vigueur la pancarte du tarif du péage, ordonnée en 1280. — Pontailler. La Roche-en-Brenil. Déclarations du péage. — Saint-Jean-de-Losne. Arrêt du Conseil d'État qui accorde à Mme de Vaugrenant, dame engagiste, des droits d'octroi sur la *rivière de Saône* (1596). — Avis au Roi par le Bureau, sur une demande de droits semblables, fournie par l'abbaye de Cîteaux (1599). — Aliénation des 3/4 du péage, faite par les commissaires du

Roi à M. Pérard, conseiller maître des Comptes à Dijon (1620). — Autre à M. Jacquot, seigneur de Gevrey (1624).

C. 2717. (Liasse.) — 56 pièces, papier.

1560-1686. — Rève. Hauts passages. Traite foraine. — *Commission du Bureau des finances pour assurer la perception des droits de « rève », c'est-à-dire de 4 deniers pour livre de toute marchandise transportée sur la Saône* (1560). — *Autre semblable touchant la perception de ces 4 deniers et 2 sols par queue de vin (droits de transports, hauts passages et traite foraine) sur les denrées et marchandises transportées hors du royaume* (1557). — *Ordonnances du Bureau concernant les demandes en dégrèvement des fermiers.* — *Proclamats pour le fermage des droits de rève et hauts-passages* (1578). — *Commission du garde des trois chemins des hauts passages établis à Châtillon* (1583). — *Lettres patentes du roi Henri III pour la perception des droits levés sur les marchandises amenées dans le duché de Bourgogne* (1583). — *Autres du roi Henri IV, qui prescrivent le rétablissement en Bourgogne des droits de rève, transport, hauts passages et traite foraine* (1595). — *Autres du même, rendues ensuite de l'Assemblée des notables à Rouen, pour l'établissement de nouveaux droits d'entrée sur toutes marchandises entrant ou sortant du royaume* (1597). — *Mandement du Bureau des finances pour le paiement des 300 livres de rente sur la rève de Mâcon, due à Claude de Vergy, gouverneur de la comté de Bourgogne* (1603). — *Arrêt du Conseil d'État, portant délivrance à Gaspard Cornéglia, de la ferme de la Traverse, et demi pour cent dans les pays de Bresse* (1605). — *Aliénation des droits de rève et hauts passages, dans les bailliages de Dijon et Châtillon, faite par les commissaires du Roi à H. Picardet, procureur général au Parlement de Bourgogne* (1625).

C. 2718. (Liasse.) — 17 pièces, papier.

1777-1783. — Canal de Bourgogne. Arrêt du Conseil d'État contenant l'imposition de *800,000 livres pour les travaux des canaux de Picardie, de Bourgogne et la navigation de la Charente* (1777). — Ordonnance du Bureau des finances de Paris concernant la police et la conservation des travaux pour la construction du canal de Bourgogne (1779). — Arrêt du Conseil d'État qui approuve les plans et devis du canal à établir entre Dijon et Saint-Jean-de-Losne, et cède sans indemnité aux États de la province les terrains du Domaine, qui seront occupés par ce canal (1781). — Édits du roi Louis XVI qui érigent en plein fief avec toute justice en faveur de ces États, les canaux du Charolais, de Bourgogne et de Franche-Comté, ce dernier pour la partie comprise dans les limites du duché (1783).

CÔTE-D'OR. — SÉRIE C. — TOME II.

C. 2719. (Liasse.) — 24 pièces, papier.

1215-1787. — Clergé et hôpitaux. Donation de la terre de Dialos, près Fouvent, faite aux religieux de l'hôpital du Saint-Esprit de Dijon, par Girard, seigneur d'Achey, chevalier (1215). Débornement de cette terre (1716). — Confirmations des privilèges du chapitre de la Sainte-Chapelle de Dijon, par les papes Célestin V (1294) et Boniface VIII (1298). — Déclaration des biens des cures de Sessier, Souvernier et Grillier au pays de Gex (1539). — Testament de J. Humbelot, bourgeois de Beaune, seigneur de la Borde-au-Bureau, en faveur de l'Hôtel-Dieu de cette ville (1600). — Avis du Bureau des finances sur une demande de secours faite au Roi par les religieux de l'abbaye d'Oigny, pour la réparation de leur église (1606). — Confirmation des privilèges des chartreux de Dijon par le roi Louis XIV (1645). — Lettres d'amortissement obtenues par les mêmes pour leurs acquisitions à Lantenay et autres lieux (1653). — Ordonnance de l'Intendant de Bourgogne, qui maintient la chartreuse de Pierre Chatel en possession de plusieurs îles et îlots du Rhône (1653). — Contrat d'acquisition de la seigneurie de Riel-les-Eaux par l'abbaye de Clairvaux (1657). — Avis donné au Roi par l'Intendant de Bourgogne, touchant une demande des Réformés du bailliage de Châlon, d'établir un second temple à Perrigny outre Saône (1668). — Dénombrement de la seigneurie de Champmoron-les-Dijon, fourni par les chartreux de cette ville (1686). — Autre des biens d'origine domaniale, produite par le chapitre de la Sainte-Chapelle, en possession de ces biens (1686). — Bulle du pape Clément XII et lettres patentes de Louis XV, portant érection d'un évêché à Dijon (1731). — Procès-verbal du dépôt du terrier de l'abbaye de Maizières au Bureau des finances (1778). — Procès-verbal de reconnaissance du Domaine de Châtenoy, appartenant à l'hôpital de Châlon (1787).

C. 2720. (Registre.) — In-folio, 67 feuillets, papier.

1583-1584. — Clergé (suite). Chapitre Saint-Lazare d'Autun. Compte premier de la greneterie, rendu par Philibert Hilaire, bénéficier. — Fol. 1. Recette de 2 setiers de froment, provenant des dîmes d'Auxy; — Fol. 7. de 14 boisseaux et demi, dus par les hommes des bois de Branges pour la concession du bois de Chassalgne; — Fol. 12. des carteranches de bled dues par les détenteurs de la terre de Saisy acquise de N. Rolin, chancelier de Bourgogne, en récompense de la maison de G. Chomton « ou est de présent édifié le chœur de l'église collégiale N.-D. d'Ostun »; — Fol. 18. de 2 setiers et 2 boisseaux de froment dus par le fermier du four banal et métairie de Sussey; — Fol. 25. de 9 setiers de seigle dus par le curé d'Etang, sur les fruits de sa cure; — Fol. 62. de 275 livres pour l'amodiation de la terre de Fontangy ; — Fol. 69. Achat moyennant 5 francs, de 2 cribles pour le froment. — Un demi cent de glu de paille pour « coucher » le pain de l'aumône est payé 41 sous 3 deniers. — En tête du compte figure le tableau de la conversion à la mesure en grains d'Autun, de celles de Chagny, Arnay-le-Duc, Bligny-sur-Ouche, Beaune, Chateauneuf, Ouroux, Mont-Saint-Jean, La Motte-Thoisy, Précy sur-Thil, Liernais, Pouilly-en-Auxois, Sanvignes, Nolay, Couches, Dijon, Uchon, Montcenis et de Saint-Loys.

C. 2721. (Liasse.) — 31 pièces, papier.

1688-1788. — Féodalité, édits, déclarations, arrêts du Conseil. Arrêt du Conseil d'État qui prescrit aux fermiers du Domaine de verser dans les dépôts publics, les titres qui leur ont été remis aussi bien par les dépositaires que par les familles (1688). — Édit du roi Louis XIV portant règlement général pour les duchés et pairies (1711). — Arrêt du Conseil d'État, touchant le mode de représentation au Bureau des finances des actes de foi et hommage (1740). — Ordonnance du Bureau des finances, fixant un délai d'un mois pour l'enregistrement de toutes lettres de don, naturalité, etc. (1749). — Arrêt du Conseil d'État portant révocation des privilèges d'exemption des droits dans les terres de la mouvance du Roi (1771). — Autre qui maintient le Bureau des finances en possession du droit de connaître de la saisie féodale des terres de Crusy, Laignes et Griselles, poursuivie à l'encontre du marquis de Courtanvaux (1770). — Arrêt du Parlement de Paris, portant que la vente d'un immeuble avec réserve d'usufruit, donne ouverture aux droits seigneuriaux (1783).

C. 2722. (Registre.) — In-folio, 249 feuillets, papier.

1780 (?). — Féodalité (suite). Table générale et par ordre alphabétique, suivant les bailliages, des terres et fiefs du duché de Bourgogne, des pays de Bresse, Bugey, Valromey et Gex, des comtés d'Auxerrois, de Mâconnais, de Charolais et de Bar-sur-Seine, qui sont dans la mouvance du Roi, communiquée au Bureau des finances par le procureur général de la Chambre des Comptes.

C. 2723. (Registre.) — In-folio, 259 feuillets, papier.

1732-1785. — Table générale et par ordre alphabétique des terres et fiefs de la généralité de Dijon. Cette table est divisée en huit colonnes, contenant le nom du bailliage, celui des villages et hameaux, le nom du fief, des seigneurs, la date des reprises de fief, des dénombrements, des ensaisinements et les observations.

C. 2724. (Registre.) — In-folio, 189 feuillets, papier.

1738-1767. — Féodalité. Copie des requêtes présentées à

la Chambre des Comptes de Dijon et communiquées aux receveurs généraux du Domaine de la généralité à l'occasion des reprises de fief des terres et seigneuries relevant du Roi dans cette généralité. — Fol. 1. Reprises de fief de la Cailleterre, paroisse de la Vineuse en Mâconnais, par P. Salomon Des Bois, grand bailli de Mâcon (1738); — Fol. 10. de la seigneurie de Santenay au bailliage de Beaune, par Philibert Parigot, écuyer (1739); — Fol. 25. de la terre et baronnie de Longepierre au bailliage de Chalon, par Catherine Sitter, veuve de Henri d'Anthès, écuyer (1744); — Fol. 58. du fief de l'Arbre-Verd, en Auxerrois, par J. L. Germain Martineau, seigneur de Soleyne (1751); — Fol. 75. du comté de Beirens en Dombes, par J. F. Noyel de Sermesy, président de la Cour des monnaies et sénéchaussée de Lyon (1756); — Fol. 100. de la seigneurie de La Motte-sur-Deheune, par A.-F.-Henry de Rochemont, seigneur de la Platrière (1762); — Fol. 125. des terres et seigneuries de Crécey-sur-Tille, Foncegrive, de Chevannay-en-Chaudenay, par Antoine-René de Voyer de Paulmy d'Argenson, conseiller maitre des requêtes de l'hôtel du Roi, comme mari de Suzanne Fyot de la Marche (1766); — Fol. 138. du comté de Commarin au Dijonnais, par Marie-Judith de Vienne, veuve de Joseph-François Damas, marquis d'Antigny (1767).

C. 2725. (Registre.) — In-folio, 141 feuillets, papier.

1767-1777. — Suite du précédent. — Fol. 1. Reprises de fief de la seigneurie de Brognon, par D.-J. de Barberie, conseiller d'État, comme mari de Madeleine Fyot de la Marche (1767); — Fol. 20. de la seigneurie de Taisey, Hecle et Cortelin en Chalonnais, par la veuve et les héritiers de Claude Burgat, écuyer (1768); — Fol. 40. de la baronnie de Sillans en Bugey, par Melchior-Antholme du Passerat (1769); — Fol. 60. de la seigneurie de Châtel-Moron en Autunois, par Louis Morel de Corberon, président honoraire à la Chambre des comptes de Dijon (1772); — Fol. 80. de la seigneurie d'Étais en Auxois, par A. J. de Saint-Belin (1775); — Fol. 100. de celle de Fontenaille, Oudry et Augé en Auxerrois, et de celle de Genelard en Autunois, par F. G. Mayneaud de Colange, maréchal des camps et armées du Roi (1777).

C. 2726. (Registre.) — In-folio, 38 feuillets, papier.

1767-1789. — Féodalité. Sommier des requêtes et réponses en aveux et dénombrement, enregistrés au Bureau du Domaine. — Fol. 1. Aveu et dénombrement de Prangey au Châtillonnais, par Philibert-Charles de Pietrequin (1777); — Fol. 5. de la seigneurie de Dompierre d'Audour en Mâconnais, par Mathieu-Claude de Damas d'Audour (1785); — Fol. 10. de celle de Montaugé en Autunois, par Étienne-J.-B. de la Goutte, conseiller au Parlement de Dijon (1786);— Fol. 15. de celle de Saint-Gervais au bailliage de Montcenis, par Étiennette d'Estang, veuve de J.-B. de Boiveau (1786); — Fol. 22. de celle de Posanges en Auxois, par le couvent des Ursulines de Vitteaux (1786); — Fol. 37. du fief de la Outre au bailliage de Nuits, par Léon Trouvé, avocat, président au grenier à sel de Mirebeau (1788).

C. 2727. (Registre.) — In-folio, 206 feuillets, papier.

1778-1786. — Féodalité. Sommier des requêtes et réponses en reprises de fief et dénombrements, enregistrées au bureau du Domaine. — Fol. 1. Reprise de fief de la seigneurie de Loches au bailliage de Bar-sur-Seine, par E.-F. Duret de Villers, veuve d'E.-Ch. Le Bascle, comte d'Argenteuil (1778); — Fol. 25. de celle de Jully et Villenotte en Auxois, par Cl.-Josèphe Baillyat, veuve de F. Guillot, conseiller correcteur à la Chambre des comptes de Dole (1779). — Fol. 50. Aveu et dénombrement de la terre de Condé et du grand Baloste en Chalonnais, donné par Charles-Joseph d'Escorailles (1780). — Fol. 75. Reprise de fief de celle de Saint-François, bailliage d'Auxonne, par Maurice Gouget-Deslandes, substitut du procureur général au Parlement de Dijon (1782). — Fol. 101. Dénombrements des murs et fortifications de la ville de Seurre, du bois du Deffoy et d'un droit de lods, présenté par Jacques Bataille de Francés, marquis de Seurre, en adjonction au dénombrement de cette seigneurie (1783); — Fol.125. de la seigneurie de Montaugé, paroisse de Saint-Léger-sous-Beuvray en Autunois, par Andoche Richard d'Escrots, écuyer (1784). — Fol. 150. Reprise de fief de celle de Moroges au bailliage de Chalon, par F. Perrault de Montrevost, veuve de M. de Thésut, en qualité de tutrice de Henri-Philibert de Thésut, leur fils (1785). — Fol. 175. Dénombrement de celle de Brèche, paroisse de Saint-Symphorien-les-Charolles, par Louis Deschamps de la Villeneuve (1785). — Fol. 207. Reprise de fief de celle de Meilly, Maconge et Rouvres en Auxois, par J.-V. Micault, président au Parlement de Dijon (1787).

C. 2728. (Registre.) — In-folio, 38 feuillets, papier.

1787-1789. — Suite du sommier précédent. — Fol. 10. Reprises de fief de la seigneurie de Sassenay, bailliage de Chalon, de celles de Beire et de la Chaume au bailliage de Dijon, par Cl.-H.-Ét. Bernard de Sassenay, capitaine au régiment des dragons de Condé (1787); — Fol. 12. de celle du Jeu en Autunois, par Joseph Mollerat, écuyer, contrôleur provincial des guerres (1787); — Fol. 16. de celle de Frontenard en Chalonnais, par les enfants et héritiers de François de Truchis (1787); — Fol. 20. du de Terrenay sur Premeaux, bailliage de Nuits, par F.-Él.-A. marquis de Jacquot d'Andelarre (1787); — Fol. 25. de la seigneurie de Rozey et Bissy-sous-Cruchault, au Chalonnais, par B.-B. Cottin, fondé de pouvoir des héritiers du seigneur de Loisey (1788).

C. 2729. (Registre.) — In-folio, 152 feuillets, papier.

1759. — Féodalité. Sommier des fiefs et biens nobles situés dans l'arrondissement du Bureau du Domaine de Dijon. Les fiefs y sont classés par ordre alphabétique de noms de lieu. Chaque article renferme la mention de la paroisse d'où dépend le fief, de sa distance, du bureau de contrôle, le nom des routes et des rivières, celui du seigneur, la date de son acte de possession, la nature du fief, le bailliage et la coutume dont il dépend, la juridiction, son ressort, le nom du curé, le nombre des habitants, celui des notaires royaux ou seigneuriaux, celui des officiers de justice, enfin la nature des biens fonds et leur valeur par journal.

C. 2730. (Cahier.) — Petit in-folio, 313 feuillets, papier.

1738-1782. — Féodalité. Sommier des reprises de fief enregistrées au Bureau du Domaine. — Fol. 1. Bailliage de Dijon : Reprises de fief de la seigneurie de Drambon, par Barthélemy Joly (1738); — Fol. 20. de celle de Saint-Seine-la-Tour, par M. B. Legouz, président au Parlement de Dijon (1747); — d'une portion de la seigneurie de l'Éminage de Dijon, par le monastère des Ursulines de cette ville; — Fol. 80. de la seigneurie de Beaumont-sur-Vingeanne et dépendances, par Charles-François Casimir de Saulx, comte de Tavanes, brigadier des armées du Roi (1769); — de celle de Couchey, ancienne baronnie, par Bénigne-Charles Fevret de Saint-Mesmin. — Fol. 108. Bailliage de Beaune. — Fol. 112. Reprises de fief de la terre de Lusigny, par Lazare-Guillaume de Ganay (1756); — Fol. 125. de la seigneurie de Mercey, par F. de Truchis, seigneur de Couches (1747); — Fol. 140. de celle de Bouze, par H.-C. Bataille de Mandelot, page du Roi (1759); — Fol. 150. de celle de Puligny et Mipont, par Cl.-D.-M. Rigoley, premier président de la Chambre des comptes de Dijon (1766); — Fol. 170. de la seigneurie d'Ivry et La Canche, par J.-B. Richard, marquis d'Ivry (1778). — Fol. 227. Bailliage de Nuits. Reprises de fief de la seigneurie de Broir, par Albert de Quessede Vallecourt de Marsilly (1738); — Fol. 236. de celle de Bragny-sur-Saône, par Amé-Louis de Thiard, marquis de Bissy, maréchal de camp (1744); — Fol. 249. de celle de Chazan et Curley, par A.-B. Dubard, auditeur à la Chambre des comptes (1753); — Fol. 266. du comté de Vergy, par Ch.-A. M. de Massol (1767); — Fol. 274. de la seigneurie de Quemigny, Urcy et Montarlot, par Louis-François de la Martine, chevalier de Saint-Louis (1769). — Fol. 290. Bailliage de Saint-Jean-de-Losne. — Fol. 293. Reprise du fief de Palletans, dépendant du marquisat de la Perrière, par Mlle Morelet (1749); — Fol. 293. de la seigneurie de Magny et Aubigny, par Jacques Perreney du Magny, écuyer (1763); — du fief du Mesnil et Igornay, à Brasey, par François Jobard du Mesnil, écuyer (1781).

C. 2731. (Liasse.) — 70 pièces, papier.

1759-1787. — Féodalité. Extraits du sommier des fiefs du Dijonnais (C. 2729), à l'usage des bureaux du Domaine établis à Arc-sur-Tille, Auxonne, Beaune, Bligny-sur-Ouche, Fays-Billot, Fontaine-Française, Gemeaux, Nolay, Nuits et Prangey.

C. 2732. (Liasse.) — 38 pièces, papier.

1693-1781. — Dijon. Fiefs. Sommiers particuliers des fiefs de la sénéchaussée, de la chambrerie de Bourgogne, de l'éminage de Dijon, des marcs de la commune, du personnat de la Sainte-Chapelle, des terres de la Colombière, de Champmol, du Bassin, de Pouilly, etc.

C. 2733. (Liasse.) — 113 feuilles, papier.

1674-1788. — Dijonnais. Fiefs. Sommiers particuliers des fiefs de Agencourt à Avot. Reprises de fiefs et dénombrements des terres et seigneuries d'Agencourt (1767), Aiserey (1787), Antigny, Arcelot, Arcey (1740), Argilly (Mairie) (1766) et Avot (1766). — Lettres d'érection de la terre d'Arcelot en baronnie, en faveur de M. de Guéribout (1674).

C. 2734. (Liasse.) — 45 pièces, papier.

1729-1787. — Dijonnais. Fiefs. Suite des sommiers particuliers aux fiefs de Bagnot à Bellefond. — Reprises de fiefs, aveux et dénombrements de ceux de Bagnot, Bassoncourt, Beaumont-sur-Vingeanne, Beaune (La Motte-Martenet) (1766), et Beire-le-Châtel (1729-1784).

C. 2735. (Liasse.) — 66 pièces, papier.

1681-1784. — Dijonnais. Fiefs. Suite des sommiers particuliers aux fiefs de Belleneuve à Bligny-sur-Ouche. — Reprises de fief, aveux et dénombrements de ceux de Belleneuve et la Motte-d'Ahuy (1768); — Bessey-la-Cour et Chanceley (1747); — Bessey-les-Citeaux (1748); — Bligny-sous-Beaune et Curtil (1732).

C. 2736. (Liasse.) — 66 pièces, papier.

1732-1786. — Dijonnais. Fiefs. Suite des sommiers particuliers aux fiefs de Boncourt à Busserotte. — Reprises de fief, aveux et dénombrements de la terre de Boncourt, La Berchère, Vosne, etc., par Joly de Bévy, président au Parlement. — Décret de cette terre (1739). — Reprises de fief de celles de Bonnencontre; — de Bouilland; — de Boussenois; — de Bouze (dénombrements) (1728); — de Bragny et la Barre (dé-

SÉRIE C. — BUREAU DES FINANCES.

nombrements) (1744-1768); — de Brazey; — de Bretenières; — de Brochon (1767); — de Brognon-Saint-Julien, Bretigny, Clénay, Norges, Ogny et de Broin (1750).

C. 2737. (Liasse.) — 75 pièces, papier.

1728-1781. — Dijonnais. Fiefs. Suite des sommiers particuliers aux fiefs, depuis La Canche à Chevigny-en-Valière. — Reprises de fief, aveux et dénombrements des seigneuries de La Canche; — de Chambœuf et Chasan (1732-1733); — de Chambolle et Morey; — de Charrey; — de Cheilly et Mercey 1728); — de Chenôve.

C. 2738. (Liasse.) — 84 pièces, papier.

1728-1785. — Dijonnais. Fiefs. Suite des sommiers particuliers aux fiefs de Chevigny-Saint-Sauveur à Corgengoux. — Reprises de fief et dénombrements des seigneuries de Cléry; — de Collonges, Bévy, Curtil et Curley; — de Concœur, Corboin, Reulle et Entre-deux-Monts (1717); — de Corberon et Villy-le-Brûlé; — de Corcelles-les-Arts et Masse (1767); — de Corgengoux, Grosbois, Perrucy et Mazerotte (1728).

C. 2739. (Liasse.) — 82 pièces, papier.

1685-1787. — Dijonnais. Fiefs. Suite des sommiers particuliers aux fiefs, depuis Corgoloin à Cussy-le-Châtel. — Reprises de fiefs et dénombrements des seigneuries de Corgoloin, La Chaume, Visargent, Cussigny, Moux, Montot et Prissey; — de Couchey (1767); — de Courtivron; — de Crecey et Foncegrive; — de Crugey, Bouhey et Sainte-Sabine; — de Curley et de Cussy-la-Colonne (1728). — Lettres d'érection de la terre de Courtivron en marquisat, obtenues par J. Le Compasseur, conseiller au Parlement de Dijon (1693).

C. 2740. (Liasse.) — 15 pièces, papier; 1 plan.

1682-1781. — Dijonnais. Fiefs. Suite des sommiers particuliers aux fiefs, depuis Daix à Drambon. — Reprises de fief et dénombrements des seigneuries de Daix, par M. Fardel, président honoraire aux requêtes du palais (1774); — de Drambon, La Borde, Montmançon et les Grands-Moulins, par Georges-Bernard Joly, écuyer, et Barthélemy, son fils (1687-1738).

C. 2741. (Liasse.) — 42 pièces, papier.

1596-1781. — Dijonnais. Fiefs. Suite des sommiers particuliers aux fiefs, depuis Ébaty à Étevaux. — Reprises de fief et dénombrements des seigneuries d'Ébaty; — d'Échigey; — d'Écuelles et la Grange-au-Duc; — d'Esbarres et Étaules. — Contrats d'aliénations de la seigneurie d'Écuelles faite par les commissaires du Roi en 1596 et 1622 au sieur Gaillier.

C. 2742. (Liasse.) — 80 pièces, papier.

1683-1786. — Dijonnais. Fiefs. Suite des sommiers concernant les fiefs de Fauverney à Fussey. — Reprises de fief et dénombrements de ceux de la baronnie de Fays-Billot, par H.-M. d'Attricourt (1759); — de Flagey-les-Auxonne et la Grange-Rossotte, par Lamy de Samerey, conseiller au Parlement (1774); — de Flammerans; — de Fontaine-les-Dijon, par Bénigne Bouhier, colonel d'infanterie; — de Fontaine-Française et Fontenelle, par David Boilloud de Saint-Julien, receveur général des finances à Paris (1767); — de Fouvent; — de Franxault; — de Fresne-Saint-Mamès, par Cl. Charey de Bonneval, colonel d'infanterie (1778). — Vente de la terre de Fussey, faite par le président Baillet à Jacques Lebelin, receveur des décimes en Bourgogne (1683).

C. 2743. (Liasse.) — 1 pièce, parchemin; 75 pièces, papier.

1713-1789. — Dijonnais. Fiefs. Suite des sommiers, depuis Géanges à Jours. — Reprises de fief et dénombrements des seigneuries de Gemeaux, par J.-Cl. Loppin, conseiller au Parlement (1713); — de Gerland et de la Chocelle; — de Grancey-le-Château; — d'Is-sur-Tille; — d'Ivry; — de Jancigny; — de Jours, par Cl. Fremyot, conseiller au Parlement de Dijon.

C. 2744. (Liasse.) — 56 pièces, papier.

1456-1783. — Dijonnais. Fiefs. Suite des sommiers, depuis Labergement-Foigney à Lux. — Reprises de fief et dénombrements des seigneuries de Labergement-les-Auxonne; — de Labergement-le-Duc, par Louis Butard des Montots, conseiller au Parlement (1770); — de Lantenay (1678); — de Longecourt; — de Lusigny; — de Lux, par Claude du Housset, marquis de Til-Châtel (1670), Charles Marie de Saulx, comte de Tavannes, grand bailli de Dijon (1691), et Charles-Michel Gaspard de Saulx-Tavannes, lieutenant général du Roi en Bourgogne (1768). — Arrêt du Conseil ducal de Bourgogne qui règle un différend entre Odot de Mâlain, seigneur de Lux, et les habitants, au sujet d'une redevance en avoine (1456). Transaction pour la même cause entre Claude du Housset, seigneur du lieu, et les habitants. Vente de la baronnie de Lux, par Roger, duc de Bellegarde, à Henri de Bourbon, prince de Condé (1646). Revente faite par ce dernier à Claude du Housset (1668). Lettres d'érection du marquisat de Lantenay en faveur de A.-B. Bouhier, conseiller au Parlement.

C. 2745. (Liasse.) — 3 pièces, parchemin; 22 pièces, papier; 3 plans.

1659-1788. — Dijonnais. Fiefs. Suite des sommiers, depuis Magny-les-Aubigny à Monthelie. — Reprises de fief et dénombrements des seigneuries de Magny-les-Aubigny; — de Magny-Saint-Médard; — de Magny-sur-Tille, par Geneviève Alix de Salins, veuve d'Étienne Dagonneau, et Cl.-L. Poultetier de Perrigny, receveur général des domaines en Bourgogne (1740-1767); — de Mailly; — de Mairey et Bassoncourt (1737); — de La Marche; — de Marcy-sur-Tille, par Galiot Louis Aubert, marquis de Tourny (1766); — de Marliens; — de Mavilly et Mandelot; — du Meix, par P. Durand, écuyer (1728); — de Merceuil et Morteuil, par A. de Rioliot, écuyer (1728); — de Messanges, par le chapitre Saint-Denis de Nuits (1769); — de Mouilley; — de Meursault, par J.-B.-F. Blancheton, comte de La Rochepot; — de Mirebeau; — de Molinot; — de Montagny et de La Borde-au-Bureau (1769); — de Grandmont-les-Monteceau; — de Monthelie, par F. Fromageot-Perrier (1736).

C. 2746. (Liasse.) — 46 pièces, parchemin.; 2 pièces, papier

1558-1785. — Dijonnais. Fiefs. Suite des sommiers, depuis Montmain à Musseau. — Reprises de fief et dénombrements des seigneuries de Montmain (1768); — de Pont-Bernard à Montmançon (1770); — de Montot, par la veuve de F. Hanrion, trésorier de France à Dijon (1739); — du fief de Guyot à Montot, par J.-B. Thomas, brigadier des gardes du corps du prince de Condé, gouverneur de Bourgogne (1767); — de Morey; — de la Borde-au-Château, paroisse de Muresanges, par A.-Cl.-M. de Vichy; — de Musseau, par J.-L. Léauté de Gissey, écuyer (1771). — Acquisition de terres à Montmain, par J. de Tenarre, seigneur du lieu (1338). — Autre des terres confisquées sur Claude Morelet à Montmançon, par M. Fyot de la Marche, de Dracy (1770).

C. 2747. (Liasse.) — 50 pièces, papier.

1727-1789. — Dijonnais. Fiefs. Suite des sommiers de Nantoux à Orges. — Reprises de fiefs et dénombrements des seigneuries de Nantoux, par François Damoiseau, écuyer (1735); — de Norges-la-Ville, par Cl. de Thésut, écuyer, chevalier d'honneur de la Chambre des comptes de Dijon (1767); — d'Orain, par les RR. PP. Minimes de Dijon (1768); — d'Orgeux, par J.-M. Belin, écuyer (1754).

C. 2748. (Liasse.) — 52 pièces, papier.

1681-1781. — Dijonnais. Fiefs. Suite des sommiers de Painblanc à Plombières. — Reprises de fief et dénombrements de la seigneurie de Painblanc; — du marquisat de La Perrière, Samerey, Saint-Seine-en-Bâche, Saint-Symphorien, Saint-François, Franxault et Mailly en partie, par Edme Lamy, écuyer, secrétaire de l'État et couronne de France 1722); — des seigneuries de Perrigny-les-Dijon, par B. Gagne, président au Parlement (1728); — du Bas-Fossé à Perrigny-sur-l'Ognon; — de Pichanges, par Louis-Antoine Duprat, marquis de Vitteaux (1703).

C. 2749. (Liasse.) — 63 pièces, papier.

1684-1787. — Dijonnais. Fiefs. Suite des sommiers de Pluvault à Puligny. — Reprises de fief et dénombrements des seigneuries de Poinson-les-Fays-Billot, par Jacques Grisot, écuyer, garde de la porte du Roi (1767); — de Pommard; — de Pontailler; — de Premeaux, par J.-C. de Macheco, conseiller au Parlement (1728); — de Puligny et Mipont, par Anne-M.-Th.-F. Rigoley, femme de M.-A. Pradier, marquis d'Agrain, premier président de la Chambre des comptes de Dijon (1783).

C. 2750. (Liasse.) — 1 pièce, parchemin; 73pièces, papier.

1637-1786. — Dijonnais. Fiefs. Suite des sommiers, depuis Quemigny à Ruffey-les-Dijon. — Reprises de fief et dénombrements des seigneuries de Quemigny, Poisot, Lezeu, Pressigny; — de Quincey; — de Reulle, Vergy, Curtil et Curtey; — de la Roche-Pot; — de Rouvres, La Motte-Menant et Saint-Phal; — de Ruffey-les-Beaune et Travoisy; — de Ruffey-les-Dijon.

C. 2751. (Liasse.) — 85 pièces, papier.

1681-1784. — Dijonnais. Fiefs. Suite des sommiers, depuis Saint-Apollinaire à Sainte-Marie-sur-Ouche. — Reprises de fiefs et dénombrements des seigneuries de Saint-Aubin et Gamay; — du fief de la maison du Roi à Saint-Jean-de-Losne, par Ch. Hernoux (1701); — des seigneuries de Saint-Julien, Bretigny, Clénay, Norges-le-Pont et Ogny; — de Saint-Seine-en-Bâche et Saint-François; — de Saint-Seine-sur-Vingeanne, par Anne et Antoinette Legouz, femmes de MM. Rouillet et Bousillier de Chevigny; par Bénigne-Germain Legouz, conseiller au Parlement (1727); — de la terre de Rosières, par Bénigne Legonz de Saint-Seine, président au Parlement de Dijon (1755); — de Saint-Usage et partie d'Échenon.

C. 2752. (Liasse.) — 90 pièces, papier.

1650-1781. — Dijonnais. Fiefs. Suite des sommiers, depuis Samerey à Spoy. — Reprises de fiefs et dénombrements des seigneuries de Santenay, par Jacques-Philibert Parigot, écuyer (1768); — de Saulon-la-Rue, par Claude-Marie Gagne, veuve de P.-F.-B. Bernard Legrand, président au Parlement (1728); — de Saulx-le-Duc; — de Savigny-sous-Beaune, Chorey et Varennes; — de Segrois; — de Selongey, Marey, Vernois et Busserotte; — de Serrigny (fief de Bavant), par Mlle Barberot (1650); — de Soirans-Fouffrans et Pluvet.

SÉRIE C. — BUREAU DES FINANCES.

C. 2753. (Liasse.) — 83 pièces, papier.

1278-1786. — Dijonnais. Fiefs. Suite des sommiers de Tailly à Trouhans. — Reprises de fiefs et dénombrements des seigneuries de Tailly ; — de terres et maisons à Talant ; — des seigneuries de Tanay, par Al. de Moyria, lieutenant-colonel au régiment de Fouquet (1745) ; — de Taniot, par Mme Jeanne-Ingeburge de Morisot, veuve de M. Hardoin de Corcelles (1725) ; — du pré Mallay à Tart-le-Haut ; — de Ternant, Rolle et Semesanges ; — de Thorey et Buisson-sur-Ouche, par J.-B.-M.-Th. Gillet de Grandmont, commissaire de la marine (1786) ; — Accord entre le duc de Bourgogne et Guy, seigneur de Til-Châtel (1278) ; — de Trochères, par F. Joly de Bévy, conseiller honoraire à la Chambre des comptes (1730) ; — de Trouhans, par Gilles-Germain Richard, président en la même Chambre (1766).

C. 2754. (Liasse.) — 131 pièces, papier.

1622-1788. — Dijonnais. Fiefs. Suite des sommiers de Urcy à Vougeot. — Reprises de fief et dénombrements des seigneuries de Urcy, Montculot, Charmoy, Quemigny et Poisot, par Louis-François de La Martine, écuyer, ancien capitaine au régiment de Monaco (1767) ; — de Varanges ; — de Véronnes, par Jacques Espiard de Vernot, écuyer (1740) ; de Vignolles, Pasquier et Chevignerot, par Madeleine-P.-F. de Siry, veuve de Jean Rigoley, premier président de la Chambre des comptes (1767) ; — de Villars-Fontaine, Chevannes et Messanges, par J.-B. Gagne, président honoraire à la Chambre des comptes (1728) ; — du fief de la Outre, sur Villebichot, par Léon Trouvé, conseiller au grenier à sel de Mirebeau (1747) ; — de Villecomte, Mortières et partie de Vernot ; — de Villers-la-Faye, Magny ; — de Villey-sur-Tille et Avelanges, par J. de la Coste, secrétaire du Roi à Dole (1718) ; — de Villy-le-Moutier, par Louis-Bernard de Cléron d'Haussonville, maréchal de camp (1777) ; — de Vonges et la Bassole ; — de Vougeot. — Lettres d'érection de la baronnie de Vantoux en faveur de Jean de Berbisey, président au Parlement de Dijon (1622).

C. 2755. (Liasse.) — 3 pièces, parchemin ; 85 pièces, papier.

1604-1781. — Autunois. Fiefs. — Sommier des fiefs relevant du Bureau du Domaine de Roussillon. — Sommiers particuliers de ceux du bailliage, depuis Anost à Voudenay. — Reprises de fief et dénombrements des seigneuries de Chizeuil, par Ét. Cochardet, écuyer (1693) ; — de la Coudre ; — d'Anost ; — d'Arcy, par Mme de Valadpoux (1685) ; — de la Palue ; — du marquisat de Maulevrier, par Ch.-Cl. Andrault, marquis de Langeron ; — de la seigneurie de Chenay et Artaix, par François Andrault de Langeron (1756) ; — des seigneuries de Roussillon ; — de la Palud-sur-Saint-Gervais-les-Couches, par Edme Prévôt, avocat (1682) ; — de Corton à Saint-Léger-sous-Beuvray ; — de l'arrière-fief de Bourdeau à Saint-Symphorien de Marmagne, par J. Nectoux, avocat (1655) ; — de la seigneurie de La Boulaye à Verrières-sous-Glennes ; — de celle de Voudenay et Maizières, par Charles Laure de Mac-Mahon d'Éguilly, mestre de camp d'infanterie irlandaise à la suite du régiment de Berwick (1781). — Arrêt du Conseil d'État qui autorise un échange entre le curé et le seigneur de Cressy (1768). — Lettres d'érection de la baronnie de Montjeu en marquisat, obtenues par M. Jeannin de Castille (1655). — Lettres patentes du roi Louis XIV qui autorisent le changement du nom Ju fief de la Loge-les-Tintry en celui de Morlet (1700).

C. 2756. (Liasse.) — 32 pièces, papier ; 1 pièce, parchemin.

1616-1781. — Auxerrois. Fiefs. Sommiers particuliers des fiefs du comté, depuis Mailly-la-Ville à Seignelay. — Reprises de fief et dénombrements des seigneuries de Méry-sur-Yonne, par Antoine de Villers (1646). — Partage de la terre de Mailly entre les consorts Violaine (1732). — Pièces de l'instance devant la Chambre du Domaine entre P. Boyer de Forterre, écuyer, et M. de Drouard, écuyer, au sujet de la terre de Curly, paroisse de Saint-Gervais d'Auxerre (1752-1768). — Acte d'échange entre Charles de Chenut, écuyer, qui cède la seigneurie de Seignelay à Claude de Ban, en échange de la baronnie de Maupertuis, au bailliage de Meaux (1623). — Lettres d'érection de la terre de Seignelay en marquisat, obtenues par Colbert, contrôleur général des finances (1668).

C. 2757. (Liasse.) — 3 cahiers, papier.

1737-1781. — Auxois. Fiefs. Sommiers des reprises de fiefs enregistrées aux bureaux du Domaine. Bailliage de Semur en Auxois. — Seigneuries de Crépan, par l'abbaye de Moutier-Saint-Jean (1737) ; — de Venarey, par M.-Ch.-L. de Montsaulnin, comte de Montal, lieutenant général (1744) ; — de Menessaire, par Charles de Fussey, chambellan du roi de Pologne (1748) ; — de Saint-Beury, par Cl. Damas de Lantilly ; — de Saint-Andeux, par J.-B. Brachet de la Motte (1755) ; — de Savoisy, par Frédéric Du Frêne (1758) ; — de Nogent-les-Montbard, par J.-P. Guenichon, conseiller au Parlement (1759) ; — de Thorey-sous-Charny, par Guillaume de Ganay, chevalier d'honneur de la Chambre des comptes (1768) ; — de Villeberny, par L.-N. de Saint-Belin, chevalier (1774). — Bailliage d'Arnay. Reprises de fiefs des seigneuries de Saint-Prix et l'Argillat, par Vorle de Marcenay, écuyer (1739) ; — de Chailly, Cercey et Thoisy-le-Désert, par Ch.-J.-B. du Tillet, maître des requêtes (1751) ; — de Rouvres-sous-Meilly, par Paris de Montmartel, conseiller d'État, marquis de Brunoy

(1769); — de Blangey-Haut-et-Bas, par Maurice de Mac-Mahon, mestre de camp de cavalerie (1781). — Bailliage de Saulieu. Reprises de fiefs des seigneuries de Villars-Dompierre, par J.-A. de Meun de La Ferté (1737); — du comté de Charny, Mont-Saint-Jean, Arnay et Pouilly, par Louis-Charles de Lorraine, comte de Brienne (1752); — de Thoriseau, par M. Rigoley d'Ogny, trésorier général des États de Bourgogne (1766); — de Chanteau et Saint-Didier, par Bernard de Chanteau, secrétaire en chef des États de Bourgogne (1767); — de la Rochette, du Tremblay et de Cherchilly, par Élie Dugon, chevalier de Malte (1781).

C. 2758. (Liasse.) — 12 pièces, papier.

1781. — Auxois. Fiefs. Extraits du sommier des fiefs du bailliage situés dans la circonscription des bureaux du Domaine de Semur, Arnay-le-Duc, Époisses, Mont-Saint-Jean, Montbard, Moutier-Saint-Jean, Pouilly en Auxois, Rouvray, Vitteaux.

C. 2759. (Liasse.) — 122 pièces, papier.

1734-1781. — Fiefs. Sommiers particuliers des fiefs du bailliage, depuis Agey à Bussy. — Reprises de fiefs et dénombrements des seigneuries d'Arconcey et Lanneau, par Louis-Charles de Jaucourt (1766); — de Juilly-Leschenault; — d'Arnay et Charny; — d'Arnay-sous-Vitteaux, Villeferry et Dampierre-en-Montagne; — de Beauvoir-les-Bagny; — de Blanot; — de Brain; — de Buffon et de Bussy-la-Pesle. — Dossier d'une instance en la Chambre du Domaine entre le procureur du Roi et le seigneur d'Anstrude, au sujet de la mouvance (1765). — Lettres d'érection de la seigneurie de Bierre-les-Semur en comté, au profit de F. Chartraire, conseiller au Parlement (1706).

C. 2760. (Liasse.) — 83 pièces, papier.

1545-1784. — Auxois. Fiefs. Suite des sommiers particuliers, depuis Censerey à Chazilly. — Reprises de fief et dénombrements des seigneuries de Cessey-les-Vitteaux; — de Chailly, Cercey et Thoisy-le-Désert, au bailliage d'Auxois, Serrigny, Pernand et Aloxe au bailliage de Beaune, par J.-B. du Tillet, marquis de Villarceaux (1747); — de Champrenault, par P. Fourneret, major du château de Dijon (1748); — du comté de Charny, Mont-Saint-Jean, Pouilly et Arnay; — de Chassey, par L.-H. Reullon de Brain, conseiller maître à la Chambre des comptes (1766); — de Châteauneuf; — de Chaudenay-le-Château, Chaudenay-la-Ville, Esbordottes, Tailly, Couchey et Blangey. — Main-levée ordonnée par la Chambre des comptes de la saisie de la terre de Châteauneuf, sous prétexte d'origine domaniale (1681).

C. 2761. (Liasse.) — 86 pièces, papier.

1280-1788. — Auxois. Fiefs. Suite des sommiers, depuis Chevannay à Cussy-les-Forges. — Reprises de fief et dénombrements des seigneuries de Chevannay et Chaudenay, par Ch.-G.-P. Bouillet d'Arlod, procureur général à la Chambre des comptes de Dijon (1788); — de la Prée-sur-Chissey en Morvand; — de Clamerey et Les Davrées; — de Commarin; — de Courcelles-les-Semur et Ruffey; — de Courterolle; — de Créancey, par M. de Commeau (1685); — de Crépand, par les religieux de l'abbaye de Moutier-Saint-Jean (1768). — Aliénation de la seigneurie de Corsaint, faite au chapitre d'Auxerre par Humbert de Beaujeu, connétable de France (1280). — Dossier d'une instance en la Chambre du Domaine, entre MM. de Guitaud et de Saint-Aignan, au sujet de six meix situés à Cussy-les-Forges (1730).

C. 2762. (Liasse.) — 89 pièces, papier.

1611-1785. — Auxois. Fiefs. Suite des sommiers, depuis Dampierre-en-Montagne à Étivey. — Reprises de fief et dénombrements des seigneuries de Meix-Varanges à Dampierre, par N.-F. Gibier, maire de Vitteaux (1769); — de Diancey, La Rochette et le Tramblay, par Élie Dugon de La Rochette (1785); — de Villars, paroisse de Dompierre; — de Dracy, par Bénigne Arcelot, écuyer (1738); — d'Éguilly; — d'Époisses; — d'Étais, par A. J. de Saint-Belin (1785); — d'Étaules-les-Avallon, par Georges de Clugny (1611). — Lettres d'érection du marquisat d'Éguilly en faveur de J.-B. de Mac-Mahon (1763).

C. 2763. (Liasse.) — 2 pièces, parchemin; 137 pièces, papier.

1512-1786. — Auxois. Fiefs. Suite des sommiers, depuis Fain-les-Montbard à Magny-la-Ville. — Reprises de fiefs et dénombrements des seigneuries de Fain-les-Montbard, par Charles Damas de Cormaillon (1747); — de Flée, Allerey, Roilly; — de Pluvier, paroisse de Fontangy, par Louise Pasquière, veuve d'A. de la Fin, écuyer (1512); — de Forléans; — de Gissey-le-Vieux, par Marie-Anne Millotet, veuve de M.-A. de Colombet (1728); — de Grenant et Vaux, par J.-B. Desmares (1785); — de Grésigny, La Roche-Vanneau, Lugny et Souhey, par Cl. Couthier, marquis de Souhey (1728); — de Grignon, Orain, Benoisey et Seigny, par J.-B. de Bretagne, écuyer (1739); — du fief des Écuyers à Jeux, mouvant de l'abbaye de Moutier-Saint-Jean, par P. Vernot, lieutenant en la justice de cette abbaye (1653); — de Blangey, paroisse de Jouey, par Maurice de Mac-Mahon, mestre de camp de cavalerie (1786); — de Magnien, le Puiset et Lauronne, par Cl. Quarré d'Alligny, ancien capitaine; — de Magny-la-Ville (1767). — Vente du moulin de Lantartre-sous-Guillon faite par Symphorien Cœurderoy, sergent royal à Vassy, à Gérard de la Madeleine-Ragny, bailli d'Auxois (1524). — Lettres d'inféodation à J. Maréchal, procureur en la prévôté de l'hôtel du roi Henri III, du moulin à vent qu'il se propose d'édifier près les murs de la ville de Flavigny pour la commodité du public (1583).

C. 2764. (Liasse.) — 101 pièces, papier.

1659-1689. — Auxois. Fiefs. Suite des sommiers, depuis Mâlain à Missery. — Reprises de fiefs et dénombrements des seigneuries de Mâlain (baronnie), par Abel-Claude Marie, marquis de Vichy (1771); — de Marcilly-les-Avallon; — de Marcilly-les-Vitteaux, par Philibert de Genlis, écuyer, seigneur de Dracy (1580); — de Marigny-sur-Ouche (baronnie), Barbirey, Gissey, par Henri-Anne de Fuligny Damas de Rochechouart (1722); — de Marmeau ; — de Massingy-les-Semur, par Charles-Claude Damas, marquis de Crux (1765); — de la Roche d'Is, paroisse de Massingy-les-Vitteaux, par L.-F. Perrin de Saulx (1655); — de Meilly, Bouvres, Maconge et Essey, par J.-M. Coste de Champéron, président en la Cour des Aides de Paris (1733); — de Ménessaire et Moux ; — de fiefs à Millery; — de Missery. — Lettres d'érection de la terre de Mimeure en marquisat, obtenues du roi Louis XIV, par Jacques-Louis de Valon, gentilhomme ordinaire du Dauphin (1697).

C. 2765. (Liasse.) — 98 pièces, papier.

1729-1788. — Auxois. Fiefs. Suite des sommiers, depuis Molphey à Planay. — Reprises de fiefs et dénombrements des seigneuries de Montfort, Villiers et Villaines-les-Prévôtés, par Frédéric de la Forêt, écuyer (1731); — de Montigny-sur-Armançon, Brianny, Roilly et Bierre, par A. Chartraire, écuyer (1739); — de Sainte-Sègros, paroisse de Montlay, par François-Jules de Croisier (1767); — de Chaulmien, paroisse de Moux; — de Mussy-la-Fosse, par François Gueneau, écuyer, avocat (1759); — de Nan-sous-Thil, Chausserose et Fontangy; — de Nogent-les-Montbard ; — de Thoriseau, paroisse d'Ogny.

C. 2766. (Liasse.) — 71 pièces, papier.

1437-1782. — Auxois. Fiefs. Suite des sommiers, depuis Pont à Rouvres. — Reprises de fiefs et dénombrements des seigneuries de Pont et Massène, par P.-I.-F. Prétory, prieur de Massène ; — de Posanges, par le couvent des Ursulines de Vitteaux (1758); — de Pouilly en Auxois; — de Quincerot, par Charles-Anne d'Haranguier, capitaine de cavalerie (1774); — de Rouvray. — Acquisition de la terre de Posanges, par Guillaume Du Bois, sur J. d'Oiselay et Marguerite de Vergy, sa femme (1437). — Arrêt du Parlement de Dijon, rendu dans

Côte-d'Or. — Série C. — Tome II.

une instance entre le seigneur de Posanges et les religieux de l'abbaye d'Oigny, possesseurs de la terre de Dampierre-en-Montagne, au sujet des limites du territoire de ces deux seigneuries (1497).

C. 2767. (Liasse.) — 3 pièces, parchemin, 46 pièces, papier.

1566-1786. — Auxois. Fiefs. Suite des sommiers, depuis Ruère, paroisse de Saint-Léger de Foucheret, à Saint-Andeux. — Dossier d'une instance portée devant la Chambre du Domaine, entre Thomas André Davigneau, lieutenant au bailliage d'Auxerre, et César de Fresne, seigneur de Ruère, au sujet de leurs droits sur le hameau de la Bécasse (1756). — Sentence du juge de Ruère qui condamne les habitants du lieu au paiement d'une redevance pour le droit de pâturer leurs bestiaux dans les bois (1566). — Vente de la moitié de la terre de Ruère et du fief de la Bécasse, faite par Louis, Pierre et Jacques de Jaucourt à Renée de Jaucourt, veuve de François de Bricquemaut (1574). — Dénombrement de cette terre, par Marc de Bricquemaut (1629). — Transactions entre ce dernier et les habitants de Ruère, au sujet de la propriété de certains bois (1633). — Vente par décret de la seigneurie de Ruère (1703). — Dénombrements fournis par P. Friand, commissaire des guerres, et Th. et Marie Davigneau, successivement seigneurs de Ruère (1707-1747). — Reprises de fief et dénombrements des seigneuries de Saffres, par MM^mes d'Andelot, chanoinesses de Maubeuge ; — de Saint-Aignan (1786); — de Saint-Andeux, par J.-B. de Brachet (1733).

C. 2768. (Liasse.) — 114 pièces, papier.

1728-1787. — Auxois. Fiefs. Suite des sommiers, depuis Saint-Anthot à Sainte-Sabine. — Reprises de fief et dénombrements des terres de Saint-Beury, Beurisot, Lée et Lignères, par Frédéric-François de Fresne (1759); — de Saint-Didier, Chanteau, Courcelles en Morvan; — de Saint-Germain-de-Modéon ; — de Saint-Léger de Foucheret, par J.-J. de Sercey, écuyer (1745); — de Conforgien, paroisse de Saint-Martin-de-la-Mer; — de Saint-Prix et l'Argillat, par de Marcenay, écuyer (1768); — de Saint-Thibault, par D. de Champeaux, seigneur de Saucy (1770); — de Sainte Colombe-les-Vitteaux; — de Sainte-Marie-sur-Ouche et Pont-de-Pany, par Louise Rémond, veuve de J. Bauyn, conseiller à la Chambre des comptes (1728); — de Sainte-Sabine, Bouhey et Crugey, par Patris, comte Wal (1767).

C. 2769. (Liasse.) — 89 pièces, papier.

1659-1787. — Auxois. Fiefs. Suite des sommiers, depuis Saulieu à Sussey. — Reprises de fief et dénombrements des terres de Ragny, paroisse de Savigny-en-Terre-pleine,

Beauvoir, Chevannes, Saint-André, Brécy, Cizery, Marmeaux, Montréal, Guillon, Annay, Forléans, etc.; — de Savoisy; — du meix Rigogne à Seigny; — de Montille-les-Semur; — de Sombernon, par Marie Brulart, fille de Nicolas Brulart, premier président au Parlement de Dijon (1728); — de Souhey, Grésigny et Magny; — de Soussey, Grandchamp et Martrois, par les enfants de Simon de Grandchamp (1749). — Inventaire des titres et papiers de la seigneurie de Ragny (1745). — Lettres patentes de Louis XIV qui érigent la terre de Souhey en marquisat, au profit de Claude Couthier, baron de Souhey (1679).

C. 2770. (Liasse.) — 61 pièces, papier.

1744-1778. — Auxois. Fiefs. Suite des sommiers, depuis Tanlay à Vesvres. — Reprises de fiefs et dénombrements des seigneuries de Tanlay, par J. Thévenin, conseiller au Parlement de Paris (1750); — de Thoisy-le-Désert; — de Saux, paroisse de Trevilly; — de Vassy; — de Venarey et des Laumes; — de Vesvres.

C. 2771. (Liasse.) — 125 pièces, papier.

1659-1785. — Auxois. Fiefs. Suite des sommiers, depuis Vianges à Voudenay. — Reprises de fiefs et dénombrements des seigneuries de Vianges (marquisat), Manlay, Censerey, Sully, Igornay, etc., par J.-B. de Mac-Mahon, marquis d'Éguilly (1768); — de Bourbilly, paroisse de Vic-de-Chassenay; — de Thil, Montlay, Chenaut, Le Brouillard, paroisse de Vic-sous-Thil; — de Vieuchâteau, Montberthault, Courcelles-Fremoy; — du Deffend et de la Cave, paroisse de Viévy; — de Villargoix, par Julie-Suzanne de Launois, veuve de Balathier (1768); — de Villars-les-Semur, par Cl.-A. Guillot, écuyer (1777); — de Villeberny; — de Villeferry, par Louis Bertier de Sauvigny (1766); — de Villiers et de la Grange-Montmorin; — de Villenotte-les-Semur; — de Villy-en-Auxois; — de la baronnie de Vitteaux, par L.-A. Duprat-Barbançon, marquis de Nantouillet (1730); de Voudenay, par J.-B. de Mac-Mahon, marquis d'Éguilly (1757).

C. 2772. (Liasse.) — 204 pièces, papier; 4 pièces parchemin.

1549-1787. — Bar-sur-Seine. Fiefs. — Sommier des reprises des fiefs du comté enregistrées au Bureau du Domaine; — des seigneuries de Polisy et Polisot, par M. Pairent de Saint-Priest, conseiller au Parlement de Paris (1739); — de Bailly, par M. de Crussol (1781); — celle de Bourguignon et Fooltz, par M.-O.-E. Jubert du Thil, veuve de François de Chastellux, colonel du régiment d'Auvergne (1769). — État des requêtes en reprises de fief enregistrées au Bureau de la généralité. — Sommier des fiefs des biens nobles du Bureau de Bar-sur-Seine. — Sommiers particuliers de ces fiefs. — Reprises de fiefs et dénombrements des seigneuries de Bar-sur-Seine; — d'Avirey et Lingey, par Gérard de Pouilly, seigneur d'Esne, Nicolas et Félix de Balathier, Ch.-L. Legendre d'Avirey (1769); — d'Avirey et Lingey; — de Bailly; — de Balnot; — de Bourguignon et Fooltz; — de Chassenay et Jean Parise; — de Chauffour et Bidan; — de La Forêt; — de Landreville; — de Loches; — de Marolles; — de Polisy, Polisot, des Riceys et de Ville-sur-Arce. — Acquisition de la terre d'Avirey et Lingey, par L. Hugot, avocat à Chaource, sur M. et Mme de Conygham (1780). — Vente de la terre de Poligny, Bidan, Marolles et Chauffour, faite par L.-Ch.-P. Poillot de Marolles, conseiller à la Cour des Aides de Paris, à Bertrand-J. Bady de Normand, écuyer (1753). — Autre de la terre de Polisy et Polisot, par A.-L. Poirent de Saint-Priest, conseiller au Parlement de Paris, à P.-F.-H., marquis de Chastenay, seigneur de Bricon, et à M.-A. d'Humes de Cherisy, sa femme (1750).

C. 2773. (Liasse.) — 1 pièce, parchemin; 38 pièces, papier.

1396-1783. — Bresse. Fiefs. Déclaration de Louis, duc de Savoie, pour le privilège et exemption de lods en faveur des fiefs du pays de Bresse (1460). — Édit de réunion de la principauté de Dombes et de ces pays (1781). — Déclaration d'Emmanuel de Lascaris d'Urfé, portant que, depuis l'année 1575, le marquisat de Baugé qu'il possède a cessé de faire partie du domaine des ducs de Savoie (1685). — Lettres d'érection, par Louis, duc de Savoie, de la seigneurie de Varax en comté, au profit de Gaspard de Varax; — par Louis XIV des seigneuries de Bereins et Baneins en vicomté, au profit de P. de Corsant, lieutenant-colonel au régiment d'Auvergne (1650). — Déclaration de Françoise de Bonne, duchesse de Lesdiguières, attestant que sa terre de Châtillon-les-Dombes n'est point d'origine domaniale (1686). — Production par M. Joly de Choin, seigneur de Langes, des lettres d'inféodation de parties de cette terre qui lui ont été faites par les ducs de Savoie (1586). — Arrêt de saisie du comté de Meximieux pour défaut de production du titre d'acquisition devant le Bureau des finances (1652). — Lettres de l'échange conclu à Montluel entre Emmanuel-Philibert, duc de Savoie, et Henrie de Savoie, duchesse de Mayenne, laquelle cède au duc tous ses droits sur les comtés de Tende, Vintimille et Oneglio, et reçoit en échange les châtellenies de Miribel, de Loyette, de Montellier et des Échex (1579). — Dénombrement du dîme de Servignat, par Ph. Fyot, conseiller au Parlement. — Déclaration de la terre de Saint-Trivier de Courtes (1633).

C. 2774. (Liasse.) — 1 pièce, parchemin; 90 pièces, papier; 1 sceau.

1350-1785. — Bugey et Gex. Fiefs. — État des fiefs de l'arrondissement du bureau de Serrières. — Sommiers particuliers de ceux depuis Arbignieu à Serrières. — Signification par P.-G.-Gaspard Gauthier, officiers en la Cour des monnaies de Lyon, au procureur du Roi, en la Chambre du Domaine, et à Bernard de Budé, seigneur de Montréal en Bugey, de la vente de la châtellenie d'Usselle faite en 1525 par le duc de Savoie à Perceval de Dortant (1729); — des lettres d'inféodation par M. de la Guiche de la seigneurie d'Arbant à la veuve dudit sieur de Dortant; — de la vente des seigneuries de Bonnax, Chatonnax et Émondaux, par le comte d'Elfestein à F. de Dortant. — Déclaration des terres et châtellenies de Châteauneuf et Virieux-le-Grand en Valromey appartenant à P.-L.-F de Lévy, marquis de Châteaumorand et de Valromey. — Lettres patentes en vertu desquelles Charles-Emmanuel, duc de Savoie, cède ces terres à Renée de Savoie, marquise de Baugé, en échange du comté de Rivolle (1582). — Inféodation de la terre de Cordon, faite par Charles, duc de Savoie, en faveur de Claude de Cordon, conseiller et maître de son hôtel (1508). — Dénombrement de cette seigneurie et de celle d'Évieu, par J. Cordon de Passier, écuyer (1684). — Déclaration de Gaspard de Vignod, seigneur de Dorches, au sujet de la propriété d'une île contestée par le Domaine (1686). — Vente de la terre et seigneurie de Fornex, faite par les frères de Gingins à Jean de Chevalier, citoyen et conseiller de Genève (1544). — Déclaration de la seigneurie de Genissiat, par F.-P d'Oncieu, président de la Chambre des comptes de Chambéry (1685). — Production de pièces par le seigneur de Loyette, afin d'établir son privilège d'exemption du droit de lods (1751). — Déclaration de la baronnie de Pierre et de la seigneurie du Péron au pays de Gex, par Cl.-F. de Pobel, comte de Saint-Alban (1684). — Lettres originales d'Amédée VI, comte de Savoie, qui inféode à Pierre Bonard, chevalier, toute la justice dans la châtellenie de Rossillon, sauf la ville franche de Rossillon (1359). — Dossier de la production faite par A. de la Balme, des titres établissant que la terre de Sainte-Julie, quoique d'origine domaniale, avait été aliénée à une époque où le domaine du duc de Savoie était aliénable (1698).

C. 2775. (Liasse.) — 13 pièces, parchemin; 9 pièces, papier; 2 sceaux.

1339-1620. — Bugey et Gex. Fiefs. — Lettres patentes originales d'Aymon, comte de Savoie, qui inféode la maison forte du Tiret, près Saint-Germain d'Ambérieux, à P. de la Baume, chevalier (1339). — Reconnaissance et déclaration du domaine fournies au duc de Savoie, par Anthelme de la Baume, damoiseau (1385). — Lettres patentes originales de Louis, duc de Savoie, qui inféode à Pierre de Croso, son secrétaire, la forêt de Devens, située derrière le château de Saint-Germain d'Ambérieux (1433). — Abergement de cette forêt, fait par le bailli du Bugey à J. Burland, notaire (1428).

— Provisions de l'office de maître d'hôtel, données par Charles, duc de Savoie, à Hugues de la Baume, seigneur du Tiret (1504). — Autres d'écuyer de Savoie, obtenues par le même (1496). — Autres de l'office de grand châtelain d'Annecy (1513). — Quittance donnée par P. du Croso à Hugues de la Baume, du prix de la vente qu'il lui avait faite de la forêt de Devens (1512). — Foi et hommage de Pierre de la Baume, seigneur du Tiret et de Merciat, à Charles-Emmanuel, duc de Savoie (1576). — Autre de Dominique-Étienne, écuyer, seigneur du Tiret et de Devens, faite devant la Chambre des comptes de Dijon (1620).

C. 2776. (Liasse.) — 4 pièces, parchemin; 37 pièces, papier; 1 plan.

1299-1788. — Chalonnais et Charolais. Fiefs. Sommiers particuliers des fiefs de Beaudrières à Villeurbaine. — Reprises de fiefs et dénombrements de la terre de la Charmée, par les mineurs de Servelinges (1678); — de celle de Rambos, Marcillat et Villarest et de Montjay, par Philippe Fyot, conseiller au Parlement; — d'Ormes et de Tenarre. — Lettres patentes de Louis XIV qui érigent la terre de Bantanges en marquisat, au profit de P. Potu, maître des requêtes de son hôtel (1665); — de celui de Branges, en faveur de M. Antoine de Barillon (1655); — de celui de Montanges en faveur de F. Guyet baron de Saint-Germain-du-Plain (1696); — qui inféodent sous le titre d'Arviset trois domaines situés dans la châtellenie de Sagy, au profit d'Antoine Arviset, trésorier de France (1633). — Lettres du roi Henri IV portant érection de la baronnie de Verdun en comté, au profit de Guillaume de Gadagne, seigneur du lieu (1593). — Procès-verbal de plantations des bornes délimitatives de la baronnie de Chagny et de la seigneurie de Puligny (1782). — Lettre de Hugues de Vienne, seigneur de Longvy, qui entre en l'hommage du duc de Bourgogne Robert II, pour les fiefs de Longvy, Savigny et Beaurepaire (1299).

C. 2776 bis. (Registre.) — In-folio, 159 feuillets, papier.

1759. — Chalonnais. Fiefs. Sommier des fiefs, arrière-fiefs, terres privilégiées et biens en roture, situés dans l'arrondissement du bureau de Seurre et en tout semblable pour la disposition de l'État, à l'art. C. 2729 qui précède.

C. 2777. (Cahier.) — Petit in-f°, papier.

1737-1782. — Châtillonnais. Fiefs. Sommier des requêtes en reprises de fief et dénombrements des seigneuries du bailliage enregistrées au bureau de la Généralité. — Le fief de Champ-Chevalier à Busseaut, par P.-L. Cadouche, écuyer (1738). — La seigneurie de Brion par Ch.-A. Garnier, lieutenant en la chancellerie du bailliage (1742); — celle de Vanvey et Villiers, par Morel de Bréviande, marchand de fer à Châtillon (1748); — de Crenay, par F. Perrin de Neuilly (1756); — de Cruzilles et dépendances, par J. Thierriat de Cruzilles, écuyer (1765); — de Gissey-sous-Flavigny, par M. de Chastenay (1768); — de Belan, par Alexandre Lebrun, marquis de Dinteville (1776); — de Montliot et Courcelles, par M. de Frammery (1786).

C. 2778. (Liasse.) — 50 pièces, papier.

1781. — Châtillonnais. Fiefs. Sommiers des fiefs situés dans les arrondissements des bureaux d'Arc-en-Barrois, de Baigneux, de Recey, de Saint-Seine, de Salives et de Boux.

C. 2779. (Liasse.) — 127 pièces, papier.

1659-1788. — Châtillonnais. Fiefs. Sommiers particuliers des fiefs, depuis Aignay à Boux. — Reprises de fiefs et dénombrements des seigneuries du meix Moron à Aisey-le-Duc, par Edme Verdun (1659); — d'Ampilly-le-Sec, par Catherine-Louise de Fautrières, veuve de J.-B.-Augustin de Sommièvre (1766); — d'Ampilly-les-Bordes; — d'Autricourt, par Ch.-Ph. de Valois (1767); — de Baigneux, par l'abbé d'Oigny; — de Baume-la-Roche et Panges, par Bernard Rameau, propriétaire à Somberon (1784); — de Belan; — de Billy-les-Chanceaux; — de Blaisy-Haut, Blaisy-Bas et Charmoy; — de Boux.

C. 2780. (Liasse.) — 160 pièces, papier.

1630-1786. — Châtillonnais. Fiefs. Suite des sommiers, depuis Bremur à Cruzy. — Reprises de fief et dénombrements des seigneuries de Rocheprise, paroisse de Bremur, par Félicité-Perpétue Caudron de Cantin, caméristre de la reine d'Espagne (1766); — de Brion-sur-Ource; — de Buncey et du fief d'Arbois; — de Champ-Chevalier-sur-Busseaut, par P.-L. Cadouche, écuyer (1785); — de Bussy-le-Grand, par Geneviève-Alexis de Salins, veuve d'Ét. Dagonneau (1740); — de Chamesson et Éporves, par Gaspard, marquis de Vichy, maréchal de camp (1771); — de Charancey, par Georges-Nicolas et André Vétu, écuyers, lieutenants de carabiniers (1741); — de l'abbaye de N.-D. de Châtillon; — du fief de la Grand' Dame Guye, par Ch.-A. Millet, écuyer (1758); — de la Chaume; — de Crenay, par A.-F. Perrin de Neuilly (1759). — Lettres d'inféodation de la terre de la Grand' Dame Guye à Châtillon, en faveur du sieur Guenebaut (1638). — Procès-verbal de bornage des territoires de Munois et de Corpoyer-la-Chapelle, entre M. de Saint-Phal et les gens du Roi (1777).

C. 2781. (Liasse.) — 120 pièces, papier.

1233-1785. — Châtillonnais. Fiefs. Suite des sommiers particuliers de Darcey à Louesme. — Reprises de fief et dénombrements des seigneuries de Darcey; — de Duesme; — d'Échalot et Lochères, par les héritiers de Philippe de Châtenay (1768); — d'Étrochey; — de Fontaine-en-Duesmois; — de Frolois, par François Duban de la Feuillée, gouverneur de Châtillon (1728); — de Gissey-sous-Flavigny, par Gabriel de Châtenoy, chevalier, pour une partie (1769); — par Louis Routy, écuyer, seigneur de Charodon, pour une autre; — de Grisolles et de Chassignelles; — de Jours. — Lettre de Guy, comte de Nevers, qui reconnaît la terre de Larrey comme mouvant du duché de Bourgogne (1233). — Lettres patentes de Louis XIV, roi de France, portant érection de la terre de Larrey en marquisat, au profit d'Abraham de Fabert, lieutenant général (1650). — Confirmation de ces lettres, octroyée à P. Lenet, conseiller d'État, acquéreur du maréchal de Fabert (1662). — Arrêt du Conseil d'État, qui autorise l'échange proposé de l'étang du Roi, dit de Vaumarceau, situé entre Essarois et Voulaine, contre 40 sols de rente annuelle due par le Domaine à la Chartreuse de Lugny. (1742).

C. 2782. (Liasse.) — 90 pièces, papier.

1656-1788. — Châtillonnais. Fiefs. Suite des sommiers particuliers, depuis Magny-Lambert à Origny. — Reprises de fief et dénombrements des seigneuries de Massingy; — de Mauvilly, par Suzanne des Gentils, veuve d'Hercule de Milly (1729); — de Minot, par Denis Mairetet, conseiller du Roi (1728); — de Montliot; — d'Hierce, paroisse de Montmoyen; — de Mosson, par les Carmélites de Châtillon (1768); — de Nesle; — d'Origny, Bellenod, Vaux et La Montagne.

C. 2783. (Liasse.) — 107 pièces, papier.

1682-1781. — Châtillonnais. Fiefs. Suite des sommiers particuliers, depuis Orret à Saint-Seine-l'Abbaye. — Reprises de fief et dénombrements des seigneuries de Prangey et Vesvres, par Philibert-Charles de Piétrequin, lieutenant général d'épée au bailliage de La Montagne (1771); — de Quemigny, Quemignerot et Nuisement; — de Rochefort-sur-Brevon et Maisey; — de Rochetaillée et Chameroy; — du fief du Moulin-Royer à Saint-Seine-l'Abbaye; — de celui du Moulin-Rouge à Sainte-Colombe-sur-Seine, par la veuve de Ch.-Abraham Viesse, dame de Sainte-Colombe (1766).

C. 2784. (Liasse.) — 86 pièces, papier.

1728-1785. — Châtillonnais. Fiefs. Suite des sommiers particuliers, depuis Salives à Voulaines. — Reprises de fief et dénombrements des seigneuries de Salives, Préjelan et Moutarmet; — de Thoires; — de Vanvey et Villiers-le-Duc; — de Verrey-sous-Salmaise; — de Villaines-en-Duesmois; — de Villotte-sur-Ource, par Jules-César Catin, écuyer.

C. 2785. (Liasse.) — 2 pièces, parchemin ; 4 pièces, papier.

1322-1769. — Mâconnais. Fiefs. — Dénombrement de la seigneurie d'Estours, par Louis Durret, écuyer, ancien capitaine de cavalerie (1722). — Lettres patentes de Louis XV, roi de France, qui érige en comté, sous le nom d'Hénin, et au profit de Louis d'Hénin-Liétard, lieutenant d'infanterie, les terres de Saint-Maurice, de Saint-Martin du Tartre, Saulx, Collongette et La Rochette (1730). — Dénombrement de la seigneurie de Varenne par les religieux de l'ordre de la Sainte-Trinité et Rédemption-des-Captifs à Fontainebleau (1769). — Donation d'une partie du bois de Bois-Sainte-Marie, faite par Jean de Chabannes, seigneur du lieu, à J. Décimat, doyen de l'église N.-D. de la Rochefoucauld, et à Pierre, son neveu (1322). — Vente faite par Pierre de la Plume, prévôt de Prissé, à Guillaume Lotisse, receveur du bailliage de Mâcon, de plusieurs servis à Vinzelles, Lochieu, Fussé et Varennes (1495).

C. 2786. (Liasse.) — 4) pièces, papier.

1638-1751. — Francs-fiefs, amortissements et nouveaux acquêts. Affaires générales. Commission du roi Louis XIII, pour le recouvrement des droits de francs-fiefs et nouveaux acquêts dans les pays de Bresse, Bugey, Valromey et Gex (1638). — Déclaration du roi Louis XIV, pour la levée et la liquidation des droits de francs-fiefs, nouveaux acquêts et amortissements dans le royaume (1632). — Arrêt du Conseil d'État, qui casse celui rendu par la Chambre des comptes portant défense au traitant de percevoir les droits de francs-fiefs dans le Mâconnais (ressort du Parlement de Paris), avant la vérification de l'édit qui institue une Chambre souveraine des francs-fiefs à Dijon (1634) ; — portant que nonobstant la surséance accordée aux États de la province pour l'affranchissement demandé du droit de francs-fiefs dans la Bourgogne, il sera passé outre par la Chambre souveraine de Dijon, à la recherche, à la liquidation et au recouvrement de ces droits (1660). — Règlement pour la perception de ces droits, édicté par la Chambre souveraine de Dijon (1660). — Déclaration du roi Louis XIV, qui accorde l'affranchissement des droits de francs-fiefs et nouveaux acquêts, dus par les roturiers et les communautés, en payant la valeur de deux années de revenu de ces fiefs ou biens (1672). — Arrêts du Conseil d'État pour le paiement des taxes de francs-fiefs (1672) ; — qui enjoint à tous les possesseurs de biens sujets aux droits de francs-fiefs, amortissements et nouveaux acquêts, de produire devant les Intendants, un état détaillé de ces biens (1674) ; — qui confisque et réunit au domaine du Roi les biens nobles omis dans ces déclarations (1674) ; — servant de règlement aux ecclésiastiques et bénéficiers du royaume, pour rendre les aveux et dénombrements de leurs biens (1674) ; — qui astreint les roturiers possédant fiefs, et qui ont été affranchis des droits, à payer une année de leurs revenus pour jouir de la confirmation de cet affranchissement (1674) ; — portant confirmation des privilèges des habitants des villes franches et règlement des francs-fiefs (1674). — Déclaration du Roi pour le recouvrement des droits d'amortissement, de nouveaux acquêts et de francs-fiefs sur les gens de mainmorte et les roturiers (1700). — Lettres d'amortissement général pour tous les bénéficiers et gens de mainmorte qui ont payé le droit d'amortissement (1701). — Formules des déclarations des biens sujets aux droits du dixième du revenu. — Arrêts du Conseil d'État servant de règlement pour le recouvrement des droits d'amortissement et francs-fiefs (1706, 1738, 1751).

C. 2787. (Liasse.) — 11 pièces, papier.

1605-1660. — Francs-fiefs. — Déclarations générales. Dénombrement des fonds situés en Bresse possédés par les bourgeois de Lyon et des sommes auxquelles ils étaient astreints pour la taille, produit à la Chambre des comptes de Dijon par le prévôt des marchands et échevins de cette ville. Ces biens sont situés à Montluel, Dagnieu, Jallieu, Nievros, Beynos, Saint-Maurice de Beynos, La Boisse, Til, Ballan, Bressolles, Joyeu et Montellier, Pizey, Miribel, Neyron, Pillieu, Caluires, Tremoye, Montaney, Romanèche, Cordieu, Sainte-Croix, Mionnay, Sathonay, etc. — Déclarations des biens de francs-fiefs sis à Buella, Cuardes, paroisse de Marboz, Bovens, Lalleyriat et Bourg (1605). — États des gentilshommes possédant fiefs dans les bailliages de Semur et d'Avallon.

C. 2788. (Registre.) — In-folio, 804 feuillets, papier.

1632-1636. — Rôles des taxes et condamnations faites par les commissaires députés sur le fait des francs-fiefs en Bourgogne, sur « aucuns » particuliers et communautés des bailliages de Saint-Jean-de-Losne, de Bresse, de Dijon, de Gex, de Beaune, de Châtillon, de Bourbon-Lancy, de Charolles, de Chalon, de Nuits, d'Avallon, de Semur, d'Autun et d'Auxonne.

C. 2789. (Registre.) — 97 feuillets, papier.

1672-1671. — Rôle des taxes imposées pour toute la généralité de Dijon aux roturiers non nobles, possédant fiefs, arrière-fiefs, alleux, héritages, rentes, dîmes inféodées et autres biens nobles, et à ceux qui ont été déclarés usurpateurs du titre de noblesse dont l'anoblissement a été révoqué. On voit figurer, parmi ceux inscrits au bailliage de Dijon, les familles Du May, Potel, Legrand, Fremyot, de Cirey, Estienne, Gagne, Maillard, Le Belin, Le Compasseur, Sayve, Bernard, Saumaise, Bouhier, Demongey, Languet, La Boutière, Lantin,

Bretagne, Beuverand, Espiard, Milletot, Valon, etc., dont les membres étaient revêtus de charges dans les trois cours souveraines de Dijon ; — dans celui de Mâcon, les Chesnard, les Bullias, les de Champeau ; — dans celui d'Autun, les familles Montaigu, Chiflot, d'Arlay, de Cret ; — à Semur, celles de Berthier, de Lemulier, de Drouas, de Balathier, etc., etc. — Fol. 27. Rôle des taxes imposées aux communautés et gens de mainmorte qui possèdent des héritages féodaux, roturiers ou allodiaux, des rentes, censives et dîmes inféodées non amorties. Les communautés villageoises y figurent pour leurs biens communaux et leurs usages, suivant l'ordre des bailliages dans la circonscription desquels ils sont placés.

C. 2790. (Liasse.) — 123 pièces, papier.

1636-1643. — Francs-fiefs. — Quittances données par le receveur des droits de francs-fiefs et nouveaux acquêts, des taxes imposées par les commissaires du Roi, aux fabriques des paroisses de la généralité ; — aux chapelains des chapelles Saint-Éloi à Gilly-lès-Cîteaux et à Marey-sur-Tille ; — à la confrérie du Saint-Sacrement de Poinçon ; — à la communauté de Pont-de-Veyle, — à l'hôpital Saint-Jacques et Saint-Philippe-de-Saint-Usage, etc., etc.

C. 2791. (Liasse.) — 46 pièces, papier.

1582-1665. — Décisions de la Chambre souveraine, de l'Intendant de Bourgogne, en matière de francs-fiefs. — Déclaration du bailliage de Mâcon portant qu'en ce pays, les fiefs nobles, soit simples, soit de juridiction, sont possédés et peuvent être possédés indifféremment par des nobles ou des roturiers, à la charge d'accomplir les devoirs auxquels ils sont tenus envers le Roi (1582). — Saisie de la seigneurie de Verrières-lès-Montpont, sur les Carmélites de Chalon, pour défaut de déclaration (1634). — Arrêt de décharge des taxes imposées à Cl. Vieillard, conseiller au Présidial de Bresse, pour la terre de Chanay (1641) ; — qui décharge J. Dupuis de Montbrun, écuyer, des taxes indûment imposées sur la seigneurie de Peyssoles (1641). — Sursis accordé aux habitants de la république de Genève, jusqu'à la décision du Roi, des taxes imposées à ceux d'entre eux qui possèdent des biens au pays de Gex (1641). — Procès-verbal dressé par les commissaires, sur le fait des francs-fiefs, de la répartition de la somme de 50,000 livres, imposée à la Généralité de Dijon, sur tous les possesseurs des francs-fiefs et ceux des fiefs qui ont obtenu l'exemption du ban et de l'arrière-ban (1644). — Arrêt de la Chambre des comptes, qui décharge André Bernard, conseiller maître en ladite Chambre, des taxes à lui imposées par le traitant, lui fait main-levée de la saisie du fief de Montchanin et fait défense au traitant de continuer ses poursuites (1654). — Arrêt de règlement de la Chambre souveraine, touchant les déclarations, les informations et les rôles des francs-fiefs (1654) ; — qui ordonne des poursuites contre les frères Suchon et le fils Jacob de Semur, pour rébellion contre le sergent du recouvrement des droits de francs-fiefs (1660) ; — qui les condamne chacun en 10 livres d'amende ; — qui ordonne que nonobstant les lettres de surséance pour l'exécution de l'édit d'affranchissement des droits de francs-fiefs, obtenues par les États de Bourgogne, il sera passé outre à la recherche, à la liquidation et au recouvrement de ces droits (1660) ; — qui, nonobstant les lettres patentes de confirmation de leurs privilèges, condamne les habitants d'Autun, possesseurs de fiefs et terres nobles, à payer les droits de francs-fiefs ; — qui ordonne la prise de corps de deux habitants de Paray-le-Monial, accusés d'avoir assassiné trois agents du traitant ; — qui enjoint aux juges, greffiers, notaires, secrétaires, etc., de remettre au traitant tous les papiers pouvant servir à l'éclaircissement des droits de francs-fiefs ; — qui décharge Albert Maréchal, écuyer, seigneur de Montsimon, et P. Guyot, seigneur de la Motte, comme nobles, des taxes à eux imposées par le traitant (1664).

C. 2792. (Registre.) — In-folio, 375 feuillets, papier.

1703-1719. — Registre d'enregistrement par le Bureau des finances, des actes relatifs aux communautés et gens de mainmorte et partant soumis aux droits de francs-fiefs, amortissements et nouveaux acquêts. — Fol. 2. Acquisition d'une maison, place Saint-Fiacre, par le couvent des Jacobines de Dijon (1703). — Fol. 10. Autre, par les Ursulines de Saulieu, d'un bâtiment situé sur la place du Château, derrière l'église Saint-Andoche (1711). — Fol. 20. Legs pour une fondation fait par Henri Rémond, écuyer, aux Mépartistes de Saint-Nicolas de Châtillon-sur-Seine (1712). — Fol. 30. Acquisition du domaine de Givry par les Visitandines de Bourbon-Lancy (1713). — Fol. 40. Donation d'un jardin à la fabrique de Gemeaux, par M. de Varenne, curé (1715). — Fol. 50. Acquisition d'une métairie à Saint-Symphorien-lès-Charolles par les religieuses urbanistes de Sainte-Claire de Charolles (1716). — Fol. 136. Registre de la recette des amortissements perçus par L. Lelièvre (1710). — Fol. 204. Table de l'état des contraintes du même (1710).

C. 2793. (Registre.) — In-folio, 449 feuillets, papier.

1701-1702. — Registre contenant : Fol. 1. Rôle, divisé par bailliage et pour toute la généralité de Dijon, des sommes imposées sur les roturiers de la province pour les fiefs et autres biens nobles qu'ils y possèdent. On voit y figurer à Dijon, les de Requeleyne à Auxonne, les Charpy, à Semur les Lemulier. — Fol. 18. Second rôle de 1702, où figurent, à Auxerre les Marie, Martineau, Fautrier, etc., à Beaune les

Loppin, à Autun les Challemoux et André. — Fol. 68. Troisième rôle de 1702.—Fol. 74. La veuve Gaspard Millotet, pour *deux fiefs à Brazey et à Vignolles.* — *Fol. 104.* M. *Dugon,* propriétaire des fiefs de Joursanvaux et Corcelles-sous-Rouvray. — Il est porté déchargé; — ainsi que les Durand de *Saint-Eugne, les Bouillet, pour le fief de la Fin-les-Fautrières.* — Fol. 183. Charlotte de Mucie paye 275 livres pour celui de Charmey. — *Fol.* 214. *Décharges obtenues par M. de Reins pour ceux de la Loge et du Creusot;* — *Fol.* 254. *par le sieur Grenette, pour celui de la grange de Grimont;* — *Fol.* 366. par Gonglaire, pour un fief à Thil-en-Auxois; — *Fol.* 365. par Mlle *de Grignon, pour le fief de Villemorien.* — *Fol.* 402. Le seigneur de Montolivet paye 4400 livres pour le fief de Gourdans, paroisse de Saint-Maurice-en-Bresse.

C. 2794. (Registre.) — In folio, 180 feuillets, papier.

1704-1722.—Francs-fiefs.—Fol. 1. Registre d'enregistrement par le Bureau des finances des actes relatifs aux biens nobles acquis par les roturiers et qui sont soumis aux droits de francs-fiefs et nouveaux acquêts.—Acquisition du fief de Crécy, près Bourbon-Lancy, par N. Poilier, conseiller au bailliage d'Autun (1705).—Fol. 5. Legs de la seigneurie de Corcelles-les-Arts, près Beaune, fait par Blaise Boillot à ses deux sœurs (1712). — Fol. 9. Acquisition du fief de Champlevé, près Saint-Apollinaire, et mouvant de l'abbaye de Saint-Bénigne de Dijon, faite par M. Lombard, contrôleur de l'artillerie (1717). — Fol. 19. État des sommes imposées aux roturiers et non nobles possédant fief pour avoir la faculté d'en jouir pendant vingt ans. — Fol. 23. État semblable dressé pour 1711. — Fol. 35. Hilaire Bernard de Requeleyne, seigneur de la baronnie de Longepierre, est déchargé de la taxe par sa qualité de contrôleur des guerres (1712). — Fol. 48. P. Bouscaut, propriétaire de la terre de Flagey et de la grange Rozotte près d'Auxonne, est taxé à 300 livres (1714). — Fol. 78. A. Noyron, petit-fils d'Antoine Noyron, maire de Chalon, paie 500 livres pour la terre de Beauvernois (1712). — Fol. 102. Théodore Vacher, possesseur du fief de la Motte à Talmay, est exempt comme correcteur de la Chambre des comptes de Dole (1710).

C. 2795. (Registre.) — In-folio, 30 feuillets, papier.

1734-1751. — Registre d'enregistrement par le Bureau du Domaine à Dijon, des actes concernant les biens sujets aux droits de francs-fiefs, amortissements et nouveaux acquêts. — Fol. 1. Fondation de service religieux en l'église de Fontaine-les-Dijon, par la famille Arlin (1734). — Fol. 5. Autre en l'église de Fénay, par Jacques Claudon (1735). — Fol. 10. Acquisition d'héritages à Brochon, par les dames Jacobines de Dijon, sur Cl. Bollenot (1737). — Fol. 13. Fondations de services religieux en l'église de Lantenay, par les mariés Margot (1738); — Fol. 20. par *Catherine Roy,* en l'église Saint-Jean de Dijon (1738,; — Fol. 24. par Jean Nyault, en l'église Saint-Philibert de Dijon (1744). — Fol. 28. Amortissement payé par les religieuses bénédictines de Dijon, pour un bâtiment acquis au prix de 30,000 livres rue Saint-Pierre (1746).

C. 2796. (Registre.) — In-folio, 66 feuillets, papier.

1745-1791. — Registre faisant suite au précédent. — Fol. 2. Fondation à la cathédrale de Dijon, par Nicolas Joly-Vallot, chanoine (1746). — Fol. 5. Amortissement d'une pièce de vigne en roture acquise par les RR. PP. Carmes, sur le finage de Dijon (1744); — Fol. 10. d'une maison acquise par les États de la province, rue Porte-au-Lion, à Dijon, laquelle doit être démolie pour la décoration de la ville (1748). — Fol. 19. Acquisition par la ville de Dijon de plusieurs maisons dans les rues Saint-Fiacre, Chanoine, des Forges, Chapelotte, Saint-Nicolas etc (1752). — Fol. 31. Fondation de la confrérie des Agonisants, en l'église de Neuilly, par la veuve Bergeret (1759). — Fol. 39. Donations d'une somme de 10,000 livres faite par le marquis du Terrail à l'Académie des sciences et belles-lettres de Dijon (1770); — Fol. 45. d'un terrain de 2 journaux 2 tiers, près la porte Saint-Pierre, faite à la même par M. Legouz de Gerland, grand bailli du Dijonnais (1771). — Fol. 50. Construction d'un bâtiment par les Carmes de Dijon dans la cour de leur couvent (1777). — Fol. 60. Amortissement payé par l'Académie des sciences de Dijon pour l'acquisition de son hôtel (1786).

C. 2797. (Registre.) — In-folio, 25 feuillets, papier.

1779-1789. — Sommier d'enregistrement par le Bureau du Domaine à Dijon, des articles de contraintes de francs-fiefs, d'amortissements et de nouveaux acquêts qui doivent être payés au Bureau de Dijon. — Fol. 1. Amortissement payé par l'abbaye de Citeaux pour la plus-value du domaine de Beauregard à Ouges, afferme à M. l'évêque de Dijon (1717). — Fol. 5. Construction par le séminaire de Dijon d'un bâtiment, rue Poulaillerie (1781). — Fol. 10. Acquisition par l'Académie des sciences de Dijon, d'une maison sise rue du Pont-Arnaud, joignant son hôtel (1786). — Fol. 20. Fondation en faveur de la confrérie de la Miséricorde de Dijon, par A.-B. Lamy de Samerey, conseiller au Parlement (1788).

C. 2798. (Cahier.) — In-folio, 18 feuillets, papier.

1788-1789. — États généraux des produits des droits d'amortissements, francs-fiefs et nouveaux acquêts appartenant à l'Administration des Domaines. Total : 13,534 livres en 1788 et 5124 en 1789. — Fol. 5. États des sommes imposées aux roturiers possesseurs de fiefs nobles, pour avoir la faculté d'en jouir pendant vingt ans.

C. 2798 bis. (Registre.) — In-folio, 147 feuillets, papier.

1724-1788. — Francs-fiefs, amortissements. Registre d'enregistrement des articles de contraintes des droits d'amortissements reçus dans l'arrondissement du bureau de Seurre.

C. 2798 ter. (Cahier.) — In-folio, 18 feuillets, papier.

1734-1752. — Francs-fiefs. Amortissements. Registre d'enregistrement des actes sujets à ces droits, présenté au même bureau.

C. 2798 quater. (Cahier.) — In-folio, 27 feuillets, papier.

1739-1788. — Francs-fiefs. Amortissements. Registre d'enregistrement des recettes faites dans le même bureau sur les articles des droits d'amortissements et de francs-fiefs.

C. 2798 quinquies. (Cahier.) — In-folio, 24 feuillets, papier.

1772-1790. — Francs-fiefs, octrois, amortissements. Registre d'enregistrement des recettes faites dans le même bureau, des nouveaux sols pour livre sur les droits d'octrois des États villes et communautés les péages, becs, pontenages et autres droits domaniaux.

C. 2798 sexties. (Cahier.) — In-folio, 12 feuillets, papier.

1789. — Francs-fiefs, amortissements, biens de mainmorte Sommier de biens de mainmorte, situés dans l'arrondissement du bureau de Seurre.

C. 2799. (Liasse.) — 70 pièces, papier.

1634. — Déclarations des biens communaux produites par les habitants des villes, bourgs et villages de la Généralité de Dijon, devant les commissaires royaux, pour la levée de droits de francs-fiefs et nouveaux acquêts. Bailliage de Dijon. Communautés d'Ahuy, Aiserey et Potangey, Ancey, Arceau, Arcelot et Fouchanges, Arçon et Belleneuve, Arc-sur-Tille, Argillières, Asnières, Avot, Barges, Barjon, Beaumont-sur-Vingeanne, Beire-le-Châtel, Bellefond, Belleneuve, Bézouotte, Binges, Blagny-sur-Vingeanne, Boussenois, Bressey-sur-Tille, Bretigny, Ogny, Norges-le-Pont, Brochon, Cessey-sur-Tille, Chaignay, Chambeire, Champagne-sur-Vingeanne, Charmes, Chenôve, Chevigny-Saint-Sauveur et Corcelles-en-Montvaux, Cirey, Clénay, Corcelles-les-Citeaux, Corcelles-les-Monts, Couchey, Courtivron, Couternon, Crecey, Crimolois, Cuiserey, Curtil-sur-Seine, Daix, Dampierre-sur-Vingeanne, Darois, Diénay, Épagny, Épernay, Étevaux, Fénay et Chevigny-Fénay, Fixin et Fixey, Placey, Flavignerot, Foncegrive, Fontaine-Française, Fontaine-les-Dijon, Fouvent, Fresne-Saint-Mamès.

C. 2800. (Liasse.) — 87 pièces, papier.

1634. — Francs-fiefs. — Suite des déclarations des communes. Bailliage de Dijon. Gemeaux, Gevrey, Hauteville, Is-sur-Tille, Izeure, Izier, Labergement-Foigney, Lantenay, La Perrière, Saint-Seine-en-Bâche et Samerey, Longvic, Lux, Magny-Saint-Médard, Magny-la-Ville, Marandeuil, Marey-sur-Tille, Marliens, Marsannay-la-Côte, Marsannay-le-Bois, Merrey, Messigny, Meuvy et Bassoncourt, Mirebeau, Musseau, Noiron-les-Citeaux, Norges, Oisilly, Orain, Orgeux, Ougcs, Pasques, Perrigny-les-Dijon, Pichanges, Plombières, Poinson, Poiseul-les-Saulx, Prenois, Quetigny, Remilly-sur-Tille et Vaux-sur-Cosne, Renève, Saint-Julien, Saint-Léger, Saint-Seine-sur-Vingeanne, Saulon-la-Chapelle, Saulon-la-Rue et Layer, Saulx-le-Duc et Luxerois, Sanssy, Savolles, Savouges, Selongey, Spoy, Tanay et Taniot, Tarsul, Tart-l'Abbaye et Tart-le-Bas, Ternac, Tornay, Thorey-les-Époisses, Tricy, Trochères, Val-de-Suzon, Varanges, Varois et Chaignot, Velars, Vernois-les-Chalancey, Vernot, Véronnes-les-Grandes, Véronnes-les-Petites, Viévigne, Villecomte, Villey-sur-Tille.

C. 2801. (Liasse.) — 8 pièces, papier.

1634. — Suite des déclarations des communes. Bailliage d'Arnay-le-Duc : Créancey, Mâlain, Magnien, Remilly-en-Montagne.

C. 2802. (Liasse.) — 6 pièces, papier.

1634. — Suite des déclarations des communes. Bailliage d'Autun : Baignault, paroisse d'Allerey, Curdin, Faye-en-Morvan, Savigny, paroisse d'Étang.

C. 2803. (Liasse.) — 41 pièces, papier.

1634. — Suite des déclarations des communes. Bailliage d'Auxonne : Athée, Billey, Champdôtre, Cheuge, Collonges-Premières, Flagey-les-Auxonne, Foucherans, Heuilley, Jancigny, Labergement-les-Auxonne, Longchamp, Longeault, Mailly, La Marche-sur-Saône, Maxilly, Montarlot, Montmançon, Perrigny-sur-l'Ognon, Pluvault, Poncey-les-Athée, Pont, Pontailler, Premières, Saint-Sauveur, Saint-Symphorien, Soissons, Tillenay, Tréclun, Vielverge, Villers-les-Pots, Villers-Rotin, Vonges.

C. 2804. (Liasse.) — 1 pièce, papier.

1634. — Suite des déclarations des communes. Bailliage d'Avallon : paroisse de Blacy.

C. 2805. (Liasse.) — 54 pièces, papier.

1634. — Suite des déclarations des communes. Bailliage de Beaune : Aigney et Pleuvey, Antheuil, Antigny-la-Ville,

Aubaine, Aubigny-la-Ronce, Bessey-en-Chaume et Clavoillon, Bligny-sur-Ouche, Bligny-sous-Beaune et Curtil, Chevigny-en-Valière et Port-de-Palleau, Chorey, Cirey, Corcelles-les-Arts, Cormot, Corpeau, Culêtre et Lée, Cussy-la-Colonne, Écharnant, Joursanvaux, Itouvray et Corcelles-les-Rouvray, Longecourt-les-Culêtre, Lusigny, Meloisey, Merceuil, Cissey et Morteuil, Meursault, Molinot, Montagny, Montceau et Grandmont, Muresanges, Nantoux, Nolay, Pommard, Puligny, Ruffey, Grandchamp et Travoisy, Sainte-Marie-la-Blanche, Santenay, Savigny-sous-Beaune, Serrigny, Tailly, Thomirey, Veuvey-sur-Ouche, Vignolles, Chevignerot et le Pasquier, Volnay.

C. 2806. (Liasse.) — 55 pièces, papier.

1631. — Suite des déclarations des communes. Bailliage de Chalon : Bantanges, Beaumont-sur-Grosne, Bragny, Bressesur-Grosne, Corchanu et la Couhée, Champagny, Bruailles, Charnay, Chassey, Valotte et Bereuilly, Chaudenay-sur-Deheune et Mimande, Chenôves, Colombier et Bissy-sous-Uxelles, Condal, Cuisery, La Pommerée et Fontaine-Couverte, Denevy et Saint-Gilles, Devrouse et la Chassagne, Écuelles, Fretterans, Frontenard, Géanges, Huilly, Labergement-de-Sainte-Colombe, Le Tartre et Meix-Martin, La Chapelle-Naude, La Chapelle-Thècle, La Genette et Varenne, Loisy, Menestreul, Mercurey, Mervans, Mont-les-Seurre, Montpont, Moutier-en-Brosse, Navilly et Pierre.

C. 2807. (Liasse.) — 30 pièces, papier.

1634. — Suite des déclarations des communes. Bailliage de Chalon : Pontoux, Couronne et Montot, Rancy, Ratenolle, Rully, Sagy, Saint-Ambreuil, Saint-Denis-de-Vaux, Saint-Didier-en-Bresse, La Couhée et Labergement-le-Verdun, Saint-Germain-du-Bois, La Coudre et La Revalière, Saint-Gervais, Saint-Léger-sur-Deheune, Saint-Marc-de-Vaux, Sainte-Croix, Sens, Sevrey, Deroux et Mépilly, Sienne, Sornay, Terrans, Varennes-sur-le-Doubs, La Villeneuve et Clux.

C. 2808. (Liasse.) — 105 pièces, papier; 1 pièce, parchemin.

1634. — Suite des déclarations des communautés. Bailliage de Châtillon-sur-Seine : Aignay-le-Duc, Aisey-le-Duc, Ampilly et Chemin-d'Ampilly, Ampilly-le-Sec, Autricourt, Baigneux-les-Juifs, Balot, Baume-la-Roche, Beaunotte, Belan, Bissey-la-Côte et Layer, Bissey-la-Pierre, Blaisy-Haut-Bas et Charmoy, Bremur, Bricon, Brion, Buncey, Bure, Busserotte et Montenaille, Bussières, Bussy-le-Grand, Cerilly, Chameroy, Chamesson, Champagny, Charancey, Chaugey, Chaumont-le-Bois, Courban, Darcey, Duêsme, Échalot, Étalante, Étormay, Étrochey, Fontaine-en-Duesmois et Les Morots, Fraignot et Vesvrotte, Francheville, Grésigny, Gyé-sur-Aujon, Larrey,

Latrecey, Leffond, Léry, Louesme, Maisey-le-Duc, Marcenay, Massingy-les-Châtillon, Meulson, Minot, Moitron, Moloy, Montliot et Courcelles-les-Rangs, Montribourg, Poinçon-les-Larrey, Poncey et Pellerey, Quemigny-sur-Seine, Richebourg, Rochefort et Le Puiset, Rochetaillée, Saint-Broing-les-Moines, Saint-Germain-le-Rocheux, Saint-Marc-sur-Seine, Saint-Martin-du-Mont, Sainte-Colombe-sur-Seine, Salmaise, Semoutier, Terrefondrée et La Forêt, Thenissey, Thoires, Trouhaut, Turcey, Vannaire, Verrey-sous-Salmaise, Villaines-en-Duesmois, La Villeneuve-les-Convers, Villotte-sur-Seine, Villotte-sur-Ource.

C. 2809. (Liasse.) — 3 pièces, papier.

1631. — Suite des déclarations des communautés. Bailliage de Mâcon : hameau de la Truchière, commune de Préty, Igé et Domanges.

C. 2810. (Liasse.) — 29 pièces, papier.

1632. — Suite des déclarations des communautés. Bailliage de Montcenis : Bessy-Saint-Arroux, Blanzy, Breuil, Charbonnat-sur-Arroux, Châtel-Moron, Detains et Étoulle, Dettey et Poiseuil, La Chapelle-sous-Uchon, La Tanière, Montmort, Saint-Berain-sous-Sanvignes, Saint-Firmin, Saint-Léger-sur-Deheune, Saint-Martin de-Communes, Saint-Nizier-sur-Arroux, Uxeau et Vandenesse-sur-Arroux.

C. 2811. (Liasse.) — 50 pièces, papier.

1631. — Suite des déclarations des communautés. Bailliage de Nuits : Agencourt, Arcenant, Anvillars, Bagnot, Bévy, Boncourt-le-Bois, Broin, Chambeuf, Chambolle, Chevannes, Chevrey, Chivres, Clémencey, Collonges, Concœur, Corberon, Corgengoux et Grosbois, Corgoloin, Cassigny et Moux, Curley, Curtil-Vergy, Flagey-les-Gilly, Gerland et Bulon, Gilly-les-Citeaux, Glanon, Labergement-le-Duc, Messanges, Montmain, Morey, Pouilly-sur-Saône, Premeaux, Prissey, Quemigny, Reulle, Saint-Jean-de-Bœuf, Segrois, Ternant et Rolle, Villars-Fontaine, Villebichot, Villy-le-Moutier, Vosne, Vougeot.

C. 2812. (Liasse.) — 2 pièces, papier.

1631. — Suite des déclarations des communautés. Bailliage de Saint-Jean-de-Losne : Bonnencontre, Montot.

C. 2813. (Liasse.) — 3 pièces, papier.

1631. — Suite des déclarations des communautés. Bailliage de Semur-en-Auxois : Avosne, Champrenault, Saint-Hélier.

C. 2814. (Liasse.) — 88 pièces, papier.

1631. — Suite des déclarations des communautés du bailliage ges de Bresse, Bugey, Valromey et Gex, Ambléon, Anglefort, Arbignieu, Arbigny, Argil, Arlod, Arnan, Aromaz, Asnières, Bagé, Ballon, Belleydoux, Belmont, Belley, Benonce, Billieu, Biziat, Bons, Bouha, Bourg, Bregnier et Cordon, Brens, Briol, Buissorolles, Bussiges, Ceyssiat, Ceyssiat-les-Montdidier, Chalea, Challex, Chamboz, Champagne, Chandossin, Charancin, Chazey-sur-Ain, Bliös, Châtillon les-Dombes, Chatonod, Chavognat, Chavannes, Chavornay, Chimillieu, Chivignaz, Coisia, Colligny, Collomier, Conflens, Controvoz, Boissieu, Montbresieu, Proveysieu, La Balme et Cheynieu, Conzieu, Corbonod et Syllans, Corcelles, Corlier, Cormerant, Corveysiat, Courtoz, Cressin, Crusilles, Culoz, Cuzieu, Dront, Druys, Duysieu, Échesaux, Échallon, Écrivieu, Esnes, Fotignieu, Gellignieu, Grand-Glandieu, Gordans, Gorrevod, Grieges, Hauteville et Cormaranche, Hostonne et Rivoire, Jayat, Journand, La Chambière, La Cour, Lavours et Chanaz, Lochieu, Longnieu, Longecombe, Longeray, Loyes, Loyette, Luyrieux.

C. 2815. (Liasse.) — 87 pièces, papier.

1624.—Suite des déclarations des communautés des bailliages de Bresse, Bugey, Valromey et Gex : Magnieu, Marignieu, Marsonnaz, Massignieu, Meraleaz, Mespillat, Manziat, Meximieu, Meyriat, Miribel, Mionnay, Mollon, Mirignat, Montagnat, Montagnieu, Natage, Neyron, Ochiaz, Ostiaz et Saint-Sulpice, Ozan, Parves, Pérouges, Peyrieu, Pollien, Pont-d'Ain, Pont-de-Vaux, Pont-de-Veyle, Premysel, Preyssiat, Pugieu, Revonat, Rignîat, Rignieu, Rillieu, Romanèche, Roissiat, Ruffieu, Saint-André-le-Pannoux, Saint-Bénigne, Saint-Benoît, Saint-Neyrieu, Saint-Denis, Saint-Didier, Saint-Germain-des-Parres, Saint-Germain d'Ambérieux, Saint-Jean-d'Etreux, Saint-Jean-des-Aventures, Saint-Julien, Saint-Laurent-les-Mâcon, Saint-Marcel, Saint-Martin-du-Fresne, Saint-Martin-du-Mont, Saint-Martin-de-Vaugrinense, Saint-Maurice-de-Gordans, Saint-Maurice-de-Remens, Saint-Trivier-de-Courtes, Sainte-Julie, Seillonaz, Serrières, Seyzerieu, Servignes, Sessy, Sothonod, Soudon et Souclins, Talissieu, Theysieu, Tenay, Thoyrette, Til, Tossiaz, Tramayes, Treffort, Varambon, Veriat, Verjon, Vieu-d'Isenave, Ville, Villebois, Villemoutier, Villeneuve, Villeversure, Virieu-le-Grand, Virieu-le-Petit, Virignin, Vognes, Vourey, Ysenave.

C. 2816. (Liasse.) — 2 pièces, papier.

1581-1751. — Affaires générales. Édit du roi Henri III qui crée un receveur des domaines patrimoniaux et d'octroi dans toutes les villes (1581). — Arrêt du Bureau des Finances rendu sur la requête du procureur du Roi, portant qu'il sera procédé à la visite et reconnaissance des murailles, tours, remparts et fortifications des villes d'Auxonne, Nuits, Pontailler, Saint-Jean-de-Losne et Seurre (1751).

C. 2817. (Liasse.) — 25 pièces, papier.

1433-1783. — Dijon. Délibération du clergé, des privilégiés et de la Chambre de Ville qui votent un impôt de 800 livres pour les fortifications de la place (1433). — Avis donnés au Roi par le Bureau des Finances au sujet de l'autorisation demandée par la mairie de Dijon, de reconstruire une tuerie (1583) ; — touchant la demande de la même, en confirmation de l'octroi sur le vin, pour l'entretien des fortifications. — Procès-verbal dressé par J. Jacquot, trésorier de France, de la visite des fortifications de la ville (1596). — Arrêt du Conseil qui autorise la mairie à établir un magasin à blé dans la ville (1597). — Confirmation des octrois sur le vin, accordée par le roi Henri IV (1600). — Règlement sur l'élection du vicomte mayeur, édicté par le roi Louis XIII (1610). — Arrêt du Conseil d'État pour la vérification et la liquidation des dettes de la ville (1664). — Procès-verbal du toisage des rues de la ville, dressé par M. Royhier, arpenteur général des forêts du Roi (1678). — Procès-verbaux de visite des fossés, murs, remparts, tours, bastions, château et fortifications de la ville, dressés sur l'ordre du Bureau des Finances (1596) ; — de l'Intendant de Bourgogne (1699). — Ordonnance de l'Intendant qui, pour faire cesser les fraudes des boulangers et des pâtissiers, soumis aux droits levés sur le blé, prescrit aux bourgeois et habitants de Dijon, de faire écrire lisiblement leurs noms sur les sacs de blé qu'ils enverront au moulin, ainsi que la contenance du sac (1758).

C. 2818. (Liasse.) — 11 pièces, papier.

1615-1754. — Arbigny, Saint-Bénigne et Chamarande. Dossier de la délivrance des réparations à faire aux ponts et aux biefs de Fargeisso (1704). — Arc-sur-Tille. Arpentage de la terre par J. Royhier, arpenteur juré (1645). — Échange de bois entre Henri-Charles de Saulx-Tavannes et les habitants (1730). — Résiliation de cet échange (1737). — Devis dressé par Guillaume Saunac, ingénieur du Roi à Dijon pour le desséchement des marais d'Arc-sur-Tille et de Bressey (1757). — Bail à cens du moulin d'Arc-sur-Tille, consenti par M. de Saulx-Tavannes, au sieur Bellevault (1784). — Extrait sans date du terrier de la seigneurie.

C. 2819. (Plan.) — 1 feuille, papier.

1610. — Plan d'un projet de desséchement du marais d'Arc-sur-Tille, levé par Édouard (Bredin), arpenteur à Dijon. (Vue cavalière du château d'Arc-sur-Tille aujourd'hui disparu.)

C. 2820. (Liasse). — 2 pièces, parchemin; 22 pièces, papier; 1 plan.

1617-1782. — Arceau et Arcelot. Transaction par laquelle André Fremyot, archevêque de Bourges, rétrocède aux habitants d'Arcelot des bois usurpés sur eux (1613). — Vente de bois faite aux mêmes par Cl. Fremyot, seigneur d'Is-sur-Tille (1619). — Arrêt du Parlement de Dijon qui autorise les habitants d'Arcelot à vendre leurs bois communaux (1620).— Arpentage et partage des bois d'Arcelot entre les habitants et le sieur Raillard (1627). — Déclaration de ces bois (1627). — Dossier d'une instance avec Mme Verchère, dame du lieu, au sujet de la propriété d'un bois (1735). — Arnay-le-Duc. Arrêt du Conseil d'État qui réunit les fortifications de cette ville au domaine de la couronne (1782). — Arrans. Décharge de l'impôt des vingtièmes sollicitée par les habitants (1763). — Athée. Procès-verbal de délivrance de la coupe des bois communaux faite par les habitants à A. Vachet d'Auxonne (1663).

C. 2821. (Liasse.) — 1 pièce, parchemin, 17 pièces, papier.

1483-1781. — Autun. Lettres patentes de Charles VIII, roi de France, qui engage les revenus de la vierie aux habitants, moyennant une somme de 300 livres par an (1483). — Déclaration du roi Charles IX qui, tout en maintenant pour Autun les dispositions de l'édit d'Amboise qui avait réuni la justice civile au bailliage, ordonne que le greffe de la vierie continuera à percevoir les émoluments de cette justice (1567). — Auxerre. Arrêt du Conseil d'État, qui concède à la communauté des habitants, les murs, fossés et remparts de la ville non encore occupés (1780). — Procès-verbal d'arpentage de ces places (1781). — Auxonne. Procès-verbal de délivrance des revenus de la prévôté (1629). — Autres de la coupe de bois communaux, des revenus patrimoniaux (1709). — Procès-verbal de reconnaissance de la limite de la forêt des Crochères avec les tinages de Rainans et Bouquerans. — Dossier d'un débat poursuivi devant la Chambre du Domaine entre la mairie et le fermier du Domaine du Roi, au sujet d'empêchement apporté par celle-ci à la perception des droits (1740).

C. 2822. (Liasse.) — 1 pièce, parchemin, 16 pièces, papier; 2 plans.

1609-1777. — Avallon. Procès-verbal de visite par un trésorier de France des réparations à faire aux fortifications de la ville (1609). — Rapport d'experts provoqué par les gens du Roi contre les usurpations commises par MM. de Sermisselles, Breysse et autres sur les fortifications de la ville (1766). — Plan. — Arrêt du Conseil d'État, qui réunit au Domaine de la Couronne, les murs, tours, remparts, fossés et autres fortifications de la ville, annule toutes les concessions qui en ont été faites par la mairie et néanmoins par grâce, maintient tous les détenteurs en possession, à la charge de justifier de leurs titres devant le Bureau des Finances, lequel devra en prononcer la confirmation (1775). — Procès-verbal dressé en conséquence par B. d'Arnay, arpenteur-géomètre, de la visite et reconnaissance des terrains dépendant des anciennes fortifications de la ville (1776).

C. 2823. (Plan.) — 1 feuille, papier.

1776. — Avallon. Plan dressé par J. d'Arnay, arpenteur, à l'appui de son procès-verbal de reconnaissance des anciennes fortifications de la ville.

C. 2824. (Liasse.) — 61 pièces, papier.

1777. — Avallon. Dossiers des requêtes et des décisions prises par le Bureau des Finances pour la maintenue des sieurs de Fresne, de Montjalin, N. Petit, J.-B. Malot, Pichotte, Gauffrenaud, Champion, Raveneau, Lemeux, Ganiare, Courtot, Seguin, Prévost, conseiller, Cromot, écuyer, Guérard, Cadoux, Travaux, Legris, Gaudot, Letors de Lerrey, Houdaille, Raverot, Moillat, Croisat, Boyer, l'Abbaye de Marcilly, Maillot, Chapelot, Morizot, Comynet, Champion, Sauvageot et les frères de la Doctrine chrétienne, en possession des parties de ces fortifications qui leur avaient été concédées.

C. 2825. (Liasse.) — 1 pièce, parchemin; 115 pièces, papier; 7 plans.

1777-1785. — Avallon. Suite des requêtes et des décisions prises par le Bureau des Finances pour le maintien des sieurs Berthaut receveur, Poussard écuyer, Charlot avocat, Rozerot, Morisot, Rousseau, Préjean avocat, Leriche, le Chapitre de la Collégiale Saint-Lazare, Minard des Aleux écuyer Morot, Champion écuyer, maire d'Avallon, Pradin, Talmitte, Mme Minard, Rocher curé de Saint-Jean et de Saint-Pancrace d'Autun, Debruere, Labatte, Boudin président au grenier à sel, Tiersot, Chevillotte, Guillemot, Pichenot, Lazare, Baudot, De Nesvre écuyer, Velin, Robert, Frottier, Châlon chirurgien, Mocquot, la ville d'Avallon, Poulain, Cordelier, Thebaut, Gambon, Gouy, Legare greffier, Morizot, avocat à Dijon, Prevot de Vernois officier, veuve Gordan, Boullenot, Guérin, Chenal, Royer apothicaire, Cousin syndic d'Avallon, Lieven, Bijon, Truchot, en possession des parties de ces fortifications qui leur auraient été concédées.

C. 2826. (Liasse.) — 3 pièces, parchemin; 43 pièces, papier; 5 plans.

1580-1781. — Avot. Procès-verbal de délivrance par l'Intendant de la coupe des bois communaux (1693). — Bassoncourt et Fays-Billot. Lettres patentes de Louis XIII qui autorise ces deux villages à user indifféremment du sel de France ou de Salins (1615). — Beaune. Lettres patentes des rois Henri III et Henri IV, portant confirmation des octrois sur le sel, la viande, les cuirs, le charbon de pierre, les grains employés par les boulangers et le vin (1585, 1586, 1600, 1608). — Lettres du roi Henri III au Bureau des Finances, prescrivant l'impôt sur le bailliage de Beaune, du montant des sommes déposées par cette ville sur l'ordre des officiers du Roi, pour l'entretien des fortifications et les munitions (1580). — Arrêt du Conseil d'État portant concession à la ville des bastions contigus à la porte Bretonnière et de l'emplacement du château (1778). — Procès-verbal de dismensuration et plan (1779). — Procès-verbal d'accensement par la mairie des emplacements restés en dehors des voies de communication projetées. — Belan. Arrêts du Conseil d'État qui autorisent la vente du quart de réserve des bois communaux, afin d'en employer le produit au curage des deux bras de la rivière d'Ource, avec part contributive des propriétaires intéressés et au paiement des dettes contractées pour les réparations du pont, du presbytère et aussi pour le droit d'indire exigé du seigneur (1708). — Belleneuve. Transactions entre les habitans et Hugues Le Compasseur, seigneur de la Motte d'Ahuy, au sujet de la cotisation de ses fermiers et la propriété de certains bois (1626). — Bessey-les-Citeaux. Plan des bois communaux. Déclaration des biens de la commune, extraite du terrier de la seigneurie (1608). — Blaisy et Charmoy. Déclaration des biens communaux (1634). — Bligny-sur-Ouche. Arrêt du Conseil d'État qui accorde aux habitants un octroi sur le vin et la viande pour l'acquit des dettes de la commune (1611).

C. 2827. (Liasse.) — 53 pièces, papier.

1603-1707. — Bourg-en-Bresse. — Procès-verbaux de visite et de délivrance des réparations à faire dans les bâtiments du présidial, du château, des prisons, du monastère de Sainte-Claire, des halles, aux fortifications, aux ponts, levées et grands chemins (1606-1614). — Dossier relatif à la construction de la chambre de l'Élection sur la place des lices (1631). — Visite par le trésorier de France de l'emplacement destiné à la nouvelle salle de l'hôpital et du couvent des Clarisses. — Ordonnance de l'Intendant qui prescrit l'établissement de la Chambre du sceau de la Chancellerie dans le bâtiment du Présidial. — Procès-verbal de visite et reconnaissance par le subdélégué de l'Intendant, des places usurpées sur les anciennes fortifications de la ville (1699). — Bussy-la-Pèle. Vente de biens communaux faite par les habitants à Marguerite Fremyot, veuve de l'Élu d'Esbarres, dame de Verrey-sous-Drée (1603).

C. 2828. (Liasse.) — 2 pièces, papier.

1738-1788. — Chalon. Procès-verbal de prise de possession du clos rond et de la Loge, aliénés par le Domaine (1738). — Autre dressé par le Bureau des Finances de la prise de possession par les États du duché de Bourgogne, des terrains des fortifications et de la citadelle, ensemble de la dimension et du toisé de ces terrains par Philibert Gremelin, géomètre (1788).

C. 2829. (Plan.) — 1 feuille, papier.

1788. — Chalon. Plan dressé à l'appui du procès-verbal du géomètre Gremelin.

C. 2830. (Liasse.) — 2 pièces, parchemin; 67 pièces, papier; 1 plan.

1402-1788. — Châteauneuf-en-Mâconnais, Saint-Maurice, Saint-Martin, Saint-Bonnet de Cray, Ligny. Extrait des titres déposés au greffe de la Chambre souveraine des amortissements et autres pièces produites par ces communes, afin de prouver leurs droits d'usage et de pâturage dans la forêt d'Avoise et de pêche dans la rivière du Sornin (1402-1608). — Boncourt-la-Ronce et la Fontaine, commune de Corgoloin. Procès-verbal d'arpentage des fonds et de délimitation du territoire (1774). — Couchey. Procès-verbal de délivrance de deux coupes de bois pour le paiement des dettes de la commune (1689). — Cuisery. Transaction conclue entre MM. de Rosne, seigneurs du lieu et les habitants des villages de la châtellenie, au sujet des corvées (1559). — Culoz et Landoisse. Déclaration par les habitants des îles et îlots qu'ils possèdent dans le Rhône (1685). — Decize. Lettres patentes du roi Henri IV, qui accorde un octroi sur le sel pour l'entretien du pont sur la Loire (1590). — Diénay. Procès-verbaux d'amodiation de la pêche et de délivrance des coupes de bois communaux, tranchées par le subdélégué de l'Intendant (1693-1717). — Échenon. Id. de l'herbe du pâquier (1702). — Écuelles. Dossier relatif au recouvrement d'une amende de 300 livres encourue par les habitants (1782). — Épernay, Étaules, Pays-Billot. Procès-verbal de la délivrance d'une coupe de bois communal par l'Intendant (1690). — Fixin. Autre de la construction du presbytère, des réparations à faire à l'église et au four banal (1729). — Flagey-les-Auxonne. Procès-verbal de bornage des bois communaux avec ceux acquis du seigneur et des habitants de Labergement (1579). — Déclaration des biens communaux (1691). — Flammérans. Procès-verbal d'arpentage et de bornage des bois communaux. Plan (1734). — Flavigny. Visite par un trésorier de France des réparations à faire aux fortifications de la ville (1635). — Vente d'une place sur le Truchot faite par la commune à Denis Chauveau, greffier de la ville (1681). — Fontaine-Française. Avis du Bureau des Finances touchant la franchise du sel, prétendue par les habitants (1612). — Rachat d'une rente due pour ce privilège (1733). — Arrêt du Conseil d'État concernant la vente et la distribution du sel dans plu-

SÉRIE C. — BUREAU DES FINANCES.

sieurs paroisses limitrophes du comté de Bourgogne (1737). — Francheville. Procès-verbal de délivrance d'une coupe de bois communal (1635).

C. 2331. (Liasse.) — 51 pièces, papier; 1 pièce, parchemin; 7 plans.

1580-1779. — Gemeaux. Enquête touchant une concession de terrain faite illégalement au curé de la paroisse (1686). — Visite de la maison curiale (1700). — Gevrey, Glanon. Procès-verbaux de délivrance d'une coupe des bois communaux (1696). — Givry Grésigny et Bussy-le-Grand. Procès-verbal de reconnaissance des limites d'un terrain revendiqué par les deux communes (1739). — Hauteroche, Is-sur-Tille. Arrêt du Conseil d'État qui accorde aux habitants un octroi sur le blé, le rouage et le vin (1614). — Jailly. Rachat d'une rente due au Domaine pour les droits de garde (1779). — Labergement-Foigney. Procès-verbal d'arpentage des bois communaux (1662). — Labergement-le-Duc. Autre d'amodiation par l'Intendant, du communal dit le bois de Pouilly. Plan (1707). — Mémoire sur le droit de triage prétendu par le seigneur dans les bois communaux (1770). — Lantenay et Pasques. Plan des bois communaux (1685). — Transaction entre Bernard Bouhier, marquis de Lantenay, et les habitants de Pasques qui lui relâchent un canton de bois pour le chauffage de sa maison à Lantenay (1715). — Plan des bois de Pasques. — Procès-verbaux d'arpentage et plans des bois communaux de Pasques (1721). — Cession de parties de ces bois faite au seigneur (1727). — Longeault et Plovault. Déclaration des biens et dettes des deux communautés (1663). — Longvic. Procès-verbaux de délivrance des prés communaux, tranchée par le subdélégué de l'Intendant (1696-1703).

C. 2332. (Liasse.) — 36 pièces, papier; 2 pièces, parchemin; 1 plan.

1212-1784. — Mâcon. Procès-verbaux de visite et reconnaissance par les trésoriers de France des réparations à faire aux fortifications et au pont (1607-1622). — État au vrai d'un aide de 2,200 livres imposé sur les villes de la Basse-Bresse à trois lieues autour de Mâcon pour les réparations du pont (1620). — Procès-verbal de délivrance des réparations des fossés des prés (1704). — Magny-St-Médard. Poursuites exercées contre deux habitants, accusés d'usurpation de communaux. — Magny-sur-Tille. Déclaration des bois communaux (1704). — Marandeuil, Cuiserey, Charmes, Montmançon. Plaintes de ces communes contre l'inondation de leurs territoires qu'elles attribuent aux barrages du moulin de Marandeuil (1693). — Débat entre Marandeuil et Triey au sujet du mauvais état des chemins, causé par les barrages des habitants de Triey (1693). — Marcigny-les-Nonnains. Déclaration des biens communaux (1685). — Marey-sur-Tille,

Noiron-sous-Bèze. Délivrance par l'Intendant d'une coupe de bois communaux (1689-1690). — Mirebeau. Lettres patentes du roi Henri IV portant continuation de l'octroi sur le sel accordé aux habitants (1603). — Mollon-en-Bresse. Déclaration des îles et îlots du Rhône possédés par les habitants (1685). — Montigny-le-Roi. Procès-verbal d'arpentage et de mise en possession des habitants, des bois et usages cédés par le Roi. Plan (1774). — Montmain. Déclaration des biens et droits de la commune (1536). — Nantua, Montréal et Port de Briord. Devis des réparations à faire dans les prairies de ces communes (1699). — Noiron, Noiron-les-Citeaux. Autorisation donnée par l'évêque et le chapitre de Langres aux religieux de Citeaux, d'amener les eaux du Sanfond à l'abbaye, en passant par le finage de Noiron (1218). — Acte par lequel les habitants de Noiron, voulant indemniser le chapitre de Langres de la cession d'un bois qu'il avait fait à l'abbaye de Citeaux pour racheter divers servis auxquels ils étaient tenus envers elle, s'obligent à payer tous les ans au chapitre une rente de 100 sols qui sera levée sous forme de tailles (1484). — Noyers. Arrêt du Conseil qui renvoie à l'Intendant le jugement du procès entre les habitants et les engagistes au sujet des bois (1687).

C. 2333. (Liasse.) — 43 pièces, papier; 3 pièces, parchemin; 1 plan.

1595-1765. — Nuits. Lettres patentes du roi Henri IV et arrêts du Conseil d'État portant confirmation des octrois de la ville et de l'exemption de la subvention accordée par les États (1695-1612). — Mémoires et factums des instances de la ville contre les agents du Domaine, au sujet des ensaisinements et du droit d'hébergeage (1727-1734). — Dossier d'une instance jugée en la Chambre du Domaine entre Guill. Jacquinot de Richemont et plusieurs habitants de Nuits, au sujet de l'aqueduc traversant l'auberge de l'Étoile. Plan. (1757). — Autre de celle entre M. Marey, maire de Nuits et l'avocat Magnien, concernant la propriété d'un mur mitoyen (1765).

C. 2334. (Registre.) — In-folio, 27 feuillets, papier.

1716-1783. — Nuits. Commission donnée par le Bureau des Finances au trésorier de France Papillon, de reconnaître l'état ancien des fortifications de la ville de Nuits et de constater les usurpations qui y ont été commises (1716). — Arrêt du Conseil d'État qui autorise l'accensement de ces terrains au profit du Domaine (1755). — Procès-verbal dressé par J. Millot, trésorier de France, de la reconnaissance des usurpations commises sur les fossés, remparts et fortifications de la ville (1755). — Autre du même, contenant l'accensement de ces terrains à leurs détenteurs (1756). — Arrêt du Conseil d'État qui confirme ces deux rapports (1756).

C. 2835. (Plan.) — 1 feuille, papier.

1755. — Nuits. Plan des terrains occupés par les anciennes *fortifications de la ville, levé par Guillaume Saunac, ingénieur du Roi*, pour être joint au procès-verbal du trésorier Millot, mentionné en l'article précédent.

C. 2836. (Liasse.) — 34 pièces, papier.

1613-1789. — Orgeux. Pièces concernant une demande des habitants en autorisation de céder un terrain, afin d'y construire un moulin (1691). — Pichanges. Débat entre M. Girard de Propiac et les habitants, au sujet de l'alignement du chemin de Gemeaux à Flacey (1763). — Pontailler, Soissons et Vielverge. Procès-verbal de reconnaissance des bois communaux (1695). — Pontoux. Enquête sur la ruine du village, à la suite de l'invasion des Impériaux en 1636 (1639). — Pouillenay. Déclaration du droit de garde dû par les habitants (1674). — Prenois. Délivrance par l'Intendant de la coupe des bois communaux (1695). — Quemigny. Instance entre les habitants du hameau de Quemignerot et ceux de Ducme, au sujet d'un droit de pâturage dans les bois (1781). — Quetigny. Procès-verbal de délivrance de l'herbe des pâtis *communaux par l'Intendant* (1721). — Replonge. Mémoire des habitants contre ceux de Saint-Laurent-les-Mâcon au sujet de droits de pâturage (1778). — Ricey. Arrêt du Conseil d'État pour l'imposition d'une somme de 1,200 livres nécessaire à la réparation du pont (1613). — Saint-Germain-de-Rives. Arrêt de la Chambre du Domaine, qui maintient les habitants en possession de droits d'usage et de pâturage dans le bois de Boissery (1784).

C. 2837. (Liasse.) — 38 pièces, papier, 2 plans.

1621-1768. — Saint-Jean-de-Losne. Dossier relatif à la concession d'un emplacement situé derrière l'église Saint-Michel (1621). — Décisions du Bureau des Finances rendues ensuite des requêtes des administrateurs de l'hôpital, de J. Saunier, Nicolas Maison, P. Damongeot, F. Bauchot, J. Pichot, Claude Martène, maire de la ville, P. Chaussardon, Louis Darcier, Adrien Gérard, portant demandes en accensement de terrains dépendant des anciennes fortifications (1753). — Autorisation au sieur Boy d'établir un moulin au-dessus du pont de la Saône (1762). — Procès-verbal dressé par G. Saunac, ingénieur du Roi, de la reconnaissance et dismensuration des terrains occupés par les anciennes fortifications de la ville (1768).

C. 2838. (Plan.) — 1 feuille, papier.

1768. — Saint-Jean-de-Losne. Plan des anciennes fortifications de la ville, levé par l'ingénieur Saunac pour être annexé au procès-verbal, inscrit à l'article précédent.

C. 2839. (Liasse.) — 4 pièces, parchemin.; 13 pièces, papier.

1517-1770. — Saint-Jean-de-Vaux. Rapport d'expert pour le placement de cens appartenant à la châtellenie de Germolles (1770). — Saint-Julien-sur-Reyssouse. Dossier de la délivrance de la construction des deux ponts (1704). — Saint-Léger, Binges, Cirey, Cuiserey, Étevaux, Marandeuil et Triey. Déclaration des biens des fabriques (1517). — Contrat d'affranchissement de ces villages, consenti par F. Chabot, marquis de Mirebeau, au nom du prieur de Saint-Léger. — Procès-verbal d'arpentage des bois communaux d'Étevaux (1578). — *Saint-Martin-de-Marmagne. Lettres patentes de Louis XII, roi de France*, qui accordent aux habitants des droits d'usage et de pâturage dans la forêt de Planoise (1501). Saint-Sauveur. Procès-verbal de délivrance par l'Intendant d'une coupe de bois communal (1691). — (Saint-Pierre-en-Vaux). — Saint-Seine-l'Abbaye. Arrêt qui défend aux religieux de clore le grand chemin qui joint les murs de leur couvent (1673). — Saint-Vincent-les-Bragny.

C. 2840. (Liasse.) — 15 pièces, papier; 1 plan.

1682-1789. — Salives. Procès-verbal de visite des bois de la commune. — Plan de ces bois dressé par l'arpenteur Gambu (1691). — Procès-verbaux de délivrance des coupes par le subdélégué de l'Intendant (1692). — Débat devant la Chambre du Domaine entre le curé et les engagistes au sujet des dîmes (1732). — Concession au sieur Bourcerot d'une place sous la tour du château (1789). — Sathonay. Déclaration des biens et droits appartenant à Jean de Clugny, baron de Sathonay. — Salmaise. Délivrance d'une coupe de bois communal (1682).

C. 2841. (Liasse.) — 15 pièces, papier.

1587-1786. — Saulieu. Avis du Bureau des Finances sur une demande de la ville en concession d'octrois (1587). — Procès-verbaux dressé par le Trésorier de France de la visite et reconnaissance des réparations à faire aux fortifications (1595-1642). — Lettres-patentes du roi Henri IV et arrêt du Conseil portant prolongation d'octroi en faveur de la ville (1600-1601).

C. 2842. (Liasse.) — 31 pièces, papier.

1678-1773. — Saulieu. Arrêt du Conseil d'État qui déclare du domaine royal les places ayant servi aux murailles, remparts, fossés, fortifications et clôtures des villes du royaume (1678). — Lettre du ministre, secrétaire d'État, St-Florentin, qui désapprouve une concession des anciennes fortifications, faite par le maire à M. Debadier, lieutenant général du bailliage (1749). — Procès-verbal dressé par J.

Botet, trésorier de France, contenant la reconnaissance et description de l'état des terrains dépendant des anciennes fortifications. — Mémoire adressé au Roi par la mairie de Saulieu pour réclamer contre cette mesure. — Jugement de la Chambre du Domaine qui prescrit une nouvelle reconnaissance de ces terrains (1752). — Procès-verbal du même Trésorier contenant vente de ces terrains à cens emphitéotique (1752). — Arrêt du Conseil d'État qui déclare tous ces terrains appartenir au domaine de la couronne, casse les baux à cens passés au nom de la ville, et ordonne qu'il en sera fait de nouveaux au profit du Roi (1771). — Procès-verbal dressé par L.-Ch. Moret, trésorier de France, de nouveaux accensements prescrit par l'arrêt du Conseil (1772). — États sommaires et tableaux de ces accensements.

C. 2843. (Plan.) — 1 feuille, papier.

1749. — Saulieu. Plan des terrains dépendant des anciennes fortifications de la ville, levé par G. Saunac, ingénieur du Roi, pour être annexé au procès-verbal du trésorier de France, inscrit dans l'article précédent.

C. 2844. (Liasse.) — 6 pièces, parchemin; 131 pièces, papier; 1 plan

1771-1784. — Saulieu. Requêtes adressées au Bureau des Finances par le couvent des Ursulines, les sieurs A. Noise, Debadier, lieutenant général du bailliage, Deschamps, Laverne, Voisenet, Meugnier, Petitot, Vaudet, Monnot, Laureau, Locquin, Boidot, Bouchard, Ponelle, Testard, Bourbon, conseiller au grenier à sel, J. Bourbon, avocat, Chevallier, Vaussin, Boullemet, veuve Guiard de la Sarrée, Morot, procureur au bailliage, Moreau avocat, la veuve de Jacques Dureau, maire de Saulieu, A. Tixier receveur de la ville, S. Moreau procureur du Roi au bailliage, Maréchal procureur, Bénigne Girardot conseiller honoraire au bailliage, la ville de Saulieu, A. Bauzon médecin, J. Varenne notaire, Cl. Merle avocat, Mongin chirurgien, etc., etc., à l'effet d'être maintenus en possession des terrains dépendant des anciennes fortifications de la ville.

C. 2845. (Liasse.) — 8 pièces, parchemin; 23 pièces, papier; 2 plans.

1622-1776. — Saulx-le-Duc. Procès-verbal de délivrance par l'Intendant de Bourgogne d'une coupe de bois communal (1702). — Selongey. Autre semblable par le subdélégué (1691). — Enquête ordonnée dans le débat entre les habitants et M. Quirot, seigneur du lieu, au sujet du ban de vendanges (1771). — Semur-en-Auxois. Aliénation de la mairie, de la prévôté, du banvin et des autres droits du Roi, faite par les commissaires royaux à la ville (1622). — Déclaration fournie par celle-ci (1685). — Factums des procès survenus entre la mairie, le prieur et le chapitre de Notre-Dame au sujet de leurs droits respectifs sur cette église (1729). — Seurre. Procès-verbaux d'arpentage par Saunac et Trullard, arpenteurs, et plans des fortifications de la ville et du bois du Deffoy (1775-1776). — Sombernon, 1637. Mandement de Louis XIII au Bureau des Finances d'autoriser M. Brulart, seigneur du lieu, à barrer le grand chemin qui passait le long de son château, lequel chemin avait par ordre du prince de Condé et lors de l'invasion des Impériaux, été reporté plus loin des murs du château. — Arrêt du Conseil qui confirme l'ouverture du nouveau chemin (1641). — Spoy. Jugement de l'Intendant de Bourgogne, qui condamne les habitants au paiement des arrérages d'une rente due au Domaine (1730).

C. 2846. (Liasse.) — 24 pièces, papier.

1559-1722. — Talmay, Tellecey. — Procès-verbaux de vente de coupes de bois communaux par le subdélégué de l'Intendant (1689-1698). — Til-Châtel. Déclaration des biens et droits seigneuriaux fournie par les habitants (1559). — Trouhans. Déclarations des habitants, portant qu'ils préfèrent redevenir mainmortables, plutôt que de supporter davantage la double dîme et la corvée de fanage, prix de leur affranchissement (1663). — Trouhans. Rachat d'une rente due par les habitants au Domaine (1733). — Uchisy. Dossier de la délivrance des réparations à faire aux fossés de la commune (1704).

C. 2847. (Liasse.) — 1 pièce, parchemin; 38 pièces, papier; 1 plan.

1594-1782. — Val-de-Suzon, Viévigne, Villebichot, Villecomte, Villers-le-Duc et Vanvey. Procès-verbaux de délivrances de coupes de bois communaux par l'Intendant ou les subdélégués (1637, 1684, 1690, 1687, 1679). — Verdun-sur-le-Doubs. Procès-verbal de visite des réparations à faire aux fortifications de la ville (1594). — Verjux. Dossiers de celles faites aux levées, ponts et servants de tioux du territoire (1737). — Vernot. Délibération des habitants au sujet du droit de triage exigé par le seigneur (1732). — Véronnes-les-Grandes. Dossier des réparations faites au presbytère (1732-1738). — Vesvres-les-Vitteaux. Contrat d'affranchissement des habitants de la servitude de mainmorte par Anne de Montaffier, comtesse de Soissons (1627). — Rôles des redevances seigneuriales dues par les habitants. — Villefargeau. Procès-verbal de liquidation des droits de quint et de relief dus par le seigneur (1771). — Villers-les-Pots. Extrait du terrier de la seigneurie, obtenu par le seigneur contre les habitants (1752). — Vitteaux. Lettres patentes du roi Henri IV, qui autorise le baron de Vitteaux à percevoir à son profit le droit de courtepinte qui se levait sur le vin vendu au détail (1595).

C. 2848. (Portefeuille.) — 20 pièces parchemin ; 2 pièces, papier.

1662-1717. — Affaires générales. Lettres patentes du roi Louis XIV, qui commettent le prince de Condé gouverneur de Bourgogne et successivement les Intendants Bouchu (1662), du Harlay (1688), d'Argouges (1689), Ferrand (1694), Pinon (1705), pour de concert avec les Élus des États procéder à la liquidation des dettes des villes et communautés du pays. — Arrêts du Conseil portant défense aux créanciers de ces communautés d'exercer aucune contrainte avant la liquidation de ces dettes (1663) ; — qui ordonne le paiement des subdélégués chargés d'aider les commissaires royaux dans la vérification de ces dettes (1666) ; — touchant le mode de remboursement des créanciers (1666) ; — les comptes à rendre par les fermiers des communautés (1666) ; — qui ordonne la vérification des dettes omises (1668) ; — aux créanciers dont les créances ont été vérifiées, de se faire payer aussitôt sous peine de déchéance (1667) ; — qui condamne les sieurs Cochet et Thomas chargés du recouvrement des dettes des communautés, à restituer une somme de 75,000 livres résultant de cessions illégales qu'ils s'étaient fait faire (1689) ; — qui décharge certaines villes de produire des comptes des deniers patrimoniaux (1692) ; — qui ordonne la levée d'une somme de 180,000 livres sur les villes et bourgs de Bourgogne, pour le rachat de plusieurs édits (1700). — Lettres patentes de Louis XIV qui accorde des droits d'octroi à la ville de Pontailler (1715) ; — qui casse une procédure criminelle instruite par le Parlement de Dijon, dans une affaire dont la connaissance appartenait aux commissaires départis par le Roi, pour la liquidation des dettes des communautés (1717).

C. 2849. (Portefeuille.) — 3 pièces parchemin ; 54 pièces, papier.

1664-1678. — Liquidation des dettes des communautés. — Bailliage de Dijon. Dijon, 1664. Arrêt du Conseil d'État qui liquide de 523,621 livres 1 sol 10 deniers à 269,136 livres les dettes de la ville et fixe à 49,226 livres les dépenses annuelles ordinaires ; — qui supprime l'impôt qui était perçu pour concourir à cette liquidation (1666). — Procès-verbaux de déclaration et de liquidation des biens et dettes des communautés dressés par le subdélégué de l'Intendant et approuvés par ce dernier. *Ils comprennent, pour chaque localité, la déclaration des dettes, des procès, des charges, des octrois, des biens patrimoniaux, des communaux, des communaux usurpés, des impositions. Les décisions prises par l'Intendant, sont inscrites en marge de chacun des articles* : — Ancey, Beaumont-sur-Vingeanne, Bessey-les-Cîteaux, Bézouotte, Blagny-sur-Vingeanne, Bretenières, Brochon, Chaignot, Chenôve, Corcelles-les-Monts, Corcelles-en-Montvaux, Couchey, Courtivron, Couternon, Crecey-sur-Tille, Cuiserey, Daix, Diénay, Fays-Billot, Fixin, Fixey, Flavignerot, Fleurey, Hauteville, Huchey.

C. 2850. (Portefeuille.) — 43 pièces, papier.

1666. — Procès-verbaux de liquidation des biens et dettes des communautés du bailliage de Dijon (suite). Isoure, Longchamp, Longecourt, Maguy-les-Aubigny, Marey-sur-Tille, Marliens, Marsannay-la-Côte, Marsannay-le-Bois, Le Meix, Meuvy, Mitreuil, Oisilly, Ouges, Plombières, Poiseuil-les-Saulx, Potangey, Rouvres, Savigny-le-Sec, Talant, Talmay, Tarsul, Tart-le-Bas, Thorey-les-Epoisses, Ternay, Vantoux, Varanges, Varois, Vernot, Villecomte, Villey-sur-Tille.

C. 2851. (Portefeuille.) — 2 pièces parchemin ; 2 pièces, papier.

1668-1717. — Liquidation des biens et dettes des communautés (suite). Bailliage d'Arnay-le-Duc. Voudenay. Procès-verbal de liquidation. Sombernon. Arrêt du Conseil qui autorise les habitants à percevoir un octroi pour la liquidation de leurs dettes.

C. 2852. (Portefeuille.) — 83 pièces, papier.

1666. — Liquidation (suite). Bailliage d'Autun. Procès-verbaux de liquidation des biens et dettes des communautés de Alligny, Anost, Antuilly, Aupont, Auxy, Barnay, Blain, Boulays (les), Brian, Broye, Champoux, La Chapelle-au-Mans, Chizy, La Comelle, Collonges-la-Madeleine, Cordesse, Comard, Curdin, Curgy, Cussy-en-Morvan, Dracy-Saint-Loup, Epinac, Epinay, Glux, Grury, Gueugnon, Igornay, Issy-l'Evêque, Laisy, La Motte-Saint-Jean, Loge (Moriet), Lucenay-l'Evêque, Maulay, Marcheseuil, Marly, Mesvres, Montelon, Morillon, Notre-Dame-la-Dehors, Neuvy, Réclenne, Repas, Rigny, Saint-André-hors-Cité, Saint-Denis-de-Péon, Saint-Didier-sur-Arroux, Saint-Emiland, Saint-Jean-le-Grand, Saint-Léger-du-Bois, Saint-Léger-sous-Beuvray, Saint-Léger, Saint-Pantaléon, Saint-Pierre-de-l'Étrier, Saint-Prix-sous-Beuvray, Saint-Sernin-du-Plain, Saint-Vincent-les-Saint-Symphorien, Saisy, Selle (La), Sommant, Sully, Tavernay, Thil-sur-Arroux, Tintry, Verrières-sous-Glenne, Verrières-sous-Roussillon, Villières.

C. 2853. (Portefeuille.) — 2 pièces, papier.

1666. — Liquidation (suite). Bailliage d'Auxerre. Procès-verbal de liquidation des biens et dettes du hameau du Vau-du-puits-de-Sacy.

C. 2854. (Portefeuille.) — 6 pièces, papier.

1663-1738. — Liquidation (suite). Bailliage d'Auxonne. Auxonne. Arrêt du Conseil d'État qui approuve le procès-verbal dressé par les commissaires du Roi, lequel avait réglé à 169;275 livres 5 sols, le montant des dettes de la ville, pourvoit aux voies et moyens de les acquitter et circonscrit les dépenses ordinaires de la mairie. — Nouvel arrêt confirmatif. — Autre qui autorise le prélèvement de 2,300 livres sur les octrois pour la réparation du pertuis de Saône; — qui accorde un nouveau délai pour l'acquittement des dettes; — qui supprime l'imposition extraordinaire de 1,800 livres pour l'acquittement des dettes; — qui dans le même but prolonge la durée des octrois.

C. 2855. (Portefeuille.) — 1 pièce, papier.

1666. — Liquidation (suite). Bailliage d'Avallon. Procès-verbal de vérification des biens et dettes de la commune de Thisy.

C. 2856. (Portefeuille.) — 2 pièces, papier.

1666. — Liquidation (suite). Bailliage de Bar-sur-Seine, Merrey et Riccy. Procès-verbaux de liquidation des dettes, dressés par le subdélégué de l'Intendant et approuvés par ce dernier.

C. 2857. (Portefeuille.) — 3 pièces parchemin; 100 pièces, papier.

1663-1738. — Liquidation (suite). Bailliage de Beaune. Beaune. Arrêt du Conseil d'État qui approuve le procès-verbal dressé par les commissaires du Roi, portant que les dettes de la ville ont été liquidées à la somme de 514,599 livres 3 sols, remboursables dans le délai de treize années au moyen d'allocations spéciales et du règlement fixe des charges ordinaires de la ville; — qui règle et détermine ces dépenses ordinaires; — qui accorde une prolongation des octrois sur différents produits (1666). — Procès-verbaux dressés par le subdélégué de l'Intendant et approuvés par ce dernier, contenant la liquidation et reconnaissance des biens, dettes et charges des communautés de Aigney, Allerey, Aloxe, Antheuil, Antigny-la-Ville, Antigny-le-Château, Aubaine, Aubigny-la-Ronce, Auxant, Auxey-le-Grand et le Petit, Baubigny, Bécoup, Bessey-en-Chaume, Bessey-la-Cour, Blagny, Bligny-sous-Beaune, Bligny-sur-Ouche, Bouilland, Bourguignon, Bouze, Bretenot, Buisson-sur-Ouche, Chalanges, Champignolles, Change, Changey, Charmoy, Chassagne, Chaudenay-la-Ville, Chazilly-le-Haut, Cheilly, Chevignerot, Chevigny-en-Valière, Chorey, Cirey (Nolay), Cissey, Clavoillon, Coiffan, Colombier, Combertault, Corcelles-sous-Rouvray, Corcelles-sous-Serrigny, Corcelles-les-Arts, Cormot, Corpeau, Crepey, Crugey, Culètre, Curtil (Bligny), Cussy-la-Colonne, Cussy-le-Châtel, Détain, Dezize, Ébaty, Écharnant, Échevronne, Écutigny, Évelles, Foissy, Fussey, Gamay, Géanges, Grandchamp, Grandmont, Ivry, Joursanvaux, La Canche, La Borde-Reullée, La Borde-au-Bureau, La Chassagne-d'Aubigny, La Doix de Serrigny, La Grange-de-Bruily, CÔTE-D'OR. — SÉRIE C. — TOME II.

La Roche-Pot, La Serve, Le Pasquier, Le Poil, Lée et Bize, Le Vaul-d'Aubigny, Longecourt-les-Culètre, Lusigny.

C. 2858. (Portefeuille.) — 77 pièces, papier.

1666. — Liquidation (suite). Bailliage de Beaune. Suite des procès-verbaux concernant les communautés de Mandelot, Marcheseuil, Masse, Mavilly, Meloisey, Melin, Messey, Meursault, Mimande, Molinot, Montagny-les-Beaune, Monceau, Monthelie, Morteuil, Muresanges, Nantoux, Nolay, Nuaz, Orches, Oucherotte, Painblanc, Pasquier, Paris-l'Hôpital, Pernand, Pleuvey, Pommard, Port-de-Palleau, Puligny, Reullée, Rouvray, Ruffey, Saigey, Saint-Aubin, Saint-Romain, Sainte-Marie-la-Blanche, Sampigny, Santenay, Santosse, Sasoges, Savigny-sous-Beaune, Saussey, Serrigny, Servanges, Tailly, Thorey-sur-Ouche, Travoisy, Varennes, Vauchignon, Veilly, Le Vernois, Vernusse, Voichey, Veuvey, Vic-des-Prés, Vignolles, Volnay.

C. 2859. (Portefeuille.) — 19 pièces, papier.

1676. — Liquidation (suite). Bailliage de Bourbon-Lancy. Procès-verbaux de la liquidation des biens et dettes des communautés de Challemoux, Cressy-sur-Somme, Crona, Fontette, Gilly-sur-Loire, La Nocle, Lesme, Maltat, Monts, Perrigny, Saint-Aignan, Saint-Aubin, Saint-Martin-les-Bourbon, Saint-Nazaire-les-Bourbon, Vitry-sur-Loire.

C. 2860. (Portefeuille.) — 165 pièces, papier.

1666-1673. — Liquidation (suite). Bailliage de Bourg-en-Bresse, 1673. Arrêt du Conseil qui confirme le procès-verbal de liquidation des biens et dettes des communautés du bailliage dressé et arrêté par les commissaires départis par le Roi (1666-1671). Procès-verbaux particuliers de cette liquidation, dressés par le subdélégué de l'Intendant et approuvés de ce dernier pour chacune des communautés de Arbigny, Arnens, Arromas, Asnières, Attignat, Authenans, Bagé-la-Ville, Bagé-le-Châtel, Ballan, Beaupont, Beireus, Bezemema (Vonnaz), Bereysiat, Berieu, Bey, Beyni, Beynost, Billignieu, Bisia, Bouhey, Bouligneux, Boissey, Bourg, Bez, Broissolle, Bueilaz, Buisserotte, Bussiges, Caluire, Certines, Cessiat, Ceyserieu, Chaleaz, Chamandres, Chanoz, Chastenay, Charnoz, Chasnoz, Chassaignes, Chatillon-de-la-Palud, Chatillon-les-Dombes, Chavagnat, Chavanes, Chaveyriat, Cherluaz, Chevroux, Chiviguiat, Cisiriat, Cize, Clemenciat, Coillonaz, Coisia, Colligny, Condeysiat, Confrancon, Cordieu, Cormangeux, Cormoz, Cornot, Cormaranche, Courent, Courteux, Cran, Crangeot, Cras, Crottet, Cruzilles, Cuet, Curciat, Curtafond, Dagnieu, Dhuys, Dompmartin, Dompierre, Dompsourre, Druillat, Drun, Esnes, Estrées, Faramans, Feillens, Feuillée-les-Chatenay, Fleyria, Flurieu, Foyssiat,

Gordans, Gorrevod, Grandval, Grandvillars, Gravelles, Gressiat, Griège, Hautecourt, Jallieu, Jasseron, Jayat, Journens, Joyeux, Labergement, La Boisse, La Corbatière, Lays, Lalleyriat, La Peyrouse, La Tronchière, Le Fondiaz, Lingeat, Lingens, Lionnières, Les Blanchères, Lescheroux, Les Granges, Les Rebuttins, Les Rippes, Longchamp, Loyes, Lupponas.

C. 2801. (Portefeuille.) — 165 pièces, papier.

1666-1671. — Liquidation (suite). Bailliage de Bourg. Suite des procès-verbaux relatifs aux communautés de Mallafretaz, Mantenoy, Mansiat, Marboz, Marsonna, Meillonaz, Mépilliat, Meyriat, Meysiriat, Meximieux, Mionney, Miribel, Mollon, Moncel, Montagnat, Montaney, Montellier, Montfalcon, Montlin, Montluel, Montracol, Montrevel, Neuville-les-Dames, Neuville-sur-Ain, Néron, Niévroz, Osan, Perex, Perouges et la Valbonne, Peronas, Pirajoux, Pisey, Plante, Polleysot, Polliat, Poisoux, Pont-d'Ain, Pont-de-Vaux, Pont-de-Veyle, Praisia, Priai, Prin, Ramasse, Replonges, Revonnas, Rigniat, Rignieu, Rillieu, Roissiat, Romanèche, Romans, Saint-André-de-Bagé, Saint-André-de-Corsy, Saint-André-d'Huyriat, Saint-André-le-Bochoux, Saint-André-le-Panoux, Saint-Bénigne, Saint-Christophe, Saint-Cyr, Saint-Cyr-sur-Menton, Saint-Denis, Saint-Didier-d'Oussiat, Saint-Éloi, Saint-Étienne-sur-Reyssouse, Saint-Étienne-du-Bois, Saint-Genest, Saint-Georges, Saint-Jean-d'Estreux, Saint-Jean-sur-Reyssouse, Saint-Jean-sur-Veyle, Saint-Julien-sur-Reyssouse, Saint-Julien-sur-Veyle, Saint-Just, Saint-Laurent-les-Mâcon, Saint-Marcel, Saint-Martin-de-Valgrinouse, Saint-Martin-le-Chastel, Saint-Martin-du-Mont, Saint-Maurice-de-Chasaux, Saint-Maurice-de-Gordans, Saint-Maurice-de-Beynost, Saint-Nizier-le-Bouchoux, Saint-Nizier-le-Désert, Saint-Paul-de-Varax, Saint-Rambert, Saint-Remy, Saint-Remy-du-Mont, Saint-Sulpice, Saint-Trivier, Sainte-Croix, Samans, Sandrans, Santia, Sathonay, Seiseriat, Sermoyé, Simandres, Sornas, Servignat, Sorney, Sulignat, Tagisset, Thil, Thoirette, Tol, Tossia, Tramayes, Treffort, Turgon, Vaccagnolas, Vendeins, Verjon, Vernoux, Versailleux, Vecors, Villars, Villemoutier, Villereversure, Villette, Villette-de-Richemont, Virias, Vormas.

C. 2802. (Portefeuille.) — 1 pièce, parchemin; 420 pièces, papier.

1633-1673. — Liquidation (suite). Bailliage de Belley. Arrêt du Conseil d'État qui confirme les procès-verbaux de liquidation des biens et dettes des communautés dressés par les subdélégués de l'Intendant et approuvés par lui. — Procès-verbaux de cette liquidation produits par les communes du grand et du petit Abergement, Alimes, Ambérieux, Ambléon, Ambronay, Ambutrix, Ameysieu, Andert, Anglefort, Apremont, Arant, Arandaz, Arbant. Arbignieu, Argil, Arloz, Armix, Balmey, Belley, Belleydoux, Belmont, Benunce, Beon et Luyrien, Billiat, Billieu et Billignat, Bolozon, Bons, Breinier, Brenod, Brens, Briord, Cerdon, Chalex, Champagne, Champdor, Champdossin, Champfronier, Charnaz, Chaney et Charancin, Charix, Chazey, Château-Gaillard, Chatillon-de-Michaille, Chatonod et Chavornay, Chazey, Chemillieu-de-Parves, Chevilliard, Chimillieu, Cleyzieu, Colomieu, Condon, Controvoz, Conzieu, Corbonod, Corcelles-en-Bugey, Corlier, Cormaranche, Craz, Cressin, Parossieu et Rochefort, Cressieu, Ceyserieux, Culoz, Cuzieu, Dortan, Douvres, Échallon, Écrivieu, Ennemond, Établoz, Évoges, Fitignieu, Flaxieu, Furans-la-Rivière, Genissiat, Gevreyssiat, Gillignieu, Groissiat, Grolée, Hauteville, Heyriaz, Hostiaz, Hostonne, Injoux, Isieu, Isernore, Jujurieux.

C. 2803. (Liasse.) — 128 pièces, papier.

1666-1669. — Liquidation (suite). Bailliage de Belley. Suite des procès-verbaux produits par les communautés de La Balme-Pierre-Châtel, La Balme, La Balme-Sappel, Labergement-de-Varey, La Burbanche, La Cour, Lagnieu, Lalleyrat, Lavours, Laymand, Lessard, Lhôpital, Lilignod, Lochieu, Longecombe, Lompnas, Lompnieu, Longerdy, Loyotto, Lunes, Lhuis, Maconod, Magnieu, Maillat, Mantières, Marchant, Marignat, Marimieu, Martignat, Massignieu, Meraléaz, Monestier, Montagnieu, Montange, Montréal, Mornay, Musinens, Nantua, Napt, Natages, Neyrolles, Nivollet, Ochiaz, Oncien, Ordonnaz, Oyonnax, Parves, Passin, Peyriat, Peyrieu, Pezieu, Pollieu, Ponciu, Pont, Premeysel, Pugien, Rillieu, La Rivoire, Rotonod, Rossillon, Ruffieu, Saint-Alban, Saint-Benoit, Saint-Boy, Saint-Champ, Saint-Denis-de-Chamson, Saint-Didier, Saint-Germain, Saint-Germain-d'Ambérieu, Saint-Germain-de-Joux, Saint-Jean-le-Vieux, Saint-Jérôme, Saint-Martin-de-Banet, Saint-Martin-du-Frêne, Saint-Maurice-de-Remens, Saint-Sorlin, Saint-Vulbas, Sainte-Julie, Samoignaz, Seillonaz, Serrières, Seyssel, Songieu, Southenax, Sothonod, Soudon et Souclins, Surjoux, Sutrieu, Talissieux, Tenay, Thessieu, Tourcieux, Vaulx, Vauvray, Veysiat, Vieu, Vieu-d'Isenave, Villa, Villebois, Virieu-le-Grand, Virieu-le-Petit, Virignin, Vollogniat, Vongnies, Yon.

C. 2804. (Portefeuille.) — 104 pièces, papier.

1666-1701. — Liquidation (suite). Bailliage de Chalon. Procès-verbaux dressés par le subdélégué de l'Intendant et approuvés par ce dernier, de la liquidation des biens et des dettes des communautés de l'abbaye des Barres (paroisse de Saint-Christophe), Allerey, Aluse, Authume, Baignan et Brotonnière, Baleure, Bantanges, Barbières, Baudrières, Beaumont, Beauvernois, Beaurepaire, Bellecroix, Bellevesvre,

SÉRIE C. — BUREAU DES FINANCES.

Beroully, Bessuges (paroisse de Chapaise), Bissy-sous-Cruchant, Bosjean, Bougerot, Bouhans, Bourgneuf, Bousselanges Bouzeron, Boyer, Brancion, Bresse, Cercy, Chalon, Chalot, Chamblanc, Chamilly, Chamirey, Champforgeux, Champlieu, Champseuil, Charcubles, Charrettes, Charrecey, Charnay, Chassey, Chatenoy et Corcelles, Chaublanc, Chaudenay-sur-Deheune, Chauvort, Chaves, Chasault, Chazelles, Chemenet, Chenôve, Cheriset, Chiseau, Ciel, Clux, Colombey, Colombey, Condé, Condemène, Corchanu et La Couée, Cormatin, Corcassey, Corcelles-les-Allerey, Corlay (paroisse de Saint-Germain-des-Bois), Cortamblin, Cortelin, Cortevaix, Cortot (paroisse de Saint-Christophe), Cretenant et Beffau, Crissey, Crusilles et Cuiseaux. — Arrêt du Conseil d'État qui confirme le procès-verbal relatif à cette dernière communauté.

C. 2865. (Portefeuille.) — 64 pièces, papier.

1666-1669. — Liquidation (suite). Bailliage de Chalon (suite). — Procès-verbaux semblables aux précédents, concernant les communautés de : Dampierre, Davenoy, Demigny, Denevy, Deroux, Devrouse, Diconne, Dissey, Dracy-le-Fort, Ecle, Émontot, Étrigny, Étroyes, Farges, Faussigny, Fontaine-les-Chalon, Flerial, Fragnes, Fraine, Frangy, Fretterans, Frontenard, Gemaulgue (paroisse de Chapaize), Gergy, Germolles, Gigny, Givry, Grandmont, Granges, Grosbois-les-Tichey, Guerfans, Hauterive, Hully, Jallanges, Jambles, Juif, Juilly, Labergement de Messey, Labergement de Sainte-Colombe, La Bruyère, La Chapelle-Saint-Sauveur, La Chapelle-Naude, La Chapelle-sous-Brancion, La Chapelle-Tècle.

C. 2866. (Portefeuille.) — 68 feuillets, papier.

1666. — Liquidation (suite). Bailliage de Chalon (suite). Procès-verbaux semblables aux précédents, concernant les communes de La Charmée, La Chaux, La Coudre, La Frette, La Lhène, La Loyère, Lancharre, La Racineuse, La Truchière, La Villeneuve-les-Seurre, Lanthes, Lays-sur-le-Doubs, Le Chapot, Le Chatelet, Le Fay, Le Flex et Grand-Taporey, Le Meix, Lessard, Les Bordes-de-Verdun, Les Montots-de-Verdun, Lochères, Longepierre, Lux, Mancey, Marnay, Martailly, Mellecey, Monestreuil et Montjay, Mespilley, Mercurey, Messey, Moissenans, Molaise, Montceau, Montcony et Meschin, Montagney, Montagny, Montagny et Montorge, Montchanin et Montcrost, Mostier, Moroges, Nanton, Nantoux, Navilly-le-Châtel, Neuvelle, Neuilly, Olon et Tartre, Ormes, Osney, Ougy, Ouroux.

C. 2867. (Portefeuille.) — 75 pièces, papier.

1666-1691. — Liquidation (suite). Bailliage de Chalon (suite). Procès-verbaux semblables aux précédents, concernant les communes de : Pagny-la-Ville, Pagny-le-Château, Perrey, Ponneault, Pontoux et Couronne, Pucey-le-Grand et le Petit, Raconnay, Ragny, Rancy, Rattenay, Ratte, Remigny, Rimond, Rozey, Royer, Ruffey, Rully, Sagy et Conlonge, Sailly, Saint-Ambreuil, Saint-Berain-sur-Deheune, Saint-Bonnot, Saint-Christophe, Saint-Denis-de-Vaux, Saint-Désert et Montbogre, Saint-Didier-en-Bresse, Saint-Georges, Saint-Germain-du-Plain, Saint-Germain-du-Bois, Saint-Gervais, Saint-Ithaire, Saint-Jean-de-Vaux, Saint-Jean-des-Vignes, Saint-Julien, Saint-Laurent-les-Chalon, Saint-Léger-sur-Deheune, Saint-Loup-de-la-Salle, Saint-Loup-de-Varennes, Saint-Marc-de-Vaux, Saint-Marcel, Saint-Martin-des-Champs, Saint-Martin-sous-Montagu, Saint-Martin-les-Cantons-d'Onard, Perrigny etc., Saint-Remy, Saint-Cyr, Saint-Uruge, Saint-Valérin, Sainte-Hélène, Saillenard, Sassangy, Sassenay, Saunières, Sennecey.

C. 2868. (Portefeuille.) — 3 pièces, parchemin; 69 pièces, papier.

1663-1725. — Liquidation (suite). Bailliage de Chalon (suite). Procès-verbaux semblables aux précédents, concernant les communes de : Sennecey-en-Bresse, Sens, Sens et La Farge, Sermaisey, Sermesse, Servelle, Servigny-le-Grand et le Petit, Serville, Seugne, Seurre, Sevrey, Sienne, Simandres, Simard, Sondebois, Sully, Taisey, Talant, Terrans, Thurey, Thurey et Barisey, Til et Felletières, Torpes, Touches, Toutenans, Trisy (le Petit), Tronchey, Trugny, Valotte, Varennes, Varennes-sur-le-Doubs, Vaublanc, Vanvry, Veneuse, Vessey, Vielmoulin, Villargeau, Villars, Le Grand-Villars, Villegaudin et La Marche, Villeneuve-les-Gergy, Villeneuve-les-Chassignelles, Vincelles, Virey, Verdun-sur-le-Doubs (1663). — Arrêts du Conseil d'État qui approuvent le procès-verbal de liquidation des biens et dettes de la ville, arrêté par l'Intendant, et qui règlent le paiement de ces dernières dans un délai déterminé.

C. 2869. (Portefeuille.) — 1 pièce, parchemin; 3 pièces, papier.

1666-1727. — Liquidation (suite). Bailliage de Charolles. Toulon-sur-Arroux. Arrêt du Conseil d'État qui autorise la perception d'un octroi sur différentes denrées pour le paiement des dettes de la ville. — Procès-verbaux de liquidation des biens et dettes des communes de Balore et de Savignon.

C. 2870. (Portefeuille.) — 84 pièces, papier.

1666-1736. — Liquidation (suite). Bailliage de Châtillon-sur-Seine ou de la Montagne. Procès-verbaux dressés par le subdélégué de l'Intendant et approuvés par ce dernier, de la reconnaissance et déclaration des biens, charges et dettes des communautés de : Aiguay-le-Duc, Aisey-le-Duc, Ampilly-les-Bordes, Aprey, Avelanges, Arc-en-Barrois, Barjon, Beaulieu, Beaunotte, Belan, Beneuvre, Bissey-la-Côte, Blaisy-Bas, Blaisy-Haut, Bordes-Bricard, Bordes-Pillot, Bouzot, Bremur et Vaurois, Bricon, Buguières, Buncey, Chamesson, Bure-les-Templiers, Busseaut, Busserotte, Bussières, Chameroy, Champagny, Charancey, Chatillon, Chatoillenot, Cheneroilles, Cinqfonds, Corpoyer-la-Chapelle, Cosne-sur-Seine, Courban, Courcelles-Prévoires, Courtevêque, Crenay, Duesme, Échalot, Épilan, Essarois, Étalante, Fraignot, Francheville, Fresnoy, Froideville, Gyé-sur-Aujon, Hierce (Grange d'), Jugny.

C. 2871. (Portefeuille.) — 1 pièce, parchemin; 13 pièces, papier.

1666-1669. — Liquidation (suite). Bailliage de Châtillon (suite). Procès-verbaux dressés par les subdélégués de l'Intendant et approuvés par celui-ci, de la reconnaissance et liquidation des biens et dettes des communautés de La Folie (paroisse d'Ampilly), La Forêt, La Margelle, La Perrière, Larcon, Layer, Leffond, Le Puiset, Léry, Lochères, Louesme, Maisey-le-Duc, Marac, Massingy, Menesbles, Messange (paroisse d'Ampilly-les-B.), Minot, Moitron, Moloy, Montarmet, Montenaille, Montherot, Montmoyen, Orret, Palus, Pellerey, f 'nsenot, Poinson, Poiseuil-la-Grange, Poiseuil-la-Ville, Foncey, Prairay, Pralay, Prangey, Préjelan, Quemigny, Quemignerot, Recey-s.-O., Richebourg, Rochefort-sur-Brevon, Rochetaillée, Romprey, Rouelle, Saint-Broing-les-Moines, Saint-Germain-le-Rocheux, Saint-Marc-sur-Seine, Saint-Martin-du-Mont, Salives, Salmaise, Semoutier, Sestre, Ternac, Terre-Fondrée, Thoires, Thorey-les-Minot, Trouhaut, Val de la Saule, Vanvey et Villiers, Vaubruant, Vaux-sur-Seine, Verrey-sous-Salmaise, Villiers-sous-Salmaise, Villiers-sur-Suize, Villotte-sur-Seine, Villotte-sur-Ource, Voulaines, Vanvey et Villiers-le-Duc. — Arrêt du Conseil d'État confirmatif du procès-verbal de liquidation des dettes de ces deux dernières communes.

C. 2872. (Portefeuille.) — 55 pièces, papier.

1665-1672. — Liquidation (suite). Bailliage de Gex. Arrêt du Conseil d'État portant confirmation des procès-verbaux de liquidation des dettes des communautés du bailliage, dressés par les subdélégués de l'Intendant et approuvés par ce dernier. Procès-verbaux de liquidation des biens et dettes des communautés de Gex, Chalex, Chambesy, Chevry, Collonges, Crassy, Crozet, Divonne, Farges, Fernex, Grilly, Mayre-la-Ville, Meyrin, Ornex, Pouilly, Prevesin, Peron, Sacconex, Saint-Jean-de-Gonville, Sorgy, Sessy, Thoiry et Allemogne, Vernier, Versoy, Souvernier, Villa et Arlod, Moins, Avilly, Chancy.

C. 2873. (Portefeuille.) — 1 pièce, parchemin, 112 pièces, papier.

1664-1666. — Liquidation (suite). Bailliage de Mâcon. Procès-verbaux dressés par les subdélégués de l'Intendant et approuvés par celui-ci, de la reconnaissance et liquidation des biens et des dettes des communautés d'Aigueperse, Amanzé, Ameugny, Azé et Aisnes, Azolettes, Les Bassets, paroisse de Vareilles, Bergesserin, Berzé-la-Ville; Berzé-le-Château, Bissy-la-Mâconnaise, Bissy-sous-Uxelles, Blanots et Donzy-le-Pertuis, Bois-Sainte-Marie, Bonnay, Bourgvilain, Boyé, Brandon, Bray, Bussières, Burgueil, Burnand, Bussières, Burzé et Reims, Cersot, Chambilly, Charnay, Charbonnières, Chardonay, Chasne, Chasselas, Chassigny, Chassigny-en-Brionnais, Château, Châteauneuf, Chauffailles, Chazelles, Chevagny-la-Chevrière, Chevagny-sur-Guye, Chintré, Chissey, Ciergues, Clermain, Clessé, Colombier, Confrancon, Cortambert, Cottes et Colonge, Coublanc, Culle, Curbigny, Curtil-sous-Burnand, Curtil-sur-Buffières, Davayé, Dompierre-d'Audour, Donzy-le-Royal, Dulphey, Dun-le-Roy, Dyo, Farges, Flacé, Flagy, Fleurie, Fley et Bissy, Fuissé, Genouilly, Germagny, Grivilly, Hurigny, Igé et Domanges, Jalogny, La Chapelle-Guinchay, La Chapelle-de-Bragny, La Chapelle-du-Mont-de-France, La Chapelle-sous-Dun, Laizé et Blany, Lancie et Fleurie, La Guiche, La Salle, La Rochette, La Vineuse, Le Perret, Le Treuil, Leynes, Ligni, Loché, Lornan, Lugny, Lys, Malay et Cortamblin, Malataverne, Maizières (paroisse de Saint-Martin-du-Tartre), Massilly, Mazilles, Messey, Milly, Montbellot, Montmelard, Montot-les-Crutchant, Montaigny, Montagny-sous-la-Bussière, Mucie-sous-Dun-le-Roy, Mussy-sous-la-Vineuse. — Marcigny-les-Nonnains. Arrêt du Conseil d'État qui confirme le procès-verbal de vérification de la liquidation des biens et dettes de cette commune.

C. 2874. (Portefeuille.) — 1 pièce, parchemin ; 96 pièces, papier.

1665-1666. — Liquidation (suite). Bailliage de Mâcon (suite). Procès-verbaux semblables aux précédents, concernant les communautés de : Nancelles, Ougy, Ouroux-sous-le-Bois, Ozenay, Ozolles, Passy, Pierreclaux, Prottes, Praye, Perrosne, Pressy-sous-Dondain, Presty-la-Crost, Prissé, Pruisilly, Romanèche, Romenay, Roussay et Noireux, Sailly, Saint-Albin, Saint-Amour, Saint-Ambreuil-la-Salle, Saint-André-le-Désert, Saint-Boil, Saint-Christophe, Saint-Clément, Saint-Clément-sur-Guye, Saint-Forgeuil, Saint-Gengoux-de-Scissoy, Saint-Germain-de-Dyo, Saint-Germain-de-Rives, Sainte-Huruge, Saint-Hippolyte, Saint-Igny-de-Roche, Saint-Itaire, Saint-Jean-le-Prêche, Saint-Julien-de-Civry, Saint-Laurent-en-Brionnois, Saint-Léger, Saint-Léger-sous-la-Bussière, Saint-Marcelin, Saint-Martin-de-Lixy, Saint-Martin-de-Salencey, Saint-Martin-de-Croix, Saint-Martin-de-Seno zan, Saint-Martin-du-Tartre, Saint-Maurice-de-Châteauneuf, Saint-Maurice-des-Prés, Saint-Paul de Cray, Saint-Pierre de Senozan, Saint-Point, Saint-Symphorien, Saint-Symphorien-des-Bois, Saint-Sorlin, Saint-Veran. Saint-Vivant-des-Prés, Sainte-Catherine de Labergement, Sainte-Cécile, Santilly, Sathonay, Saucé, Saules, Savigny, Senecé, Sercy, Sermesse-les-Sainte-Hélène, Serrières, Sologny, Solutré, Tançon, Thésut, Tradet, Tramayes, Travilly, Trivy, Uchisy, Varennes, Varennes-sous-Dun, Varennes-en-Brionnais, Vaux-en-Prés, Verchizeuil, Vergossin, Verizet, Vers, Verzé, Le Villard, Vingelles-les-Moroges, Vinzelles, Virey et Vitry (1665). Saint-Gengoux-le-Royal. Arrêt du Conseil d'État qui confirme le procès-verbal de liquidation des biens et dettes de la commune, arrêté par l'Intendant.

C. 2875. (Portefeuille.) — 5 pièces, papier.

1666. — Liquidation (suite). Bailliage de Montcenis. Procès-verbaux de reconnaissance et de liquidation semblables aux précédents, concernant les communautés de Châtel-Moron et Labergement, Épertully, Saint-Gervais, Saint-Martin-de-Communes.

C. 2876. (Portefeuille.) — 40 pièces, papier.

1665-1666. — Liquidation (suite). Bailliage de Nuits. Procès-verbaux semblables aux précédents, concernant les communautés : d'Agencourt, Antilly, Arceuant, Arcey. Argilly, Balon, Bévy, Boncourt-la-Ronce, Boncourt-le-Bois, Bragny, Broin, Bruant et Rolle, Chambœuf, Chambolle, Chaux. Chevannes, Chevrey, Chivres, Clémencey, Collonges-les-Bévy, Comblanchien, Concœur, Corberon, Corboin, Corgoloin, Curley, Curtil-Vergy, Cussigny, Écuelles, Flagey-les-Gilly, Gergueil, Gerland, Gilly-les-Cîteaux, Glanon, Grosbois-les-Mazerottes.

C. 2877. (Portefeuille.) — 41 pièces, papier.

1665-1666. — Liquidation (suite). Bailliage de Nuits (suite). Procès-verbaux semblables aux précédents, concernant les communautés de Labergement-le-Duc, L'Étang-Vergy, Longvay, Magny-les-Villers, Marigny-les-Reulée, Marcey-les-Fussey, Mazerotte, Messange, Meuilley, Molaise, Montmain, Morey, Moux, Pallœau, Perruey, Poisot, Pouilly-sur-Saône, Premeaux, Prissey, Prondevaux, Quemigny, Quincey, Reulle, Saint-Bernard, Saint-Jean-de-Bœuf, Saint-Nicolas-les-Cîteaux, Saint-Vivant, Segrois, Semesanges, Ternant, Villars-Fontaine, Villers-la-Faye, Villebichot, Villy-le-Moutier, Villy-le-Brulé, Vosne, Vougeot.

C. 2878. (Portefeuille.) — 3 pièces, parchemin; 13 pièces, papier.

1665-1676. — Liquidation (suite). (Bailliage de Saulieu), Saulieu, 1665. Arrêt du Conseil d'État qui confirme le procès-verbal des commissaires du Roi, contenant la liquidation des biens et dettes de la ville. — Autre qui supprime l'octroi sur le vin établi pour l'acquittement de ces derniers. — Procès-verbaux de liquidation des biens et dettes des communautés de Bar-le-Régulier, Blanot, Brazey-en-Montagne, Chissey, Liernais, Menessaire, Moux et Chaumien, Saint-Léger-de-Fourches, Savilly, Vianges.

C. 2879. (Portefeuille.) — 38 pièces, papier.

1666. — Liquidation (suite). Bailliage de Semur-en-Auxois. Procès-verbaux semblables aux précédents, pour les communautés de : Annay et la Vevre, Arton, Chemilly, Cours, Fley, Fresne, Grimault, La Grange-Essert, Irouer, Joux-le-Chatel, Laubépine-les-Annay-la-Rivière, Milly, Molay, Montot, Paisson, Perrigny, Grange-du-Puits-de-Bon-Raisin, Sancy, Serrigny, Tanlay.

C. 2880. (Portefeuille.) — 36 pièces, papier.

1666. — Liquidation (suite). Bailliage de Semur-en-Brionnais. Procès-verbaux semblables aux précédents, concernant les communautés de : Anzy-le-Duc, Artais, Baugy, Brian, Chenay-le-Châtel, Chenay-l'Hôpital, Chizeuil, Présy-d'Amanzé, Descours, Digoin, Iguerande, Janzie, La Brosse-les-Digoin, L'Hôpital-le-Mercier, Maillié, Melay, Meulain, Mont-la-Combe-les-Verovre, Montceaux et Versaugne, Montmegin, Oyé, le Péage-les-Digoin, Saint-Didier-en-Brionnais, Saint-Germain-de-l'Épinasse, Saint-Igny-de-Vers, Saint-Julien-du-Cray, Saint-Martin-du-Lac, Saint-Martin-de-la-Vallée, Saint-Sernin, Saint-Yan, Sainte-Foy, Sarrie, Sermaise-les-Poisson, Varennes-Reuillon.

C. 2881. (Portefeuille.) — 19 feuilles, papier.

1668-1681. — Liquidation (suite). Arrêts du Conseil d'État qui homologuent les procès-verbaux de liquidation des dettes des communautés dressés par l'Intendant et prescrivent diverses mesures pour leur acquittement. Les communautés mentionnées dans cet arrêt sont celles de (1668) : Villers-Montfort, Verdonnet, Quincerot, Brain, Arnay-sous-Vitteaux, Cormaillon, Denoisey, Senailly, Saint-Germain-les-Senailly, Courcelles-sous-Grignon, Dampierre-en-Montagne, Puits, Morville, Arrans, Planay, Nesle, Cruchy, Crépan, Buffon, Nogent-les-Montbard, Villeferry, Montigny-Montfort, Villeberny, Lantilly au bailliage de Semur-en-Auxois (1670), Mâcon, Chalon, Tournus, Seurre. Néanmoins les arrêts s'appliquent à toutes celles de la généralité groupées par bailliages ou recettes.

C. 2882. (Registre.) — In-folio, 480 feuillets, papier.

1666-1669. — Déclarations des biens, charges, dettes et statistique des communautés de la généralité de Dijon, fournies par ordre de J. Bouchu, intendant de Bourgogne, et sous forme de questionnaire, d'après les procès-verbaux dressés dans chaque communauté par les subdélégués, de 1666 à 1669, en conformité de l'ordonnance royale du 7 août 1664 et de l'arrêt du Conseil d'État du 7 août 1665. Ce questionnaire comprend quatorze demandes imprimées, en regard desquelles on a inscrit : le nom de la paroisse et de ses dépendances ; — les circonscriptions religieuses et administratives dont elle relève ; — le nom du seigneur ; — le titre de la seigneurie, son degré de justice ; — son revenu, son étendue, son commerce et ses voies de communications ; — sa situation topographique, la valeur des terres ; — le nombre des habitants de la paroisse, leur situation de fortune ; — le sommier des impositions royales et seigneuriales ; — les péages, octrois ; — les dettes de la communauté ; — la qualité et quantité des biens communaux, avec mention de ceux aliénés ou usurpés ; — le revenu de la cure, le nom du collateur et note sur le curé ; — les dîmes ; — les bénéfices situés dans l'étendue de la paroisse, leur ordre, le nombre des religieux, leur service, l'état des bâtiments, les revenus, le nom du collateur et celui du possesseur. — Fol. 1. Bailliage de Dijon. Déclarations fournies par les communautés depuis Dijon et Ahuy, jusqu'à celles d'Urcy et Vonges. — Fol. 340. Bailliage d'Auxonne. Déclarations des communautés depuis Auxonne jusqu'à Vornes près Chaussin. — Fol. 450. Bailliage de Saint-Jean-de-Losne. Déclarations semblables depuis Saint-Jean-de-Losne et Aubigny jusqu'à Louhans.

C. 2883. (Registre.) — In-folio, 398 feuillets, papier.

1666-1669. — Fol. 1. Bailliage de Beaune. Déclarations semblables à celles de l'article précédent produites par les communautés depuis Beaune et Aigney, paroisse de Meursanges, jusqu'à Volnay. — Fol. 243. Bailliage de Nuits. Déclarations des communautés depuis Nuits et Agencourt jusqu'à Vougeot.

C. 2884. (Registre.) — In-folio, 512 feuillets, papier.

1666-1669. — Fol. 1. Bailliage d'Autun. Déclarations fournies par les communautés depuis Autun et Alligny jusqu'à Voudenay. — Fol. 162. Bailliage de Montcenis. Déclarations des communautés depuis Montcenis et Bessy à Uxeau. — Fol. 432. Bailliage de Bourbon-Lancy. Déclarations des communautés de Bourbon-Lancy, Challemoux jusqu'à Vitry-sur-Loire. — Fol. 270. Bailliage de Semur-en-Brionnais. Déclarations des communautés depuis et y compris Semur et Anzy-le-Duc jusqu'à Varennes-Reuillon. — Fol. 332. Bailliage de Charolles. Déclarations des communautés depuis Charolles et Avrilly jusqu'à Volèvre.

C. 2885. (Registre.) — In-folio, 459 feuillets, papier.

1666-1669. — Bailliage de Semur-en-Auxois. Déclarations semblables à celles qui précèdent, produites par les communautés depuis Semur et Aisy-sous-Thil jusqu'à Vitteaux et Uncey.

C. 2886. (Registre.) — In-folio, 566 feuillets, papier.

1666-1669. — Fol. 1. Bailliage d'Arnay-le-Duc. Déclarations semblables à celles des communautés qui précèdent, depuis Arnay et Agey jusqu'à Voudenay. — Fol. 233. Bailliage d'Avallon. Déclarations des communautés depuis Avallon et Angely à Uzy.

C. 2887. (Registre.) — In-folio, 630 feuillets, papier.

1666-1669. — Bailliage de Chalon-sur-Saône. Déclarations des communautés de cette circonscription depuis Chalon et l'abbaye des Barres jusqu'à Uly.

C. 2888. (Registre.) — In-folio, 814 feuillets, papier.

1666-1669. — Bailliage de Châtillon-sur-Seine ou de la Montagne. Déclarations produites par les communautés de ce ressort depuis Châtillon-sur-Seine et Aignay-le-Duc, jusqu'à Voulaines.

C. 2889. (Registre.) — In-folio, 846 feuillets, papier.

1666-1669. — Fol. 1. Comté d'Auxerre. Déclarations fournies par les communautés de cette circonscription depuis Auxerre et Arcy-sur-Cure jusqu'à Vincelles. — Fol. 165. Comté de Mâcon. Déclarations des communautés depuis Mâcon et Amorgny, jusqu'à Vitry. — Fol. 977. Comté de Bar-sur-Seine. Déclarations des communes depuis Arcelles à Viviers.

C. 2890. (Registre.) — In-folio, 483 feuillets, papier.

1666-1669. — Bailliage de Bresse. Déclarations des communautés du ressort depuis Bourg et l'Abergement jusqu'à Vonnaz.

C. 2891. (Registre.) — In-folio, 440 feuillets, papier.

1666-1669. — Fol. 1. Bailliage du Bugey et du Valromey. Déclarations des communautés de cette circonscription depuis Belley et l'Abergement de Varey jusqu'à Yan. — Fol. 337. Bailliage de Gex. Déclarations semblables des communautés de Gex et Chalex jusqu'à Thoiry.

C. 2892. (Portefeuille.) — 38 pièces, papier.

1666-1668. — Jugements rendus par J. Bouchu, intendant de Bourgogne, pour le paiement des dettes de la ville de Beaune, des villages de Gevrey, Joux-la-Ville, Romenay, Quincey; — qui maintient les habitants de Villaret en possession du droit de pâturage dans les étangs de la seigneurie; — qui ordonne la visite des réparations à faire aux ponts et aux fortifications de Chalon ; — à l'auditoire du bailliage; —qui maintient les habitants de Fontaine-en-Duesmois dans la possession exclusive du puits de la Combe; — qui condamne les habitants de Renève à construire une grange au presbytère; — qui ordonne la réparation du clocher de l'église de Ruffey-les-Beaune; — qui règle les droits des habitants et du seigneur de Villiers-les-Hauts dans les bois ; — qui condamne les habitants de Bassoncourt à exécuter les corvées portées dans la charte de 1534; — qui maintient les habitants d'Ilieu au droit de conserver leur montagne en pâturage ; — qui règle les droits seigneuriaux et domaniaux des chartreux de Dijon sur les habitants de Longchamp ; — qui condamne les habitants de Coulonges à payer un droit de quête au curé de Lornand; — qui condamne le curé de Saint-Léger-sur-Dheune à desservir l'église de Charrecey.

C. 2893. (Portefeuille.) — 400 pièces, papier.

1669. — Suite des jugements de l'Intendant Bouchu , — qui maintient les habitants de Beaunotte en possession du cours d'eau de la Fontaine ; — certains particuliers en possession des communaux d'Isier, acquis par leurs auteurs ; — ceux de Cuiserey en possession d'un pré ; — qui règle le paiement des dettes du hameau de Chencroilles, d'Allerey; — qui règle un débat pour les droits curiaux entre les habitants de Jugy et Corlay et leur curé ; — qui condamne les habitants de Saint-Rambert à payer au seigneur les lods dus pour la fondation du collège ; — le seigneur de Meulson à relâcher un bois communal ; — qui maintient A. Cornu au nombre des notaires de Buxy-le-Royal ; — Gabriel de Saint-Belin en possession des communaux à lui vendus par les habitants de Chaume-les-Baigneux ; — qui homologue le procès-verbal dressé par le lieutenant criminel du bailliage de Dijon, au sujet des exactions reprochées aux officiers des greniers à sel; — qui condamne le recteur de l'hôpital de Thil-Châtel à payer les redevances dues à la fabrique et au curé du lieu; — les habitants de Précy-sous-Thil à exécuter la convention passée avec J. Roncau, maître d'école; — qui défend à Mme Pinot d'entraver l'exercice du droit de pâturage des habitants de Pancy dans la prairie ; — qui autorise les habitants de Chevigny-Fénay à mettre en regain une partie de leurs paquiers communaux, nonobstant l'opposition de ceux de Saulon-la-Rue ; — qui ordonne le cantonnement des usagers des bois de la communauté de Menades; — qui maintient A. Sullerot du Crot-de-Pommier en possession d'un droit d'usage dans les bois de Pellerey; — qui règle un débat entre la fabrique et la communauté de Fontaine-les-Dijon, au sujet de l'aliénation de perrières et de noyers; — qui condamne les habitants de Saulx-le-Duc à payer au maçon Simon les réparations qu'il a faites à la fontaine; — les échevins et syndics de Flavigny à faire exécuter la convention passée avec Gabriel Dessaux, recteur d'école; — qui défend aux habitants de Bouhey d'inscrire au rôle des tailles Claude Boucquin du Magny, écuyer, garde du corps du Roi; — qui, sur la requête du curé de Mirebeau, condamne Suzanne Loppin, veuve Spalte, protestante, à faire réparation d'honneur à L. Lanoue, marchand, et à sa servante; — qui ordonne au mandement d'Ambournay à payer le droit d'avenage dû à P. Perrachon, seigneur de Saint-Maurice et du Tiret ; — qui annule la vente d'une rue commune, faite par les habitants d'Orgeux ; — qui maintient la commune de Chevannes en possession d'un bois contesté par le seigneur (Étienne de Saumaise), mais la condamne à l'amende pour les dégradations qui y ont été commises par les habitants ; — qui ordonne la visite des bois litigieux entre la commune de Duesme et l'abbaye d'Oigny ; — qui autorise M. de Berbisey, conseiller au Parlement, à percevoir la double dîme à Magny-Saint-Médard jusqu'à l'entier paiement de sa créance; — qui maintient Gabriel de Saint-Belin, seigneur de Fontaine-en-Duesmois, dans son droit de tierce sur certaines parties du finage ; — qui règle le prix des ventes de coupes de bois, faites par la commune de La Marche-sur-Saône à des marchands ; — qui ordonne une enquête dans le débat pour les droits curiaux entre le curé et les habitants de Samoignat ; — qui maintient les habitants de Painblanc dans le droit d'abreuver leur bétail dans un étang du lieu appartenant à la commanderie de Beaune; — Mme Gaudelet en possession des terres à elle vendues par la commune de Quetigny; — qui condamne les habitants de Labergement-le-Duc à instituer un nombre suffisant de messiers; — qui règle le pâturage des moutons sur les territoires de Saint-Seine et de Saint-Martin-du-Mont ; — qui maintient la comtesse de Bouligneux en possession des deux tiers du bois de Lussoy-sur-Chazilly; — qui ordonne une enquête sur l'assassinat commis à Dijon par l'huissier Page sur le fils du procureur Langlois; — qui ordonne l'enrôlement forcé de J. Reverdy, manouvrier à Marmagne près d'Autun ; — qui met en demeure les religieux de l'abbaye de Saint-Claude, en qualité de décimateurs et de curés primitifs de Lorian, de contribuer aux réparations de l'église de ce village; — qui ordonne la visite du presbytère de Bage-la-Ville ; — qui condamne Claude de Rougemont, baron de Chandiat, à rendre le foin d'un pré à Polliat, qu'il avait enlevé à deux habitants du lieu, propriétaires de ce pré par indivis avec lui ; — qui contraint les religieux de l'abbaye de Saint-Claude au paiement de la part à eux attribuée dans les réparations de l'église de Viriat ; — qui condamne les habitants de Mémont à payer la dîme des agneaux au curé et à l'abbaye de Saint-Bénigne ; — qui défend aux habitants de Villy-en-Auxois de couper et dégrader leurs bois communaux ; — qui condamne Gabriel de Vienne, seigneur de Bourguignon, à rendre les communaux dont il s'est emparé ; — qui maintient les habitants du Meix dans leurs droits de pâturage sur le territoire de Barjon ; — la sœur Perrier comme supérieure des Hospitalières de Saint-Jean-de-Losne et Élisabeth Nivelet, femme de Pierre Julien, comme directrice et fondatrice de la maison ; — qui règle le différend entre Noël de Saulx-Tavannes, marquis de Mirebel, seigneur de La Marche, et les habitants du lieu, au sujet de l'arpentage et du partage des communaux ;—qui ordonne l'assignation du syndic des États de Bourgogne, pour justifier les accusations portées contre Jacques Virey, lieutenant général au bailliage de Chalon ; — la convocation d'une assemblée des habitants de la ville d'Autun, pour délibérer sur le maintien des conseils de la ville.

C. 2894. (Portefeuille.) — 212 pièces, papier.

1670, janvier-mai. — Suite des jugements de l'Intendant Bouchu, qui défend à M. Rouxel de Médavy, seigneur de Marcy-sur-Tille, la perception de ses droits sur le vin vendu dans les cabarets et la serge apportée au foulon, jusqu'à justification de ses titres ; — qui condamne les habitants de la rue d'Auxois, à Saulieu, en 230 livres d'amende, pour refus de concours et outrages envers les agents du fisc ; — qui ordonne de dresser le devis des réparations à faire à l'église et au pont d'Avot, sauf à régler la part contributive du seigneur de Barjon ; — qui règle le différend entre les chartreux de Beaune et les échevins de Nuits, au sujet du ban de vendanges ; — qui, suivant l'arrêt du Parlement rendu en 1603 entre les religieuses du Lieu-Dieu et les habitants de Nuits, interdit à ces derniers d'avoir des fours particuliers ; — qui condamne les habitants de Cessey, Tellecey, Izier, Chambeire et Magny-sur-Tille à l'amende, pour avoir envoyé leurs bestiaux dans les prés de MM. de Rossillon, à Chevigny-Saint-Sauveur, lesquels étaient mis en défense ; — les maire et échevins de Seurre à payer 40 livres au lieutenant des gardes du grenier à sel de Seurre, pour l'indemniser d'un barcot appartenant à ce lieutenant, dont ils s'étaient servis et qui avait été perdu ; — qui soumet à une nouvelle ratification des habitants de Châtellenot, l'acte de vente d'un communal faite à M. Champeaux, seigneur de Veroilles ; — qui approuve le procès-verbal d'après lequel on détermine quelle quantité de bétail chaque habitant de Merceuil pourra introduire dans les communaux ; — qui ordonne une enquête sur les droits prétendus par les habitants de la Rongière et d'Épervans, paroisse de Saint-Marcel-les-Chalon, de pêcher dans la Roye de Charrete ;—le paiement des arrérages des rentes dues par la communauté de Marigny-le-Cahouet ; — qui retient la connaissance des débats survenus entre les habitants de La Marche et le marquis de Tavannes, au sujet du droit d'indire et des bois communaux ; — qui confirme la sentence d'exemption d'impôt obtenue par Cl. Josserand, français réfugié de Comté à Bosjan, à l'encontre des habitants dudit lieu ; — qui, contrairement aux prétentions des habitants de Montoillot, maintient ceux d'Échannay dans le droit de mettre partie de leurs paquiers en défense ; — qui déboute Alexandre Dupuis, marquis de Saint-André-Montbrun, généralissime des Vénitiens à Candie, et seigneur de la Nocle, de l'exemption de droits d'octroi, qu'il prétendait à Bourbon-Lancy ; — qui interdit à F. Laureau, confirmé notaire à Chevannes, de venir exercer son office à Sauvigny-le-Beuréal, assigné à son confrère Guérin ; — qui ordonne une enquête au sujet des prétentions des religieux de Moutier-Saint-Jean, de percevoir la dîme de chanvre audit lieu sur vingt poignées au lieu de dix ; — qui déclare définitivement réunis les revenus du patrimoine de la paroisse Saint-Jean-de-Pontailler avec ceux de la paroisse Saint-Maurice, les deux paroisses ne formant qu'une seule communauté ; — qui règle un différend entre les habitants d'Épagny et Marsannay-le-Bois, au sujet du parcours réciproque ;—qui autorise les habitants de Jailly à justifier de leurs droits de possession de bois, d'une maison dite de la Confrérie, et d'une pièce de terre, usurpés par l'abbaye de Flavigny ; — qui déboute les habitants de Jaugey de leurs prétentions sur des terres de La Montagne, comprises dans le décret du fils Lequeux ; — qui ordonne la réparation du presbytère de Neuilly, à la charge des habitants du lieu et de Crimolois ; — une enquête sur le droit réciproque de pâture des habitants de Saint-André-sur-Savigny-sur-Seille ; — qui ajourne les fauteurs d'une rébellion arrivée à Seyssel contre les agents des gabelles ; — qui enjoint au sieur Cirget, principal du collège de Toulon-sur-Arroux, de justifier de la convention passée avec ses habitants, pour la desserte du collège et l'adjonction d'un régent de latin ; — qui autorise les habitants de Châtellenot à rentrer en possession de leurs communaux aliénés en remboursant les acquéreurs ; — qui maintient le grand prieur de Champagne en possession du droit de banvin dans la terre de Bure ; — qui ordonne une visite générale du moulin de la Folie, auquel les habitants de Saint-Bernard refusaient d'amener moudre leurs grains à cause de son mauvais état ; — qui déboute les habitants de Puits de leur opposition aux transactions conclues en 1598 et 1609 avec le seigneur; — qui condamne les habitants d'Échannay à payer les réparations faites à la cure; — qui ordonne le bornage des bois de la communauté de Montmoyen, avec ceux de Saint-Broing et Moitron; — qui met en cause l'abbaye de Pralon dans un débat entre le curé et les habitants pour les réparations de la cure; — qui détermine la part contributive des habitants et du chapitre de Bar-sur-Seine dans les réparations du presbytère; — qui approuve la convention passée par les échevins de Vitteaux avec le maître d'école, moyennant 120 francs de gages, l'exemption des tailles et la jouissance d'une maison.

C. 2895. (Portefeuille.) — 214 pièces, papier.

1670. Juin-décembre. — Suite des jugements de l'Intendant Bouchu, qui condamne les habitants de Noiron-les-Cîteaux à payer un capital de rente dû au Chapitre de Saint-Jean de Dijon; — ceux de Gemeaux à exécuter la convention passée avec Tournet, chirurgien, pour le soulagement des malades de la commune; — qui règle le remboursement des rentes dues par la ville de Beaune à M. Lorenchet, conseiller au bailliage; — qui condamne les habitants de Saint-Jean-de-Trésy à réparer la maison presbytérale; — qui annule les entreprises d'Archambaud de Boyer, seigneur de Trayes, jugemage de Cluny, sur les pouvoirs des échevins de la ville; — qui condamne Nicolas Viard, maire de Barjon, à remettre entre les mains des habitants, les titres de leurs droits de propriété sur le territoire de Salives; — qui maintient les habitants de Sauvignat-en-Bugey dans la jouissance de leurs biens communaux; — Pierre Pierrachon, seigneur de Saint-Maurice, en possession du droit de trezain dans la ville et le mandement de Saint-Paul-de-Varax, lequel lui avait été vendu par les habitants; — qui enjoint au sergent Bourguignon de résider à Couchey et au sergent Raviot de demeurer à Gevrey; — qui condamne les habitants de Tréclun à payer leur quote-part des dépenses du curage de la rivière de l'Arnison; — qui autorise un impôt de 380 livres sur les habitants de Curgy, pour le paiement des réparations faites à la cure; — qui interdit aux sergents supprimés à Semur-en-Auxois de continuer leur office; — qui condamne les habitants de Landreville à relâcher les bois communaux de Gevrolles, dont ils s'étaient emparés; — qui condamne Fieux, hôtelier de la Croix-d'Or, à Châtillon, aux dépens de l'instance à lui intentée par le fermier des postes, pour avoir loué un cheval; — qui ordonne une enquête au sujet d'une vente illégale de bois, faite au préjudice de la commune de Palleau; — id., sur une entreprise par des habitants de Moux, baronnie de Château-Fort en Savoie, sur une île du Rhône appartenant au Roi, située vis-à-vis Anglefort; — qui défend aux habitants de Meillonas de comprendre les habitants du hameau de Lyon-

nières dans les charges du logement des gens de guerre; — qui condamne le curé d'Arbigny à célébrer les offices convenus dans la transaction conclue en 1490 avec les habitants; — qui déboute les habitants de Montluel du droit de percevoir la redevance d'été du trézain dans les villages de son mandement; — qui maintient les habitants de Controvoz dans la jouissance d'un droit de partage dans le pré de Saint-Ignace; — les habitants d'Ambutrix en possession de droits d'usage et de pâturage dans les bois et montagnes de Vaux-Fevroux; — les recteurs de l'Hôtel-Dieu de Bourg, dans le droit exclusif de vendre de la viande en carême; — G. Arparin d'Andert, en possession d'une portion de bois à lui vendue par la communauté de Rothonod; — le seigneur d'Échallon en possession des fonds à lui contestés par les habitants d'Oyonnax et en prescrit le bornement; — qui prescrit la liquidation des sommes dues par la communauté de Chandenay-sur-Deheune à Mlle Anne de La Mare; — qui réintègre la communauté de Chaux en possession d'un bois usurpé par le sieur Antoine de Cléron, baron de Saffres; — qui juge un débat pour le paiement de mines de fer entre Pierre Chirac, seigneur de Montagny et Ant. Hugonaux, commis de la manufacture des aciers et canons aux forges et fourneaux de Drambon; — qui condamne MM. du chapitre de la cathédrale de Chalon, à contribuer aux frais de la refonte de la cloche de l'église de Simandres; — les habitants de Poiseuil-la-Ville à payer les quote-parts de l'entretien des fortifications du château de Frolois; — qui, sur la requête de François Languet, nommé recteur de l'Hôtel-Dieu de Vitteaux, enjoint à tous ceux qui ont administré les biens de cette maison, à en rendre compte.

C. 2896. (Portefeuille.) — 35 pièces, papier.

1671. — Suite des jugements de l'Intendant Bouchu, qui ordonne le paiement des sommes dues par les communautés de Tailly, Braux, Barbirey et Jaugey, Bellecroix-les-Chagny, Lux-en-Chalonnais, Bessey-les-Cîteaux; — qui règle le différend survenu entre le curé de Thorey-sur-Ouche et le salpêtrier, au sujet d'abus dans l'extraction du salpêtre commis par ce dernier dans le presbytère; — qui, moyennant remboursement, réintègre la communauté de Saint-Apollinaire dans la propriété du pasquier du Bouchet, vendu à A. Joly, greffier du Parlement; — qui interdit à N. Pugeaulte, procureur à Chalon, dépossédé par l'édit de suppression, d'exercer désormais son office; — qui, sur la plainte des notaires royaux d'Autun, enjoint aux notaires désignés pour les localités d'alentour et qui continuaient d'exercer dans cette ville, de la quitter pour aller résider au lieu assigné à leur office; — qui condamne P. Petitot, ci-devant maître de la poste, à payer au Marquis de Louvois, surintendant des postes, le droit dû pour louage de chevaux et harnais; — qui condamne à l'amende

P. Dyot, maître du Tripot des Barres à Dijon, lequel avait seulement fait déclaration au même commis, de trois sur cinq des chevaux qu'il donnait à louage; — qui supprime les doubles dîmes établies dans les communautés de Flavignerot, Varanges, Fénay, Selongey, Tarsul, Vonges, Magny-les-Auxonne, Gevrey, Tanay, Lux, Spoy, Bonnencontre, Champdôtre, Tréclun, Brazey, les Maillys, Échenon, Villers-les-Pots, Iseure, Daix, Ruffey, Échirey, Esbarres et Ouges, pour l'acquittement de leurs dettes; — qui lève les saisies sur les biens des deux pérécateurs de la communauté de Cuisia, faites à requête de F. de Moyria, baron de Rona, pour les dépens d'un procès perdu par la commune; — qui prescrit aux anciens syndics de la communauté de Savigny-le-Sec de rendre compte de leur gestion; — qui condamne les habitants de Bligny-le-Sec à payer la rente annuelle de 52 livres due à M. Cattin, conseiller au Parlement, pour le rachat de la banalité du four et de la dîme de chanvre.

C. 2897. (Liasse.) — 2 pièces, parchemin; 104 pièces, papier.

1672. — Suite des jugements de l'Intendant Bouchu, qui maintient Louis Arbinet, curé d'Auxey, en possession des revenus de la confrérie de Saint-Fabien, jusqu'au remboursement des sommes par lui prêtées à la commune; — qui, moyennant remboursement, autorise les habitants de Flavignerot à rentrer en possession du bois de Molissard, aliéné au sieur Lebert; — qui condamne les habitants de Braux au paiement des arrérages des sommes dues à P. Josserand, avocat à Semur; — ceux de Toulon-sur-Arroux à payer les frais du procès intenté par Antoine Garreau, sergent général, en qualité de syndic, à Étienne Leford qui l'avait maltraité et battu en pleine assemblée de la commune; — les habitants de Sainte-Marie-sur-Ouche et Pont-de-Pany à payer les arrérages des sommes dues aux héritiers Sousselier; — qui ordonne une enquête contre le sieur d'Acloffer, capitaine suisse, qui, mécontent de ne trouver que le curé, le syndic et quelques habitants à Saint-Julien, lorsqu'il s'y présenta pour y loger, avait fait mettre le feu dans les maisons abandonnées; — qui enjoint aux acquéreurs de la portion de bois vendu par les habitants de Magny-les-Auxonne, pour l'acquittement de leurs dettes, d'avoir à produire les quittances des créanciers; — qui ordonne l'imposition répartie en six ans sur toutes les communes du Bugey, d'une somme de 46,266 livres 19 sols, due aux fournisseurs des étapes pour les années 1629-1631; — qui condamne les habitants de Cirey-Nolay, Saint-Symphorien, Chaumont-le-Bois, Semur-en-Auxois, Toulon-sur-Arroux, Ébaty, Sainte-Marie-la-Blanche, La Chapelle-Naude, Orain, Bragny, Merceuil, Villars-Dompierre, Beurey-Bauguay, Echallon, Cravant, Chaudenay-la-Ville, Poiseuil-la-Ville, Ormancey, Couches, Villecomte, Layves, Poncey-les-Pelleroy, Monthelie, Gissey-sur-Ouche, Salornay-sur-Guye, à payer les arrérages des sommes dues à leurs créanciers; — deux marchands de Pontailler à livrer les chevaux par eux vendus à M. de Croonnembourg, capitaine de cavalerie, pour la remonte de sa cavalerie; — qui enjoint au notaire Raviet de rendre compte de sa gestion des revenus de la ville de Pontailler; — qui prescrit une enquête contre le sieur de Saint-Lambert, pour exactions commises à Bligny-sur-Ouche et Is-sur-Tille, lorsqu'il y logea avec sa compagnie de cavaliers; — qui déboute les habitants de La Villeneuve-les-Sourre de leur prétention sur le pâquier de la Quassonne; — qui accueille la demande de la ville d'Is-sur-Tille, en revendication, moyennant remboursement, des droits d'éminage, halles, justice, de police, prés et bois communaux aliénés à vil prix à Claude Fremyot, président à la Chambre des comptes, seigneur du lieu; — qui décharge P. Druet, pourvu de l'office de conseiller et secrétaire ordinaire du prince de Condé et en cette qualité de commensal de la maison de ce prince, des tailles auxquelles il a été imposé par les magistrats de Montluel; — qui ordonne une reconnaissance des terres et prés de Binges, à l'effet de constater les dégâts causés pour l'extraction et le lavage des mines par le commis des forges et fourneaux de Marandeuil; — qui interdit au sieur Tioble, demeurant à Gissey-sur-Ouche, de fabriquer de la poudre, sous peine d'être poursuivi conformément aux édits; — qui réintègre la communauté d'Ambérieux en possession des prés des grandes et petites Lesclîbres, ainsi que des halles; — qui condamne les habitants de Saint-Seine et de Beaumont-sur-Vingeanne à payer à MM. de Molin et Saulx de Tavannes, la double dîme établie pour l'acquit de leurs dettes; — qui enjoint aux propriétaires d'héritages sur le territoire de Rouvres, d'en fournir une déclaration appuyée de titres; — qui réintègre les habitants de Beaunotte, en possession des bois usurpés par le seigneur; — qui déboute ceux de Viserny d'une réclamation de terres appartenant à l'abbaye de Moutier-Saint-Jean; — ceux d'Orgeux d'une réclamation de biens communaux aliénés aux auteurs du sieur Guibaudet; — qui déclare les habitants de Chagny exempts de payer les droits, pour les porcs qu'ils tuent pour leur usage personnel; — qui renvoie au Conseil du Roi le jugement d'un débat de préséance entre le juge royal de la prévôté de Saint-Gengoux et le capitaine de la ville; — qui condamne les habitants de Toulon-sur-Arroux à exécuter la convention passée avec P. Cirgot, maître d'école, pour l'entretien d'un régent de latinité; — qui déboute les habitants de Saint-Philibert d'une action en revendication des biens aliénés à P. Berbis, écuyer seigneur de Dracy; — qui, sur la requête de J. de Maillard, sieur de Rosières et de Saint-Seine-sur-Vingeanne, enjoint au sieur Janvier, notaire désigné pour Saint-Seine, de quitter Fontaine-Française pour cette résidence. — Arrêt du

Conseil d'État qui renvoie à la connaissance de l'Intendant le procès criminel instruit par les officiers du bailliage d'Auxerre contre les habitants de Coulangeron, qui avaient insulté leurs magistrats.

C. 2898. (Liasse.) — 262 pièces, papier.

1673. — Suite des jugements de l'Intendant Bouchu, qui règle le différend entre Marie Mignard, veuve de Georges de Blanchefort et P. d'Autricourt, sieur de Vassy, mari de Françoise de Blanchefort, au sujet d'une créance sur la communauté d'Annay-la-Côte ; — qui enjoint à Humbert Bouillet, seigneur de Saint-Léger, et Claude Cortelot, sieur de Noiron, à la veuve de Bize, à Simon de Montagu, avocat, à P. Forestier, docteur en médecine, Jacob Comté, avocat, P. Chirac, avocat, Roger de Dalathier-Lantage, aux héritiers Devoyo, seigneurs de Rigny, à Claude de Chalus, sieur de Fontette, et J. Vaussin, N. Normand, J. Baudenet, J. Lescurre, à J. Espiard, conseiller, maître à la Chambre des comptes, à P. Masson, citoyen d'Autun, sieur de Le Panneaux, à P. Fournier, chanoine, sieur de la Grange de Champeaux, de fournir des déclarations de leurs fiefs ; — à François de Thibaut, sieur de Jussey et Longwy, gentilhomme ordinaire de la vénerie du Roi, de justifier de son exemption du droit de franc-fief ; — qui condamne les échevins d'Époisses à comprendre une somme de 140 livres au prochain rôle de la taille, afin d'en employer le produit à payer certaines dépenses ; — qui, avant de statuer sur les réparations urgentes à faire aux murailles du cimetière et de l'église de Saint-Jean de Verdun, ordonne d'établir le compte des fonds dont la ville peut disposer ; — qui condamne les habitants de Pourlans à s'imposer une somme de 58 livres pour les besoins du culte ; — qui prolonge de sept années la double dîme établie à La Chapelle-Naude pour l'acquit des dettes de la communauté ; — portant que la répartition des logements militaires sera faite dans les trois Riceys sur le pied de la proportion de la taille de l'année courante ; — qui ordonne une reconnaissance des réparations à faire aux moulins communaux du Pontailler ; — qui prescrit le paiement des arriérés de dettes de la commune de Drambon ; — qui condamne les habitants de Saint-Privé à s'imposer la somme de 495 livres, pour la construction du presbytère ; — qui confisque, au profit du Roi, de la vaisselle d'argent fabriquée par Gilbort, orfèvre à Dijon, livrée sans avoir été marquée et contrôlée ; — qui enjoint au sieur Machoud de relâcher la totalité des bois et essarts acquis par ses auteurs dans la commune de la Crost, paroisse de Préty-les-Tournus et dans la propriété desquels celle-ci est rentrée ; — qui déboute les habitants de Noiron de leurs réclamations contre les religieux de l'abbaye de Cîteaux, au sujet des censes, tierces, redevances en avoine, bois et communaux prétendus usurpés, et ordonne que visite sera faite du canal de Sanfond, pour reconnaître les dégradations dont on se plaint et le préjudice qu'il cause aux propriétés riveraines ; — qui ordonne le paiement à Cl. Venot, notaire royal à Dijon, pour frais des actes rédigés lors de la mise en vente de la coupe des bois communaux d'Arc-sur-Tille, dont le produit devait être employé à réparer les levées et rétablir les communications interrompues entre la ville de Dijon et les villages de la plaine ; — qui interdit au sieur Gentilhomme, fermier des forges de la Bassole, de tirer de la mine aux lieux découverts par Abraham de Desche, écuyer, seigneur de Drambon et directeur des forges de canons dudit lieu ; — qui, tout en maintenant M. de Chastenay-Lanty, seigneur de Crugey, en possession du droit du four banal, lui enjoint d'avoir à justifier de ses droits sur la double dîme, et la propriété de bois d'origine communale ; — qui maintient Raymond de Taffery, sieur de Trapenal, dans les droits et privilèges de major de place, que lui contestaient les officiers municipaux de Chalon-sur-Saône ; — qui maintient aux procureurs du bailliage de Chalon, dont les offices ont été supprimés, de continuer à postuler ; — qui ordonne la reconnaissance des terrains usurpés par A. Perdrisot, sur la commune de Gyé-sur-Aujon ; — des bois et places vagues aliénés par celle d'Is-sur-Tille au président Fromyot ; — qui maintient celle de Billy, en possession du bois de Male Brosse ; — qui ordonne la visite et reconnaissance de la rivière de Vingeanne, à Renève, à l'effet de constater, sur la plainte de M. Jacques de Saulx, comte de Tavannes et de Beaumont, seigneur du lieu, et en présence du fermier des forges de Drambon, les dommages qui ont été causés par les patouillets à mine ; — qui ordonne la continuation du procès criminel, intenté à F. Balland, sergent à Lantonay-en-Bugey, pour faux en écriture publique, — réglant un différend entre les habitants de Pont-de-Veyle et le gouverneur, au sujet d'un terrain sis entre les fossés et les murs de la ville, donné au gouverneur et rétrocédé par celui-ci aux habitants ; — qui défend aux habitants de Magny-sur-Tille de choisir pour collecteur des tailles Odot Bredillet commis au contrôle des actes audit lieu et de l'envoyer comme pionnier aux travaux des fortifications d'Auxonne ; — qui condamne un voiturier d'Auxerre en 50 livres d'amende, pour refus de faire, conformément aux ordres du Roi, le service de charroi de la poste, durant que les chevaux des maîtres des coches seraient pris pour le service du Roi ; — qui statue sur les poursuites du fermier du Domaine contre des curés du bailliage d'Auxonne, qui négligeaient de déposer leurs registres de baptêmes, mariages et enterrements au greffe de ce bailliage ; — qui met en demeure les habitants de Darcey de justifier des droits qu'ils prétendent sur les bois aliénés par eux au docteur Rappin ; — qui ordonne aux receveurs de la ville d'Avallon de rendre compte devant l'assemblée générale des habitants ; — qui condamne MM. de Bellevesvre et de Montessus à la restitution de 89 pourceaux qu'ils avaient saisis sur Claude de la Haye et confisqués sous prétexte qu'ils venaient du comté de Bourgogne; — qui ordonne la mise en délivrance des réparations à faire à la cure de Magnien; — qui maintient madame Guelaud en possession des pâquiers qui lui ont été vendus par la communauté de Chevigny-Saint-Sauveur; — qui condamne plusieurs habitants de Selongey à l'amende et à faire réparation au sieur Simonnet, capitaine du Bourg, qu'ils avaient désobéi et insulté dans l'exercice de ses fonctions.

C. 2899. (Portefeuille.) — 2 pièces, parchemin; 247 pièces, papier.

1674. — Suite des jugements de l'Intendant Bouchu, qui condamne le sieur de la Motte, lieutenant au régiment de cavalerie de Saint-Aignan, à payer aux habitants de Louhans tous les vivres, fourrages et munitions dont lui et ses cavaliers se sont emparés par force et violence, au mépris des ordres du Roi; — qui statue pour le paiement de certaines sommes ou créances dues par les communes du Fain, La Roche-Vanneau, Guierfans, Cluny, Vandenesse-les-Châteauneuf, Thoires, Landreville, Saint-Broing-les-Moines, Chaveyriat, Antricourt, Créot, Balot, Essarois, Nuas, Villerot. — Arrêt du Conseil d'État qui maintient la taxe de 125 livres assignée aux deux notaires de Moutier-Saint-Jean, dont les offices ont été conservés. — Jugement de l'Intendant qui oblige le sieur de Montchanin, désigné comme notaire à Grury, de quitter Issy-l'Évêque pour aller y résider, avec injonction aux habitants de ce dernier village qui avaient abandonné le lieu à cause des logements militaires, d'y revenir sous peine de désobéissance; — qui condamne deux habitants de Fontaine-Française à faire réparation d'honneur à F. Buvée procureur d'office audit lieu, qu'ils avaient faussement accusés de propos favorables aux ennemis; — qui ordonne aux habitants de Beaumont-sur-Vingeanne, de comprendre au prochain rôle des tailles, la somme de 160 livres pour l'achèvement des réparations de l'église; — la visite des réparations du presbytère demandées par Simon-Herbinot, curé de Bissy-sous-Uxelles; — qui déboute les frères Martin de Choiseu, seigneurs de Barjon, de leur opposition à la vente d'une coupe de bois de la commune d'Avot, ordonnée pour payer les réparations à faire à l'église; — qui maintient Antoine Virely, procureur d'office à Écutigny, en possession du pré nouveau vendu à son père par la commune de Saussey; — qui ordonne la publication des ouvrages à faire pour la fortification de la ville d'Auxonne; — qui maintient les habitants de Marey-sur-Tille, en possession de leurs biens communaux et autorise leur demande en revendication de ceux vendus à M. de Fervaques; — qui ordonne la restitution aux habitants de Broyes par les habitants des villages voisins, du bétail dont ils s'étaient emparés au moment de la guerre de Comté, au mépris de la sauvegarde accordée à ces habitants; — qui ordonne au capitaine Esplard de Saulx, de mettre en liberté deux pauvres fendeurs de bois de Montigny-sur-Armançon, qu'un marchand de Roilly prétendait faussement s'être volontairement engagés; — qui maintient Raymond de Truffery sieur de Trapenard, dans ses fonctions de major à Chalon-sur-Saône, aux conditions portées dans la délibération des officiers municipaux; — qui renvoie au prévôt des maréchaux d'Auxerre, le jugement des deux cavaliers qui avaient menacé et frappé deux habitants de Vermanton; — qui condamne les maire, échevins et habitants de Dijon en 300 livres d'amende, pour meurtre de deux cavaliers, à la suite d'émotion causée par les violences de la troupe; — qui reçoit le serment des deux commis préposés par le fermier général des formules, pour constater les fraudes qui pourraient être commises dans la Généralité de Dijon; — qui enjoint au subdélégué de Bugey, de faire à P. Baufreton, la délivrance de la reconstruction du pont de Seyssel, moyennant la somme de 23,000 livres, prix de son enchère; — qui renvoie trois particuliers de Bresse, de la plainte portée contre eux, par les syndics du pays, qui les accusaient d'avoir commis des exactions lors de l'établissement des garnisons; — qui réintègre moyennant remboursement, le hameau d'Huilly près Cuisery en possession du pré de la Mare, aliéné au sieur Bourgeon; — qui maintient François Damas, comte d'Anlezy, en possession des bois et terrains à lui vendus par la communauté de Coulanges-sur-Yonne; — qui renvoie devant les juges ordinaires, la connaissance du procès pendant entre la commune de Thory-les-Avallon et le sieur des Prés, au sujet de la propriété de bois; — qui condamne les consorts Montchinet, fermier des rentes de Champeaux et du Caillé, appartenant à la commune de Montbard, à faire les réparations exigées par leur bail; — qui réintègre, moyennant remboursement, le hameau de Crécy près de Saint-Gervais-en-Chalonnais, en possession d'un pré de la Vacherosse, qui avait été aliéné; — qui ordonne aux magistrats de Dijon, de payer à B. Hennequin, maître tripotier, les frais de logement des 300 prisonniers, faits au siège de Besançon, qui avaient été casernés dans son jeu de paume; — qui règle les diverses questions pendantes entre madame la présidente Frémyot et les habitants d'Is-sur-Tille, au sujet des droits seigneuriaux et des biens communaux aliénés; — qui maintient Élisabeth Louise d'Haraucourt, dame de Jours, femme d'Antoine du Châtelet, marquis de Til-Châtel, en possession des droits qu'elle prétend sur les habitants de Jours; — qui lève les défenses faites aux fermiers de l'abbaye de Saint-Claude dans le pays de Gex, de payer aux religieux les arrérages de leurs fermes; — qui condamne les habitants du marquisat de Chaussin, à payer à Christophe Morel, marchand à Dôle, la quantité de grains, équivalant la somme de 735 quarts d'écus prix de la sauvegarde, que lors de la déclaration de guerre entre les deux couronnes, il avait obtenue pour eux du marquis de Saint-Martin commandant militaire de Dôle ; — qui décharge Descurey, maréchal à Plombières, de l'engagement qu'un racoleur du régiment de Listenois prétendait avoir été contracté par lui, en ramassant un écu tombé au cabaret ; — qui renvoie aux tribunaux ordinaires, le jugement de la question de propriété de l'abbé de Flavigny, sur un bois dont les habitants de Chanceaux demandaient la vente, afin d'en employer le produit à la reconstruction de l'église ; — qui condamne la commune de Lux, à rembourser à la veuve Hernoux, le prix de l'attelage fourni par elle, pour conduire des munitions au comté de Bourgogne ; — qui prescrit une enquête sur le brûlement de 22 milliers de merrain pour tonneau, attribué aux soldats, qui lors de la dernière guerre gardaient les barricades élevées à l'extrémité du faubourg Saint-Pierre à Dijon ; — qui condamne Louis Lamy, procureur du Roi, sur le fait de la recherche de la noblesse, à remettre à Étienne de Ganay, écuyer, sieur de Genelard et de Montguillon, les titres produits par lui pour être maintenu.

C. 2900. (Portefeuille.) — 168 pièces, papier.

1675. — Suite des jugements rendus par l'Intendant Bouchu, qui ordonne la liquidation des dettes arriérées des communautés de Marigny-en-Charollais, Saint-Broing-les-Moines, Nod-sur-Seine, Charmoy-les-Poissy, Créancey, Mervans, Coulanges-les-Vineuses, Meursault, Fain-les-Moutier, Sennecey-le-Grand, Foucherans, Saint-Étienne-en-Bresse, Charnay-sur-Saône, Maisey-sur-Ource, Arcelot, Damerey, Beire-le-Chatel, Gevrey, Beaumont-sur-Vingeanne, Monthelie, Orville, Saint-Loup-de-Varennes, Courban, Soulangy, Bouze, Darcey, Manois, Marcy-sur-Tille, Longepierre, Baigneux-les-Juifs, Pancy, Meloisey, Châteauneuf-en-Auxois, Couchey ; — qui fait main-levée au chapitre de la Sainte-Chapelle de Dijon, des saisies de la part qu'il perçoit sur les revenus du péage de cette ville ; — qui réduit dans les termes énoncés dans le terrier de la seigneurie, les droits exigés des habitants du marquisat de Larrey, par la veuve de P. Lenet, marquis de Larrey ; — qui règle le débat entre les habitants de Quincey et les héritiers du curé, au sujet des réparations du presbytère ; — qui ordonne la mise en délivrance des octrois de Flavigny; — qui condamne les habitants de Saviange, à payer le loyer de la maison occupée par B. Juhentet leur curé ; — ceux de Fontaine-Française, à construire une grange pour les dépendances de la cure ; — ceux de Véronnes à payer leur portion du prix des réparations faites à la cure ; —qui déboute l'abbé de Pothières de ses poursuites contre les habitants de Corilly, pour paiement de frais de procès ; — qui enjoint aux subdélégués des pays de Bresse, de suspendre jusqu'à nouvel ordre, l'inscription au rôle du ban et de l'arrière-ban, du nom des gentilshommes de Savoie possédant fiefs dans la Généralité ; — qui condamne les habitants de Perrigny-les-Dijon à payer les gages dus à J. Trapet, recteur des basses écoles de Marsannay et Perrigny ; — qui renvoye au Conseil du Roi, la demande du prieur du Val-des-Choux, en confirmation de son droit de francsalé ; — qui déboute l'abbé du monastère de Flavigny de sa demande en revendication des bois aliénés par la commune de Saint-Germain-la-Feuille ; — qui ordonne la mise en délivrance des réparations à faire aux cures de Marsannay-le-Bois et de Ratenelle, et de Demigny ; — qui déboute les habitants de Concœur, de leur demande en réintégration des bois communaux vendus à M. de Trotedan leur seigneur ; — qui condamne le receveur général du Domaine, à payer les rentes dues au chapitre de la Sainte-Chapelle de Dijon pour fondations religieuses ; — qui condamne le fermier de la double dîme, établie à Échenon, de payer à la dame Pierre, la somme prêtée par son mari, pour la construction d'une chapelle audit lieu ; — qui adjuge la ferme du péage de Dijon au sieur Germain, moyennant 750 livres par an ; — qui confirme les habitants de la Bresse, dans leur exemption des droits qui se perçoivent au pont de Mâcon ; — qui règle le différend entre la mairie et la Chartreuse de Dijon, au sujet de la clôture de l'Étang-Labbé et du cours de Renne ; — qui ordonne une reconnaissance des bois litigieux entre l'abbaye d'Oigny et la communauté de Darcey ; — Id. des réparations à faire à l'église d'Avot ; — qui commet les maire et échevins de Saulieu, pour dresser procès-verbal des usurpations commises sur les fortifications de la ville ; — qui ordonne le paiement des sommes dues par la communauté de Flavigny, à Marc et Rolland de Chailly, prêtres recteurs du collège dudit lieu ; — qui ordonne l'exécution de l'arrêt du Conseil d'État, statuant sur la reprise de possession par la ville d'Is-sur-Tille, des biens vendus au président Fremyot ; — qui renvoye devant les tribunaux ordinaires, la cause mue entre les habitants de Thoires et Gaspard Le Gastelier, leur seigneur, au sujet des bois ; — qui condamne les habitants de Saint-Seine-l'Abbaye à payer la desserte de la chapelle tenue par P. Petitot.

C. 2901. (Portefeuille.) — 297 pièces, papier.

1676. — Suite des jugements rendus par l'Intendant Bouchu, qui prescrit diverses mesures pour le paiement des dettes arriérées des communautés de Prairay, Fouvent, Coulanges-sur-Yonne, Fleurey, Semarey, Labergement-le-Duc, Recey-sur-Ource, Chassagne, Serrigny, Saint-Broing-les-Moines, Clémencey, Poiseul-la-Ville, Marsannay-le-Bois, Tichey, Maisey-sur-Ource, Tournus, Semur, Vitteaux, Bagneux, Chaudenay-la-Ville, Ouges, Saisy, Le Meix, Brion-sur-Ource, Leffond, Saint-Martin-de-Couches, Port-de-Palleau, Saint-Laurent-d'Andenay, Nantoux, Cleysieu, Nuits, Avelanges, Beaunotte, Saint-Nicolas-les-Citeaux, Coulmier-le-Sec, Chaumont-le-Bois, Châteauneuf-en-Auxois, Francheville; — qui enjoint à Millet, maréchal des logis de la compagnie de chevau-légers du sieur de Mazel, de délivrer le congé obtenu par le fils Clerc, qui s'était engagé volontairement et équipé à ses frais ; — qui autorise les habitants de Thoriseau, à s'imposer pour couvrir les dépenses occasionnées par l'érection de leur chapelle en cure ; — qui enjoint aux échevins de Vitteaux, de répartir les logements militaires à tour de rôle et sans surcharge, à peine d'en répondre ; — qui défend de tenir une école réformée au pays de Gex, ailleurs qu'à Sergy ou Fernex, et d'y débiter des livres défendus ; — qui autorise les habitants de la Motte-Saint-Jean à établir que les ruines de la maison curiale dont se plaignent les curés du lieu, sont le fait d'un défaut d'entretien de la part de ces derniers ; — qui autorise un impôt sur la paroisse de Bosjan, pour payer les réparations du presbytère ; — qui règle le mode de liquidation des dettes communes à Joux-la-Ville, province de Champagne et Joux-le-Châtel, province de Bourgogne ; — qui déboute les filles et héritiers de P. de Gand, conseiller au Parlement, d'une créance qu'elles prétendaient sur la communauté de Thoires ; — qui confirme le marché conclu pour la construction du presbytère de Charbonnat et autorise un impôt extraordinaire pour en payer la dépense ; — qui condamne les habitants de Varennes-en-Charollais, à rembourser au curé les avances qu'il a faites pour réparer la cure et acheter des ornements d'église ; — qui autorise le sieur Cordier à prouver contrairement à l'opinion des habitants de Perrigny, qu'avant l'établissement des forges de Perrigny, la rivière d'Aignon était reconnue navigable ; — qui condamne les échevins d'Is-sur-Tille, à des dommages et intérêts envers le contrôleur de la traite foraine, chez lequel, nonobstant son privilège d'exemption, ils avaient envoyé quatre des gens de guerre ; — qui casse un marché fait par les habitants de Martignat avec un entrepreneur des galères du Roi, pour la vente de sapins provenant des bois de la montagne de Montréal, bois dont la propriété était contestée par les sieurs de Montferrand et de Montréal ; — qui ordonne le paiement sur les deniers des octrois, des réparations faites à l'église Saint-Didier de Saint-Seine-l'Abbaye ; — qui condamne les habitants de Gevrey à rembourser au sieur Gestet les avances faites pour la communauté ; — qui maintient les habitants en possession du bois dit la Broussaille, de Baleurre, qui avait été usurpé par le seigneur ; — qui, sur la plainte du fermier des chevaux de louage, condamne à des dommages et intérêts l'hôtelier du Cheval-Blanc et celui du Cerf-Volant, à Dijon, qui avaient contrevenu au privilège ; —

qui maintient les habitants des Mex Maignien, au hameau de la Chise, paroisse de Saint-Vincent-en-Bresse, dans leurs droits d'usage qu'ils prétendent aux bois communaux de Neuzeret ; — qui condamne les habitants de Duesme, pour dégradations commises dans les bois de l'abbaye d'Oigny ; — qui commet le subdélégué d'Auxonne, pour faire un rapport sur une demande de partage du produit de la vente des bois indivis, entre les communes de Pontailler, Soissons et Vielverge ; — qui détermine le partage ; — qui autorise un impôt extraordinaire pour les dépenses de la refonte de la grosse cloche de l'église d'Ahuy ; — portant que Bénigne Saumaise, écuyer, sieur de Chazan, se désistera, moyennant remboursement, de la seigneurie de Villars-Fontaine, provenant du domaine engagé, en faveur du chapitre de Saint-Denis, de Nuits ; — qui enjoint à l'adjudicataire des réparations de l'église et du cimetière de Verdun, de se conformer aux conditions du marché ; — qui ordonne la preuve par titres, pour justifier de la propriété du bois de Chassagne, contesté entre le seigneur de Montmançon et les habitants de Saint-Sauveur ; — qui règle les frais de délimitation des bois communaux de Montmoyen et Saint-Broing-les-Moines ; — qui maintient les sieurs Leclerc en possession de bois revendiqués par la communauté de Ternac ; — qui prescrit des réparations à la cure de Longepierre ; — qui condamne J. Ruffier, marchand à Cuiseau, en 10 livres d'amende, pour contravention à la vente du tabac ; — qui condamne les habitants de Chanceaux à payer les 60 livres de gages annuels, convenus avec Simon de Fleury, recteur des écoles ; — qui ordonne la reconstruction du presbytère de Layves, sur son même emplacement.

C. 2902. (Portefeuille.) — 239 pièces, papier.

1677. — Suite des jugements rendus par l'Intendant Bouchu, prescrivant diverses mesures pour le paiement des dettes arriérées des communautés de Bar-sur-Seine, Vitteaux, Turcey, Recey-sur-Ource, Saint-Germain-la-Feuille, Ancey, Labergement-de-Verdun, paroisse de Saint-Didier-en-Bresse, Bligny-sous-Beaune, Fain-les-Moutier, Nod, Châteauneuf, les Granges-sous-Grignon, Marey-les-Fussey, Creusot, Messey, Marsannay-le-Bois, Blanzy, Nantoux-en-Charolais, Collonges-Premières, Chelsey ; — qui condamne à l'amende M. de Chaury, président au présidial de Bresse, pour contraventions à la loi du contrôle des actes ; — qui condamne les habitants de Sagy, Fauverney, Saint-Jul..., Montagny-les-Seurre, Marsannay-le-Bois, Colombier-sous-Uxelles, Bretenières, Genelard, Bissy-sous-Uxelles, Aubigny-les-Sombernon, à contribuer aux réparations de l'église et de la maison presbytérale ; — qui confisque au profit de l'État, quatre ballots de tabac étranger, saisis au port de Grolée-en-Bugey ; — qui renvoie aux juges ordinaires la connaissance d'un procès entre le chapitre Notre-Dame d'Autun et les habitants de Charmoy-les-Arligny, au sujet de droits d'usage dans le bois de la Serrée ; — qui, sur la plainte du curé d'Étaules-lès-Avallon, ordonne des poursuites contre les soldats de la compagnie de M. de Mailly, pour violences et pillages exercés contre les habitants de cette paroisse ; — contre le Secq, seigneur de Tart, qui sans ordre, avait fait emprisonner un manouvrier de Dijon, sous prétexte qu'il avait fait évader un déserteur ; — qui condamne un épicier d'Autun à l'amende, pour débit de tabac de contrebande ; — qui réintègre la fabrique de Fixey en possession de deux pièces de vigne usurpées par des particuliers du lieu ; — qui constate le dépôt au greffe de l'Intendance, des empreintes des cachets, destinés à marquer les paquets de tabac, livrés aux débitants ; — qui maintient Bénigne de Saumaise, sieur de Chazan, en possession de la terre de Villars-Fontaine, acquise du chapitre Saint-Denis de Nuits ; — qui déboute le curé de Vielverge de ses prétentions sur les dîmes du lieu ; — qui met hors de cour, les habitants de Pommard et des soldats de la compagnie de Vignaud, pour rixes et violences ; — qui, moyennant remboursement, réintègre les habitants de Cirey-Binges en possession des communaux, vendus à leurs créanciers ; — qui approuve l'état des biens et charges de la ville de Saulieu ; — qui, sur la demande du curé de Gex, décide que, des dix conseillers qui, outre les deux syndics, sont commis à l'administration de la ville, cinq seront catholiques et les cinq autres de la religion prétendue réformée ; — qui condamne les réformés des paroisses de Meyrin et Thoiry au pays de Gex, à rendre les cloches de ces églises ; — qui défend aux maire et échevins de Beaune d'envoyer des soldats et des chevaux dans la maison de refuge, dite le petit Maizière, que l'abbaye de ce nom possède dans cette ville ; — qui autorise les habitants de Chivres, à fournir la preuve testimoniale qu'ils possédaient certains communaux usurpés depuis ; — qui ordonne l'élargissement du procureur syndic de la ville de Beaune, emprisonné par ordre du ministre Louvois, en suite d'une dénonciation calomnieuse d'un archer de la maréchaussée, qui persistait à vouloir incarcérer un habitant qu'il prétendait déserteur ; — qui déboute les habitants de Pasques, de leurs prétentions sur le bois des Moulins ; — qui renvoie aux tribunaux ordinaires, le jugement du débat pour les droits seigneuriaux entre l'abbaye de Cîteaux et la communauté de Noiron ; — qui enjoint aux notaires, commis et autres employés du Domaine, de remettre dans huitaine au fermier, toutes les déclarations, procédures et registres concernant le Domaine.

C. 2903. (Portefeuille.) — 344 pièces, papier.

1678. — Suite des jugements rendus par l'Intendant Bouchu, qui prescrit diverses mesures pour le paiement des dettes des communautés de Vielverge, Clémencey, Toulon-sur-Arroux, Pichanges, Meursault, Vaubusin, Viévigne, Quincey, Perrigny-sur-l'Ognon, Châteauneuf, Meloisey, Pellerey, Boux, Génelard, Tronchoy ; — qui condamne les habitants de Villey-sur-Tille à contribuer aux réparations de l'église, et ceux de Bretenières, Antigny-la-Ville, Fixey et Serrigny à celles du presbytère ; — qui, sur la plainte du directeur des bureaux de postes de Bourgogne, condamne le messager de Dijon à Saulieu en 100 livres d'amende pour transport illicite de correspondances ; — qui, sur les plaintes des perruquiers de Chalon-sur-Saône, défend à Mlle Désirée Nélaton, de s'entremettre à façonner des perruques ; — qui condamne les acquéreurs des biens communaux de Mosson, Buncey, Billy-les-Chanceaux, Saunières, Joux, Baigneux-les-Juifs, Martailly, Longepierre, Pourlans, La Charmée, Saint-Martin-des-Champs, Lays, Royer, Poncey-les-Athée, Mauvilly, Recey, Coulanges, Sienne, Damerey, Sassenay, Saint-Jean-des-Vignes, La Truchère, Chaumes, Mercey, Martailly et Cortambert, Verrey, Bey, Ouroux, commune de Saint-Germain-du-Plain, Beaurepaire, Poiseul-la-Ville et la Perrière, Chaux, Villaines-en-Duesmois, à acquitter la taxe imposée par le fisc ; — qui autorise les habitants de Molinot, à s'imposer un droit de banvin, pour acquitter les charges d'un procès ; — qui ordonne l'élargissement d'un vigneron de Gommeville, emprisonné par deux cavaliers, qui, après l'avoir contraint de boire et de manger avec eux, l'avaient prétendu enrôlé ; — qui condamne l'adjudicataire des réparations de l'église de Verdun, à terminer ses travaux dans le délai de trois mois ; — qui ordonne la mise en liberté de Gabriel Gal, soldat au régiment de Bretagne, accusé d'avoir, de complicité avec d'autres du même régiment, incendié plusieurs maisons d'un village près d'Autun, dont les habitants s'étaient enfuis à leur approche ; — qui, nonobstant une convention passée avec les échevins de Nuits, soumet J. Clément, docteur en médecine, aux charges du logement militaire ; — qui condamne le chirurgien Isaac Julien, à faire amende honorable aux maire et échevins qu'il accusait calomnieusement d'avoir dilapidé les deniers publics ; — Pierre Laforgue, prêtre et répartiste de l'église de Buxy-le-Royal, à rendre les papiers de la fabrique, dont il est détenteur. — Enquête ordonnée par l'Intendant sur l'arrestation commise par des officiers de police genevois déguisés et sur le territoire français, d'un nommé Fresser, savoyard, qui recrutait pour les troupes du Roi. — Jugement qui renvoie devant le Conseil du Roi la cause entre Legendre, bourgeois de Paris, et les religieuses de Tart, qui prétendaient lui faire démolir un fourneau à mine, construit audit lieu ; — qui ordonne une estimation des dépréciations causées par l'extraction et le lavage des mines dans des pièces de terre du finage de Charmes, ordonnées par feu M. de Bresche, directeur des fermes de Drambon ; — id. pour les dégats commis par M. Cordier, maître des forges de la Marine de Perrigny-sur-l'Oignon, en tirant de la pierre dans les rue du village.

C. 2904. (Portefeuille.) — 227 pièces, papier.

1679. — Suite des jugements rendus par l'Intendant Bouchu, qui prescrit le paiement des dettes arriérées des communautés de Blanzy, Crugey, Saint-Remy, Frontenard, Saulx, Clirey, Arconcey, Maizières, Longepierre, Turcey et la Villotte, Allerey et Chauvort, Sarry, Santigny, Beaumont-s-V., Bar-s-S., Villy-le-Moutier, Charrey, Saint-Trivier, la Chapelle-Naude, Châteauneuf, Etrigny, Saint-Jean-de-Vaux, Salornay, Auvillars ; — qui ordonne la reconnaissance des réparations à faire aux presbytères d'Échevronne et Changey, Villers-la-Faye, Couhard ; — le paiement de celles faites aux cures de Chissey, Grésigny, Brognon, Montagny-les-Seurre ; — qui autorise l'acquisition de celle de la Tanière ; — qui ordonne un nivellement des rues et places de Dijon, pour l'établissement du pavé, *et une étude pour la suppression du cours intérieur de Suzon* ; — qui, sur la plainte des malversations reprochées aux officiers municipaux d'Autun, ordonne la production de leurs comptes au greffe de l'Intendance ; — qui condamne les acquéreurs des biens des communautés de Sassenay, Boncourt, Channay, Fontaine-les-Dijon, Billy-Chanceaux, Saint-Maurice, Corboin, Daix et Changey, Lays, Chaumes-les-Baigneux, Poiseuil-la-Grange, Fixin, Dijon, Cercey, Avot, Charbonnières, Jaugey, Fleurey, Échannay, Ouges, Is-sur-Tille, à payer les droits dus au fisc ; — qui autorise les habitants de Couches à nommer un receveur ; — qui condamne les habitants des Maillis à payer la location des bateaux qui ont amené 500 soldats depuis ce lieu jusqu'à Auxonne ; — qui admet la demande des doyen et chapitre N.-D. de Beaune, en revendication moyennant remboursement, des biens aliénés à M. Bataille de Mandelot ; — qui ordonne le paiement au sieur Martene de la platte fournie par lui pour le passage de la Saône, lors des réparations faites au pont de Saint-Jean-de-Losne. — Enquête ordonnée par le chancelier, sur les négligences du procureur du Roi au bailliage de Mâcon, lors des poursuites contre l'assassin présumé de Thevenet, valet de chambre de M. Perrigny de la Monue. — Jugement qui casse la nomination des asséeurs des tailles, faite par les maire et échevins de Beaune, et ordonne qu'une nouvelle en sera faite dans l'assemblée générale des habitants ; — qui déboute les habitants de Talant de leur opposition à ce que la ville de Dijon, suivant la concession qui lui en a été faite par les ducs de Bourgogne, continue à extraire du pavé sur le territoire de cette commune ; — qui condamne les habitants de Chaussin, à payer le loyer de la maison, amodiée pour y recevoir François Vincent, receveur des écoles ; — qui astreint les habitants de Vonges, Champfort, Grands-Moulins et La Borde, à contribuer aux réparations de l'église de Pontailler ; — qui condamne Chrysostome Alacoque, bourgeois de Saint-Cyr, à payer les arrérages d'une rente due à la Visitation de Charolles ; — les officiers du bailliage de Belley, à l'amende, pour contravention aux droits sur le papier timbré ; — qui ordonne au sieur Rouillet, ingénieur du Roi, de dresser procès-verbal des réparations à faire au pont d'Auxerre ; — qui condamne à l'amende, des dragons et des fantassins, pour exactions, violences et voies de fait commises envers des habitants de Dijon ; — qui ordonne une reconnaissance générale des fortifications de la ville de Saulieu, appartenant au Roi, et enjoint aux magistrats municipaux de produire les baux et contrats d'aliénation qu'ils en ont faites ; — qui renvoie au procureur général de la Chambre des Comptes, la plainte de la mairie de Dijon, sur ce que la Chambre veut l'obliger, contrairement à ses privilèges, à rendre devant elle le compte des deniers patrimoniaux.

C. 2905. (Portefeuille.) — 323 pièces, papier.

1680. — Suite des jugements rendus par l'Intendant Bouchu, qui prescrit le paiement des dettes arriérées des communautés de Courban, Gerland, Bellecroix, Courtivron, Mirebeau, Soissons, Noidan, Fontaine-les-Dijon, Commarin, Munois, Viécourt, Montbard, Rossay, Noiron-sous-Bèze, la Frette, Ampilly-le-Sec, Branges, Talant, Mitreuil, Origny, Saint-Jean-de-Losne, Dennevy, Touches, Villaines-en-Duesmois ; — qui prescrit diverses mesures pour la réparation des presbytères de Villers-la-Faye, Cercey, Gemeaux, Sarcy, Brognon, Digoin, Beurey-Bauguay, Plombières ; — qui autorise l'acquisition d'une maison pour y établir celui de Champdôtre ; — qui prescrit la réparation de l'église de Villecomte ; — qui règle la taxe imposée aux acquéreurs des biens des communautés de Hauteroche, Uncey, Charancey, Fleurey, Marcilly-les-Vitteaux, Chelsey et Mellecey, Montbard, Velars, Oigny (abbaye), Is-sur-Tille, Agey, Romenay, Arcey, Pont-de-Veyle, Villeberny, Ricey, Baigneux, Villotte-sur-Ource, Etalante, Dienay, Foucherans, Villaines-en-Duesmois, Missery, Montmançon, Cussy-les-Forges, Couches, Ouges, Savilly, Ouroux, Bellenod-sous-Origny, Perrigny-les-Dijon, Chivres, Mosson, Pont-de-Vaux, Ciamerey, Saint-Germain-des-Champs, Marey-s-T., Vassy, Vaudoisy (près Donzy), Saint-Maurice-en-Mâconnais, Vernot, Villaines-les-Prévôtes, Bagnot, Dijon, Semarey, Ambérieux, Fontenay, Verjux, Poiseuil-la-Grange, Brianny, Menades, Louesme, Terrefondrée et Chatoillenot, Touillon, Chamesson et Buncey, Maligny, Couchey, Vandenesse, Saint-Jean-de-Gonvelle, Ruffey et Échirey, La Rivière, Beaulieu, Échalot, Bierre, Nieures, Joux, Orgeux, Bretigny, Étormay (abbaye de Fontenay) ; — qui règle le débat entre la mairie de Beaune et le receveur des tailles, au sujet des avances de fonds imposées à celui-ci, et défend aux magistrats et habitants de députer sans permission pour les affaires de la ville; — qui ordonne la reconnaissance des réparations à faire à la levée de Cosne-sur-Loire; — aux ponts et chemins du lac de Nantua; — qui condamne le sieur Clamonet à faire les réparations du pont de Verdun, dont il est adjudicataire; — qui condamne à l'amende plusieurs habitants de Châtillon, chez lesquels on avait trouvé des paquets de tabac de contrebande, en poudre et en corde ; — qui ordonne le paiement de l'indemnité due à la propriétaire d'une des maisons démolies, pour agrandir la place devant la cathédrale de Chalon. — Avis de l'Intendant pour la mise en liberté de P. Boussart, épicier à Dijon, faussement dénoncé par un officier comme complice d'un déserteur et condamnation de ce dernier aux dépens et à des dommages et intérêts. — Jugement qui condamne à l'amende les fabriciens de Gronant, pour n'avoir point fait coter et parapher le registre des baptêmes, mariages et enterrements ; — qui maintient la décision prise par la mairie de Chalon, pour interdire le séjour de cette ville aux sieurs Arvilliers et Perraut faisant profession de la religion réformée, en conformité d'une résolution prise à la suite des troubles religieux et motivée sur ce que les réformés, s'étant rendus les plus forts, y avaient introduit des troupes ennemies qui s'étaient livrées au pillage ; — qui décharge de la taxe imposée aux acquéreurs du domaine, Simon de Villers-la-Faye, abbé de Saint-Thibaut, seigneur de la terre de Clomot, aliénée en 1438 par le chapitre N.-D. de Beaune, qui la tenait par échange de Hugues IV, duc de Bourgogne; — qui, sur la plainte des échevins de Mâcon, interdit aux réformés demeurant au bailliage de Bourg de venir faire exercice de leur religion au prêche de la Couppée près de cette ville. — Procès-verbal du lieutenant de la maréchaussée de Mâcon, constatant que, s'étant rendu avec ses archers au village de Solutré pour y arrêter plusieurs particuliers, les habitants s'étaient soulevés en armes au son de la cloche, lui avaient arraché ses prisonniers et contraint de se retirer au plus vite.

C. 2906. (Portefeuille.) — 181 pièces, papier.

1681. — Suite des jugements rendus par l'Intendant Bouchu, qui prescrit l'acquittement des dettes arriérées des communautés de Serley, Jancigny, Chamesson, Bordes-de-Branges, Bonnencontre, Chagny, Cussy-sur-Arroux, Beaune, Avallon, Meloisey, Santenay, Port-de-Chauvort, Etrigny, Promenois, Rouvray, Messey, Charmes ; — qui autorise une imposition pour l'achat d'un presbytère à Corcelles-les-Arts ; — qui ordonne le payement des réparations faites dans ceux de Thury, Gourdon, Grésigny, ainsi que dans les églises de Gourdon et de Villecomte ; — qui règle la taxe imposée aux acquéreurs des biens des communautés de Saint-Germain-la-Feuille, Landreville, Meilly et Maconge, Massuot, Bierry (Anstrude), Pochey, Orgeux, Villaines-en-Duesmois, Savoisy, Corboin, Champdoiseau, Hauteroche, Loches, Saulieu, Minot, Nuits-sous-Ravières, Fain-les-Moutier, Chaugey, Baigneux, Billey-les-Auxonne, Navilly, Cussy-la-Colonne, Buncey, Villaines-les-Prévôtés, Volnay, Massingy-les-Semur, Savoisy, Labergement-les-Auxonne, Saint-Julien-sur-Reyssouze ; — qui casse une nomination d'asséeurs faite par les magistrats de Beaune et en ordonne une nouvelle par l'assemblée générale des habitants et dans des conditions déterminées ; — qui, moyennant remboursement supprime la double dîme établie sur les habitants de Saint-Seine-sur-Vingeanne, au profit du seigneur ; — qui ordonne le paiement des sommes avancées par le seigneur pour le service du culte dans la paroisse de Labergement-le-Duc. — Procès-verbal dressé par l'Intendant de la perquisition faite par lui-même en vertu des ordres du chancelier, au domicile de Daniel Grangier, libraire à Dijon, à l'effet d'y découvrir les ouvrages hérétiques et non autorisés. — Jugement qui prescrit une enquête sur des débats entre F. de La Vigne, procureur au présidial de Mâcon, et Ch. Adenot, maître de la poste, qui s'accusaient réciproquement d'injures et de violences. — Procès-verbal de l'interrogatoire par l'Intendant, en vertu des ordres du Roi, d'un religieux nommé Husson qui, contraint par force d'embrasser la vie religieuse, avait obtenu du pape la résiliation de ses vœux, ce qui n'avait point empêché les religieux de le reprendre et de le garder prisonnier, notamment à Pothières, d'où il s'était échappé pour venir se remettre entre les mains du prévôt des maréchaux et lui faire connaître que, contrairement aux ordres du Roi, on enseignait dans les abbayes bénédictines, la philosophie de Descartes et la doctrine de Jansénius.

C. 2907. (Portefeuille.) — 325 pièces, papier.

1682-1683 (janvier). — Suite des jugements de l'Intendant Bouchu qui prescrit l'acquittement des dettes contractées par les communautés de Bellefond, Tharoiseau, Le Roussay, Saint-Jean-de-Losne, Frôlois, La Chapelle-Naude, Fontaine-Française, Mailly (les), Étroyes, Saint-Seine-sur-Vingeanne, Autun, Villiers et Vanvey, Fontaine-les-Dijon, Saulx-le-Duc, Saulon-la-Rue, Toulon-sur-Arroux, La Tanière, Juif, Verdonnet, Fontaine-les-Chalon, Marey-sur-Tille, Fays-Billot, Gevrey, Vermanton, Mont-Saint-Jean, Soussey, Couches, Saulieu, Beaune, Chaudenay-la-Ville, Poiseul-la-Ville, Rouvres-sous-Meilly ; — qui règle la taxe imposée aux acquéreurs des biens des communes de Blagny-sur-Vingeanne, Allerey, Thil-la-Ville, Salives, Is-sur-Tille, Saint-Remy, Nogent-les-Montbard, Lucenay, Missery, Corsaint, Charnay, Viserny, Hauteroche, La Borde-de-Montmançon, Saint-Sauveur, Pont-de-Veyle ; — des biens de l'abbaye de Saint-Bénigne à Velars, Vesson-les-Dijon, Crugey et Villecomte ; du prieuré de Saint-Vivant au Poiset ; — du chapitre de Chatel-Censoy à Missery ; — de l'évêché d'Autun à Grosme ; — qui oblige les habitants de Flavigny à fournir un logement au curé ; — ceux de Thury, Brognon, Manlay, Puligny, Salmaise, Villers-la-Faye et Magny, Mavilly et Mandelot, aux réparations du presbytère ; — ceux de Sornay, de Taisey, de Coulanges-sur-Yonne, de Serlay, à celles de l'église, du presbytère et à l'entretien des ornements ; — qui supprime, après remboursement du capital, la double dîme établie à Rancy, au profit du conseiller Berbis, seigneur du lieu ; — qui condamne Huissier d'Argencourt, vice-bailli d'Auxois, à l'amende et aux dépens, pour avoir de son autorité privée arrêté comme déserteur, Claude Davot, chirurgien à Braux. — Dossier relatif à l'interrogatoire par l'Intendant d'une dame Morin, femme d'un ancien notaire de Lyon, qui s'était mise entre les mains des magistrats de Seurre, en les priant de la faire conduire en sûreté devant l'Intendant, auquel elle voulait demander les moyens de parvenir jusqu'au Roi, à qui elle devait dénoncer un complot tramé contre sa personne et la sûreté de l'État. — Jugement portant qu'il sera procédé en sa présence à la collation des titres invoqués par l'évêque de Langres dans son débat avec le chapitre de la Sainte-Chapelle de Dijon. — Enquête dressée par l'Intendant en vertu des ordres du ministre Châteauneuf, sur le mémoire de M. Brulard, premier président, à l'effet d'établir que, selon la coutume, les deux derniers avocats reçus au Parlement, étaient tenus d'aller en personne inviter aux obsèques des membres de la cour. — Jugement qui statue sur l'indemnité due au chapitre de Saint-Étienne de Dijon, pour cession d'un treige compris dans les terrains pris pour l'élargissement de la rue Neuve-Saint-Médard (rue Vaillant). — Jugement de l'Intendant, assisté de gradués dans le procès criminel, intenté par le lieutenant criminel du présidial de Dijon à J. Lordelot, huissier à la chancellerie de Bourg, lequel avait été évoqué et renvoyé à sa connaissance par le Conseil d'État. Il s'agissait d'injures, blasphèmes, voies de fait contre un nommé de Poix, et altération d'exploits. L'Intendant le condamne en 30 livres d'amende, lui défend d'exiger plus que ce qui est déterminé par la taxe, de se comporter désormais avec décence dans l'exercice de son ministère, avec interdiction d'exercer son office en dehors de son ressort. — Jugement qui condamne les habitants de Saint-Broing à exécuter la convention passée avec A. Millot, recteur d'école ; — qui commet son subdélégué à Mâcon, pour procéder à la délivrance des ouvrages publics à faire à Pont-de-Veyle ; — qui commet le sieur Debadier, lieutenant criminel au bailliage, pour instruire le procès de Gros dit La Salle et ses complices, accusés de fausse monnaie ; — qui autorise les habitants d'Arc-sur-Tille, réunis en assemblée générale, à délibérer sur une convention passée avec le curé, pour l'entretien d'un vicaire ; — qui ordonne une visite et reconnaissance de la pierre d'Asnières fournie par Personnier aux entrepreneurs des travaux du Logis du Roi à Dijon ; — une reconnaissance de la cloche nouvellement refondue pour l'église de Spoy, par Claude Sirjean ; — qui condamne les habitants de Molphey à payer au curé de Blanot, trois mois et demi de desserte de leur église ; — qui ordonne la mise en liberté de plusieurs habitants de Montagny-les-Seurre, emprisonnés par ordre du commissaire de la marine, comme soupçonnés d'avoir incendié les bois de Pagny, à charge de se représenter s'il y a lieu et de payer les frais de leur détention.

C. 2008. (Portefeuille.) — 104 pièces, papier.

1683 (juin)-**1684**. — Jugements rendus par M. de Harlay, Intendant de Bourgogne, prescrivant diverses mesures pour le paiement des dettes contractées par les communautés de Cuiseaux, Essarois, Quincey, Salornay, Is-sur-Tille, Branges, Bar-sur-Seine, Laives, Talmay, Meloisey, Villy-en-Auxois, Autun, Beaune, La Croisée, Nuits, Couronne, Selongey, Le Châtelet, Chaignay, Joux-le-Châtel, Beire-le-Châtel, Molinot, Commarin, Marandeuil, Monthelie ; — qui enjoint au sieur Comte de représenter le contrat d'acquisition du paquier Bonnot ayant appartenu à la commune des Maillis ; — qui ordonne une reconnaissance des travaux à exécuter dans les presbytères de Manlay, de Poiseul-la-Ville, d'Avosne ; — qui autorise les habitants de Bellefond à s'imposer pour les réparations de l'église ; — qui condamne ceux de Meloisey à continuer le paiement de la double dîme ; — ceux de Mirebeau et de Montréal à tenir la convention passée avec Robert Coppotte et François Rouget, maîtres d'école ; — qui renvoie François de Chanicey, seigneur de Pluvaut, de la demande du fermier du Domaine, en réunion de cette seigneurie au Domaine ; — qui ordonne une reconnaissance des bâtiments de la ferme du Cailley, affermée par la ville de Montbard ; — qui condamne les habitants de Bellefond à s'imposer pour indemniser le curé d'Échirey du quart du dîme, dont ils se sont emparés ; — qui condamne des tailleurs de pierre, à exécuter le marché qu'ils ont passé avec l'entrepreneur de la construction du portail et des murs du Logis du Roi à Dijon.

C. 2009. (Portefeuille.) — 198 pièces, papier.

1685-1686. — Suite des jugements rendus par l'Intendant de Harlay, qui prescrit diverses mesures pour l'acquittement des dettes contractées par les communautés de Blessey, Selongey, Sauvigny-le-Beuréal, Maisey, Pouillenay, La Chapelle-Saint-Sauveur, Branges, Poiseuil-la-Ville, Savigny-en-Revermont, Gergy, Alise-Sainte-Reine, Vanvey, Serve,

Molinot, Meloisey, Navilly, Bruailles, Merceuil, Montréal, Montbard, Savigny-sur-Seillé, Ormes, Bessey-les-Cîteaux, Viserny, Braux, Louhans, Saint-Anthot, Saint-Victor, Rouvray, Saulx-le-Duc, Gissey-sous-Flavigny, Pichanges, Aubigny, Commarin, Beaune, Bricon, Juif, Pontoux, Braux, Arnay-le-Duc, Fraignot, Fleurey, Bellevesvre, Chanceaux ; — qui enjoint aux anciens syndics de Blessey d'avoir à rendre leurs comptes ; — qui condamne les habitants d'Arc-sur-Tille à payer la somme convenue avec un vicaire, pour la desserte de la paroisse ; — qui ordonne une reconnaissance des réparations faites au pavé de Louhans ; — qui condamne les habitants de Saint-Seine-l'Abbaye à payer les 120 livres de gages dus au recteur d'école ; — qui renvoie devant les juges ordinaires, le débat entre les communautés de Jouey et d'Arnay, au sujet de droit d'usage dans un bois ; — qui ordonne l'imposition au rôle des tailles de 310 livres de gages, convenus avec Chailly, recteur d'école à Flavigny ; — et de 575 livres pour deux années et demie pour ceux de J. Dupin, recteur des écoles de Verdun. Sa belle-fille, Marie des Vignes, enseignait les filles ; — de 70 livres pour ceux de J. Tharé, recteur d'école à Mont-Saint-Jean ; — la délivrance des réparations à faire au presbytère de Baudrières ; — le paiement de celles faites à ceux de Coulanges-sur-Yonne, d'Ozenay ; — la construction de celui de Saint-Maurice-des-Champs ; — la visite de celles nécessaires à celui de Saint-Seine-sur-Vingeanne et du Pulley ; — qui défend sous les peines les plus sévères, le dépôt et le travail sur la voie publique à Dijon des matériaux de construction ; — qui ordonne le procès d'un vannier de Saint-Laurent-les-Chalon qui, de concert avec un garde des eaux et forêts, dévastait le bois communal de Vorjux, seule ressource de cette paroisse, pour l'entretien des 10,000 toises de levées qui protègent son territoire ; — qui condamne les habitants d'Aloxe à contribuer pour leur part à la portion congrue du curé ; — qui ordonne le paiement des ouvrages publics, adjugés dans la ville de Seurre, notamment à l'hôtel de ville, à l'horloge ; — celui de la reconnaissance des réparations à faire aux églises Saint-Jean, Saint-Vorle et Saint-Nicolas de Châtillon ; — la reconnaissance des travaux exécutés dans la rivière du Meuzin à Nuits, suivant le devis de l'ingénieur Roulier ; — la reconnaissance des réparations à faire à l'église et au presbytère de Brasey ; — qui ordonne l'imposition au rôle de la taille, des 200 livres adjugées par l'Intendant à Joseph Bochot, maître d'école, en dédommagement de ce que des habitants avaient envoyé leurs enfants ailleurs que dans son école ; — d'une somme de 600 livres pour les dépenses de la refonte de la cloche de l'église de Vielverge ; — qui prescrit la reconnaissance des réparations à faire à l'église, au clocher et au cimetière du même lieu, — id. de Menvy ; — qui met en demeure les chanoines du chapitre de Saulieu de justifier des prestations qu'ils exigent des habitants de Huily.

C. 2910. (Portefeuille.) — 197 pièces, papier.

1687-1688. — Suite des jugements rendus par l'Intendant de Harlay, qui prescrit diverses mesures et notamment des impositions extraordinaires pour le paiement des dettes contractées par les communautés de Bosjan, Messey, Nod-sur-Seine, Montagny-les-Seurre, Sagy, Châtillon-sur-S., Aisey-le-Duc, Auxerre, Villy-en-Auxois, Montbard, Fixey, Préty, Fretterans, Frolois, Arc-sur-Tille, Serlay, Commarin, Dennevy. Tichey, Rouvray, Avallon, Louhans, Étrigny, Crona, Brian, Meloisey, Noyers, Montlay, Saussey, Tournus, Fontaine-les-Chalon, Villeneuve-les-Gergy, Ampilly-les-Bordes, Savigny-en-Revermont, Villecomte, La Chapelle-Técle, Maxilly-sur-Saône ; — qui condamne les habitants de Beurey-Bauguay, Chevannay, Baume-la-Roche, à exécuter la convention passée avec leurs recteurs d'école ; — la ville de Charolles comme décimateur, à la réparation du chœur de l'église de Viérigne ; — qui ordonne une visite des réparations faites au pavé de Verdun ; — qui convoque une assemblée des habitants de Gemeaux pour délibérer sur la concession d'une place joignant le presbytère ; — qui adjuge à J. Pasumot, serrurier à Beaune, la conduite de l'horloge pendant 15 ans ; — qui règle l'exercice du droit d'éminage et de basse justice à Is-sur-Tille, entre le président Baillet, seigneur du lieu et les échevins ; — qui condamne les habitants de Saint-Germain-les-Senailly à payer leur part du procès-verbal de bornement de leur territoire et de celui de Senailly ; — qui prescrit aux anciens échevins de Cuiseau depuis 20 ans, d'avoir à rendre compte de leur gestion ; — qui condamne les habitants de Montmain, à payer les sommes représentant la valeur des dîmes dues au curé ; — qui ordonne une reconnaissance des pierres fournies par Lambert et consors au sieur Personnier, adjudicataire de la construction du portail de la salle des États à Dijon ; — qui somme les habitants d'Avot d'avoir à justifier de la nécessité d'établir un curé dans leur église, jusque-là succursale de Barjon ; de la permission donnée pour cela par l'évêque de Langres et de l'emploi des fonds provenant de la vente des bois communaux ; — qui réintègre à charge de remboursement, les habitants d'Arcelot en possession des biens communaux, vendus au marquis de Favery ; — qui réintègre la commune et la fabrique des Maillis en possession du paquier du Grand-Bouré ; — qui ren_ voie ; les habitants d'Orret de l'instance portée contre eux par ceux de Baigneux, qui voulaient les obliger à contribuer à l'entretien de l'horloge et aux gages du recteur d'école ; — qui ordonne une reconnaissance des ouvrages de construction des bâtiments du collège de l'Oratoire à Beaune ; — l'exécution de la sentence du 30 juillet 1687 dans le débat entre le seigneur et les habitants d'Is-sur-Tille au sujet des officiers ; — qui ordonne la reconnaissance des travaux à exécuter à l'église et au presbytère de Lugny ; — qui condamne les magistrats d'Auxerre à payer la construction de l'aqueduc de la rue de dessous les Cordeliers, près les murailles de l'abbaye des Iles.

C. 2911. (Portefeuille.) — 814 pièces, papier.

1689-1690. — Jugements rendus par l'Intendant d'Argouges, qui prescrit diverses mesures, entre autres des compositions extraordinaires pour le paiement des dettes contractées par les communautés de Verjux, Rouvray, Bricon, Beaune, Juif, Montoillot, Marey-sur-Tille, Villey-sur-T., Vonges, Arceanant, St-Gengoux, Serlay, Auxonne, Gibles, Aubigny-la-Ronce, Gevrey, Montbard, Mervans, Le Châtelet, Poncey-les-Athée, Semur, Bessey-les-Citeaux, Précy-sous-Thil, Verdun, Seurre, Pernand, Arc-sur-Tille, Volnay, Châtillon-sur-S, Les Bordes-de-Verdun, Coulanges-sur-Yonne, Gissey-sous-Flavigny, St-Didier ; — Cluny, Beuray-Bauguay, Villaines-en-Duesmois, Hauteroche, Beauvernois, Alise-Sainte-Reine, Bouilland, Serlay, Bremur, Noyers, Bonnencontre, Vermoiron, Touches, Champdôtre, Tichey, Fraignot ; — qui somme M. Richard de Bligny, à représenter le titre en vertu duquel il est devenu propriétaire du paquier des Loches, indivis entre la commune de Serrigny et ses hameaux ; — qui condamne les habitants de Varanges et Moux à faire les réparations nécessaires au presbytère ; — qui ordonne la visite et reconnaissance de celles à faire à l'église et au presbytère de Lugny, de Fontaine-les-Dijon ; — qui maintient le chapitre de Saulieu dans le droit de percevoir des redevances en grain des habitants de Hully ; — qui condamne les habitants du Merceuil à contribuer pour une part dans les dépenses de la refonte de la grosse cloche de l'église de Missery, des réparations de la cure de l'église et dans les gages du maître d'école ; — ceux d'Étevaux, de Morogos, à payer les gages dus à leur recteur d'école ; — qui ordonne la reconnaissance des réparations à faire aux presbytères de Semur, de Fretterans, de Verdonnet, de Saint-Nizier-sous-Charmoy, de Bouilland, d'Auvillars, à l'église de Barjon ; — le paiement de celles faites à celui de Labergement-les-Duc, de Saint-André-le-Désert, de Bézouotte, de Ménessaire ; — qui maintient de plus fort les habitants des quatre Maillis, en possession du pré du grand Bouré, usurpé sur eux ; — qui condamne les habitants de La Chapelle-Saint-Sauveur, de Chassagne, de Villebichot, à reconstruire leur presbytère ;—qui autorise les magistrats de Louhans, à démolir les halles et à les reconstruire au lieu qui leur sera assigné ; — qui casse l'adjudication de la ferme des biens patrimoniaux de cette ville et en prescrit une nouvelle ; — qui condamne les habitants d'Ampilly-les-Bordes, à payer le prix de la maison qu'ils ont achetée pour la convertir en presbytère ; — qui réintègre la commune de Ricey-le-Haut, en possession de deux ouvrées de terre usurpées sur un chemin ; — qui règle le droit de mouture au moulin banal de Talmay, perçu au profit du seigneur ; — qui prescrit le paiement des réparations faites à l'église de Fauverney ; — qui autorise la ville de Beaune à s'imposer pour parachever la construction du collège de l'Oratoire ; — qui, conformément aux édits, renouvelle aux échevins de Paray la défense d'envoyer des députations et de faire des impositions extraordinaires ; — qui détermine les attributions respectives des échevins de Toulon-sur-Arroux et des officiers de l'abbé de Cluny, seigneur du lieu.

C. 2912. (Portefeuille.) — 387 pièces, papier.

1691-1692. — Suite des jugements de l'Intendant d'Argouges, qui prescrit des impositions extraordinaires et autres mesures pour le paiement des dettes contractées par les communautés de Vitteaux, Norges, Gourdon, Thomirey, Tichey, Semur, Serlay, Saint-Laurent-les-Chalon, Noyers, Saint-Ythaire, Ciel, Montbard, Pouilly-sur-Saône, Saint-Thibaut, Sampigny, Savouges, Pagny-le-Château, Mont-Saint-Jean, Montréal, Cluny, Chaudenay-sur-Beheune, Varanges, Pichanges, Louhans, Villaines-en-Duesmois, Sagy, Frontenard, La Villeneuve-les-Seurre et Clux, La Marche-sur-Saône, Soissons et Vielverge, Grosbois-les-Tichey, Saulieu, Véronnes-les-Grandes, Tanlay, Bouilland, Chailly et Tellecey ; — qui ordonne la reconnaissance des réparations à faire à l'église et au presbytère d'Épernay, de Préty, aux presbytères de Fretterans, de Viévy, de Pommard, de Quemigny et Poiset, de Bessey-les-Citeaux, de Bussières ; — à l'église de Diénay ; — qui ordonne le paiement des réparations faites à l'église de Quemigny, de Saint-Martin-du-Mont, de Brasey-en-Plaine, aux presbytères de Gevrey, Baubigny, et Marly-sur-Arroux ; — qui renvoie au lieutenant général du bailliage, la connaissance des débats entre les habitants de La Marche et M. Chanteau, au sujet de la réparation du pont entraîné par un radeau appartenant à ce dernier ; — qui somme les habitants de Pontailler de produire sous huitaine les pièces relatives aux bois indivis avec ceux de Soissons et Vielverge ; — qui ordonne le paiement des travaux de réparations du pavé faites à Auxonne, sauf à y faire contribuer les riverains ; — la visite et reconnaissance des travaux de charpente exécutés au collège de Beaune ; — id. des bois dont la communauté demande l'aliénation pour se libérer de ses dettes; — le paiement des sommes dues par la mairie de Montbard à J. Châtillon, ci-devant secrétaire de la Chambre de Ville; — qui condamne les habitants de Pralay à payer à l'ancien curé le prix convenu pour la desserte de l'église; — ceux de Próty à payer le cens assigné pour l'accensement du bois de Baugy; — ceux de Sennecey à payer les termes du loyer d'une maison servant à loger le recteur d'école; — ceux de Chevannay, les termes des gages dus à P. Gabiot, recteur d'école; — qui adjuge au prieur de Saint-Léger, seigneur de Cirey, le tiers du prix des bois vendus par cette commune à J. de Griffeuil, gentilhomme ouvrier; — qui condamne les habitants de Vielverge et Couches à exécuter la convention conclue avec P. Morisot et J.-B. Pingot, recteurs d'école; — qui prescrit une nouvelle adjudication de la ferme des halles de la ville de Dijon; — qui ordonne une reconnaissance des travaux de curage de la rivière de Flacey-les-Louhans, afin d'en faire la répartition du prix sur les propriétaires riverains, — qui enjoint à tous détenteurs des titres de la commune de Rouvray, d'avoir à les restituer aux magistrats; — qui annule une vente de coupe de bois faite par les habitants de Poiseuil-la-Ville, sans la participation de leur seigneur l'abbé de Fontenay; — qui ordonne un rapport sur la valeur et le revenu du four banal de Sampigny, aliéné par les habitants et qu'ils revendiquaient; — qui ordonne le paiement de la soulte d'un échange de maison entre la commune de Jouancy et P. Chaine : l'une de ces maisons devait servir de presbytère; — qui règle le débat pour le curage de la rivière de Cosme à Saint-Maurice et Chevry; — qui prescrit une nouvelle élection des Alcades ou conseils chargés de contrôler les actes de l'administration de la ville de Montbard; — qui ordonne l'exécution du marché passé par celle de Pontailler, pour la construction d'une halle; — qui maintient les conditions de la convention passée entre les habitants de Sampigny et M. du Pasquier d'Autun pour l'établissement d'un moulin; — qui autorise les habitants de Noyers à payer la somme de 320 livres de gages convenus avec P. Grenaut, maître d'école et organiste.

C. 2913. (Portefeuille.) — 238 pièces, papier.

1693-1694 (janvier). — Suite des jugements de l'Intendant d'Argouges, qui prescrit des impositions et autres mesures pour le paiement des dettes des communes de Gevrey, La Marche-sur-Saône, Touillon, Vitteaux, Navilly, Villaines-en-Duesmois, Joudes, Saint-Eusèbe-des-Bois, Marcheseuil, Les Grandes-Varennes, Authume, Marcilly-les-Monteénis, Jailly-les-Moulins, Labergement-le-Duc, Noyers, Bourbon-Lancy, Athée, Beaune, Corpoyer-la-Chapelle, Quincey, Jaugey, Mervans, Meulson, Louhans, Étevaux, Saint-Seine-sur-V., Châtellenot; — qui ordonne la reconnaissance des réparations à faire aux presbytères de Sens, Frénois et Moloy, Saint-Vallier, Champdôtre, Issy-l'Évêque, Trochères; — le paiement de celles faites à ceux de Frénois, Savigny-sur-Seille; — la construction de ceux de Montréal, Chassy en Charolais, Lournand; — la délivrance des réparations à faire à l'église de Morey; — qui convoque une assemblée des habitants de Chaignay, pour entendre lecture du compte des échevins; — qui ordonne une estimation des bois pris par l'entrepreneur Lambert, pour la reconstruction des ponts d'Aubigny-en-Plaine; — qui renvoie devant les juges ordinaires la connaissance du débat entre les religieux de l'abbaye de Flavigny et les habitants de Glanon, au sujet des réparations de l'église; — qui statue sur la perception du droit d'éminage sur les boulangers de Nuits; — qui condamne un sieur Trullard, à relâcher une portion de la place publique de Labergement-le-Duc, dont il s'était emparé; — qui condamne les habitants de Savigny-sous-Beaune à remplir les conditions du marché passé avec Ch. Lagrange, leur maître d'école; — qui met le curé d'Argilly en demeure de rapporter aux habitants l'approbation par l'évêque de la transaction conclue entre eux, sinon que ceux-ci seront déchargés de l'obligation de lui fournir un presbytère; — qui, nonobstant l'opposition des vanniers de la ville de Dijon, décide que le marché des osiers et vergettes se tiendra sur la place Saint-Michel et au coin des cinq rues, avec défense aux vanniers d'en acheter ailleurs que sur ces places; — qui ordonne le remboursement au curé de Barjon par les communes de Barjon et du Meix, des sommes avancées par lui pour la réparation de l'église; — qui décharge M. Drouot, trésorier payeur des gages du parlement, des amendes prononcées contre lui par la mairie de Dijon, pour contravention à la police de la voirie.

C. 2914. (Portefeuille.) — 321 pièces, papier.

1694. — Jugements rendus par l'Intendant Ferrand qui prescrit diverses mesures et des impositions extraordinaires pour le paiement des dettes contractées par les communautés de Jaugey, Savigny-le-Sec, Châtillon, La Marche-sur-Saône, La Cauche, Pommard, Saint-Germain-du-Bois, Port-de-Chauvort, Touillon, Igornay, Savigny-sur-Seille, La Couhée, Fontaine-en-Duesmois, Aignay-le-Duc, Villeurbanne, Palleau, Le Petit-Moloy, Fays-Billot, Bourbon-Lancy; — qui déclare exempts de taille, le greffier de la maréchaussée de Châtillon, le contrôleur des exploits du même lieu, le directeur des carrosses de Chalon, la fermière des regrats du département de Semur-en-Auxois; — qui condamne les habitants de Ciel et Précy-sous-Thil à exécuter la convention passée avec leur recteur d'école; — ceux de Quemigny à payer les réparations du presbytère; — qui déboute le curé et les habitants de Saint-Jean-de-Losne, au sujet de la nomination et de la rémunération du prédicateur du carême ; — qui ordonne des poursuites contre des habitants de Baigneux qui avaient insulté le maire ; — qui condamne ceux de Trouhaut à payer les arrérages de la redevance due au Domaine pour droit de garde ; — qui condamne Laurent de Guienay à livrer au munitionnaire de l'armée d'Italie les 1,240 sacs de blé, qu'il lui a vendus ; — qui autorise les magistrats de Saint-Jean-de-Losne à comprendre les officiers du bailliage et du grenier à sel dans l'imposition pour le rachat de l'office du juré-crieur ; — qui ordonne la visite des constructions faites par le sergent Ozanet sur la rue de Paray-le-Monial ; — qui condamne M⁰⁰ de Boulignoux à vendre aux étapiers de Bresse, l'excédant de ce qui lui était nécessaire en foin et en avoine pour la nourriture de ses bestiaux ; — qui autorise l'inspecteur des manufactures à Châtillon de visiter les boutiques, sans autre concours que celui des jurés gardes du métier ; — qui déclare réunis au domaine du Roi, tous les terrains dépendant des anciennes fortifications d'Avallon ; — qui décharge les Célestins de Lyon des impositions mises sur les biens possédés par eux à Montaney avant 1602 ; — les monastères de la visitation de Montluel des contributions pour les logements militaires ; — qui condamne M¹¹ᵉ Regnaut, maîtresse de dessin dans les couvents de religieuses à Dijon, à contribuer aux charges de la communauté des peintres ; — qui défend aux asséeurs des tailles dans la Généralité, de rien imposer pour eux et leur nourriture ; — qui condamne deux habitants de Nuits à accepter la charge de collecteurs de la taille négociale ; — qui ordonne une assemblée des habitants de la Maison-Dieu-sous-Thil, pour délibérer sur des poursuites à exercer contre un prétendu usurpateur d'un terrain communal ; — qui autorise les habitants de Labergement-le-Duc à faire preuve des droits qu'ils avaient sur des bois et communaux usurpés par Cl. Bouquet ; — qui déboute le fermier judiciaire de la seigneurie de Pontoux de sa demande en restitution de la récolte d'un terrain laissé inculte, lequel avait été ensemencé par un bourgeois du lieu, en vertu d'une autorisation de l'Intendant ; — qui condamne à l'amende plusieurs sergents au bailliage de Dijon, qui n'avaient pas tenu fidèle registre de leurs exploits.

C. 2915. (Portefeuille.) — 479 pièces, papier.

1695. — Suite des jugements de l'Intendant Ferrand qui ordonne le paiement des réparations faites aux presbytères de Perrigny-sur-l'Ognon, Touillon, Saint-Maurice, Bosjan ; — la visite de celles à faire à ceux de Saint-Apollinaire, Pagny-la-Ville, Bonnencontre, Cuet ; — l'exécution de celles projetées pour ceux de Cerdon, Issy-l'Évêque ; — le paiement de celles faites à l'église et au presbytère de Prenois ; — qui condamne les habitants d'Allerey à exécuter le traité convenu avec leur recteur d'école ; — qui prescrit diverses mesures pour le paiement des dettes des communautés de Arcy-sur-Cure, Chaignay, Avrilly, Saint-Marcel-les Chalon, Beynost, St-Gengoux, Grenand, Arc-sur-Tille, Vieux, Balmey, Marey-sur-Tille, Combertault, Tichey, Louhans, Bourbon-Lancy, Saint-Maurice et Chevrey, Remigny, Beaunotte Romprey, Saisy, Sennecey, Glanon, Bosjan, Verdonnet, Nuits, Beaune, Avot, La Marche-sur-S., Châteauneuf, Jailly, Nolay ; — qui règle le différend entre un boulanger de Chalon et le procureur du Roi en la châtellenie de Buxy-le-Royal, au sujet du pillage par les habitants du lieu, du blé acheté par le premier, lorsqu'il voulut l'amener à Chalon ; — qui condamne le sieur de Commarin, à relâcher aux habitants moyennant remboursement, le four banal et les bois qu'ils lui avaient vendus. — Interrogatoire de deux officiers anglais jacobites arrêtés pour une querelle dans un cabaret de Dijon. — Jugement qui exempte du logement militaire, l'essayeur contrôleur et marqueur des étains qui se fabriquent à Autun ; — qui nonobstant l'exemption des charges publiques consenties par les magistrats de Châtillon-sur-S. à Claude Bourrée, marchand libraire et imprimeur, pour le déterminer à s'établir dans cette ville, déclare qu'il peut être choisi comme collecteur ; — qui donne trois jours à un créancier pour consigner le prix de la nourriture d'un débiteur, sinon il sera fait droit à l'élargissement de celui-ci ; — qui condamne les habitants de Châtillon-les-Dombes à payer aux Capucins la rétribution affectée au prédicateur du carême ; — ceux de Nuits à rembourser au sieur Tardif, commissaire des vivres de l'armée d'Allemagne, les frais de la garnison qu'il avait mise chez leur syndic, pour les contraindre à livrer la quotité de blé qui leur avait été imposée ; — qui déclare la maison seigneuriale dite la Tour d'Is-sur-Tille exempte de logements militaires ; — qui condamne les habitants de Selongey, Orville et Foncegrive, à contribuer aux réparations du presbytère de Selongey ; — qui comprend le hameau de Russilly, dans le rôle dressé par la communauté de Givry, pour le rachat des offices de procureur et secrétaire de la ville ; — qui maintient les habitants de Martinas, en possession du droit de pâturage dans les broteaux de Mollon ; — qui autorise l'établissement d'une tierce sur les terres franches de Fontaine-en-Duesmois, pour l'acquit des dettes de la communauté. — Procès-verbal dressé par le subdélégué de l'Intendant à Dijon, des injures, vols et violences commis à Chenôve par une compagnie du régiment d'Esparre ; — autre dressé par l'Intendant en constatant qu'ayant en vertu des ordres du Roi, fait comparaître par devant lui, Simon Rouget, garde du corps, prévenu de rupture de prison, afin de lui ôter la bandoulière signe de son grade, celui-ci avait déclaré qu'il n'en avait plus depuis la campagne dernière. — Jugement qui défend aux magistrats de Seurre d'exiger les cens et rentes affectés sur des maisons acquises et réunies aux bâtiments conventuels des Ursulines ; — qui condamne l'avocat Morelet à payer ses frais de geôle au concierge des prisons royales de Dijon ; — les habitants de Nuits à payer les dépenses de la refonte des cloches de l'église.

C. 2916. (Portefeuille.) — 507 pièces, papier.

1696. — Suite des jugements de l'Intendant Ferrand qui condamne la veuve de Berthot, tanneur à Pont-de-Vaux, à payer les droits réclamés par L. Bourjon, juré-crieur des morts de cette ville ; — qui défend aux procureurs au bailliage de Dijon de faire aucune signification de dépens avant de l'avoir soumise au contrôleur des taxes de dépens ; — qui prescrit diverses mesures pour le paiement des dettes des communes de Couchey, Bois-Sainte-Marie, Marcy-sur-Tille, Mailly-le-Châtel, La Comelle, Glanon, Fenière, Saint-Maurice-en-Rivière, Pommard, Montaney, Baigneux-les-Juifs, Demigny, Luppieux, Broin, Viévy, Lanthes, Salives, Pontailler, Saint-Germain-du-Plain, Nuits, Noyers, Chaignay, Mervans, Latrecey, Fontaine-en-Duesmois, Meursault, Bouhans, Cuiseaux, Vitteaux, Bellevesvre, Bar-sur-S., Corcelles-sur-Aujon ; — qui ordonne le paiement des réparations faites à l'église et au presbytère de Boux, aux presbytères de Pagny-la-Ville, Villars-en-Bresse ; — la réparation de ceux de Perrecy (église et cure), Bonnencontre ; — la visite de l'église et du presbytère d'Étaules ; — des presbytères d'Ormes, Billigneux, Issy-l'Évêque ; — qui condamne les habitants de Prenois et de Courban à exécuter les conventions conclues avec leurs recteurs d'école ; — les échevins de Noyers à payer les arrérages de la dotation du collège dirigé par les pères de la Doctrine chrétienne ; — qui ordonne le partage des bois indivis entre les communes de Pontailler, Soissons et Vielverge ; — le paiement des droits d'amortissement dus par le prieur de Mesvre ; — qui maintient le maire et échevins de Bar-sur-S. dans le droit de connaître des réparations de l'église, à l'exclusion des margailliers ; — qui ordonne une reconnaissance du pont de Coulanges, reconstruit aux frais des habitants par Marricat, architecte à Auxerre ; — qui défend à Claude Farsiat, arpenteur juré de la maîtrise d'Auxerre, de faire concurrence aux experts priseurs et arpenteurs jurés de la même ville ; — qui modère les taxes frappées par le traitant sur le seigneur de Coulanges-sur-Yonne, à cause du moulin et de la pêche ; — « qui autorise les garçons de boutiques, des veuves « des maîtres chirurgiens à travailler l'art de la chirur-« gie, de faire le poil et la barbe tant qu'ils seront dans ces « boutiques. » — Sommation aux habitants de Beaune de payer l'arriéré de la taille royale. — Jugement qui condamne un habitant de Saint-Germain-de-Joux à 30 livres d'amende, pour avoir enlevé les terres de sa cave au salpêtrier ; — qui convoque les habitants d'Aubigny-en-Plaine en assemblée générale, pour délibérer sur un compte de l'emploi d'argent destiné à la réparation de l'église ; — qui déclare nul l'emprisonnement de Durey, collecteur de la taille de Semur, ordonné par les magistrats de cette ville, pour refus de paiement d'une somme de 15 livres allouée pour secours aux pauvres, condamne ceux-ci à 86 livres 10 sols de dommages et intérêts envers Durey et celui-ci à reconnaître par écrit l'honorabilité des magistrats et leur bonne gestion des affaires de la ville ; — qui ordonne une enquête pour établir la prétention des habitants de Fleurey demeurant à la Villotte au-delà de la rivière d'Ouche, d'être exempts de la servitude du four banal ; — qui autorise les habitants de Priay, de Martinaz, de Bublanne, de Thol et d'Ambérieux à comprendre dans le rôle des tailles les sommes réclamées par le traitant pour les droits qu'elles ont dans les îles et brotteaux de la rivière d'Ain.

C. 2917. (Portefeuille.) — 431 pièces, papier.

1697. — Suite des jugements de l'Intendant Ferrand qui prescrit des impositions extraordinaires pour le paiement des dettes contractées par les communautés de Talmay, Tichey, Montréal, Mont-Saint-Jean, Auxerre, Chanceaux, Nuits, Panges, Auxonne, Soissons, Glanon, Serley, Varennes-Saint-Sauveur, Millay, Cuisery, Chaignay, Sombernon, Étalante, Belignat, Buxy-le-Royal, Mervans, Foucherans, Poiseul-la-Ville, Chissey, Lays, Malafretaz, La Marche-sur-S., Cussy-la-Colonne, Chalon, Argillières, Diénay, Marcheseuil, Massilly ; — qui condamne les habitants de B..zot et Présilly à contribuer aux réparations de l'église et du presbytère de Boux ; — qui prescrit la visite de celles à faire aux presbytères de Sainte-Colombe, d'Aubigny et Magny, de Chaudenay-sur-Dehcune ; le paiement de celles faites à ceux de Lornand, Aignay-le-Duc, Biligneux et Chanos ; — qui condamne les habitants de Boux, de Flavigny, à payer les gages convenus avec leurs recteurs d'école ; — qui renvoie au bailliage de Belley la connaissance du débat entre Nicolas de Regard, écuyer, et Gaspard de Vignot, seigneur de Dorches, au sujet de droits seigneuriaux à Chaney ; — qui règle la part de la ville de Bourg et celle de la Fabrique, dans les dépenses de la construction de la tour du clocher de l'église Notre-Dame ; — qui approuve une convention des habitants de Vitteaux avec un organiste ; — qui condamne les habitants de Talant en 1,500 livres de dommages et intérêts envers A. Pacot, chirurgien, commis à l'exercice de jaugeur à Talant, dont plusieurs habitants avaient saccagé la maison ; — 15 hommes ou femmes furent emprisonnés à Dijon et durent contribuer à solder une partie de l'amende encourue ; — qui attribue à Mme d'Entragues le produit des rentes payées par les détenteurs des bastions et fossés dépendant des fortifications de Mâcon ; — qui condamne les habitants d'Auxonne à rembourser au marchand Languedois, les frais de nourriture des gardes mises aux portes en 1693, pour empêcher les Comtois d'emporter le pain et le grain de la ville ; — les habitants de Molphey à approuver le contrat d'emprunt fait par le curé sur les fonds de la fondation de la maîtrise de Tréchâteau, pour en payer les frais d'amortissement ; — qui défend aux habitants d'Arcelot de s'immiscer dans les paquiers et bois communaux par eux vendus en 1649 ; — qui décharge M. Rémond, sieur d'Étrochey, de la taxe mise sur lui, à l'occasion de l'achat de bois, provenant de la commune de Bouix.

C. 2918. (Portefeuille.) — 494 pièces, papier.

1698. — Suite des jugements de l'Intendant Ferrand, qui prescrit l'inscription aux rôles des tailles, des sommes dues par les communes de Franxault, Verdun, Prangey, Montbard, Frontenard, Vaugimois, Chivres, Époisses, Saint-Sernin-du-Plain, Vermanton, Taniot, Genouilly, Vielverge, Seurre, Mont-Saint-Jean, Saint-Germain-du-Plain ; — qui ordonne le paiement des ouvrages de réparations entrepris dans l'église d'Arc-en-Barrois ; — qui modère la taxe imposée aux habitants de Lays pour leur droit de pêche dans la rivière du Doubs et la propriété d'une île commune avec ceux de Longepierre ; — qui ordonne la visite des réparations à faire au presbytère de Grandvaux en Charollais ; — le paiement de celles exécutées dans ceux de Fauverney, Villars-Dompierre, Chaudenay-sur-Deheune, Aubigny-Magny, Semarey ; — qui contraint les anciens échevins de Nolay à rendre compte de leur gestion ; — qui ordonne le paiement de la somme de 400 livres à l'ingénieur La Rochette, chargé d'étudier le projet de desséchement du lac des Échets en Bresse ; — qui condamne les habitants de Salives à payer la taxe due pour les bois dans lesquels ils ont été réintégrés ; — qui déclare la communauté de Vesancy, sujette à tous les impôts qui se lèvent dans la paroisse de Gex ; — qui décharge M. de Conzié à Poncin de la taxe qui lui avait été imposée à cause de son droit de pêche dans la rivière d'Ain ; — qui modère celle faite au sieur de Chenavel sous des brotteaux de l'Ain, au bas de son château ; — qui donne un avis favorable pour faire décharger les religieuses Jacobines, de Dijon, de la taxe mise sur elles, à cause de l'ancien hôtel domanial de Langres compris dans leur couvent.

C. 2919. (Portefeuille.) — 257 pièces, papier.

1699, janvier-juin. — Suite des jugements de l'Intendant Ferrand, qui prescrit l'inscription au rôle des tailles, des sommes nécessaires pour l'acquittement des dettes contractées par les communes de Noyers, Labergement-les-Auxonne, Verdonnet, Le Chatelet, Nuits, Saint-Léger et Triey, Chauvort, Champagne-sur-V., Pommard, Mirebeau, Mailtis (les quatre), Chalon-sur-S. — Enquête ordonnée par l'Intendant sur une prétendue substitution de cheveux, aux coupes de cheveux blonds, châtains, clairs et gris appartenant à deux perruquiers de Paris de passage à Montbard, et qui avaient été saisies à la requête d'un perruquier de cette ville. — Jugement qui ordonne la visite des réparations à faire aux presbytères de Villy-en-Auxois, de Beire-la-Ville et de Vesvrotte ; — le paiement de celles faites à ceux de Chaudenay-sur-Deheune, Argillières ; — qui autorise la fabrique de Pontailler à réparer l'église paroissiale ; — qui condamne les échevins de Fixin à l'amende, pour avoir, sans permission, fait un impôt dans le but de payer les frais de la refonte d'une cloche de l'église ; — qui décharge les forains du village de Lornand de la cote de taille mise sur eux, pour le paiement des réparations du presbytère ; — qui renvoie devant les juges ordinaires le procès entre la commune de Chamblanc et des particuliers, pour la propriété de bois ; — qui décharge la commune de Charmes d'un impôt mis sur elle par celle de Tournus, pour concourir au rachat des charges de mouleurs de bois ; — qui défend au curé de la même ville, de troubler le juré-crieur dans l'exercice de ses droits concernant les enterrements.

C. 2920. (Portefeuille.) — 271 feuillets, papier.

1699, juillet-décembre. — Suite des jugements de l'Intendant Ferrand, qui prescrit l'inscription aux rôles des tailles des sommes dues par les communes de Cluny, Autun, Vaugimois, Latrecey, La Chapelle-Saint-Sauveur, Pontailler, Géanges, Étrigny, Quemigny, Foucherans, Chissey, Saulieu, Saint-Jean-de-Losne, Auxonne, Flammerans, La Tour-du-Pré ; — qui défend au syndic de Cordon de convoquer les assemblées de la commune sans l'autorisation du maire perpétuel ; — qui défend aux chirurgiens de Mâcon de faire aucuns rapports de justice sans l'assistance des médecins ; — ordonnant que la délivrance des travaux de réparation du chemin de la Gorgatière aura lieu en présence des habitants de Varambon « appelés ceux de Druillat » ; — qui enjoint à ceux de Palleau de comprendre désormais la taille abonnée due au prieur du lieu, au rôle de la taille ordinaire ; — qui ordonne à ceux de Bligny-sur-Ouche de fournir les charrois nécessaires au transport des troupes passant dans leur bourg ; — qui renvoie devant les tribunaux ordinaires, la connaissance du débat entre la ville de Saint-Jean-de-Losne et les villages d'Echenon et de Saint-Usage qu'elle prétendait contraindre à contribuer à la réparation des chemins publics ; — qui attribue aux héritiers des ducs d'Elbeuf une part, à titre de droit de triage, dans le produit de la délivrance d'une coupe des bois communaux de Salives; — qui enjoint aux habitants d'Auxonne de rendre à son capitaine un habitant de Flammerans enrôlé, qu'ils lui avaient enlevé de force, lorsqu'il le faisait incarcérer pour refus de marcher, sous peine d'en fournir un autre à leurs frais et dépens, et condamne les magistrats de la ville en 200 livres d'amende pour refus d'assistance à l'officier qui les en avait priés. — Enquête faite devant l'Intendant touchant l'opposition des habitants de Saulieu à la demande de ceux de Semur, de transférer dans leur ville la justice consulaire établie dans la première de ces deux villes. — Jugement qui condamne les habitants d'Orgeux à payer au marquis d'Arcelot la somme due pour le champoy dans la forêt basse; — qui ordonne la mise en liberté de Charles de la Cour, directeur du contrôle des actes des notaires au département de Bresse, incarcéré à la requête de Melchior Jolyot (père de Crébillon), greffier en chef de la Chambre des Comptes de Dijon, cessionnaire des étapes de Bresse, au sujet d'un règlement de comptes; — qui déclare les habitants de Grandval contribuables aux réparations de la cure de Saint-Trivier-de-Courtes; — qui défend aux notaires résidant dans les villages de la châtellenie de Pont-de-Vaux d'instrumenter au chef-lieu; — qui décharge les hameaux de la paroisse de Poncin de toutes contributions autres que celles de la paroisse proprement dite; — qui ordonne la visite des réparations à faire aux presbytères de Saint-André-les-Chalon, Gemeaux; — le paiement de celles exécutées dans ceux de Lusigny, Étables, Aubigny et Magny, Barjon, Prenois.

C. 2921. (Portefeuille.) — 316 pièces, papier.

1700. — Suite des jugements rendus par l'Intendant Ferrand, qui prescrivent l'inscription au rôle de la taille, de sommes supérieures à 100 livres, pour le paiement des dettes des communautés de Gilly-sur-Loire, Volnay, Labergement-le-Duc, La Marche, Mont-Saint-Jean, Paris-l'Hôpital, Verissey, Mirebeau, Poncin, Verdonnet, Sathonay, Rouvres, Nuits, Lanthes, La Chapelle-au-Mans, Baigneux-les-Juifs, Arc-en-Barrois, Auxonne, Bricon, Condé, Alise-Sainte-Reine, Louhans, Vermanton, Toulon, Commarin, Thorey-sous-Charny; — qui ordonnent de faire les constructions ou réparations nécessaires aux presbytères de Gemeaux, Mirebeau, Châteauneuf, Charrey, Busseaut et Broin; — le paiement de celles faites à ceux de Bessey-les-Cîteaux, Courban, Chivres et Corgoloin; — qui condamne le sieur de Valcour à payer le prix d'un cheval qu'il a tué au maître de la poste d'Auxerre; — les habitants de Saint-Ytaire, à rembourser au curé les avances faites pour les registres de baptême et les réparations de la cure; — la ville de Chalon à payer les gages du fontainier de la ville; — celle de Nuits à payer les honoraires dus à l'ingénieur du Roi Rouillet, pour les travaux de réparations du lit de la rivière; — qui somme Mlle de Souvert, dame de Billy, de justifier des droits qu'elle prétend sur les bois communaux; — qui maintient la foire des moutons d'Is-sur-Tille dans son ancienne place, à la porte de la Maladière; — qui met à la charge de la mairie de Beaune les honoraires du chirurgien des prisons; — à celle du sieur de Montferrand et de l'abbaye de La Chassagne, la moitié du prix des réparations de l'église de Château-Gaillard, en Bresse; — qui règle le compte des étapes de Bresse; — celui de la construction de l'église de Diénay; — qui renvoie devant le Conseil du Roi, l'opposition formée par l'avocat du Roi au bailliage de Bourg, à la prétention du substitut du procureur du Roi de connaître des causes prévôtales; — qui réintègre les habitants des 4 Maillis en possession du pré du Grand-Bourée; — qui condamne les habitants de La Marche-sur-Saône à payer les gages du recteur d'école; — qui règle les difficultés survenues pour comptes entre Geliot et la commune de Salives.

C. 2922. (Portefeuille.) — 370 pièces, papier.

1701. — Suite des jugements de l'intendant Ferrand, prescrivant l'inscription au rôle de la taille des sommes supérieures à 100 livres pour l'acquittement des dettes des communes de Salives, Tournus, Alise-Sainte-Reine, Bar-sur-Seine, Vitteaux, Bard-les-Époisses, Crona, Ragny, Chanceaux, Rouvres, Saint-Jean-de-Losne, Labergement-le-Duc, Thoiry, Coulmier-le-Sec, Quincey, Auxonne, Menades, Thury, Bruailles, Villiers-les-Hauts, Mirebeau, Mervans, Buxy-le-Royal, Chambeire, Louhans, Sennecey-le-Grand, Beauvernois, Crécy, Montluel; — qui condamne les habitants de Vitteaux à payer les arrérages de la rente constituée au profit de l'hôpital; — qui déboute le curé de Mont-Saint-Jean de sa demande en remboursement par le commis de la poste à Saulieu, du montant d'un mandat égaré à Lyon; — qui décharge les hameaux dépendant de Mont-Saint-Vincent, des cotes à eux imposées pour la taxe des foires et marchés de la ville; — qui condamne les habitants de La Bussière, de Balot, de Mâcon (petites écoles) d'Épinac et de Gissey-le-Vieil, à exécuter les conventions passées avec leurs recteurs d'école; — les habitants d'Auxonne à payer les arrérages de la taille abonnée due au Domaine; — qui valide l'engagement contracté par Béranger, de Plottes-les-Tournus, avec sommation de le remplir, sous peine d'être porté déserteur, et condamne le curé et les habitants du lieu en 100 livres d'amende pour avoir arraché à main armée ledit Béranger, aux mains des soldats qui l'emmenaient avec eux; — qui ordonne le paiement des travaux de curage de la rivière de Glux-sur-Tichey; — qui ordonnent la visite des réparations à faire aux presbytères de Pagny-la-Ville, Beire-le-

Chatel, Montagny-les-Beaune, Saint-Prix-sous-Beuvray, Trochères; — la réparation de ceux de Lagnieux, de Cheuge; — le paiement de celles faites à ceux de Aubigny et Magny, Savigny-sur-Seille.

C. 2923. (Portefeuille.) — 379 pièces, papier.

1702. — Suite des jugements rendus par l'Intendant Ferrand, qui prescrivent l'inscription au rôle des tailles des sommes dues par les communes de Saint-Martin-en-Bresse, Issy-l'Évêque, Collonges-Bévy, Change, Thury, Alise-Sainte-Reine, Saint-Julien et Ruffey en Chalonnais, Aignay, Cuiseaux, Villiers-le-Duc, Bousson, Châtillon-sur-Seine, Mont-Saint-Jean, Vaugimois, Vermanton, Sagy, Moutier-en-Bresse, Courtevêque, Champdôtre, Saint-Léger-Triey, Serley, Saulieu, Pontailler, Monterest, Fouchanges; — qui fixe à trente sols pour la ville les droits de visite des chirurgiens jurés royaux de la ville de Tournus et à 3 livres pour la campagne; — qui défend aux officiers de justice de Villiers-le-Duc de percevoir aucuns droits pour les assemblées de la commune; — ordonnant que les habitants d'Allerey, Hully, Angoste et Pochey seront contraints au paiement des redevances appartenant au chapitre de Saulieu; — la suppression des billets imprimés sans autorisation, par les fermiers des octrois de la Saône, pour la perception de leurs droits; — qui condamnent en 10 livres d'amende le notaire de Cussy-en-Morvand pour avoir reçu une délibération des habitants du lieu, en taisant sa qualité de notaire; — les habitants de Cluny à payer les gages échus du procureur du Roi en l'hôtel-de-ville; — les habitants de Balot, de Lucenay-le-Duc, à exécuter la convention passée avec leur recteur d'école; — ceux de Chaume-les-Baigneux à payer des dommages-intérêts à Junot, pour ses démarches à Châtillon, à l'effet de faire mettre en liberté l'échevin emmené prisonnier par un huissier et deux recors par suite du retard apporté par la commune à fournir un soldat de milice. — Procès-verbal de délivrance des réparations à faire à l'église de Thisy. — Jugement qui condamne le curé de Crissey à 50 livres d'amende, pour avoir célébré un mariage sans qu'au préalable les bans fussent contrôlés; — qui ordonnent le paiement des réparations faites aux églises et presbytères de Chassy, Broin, Beire-la-Ville, Oisilly, Buxy-le-Royal, Ameugny et Cormatin, Pagny-la-Ville, Aubigny et Magny, Arc-sur-Tille, Savigny, Saint-Seine; — la visite de ceux de Saint-Romain-sous-Gourdin, Trochères; — qui ordonnent la réparation de ceux de Perrigny-sur-l'Ognon, Saint-Symphorien-du-Bois.

C. 2924. (Portefeuille.) — 836 pièces, papier.

1703. — Suite des jugements rendus par l'Intendant Ferrand qui prescrivent l'inscription au rôle des tailles des sommes dues par les communes de Flavigny, Baigneux, Saint-Thibaut, Montaugé-en-Bugey, Vermanton, Mervans, Villers-les-Pots, Villers-la-Faye, Autun, Auxerre, Chanceaux, Soissons, Melay, Salives, Rigny-en-Charolais, Champagné-sur-Vingeanne, Chalon-s.-Saône, Châtillon-s.-Seine; — qui déboute le préposé au recouvrement de la redevance appelée «Matroce» de la saisie d'une somme due par les habitants de Rouvres à ceux de Thorey, afin de se couvrir des 2,500 livres qu'il prétendait sur ces derniers; — qui condamne les habitants d'Auxonne à des dommages-intérêts envers le meunier du moulin du Moineau, pour non jouissance, résultant de la ruine du canal de la Brisotte; — qui règle le partage du produit de l'amodiation d'un paquier commun entre les communes d'Échenon, Saint-Jean-de-Losne, Saint-Usage; — qui condamnent les « pérécateurs » (répartiteurs) et quatre des principaux habitants de Pont-de-Vaux à des dommages et intérêts envers des artisans qu'ils avaient surtaxés; — les habitants d'Orgeux, Saint-Germain-le-Rocheux, Couches et Saint-Martin-en-Gâtinais, à exécuter la convention conclue avec leur recteur d'école; — le vivandier de Louhans à Dijon à 10 livres d'amende pour avoir, contrairement aux édits sur les messageries, chargé sur sa voiture les bissacs de quatre élèves chirurgiens qu'il avait rencontrés sur sa route; — qui décharge les magistrats d'Avallon de toute participation aux réparations du presbytère; — qui condamne les habitants des Laumes et de Menetreux à payer leur part de la réparation de la planche sur l'Oze du chemin d'Alise à Menetreux par Les Laumes; — qui ordonnent la visite de réparations à faire à l'église de Gilly-les-Citeaux; — le paiement de celles faites à celles de Frangy, Poiseul-la-Ville, Cirey, Binges, Échirey, Cousance, Dommartin; — qui ordonnent la construction ou la réparation des presbytères de Neuvy, Charnay, Ormes, Frontenard, Dampierre-les-Chalon, Longecourt; — le paiement de celles faites à ceux d'Essarois, Cheuge, Sens, Quetigny et Sennecey, Cousance.

C. 2925. (Portefeuille.) — 401 pièces, papier.

1704. — Suite des jugements de l'Intendant Ferrand qui autorisent l'inscription au rôle des tailles, des sommes dues par les communautés de Saint-Andeux, Flammerans, Le Fourneau près Bourbon-Lancy, Neuvy, Plombières, Branges, Beaune, Senailly, Allerey et Hully, Collonges-en-Charollais, Perrecy, Pontailler, Toulon-sur-Arroux, Châtillon-sur-Seine, Saint-Laurent-d'Andenay, Samerey, Saint-Martin-de-Couches Voulaine, Soissons, Plat-Pays de Saulieu, Courtevêque, Mont-Saint-Vincent, La Borde-au-Bureau, Semur, Tichey, Labergement-le-Duc, La Marche; — qui autorise les habitants de Magny-Saint-Médard à poursuivre les usurpateurs des biens de la fabrique; — qui met l'entretien du vicaire amovible de

Lelex au val de Mijoux à la charge des habitants ; — qui ordonne la mise en délivrance des travaux projetés pour le redressement de la Brenne dans l'intérieur de Vitteaux ; — qui autorise les habitants de Montaugé, de Giron dernier et de Marnot à prouver les droits d'usage qu'ils prétendent dans les bois de la commune de Champfronier ; — qui met les magistrats d'Auxonne en demeure d'entretenir la levée de terre et le chemin de Reuilly. — Procès-verbal de réception et d'installation par l'Intendant de P. Boyer, 1er échevin héréditaire de Noyers. — Jugements qui ordonnent des constructions ou des réparations dans les presbytères de Saint-Sernin-du-bois, Saint-Maurice et la Rochette, Précy-sous-Thil, Trochères, Brion, Montagny-les-Beaune, Saint-Léger-sous-Beuvray ; —la visite de ceux de Messigny ;—le paiement des réparations faites à ceux de Baubigny, Dampierre-sur-Vingeanne, Saint-Jean-de-Bœuf, Fontaine-en-Duesmois, Pagny et Pontailler ; — la visite et le paiement de celles faites aux églises de Champvent, Saint-Martin-en-Gâtinais, Alise-Sainte-Reine, Échannay ;—qui déboutent les habitants de Montaugé et maintiennent ceux de Giron dernier, dans les droits qu'ils prétendaient dans les communaux de Champfronier ;—qui ordonne l'assignation des habitants de Saint-Nicolas pour le paiement du 6e denier dû pour l'aliénation de 2,300 journaux de terre et 130 soitures de prés à eux faites par l'abbaye de Citeaux ;— qui maintient Jacques Gaveau, maire perpétuel de Sombernon, en possession du droit de convoquer les assemblées de la commune ; — qui condamnent les habitants de Rouvres et de Gigny-les-Chalon, à exécuter les conventions passées avec leurs recteurs d'écoles.

C. 2936. (Portefeuille.) — 224 pièces, papier.

1705. — Suite des jugements de l'Intendant Ferrand, prescrivant l'inscription au rôle des tailles des sommes dues par les communes de Saulieu, Savigny-le-Sec, Branges, Saulx-le-Duc, Uxeau, Paray-le-Monial, Bellevesvre, Palleau, Perrecy, Autun, Chevannay, Saint-Apollinaire, Alise-Sainte-Reine, Riel-les-Eaux, Pontailler, Saint-Laurent-les-Chalon ; — qui condamnent les communes de Bousselanges, Grosbois, Tichey et Montagny à payer les frais de curage de la rivière d'Auxon ; — qui autorise la demande du sieur Hugonenc, bourgeois de Dijon, au nom d'Aimée, fille de Prudent Gauthier, ministre de la religion prétendue réformée à Is-sur-Tille et pensionnaire à la Visitation de Dijon, en obtention d'extraits des registres apportés au greffe de l'Intendance par le curé d'Is-sur-Tille. — Procès-verbal de délivrance des réparations à faire sur la rivière de Serans en Bugey et aux chemins des Rousses. — Jugement qui condamne la mairie de Beaune à indemniser l'Hôtel-Dieu de l'enlèvement de la clôture en pierre du clos de La Maladière, employé pour la réparation de la rue du faubourg Saint-Nicolas ; — qui ordonne la réparation des églises et cures de Varennes, Chenôve, Saint-Sernin-du-Plein, Échannay et Ameugny.

C. 2937. (Portefeuille.) — 482 pièces, papier.

1705-1706. — Jugements rendus par l'Intendant Pinon, prescrivant l'inscription au rôle des tailles des sommes dues par les communes de Noyers, Arc-en-Barrois, Bussières et Montenaille, Tichey, Meursault, Tournus, Cirey, Autun, Ragny, Allerey-sur-Saône, Dracy-le-Fort, Neuvy, Arnay-le-Duc, Polisot, Saint-Jean-de-Losne ; — qui met à la charge de l'hôpital de Louhans le paiement du 6e denier, pour l'aliénation, par l'abbaye de Maizières, de prés situés sur Chalon ; — qui enjoint aux officiers du présidial de Semur-en-Auxois, de payer leur part de la finance des offices de commissaires et greffiers aux inventaires, réunis à leurs charges ;—qui modère à 50 livres, l'amende encourue par les échevins de Sennecey-les-Dijon, pour avoir négligé de convoquer les garçons et les mariés, à l'effet de choisir un soldat de milice et fait marcher un garçon qui s'était offert volontairement ;—qui autorise les magistrats d'Autun à faire l'acquisition d'une grande maison, à l'effet d'y établir des casernes ; — qui fait la répartition sur toute la Généralité, de la finance de 77,000 livres pour le rachat des offices de greffiers dans les bourgs et dans les villes pour insinuer les brevets des apprentis, les réceptions des aspirants à la maîtrise, les élections des syndics jurés et les actes des corps et communautés des métiers ; — Id. de celle de 500,000 livres et les 2 sols pour livre, pour le rachat des offices d'échevins et concierges et gardes meubles des hôtels-de-ville, d'auditeurs examinateurs et rapporteurs des comptes, de receveurs des deniers patrimoniaux, de contrôleurs des greffes, de greffiers de l'écritoire, des commissaires aux revues et logements des gens de guerre ;—qui ordonnent le paiement de l'arpenteur Gambu chargé de la dismensuration des bois de réserve de la commune de La Marche, vendus pour la restauration de l'église ; — celui du charpentier employé à la réparation du pont de Pontaillier ; — celui des gages des quatre forestiers de la ville d'Auxonne ; — qui, sur la plainte de Pidard, notaire royal à Pouilly-en-Auxois, oblige F. Dupoirier, ancien recteur d'école à Pouilly, acquéreur d'un office de notaire à Maconge, à aller y résider et au notaire Teinturier désigné pour Pouilly et installé à Maconge de revenir à Pouilly ; — qui oblige tous les officiers du grenier à sel de Dijon, de contribuer au rachat de l'office de lieutenant criminel, réuni à leurs charges.—Procès-verbal d'adjudication de la fourniture des lits militaires dans les places d'Auxonne, Dijon et Chalon. — Jugements qui ordonnent le paiement des réparations faites aux églises et aux cures de Chaignay, Belleneuve, Meuvy, et Saint-Apollinaire, — aux presbytères de Laisy, Auxey, Saviguy-sur-Seille, Saint-Sernin-du-Bois, Cuisery, Frontenay Tanay, Amanzé, Allerey et Hully, Cessey-sur-Tille, Tichey ; — aux habitants de Courson, Mont-Saint-Vincent, Oisilly, d'exécuter la convention conclue avec leurs recteurs d'école.

C. 2928. (Portefeuille.) — 358 pièces, papier.

1707. — Suite des jugements de l'Intendant Pinon, qui prescrivent l'inscription aux rôles des tailles de sommes supérieures à 100 livres pour le paiement des dettes des communautés de Boux, Glux, Vitteaux, Saint-Prix, Corgengoux, Bois-Sainte-Marie, Voudenay, Salives, Noyers, Roulle, Louhans, Saulx-le-Duc, Saint-Laurent-les-Chalon, Chenove, Longvic, Uxeau ; — qui condamnent les villages de Cortiambles, Russilly et Poncey, dépendant de la communauté de Givry, à contribuer au rachat des offices réunis au corps de Ville ; qui ordonne aux maire et échevins de Chalon-sur-Saône de rembourser aux officiers de la milice bourgeoise, la finance des offices créés en leur faveur et réunis au corps de ville. — Procès-verbal de reconnaissance et devis des réparations à faire aux bâtiments incendiés à l'abbaye de la Bussière ; — qui met les réparations du chœur de l'église de Saffres au compte des décimateurs ; — qui met à la charge des habitants de Pontailler les honoraires du prédicateur du carême ; — qui ordonne une reconnaissance des travaux exécutés pour le redressement et le rélargissement de la rivière de Brenne sur le territoire de Vitteaux. — Procès-verbal de délivrance des réparations à faire aux bâtiments de la poudrerie de Vonges. — Jugement portant que désormais les habitants de la basse ville de Semur-en-Brionnais seront convoqués aux assemblées de la commune ; — qui condamnent les habitants d'Is-sur-Tille des dégâts commis par les soldats de la milice, dans la maison de Réné Philippe, cordonnier ; — les habitants de Bray à payer le 6e denier du prix de l'acquisition faite par eux du bois de Montgrin provenant de l'abbaye de Cluny ; — qui déboute les habitants de Crissey de leur opposition aux constructions projetées par M. Tixier sur son terrain ; — qui condamne les habitants d'Auxonne à payer les travaux faits par une entreprise pour la réparation des halles et du pavé.

C. 2929. (Portefeuille.) — 284 pièces, papier.

1708. — Suite des jugements de l'Intendant Pinon, qui condamnent les habitants de Bretenières et Thorey, au paiement des arrérages de la location du presbytère ; — ceux de Ternant à payer l'entrepreneur des réparations du four banal ; — ceux de Saint-Seine les halles, le cens de 20 livres dus à l'abbaye de Theuley ; — le sieur Paupie, bourgeois à Lucenay-le-Duc, à terminer dans un délai déterminé les réparations du presbytère et du four banal ; — les habitants de Tellecey, Tichey, Arc-en-Barrois, Chevigny-en-Valière, à payer les gages dus à leurs recteurs d'école ; — qui autorisent l'inscription aux rôles des tailles, de sommes supérieures à 100 livres, destinées à acquitter les dettes des communes de Fleurey, Cluny, Bourbon-Lancy, Coulmier, Cuiseaux, Châtillon-sur-Seine, Bellevesvre, Palleau, Mirebeau, Luxerois, Thorey-sous-Charny, Buxy, Noyers, Nuits, Arcelot, Mosson, Fouronne, Maconge, Tanlay, Vielmolin en Chalonnais, Montcenis ; — qui condamne les habitants de Fleurey à payer aux sieur Dubois et Hullach les années échues de la redevance appelée droit de pâton qui se lève sur les pâtes portées au four banal ; — qui met à la charge de la ville de Saulieu l'entretien de l'horloge placée au clocher de l'Église collégiale ; — qui condamnent les habitants des villages de Montot, Chevannes, Nantille, Nailly haut et bas retrayants du château de Brazey-en-Montagne, de contribuer aux réparations des ponts, fossés et menus emparements du château ; — ceux de Grignon et des Granges-sous-Grignon à payer les honoraires dus aux commissaires chargés de reconnaître les usurpations commises sur les communaux ; — qui ordonnent des réparations dans l'église et le presbytère de Joudes ; — le paiement de celles faites à l'église de Bretenières et à la chapelle de Thorey ; — l'exécution de celles à faire aux presbytères de Brazey-en-Plaine, Varanges, Denevy, Marisy, Condal, Guillon, Malay ; — le paiement de celles faites à ceux de Cessey-sur-Tille, Franxault, Tichey.

C. 2930. (Portefeuille.) — 421 pièces, papier.

1709-1710. — Suite des jugements de l'Intendant Pinon, qui condamnent les habitants de Flavigny à payer une somme de 40 livres au curé pour son indemnité de logement ; — les habitants de Noidan en 100 livres de dommages et intérêts envers le maréchal d'une compagnie de dragons de Rohan pour mauvais traitements exercés envers un soldat ; — qui déboute le curé de Noyers de sa demande en construction d'une grange près de son presbytère aux frais des paroissiens ; — qui condamnent les habitants de Buxy à payer les termes échus des gardes du serrurier chargé de l'entretien de l'horloge ; ceux de Véronnes-les-Grandes à payer le prix de la maison achetée pour y loger le recteur d'école ; — qui fixe à 110 livres les dommages dus par la ville de Vitteaux à F. Guillier tanneur, pour indemnité de terrain occupé lors des réparations de la rivière ; — qui condamnent les habitants de Comblanchien, Rouvres, Flavigny, Sennecey-le-Grand, à payer les gages convenus avec leurs recteurs d'école ; — qui autorisent l'inscription au rôle des tailles, des sommes supérieures à 100 livres, destinées à acquitter les dettes des communes de Chaignay, Montcenis, Buxy, Fixin, Santigny, Clamerey, Cluny, Saint-Désert, Is-sur-Tille, Chagny, Saint-Jean-de-

Losne, Bourbon-Lancy, Couchey, Saint-Laurent-les-Chalon, Rouvray, Mirebeau, Branges, Salives, Arrans, Baigneux, Autun, Serley, Pontailler, Auxonne, Chatenay, Louhans, Lucenay-l'Évêque. — Marchés pour la fourniture du pain à la garnison du château de Dijon. — Ordonnance portant que vu la rareté de l'avoine causé par les ensemencements des bleds perdus par la gelée et les fréquents passages de troupes, la ration sera réduite à moitié du boisseau de Paris ; — qui met en demeure les habitants de Villers-Rotin, de payer les arrérages de la somme par eux empruntée pour la reconstruction de l'église ; — qui condamnent les habitants de Selongey de payer à deux particuliers d'Is-sur-Tille, le prix de 100 sacs de bled achetés par eux d'un marchand de Selongey, lequel avait refusé de les vendre aux habitants qui alors s'étaient opposés à leur sortie et se les étaient partagés ; — les habitants de Cuisery à payer les gages attribués aux offices de procureur du Roi et de substitut de la ville ; — qui autorise les magistrats de Seurre à prendre sur les deniers patrimoniaux l'excédant du prix de 43 bichets de froment appartenant à l'hôpital de Chalon et qui ont été distribués aux habitants ; — qui, moyennant le payement de la finance des offices d'officiers de la milice bourgeoise de Mâcon, par les titulaires, les en déclare propriétaires incommutables ; — qui condamnent la ville de Dijon à payer le prix des blés chargés dans la maison de Denis Prionset, courrier du cabinet à Pichanges et dont elle s'était emparée pour son approvisionnement ; — Bénigne Michel de Dijon, dragon à la compagnie de Massot, à faire signifier à la demoiselle Panier un acte par lequel il la tient pour fille d'honneur et en cent livres de dommages et intérêts ; — qui ordonnent la visite des réparations à faire aux presbytères de La Motte-Ternant, Fraignot ; — le paiement de celles faites aux églises et presbytères de Dammartin, Marsannay-la-Côte, Villers-Rotin, Pommard, Laisy, Cerilly, Longepierre.

C. 2931. (Portefeuille.) — 485 feuillets, papier.

1710-1711. — Jugements rendus par l'Intendant Trudaine ; — qui enjoint aux échevins de Verdun de faire payer les réparations entreprises à la chapelle de Notre-Dame-de-Pitié ; — qui ordonne la reconnaissance du pont de la porte Saint-Georges à Seurre ; — qui condamne les anciens échevins de Tatinay à rendre compte de leur gestion ; — portant défense aux officiers municipaux des villes et communautés de passer marchés de constructions ou de réparations d'édifices sans autorisation préalable de l'Intendant ; comme aussi d'intenter aucune action judiciaire ; — qui autorisent l'inscription au rôle des tailles de sommes supérieures à 100 livres dues par les communautés d'Autun, Salives, Louhans, Igornay, Lays, Chanceaux, Noyers, Cuisery, Damerey, Saulieu, Labergement-le-Duc, Savouges, Volnay, Échallot, Villeberny, Pommard, Baigneux, Chagny, Serley, Frénois, La Margelle, Mesvres, Montcenis, Gemeaux, Cuiseaux, Chatenois, Châtillon-sur-Seine, Savilly, Saint-Berain-sur-Dheune, Verdun ; — qui homologue le traité conclu entre les magistrats d'Autun et Lazare Charreault, secrétaire de l'hôtel-de-ville ; — qui casse les procédures poursuivies au nom d'une partie des habitants de Seurre par le marchand Chippon contre les magistrats de la ville, défend aux procureurs de prêter leur ministère pour de semblables poursuites et ordonne que dans une assemblée des habitants légalement convoquée, il sera nommé des délégués pour examiner les comptes de la mairie. — Homologation de la délivrance des étapes de la ville de Tournus ; — de celle du droit de boulangerie à Pontailler. — Jugement qui ordonne le paiement des réparations de la statue en plomb et de l'horloge du beffroi de Beaune ; — qui condamne les officiers au grenier à sel d'Auxonne, de payer leur quote-part de la finance de l'office d'enquesteur réuni à leur corporation ; — qui détermine celles des charges locales de Baigneux, qui seront payées au moyen de l'octroi sur la boucherie ; — qui homologue la délibération de la communauté d'Arcy-sur-Cure laquelle concède la jouissance d'une pièce de terre au recteur d'école ; — qui ordonne la reconnaissance des maisons voisines de l'hôtel des Monnaies à Dijon, lesquelles ont été ébranlées par suite des réparations faites en cet hôtel ; — qui condamne les habitants de Tournus à payer les gages du juré-crieur ; — qui excepte le couvent de la Visitation de Dijon, du rôle dressé pour l'indemnité de logement du curé de la paroisse Saint-Nicolas ; — qui ordonnent des réparations aux presbytères de Corberon, Collonges-Bévy ; — la visite de ceux d'Arcenant, Thorey-sous-Charny, Saint-Jean-de-Trésy ; — le paiement de celles faites aux églises et presbytères de La-Motte-Ternant, Villers-Rotin, Baulme-la-Roche, Merceuil, Saint-Pancrace et Notre-Dame-de-la-Grotte à Autun, Fauverney, Saint-Denis-de-Vaux, Saint-Apollinaire, La Marche, Bar-sur-Seine, Pellerey, Champlieu. — Homologation de la délivrance d'un pont provisoire à Montbard. — Enregistrement de l'arrêt du Conseil qui prolonge les octrois sur le blé, le vin et la marchandise accordés aux habitants d'Auxonne. — Ordonnance qui autorise la vente de la réserve de Couchey pour en employer le produit aux réparations des halles, de la mare, de l'église et à la refonte des cloches. — Jugement qui statue sur le refus des habitants de Semond et des métairies, de contribuer aux réparations du chœur de l'église de Saint-Marc-sur-Seine. — Homologations de la délivrance de la construction de la grange et du pressoir de la cure de Rully ; — de celle des réparations des casernes de Tournus. — Jugement qui condamne les magistrats d'Autun à payer les gages du second régent de philosophie qu'ils ont institué au collège des

Jésuites; — qui homologuent le marché conclu par les habitants d'Authume pour la refonte de la cloche de l'église; — la délibération des habitants de Colombier, qui accepte une fondation de 55 livres de rente faite à l'église; — qui enjoint aux habitants de Talant et d'Is-sur-Tille d'assister aux assemblées de la communauté sous peine de 5 livres d'amende; — qui autorise l'acquisition par la ville de Dijon d'une maison à la Sainte-Chapelle, joignant l'hôtel-de-ville; — qui homologue la transaction intervenue entre l'hôpital et le couvent des Clarisses d'Auxonne, au sujet d'un passage; — qui condamnent les communautés de Meilly et Rouvres, Saint-Martin-de-Couches, Buxy, Frontenard, Pisy et Maxilly, à payer les gages de leurs recteurs d'école.

C. 2932. (Portefeuille.) — 289 pièces, papier.

1712 (mars-juin). — Jugements rendus par l'Intendant de la Briffe, qui autorisent l'inscription au rôle des tailles des sommes nécessaires pour l'acquittement des dettes contractées par les communautés de Palleau, Tichey, Auvillars, Labergement-le-Duc, Chivres, Glanon, Bourbon-Lancy, Montcenis, Corberon, Bruailles, Mirebeau, Molinot, Sagy, Autun, Marcey-sur-Tille, Saint-Romain, Montceau, Antilly, Couches, Chaudenay-la-Ville, Magny-Saint-Médard, Cuiseaux, Flammerans, Nuits, Sermiselles, Champagnol; — qui condamnent les habitants de Pontailler et Saint-Jean-de-Pontailler, Oisilly, à payer les gages du recteur d'école; — les magistrats de Chalon à payer les grains dont ils se sont emparés en 1709 pour former le grenier d'abondance; — les syndic et députés du clergé du diocèse d'Autun à payer la finance de l'office de contrôleur des registres de baptêmes, mariages et sépultures, qui leur a été attribué; — qui autorise le paiement du prix de la maison, acquise par les habitants de Tournay, pour servir de presbytère; — qui ordonne le paiement des réparations faites à l'église de Marmagne; — la visite de celles à faire aux presbytères de Francheville, de Saint-Broing-les-Moines; — le paiement de celles faites à ceux de Varanges, Collonges-Bévy, Saint-Marcel-les-Chalon; — qui approuve une concession de de terrain par voie d'alignement, faite par les magistrats de Saulieu à P. Roidot; — qui règle les conditions auxquelles J. Lecointe, écrivain grammairien, enseignera l'écriture et l'arithmétique au collège d'Auxonne; — qui enjoint aux habitants de la châtellenie de Saint-Laurent-les-Chalon d'assister aux assemblées générales, sous peine de 3 livres d'amende et de 5 livres à Mirebeau; — qui met les directeurs des greniers d'abondance formés à Autun et à Louhans en 1709, en demeure de rendre compte de leur gestion, en présence d'une commission spéciale et des magistrats municipaux; — qui enjoint aux magistrats de Seurre de payer les gages échus du principal du collège. — Homologation du traité entre la mairie de Dijon et le chapitre de la Sainte-Chapelle pour la cession d'une maison destinée à agrandir l'hôtel-de-ville; — Jugement qui enjoint aux magistrats de Saint-Jean-de-Losne de se faire rendre un compte exact des bleds achetés en 1709 pour le compte de la ville. — Jugement qui casse une délibération de la communauté d'Agencourt, qui mettait en vente une coupe de bois, annule l'adjudication qui en avait été faite à la maîtrise avec défense aux communautés de la province de Bourgogne de mettre leurs bois en vente sans autorisation préalable et aux officiers des maîtrises de les mettre en délivrance sans être revêtus de cette approbation. — Injonction aux magistrats de Cuiseau de suspendre l'exploitation des bois communaux qu'ils ont commencée sans autorisation. — Jugement qui condamne les habitants d'Argilly à payer le curage de la rivière, le long de la prairie communale. — Homologation du procès-verbal de délivrance des réparations du pavé à Tournus.

C. 2933. (Portefeuille.) — 314 pièces, papier.

1712 (juillet-décembre). — Suite des jugements de l'Intendant de la Briffe, qui contraint les habitants du village de Saint-Bernard à payer le 6ᵉ denier de l'aliénation de terres et de prés qui leur a été faite en 1608 par l'abbaye de Cîteaux; — qui ordonnent la visite des réparations à faire aux presbytères de La Marche, Barnay; — le paiement de celles faites à ceux de Ciel, d'Aiserey, Saint-Berain-sur-Dheune, Saint-Remi et Vinzelles; — qui homologuent les procès-verbaux de délivrance des constructions ou réparations à faire aux curés de La Loyère, Ormes, La Comelle-sous-Beuvray, Sainte-Catherine-de-Labergement, La Chapelle-au-Mans et à La Chapelle de Curdin; — qui condamnent les habitants de Montcenis à exécuter le marché conclu pour l'établissement d'une horloge; — les officiers du présidial de Châtillon à contribuer au paiement de la finance de la charge de conseiller-secrétaire du Roi réuni à leurs offices; — les habitants de Broin, Frolois, à exécuter les conventions conclues avec leurs recteurs d'école; — qui maintient l'abbaye de Pontigny en possession de la redevance qui lui appartient sur les matrices de Rouvres; — qui homologue une délibération de la communauté de Fontaine-Française votant une somme pour l'assainissement des prairies du territoire; — qui déboute ceux de Billey d'une demande en revendication de bois et prés dépendant de leur communauté; — qui fait défense à l'avocat Factet de faire des ouvertures dans les murs de la ville de Semur-en-Auxois; — qui homologue la délibération des habitants de Saunières sur les moyens propres a se libérer d'un cens annuel de 100 livres dû au Roi; — qui condamne les magistrats d'Auxerre à payer les honoraires du prédicateur du Carême; — qui condamne le prieur de Nantua à payer la redevance en bled et en argent qu'il doit au comté de Montréal-en-Bugey; — qui homologuent la cession faite pour onze ans par la communauté de Bruailles à Claude Vincent de plusieurs redevances à la charge d'acquitter des dettes de la commune; le marché passé par celles de Manlay, de Lucenay-l'Évêque pour la refonte d'une cloche; la délibération des magistrats d'Auxonne portant défense aux habitants d'aller faire moudre leurs grains autre part qu'aux moulins banaux; — qui autorise les mêmes à mettre en délivrance la ferme des octrois sur le vin, le bled et les marchandises qui viennent de leur être accordés; — qui approuve le don d'une somme de 478 livres fait par la ville d'Auxerre à l'Hôtel-Dieu de la Madeleine. — Jugement qui enjoint aux habitants de Saint-Marcel-les-Chalon d'entretenir en bon état les levées de la Saône, de nettoyer les rues du village et d'en enlever les immondices; — qui autorisent l'inscription au rôle des tailles de sommes supérieures à 100 livres nécessaires pour l'acquittement des dettes contractées par les communautés de Verdonnet, Pontailler, Fixin, Longepierre, Maxilly, Uncey, Couches, Saint-Berain-sur-Dheune, Saint-Maurice et Chevrey, Meloisey, Sombernon, Champdôtre, Pont, Tréclun, Landreville, Avirey, Saint-Forgeot, Viroy, Châtillon-sur-Seine, Argilly, Autun, Labergement-Sainte-Colombe.

C. 2934. (Portefeuille.) — 327 pièces, papier.

1713 (janvier-juin). — Suite des jugements de l'Intendant de la Briffe, qui condamne les habitants d'Aiserey à rendre à l'entrepreneur des constructions de la cure les matériaux restés sans emploi; — qui homologue le marché de la refonte de la cloche de l'église de Saint-Germain-de-Magny; — la délibération de la communauté de Saint-Ambreuil qui affecte à la réparation de l'église et de la cure une somme versée par le Trésor; — qui condamne la ville d'Auxonne à payer des indemnités de logement au major de la place et au contrôleur de la marine; — qui homologue une délibération des habitants de Frotterans qui remettent leur maire à la taille et lui allouent une indemnité de 10 livres; — qui condamnent ceux de la Roche-en-Brenil, Pouilly-en-Auxois, Nolay, Précy-sous-Thil, Flavigny, à exécuter les conventions conclues avec leurs recteurs d'école; — les habitants de Verdun à exécuter celle conclue avec leur messager de Beaune; — qui déboute les habitants de Salives de leur demande en revendication de terres au climat de Vaubarge; — qui autorisent ceux de Plombières à mettre en vente la coupe de leurs bois; — ceux de Bellenod, Origny, Vaux et La Montagne à emprunter une somme de 4,000 liv. pour racheter une redevance due au Roi; — qui condamne les habitants de Flavigny à payer les gages dûs au conducteur de l'horloge de l'église paroissiale; — qui casse les ventes de coupes de bois faites sans autorisation par la communauté de Soissons; — qui homologuent la délivrance des réparations à faire au terreau du moulin du même lieu; — les réparations à faire à l'église, aux fontaines et aux ponts du Fays-Billot; — qui ordonne la mise en délivrance de la ferme des octrois de Chalon-sur-Saône; — qui autorise la cession de la ruelle du Moulin, faite par la mairie de Saint-Jean-de-Losne au couvent des Ursulines; — qui homologue la délibération de celle d'Avallon, qui accorde un prix annuel de 30 livres au vainqueur du jeu de l'Arquebuse; — qui autorisent les communes de Pontailler, Soissons et Vielverge à céder des pieds d'arbres à l'entrepreneur de la réparation des ponts et levées de Vonges; — les habitants de Talant à contracter un emprunt pour le rachat des offices municipaux; — qui autorisent l'inscription au rôle des tailles de sommes dues par les communautés de Manlay, Mirebeau, Gueugnon, Charrey, Bruailles, Pichanges, Sombernon, Semur-en-Auxois, Fontaine-les-Dijon, Arnay-le-Duc, Gemeaux, Châtillon-sur-Seine, Pluvault, La Marche, Buxy, Verdonnet; — qui ordonnent la visite des réparations à faire aux presbytères de Collonges-Bévy, La Marche, Vic-sous-Thil, Saint-Émiland, La Perrière-sur-Seine; — qui homologuent la délivrance de celles de ceux de Palinges et de Simandres; — qui ordonnent le paiement de celles faites à ceux de Guillon, de Sully, aux églises de Chemilly et Verdun-sur-le-Doubs.

C. 2935. (Portefeuille.) — 326 pièces, papier.

1713 (juillet-décembre). — Suite des jugements de l'Intendant de la Briffe, qui homologuent les procès-verbaux de délivrance des réparations ou constructions à faire dans l'église de Couches et les cures de Villaines-en-Duesmois, Foissy, Saint-Aubin et Gamay, Tichey, Molphey, Russilly; — qui ordonnent le paiement de celles faites à celles de Sainte-Hélène, Vergy, Trochères; — qui autorisent l'inscription aux rôles de la taille des sommes nécessaires à l'acquittement des dettes des communautés de Condal, Chériset, Plat-Pays-de-Saulieu, Autun, Couches, Nuits, Cuiseaux, Plombières, Oisilly, Salives, Coulanges-sur-Yonne, Charrey, Champvent, La Guiche, Saint-Laurent-les-Chalon, Sainte-Croix, Thoisy-la-Berchères, Thurey, Corberon, Franxault, Saint-Jean-des-Vignes, Bussy-le-Grand, Chenevelle et Chardenet; — qui ordonnent aux magistrats d'Auxonne de payer l'entrepreneur des réparations de la grande chaussée; — aux habitants d'Oisilly, Remilly-en-Montagne, Broin, Pommard, Saint-Maurice et Chevrey, Arc-sur-Tille, de payer les gages dus à leurs recteurs d'école; — qui enjoint aux syndics du pays du Bugey de faire procéder au rétablissement du pont sur la rivière de Tacon; — qui prescrit une enquête à l'occasion des débats survenus entre les magistrats de Noyers et le curé, au sujet de la refonte de la grosse cloche; — qui prescrit aux communautés ayant des bois le long des routes de Dijon à Auxonne, Saint-Jean-de-Losne et Seurre, de les essarter de façon à laisser un espace libre de 25 toises de large de chaque côté de la chaussée; — qui condamne les habitants de Saffres, Avosnes, Uncey et Barain, retrayants du château de Saffres, à contribuer aux réparations des fossés et du pont dormant; — qui approuvent la délibération par laquelle la mairie de Beaune institue une étape générale pour la subsistance et le logement des troupes de passage dans la ville; — le procès-verbal de vérification des comptes de la mairie d'Autun et la suppression de plusieurs articles de dépense que les magistrats s'étaient attribués;—qui autorisent la mairie de Saint-Jean-de-Losne à mettre en délivrance la ferme des octrois; — la ville d'Auxonne à emprunter la somme de 10,000 fr. pour aider au paiement des tailles dues par les habitants;—qui homologuent le marché passé par les habitants de Couches pour la réparation d'un ravin causé par des eaux détournées, dans la rue principale du Bourg; — celui conclu par ceux d'Arc-sur-Tille pour les réparations des chemins de Dijon, Pontailler, Bressey et Mirebeau passant sur leur territoire; — le traité conclu entre le couvent des Jacobines de Dijon et l'entrepreneur des halles de la rue Saint-Fiacre, au sujet de la mitoyenneté; — le marché conclu par les habitants de Noyers pour la refonte de la grosse cloche de l'église. — Jugement qui casse pour vice de forme la délivrance de la ferme du greffe de la mairie de Dijon faite au sieur Borot; — qui condamne les échevins de Verdun à payer les réparations de ferblanterie faites à la tour de l'horloge; — qui enjoint aux habitants de Flavigny de se rendre aux assemblées publiques sous peine de 5 livres d'amende; — qui autorise les magistrats d'Avallon à contribuer par moitié avec le Chapitre aux réparations à faire à l'église paroissiale; — qui approuve un règlement pour la perception des droits d'octroi à Chalon-sur-Saône; — qui ordonne la convocation d'une assemblée générale des habitants de Châtillon-sur-Seine, sous la présidence du maire, à l'effet de nommer les commissaires chargés de vérifier les comptes de tailles et autres produits par les officiers municipaux.

C. 2936. (Portefeuille.) — 271 pièces, papier.

1714 (janvier-mai). — Suite des jugements de l'Intendant de la Briffe, qui prescrivent l'inscription au rôle de la taille de sommes supérieures à 100 livres, nécessaires à l'acquittement des dettes des communautés de Gemeaux, La Salle, Buxy, Saint-Laurent-les-Chalon, Montagny-près-Buxy, Anost, Flavigny, Labergement-de-Messey, Autun, Léry, Savigny-en-Revermont, Quetigny, Is-sur-Tille, Mirebeau, Pontailler, Gilly, Perrecy; — qui ordonne le paiement des réparations faites au pont d'Auxonne; — qui déboute le curé d'Auvillars de sa demande en construction d'une grange près son presbytère; — qui approuvent l'acquisition d'une maison pour servir de cure, faite par les habitants de Santosse; — le marché conclu par ceux de Vitteaux pour la réparation de l'église; — ceux passés par ceux de Beaubery et Tichey pour celles de leurs presbytères; — la délivrance des réparations à faire à l'église de Gilly-sur-Loire, à l'église de Ciel; — qui ordonne celles à faire à la cure de Mauvilly; — qui homologue la cession faite par les religieux de l'abbaye de Saint-Bénigne de Dijon à la ville, d'un terrain en nature de jardin joignant l'église, afin d'y établir une place; — qui ordonne le paiement du prix de la maison achetée par les fabriciens de Saint-Pancrace et de Saint-Jean-de-la-Grotte à Autun pour y établir la cure; — qui prescrit le paiement des travaux entrepris à la tour de l'horloge de Verdun; — qui réintègre la communauté de Champagnat en possession des communaux usurpés sur elle; — qui statue sur l'opposition formée par les habitants de Saussey à l'aliénation par le chapitre cathédral d'Autun, de bois dans lesquels ils avaient droit d'usage; — qui homologue le vote d'une indemnité accordée par les habitants d'Avallon aux prêtres de la doctrine chrétienne établis dans leur collège. — Jugement de l'Intendant qui renouvelle la défense aux officiers des bailliages de connaître des questions de demandes en acquisitions, constructions ou réparations d'églises ou presbytères; — qui commet un expert pour l'estimation d'une maison appartenant à la fabrique de Saint-Philibert et dont la mairie de Dijon demande la cession pour agrandir la place devant Saint-Bénigne; — qui autorise la communauté de Sombernon à emprunter la somme de 2,500 livres pour solder des frais de procès; — celle de Louhans à emprunter les sommes nécessaires pour le rachat de l'office de maire. — Mémoires des magistrats et du curé de Noyers, à l'occasion des débats survenus entre eux à l'occasion de la refonte de la cloche. — Jugement qui condamne les habitants de Quemigny et Poisot à payer les gages de leur recteur d'école.

C. 2937. (Portefeuille.) — 1 pièce, parchemin, 283 pièces, papier.

1714 (juin-décembre). — Suite des jugements de l'Intendant de la Briffe, qui annule toutes les aliénations de fonds faites depuis vingt ans sans autorisation par la communauté de Charrette; — qui autorise la délivrance de la ferme de l'octroi accordés à la ville de Bar-sur-Seine et au bourg de Chagny; — qui prescrivent l'inscription au rôle de la tailles des sommes dues par les communautés de Buxy, Tournus, Savigny-en-Revermont, Saint-Laurent-les-Chalon, Premières, Fixin, Tenarre, Chivres, Saint-Jean-de-Losne, Branges, Gevrey, Verdonnet, Avot, Norges; — qui enjoint aux magistrats de Semur-en-Auxois de produire leurs comptes des trois dernières années, afin de justifier la demande qu'ils ont formée d'une imposition extraordinaire; — qui ordonne l'estimation par expert du jardin du sieur Cromot, lieutenant criminel à Avallon, que la ville se propose d'acheter pour agrandir le champ de foire; — qui homologue une délibération des maire et échevins d'Autun, relative au remboursement de la finance des offices de la milice bourgeoise; — qui ordonne le paiement des réparations des planches et aqueduc de la rivière du Muzin à Nuits; — qui autorisent les communes de Saint-Laurent-les-Chalon et Fontaine-en-Duesmois à emprunter pour l'acquittement de leurs dettes; — qui enjoint aux syndics des communautés de faire procéder sans retard et à la forme des ordonnances à la révision des comptes des receveurs; — qui homologue une délibération des habitants de Cuiseau pour la mise en réserve d'une partie de leurs bois; — qui déboute la commune de Saussey de sa demande d'ester en justice contre l'aliénation par le chapitre d'Autun, de bois dans lesquels elle prétendait un droit d'usage; — qui exproprie le sieur Cromot, lieutenant criminel à Avallon, d'un jardin destiné à l'agrandissement du champ de foire; — qui homologue la délivrance des travaux de réparations de la levée d'Auxonne, tranchée par les magistrats de cette ville; — qui annule un rôle d'impôt de 75 livres levé sans autorisation par les habitants de Noiron-les-Cîteaux, à l'instigation du curé, pour solder des réparations faites à la maison curiale; — qui homologuent les marchés et délivrances des réparations faites à la chapelle de Marsiat, commune de Joudes, à l'église de Taroiseau; — qui ordonnent de réparer les presbytères de Saint-Martin-en-Bresse, Malay et Augy, Bourgvilain; — le paiement des réparations faites à l'église de Chemilly; au presbytère de Mauvilly; — la reconnaissance de celles à faire aux cures de Fontaine-en-Duesmois, Vic-sous-Thil, Genouilly; — qui condamnent les habitants de Chambolle, Bure, à payer les gages de leurs recteurs d'école; — qui enjoint aux syndics des communautés de faire rendre compte aux receveurs dans le délai d'un mois; — qui homologue la délivrance par la communauté de Charrette des fruits saisis dans 30 journaux de terres ensemencés de turquis (maïs), faisant partie de 40 journaux dont l'aliénation avait été annulée; — qui condamne les habitants de la paroisse de Cuisery à contribuer pour (à défaut de presbytère) payer une indemnité de logement au curé; — qui homologue la vente faite par la commune de Maxilly au sieur Didier, receveur des traites foraines, d'un terrain joignant sa maison, à la charge d'en employer le prix à la réparation de l'église; — qui autorise celle de Fays-Billot à s'opposer en justice au défrichement entrepris par les Jésuites de Langres, d'un bois dans lequel elle avait ses droits d'usage.

Côte-d'Or. — Série C. — Tome II.

C. 293ᵉ. (Portefeuille.) — 317 pièces, papier.

1715 (janvier-août). — *Suite des jugements de l'Intendant de La Briffe, qui autorisent l'inscription au rôle de la taille des sommes dues par les communautés de Noyers, Ponneau, Cuiseau, Port-de-Chauvort, Tellecey, Saint-Andeux, Savigny-sur-Seille, Sailly et Auxey, Antuilly, Corberon, Pasques, Poiseul-la-Grange, Créancey, Champagne-sur-Vingeanne, Coulmier-le-Sec, Thurey, Saint-Martin-en-Bresse, Franxault, Champlieu, Sainte-Sabine, Chazilly, Châtillon-sur-Seine, Champagnat, Écuelle, Salives, Vermanton, Brognon, Flavigny;* — qui ordonnent la reconnaissance des réparations à faire aux presbytères de Ciel, de Chissey, de Beire-le-fort et Collonges, de Torpes, de Corpeau, de Saint-Émiland, de Villecomte, de Bure, d'Oisilly, de Renève, de Vic-sous-Thil, de l'Éprevière; — qui homologuent les marchés ou délivrances pour la réparation de ceux de Saint-Jean-de-Pontailler, Avosne et Barain, Thoisy-le-Désert, La Margelle, Dompierre d'Audour, Ouroux-en-Charollais; — ceux passés pour la réparation des églises de Monteret, Auxey, Saint-Léger-sous-Beuvray; — l'acquisition de la cure de Saint-Martin-en-Bresse; — qui prescrivent le paiement des réparations faites à l'église de Saint-Uruge; aux cures de Maisey et de Charrette; — qui homologue un traité entre le curé de Savigny-sur-Seille et ses paroissiens, au sujet de la dîme de Pâques et des bâtiments de la cure; — qui renvoie au jugement de l'évêque d'Autun, la question de décider en quel lieu de Labergement ou de Saint-Martin de Salency, le curé devra faire sa résidence; — qui réglemente la forme à suivre pour l'élection des échevins de la ville de Tournus; — qui déboute les officiers de justice du comté de Saulieu, de leur prétention de présider à l'audition des comptes des officiers municipaux; — qui statue sur le remboursement à faire par les habitants de Charrette aux acquéreurs dépossédés de leurs communaux; — qui autorise une vente de la coupe des bois de Cirey-les-Binges; — qui ordonne le paiement des réparations faites à la levée d'Auxonne; — qui règle le compte du receveur de la taille de Givry après son examen par les communes de Courtiambles, Poncey et Russilly qui en dépendent; — qui homologuent les traités de cessions de bois faites par l'abbé de Saint-Seine aux habitants de Vaux-Saules, La Margelle, Champagny; — qui condamne les forains de la ville de Verdun à contribuer à l'entretien des levées de la Saône; — qui homologue la délivrance des réparations à faire à l'horloge et au bâtiment de l'école de Nolay; — la délivrance des travaux de curage des rivières de Briat, Florence et Guijotte sur le territoire de Mervans; — qui met à la charge de la ville de Montbard les droits dus au curé pour les enterrements, les fondations de messes, les honoraires du prédicateur de carême et de l'hospitalier, ainsi que l'entretien des linges et ornements de l'église ; — qui ordonnent le paiement des réparations du pavé faites à Chagny et à Dijon ; — qui condamne les habitants de Dampierre-en-Montagne à payer les redevances dues au Domaine ; — qui homologuent le marché conclu par les magistrats de Dijon pour la fourniture du magasin de fourrage ; — la **délivrance** de la ferme de la recette des deniers patrimoniaux de la même ville ; — celle des réparations à faire aux bâtiments communaux ; — celle de la ferme du doublement des octrois de la ville d'Auxerre ; — qui condamnent les habitants d'Arc-sur-Tille, Meilly et Rouvres et Saint-Jean-de-Pontailler, à payer les gages dus aux recteurs d'école.

C. 2939. (Liasse.) — 174 pièces, papier.

1715 (septembre-décembre). — Suite des jugements de l'Intendant de la Briffe, qui prescrivent l'inscription au rôle des tailles des sommes dues par les communautés de Mont et Chazelles, La Chapelle-Saint-Sauveur, Ancey, Frolois, Ecuelles, Flammerans, Saint-Maurice-en-Rivière, Vignolles, Saint-Maurice et Chevrey, Saint-Laurent-lès-Mâcon, Champagne-sur-Vingeanne, Saint-Léger et Triey, Fontaine-les-Chalon, Montcret ; — qui homologuent les délivrances des réparations à faire aux églises de Louhans, Gié-sur-Aujon, aux presbytères de La Margelle, Saint-Aubin-en-Charolais, Chissey, Mâlain, Saint-Loup-les-Chalon, Maltat, Saint-Julien-de-Civry ; — qui autorise un emprunt pour celles à faire à la cure de Ciel ; — qui ordonnent le paiement de celles faites aux presbytères de Torpes, Mavilly, Rigny-sur-Arroux ; — qui condamne des maçons à exécuter le marché passé pour des réparations à l'église de la Madeleine à Beaune ; — qui règle le compte des deniers patrimoniaux de la ville d'Auxonne rendu par le sieur Tellecey ; — qui ordonne communication à l'assemblée générale des habitants de Saint-Jean-de-Losne, du procès-verbal de liquidation des dettes de la commune ; — qui autorise celle de Champagnat à poursuivre les usurpateurs de ses communaux ; — qui homologue le procès-verbal de délivrance des réparations à faire aux édifices publics d'Arnay-le-Duc ; — celui de celles à faire à la fontaine de Norges à la charge des habitants de Marsannay-le-Bois ; — la délibération de la ville d'Auxonne qui institue un agent pour la poursuite de ses affaires à Dijon ; — celle qui fixe le prix des arbres de service livrés aux habitants pour leurs constructions ; — le marché conclu pour l'enlèvement des boues ; — le procès-verbal de délivrance de la ferme du patrimoine et des octrois ; — qui autorise les réparations à faire au lavoir et à la fontaine publique de Cuisery ; — qui condamne les habitants de Genlis à payer les gages dus au recteur de l'école ; — qui ordonne une reconnaissance des travaux adjugés par les syndics du Bugey à la chaussée du grand canal des Rousses ; — qui déclare le pourpris de la Chapelle-Saint-Thibaut, sise sur Tillenay, en dehors des limites de l'octroi d'Auxonne ; — qui condamne M. J. Durand du Meix à relâcher une pièce de trente journaux de terre à la commune de Salives ; — qui ordonne l'estimation du Tripot appartenant au sieur Chavansot, dont la mairie de Beaune demande l'expropriation pour en faire une écurie de passage.

C. 2940. (Portefeuille.) — 190 pièces, papier.

1716. — Suite des jugements de l'Intendant de la Briffe, qui homologuent les délivrances des travaux de construction et de réparation des églises d'Auxey, de Vareilles, de Savilly, de Saint-Aignan-sur-Loire, des églises et cures de Saint-André et de Chouge ; — des presbytères de Saint-Nizier-sous-Charmoy, Saint-Beury, Vermanton, Saint-Vincent-des-Prés, Meloisey, Saint-Maurice-des-Champs, Sainte-Colombe, Mervans, Poissons, Montceau et Grandmont, Renève, Saint-Romain, Montagny-les-Beaune, Cordesse, Manlay, Étalante, Esbarres ; — qui casse un marché conclu sans autorisation par les habitants de Grignon à l'instigation du curé ; — qui ordonnent la visite des bâtiments des cures de Verins, Lornand, Sailly, Serley, Oisilly, Vorjux ; — celle de l'église de Serley ; — qui prescrivent le paiement des réparations faites aux églises et presbytères de Fontaine-en-Duesmois, Étaules-le-Bas, Pommard, Esbarres, Sailly et Pellerey, Mosson ; — qui autorise la fabrique de Saint-Saturnin de-Saulieu à contracter un emprunt pour la réparation de l'église ; — qui homologue la délivrance d'une grange dépendant d'une chapelle à Rully ; — qui homologue la délibération des habitants de Paray pour la nomination d'un receveur des deniers communaux ; — qui autorisent l'inscription au rôle de la taille des sommes dues par les communautés de Chazelles, Chatenoy, Branges, Flassé, Saulx-le-Duc, Oisilly, Uchey-Thury, Savianges, Ciel, Broin, Frontenard, Saulon-la-Chapelle, Semur, Rouvray, Pommard, Dompierre-en-Charollais, Boncourt-le-Bois, Champagne-sur-Vingeanne, Nuits, Autun, Glanon, Montcenis, Maxilly, Saint-Léger-sous-Beuvray, Barbirey, Condal ; — qui homologuent le traité conclu par les habitants de Simandre pour l'indemnité de logement du curé ; — la délivrance du curage du pavé des villes de Beaune et de Nuits ; — qui ordonnent la reconnaissance des travaux de réparations des écluses et des moulins d'Auxonne ; — le paiement de ceux faits au pont de La Marche-sur-Saône ; — une reconnaissance des territoires des villages d'Étaules-le-Haut, le Das, Vassy et La Vaire, à l'effet de statuer sur l'emplacement de la nouvelle église projetée ; — le remboursement par la ville de Charolles du prix de la finance de l'office de secrétaire de la mairie ; — qui règle les comptes des receveurs des impositions de la ville de Beaune ; — qui approuve la nomination de l'inspecteur forestier de la ville d'Auxonne ; — qui renouvelle la défense aux communautés d'ester en justice sans autorisation de l'Intendant ; — qui approuvent la nomination du tambour de la ville de Tournus ; — une amodiation des communaux de Mont-Saint-Jean et de Torpes ; — la délivrance des réparations à faire à l'hôtel-de-ville de Mâcon ; — le paiement des travaux de réparation du pont dormant et des menus emparements du château de Chamilly mis à la charge des habitants de Charangeroux ; — qui autorisent une assemblée générale de ceux de Saint-Gengoux, pour délibérer sur la suppression d'un pont et le rétablissement d'un lavoir ; — une délibération des habitants de Tournus, portant qu'il ne sera admis aux assemblées de la commune que des particuliers payant une taille au-dessus de 30 sols ; — qui condamne les habitants de Binges, Ciroy, Étevaux et Mitreuil à payer une indemnité de logement au curé de Mitreuil, dont le presbytère avait été détruit il y a plus d'un siècle ; — qui ordonne une enquête sur la situation du couvent des *Cordeliers de Châtillon*, par rapport aux limites de l'octroi ; — qui condamne les habitants de Genlis à payer les gages du recteur d'école ; — qui homologuent le traité intervenu entre les prêtres de l'Oratoire et la mairie de Beaune, au sujet de l'entretien des vitres du collège ; — les délivrances des ouvrages publics de la ville ; — celle de ceux de la grande chaussée de la ville d'Auxonne ; — le marché de la refonte d'une des cloches de l'église de Pouillenay ; — le traité entre le seigneur et les habitants de Brion, au sujet des banalités ; — qui liquide les dettes du hameau de Maison-Dieu-les-Précy ; — qui condamne les habitants de Serley à payer une indemnité de logement à leur curé.

C. 2941. (Portefeuille.) — 448 pièces, papier.

1717. — Suite des jugements de l'Intendant de la Briffe, qui prescrivent l'inscription au rôle des tailles des sommes dues par les communautés de Saint-Gengoux, Bruailles, Saint-Germain-de-Rives, Montagny-en-Chalonnais, Tanay, Uncey, Latrecey, Cuiseau, Izeurre, Muresanges, Recey, Cluny, Samerey, Guillon, Mâcon, Is-sur-Tille, Lux, Bagnot, Saulieu, La-Charmée, Cheuge, Serrigny, Givry, Chambolle, Noyers, Gibles, Meuvy, Frontenard, Ciel, Aignay-le-Duc, Quemigny, Lucenay-l'Évêque ; — qui ordonnent la reconnaissance des *réparations à faire aux presbytères de Marly-sous-Issy*, Alleriot, Censerey, Villers-la-Faye, Nolay, Quemigny et Genouilly ; — qui homologuent la délivrance de celles de ceux de Rigny-sur-Arroux, Savigny-sous-Beaune, Meloisey, Vitry-sur-Loire, Selongey, Varennes-Saint-Sauveur, Varennes-les-Avallon ; — de celles de l'église de Quincey, de Morey, de de l'église et de la cure d'Allerey-sur-Saône ; — le paiement de celles faites à l'église de Chemilly, aux cures de Bure et d'Anost ; — qui approuve la concession d'un terrain communal par la ville de Montbard, en échange de la réparation de chemins ; — qui affecte le produit d'une vente de coupes des communaux de Labergement de Messey au remboursement d'une créance ; — qui approuve le traité conclu entre le duc de Foix marquis de Sennecey et les habitants de cette seigneurie, au sujet des cens et redevances ; — qui prescrit aux officiers municipaux de Bourbon-Lancy de pourvoir aux gages du secrétaire ; — qui homologuent la délibération prise par les habitants d'Avallon pour le rachat des offices municipaux ; — l'amodiation de terres par la commune de Maxilly ; — la délivrance des réparations à faire au pont de la Tille aux Maillis ; — celle du droit de courtepinte appartenant à la communauté de Coulanges-sur-Yonne ; — qui enjoint au curé de Saint-Martin-du-Mont de relâcher l'ancien presbytère aux habitants ; — qui approuve la fondation faite par les habitants de Dracy-les-Couches dans la chapelle du lieu, à l'effet d'obtenir un chapelain pour leur administrer les sacrements ; — qui ordonne une reconnaissance dans l'enclos de M. le doyen Cordier à Cuisery, à l'effet d'y découvrir l'origine des eaux alimentant le lavoir ; — qui astreint les habitants des hameaux dépendant de la paroisse de Saint-Léger-de-Foucheret à contribuer aux réparations des dégâts causés en 1707 par la foudre qui avait ébranlé la tour du clocher de l'église, incendié la nef, tué ou blessé quinze personnes ; — qui approuvent le traité en vertu duquel le seigneur de Juilly-les-Semur quitte les habitants du lieu de contribuer à la réparation du pont dormant, moyennant une corvée dans la saison des foins ; — la délivrance des réparations à faire au jeu de l'Arquebuse de la ville d'Autun ; — la concession d'un terrain faite par les officiers municipaux de Chalon au couvent des Cordeliers ; — la délivrance de la construction d'un pont de bois à Sampigny ; — la délibération des officiers municipaux de *Saulieu*, touchant l'alignement des rues et places ; — qui met en demeure les habitants de Saint-Seine, soit de payer la dîme des menus grains au curé, soit d'acquitter sa portion congrue ; — qui défend aux habitants de Plombières d'intenter sauf autorisation aucune action en justice et de dresser aucun rôle de taille négociale, sans tenir compte des facultés de chacun d'eux ; — qui procède à la liquidation des dettes de la communauté de Saint-Jean-de-Vaux ; — qui enjoint aux habitants de Saint-Barain de fournir les ornements nécessaires au culte, de rétablir une croix de bois au cimetière et de réparer la maison curiale ; — qui ordonne aux syndics, maires, échevins des communautés de faire procéder à l'audition des comptes des receveurs communaux, avant le 1ᵉʳ janvier, sous peine de 500 livres d'amende ; — qui homologuent le contrat d'affranchissement des habitants de Sainte-Sabine de la servitude de mainmorte, par P. Parisot, conseiller au Parlement, seigneur du lieu ; — la délibération par laquelle la ville de Chalon crée deux nouvelles classes au collège tenu par les Jésuites ;—celle des officiers municipaux d'Autun concernant l'acquisition d'une maison destinée à servir d'hôtel-de-ville, la cession d'un droit de passage au prieuré de Saint-Symphorien, la nomination d'un agent d'affaires à Dijon, la délivrance de la réparation du pavé et de l'enlèvement des boues ; — le traité conclu entre la ville d'Auxonne et le collège de l'Arc à Dôle, au sujet de la grange de Bouquerans ; — la délivrance de la ferme des octrois de Saint-Gengoux ; — qui condamnent les habitants de Genlis à payer les gages du recteur d'école ; — ceux de Frolois à payer les réparations faites à la chapelle de Saint-Roche.

C. 2942. (Portefeuille.) — 321 pièces, papier.

1718 (janvier-juin). — Suite des jugements de l'Intendant de la Briffe ; — qui déboute les habitants de Navilly de leur demande en annulation d'un bail de communaux, passé pour 20 ans au notaire Maillot pour le prix du bled qu'il avait distribué aux indigents durant l'hiver de 1709 ; — qui prescrivent l'inscription au rôle de la taille des sommes dues par les communautés d'Arrans, Monteret, Flavigny, Brion-sur-Ource, Fouvent, Cussy-les-Forges, Fays-Billot, Sully, Seurre, Ponneau, Cuiseaux, Saint-Germain-les-Senailly, Bagnot, Buxy-le-Royal, Saint-Aubin-en-Charollais, Saint-Léger-de-Fourches, Aiserey, Saint-André-les-Sennecey, Longepierre, Saint-Gengoux, Autun ; — qui prescrivent les réparations à faire aux presbytères de Fontette, Alleriot, de Saint-Denis-de-Péan, d'Étormay et à l'église d'Étivey ; — qui homologuent les procès-verbaux de délivrance de celles à faire aux églises de Posanges, Guillon, Avallon ; — aux curés de Trochères, Aiserey, Perrigny-sur-l'Ognon, Santenay, Pommard, Chenôve, Chevigny-en-Valière, Sassenay, Sathenay, Palleau, Corpeau ; — qui ordonnent le paiement de celles faites aux églises ou presbytères de Trivy, Navilly, Moux, Rouvres, Courban ; — qui déboute les habitants de Couchey de leur prétention d'obliger à résidence le vicaire du prieur-curé de Marsannay-la-Côte desservant leur église ; — qui homologuent la transaction passée entre la communauté de Corlay et l'abbaye de La Ferté-sur-Grosne, au sujet de la dîme du vin ; — la délibération de celle de La Lhene, qui sollicite l'autorisation de plaider contre la même abbaye, laquelle prétendait exercer des droits d'usage dans ses bois ; — qui renvoie devant les juges ordinaires l'action intentée par le curé de Cuisery contre le chanoine Cordier qu'il accusait d'avoir usurpé les fontaines de la ville ; — qui homologuent la délivrance des réparations à faire à l'horloge publique de Montbard ; — celles du bois de Charmoy appartenant à la ville de Nuits ; — de la réparation du pavé de la même ville ; — le traité conclu entre le marquis de Branges et ses vassaux, au sujet du droit d'indire ; — qui prescrit la visite des réparations à faire aux fontaines, ponts et lavoir de Saint-Gengoux ; — qui homologuent la délibération de la commune de Montbard pour la dotation du mépart de l'église ; — celle de la ville d'Avallon pour le remboursement des offices municipaux rachetés et réunis au corps de ville. — Jugement qui renvoie le curé de Saint-Mesmin des fins d'une plainte en usurpation de terrain communal ; — qui adjuge à la mairie de Dijon des dommages et intérêts de la part des adjudicataires de l'entretien du pavé, lesquels n'ont point rempli les conditions du marché ; — qui condamne les communes du bailliage d'Auxonne à payer leur quote-part des prix des réparations faites à la levée d'Auxonne ; — qui homologuent la levée de la curée du bief du moulin de Soissons ; — l'alignement donné à la clôture du monastère des Ursulines par les officiers municipaux de Saint-Gengoux ; — la délivrance des réparations de la tour de l'horloge de Givry ; — celle des fontaines publiques d'Auxerre ; — la transaction entre les habitants d'Aloxe et leur curé portant substitution d'une rente de 300 livres à la dîme qu'il percevait ; — la délivrance des réparations à faire au moulin de Jonchery dépendant du prieuré de Bar-le-Régulier ; — la concession de terrains communaux faite par les paroissiens de Saint-Hilaire pour la dotation de la confrérie du Rosaire ; — qui déboute la ville de Flavigny du procès qu'elle soutenait contre l'abbaye du même lieu, au sujet du droit de lods ; — qui homologuent l'acte d'acquisition d'une maison par la commune de Velars ; — la délibération de celle de Chaussin relative à la culture des terres au-delà de la rivière d'Orain ; — qui ordonnent le paiement des gages dus par les communes d'Oisilly, Baigneux, Louesme, à leurs recteurs d'école ; — par la mairie de Flavigny au valet de ville ; — la délivrance des réparations à faire aux édifices publics de Cluny ; — qui autorise une poursuite contre les habitants de Franxault pour le paiement de la refonte d'une cloche ; — qui homologue la délibération des habitants de Montcenis, confiant à un conseil de notables la direction des affaires économiques de la ville.

C. 2943. (Portefeuille.) — 182 pièces, papier.

1718 (août-décembre). — Suite des jugements rendus par l'Intendant de La Briffe, qui prescrivent l'inscription au rôle des tailles des sommes nécessaires pour l'acquittement des dettes des communautés de Fresne-Saint-Mamès, Essertennes, Anost, Moroges, Blagny-sur-Vingeanne, Mont-Saint-Jean, Rouvray, Poinson-les-Fays, Champagnat, Bruailles, Montcenis, Givry, Auxonne ; — qui ordonnent la reconnaissance des réparations à faire aux presbytères de Barges, Saint-Denis-de-Péon, Malay, Labergement-le-Duc, Lux, Genouilly ; — qui homologuent les délivrances des ouvrages à faire à ceux de Saint-Nicolas-de-Beaune, Simandre, Quemigny, Vassy, Donzy-le-Royal, Allériot ;—aux églises de St-Jean et St-Pancrace à Autun, de Darcey ; — le paiement de ceux faits à celle de Viserny ; — la délibération de la commune d'Avallon, pour l'institution d'un écrivain chargé d'apprendre la lecture, l'écriture et l'arithmétique aux enfants ;—qui renvoie devant d'autres juges le différend entre le curé et les habitants de Châteauneuf, au sujet des revenus du mépart ; — qui condamne ceux de Fresne-Saint-Mamès à payer les droits conveuus avec le curé ; — qui détermine les conditions sous lesquelles le marquis de Branges percevra son droit d'indire sur les habitants de Savigny-sur-Seille ;—qui ordonnent le paiement des sommes dues à l'entrepreneur des façades de la rue Saint-Fiacre et des arcades de la Place Royale à Dijon ;—des travaux de réparations entrepris sur la demande de la paroisse de Serrigny ; — des sommes dues au curé d'Ampilly-les-Bordes, en vertu d'une transaction consentie par les habitants ; — qui homologue celle conclue par les habitants de Milly avec M. Edme de Bouchertheval, leur seigneur, pour la desserte de l'église. — Jugement qui charge le second syndic de la ville de Châtillon-sur-Seine des fonctions de receveur des deniers communaux ; — qui, dans une instance entre le curé et les habitants de Cuisery, au sujet du luminaire et des ornements d'église, met les parties hors de cour ; — homologuant une délibération des habitants de Molinot, relative à la dotation de la chapelle de la Compassion, érigée en 1639 dans l'église paroissiale par Mme d'Aumont ; — une autre, des officiers municipaux d'Autun qui concèdent la clôture d'une rue près l'église Saint-Pierre et Saint-Andoche ;—la concession du revenu des terres usurpées sur la commune, consenti par les habitants de Moutier-Saint-Jean au profit de la fabrique ; — qui condamne les habitants de Cuiseaux à payer les gages échus de J. Picard, maître-écrivain, reçu principal de leur collège.

C. 2944. (Portefeuille.) — 422 pièces, papier.

1719. — Suite des jugements de l'Intendant de La Briffe, qui ordonnent la confection d'un rôle de taille pour le paiement des frais du procès-verbal d'arpentage des terres du finage de Maisey-le-Duc ; — qui homologuent les conventions passées par les habitants de Saint-Barain, Varanges, Chemilly, Saint-Gengoux et Dezize avec leurs recteurs d'école ; — qui ordonnent le paiement des gages de ceux de Bligny-sur-Ouche, Avot, Cuiseaux, Nolay, Rouvray ; — qui approuvent la convention des paroissiens de Saint-Nicolas-de-Beaune pour la desserte des basses écoles ;—celle de la mairie d'Avallon avec le grammairien Dufeu pour l'enseignement de la langue latine ; — qui prescrivent l'inscription d'office au rôle des tailles des sommes nécessaires pour l'acquittement des dettes contractées par les communautés d'Auxonne, Savigny-sur-Seille, Sennecey-les-Dijon Saint-Étienne-en-Bresse, Bligny-sur-Ouche, La Repe-les-Châteauneuf, Labergement-le-Duc, Mervans, Vielverge, Paray-le-Monial, Gilly-sur-Loire, Autun, Louhans, Aubaine, Saint-Sauveur, Saint-Jean-de-Losne, Volnay, Étevaux, Argilly, Saint-Pantaléon-les-Autun, Condal, Cuiseaux, Saint-Léger-de-Bourbon-Lancy, Saulieu, Remilly, Arc-sur-Tille, Velars, Clessy, Orches, Mont-les-Bourbon-Lancy, Châtillon-sur-Seine, Gigny, Poncey, Courtiambles, Russilly, Bouilland, Bruailles, Tarsul, Saint-Léger-du-Bois, Diénay, Sennecey-le-Grand, Saint-Ambreuil ; — qui met en demeure la mairie de Paray-le-Monial, de rendre compte des deniers communaux ; — qui ordonnent la visite de la chapelle du château de Beaumont-sur-Vingeanne, où les habitants voudraient transférer le service paroissial, l'église étant détruite ; — celles des constructions ou réparations à faire aux maisons curiales de Colombier-les-Uxelles, Magny-Saint-Médard, Champforgueil, Oisilly, Pouilly-sur-Saône, Chaudenay-sur-Dheune, La Celle, Champlieu ; à l'église de Vers ;— qui homologuent les délivrances des constructions ou réparations à faire aux églises et presbytères de Varennes-Reuillon, Salives, Curbigny, Sornay, Loisy ; — aux églises de Saint-Martin-du-Mont, Pouilly-en-Auxois, Sainte-Colombe-sur-Seine, Avallon et Gourdon ; — aux presbytères de Labergement-le-Duc, Aubigny-Magny, La Comelle, Gilly-sur-Loire, Marly-sous-Issy, Saint-Martin-de-Marmagne, Saint-Léger-du-Bois, Prangey, Grandes-Varennes, Saint-Marcellin ; — qui autorisent le paiement de celles faites aux églises de Chemilly, Rouvres, Montagny-les-Beaune ; — aux maisons curiales de Fontette, Clessy, Villers-en-Autunois ; — qui homologue la délivrance des réparations aux arcades de la chaussée d'Auxonne ; — qui met à la charge de la ville de Dijon les frais de reconstruction des murs de clôture du couvent des Cordeliers du côté du rempart ; — qui enjoint sous leur responsabilité aux habitants de Chaussin, d'entretenir en bon état les rues et les chemins du territoire ; — qui homologue la délibération par laquelle les habitants du même lieu remplacent les assemblées générales par un comité de 16 notables, chargé de la gestion des affaires économiques de la ville ; — qui astreint les habitants de Munois à contribuer aux réparations de l'église de Darcey ; — qui autorise les habitants de Cuisery à plaider contre le chanoine Cordier, pour la propriété des sources du lavoir ;—qui homologuent le contrat d'acquisition d'une maison par la commune de Saint-Thibaut pour servir de presbytère ; — le marché de la descente de la cloche de l'horloge d'Is-sur-Tille ; — qui ordonne le remboursement de l'office de secrétaire de l'hôtel-de-Ville d'Autun, acquis par le sieur Charreau ; — qui règle le compte de la construction d'un pont et d'une écluse à Pont-de-Vaux ;—qui approuvent la délivrance de la ferme des octrois de Bourbon-Lancy ; — celle du pavement de la ville de Givry ; — l'amodiation du communal de la grande mare à Pagny-la-Ville ; — qui ordonnent qu'à Saint-Gengoux les assemblées des habitants et les élections des échevins auront lieu à la forme des ordonnances ;—le remboursement par la ville de Charolles, à M. Cl. de Fautrières, de la finance de l'office de capitaine de la milice bourgeoise ; — qui autorisent la remise en eau de l'étang du Moine appartenant à la ville d'Avallon ; — les réparations à faire par la mairie de Saulieu dans la tour des forges ;— le paiement au prieur de Saint-Vivant, d'une rente annuelle de 150 livres due par la ville d'Auxonne ; — qui approuvent l'amodiation des terres et prés de la commune de Chauvort ;—celle d'un pâquier appartenant à celle de Poinson-les-Fays ; — qui autorisent celle de Beaumont-sur-Vingeanne à emprunter 2,000 livres pour la reconstruction de son église ; — celle d'Échenon à réparer le pont sur l'Ouche ;—celle d'Arnay-le-Duc à construire une horloge publique ; — celle de Gemeaux à refondre la grosse cloche de l'église ; — celle de Chalon à faire réparer le pont de Saône ;—qui homologuent la transaction conclue entre le curé et les habitants de Fontaines-Chalon ; — la délibération de la commune de Cuiseaux qui remet la gestion des affaires économiques à un comité de 6 notables ; — qui enjoint aux syndics, officiers et administrateurs de la ville et de l'hôpital de Pont-de-Vaux, de rendre compte de leur gestion dans un bref délai ; — qui homologuent la délibération des habitants des hameaux de Lailly, Essertennes, Veuvrailles et Grande-Moloy pour la curée des fossés et les menus emparements du château de Lailly, dont ils sont retrayants ; — la délivrance de coupes de bois de la commune de La Marche ; — la nomination d'une sage-femme par la mairie d'Avallon ; — qui condamne les habitants de Posanges à contribuer aux réparations de l'église et de la cure de Vitteaux ; — qui prescrit de nouveaux échevins de Chaussin, de veiller à la conservation des bois communaux ; — qui homologue les marchés faits pour l'entretien de l'horloge d'Autun et la réparation de celle d'Auxerre ; — qui renouvelle la défense faite par les ordonnances aux officiers municipaux et échevins d'accepter aucune mission des villes et communautés, sans l'autorisation de l'Intendant ;—qui approuve un marché de refonte de cloche, passé par la communauté de Brazey-en-Plaine.

C. 2945. (Portefeuille.) — 346 pièces, papier.

1720. — Suite des jugements de l'Intendants de La Briffe qui autorisent l'inscription au rôle de la taille des sommes dues par les communautés de Ratenelle, Toulon-sur-Arroux, Aiserey, Bruailles, Girolles, Étivey, Montbard, Gibles, Talant, Thorey et Bariscy, Cortiambles, Russilly, Poncey, Simandres, Nuits, Branges, Saulieu, Salives, Éguilly ;—qui condamnent les habitants d'Épinac, Menetreux-le-Pitois à payer les gages de leur recteur d'école ;—qui homologuent les conventions passées par ceux de Savigny-en-Terre-pleine, Dezize et Paris-l'Hôpital, Saint-Bonnet-de-Joux, Chailly et Remilly-en-Montagne avec leurs recteurs d'école ; — qui autorise l'aliénation d'un bois communal de Saint-Vallerin ; — qui ordonnent la reconnaissance des constructions ou réparations à faire aux églises et maisons curiales de Saint-Marc-sur-Seine, Dampierre-sous-Sanvignes, Talmay ;—aux presbytères de Dompierre, St-Denis-de-Péon, Bellevesvre, Montoillot, Coulmier-le-Sec, Fresnes, Normier ; — qui prescrivent pour l'église de Vers, les presbytères de Sathonay, Sainte-Colombe-sur-Seine, Menetreux-le-Pitois, Meilly, Fénay, Colombier-sous-Uxelles ; — qui homologuent la délivrance de ces travaux pour les églises de Savigny-sur-Seille, de Saulx-le-Duc ;—pour les cures de Paleau, Villers-la-Faye, Saussey, La Celle, La Chaux, Corombles Condal, Magnien, Marcheseuil, Longchamp, Saint-Laurent-d'Andenay, Glux, Étang, Antilly-la-Ville, Simandres, Léry ; — qui ordonnent le paiement des travaux accomplis dans les églises ou les cures de Sigy, Bussy-le-Grand, Pouilly-sur-Saône, Brion-sur-Arroux, Pouilly-en-Auxois, Oisilly, Ampilly-les-Bordes, Saint-Vincent, Tournus, Is-sur-Tille ;—qui enjoint à tous les anciens comptables des deniers communs de la ville de Cluny, d'avoir à rendre compte de leur gestion. — Homologations de la délivrance des travaux de pavement des rues de Givry ;—de la transaction entre les habitants de Milly et M. de Boucher, seigneur du lieu, au sujet de l'établissement d'un vicariat ; — de l'alignement donné par les magistrats de Seurre au mur de clôture du couvent des Clarisses. — Jugement qui condamne les échevins de Chaussin à se pourvoir chaque année d'un prédicateur de carême payé par la commune ;—autres qui ordonnent la reconnaissance des réparations faites au pavé de la ville de Seurre ; — le paiement de la reconstruction du pont de Tivauches au bas de Moutier-Saint-Jean, lequel avait été emporté par l'inondation de 1716 ; — le rétablissement d'un pont de bois sur l'Ouche à l'extrémité du faubourg Saint-Pierre de Dijon ; — qui homologuent la concession d'une place à bâtir, faite par la ville d'Avallon à F. Gardet ; — l'amodiation d'un pâquier de la commune de Losne ;—qui astreint les habitants de Saint-Usage à la réparation du chemin de Paiche ;—qui autorisent l'achat de terrains par la ville de Louhans, pour la reconstruction des halles ; — la délivrance des travaux de curée et de menus emparements à la charge des habitants de Châteaurenaud retrayants du château ; — la réparation de la halle du four banal de la rue de Blaisy, à Saint-Remy. — Jugement par lequel l'Intendant informé que les habitants de Saint-Loup-les-Chalon ont emprunté à des taux usuraires et qu'ils n'osent réclamer contre leurs créanciers, ordonne de rembourser tous les contrats qui se trouveront au-dessous du denier trente et autorise un emprunt ; — qui prescrit la réparation des ponts et planches du territoire de Montcolon, près d'Autun ; — qui homologuent la délibération des habitants de Montbard, lesquels acceptent la proposition de Lempereur, marchand-colporteur, de résider dans la ville « pendant le temps qu'il ne sera pas absent », à condition d'être exempt des logements militaires ; — celle de ceux d'Is-sur-Tille pour la mise en vente de la place du Recteurat ; — la délivrance de la réparation des chemins d'Aubigny-en-Plaine et Magny ; — la donation d'une maison pour le recteur d'école faite par V. Genin, curé de Noyers, à la communauté ; — la délivrance des travaux d'entretien de la levée d'Auxonne ; — celle des travaux de démolition de la guérite au-dessus de la porte Sainte-Marie, à Chalon ; — qui condamne à l'amende plusieurs habitants de Nantua, coupables de sédition à l'occasion de la levée du droit de treizain ; — qui homologuent un traité passé par les habitants de Corcassey pour l'ouverture d'un chemin ; — celui du droit de banvin passé entre les habitants de Lays et M. de Truchis, seigneur du lieu ; — celui conclu entre le seigneur et les habitants d'Ébaty pour la curée des fossés du château ; — qui casse une aliénation de communaux, faite sans autorisation par les habitants de Tréclun ; — qui homologuent les délibérations prises par la municipalité et l'hôpital d'Avallon concernant les fondations faites par le président Odebert ; — la délivrance des travaux de réparations, murs et portes de la ville de Tournus ; — la concession d'un bois communal faite par les habitants de Broin à leur seigneur, en échange de son droit de triage ; — les mesures prises par les villes de Cluny, Autun et Louhans pour se préserver de la peste qui régnait à Marseille ; — la concession d'un terrain par la ville d'Auxerre au sieur Bourdillat ; — la transaction entre les habitants de Charrette et leur seigneur, portant validation d'une vente de terrains communaux ; — la délivrance de la recette des deniers patrimoniaux de la ville d'Autun ; — l'acquisition par les fabriciens de Mimeure d'un domaine à Solonge, pour la dotation de l'église ; — qui prescrit diverses mesures pour empêcher les dégradations qui se commettaient dans les bois communaux de la ville d'Auxonne et avaient amené une instruction criminelle contre ses magistrats ; — qui prescrit les réparations à faire à la halle d'Aprey ; — qui renouvelle la défense aux officiers municipaux des villes et bourgs, de s'ingérer dans la recette des deniers communs et de faire partie de députations sans y avoir été autorisés ; — qui approuvent la délivrance des travaux de réparations du pont de La Marche-sur-Saône ; — la délibération des maire et échevins de Dijon pour l'ouverture d'une rue entre la Place Royale et le Coin du Miroir, la construction d'une poissonnerie et des écuries pour le logement de la cavalerie ; — le rapport de l'architecte de Noinville au sujet des contestations entre les mêmes officiers et l'adjudicataire de l'entretien du pavé.

C. 2946. (Portefeuille.) — 365 pièces, papier.

1721. — Suite des jugements de l'Intendant de la Briffe ; — qui condamne les paroissiens de Saint-Martin-de-Laives à payer au curé les arrérés de son indemnité de logement et d'un service de fondations et cela jusqu'à la construction du presbytère qu'ils doivent élever sur une place nouvellement achetée ; — qui homologue une délibération des habitants de Fresne, qui donnent à sept notables la mission de gérer les affaires communes conjointement avec les deux échevins. On rappelle qu'en 1716, le 7 septembre, un incendie consuma 40 maisons et réduisit les habitants à la misère ; — qui prescrivent la reconnaissance des constructions ou réparations à faire et ordonnent ensuite l'exécution de ces travaux pour les églises de Saint-Maurice-en-Bresse, Sainte-Croix, Dompierre, Vers, pour les cures de Montmort, Jancigny, Saucey-en-Mâconnais, Fresne, Peilerey, Champforgeuil, Sainte-Colombe-sur-Seine, Magnien, Gibles, Noyers, Baigneux, Talmay, Bellenod-sous-Pouilly, La Comelle-sous-Beuvray, Saint-Euphrône, Bessey-la-Cour, Bretenières, Perrigny-sur-l'Ognon, Champlieu ; — qui homologuent la délivrance de ces travaux pour les églises et les cures de Corcelles-les-Citeaux, Gemeaux, Spoy, Fontaine-en-Duesmois ; — pour les églises de Vanvey et Villiers, Serley, Avallon, Nolay, Issy-l'Évêque ; — pour les presbytères de Villargoix, La Chapelle-Naude, Normier, Damerey, Saint-Apollinaire, Saint-Vallier, Saint-Martin-de-la-Mer, Vitry-sur-Loire, Serrigny, Charbonnat, Menetreux-le-Pitois, La Chaux et Moisenans, Sainte-Foy, Marly-sur-Arroux, Jouvançon, Bellevesvre, Bussières et Villarnoux, Nogent-les-Montbard, Brion-sur-Ource, Dompierre-les-Perrecy, Marcilly-les-Autun, Magny-Saint-Médard, Vicvigne, Torpes, Chenges, Anost, Labergement-le-Duc ; — qui ordonnent le paiement de ceux faits aux églises et chapelles de Marandeuil, Beaumont-sur-Vingeanne ; — aux presbytères d'Alleriot, Chevannes, Chaudenay-sur-Deheune, Arcenay, Saint-Seine-en-Bâche, Étivey, Saint-Pierre-les-Varennes, Franxault, Marsannay-la-Côte, La Motte-Saint-Jean ; — qui mettent à la charge des communautés de Verissey, Dijon (paroisse Notre-Dame), Couchey, Simandres, l'indemnité de logement du curé ; — qui homologuent l'acquisition par les habitants de Maillye-en-Brionnais d'une maison destinée à servir de presbytère ; — qui prescrivent l'inscription au rôle des tailles des sommes dues par les communautés de Clessy,

Chevannay, Saint-Eusèbe, Marmagne, Chagny, Clémencey, Cluny, Mont-Saint-Jean, Alleriot, Saint-Laurent, Vitteaux, Fresne-Saint-Mamès, Montceau-en-Charollais, Vielverge, Demigny, Savigny, Pont-de-Vaux, Blagny, Branges, Beire-le-Châtel, Montbard, Molinot, Longepierre, Toulon-sur-Arroux, Villy-le-Moutier, Chaussin, Sens, Simandres, Billey, Flammerans, Saint-Cyr, Thorey-sous-Charny, Damerey, Mirebeau, Ormes ; — qui, conformément à la déclaration du Roi du mois de mars 1697, réserve au seul maire de Marcigny-les-Nonains, le droit de convoquer les assemblées de la commune ; — qui ajourne l'amodiation d'un communal de Saint-Valérin ; — qui condamnent les habitants de Vanvey, Villiers, Chambœuf, Meulson et Beaunotte à payer les gages du recteur d'école ; — qui homologuent les conventions conclues par ceux de Tharot et Baigneux-les-Juifs avec leurs recteurs d'école ; — qui prescrit des travaux pour détourner les eaux de la Roye de Moule à Lays et les faire rentrer dans le Doubs ; — qui annule les aliénations de communaux faites sans autorisation par les habitants de Soissons ; — qui homologuent la délibération des magistrats de Châtillon pour le rachat de l'office d'enseigne de la milice bourgeoise ; — celle passée avec l'imprimeur de la ville pour la fourniture de certains imprimés ; — celle relative au rachat des offices municipaux ; — celle des habitants de Saint-Symphorien-de-Marmagne concernant la réparation du chemin de la cure ; — celle des paroissiens de Saint-Martin-de-Beaune pour le logement du curé et les gages du maître d'école ; — les mesures prises par les magistrats de Louhans pour préserver la ville de la peste de Marseille ; — la délivrance des réparations à faire aux édifices du culte et autres de Noyers ; — la décision des magistrats de Saulieu pour la démolition de certaines avances faites sur la voie publique ; — un marché de refonte de cloche passé par la paroisse de Merceuil ; — le traité passé entre le curé et les habitants de Thoisy-la-Berchère pour l'institution d'un vicaire ; — l'amodiation de communaux par les habitants de Longvic ; — les exemptions accordées par les magistrats de Châtillon-sur-Seine au chirurgien de l'hôpital Saint-Pierre ; — la concession d'une place à bâtir faite par les magistrats d'Avallon à P. Colas ; — la transaction entre les habitants et le curé de Fontaine-les-Chalon pour la dotation du vicaire ; — la délibération des maire et échevins de Flavigny qui mettent à la charge des propriétaires le pavement de deux toises de large devant leurs maisons ; — la vente du bois des Fouillées faite par les habitants d'Athée et Magny. — Jugement qui met à la charge du chapitre d'Avallon une partie des réparations des remparts de la ville ; — qui homologue le marché passé par la mairie de Dijon pour l'ouverture de la rue Condé ; — qui met les officiers et comptables de la ville de Paray-le-Monial en demeure de rendre promptement leurs comptes ; — qui affecte au rétablissement des maisons du village de Saint-Cyr, détruites par l'incendie, le prix de la coupe d'un bois vendu pour l'approvisionnement de Paris ; — qui condamnent les habitants de Semesanges à payer les arrérages d'une rente due à la chapelle Saint-Georges érigée en l'église de Concœur ; — ceux de Seurre à payer les arrérages d'une allocation annuelle de 30 livres aux religieuses Clarisses ; — qui homologue le marché pour les réparations du château de Molinot à la charge des retrayants.

C. 2947. (Portefeuille.) — 223 pièces, papier.

1722 (janvier-juin). — Suite des jugements de M. de La Briffe, Intendant, qui ordonnent la réparation de l'église et du presbytère de Saint-Maurice-en-Rivière ; — des presbytères de Quemigny, Saint-Radegonde, Grésigny, Montmort, Trochères, Clomot, Lucenay-le-Duc, Voudenay ; — la visite des églises et cures de Perrigny-sur-Loire, Sagy ; — des cures de Touillon, Sainte-Colombe-sur-Seine, Mont et Chazelle, Fontaine-les-Chalon, Gilly-les-Cîteaux ; — qui homologuent la délivrance des constructions et réparations des églises de Cuiserey, de Saint-Martin, d'Avallon, de Domecy-sur-le-Vaux, de Sanvignes ; — de la chapelle et de la cure de Sassenay ; — des cures de Saint-Gervais, Saint-Étienne-en-Bresse, Saint-Loup, Noyers, Corcelles-les-Monts, La Comelle-sous-Beuvray, Châtellenot, La Chaux et Moisenans, Lessard, Villers-la-Faye, Billy, Saint-Pantaléon, Saint-Maurice en Chevrey, Verovre ; — les contrats d'acquisition de celles de Saint-Euphrône, Nogent ; — la location de celle de Binges ; — qui ordonnent le paiement des travaux faits dans celles de Bosjan, La Margelle, Sainte-Foy, Baigneux, Fénay, Saint-Mesmin, Thorey-sous-Charny, Saint-Christophe ; — aux églises de Serlay et Saint-Sernin-du-Plain ; — qui autorisent l'inscription au rôle des tailles des sommes dues par les communes de Buxy-le-Royal, Saint-Gengoux, Couches, Cluny, Saint-Laurent-les-Chalon, Anost, Courtiambles, Fontaine-les-Chalon, Crona, Vitteaux, Vaux et Champagnol, Noiron-les-Cîteaux, Antheuil, Port-de-Chauvort, Massout, Ivry, Saint-Didier, Champdôtre, Vesignoux ; — qui homologuent l'exemption de tailles pour sa vie accordée par les magistrats de Nuits à Bernard Sarrasin, empereur du jeu de l'Arquebuse ; — la permission de clore un terrain, accordée par les habitants de Chenôve aux propriétaire de la Grange-au-Gruère ; — qui enjoignent aux habitants de Châtillon-sur-Seine et de Flavigny, d'assister et de prendre part aux assemblées publiques sous peine de 5 et 10 livres d'amende ; — aux magistrats de Vitteaux de délivrer au curé le devis des travaux à faire à la rivière ; — qui homologue la transaction passée entre Louis, marquis de Vienne et les habitants de Châteauneuf, au sujet du four banal ; — qui ordonne une reconnaissance des ruines causées au mur d'enclos de l'avocat Quillardet à Dijon, par les travaux de la mairie sur les remparts de la ville ; — qui homologuent une amodiation de terres faite par la commune de Chaussin au sieur Hémery ; — une délibération de la fabrique de l'église Saint-Jean de Dijon, votant un impôt de la moitié du prix des locations des maisons situées dans la paroisse pour payer les constructions et réparations faites à l'église ; — celles de la communauté de Coulanges-sur-Yonne, qui continue pendant deux ans F. Marion dans ses fonctions d'échevin ; — celle de la mairie de Tournus, relative au paiement de la rue des Tupinières ; — celle de la mairie d'Avallon portant qu'il sera demandé à la Chambre des comptes de Dijon, une expédition du terrier de la châtellenie ; — celle de la communauté de Chagny, relative à l'achat de linges et ornements de l'église ; — l'amodiation des terres communales de Damerey ; — qui ordonne la reconnaissance des usurpations commises dans les communaux de Saint-Julien ; — qui homologuent la délivrance des réparations à faire au four banal de Chenôve ; — le marché de la refonte de la cloche de l'église de Noyers ; — la délivrance des travaux de clôture de la ville de Semur-en-Brionnais ; — l'amodiation du pré de l'étang au moine par la ville d'Avallon ; — la délivrance des travaux du château de Vincelles, à la charge des habitants de Vincelles, Montagny et Châteauresnaud ; — celle de ceux du four banal de Vosne ; — qui ordonnent le paiement des gages dûs au recteur d'école de Chambœuf ; — une reconnaissance préalable des travaux de menus emparements exigés des habitants de Villers-les-Hauts par leur seigneur ; — qui autorisent les habitants de Grimaut à bâtir un pont sur le Serain ; — la cession d'un terrain faite par la communauté de Buxy aux chevaliers du jeu de l'arquebuse.

C. 2948. (Portefeuille.) — 221 pièces, papier.

1722 (Juillet-décembre). — Suite des jugements rendus par l'Intendant de la Briffe ; — qui interdit sous peine de 50 livres d'amende de jouer à la paume dans les rues de Noyers ; — qui prescrivent l'inscription au rôle des tailles des sommes dues par les communes de Sermiselles, Chazilly, Tournus, Montceau et Grandmont, Collonges-les-Mont, Saint-Vincent, Fays-Billot, Plombières, les hameaux dépendant de Bosjan, Saint-Seine-sur-Vingeanne, Messigny, Louhans, Guillon ; — qui invite le maire de Paray à remettre une des clefs des archives au secrétaire de l'hôtel de ville ; — qui ordonne une nouvelle élection d'un familier de l'église de Pagny ; — qui autorise la chambre de ville de Dijon à emprunter la somme de 60,000 livres pour les besoins de l'hôpital ; — qui prescrivent les réparations nécessaires à l'église de Marac, à celle et à la cure de Pleure en Franche-Comté ; — aux presbytères de Binges, Verins, Martigny-le-Comte, La Chaux et Moisenans, Sauvigny-le-Bois, Malay, Demigny, Montliot et Courcelles, Ampilly-le-Sec, Bois-Sainte-Marie ; — la visite de celles à faire à ceux de Saint-Martin d'Avallon, Toulon-sur-Arroux, Trochères, Montigny-Montfort, Mont et Chazelle, La Chapelle-sous-Dun ; — qui homologuent les délivrances des travaux à faire aux églises de Vergy, Vitteaux, Arceau ; — aux églises et cures de Billy-les-Chanceaux, Aisey-le-Duc ; — aux presbytères de Baigneux, Villers-la-Faye, Ancey, Chatellenot, Jailly, Lux-les-Chalon, Étivey, Saulle, Frangy, Sainte-Radegonde, Musigny, Saint-Pierre-en-Vaux, Essey, Chaussin, Trochères, Saint-Martin de Communes, Authume, Malay, Saint-Berain-sur-Deheune ; — le paiement de celles faites à la chapelle de Chazilly, à la cure de Gilly ; — qui homologuent la cession par alignement faite par la mairie de Chalon d'un terrain dans la rue de Condé ; — celui donné par celle de Dijon au sieur Couder pour l'alignement des rues Condé et des Forges ; — l'amodiation des prés communaux de Damerey, d'Alleriot ; — le marché de réparation des orgues et du clocher de Noyers ; — de l'hôtel de ville d'Auxonne ; — du pavé de Montcenis ; — qui autorisent la réparation du pont dormant de la Berchère à la charge des habitants de Boncourt, Chaux, et Vosne ; — la vente d'une ruelle faite par ceux de Mont-Saint-Jean à J. Beaudoin, avocat général à la Chambre des comptes de Dijon ; — qui homologuent la convention passée par les habitants de Migé avec leur recteur d'école ; — la cession de places joignant les murailles, faite par la mairie d'Avallon ; — qui admet les habitants de Longepierre à prouver l'origine communale de terrains acquis par le sieur Dromard ; — qui autorisent le don d'une somme de 120 livres par la commune de Louhans, pour la construction du clocher de l'église des Cordeliers ; — le marché conclu par la fabrique de l'église Saint-Pierre de Beaune pour la refonte d'une cloche de 2,300 livres ; — l'échange de terres et bois entre la commune de Pagny et N. Collange ; — le marché des réparations de l'horloge de Baigneux ; — qui condamne les habitants de Bellevesvre à payer les gages du recteur d'école ; — qui homologue la délivrance de l'entretien des lanternes de la ville de Dijon ; — qui ordonne une enquête au sujet des débats survenus entre le maire et le prévôt royal de Baigneux ; — qui approuvent l'amodiation des communaux de Sassenay ; — la délivrance du droit de courte-pinte octroyé, à la commune de Coulanges-s.-Yonne ; — le procès-verbal de liquidation des dettes de la ville de Nuits ; — les travaux entrepris par la ville de Cluny pour la garde des portes, ordonnés lors de l'invasion de la peste à Marseille.

C. 2949. (Portefeuille.) — 293 pièces, papier.

1724. — Suite des jugements de l'Intendant de la Briffe

qui ordonnent la visite des réparations à faire à l'église de Montoret;—aux presbytères de Sainte-Marie-la-Blanche, Saint-Jean-de-Bœuf, Labergement-de-Sainte-Colombe, Sermesse, Gilly-sur-Loire, Bouze, Orain, Clessy, Toutenans, Montbertault, Viserny, — au cimetière de Magnien ; — l'exécution de celles à faire à l'église Saint-Martin d'Avallon ; — aux cures d'Ampilly-le-Sec, La Chapelle-Saint-Denis, Ouges ; — qui approuvent les délivrances des constructions et réparations de la chapelle de Chazilly ; — des églises de Noyers, Anost ; — des presbytères de Montmort, Fussey, Jancigny, Saint-Berain-sur-Dheune, Champforgueil, Champrenault, Thenissey, Chatenoy, Moux, La Perrière, Gilly-les-Citeaux, Mont et Chazelle, Voudenay, Remilly-sur-Tille, Praye, Bois-Sainte-Marie; —qui ordonnent le paiement de celles faites aux églises de Mervans et Saint-Uruge, Tronchy, Issy-l'Évêque, Champagny ; — à l'église et à la cure de Saint-Denis-de-Vaux ; — aux presbytères de La Chaux et Moisenans, Sainte-Colombe-sur-Seine, Clomot, Brazey-en-Plaine, Thoisy-le-Désert, Mâlain, Cercy, Touillon, Saint-Nizier-sous-Charmoy, Soussey, Sully, Boussey; — qui approuve l'acquisition de celui de Noyers ; — qui met à la charge des habitants la location de ceux de Saint-Sernin-du-Plain, de Neuvy ; — qui ordonne le paiement des ouvrages du pavement exécutés à Givry ;— qui autorisent l'inscription au rôle des tailles des sommes dues par les communes de Marigny-le-Cahouet, Clénay, Bonnencontre, Cressy, Labergement-le-Duc, Balon, Sainte-Colombe, Quemigny, Moisenans, Cuiseau, Mancey, Bellevesvre, Orgeux, Maxilly, Volnay, Crona, Nolay, Saint-Léger-sous-Beuvray, Bretigny ; — qui homologuent la nomination de l'architecte Thomas comme voyer de la ville de Chalon ; — la vente du domaine de Solonge, faite par la fabrique de Mimeure ; — qui renvoye devant les juges ordinaires, la connaissance d'un fait d'usurpation de deux ruelles, reproché par la mairie de Flavigny au sieur Léauté, conseiller au parlement ; — qui homologuent la concession de la place du Creusot, faite par la mairie de Buxy, aux chevaliers de l'Arquebuse ; — le procès-verbal de liquidation des dettes de la communauté de Beire-le-Châtel ; — qui condamne les habitants d'Orret à contribuer au paiement des gages du recteur d'école de Baigneux-les-Juifs ; — qui homologuent le contrat passé entre M. de Berbisey, premier président du parlement et les habitants de Ruffey-les-Dijon, pour le rachat du four banal ; — la mise en réserve d'une portion des bois communaux de Champagnat ; — la délivrance des réparations de la grande horloge d'Auxerre ; — qui condamnent les habitants de Marigny-les-Reulles, Villers-les-Hauts, de Saint-Germain-du-Bois à la réparation des menus emparements du château ; — le sieur Dromard à relâcher les communaux de Longepierre, dont il s'est emparé ; — qui homologuent le traité fait entre les habitants de Flammerans et leur seigneur, pour le rachat d'un cens ; — l'amodiation des prés et communaux de Tichey ; — de Viserny ; — la délivrance des réparations à faire aux puits et fontaines de Saint-Bris ; — qui condamne les habitants de La Marche à reconstruire à leurs frais le moulin de Champfort, appartenant au marquis de Tavannes;—qui homologuent la délibération de la commune de Chaussin qui délègue à 8 notables conjointement avec les échevins, l'administration des affaires du Bourg ; — la convention passée par les habitants d'Augy avec un recteur d'école ; — la demande de ceux de Baigneux de contracter un emprunt pour le rachat des offices municipaux ; — la délivrance des réparations de l'église, de l'horloge et des ponts d'Arc-en-Barrois ;—l'abandon d'une somme de 1,000 livres fait par la commune de Nuits aux chevaliers du jeu de l'arquebuse, pour leur aider à rendre le prix ; — qui autorise le pavement de la rue Saint-Antoine d'Autun aux frais des propriétaires riverains ; — qui homologuent le don d'une somme de 3,000 livres, fait par la ville d'Avallon aux chevaliers du jeu de l'arquebuse, pour établir un nouveau jeu ; — le marché de la refonte de la grosse cloche de Noyers ; — le traité conclu entre Benjamin-François Leclerc, sieur de Buffon, conseiller au parlement et les habitants de Montbard, au sujet de l'aliénation à lui faite de la métairie du Cailley ;—qui condamne les habitants de Buxy, de Juilly et Ponneau, à payer les gages du recteur d'école ; — qui homologue la délivrance des réparations à faire à l'église de Gueugnon et de la construction d'un pont ;—qui casse la vente d'un pré faite sans autorisation par les habitants de Cissey ; — qui homologuent le procès-verbal de liquidation des dettes de la ville de Cluny ; — la cession d'un bois faite par les habitants des Granges au seigneur, pour se libérer d'un cens emphytéotique ; — qui condamne les habitants de Layer à contribuer aux réparations de la cure de Saulon-la-Chapelle ; — qui homologuent la délivrance de la reconstruction du pont de Cuiseroy sur la Bèze ; — de la ferme des octrois de Châtillon-sur-Seine ; — l'échange de terrains entre la mairie de Dijon et l'hôpital général, rue de la Chapellotte et derrière Notre-Dame.

C. 2950. (Portefeuille.) — 286 pièces, papier.

1724. — Suite des jugements de l'intendant de la Briffe qui homologue la convention passée par les maire et échevins de Paray avec un recteur d'école ; — qui condamne les habitants de Layer à contribuer au logement du curé de Saulon-la-Chapelle ; — qui ordonnent le paiement des constructions et réparations faites aux églises de Mervans, Issy-l'Évêque ; — à l'église et à la cure de Corcelles-les-Citeaux;— aux cures d'Étrigny, Mimeure, Saint-Euphrône, Sauvigny-le-Bois, Magny-Saint-Médard ; — la visite et reconnaissance de celles à faire à l'église et à la cure de Massingy-les-Vitteaux, aux presbytères de Semur, Venarey, Labergement, Saint-Martin, Massingy-les-Semur, Gissey-sous-Flavigny, Trochères, Chagny, Saint-Julien, Avosne, Maxilly. Merceuil, Corcelles-les-Citeaux, Charnay ; — qui homologuent la délivrance de celles des églises de Saint-Sernin-du-Plain, Saint-Martin-en-Gâtinais, Vandenesse-les-Charolles, Dijon (Saint-Philibert), Couches, Avallon (Saint-Martin) ; — des églises et cures de Sagy, Cussy-en-Morvand ; — des presbytères de Savigny-en-Revermont, Noyers, Vareilles, Saint-Loup-de-la-Salle, Pontailler, Pouillenay, Brognon, Beaune (Saint-Nicolas), Boussey, Gilly-les-Citeaux, Géanges ; — qui prescrivent celles à faire à ceux de la Chapelle-Naude, la Selle ; — qui prescrivent l'imposition au rôle de la taille et diverses mesures pour la liquidation des dettes des communautés de Sombernon, Saint-Laurent-les-Chalon, Labergement-le-Duc, Tellecey, Anstrude, Aubigny-en-Plaine, Clénay, Auxonne, Samerey, Latrecey, Lucenay, Onges, Givry, Saint-Julien, Ruffey-les-Beaune, Châtel-Moron, Tillenay ; — qui prescrit l'exécution des réparations à faire à l'hôtel de ville de Tournus ; — qui homologuent l'amodiation des communaux de Viserny, Villaines-les-Prévôtes ; — la délivrance des octrois de la ville d'Auxonne ; — la transaction entre la ville et le chapitre d'Avallon, au sujet des maisons canoniales touchant aux remparts ; — qui condamne les retrayants des châteaux de Voudenay de Chissey, de Lessart, de Visargent, à contribuer pour l'entretien du pont dormant et le curage des fossés ; — les habitants d'Arconcey à payer les gages du recteur d'école ; — qui homologuent la délibération de la ville d'Auxonne, contenant règlement pour la cession des bois de construction aux habitants ; — celle de la communauté de Varanges pour l'ouverture d'un canal d'assainissement du territoire ; — les projets de contructions du jeu de l'arquebuse de Cluny ; — de la halle d'Aprey ; — la délivrance de la ferme des octrois d'Auxerre ; — les marchés pour la refonte des cloches de Chaussin, de Fixey ; — qui renouvelle l'injonction aux comptables de la ville de Cluny, de rendre compte de leur gestion dans le délai de deux mois ; — qui homologue le contrat d'acquisition faite par la mairie d'Auxonne des maisons destinées à y établir des halles et une boucherie ; — qui condamne le sieur Gruet à relâcher une pièce de terre usurpée sur la ville de Louhans ; — qui homologuent la convention conclue entre la ville d'Avallon et Dominique Vogué, grammatrien, pour l'instruction des enfants ; — celle conclue entre la mairie de Dijon et Claude Rameau, organiste, pour une école de musique ; — qui enjoint aux magistrats d'Auxonne de presser la reddition des comptes de leurs receveurs ; — qui homologuent un échange de terres entre M. J. Belloquet de l'Étang, maire d'Auxonne, et la communauté de Labergement-les-Auxonne ; — la résolution prise par celle de Cuisery de confier l'administration de la ville à un comité de six ou sept notables ; — celle des habitants de Fretterans de mettre un de leurs bois en réserve, afin de se procurer des liens pour les moissons ; — la délivrance des réparations à faire aux hôtels de ville de Noyers, d'Avallon.

C. 2951. (Portefeuille.) — 303 pièces, papier.

1725. — Suite des jugements rendus par l'Intendant de La Briffe qui homologuent la délivrance des constructions ou réparations à faire aux presbytères d'Allerey-sur-Saône, Moux-les-Bourbon-Lancy, Saint-Firmin, Montbertault, Haute-Roche, Venarey, Taloy, Millay, Franxault, Gilly-les-Citeaux, Saint-Didier-de-Montbellet, Charnay, Chintré, Saint-Laurent-d'Andenay, Palinges, Fautrières, Lux-les-Chalon, La Selle, Fontaine-les-Chalon, Puligny, Renève, Beaurepaire, Toulon-sur-Arroux, Saint-Aubin, Beurey-Bauguay, Saint-Eugène, Ampilly-le-Sec ; — les églises et presbytères de Ouroux, Saint-Maurice-en-Bresse, Montceau, Selongey ; — qui ordonnent la visite de celles à faire à l'église et à la cure de la Frette ; — à l'église de Bierre-les-Semur ; — aux cures de Marrie-en-Charollais, Magnien, Marmeaux, Serlay, Saint-Remi, Joursanvaux, Nolay, Maillie, Bouze ; — à l'église Saint-Georges de Chalon ; — qui ordonnent le paiement de celles faites aux églises de Mervans, Auxonne, — aux cures de Chagny, Saint-Jean-de-Bœuf, Saulx, Saint-Maurice-en-Rivière, Fénay, Salmaise, Saint-Usage, Corcelles-les-Citeaux, Gibles, Semur-en-Auxois ; — qui homologuent les conventions de recteur d'écoles par les communes de Châtel-Gérard, Corrombies, Clomot ; — la délivrance des revenus patrimoniaux de la ville d'Auxonne ; — la vente d'un terrain faite par la commune de Pagny-le-Château aux sieurs Douhaire et Malingre ; — le traité conclu entre les magistrats de Paray et Maxilly, principal du collège, pour les classes de latin ; — le traité par lequel la mairie d'Avallon cède aux chanoines la portion des fortifications touchant aux maisons canoniales ; — qui condamnent les habitants des communautés de Soussey et Grandchamp, Vermanton, Givry, Toutry, Marigny-le-Cahouet, Quetigny, à exécuter les clauses du traité passé avec leurs recteurs d'école ; — qui homologuent la délivrance des constructions à faire au jeu de l'arquebuse de Paray ; — celles des réparations à faire par les retrayants aux ponts dormants des châteaux de Mimeure et Alligny ; — les marchés pour la refonte des cloches des églises de Volnay, Marsannay-la-Côte, Viserny, Vosne ; — la convention conclue entre les habitants et le curé de Villers-les-Pots pour augmenter le revenu de son bénéfice ; — la transaction sur procès entre l'abbaye de Quincy et les habitants du hameau de Massoult ; — le marché pour le rétablissement de l'horloge de Marey-sur-Tille ; — l'acquisition par la mairie de Châtillon d'une petite chenevière joignant le chemin de la Porte de la Douix au moulin des Paces ; — la délibération de celle de Nuits qui exempte des tailles pendant sa vie P. Magnien, syndic de la ville, qui, ayant abattu l'oiseau du jeu de l'arquebuse pendant 3 années consécutives, avait été proclamé empereur ; — la vente de prés faite par la commune de La Bruyère ; — le traité passé par la ville d'Auxonne avec Jacques Vernerot, professeur de latin, pour l'enseignement de la langue latine au collège ; — la délibération de celle de Saint-Jean-de-Losne pour le rachat de l'office de secrétaire greffier de l'hôtel de ville ; — celle de la mairie d'Auxonne pour la liquidation des dettes de la ville ; — l'amodiation d'un communal par les habitants de Chaussin et Poncey-les-Pellerey ; — l'aliénation des deux pièces de terres faite par ceux de La Bruyère ; — qui autorisent à inscrire aux rôles des tailles, les sommes dues par les communautés de Fresne-Saint-Mamès, Chagny, Vinzelles, Auxey, Nantoux, Couchey, Boussenois, Sagy, Buxy, Longepierre, Argillières, Latrecey, Remilly-sur-Tille, Tillenay, Beaunotte, Lée, Montbard, Verrières-sous-Glennes, Marsannay-le-Bois, Villeberny, Saint-Didier-en-Bresse.

C. 2952. (Portefeuille.) — 352 pièces, papier.

1726. — Suite des jugements rendus par l'Intendant de la Briffe, qui homologuent les conventions avec des recteurs d'écoles, conclues par les communautés de Sussey, Mailly-le-Châtel, Tharoiseau, Saint-Andeux ; — qui condamnent celles de Quetigny, Ahuy, Montoillot, Charnay, Remilly-en-Montagne, Saunières, à payer les gages de leurs recteurs d'école ; — qui prescrivent l'exécution des constructions ou réparations à faire aux presbytères de Verjux, Nanton, Sainte-Marie-la-Blanche, Mimeure, Labergement-le-Duc, Corcelles-les-Citeaux, Nolay ; — qui ordonnent la visite de celles à faire aux églises de Villy-le-Moutier, Franxault, Saillenard, Saint-Marc-sur-Seine ; — aux presbytères de Flacey, Saint-Georges, Saint-Mesmin, Joursanvaux, Brazey-en-Plaine, Meilly, Frontenard, Fouvent-la-Ville, Mavilly, La Marche-sur-Saône, Brognon, Maillie, Lalsy, Quemigny ; — qui homologuent la délivrance de celles à faire aux églises de St.-Georges à Chalons.-Saône, Magny et Estrées, Cheuge, Donzy, Fauverney ; — aux presbytères de Saint-Uruge, Painblanc, Vaux-de-Barrier, Alise-Sainte-Reine, Saint-Didier-de-Montbellet, Montceau, Ménetreux-le-Pitois, Clomot, Serley, Brancion, La Selle, Culêtre, Pouillenay, Vignes, Jancigny, Uxeau, Menestreul, Saint-Remy, Gibles, Saint-Vallerin, Magnien, La Chapelle-sous-Dun, Antuilly, Gissey-sous-Flavigny, Marigny-les-Reullée, Saint-Forgeot, Condal ; — qui ordonnent le paiement de celles faites à ceux de Saint-Berain-sur-Dheune, Perrecy, Châtel-Moron, Simandre, Saint-Euphrône, Savigny-le-Bois ; — qui homologuent l'acquisition de ceux de Saulx-le-Duc et Jours ; — qui autorisent l'inscription au rôle des tailles des sommes dues par les communautés d'Aiserey, Louhans, Boux, Ragny, Franxault, Sermesse, Véronnes-les-Petites, Blanot, Quemigny, Braux, Nanton, Plombières, Frénois, Venarey, Nuits, Saint-Loup-de-la-Salle, Auxonne, Baigneux, Beaunotte, Chassagne, Semesanges, Pichanges, Grandvaux, Arc-en-Barrois, Aigney, Éguilly, La Chapelle-Naude, La Marche-sur-Saône ; — qui homologuent le procès-verbal de la liquidation de l'office de secrétaire de l'hôtel de ville de Saint-Jean-de-Losne ; — l'échange de terres fait entre la commune de Pagny-le-Château et le sieur Rougeot ; — qui prescrivent diverses mesures pour le paiement de la redevance des matrocès imposées aux propriétaires des terrains sur Rouvres ; — qui homologue le procès-verbal de délivrance de l'octroi patrimonial de Montbard ; — qui condamne les habitants de Saint-Jean-de-Losne à payer le prix de l'horloge achetée au sieur Gilbert ; — qui homologue l'aliénation du fond des Buissons, faite par la communauté de Maxilly au sieur Didier ; — qui condamne les maire et échevins de Dijon à payer aux Jacobins les cens assignés sur les maisons acquises par eux pour agrandir la poissonnerie ; — qui homologuent l'amodiation des communaux d'Allériot, Chevannes-les-Buxy, Losne, Poncey-les-Pellerey ; — le traité conclu entre les magistrats de Louhans et la congrégation des prêtres de Saint-Joseph de Lyon, pour l'établissement d'un régent de philosophie au collège ; — la délibération de ceux de Flavigny, qui met à la charge des habitants le pavé dans une largeur de deux pieds et demi le long de leurs maisons ; — celle des habitants de Jancigny et Saint-Seine-sur-Vingeanne, Gemeaux, qui délègue la gestion des affaires communes à un comité de 4 et 6, 12 habitants joint aux deux échevins ; — qui met les habitants de Simandre en demeure de se pourvoir promptement d'un recteur d'école ; — qui homologue le marché passé par le maire et échevins de Tournus pour l'achèvement des travaux de l'hôtel de ville ; — la délibération prise par ceux de Givry pour la garde de leurs bois ; — le rachat des offices de receveur et contrôleur de la ville de Chalon, fait par les habitants au prix de 33,358 livres ; — le marché passé par les habitants de Cravant avec le serrurier Quantin, pour la conduite de l'horloge ; — l'aliénation de terres communales faite par les habitants de Flammerans au sieur Bouscaut ; — la délivrance de la construction du bâtiment du jeu de l'arquebuse à Cluny ; — celle de l'entretien de la grande levée d'Auxonne ; — un échange de bois fait entre les habitants de Montagny-les-Seurre et M. Hardouin de Courcelles, leur seigneur ; — la délivrance des travaux d'entretien des biefs de la commune de Saint-Germain-du-Plain.

C. 2953. (Portefeuille.) — 352 feuillets, papier.

1727. — Suite des jugements rendus par l'Intendant de

la Briffe, qui homologuent les procès-verbaux de délivrance des travaux de constructions ou de réparations à faire aux églises et cures de Touillon, La Frette ; — aux églises d'Aprey, Saint-Romain-sur-Versigny, Montcenis, Rully ; — aux presbytères de Noiron-sur-Bèze, Brazey-en-Montagne, Bussy-la-Pête, Meilly, Moutier-en-Bresse, Molinot, Joursanvaux, Franxault, Frontenaud, Pouilly-en-Auxois, Geney, Villy-le-Moutier, La Chapelle-sous-Brancion, Savigny-sur-Seille, Renève, Cussy-en-Morvand, Jouey, Bussy-le-Grand ; — qui ordonnent la visite de celles à faire aux presbytères de Brochon, Farges, Anost, Morlet et Tintry, Varennes-Saint-Sauveur ; — à l'église de Meloisey ; — l'exécution de celles prescrites à l'église et à la cure de Montagny-les-Beaune ; — aux maisons curiales de Chintré, Nolay, Brazey-en-Plaine, Mavilly, Lessard ; — le paiement de celles faites aux églises de Culêtre, Saint-Seine-sur-Vingeanne ; — à l'église et au presbytère d'Étivey ; — aux maisons curiales de Marsannay-le-Bois, Montmort, Corcelles-les-Cîteaux, Saint-Firmin ; — qui homologue la convention passée par les habitants de Belleneuve avec un recteur d'école ; — qui condamnent ceux de Viévy, Villy-le-Moutier et Montréal à payer les gages des leurs; — qui proscrivent l'inscription au rôle des tailles des sommes dues par les communes de Athie, Cluny, Arc-en-Barrois, Saint-Loup, Boncourt-le-Bois, Givry, Toulon-sur-Arroux, Tailly, Norges, Le Vernois, Frolois, Prusilly, Selongey, Palleau, Mirebeau, Montmoyen ; — qui homologuent les marchés de refonte de cloches passés par la fabrique de l'église Saint-Jean de Dijon, par les habitants de Voudenay, Saint-Loup de La Salle, Arc-en-Barrois, Saint-Léger-sous-Beuvray ; — la délibération de la ville de Saulieu, pour l'obtention d'octrois destinés à acquitter ses charges ; — la vente des communaux faite par la communauté de Poncey-les-Athée ; — la délivrance des réparations à faire à la tour de l'horloge à Avallon ; — l'acte d'affranchissement de la mainmorte, vendu par le marquis de Thiard aux habitants de Charnay-sur-Saône ; — la délivrance des réparations à faire aux bâtiments du grand prieuré de Saint-Vivant-de-Vergy, à Vosne ; — la convention passée entre la ville de Saulieu et le docteur Mynard pour le traitement des pauvres de l'hôpital ; — qui ordonne aux anciens comptables de la ville de Caiseaux, de produire leurs comptes ; — qui homologue la cession faite par la mairie d'Auxonne, d'une chambre de l'hôtel de ville pour y installer la justice consulaire ; — la délibération des habitants de Varois et Chaignot, de Gevrey, de Tellecey et de Remilly-sur-Tille pour l'augmentation de sa portion congrue de leur desservant ; — qui ordonne la démolition de la maison Brunot, orfèvre à Dijon, construite en dehors de l'alignement ; — qui homologuent l'amodiation d'un communal de Tichey ; — le règlement publié par la mairie de Chalon, pour le service des « camionniers » (charretiers) ; — le marché des réparations à faire à l'église, à l'hôtel de ville et aux remparts de Noyers ; — le contrat par lequel les habitants se rédiment du charroi des matériaux de la construction d'une tour du château par la cession de deux communaux ; — la transaction conclue entre l'évêque d'Autun, l'abbé de Fontenay et la mairie d'Autun, au sujet du droit d'étrinage ; — la répartition de la somme de 3,527 livres 14 sols, arrêtée dans l'assemblée des députés des communautés du comté d'Auxerre ; — le contrat de rachat par les villes d'Auxerre, de Mâcon, d'Autun, Paray-le-Monial, de leurs offices municipaux ; — la délivrance des octrois accordés à la ville de Charolles ; — des réparations à faire à l'église de Saint-Nicolas de Dijon ; — qui ordonne une visite du canal creusé par les habitants d'Auvillars pour l'écoulement des eaux du bief de la rue Basse ; — qui homologue la délivrance des réparations à faire par les retrayants aux châteaux d'Antigny, de Chevigny-les-Semur ; — la vente d'une coupe de bois de la communauté de Montcenis ; — qui refuse aux habitants de Norges la permission de plaider contre M. Joly de Blaisy, leur seigneur, pour la propriété de la rivière ; — qui condamne les habitants de la baronnie de Saint-Julien à payer le droit d'indire, exigé par leur seigneur, M. Baillet, premier président honoraire à la Chambre des comptes, à l'occasion du mariage de sa fille avec M. de Seyssel ; — qui homologue la transaction passée entre les habitants de Villenotte et le receveur Rasley, au sujet d'un chemin traversant le pré de Bahas ; — la vente d'un pré communal de Tichey, dont le prix est destiné à la clôture du cimetière ; — celle d'une ruelle, faite par la commune de Saint-Martin-sous-Montaigu à Mᵐᵉ Joly de Paris ; — la mise en réserve d'une partie des prés de la ville de Pontailler ; — le remboursement des sommes dues par la ville de Montbard à la fabrique ; — la délivrance des réparations à faire à l'horloge de la ville de Chalon et de la fourniture d'une pompe et de seaux pour le service des incendiés ; — celle de la construction du bâtiment du jeu de l'arquebuse de Cluny.

C. 2954. (Portefeuille.) — 331 pièces, papier.

1728. — Suite des jugements de l'Intendant de la Briffe, qui homologuent la délibération des habitants de Marcigny-sur-Loire qui délègue l'administration de la ville à un comité de 4 conseils assistant le maire ; — la délivrance des travaux de constructions ou de réparations à faire aux presbytères de Varennes-Saint-Sauveur, Genouilly, Châtel-Gérard, Anost, Arnay-sous-Vitteaux, Montagny-les-Beaune, Oisilly, Bosjan, Thorey-sous-Charny, Flammerans, Poiseul-la-Grange, Bruailles, Saint-Berain-sous-Sanvignes, Russilly, Venoux, Cessey-les-Vitteaux, Varennes-en-Brionnais, La Chaux,

Monget, Charrey-en-Plaine ; — aux églises de Chemilly, Blanot, Bussières, Blanzy, Gergy, Curgy, Saint-Romain et Orches, Boux ; — qui ordonnent la visite de ceux à faire aux églises de Fuissé, Curdin, Pagny, Saint-Clément-sur-Guye, aux presbytères de Nolay, Farges-en-Mâconnais, Savouges, Alligny, Saint-Martin-en-Gâtinais, Joursanvaux, Palinges ; — le paiement des travaux exécutés dans les églises ou presbytères de Broindon, Fénay, Gilly-les-Citeaux, Fixey, Gissey-sous-Flavigny, Monteret, Verjux ; — à l'église Saint-Georges de Chalon ; — des constructions du pont de Toulon-sur-Arroux à la charge de la ville ; — qui homologuent le marché de refonte de cloches passé par les communautés de Baigneux-les-Juifs, Arcen-Barrois, Guillon ;—l'amodiation d'un communal de Tichey ; — la délivrance de la construction du four banal de Chaumes ; —qui autorisent le paiement des sommes dues par les communes de Beaurepaire, Cessey-sur-Tille, Corsaint, Crona, Merceuil, Corcelles-les-Allerey, Pagny, Mervans, Montet, Chazelle, Bourguignon et Foots, Brazey-en-Plaine, Renève, Autun, Nanton, Asnières, Dissey, Muresanges, Venarey, Écuelles, La Chapelle-Naude, Villaines-les-Prévôtes, Saint-Didier-en-Bresse, Germagny, Arc-sur-Tille ; — qui homologuent le marché pour la réparation de l'horloge de la ville d'Auxonne ; — la convention passée par les habitants de Villy-le-Moutier avec leur recteur d'école ; — qui contraignent ceux de Chenôve et Virey à payer les gages des leurs ; — qui homologuent l'aliénation d'une ruelle faite par la commune de Chagny au chirurgien de Maizières ; — l'alignement donné par celle de Chenôve au sieur Rousselot ;—la vente d'une couche de bois de celle de Chanceaux ;— qui condamne les habitants de Fleurey au paiement des arrérages de la rente rachetée du Domaine ;—qui répartit sur toutes les villes et bourgs de la province la quotité à payer de la somme de 507,692 livres 6 sols, votée par les États pour le rachat des offices municipaux ; — qui homologue la convention conclue entre la mairie de Seurre et le médecin Cheminaux, pour le soulagement des malades ; — l'amodiation des pâquiers de Ménetreux Haut et Bas ; — de l'étang de celle de Poinson-les-Fays ; — qui renouvelle la défense aux officiers municipaux, de faire aucune députation sans permission ;— qui homologuent le marché des réparations à faire par les retrayants au château de Châteauneuf-en-Auxois ; — à l'hôtel de ville d'Auxerre ; — la convention passée entre les habitants de Change-les-Nolay et Mme Maumenet, pour l'institution d'un vicaire à la chapelle ; — l'aliénation d'un bois par la commune de Bévy ; — qui raye Athanase de Cabanes, écuyer, du rôle des tailles, auquel il avait été imposé par la ville de Marcigny-les-Nonnains ; — qui homologue l'amodiation d'une tour de la ville de Tournus ; — la mise en réserve des bois de la commune de Foucherans.

C. 2953. (Portefeuille.) — 401 pièces, papier.

1729. — Suite des jugements rendus par l'Intendant de la Briffe, qui homologuent les procès-verbaux de délivrance des constructions et réparations à faire aux églises de Saint-Martin-du-Mont, Noyers, Aupont, Meilly ; —aux églises et presbytères de Lucenay-le-Duc, Arcenant ;—aux presbytères de Grosbois, Vitteaux, La Chapelle-sous-Uchon, Verrey-sous-Salmaise, Laives, Saint-Sauveur, Diconne, Remigny, l'Hôpital-le-Mercier, Saint-Denis, Diancey, la Villeneuve-les-Seurre, Ternant, Saint-Seine-sur-Vingeanne, Flammerans, Bruailles, Chailly, Chenoves-en-Charollais, Flavigny, Sommant, Pagny, Saint-André-en-Terre-Plaine ; — qui ordonnent la reconnaissance de celles à faire aux églises de Guillon, Auxey, Maxilly et Heuilley, Léry, Étrigny ; — aux maisons curiales de Brienne, Bosjan, Malay, Léry, Beaumont-sur-Vingeanne, Pierre, Villebichot, Le Fays, Chambœuf, Volnay, Château-en-Mâconnais, Bar-le-Régulier, Laisy, Farges ; — qui prescrivent celles à faire aux églises ou aux presbytères de Nolay, La Chapelle-sous-Dun, Pouillenay, Uncey, La Selle ; — le paiement de celles à faire aux églises ou aux maisons curiales de Mervans, Franxault, Cessey-les-Vitteaux, Lessard, Salmaise, Montagny-les-Seurre, Champlieu, Poisson, Saint-Georges, Mont-Saint-Jean ; — qui homologue la délibération des communautés de Fays-Billot et Cluny pour l'élection de douze notables, chargés d'assister les échevins dans le gouvernement des affaires du Bourg ; — qui autorisent l'inscription au rôle des tailles des sommes dues par les communautés de Saunières, Villecomte, Allemogne, Beire-la-ville, Collonges-Bévy, Aiserey, Longecourt, Cessey-sur-Tille, Jambles, Frolois, Jours, Turcey, Cortevaix, Buffon, Cluny, Vielverge ; — qui homologuent la délivrance des réparations à faire par les retrayants aux châteaux de Villiers-les-Hauts, Bierry ; — qui ordonne une enquête au sujet de rébellion et mauvais traitements faits par les habitants de Saint-Ythaire, à un sergent qui voulait les contraindre au paiement d'une somme due par la communauté ; — qui homologue l'acte de vente d'une ruelle, faite par les habitants de Fleurey-sur-Ouche à M. Bauyn, capitaine d'infanterie ; — qui adjuge au sieur Niepce le droit de percevoir 10 sols sur tous les coches, diligences, bateaux qui passeront devant Tournus et ce pour la somme de 2,000 livres ; — portant règlement pour la perception des octrois sur la rivière de Saône ; — qui condamne la mairie de Dijon à payer au sieur Brunot, orfèvre, la valeur du terrain qui lui a été pris pour le rélargissement de la rue Portelle ; — qui approuve le marché passé entre la ville de Noyers et un facteur d'orgues pour la réparation des orgues de l'église ;— la cession d'un bois faite par celle de Touillon à l'évêque d'Autun, son seigneur, pour son droit de triage. — Procès-verbal de délivrance de la destruction des piles et digues de Tournus. — Jugements qui homologuent la délibération des habitants de Labergement-le-Duc touchant la portion congrue du vicaire ; — le marché pour la refonte des cloches des églises de Salmaise, Courcelles-les-Salmaise ; — la délivrance de la ferme des droits de l'inspecteur des boucheries à Auxerre et Semur-en-Auxois ; — l'aliénation d'une casemate et d'une place à côté de la porte Auxerroise faite par la ville d'Avalon à M° Caillot ; — qui ordonne une reconnaissance des travaux faits au pavé de cette ville ; — qui approuve le jugement prononcé par le lieutenant général du bailliage de Semur-en-Brionnais, contre les principaux habitants de la basse ville de Semur, qui mis en demeure de se trouver à l'assemblée générale avaient répondu en termes méprisants ; — qui autorise les habitants de Fontaine-Française à se pourvoir d'un conseil, ordonne à tous les habitants d'assister aux assemblées de la commune et défend de tenir ces réunions autre part que dans la chambre commune ou la place publique ; — qui homologue l'acte d'échange de terrains fait entre la communauté de Champdôtre et F. Jacquot. — Arrêt du Conseil qui ordonne la vente des coupes de bois du bailliage de la Montagne pour fournir au chauffage de la ville de Paris. — Jugements qui homologuent l'aliénation d'un emplacement, faite par la communauté d'Uncey à Ét. Gagnereaux, commissaire des guerres ; — celle d'un petit bois faite par la ville d'Avallon à F. Mignard, écuyer ; — celle d'un communal faite par la communauté de La Villeneuve-les-Seurre à P. Sigret ; — l'échange de terrains entre la commune de Crissey et Jacques Tissier, écuyer ; — la délibération de la communauté de Saint-Albin-en-Mâconnais qui détermine le nombre de moutons que chaque habitant pourra mener sur les pâturages communs ; — les conventions pour les écoles passées par les communautés d'Irouer, Saussey, Sincey, Monteau ; — qui prescrit le paiement des gages dûs aux recteurs d'école d'Urcy et Moutier-en-Bresse.

C. 2956. (Portefeuille.) — 316 pièces, papier.

1730. — Suite des jugements rendus par l'Intendant de la Briffe, qui ordonnent le paiement des constructions ou des réparations faites aux églises de Véronnes-les-Petites, Montagny-les-Seurre, Sassenay ; — à l'église et au presbytère de Nuits ; — aux maisons curiales de Charnay, Saint-Euphrône, Château, Brazey-en-Plaine ; — la reconnaissance de celles à faire à l'église de Chanlecy ; — aux presbytères de Cressy, Sermesse, Coulmier-le-Sec ; — qui homologuent le procès-verbal de délivrance des constructions ou des réparations projetées à l'église de Savigny-sur-Grosne, Cussy-en-Morvand, Meuvy, Matour, Crain, Noyers, Palleau, Sornay ; — à l'église et à la cure de la Frette ; — aux presbytères de Villebichot,

Viévy, Chambœuf, Bosjan, La Chapelle-Saint-Sauveur, Bar-le-Régulier, Volnay, Pagny-la-Ville, Clux, Touches, La Chapelle-au-Mans, Brienne, Colombières, Maillie, Sanvignes, Sainte-Radegonde, Le Fay et Ratte, Farges-en-Mâconnais, Vitteaux, Saint-Germain-de-l'Espinasse, Beaumont-sur-Grosne, Saint-Ferreol, Varennes-Saint-Sauveur, l'Hôpital-Le-Mercier, Challemoux, Saint-Vincent-en-Charolais ; — l'acte d'acquisition de ceux de Fixin, Étais ; — qui prescrivent les réparations à faire aux cures de Saint-Martin-en-Gâtinais, Saint-Marc-de-Vaux, Savigny-sur-Seille, Sologny, Étrigny et Nanton ; — qui homologuent l'acquisition faite par la mairie d'Autun, d'une maison joignant l'hôtel de ville ; — le traité passé par les habitants de Saint-Aubin avec le sieur Clerget chapelain, pour la fondation d'une messe basse le dimanche ; — qui ordonne le paiement des travaux de réparations de la levée de la ville de Cluny ; — qui condamne la ville de Dijon à des indemnités envers le couvent des pères Cordeliers pour la chute de leur mur de clôture du côté du rempart ; — qui homologuent les marchés pour la refonte des cloches des églises de Ruffey, Arc-en-Barrois ; — le règlement pour la distribution de l'affouage proposé par la communauté de Savigny-en-Revermont ; — la délibération de celle de Saint-Maurice et Chevroy, qui pour éviter les frais auxquels les entraînait la nomination des échevins et des asséeurs, décide que les échevins en exercice nommeront leurs successeurs avant le 1er janvier et le feront proclamer et que ceux-ci nommeront les 4 asséeurs ; — qui ordonne la reconnaissance du chemin tirant d'Auxonne à Saint-Jean-de-Losne par les Maillis ; — qui approuve l'échange d'un terrain contre une ruelle, fait entre la commune de Fauverney et P. Thoreau, avocat du roi au Bureau des finances ; — la délivrance de la ferme des octrois de Cluny ; — le marché de réparation de l'horloge de Pontailler ; — le rachat pour les habitants de Messanges moyennant une rente de 40 livres, de la banalité du four appartenant au chapitre Saint Denis de Nuits ; — la délivrance des réparations de l'hôtel de ville d'Auxerre ; — l'échange de bois entre la communauté de Savigny-en-Revermont et la dame de Montbarrey ; — la transaction entre les habitants d'Aloxe et leur curé, au sujet de la portion congrue ; — l'abandon du produit de la coupe d'un bois du hameau des Souillats à M. d'Anstrude, pour lui tenir lieu du droit d'indire qu'il voulait lever pour le mariage de sa fille ; — autre semblable et pour un même motif par les habitants de Bierry ; — qui homologuent la délibération des habitants pour le renouvellement de la reconnaissance générale des héritages du territoire sujet à la redevance due au seigneur ; — l'aliénation d'une portion des communaux d'Arnay-sous-Vitteaux pour le paiement des réparations faites à l'église et à la cure ; — les conventions avec des recteurs d'écoles faites par les communautés de Dompierre-en-Morvand, Jouey ; — qui ordonnent à celles de Pasilly, Magny-sur-Tille et Talant d'exécuter celles passées avec les leurs ; — qui homologue la concession d'un terrain faite par la commune de Saint-Berain au sieur Guibourg ; — qui condamnent les syndics de Pont-de-Vaux au paiement des réparations faites à l'écluse des moulins ; — la ville de Dijon à payer une indemnité de logement à M. de Colgrave, capitaine à la suite du château, et à l'ingénieur chargé des travaux ; — qui homologuent la délivrance des travaux à faire à la levée d'Auxonne ; — le traité passé par les habitants de Toulon pour l'augmentation de la portion congrue du troisième chapelain ; — le marché pour la réparation de la levée entre Villy-le-Moutier et Villy-le-Brulé ; — qui ordonne une reconnaissance des travaux faits à l'abreuvoir de Nuits ; — qui homologuent les délivrances de ceux à la charge du château de la Nivelle près Esbarres et de Lailly ; — la construction d'un mur décoratif par la mairie sur la place Neuve d'Autun ; — la délibération en vertu de laquelle les habitants de Fontaine-Française remettent l'administration de la commune à un conseil de douze notables ; — la délivrance des réparations à faire aux église, cure, horloge et corps de garde de Verdun ; — qui ordonne une délibération de la commune de Mont-Saint-Vincent pour statuer sur une anticipation du notaire Rigoley ; — qui prescrivent l'inscription au rôle de la taille et le paiement des sommes dues par les communautés de Givry, Girolles, Foucherans, Charolles, Brouailles, Chaudenay-sur-Deheune, Beire-le-Châtel, Vic-des-Prés, Noidan, Sennecey-le-Grand, Frolois, Varennes-Sous-Dun-en-Mâconnais, Vincelles, Saint-Jean-de-Losne, Germagny, Flavigny, Vernusse, Volnay, Avost.

C. 2957. (Portefeuille.) — 450 pièces, papier.

1731. — Suite des jugements de l'Intendant de la Briffe, qui homologuent l'échange de bois et terres fait entre Henri-Charles de Saulx-Tavannes et les habitants d'Arc-sur-Tille ; — les procès-verbaux de délivrance des constructions ou réparations à faire aux maisons curiales de Dommartin, Saint-Léger-sous-Beuvray, Saint-Denis-de-Vaux, Champlieu, Saint-Pierre-de-l'Etrier, Condal, Marcigny-les-Nonnains, Bligny-sur-Ouche, Mauvilly, La Charmée, Barges, Saint-Germain-du-Bois, Saint-Didier-en-Bresse, Savigny-sous-Beaune, Thomirey, Dompierre-en-Morvand, Gigny, Domecy-sur-le-Vaux, Étrigny, Aisey-le-Duc, Charmoy, Chevannay, Pontailler, Saint-Marc-de-Vaux, Fresne-Saint-Mamès, Longchamp, Givry, Chagny, Saint-Symphorien-de-Marmagne, Chambilly, La Chapelle-au-Mans, Alleriot, Dompierre-en-Charolais, Thenissey, Marry, Autun, Saint-Didier-sur-Arroux, Saussey, Jouvançon ; — des églises et cures de Mercurey, Saint-Étienne-en-Bresse Quemigny et Poisot, Villiers-les-Hauts, Nod ; — des églises de Saint-Jean-de-Mésel, à Chalon, Varennes-sous-Dun, Saint-Jean-des-Vignes, Flacey, Saint-Romain, Navilly, Champlieu, Avallon (Saint-Martin), Longecourt, Ouroux ; — qui ordonnent la visite de celles à faire aux églises et presbytères de Saint-Sorlin-en-Mâconnais, Meloisey, Marsannay-la-Côte, Vignolles, Breuil, Millery, Igornay ; — qui prescrivent celles à faire à ceux de Palinges, Verjux, Vigny, Saint-Nizier, Vic-sous-Thil, Curdin, Saint-Aubin-sur-Loire Mossey, Ancey, Louhans ; — le paiement de celles faites à ceux de Fontaine-Française, Saint-Léger, Montret, Charnay ; — qui ordonnent l'inscription au rôle des tailles des sommes dues par les communautés d'Angely, Sennecey-le-Grand, Noidan, Salives, Neuvy, Curgy, Alise-Sainte-Reine, Crona, Sully, Beire-le-Châtel, Montigny-sur-Armançon, Viserny, La Chapelle-sous-Brançion, Montbard, Villiers-Pots, Nantoux, Verdun, Couchey, Saint-Laurent-les-Chalon, La Marche-sur-Saône ; — qui autorise l'emprunt de 20,000 livres contracté par la ville d'Autun pour la liquidation de ses dettes ; — qui homologuent l'élection des trois échevins de Cluny ; — la liquidation des dettes de la ville de Saint-Jean-de-Losne ; — la levée de la taille du droit d'indire par M. Baudry, grand-maître des Eaux et Forêts au département de Picardie, seigneur de Marigny, à l'occasion du mariage de sa fille ainée ; — par M. le procureur de Champerin, sieur de Grandmont, Chaudenay, Meilly, Rouvres, Essertaines, pour le même motif ; — la délivrance des réparations à faire au four de Poncey-les-Givry ; — la cession d'une place par la communauté d'Arc-sur-Tille au sieur Bourgeot ; — la délivrance de la construction d'une glacière à Mâcon ; — les marchés de refonte des cloches des églises de Musseau, Pierre-Claux, Saint-Julien ; — la concession faite par le Roi à la ville d'Auxerre des portes, tours et corps de garde des fortifications ; — la délivrance de la ferme des nouveaux octrois d'Arnay-le-Duc ; — celles des travaux de réparation par les retrayants des châteaux de Cussy-les-Forges, Vaux-les-Avallon, Chagny, Couchey, Arc-en-Barrois ; — la délivrance de la ferme du port de Chambilly-sur-Loire, appartenant à la ville de Marcigny ; — la transaction entre les communautés d'Avot et d'Avelanges au sujet de leurs bois ; — la délibération de celles de Verizet et Saint-Albin, relatives au pâturage des moutons ; — l'amodiation des prés de celle de Torpes ; — la délivrance des réparations à faire au pont d'Auxonne ; — le marché passé par la commune de Magny-Lambert avec un arpenteur pour la levée du plan du territoire ; — la délivrance des travaux d'établissement d'une fontaine publique à Chalon-sur-Saône ; — celle de la ferme de l'octroi des boucheries de Paray-le-Monial ; — de la construction du pont d'Ampilly-le-Sec sur la Seine ; — de la construction des murs bordant les chemins le long des fossés de la ville de Semur-en-Auxois ; — la mise en réserve des bois communaux du Frontenaud ; — la concession d'une place commune faite par la ville d'Auxerre au tanneur Bourdillat ; — la délivrance tranchée par le même des réparations à faire au pont Champinot.

C. 2958. (Portefeuille.) — 338 pièces, papier.

1732. — Suite des jugements rendus par l'Intendant de la Briffe, qui homologuent la délibération de la ville d'Arnay-le-Duc, contenant l'offre de 500 livres à Charles de Lorraine, grand écuyer de France, comte de Charny, baron d'Arnay, à l'occasion de sa réception comme chevalier de l'Ordre du Saint-Esprit ; — la délivrance des travaux de réparation du pont d'Auxonne ; — des travaux de constructions et de réparations des maisons curiales de Charnay, La Chapelle-Naude, Cussy-en-Morvand, Corpeau, Messey, Thoisy-la-Berchère, Auxey, Brazey-en-Plaine, Labergement-le-Duc, Tenaux, Cirey, Spoy, Longchamp, Varennes-Saint-Sauveur, Saint-Berain-sous-Sanvignes, Juif, Dompierre-sous-Sanvignes, Chasselas, Paray-le-Monial, Nod-sur-Seine, Bremur, Vigny, Millory, Curgy, Vergy, Fays et Ratte, Palinges, Cheuge, Sainte-Croix, Nanton, Beaumont-sur-Vingeanne ; — id. des maisons curiales et églises de Mercurey, Frolois, Bussy-le-Grand, Thurey ; — des églises de Verissot, Saint-Romain, Fain-les-Montbard, Magny-les-Auxonne, Chanlecey ; — qui ordonnent la visite de celles à faire aux presbytères de Dampierre-sur-Vingeanne, La Perrière, Baulme-la-Roche, Bois-Sainte-Marie, Barges, Soloigny, St-Germain-du-Plain, Champignolles ; — aux églises de Artaix, Palleau ; — le paiement de celles faites aux églises et presbytères de Pierre, Crain, Saint-Euphrône, Sombernon ; — qui homologuent le traité passé entre la ville de Tournus et J.-B. Poisot, principal du collège ; — le marché de construction des écuries de passage de cette ville ; — celui de la réparation du pavé ; — les conventions avec des recteurs d'école passées par les communautés de Foucherans, Perrecy, Sombernon, Salives, Thorot, Curgy, Brochon, Remilly-en-Montagne, Flacey ; — qui condamne celle de Saulon-la-Chapelle à payer les gages du sien ; — qui homologue le traité conclu entre M. de Montessus et la communauté de Bellevesvre pour le rachat de la banalité du four ; — qui autorise les habitants de Thomirey à mettre une partie de leurs pâquiers en réserve ; — qui homologuent un échange de rues entre Mme du Laurent et la commune de Diénay ; — le marché de la reconstruction de la maison de la Confrérie, à Marsannay-le-Bois, servant de maison d'école ; — l'aliénation d'une pièce de terre faite par la commune d'Auxonne à M. Suremain de Flammerans ; — le traité entre M. de Saulx-Tavannes et les habitants de Véronnes pour le triage des bois ; — celui entre ceux de Clémencey et le Chapitre Saint-Denis de Nuits, par lequel ceux-ci, en échange de 46 arpents de bois communaux, tiennent les premiers quittes de toutes dettes et redevances envers eux ; — l'alignement donné par la communauté de Fontaine-les-Dijon pour le pressoir de paille appartenant à M. Bouhier, de Fontaine ; — le marché des réparations à faire à la halle d'Ahuy ; — qui annule l'aliénation d'un communal de Buffon, faite à un créancier ; — qui homologuent la délibération de la communauté de Varois pour augmenter la portion congrue du vicaire ; — la concession d'un petit bastion faite par la ville de Chalon-sur-Saône au sieur Graveteau, apothicaire ; — qui déboute Mme de Chamilly et M. de Rochemont, seigneur et dame de Saint-Berain, de leur opposition à la concession d'un terrain par la commune ; — qui homologuent la concession par la ville d'Avallon de terrains à bâtir sur la place de l'Esplanade ; — les marchés pour la refonte des cloches des communautés de Verjux, La Margelle, Saint-Marc-de-Vaux, Bragny-sur-Saône ; — qui annule l'aliénation de 25 soitures de prés communaux, faite par les habitants de Saint-Jean-des-Vignes à l'imprimeur Desaint, à Chalon, en paiement des travaux de réparations de l'église et ordonne une reconnaissance de ces ouvrages ; — qui homologuent l'acquisition d'une maison sise à Autun, rue de l'Arbalétière, faite par la mairie de cette ville ; — la délivrance des réparations de la maison d'école de Nolay ; — l'amodiation d'un pâquier de la communauté de Labergement-le-Duc ; — l'échange de terres entre le comte de Presle et M. Durey de Noinville ; — la délivrance des travaux de réparations du four banal de Marsannay-le-Bois ; — des ponts du territoire de Marcigny-les-Nonnains ; — la concession d'un terrain faite par la ville de Seurre à P. Bretagne, ancien maire ; — le marché de reconstruction de la croix du village de Loisy ; — qui autorisent les communes de Barges, Écuelles, Merceuil, Perrigny-sur-l'Ognon, Dracy-sur-Couches, Chagny, Fontaine-Française, Monteret, Brognon, Chaumes-Baigneux, Charnay, Fontangy, Arc-en-Barrois, Burgy, à s'imposer pour l'acquit de leurs dettes ; — qui homologuent les délivrances des travaux à la charge des retrayants de Saint-Germain-du-Plain, Couchey.

C. 2959. (Portefeuille.) — 412 pièces, papier.

1733. — Suite des jugements rendus par l'Intendant de la Briffe qui homologuent les procès-verbaux de délivrance des travaux de constructions ou de réparations des maisons curiales d'Alligny, Girolles, Saint-Jean-de-Vaux, Saunières, Remilly-sur-Tille, Millery, Vandenesse, Thurey-en-Brionnais, Palinges, Saisy, Saint-Sorlin-en-Mâconnais, Uxeau, Flavigny, Licey-sur-Vingeanne, Poiseul-la-Ville, Chazelles, Nantoux, Champdoiseau, Couhnier-le-Sec, Saint-Léger-sous-Beuvray, Fays-Billot, Thoisy-le-Désert, Quemigny, Chatellenot, Bouzeron, Marly-sur-Arroux, Châtel-Gérard, Chintré, La Motte ; — des cures et des églises de Saint-Germain-le-

Rocheux, Montceau-l'Étoile, Sainte-Croix, Léry, Pierre-Claux ; — des églises de Fouvent-la-Ville, de Saint-Pierre d'Avallon, Montmoyen, Meloisey, Pasques, Santenay, Saint-Romain, Charbonnas, Mailly-la-Ville, Bretenières, Cravant ; — qui ordonnent la visite de celles à faire aux églises de Moroges, Longecourt ; — aux presbytères de Saint-Germain-du-Plain, Sainte-Sabine, Marigny-le-Cahouet, Gerland, Genouilly ; — aux églises et cures de Cours, Jambles ; — qui prescrivent celles à faire aux églises et cures de Sincey, Tournus, Saint-Laurent-les-Chalon, Saint-Jean-des-Vignes, Bligny-sur-Ouche, Chamesson, Cersot ; — qui homologuent la délivrance de l'enlèvement des boues des rues d'Époisses ; — la délibération des habitants de Chaussin, qui confient la gestion des affaires de la communauté à un comité de 12 notables assistant les échevins ; — qui ordonne la reconnaissance des travaux de construction du nouvel hôpital d'Avallon ; — qui homologuent la délivrance du rétablissement des bancs du chœur de l'église Saint-Julien du même lieu ; — celle de la ferme de l'octroi des boucheries d'Auxonne ; — qui autorisent l'inscription au rôle de la taille des sommes dues par les communautés de Brian, Cluny, Chailly, Argillières, Saint-Germain-du-Plain, Cersot, Montcenis, La Tour-du-Prey, Samerey, Saint-Seine-sur-Vingeanne, Écuelles, Dissey, Vosnes, Villaines-en-Duesmois, Beaune, Gilly-les-Citeaux, Auxonne, Benoisey, Saint-Jean-des-Vignes, Mirebeau, Frontenaud, Autun ; — qui homologue le contrat d'affranchissement des habitants de Blangey, du droit de mainmorte par le président de Champeron, leur seigneur ; — qui prescrivent aux communautés de Brochon, Perrigny-les-Dijon, Spoy, Fixin, Bouilland, de payer les gages de leurs recteurs d'école ; — qui homologuent les conventions passées avec des recteurs par celles de Mailly-la-Ville, Saint-Jean-de-Pontailler, Toulon-sur-Arroux ; — qui ordonnent aux retrayants des châteaux de Jarsaillon, Collonges-Vergy, Vianges et Bretenières, de contribuer à la réparation des ponts et des fossés ; — qui autorisent la mise en réserve d'une partie des pâquiers de Quetigny, Saunières, Lays-sur-le-Doubs ; — la construction d'un pont de pierre à Tichey ; — les réparations à faire aux portes de la ville d'Auxonne ; — le redressement du chemin de Pont-Bernard à Montmançon ; — le marché pour l'essartement des bois de la commune de Villers-les-Pots, joignant la grande route. — Jugement portant condamnation contre plusieurs habitants de Tellecey, accusés de contrebande et de rébellion envers le poste des fermes, à Fontaine-Française ; —autres qui homologuent le contrat de rachat par les habitants de Collonges-Bévy, de la banalité du four appartenant à M. de Massot ; — celui passé entre les habitants de Fays-Billot et M. Vivant Seurot, sieur de Vivey, pour l'établissement de trois sœurs de charité audit lieu ; — qui ordonne le paiement des ouvrages de réparations faits à l'église et à la chaussée de Ceysérieux ; — qui approuvent la cession d'une place faite par la commune de Chalon au jardinier Oudard ; — la liquidation des offices d'assesseurs, proposée par la même ; — la cession d'un emplacement par la communauté de Buxy à F. Monnier ; — qui ordonne la reconnaissance des travaux du pavé exécutés à Chalon ; — celle de l'écurie publique construite par la ville d'Autun dans la rue Bouteille ; — qui homologuent la délivrance des travaux de balisage de la rivière d'Arroux en amont et en aval de Toulon ; — l'acquisition de deux emplacements de maison dans la rue Saint-Georges de Chalon, faite par la ville, afin d'y établir un puits public ; — les marchés pour la refonte des cloches des églises de Magnien, Vitteaux, Nolay.

C. 2960. (Portefeuille.) — 293 pièces, papier.

1734. — Suite des jugements rendus par l'Intendant de la Briffe, qui homologuent les procès-verbaux de délivrance des constructions ou des réparations à faire aux maisons curiales de Longecourt, Lésines, Igornay, Frénois, Renève, La Charmée, Moux, Sanvignes, Mont-Saint-Jean, Barain, Tontenans, Sainte-Hélène, Rosières, La Perrière, Arcy-sur-Cure, Jambles, Aisey-le-Duc, Bissy-sous-Cruchaut ; — des cures et églises de Buffon, Aignay-le-Duc, Sainte-Radegonde ; — des églises de Buxy-le-Royal, Cravant, Ciry-en-Charollais, Saint-Clément-sur-Guye, Cersot, Gevrey, Saint-Symphorien-d'Ancelle, Messigny, Vaux-Semprey, Verdonnet, St-Nicolas de Beaune ; — qui prescrivent la visite de celles à faire aux presbytères de Gilly-sur-Loire, Mauvilly, Saint-Julien-de-Civry, Lyé, Jouey, Vitteaux, Saint-Mesmin, Millery, Heuilley, Baugy, Fragne ; — de l'église de Thurey ; — qui ordonnent le paiement de celles faites aux cures et aux églises de Saint-Vincent-en-Charolais, Palleau, Saint-Léger-de-Fourches, Thoisy-le-Désert, Milly, Saint-Didier-en-Bresse, Boussenois, Véronnes, Sevrey, Saint-Sorlin-en-Mâconnais, Fain-les-Montbard, Farges ; — qui homologue l'acquisition d'une maison par la commune de Saint-Aubin-sur-Loire pour servir de presbytère ; — qui ordonnent l'inscription au rôle de la taille des sommes dues par les communautés de Senailly, Sailly, Diénay, Bussy-le-Grand, Sigy, Cuiseaux, La Frette ; — qui homologue le traité entre les habitants de Vougeot et leur seigneur, Philippe de Croonembourg, touchant son droit de triage dans les bois communaux ; — *la cession d'une place*, rue du Grand-Renard, faite par la ville d'Auxerre à L. Villetard, assesseur à l'hôtel-de-ville ; — d'une ruelle à Jamproye, faite par la communauté de Mercurey au sieur Jolivot ; — le traité des paroissiens de Saint-Désert avec leur curé pour l'institution d'un vicaire, — l'aliénation de trente soitures de prés faite par les habitants de Maxilly à Aimé Didier,

SÉRIE C. — BUREAU DES FINANCES.

lieutenant de dragons ; — la nomination de Cl. Béguin comme fabricien de l'église de Baigneux-les-Juifs ; — le règlement proposé par la commune de Barjon pour mettre fin aux usurpations commises sur les communaux ; — les marchés de refonte de cloches, passés par les communautés de Vitteaux, Bragny ; — le marché passé par la ville de Chalon pour la réparation des chemins mis à sa charge par les Élus de la province. — Jugement qui astreint les habitants de Flavigny à assister aux assemblées de la commune, sous peine de 5 livres d'amende ; — autres qui homologuent la délivrance des réparations à faire à la levée d'Auxonne ; — celle de la construction du four banal de Montbard ; — la nomination du marguillier-fossoyeur de Cussy-les-Forges ; — la mise en réserve des prés de la commune d'Étrigny ; — la concession d'une place située devant l'abbatiale de Saint-Bénigne de Dijon, faite par la mairie à Fr. Rougeot, écuyer ; — l'institution de deux marguilliers à l'église priorale d'Anzy-le-Duc, principalement pour sonner les cloches durant les orages ; — la délivrance de la réparation des ponts de Janciany, sur la Vingeanne, et d'Ampilly-le-Sec, sur la Seine ; — la transaction conclue entre les habitants de Couternon avec le conseiller Pérard, leur seigneur, pour le rachat de la banalité du four ; — la cession d'un emplacement faite par la communauté de Buxy-le-Royal à F. Monneret ; — le marché pour la réparation des halles de Plombières ; — l'acquisition par la ville de Châtillon-sur-Seine d'une maison sise rue de Chaumont, à l'effet d'y installer le bureau des manufactures, le magasin des armes et le service des troupes de passage ; — la délivrance des travaux de démolition d'une porte du bourg de Saint-Bris. — Jugement qui statue sur les ouvrages exécutés aux église, collège, hôtel-de-ville, pont et pavé de Bagé ; — qui homologuent les conventions passées par la ville de Semur-en-Auxois avec J. Charles, prêtre, professeur de latin, et par la commune de Saint-Léger-de-Foucheret avec un recteur d'école.

C. 2961. (Portefeuille.) — 291 pièces, papier.

1735. — Suite des jugements de l'Intendant de la Briffe, qui ordonnent les constructions et réparations à faire aux maisons curiales d'Alligny, Thurey ; — le paiement de celles faites à celles de Marigny-le-Cahouet, Chaudenay-sur-Dehoune, Voudenay ; — à l'église de Bagé ; — la visite de celles à faire aux presbytères de Verjux, Nanton, Saint-Martin-de-la-Mer, Sainte-Radegonde, Bragny-sur-Saône ; — qui homologuent la délivrance de celles à faire aux presbytères de Blanot, Rosières, Saint-Vallier, Baugy, Mauvilly, Magnien, Aiseyle-Duc, Oyé, Foucherans, Perrigny-sur-l'Ognon, Lucenay-le-Duc, Thorey-sous-Charny, Saint-Sulpice, Vianges, Montagny-les-Beaune, Semur-en-Auxois, Quarré-les-Tombes ; — aux églises et presbytères d'Artaix, Saint-Vincent-en-Bresse ; — aux églises de Chambolle, Saint-Julien-de-Civry, Saint-Léger-sur-Dehoune, Charnailles, Baleure, Saint-Germain-le-Rocheux, Labergement-Foigney ; — qui enjoint aux syndics de Saint-Trivier de Courtes de réparer le pavé de la place du champ de foire ; — qui autorisent la mise en réserve du bois des Essarts de Lioutre appartenant à la communauté de Lays-sur-le-Doubs ; — le triage des bois communaux de Charancey exigé par la veuve de Georges Vestu de Saint-Denis, dame du lieu ; — la cession d'un emplacement faite par la commune de Gevrey à Cl. Seuré, trésorier de France ; — qui condamne Lambert, vigneron à Plombières, à démolir le four qu'il a fait construire en anticipation sur la voie publique ; — qui homologuent la délivrance de la construction d'une levée depuis la porte de Louhans sur le chemin de Chalon ; — l'accensement d'une place vague, fait par la communauté de Givry à P. Guillemin, charpentier ; — qui annule la délivrance de l'enlèvement des boues de la ville de Dijon, tranchée au boucher Jacotot ; — qui homologuent le traité passé par les habitants de Pont-de-Pany pour l'institution d'un vicaire ; — la mise en réserve d'une partie des bois communaux d'Arc-sur-Tille, afin de mettre fin aux abus qui se commettaient au sujet des paissetis et des liens de gerbes ; — la concession d'un terrain à bâtir par la communauté de Diconne au sieur Tixier ; — qui autorise M. Carrelet, curé de l'église N.-D. de Dijon, à fournir l'état du nombre des maisons de la paroisse pour la contribution aux dépenses de l'établissement d'un presbytère ; — qui homologue le contrat d'échange de bois entre M. de Courcelles et les habitants de Montagny-les-Seurre ; — les conventions avec des recteurs d'école passées par les communautés de Saint-Étienne-en-Bresse, Viévy et Noidan ; — la délivrance des octrois de la ville de Nuits ; — la cession d'une place à bâtir par la commune de Juilly au sieur Laurent ; — d'une ruelle par celle d'Allerey au conseiller P. Espiard, seigneur du lieu ; — un échange de terres entre celle de Gigny et P. Patuel ; — la cession d'une place à bâtir par celle d'Arc-sur-Tille à J. Briseville ; — le traité en vertu duquel le baron de Cenues accorde aux habitants de Solutré moyennant une redevance annuelle de 8 tonneaux de vin, le droit de pâturage dans les bois de la seigneurie ; — la cession d'un emplacement dans la rue du Clos du curé, faite par la mairie d'Auxerre à J. F. Corbet, directeur des carrosses ; — qui règle la liquidation des offices de notaires à Dijon supprimés par l'édit de septembre 1733, lequel en réduit le nombre à dix-huit.

C. 2962. (Portefeuille.) — 297 pièces, papier.

1736. — Suite des jugements de l'Intendant de la Briffe, qui homologuent les marchés ou délivrances des réparations ou des constructions à faire aux presbytères de Fragne, Pierreclaux, Saint-Philibert de Dijon, Brazey-en-Montagne, Saint-Germain-des-Champs, Prangey, Plotte, Sornay, Pouillenay, Cussy-les-Forges, Oudry, Saint-Denis-de-Péon, La Villeneuve-les-Convers, Ruffey-les-Beaune, Fauverney, Villecomte, Varennes-Saint-Sauveur, Dettey, Magny-sur-Tille, Palinges, Perrigny-sur-l'Ognon, Saint-Maurice-de-la-Vallée, Baubigny, Saint-Jean-de-Vaux, Fénay, Vaux, Valoux, Beurey-Bauguay, Cussy-en-Morvand, Charny ; — aux églises et presbytères de Saint-Pancrace d'Autun, Gueugnon, Island et le Sauçois, — aux églises de Échevronne, Colombier-sous-Uxelles, Gevrey, Chailly ; — qui prescrivent la visite des travaux à faire aux maisons curiales de Bricon, Curdin ; — qui homologuent le bail de celle de Vermanton et l'acquisition de celle de Romenay ; — les conventions avec des recteurs d'école passées par les communes de Bellevesvre, Brazey-en-Montagne, Cessey-sur-Tille, Sainte-Hélène, Curgy, La Chapelle-Saint-Sauveur ;— qui homologuent le traité par lequel les habitants de Sery voulant indemniser le curé des pertes qu'il avait subies lors de l'incendie du 21 septembre 1734, lui accordent une dîme de 20 gerbes l'une ; — les marchés pour les réparations des fossés et des ponts des châteaux de Villeneuve-les-Essey, Montjay, Anstrude et Vincent-en-Bresse, mis à la charge des retrayants ;— le traité conclu entre la ville de Seurre et le docteur Richard pour le soulagement des malades ; — celui du Bourg d'Aignay avec le chapelain Rigoine pour la célébration de services religieux ; — un échange de chemins entre la commune d'Aisey-le-Duc et M. de Saulx-Tavannes, seigneur engagiste ; — celle de Richebourg et du sieur Vitrey, de Bierry, avec M.P. d'Anstrude ; — la délivrance de la réparation de la fontaine d'Étevaux ;— l'amodiation de terrains par la commune de Sermesse ;— l'ouverture d'un chemin projeté par la commune d'Aloxe pour mener les bestiaux au pâturage ; — le marché pour la construction d'un puits dans la rue basse de Busseaut ; — qui ordonne une assemblée générale des habitants de Fays-Billot, pour délibérer sur une nouvelle élection d'échevins ; — le traité pour la réparation du pont de La Marche-sur-Saône ; — qui assigne un délai de trois mois à tous les receveurs municipaux et d'octrois, pour rendre compte de leur gestion ; — qui homologue le traité passé par les habitants de Corchanu avec leur curé, pour le règlement des droits curiaux ; — le marché passé par ceux de Volnay pour la réparation de la cloche du four banal et de la halle ; — le règlement de police proposé par la ville de Louhans pour la conservation des plantations faites dans les communaux ; — les conventions passées par celle de Chalon, pour le rachat de deux offices d'assesseurs ; — celle par laquelle les habitants de Bierry consentent à ce que M. d'Anstrude transporte en l'une des tours de son château l'horloge qu'il avait fait placer au clocher de l'église et qui lui appartenait ; — qui liquide les frais soutenus par les communautés de Bierry et de Souillats contre leur seigneur, au sujet des bois dans la propriété desquels elles ont été maintenues ; — qui homologué la délibération de la chambre de ville de Chalon, portant création d'un second régent de philosophie au collège des Jésuites ;—les marchés pour la refonte des cloches de Toulon-sur-Arroux, Sainte-Radegonde, Sanvignes, Volèvre, Marcigny-sur-Loire ; — la cession d'un terrain par la commune de Marcilly-les-Vitteaux à H. Chouard ; par celle de Sennecey à P. Fontanel ; par celle de Saint-Julien au sieur Poignant ; — qui condamne le sieur Monsard à relâcher les terrains qu'il a usurpés dans les communaux de la ville d'Auxonne ; — qui homologuent le marché conclu par les habitants du bourg de Rouvray avec des ouvriers de Lormes, pour détruire un rocher qui barrait le grand chemin ; — celui des réparations de la fontaine publique de Thory ; — l'amodiation des pâquiers communaux de Bousselanges ; — qui autorisent l'inscription au rôle de la taille des sommes dues par les communautés de Loches, Châtillon-sur-Seine, Corcellotte, Verdonnet, Angely, Magnien, Messey.

C. 2963. (Portefeuille.) — 312 pièces, papier.

1737. — Suite des jugements de l'Intendant de la Briffe, qui déboute F. Pernin, maire de Toulon-sur-Arroux, de la prétention qu'il avait d'être le parrain de la nouvelle cloche et Mlle Guillemette Guillemian, marraine, et sur la demande des notables habitants décide que ces parrain et marraine seront l'archevêque de Vienne, Prince de la Tour d'Auvergne, seigneur de Toulon et patron de l'église et la marquise de Bellefond ; — qui condamne le sieur Lecomte à démolir un mur construit en anticipation sur la place commune de Beaumont-sur-Vingeanne ;— qui homologuent les marchés ou délivrance des réparations ou constructions à faire dans les maisons curiales de Dompierre-en-Charollais, Saint-André-en-Bresse, Saint-Julien-de-Civry, Flammerans, Romenay, Tournus, Perrecy, Courcelles-Fremoy, Saint-Martin-de-la-Mer, Cluny, Bantanges, Pommard, Buxy, Seuvrey, Quemigny, Civry-en-Montagne, Courcelles-sous-Grignon, Chassy-en-Charolais, Vielverge, Milly, Saint-Germain-la-Feuille, Damerey, La Grande Verrière, Méry, Uxeau, Broyes, Diancey, Chaumont-le-Bois ; — aux églises de Saint-Remi-les-Chalon, Lays-sur-le-Doubs, Bessey-les-Cîteaux, Mornay-en-Charollais, Autefond, Montmoyen, Blanzy, Ampilly-le-Sec ; — qui ordonnent la visite de celles à faire aux presbytères de Seuvrey, Saint-Maurice-en-Rivière, Tramayes, Bellevesvre, Verjux ;— qui homologue le traité passé entre la ville de Seurre et Mlle de Bourbon, dame du lieu, au sujet des halles et boucheries ; — qui renvoie devant les tribunaux, le débat entre les habitants de Verdun et la comtesse de Pons, leur dame, au sujet de la réparation des ponts ; — qui autorisent une imposition pour la réparation des levées de Charnay-sur-Saône ; — la délivrance de l'entretien des chemins de la banlieue de Beaune ; — des travaux de consolidation de la tour Lourdeau à Semur ; — qui homologuent les conventions passées avec des recteurs d'école par les communautés de Vignes, Mervans, Sery, Seuvrey ; — qui prescrit le paiement de celui de Vaux-Saules ; — qui approuvent la convention conclue entre les habitants de Rouvray et le chirurgien Bollenat pour le soulagement des malades ; — la délivrance des réparations du bief et du pont de la prairie de la commune de Baudrières ; — l'amodiation des terres de la commune de Cessey-sur-Tille ; — qui condamne plusieurs habitants de Gié-sur-Aujon à relâcher les communaux, dont ils se sont emparés ; — qui homologuent le procès-verbal de délivrance des droits d'octroissur le bois, le foin et le charbon à Dijon ; — le traité passé par les habitants de Villers-la-Faye avec le marquis de Montmain, pour le rachat de la banalité du four ; — qui prescrit le curage de la rivière d'Auxon sur le territoire de toutes les communautés qu'elle traverse ; — qui approuvent la cession d'un emplacement à bâtir fait par la ville d'Auxerre à P. Villotard, assesseur à l'hôtel-de-ville ; — le traité fait entre la communauté de Torpes et M. Bernard de Montessus, au sujet du triage des bois ; — la délivrance de la reconstruction du pont sur l'Ozerain près le moulin Chaunay, au frais de la communauté d'Alise-Sainte-Reine ; — qui ordonne une reconnaissance du terrain usurpé sur la voie commune à Chassagne par Ph. Noirin ; — qui homologuent la cession au maire de Chalon d'un petit terrain rue Saint-Jean près la porte de la ville ; — l'alignement donné par la ville d'Avallon à J. Larché pour sa maison sise au faubourg Saint-Martin ; — un échange de chemins entre J.-B. Gelin, avocat à Mâcon et la commune d'Hurigny ; — la cession d'un terrain faite par celle de Saint-Berain à Jean Guibout, cabaretier ; — l'aliénation de 4 parcelles de terre, consentie par celle de Saint-Clément-sur-Guye à Guillaume de Rains ; — le traité intervenu entre les habitants de Magny-sur-Tille et Étienne Dagonneau, leur seigneur, au sujet du triage des bois ; — la délivrance des travaux à exécuter dans la prairie et basse fin de Pierre ; — la cession d'un creux sur le chemin de Govrey à Dijon faite par les habitants de Gevrey à Bernard Moret, vigneron ; — d'une petite place de Richebourg à Fr. Gentés, vigneron au même lieu ; — la délivrance de réparation de l'horloge et de la vitrerie de l'hôtel de la ville d'Auxerre ; — celle des réparations à faire à l'église de La Chapelle de Rolans en Franche-Comté, auxquelles doivent contribuer les hameaux du Deffait, de Planet et Consene, dépendant du duché de Bourgogne ; — la délibération de la commune de Selongey, relative à l'amodiation des bans de l'église ; — les marchés de refonte de cloches des églises de Bragny-en-Charolais, Toulon, Sanvignes ; — qui autorisent l'inscription au rôle des tailles des sommes dues par les communes de Fontaine-en-Duesmois, Couchey, Rosières, Pichanges, Oyonnax, Verdonnet, Gibles, Allerey.

C. 2964. (Portefeuille.) — 353 pièces, papier.

1738. — Suite des jugements de l'Intendant de La Briffe, qui ordonnent la reconnaissance des constructions ou réparations à faire aux presbytères de Denevy, Chassey, Charrette, Cormarin, Billey, Bellenouve, Quémigny, Gourdon, Frolois, Cessey-sur-Tille, Salornay-sur-Guye ; — aux églises de Fontaine-Française, Beaumont-sur-Grosne ; — qui homologuent les marchés ou délivrance de celles à faire aux maisons curiales de Saint-Martin-en-Gâtinais, Molaise, Sanilly, Saint-Léger-du-Bois, Blangey, Vitry-sur-Loire, Châteaurenaud, Mâlain, Joncy, Neuvy, Dompierre-en-Brionnais, Sully, Villy-le-Moutier, Saint-Nizier-le-Bouchoux, Saint-Christophe-en-Briennais, Corberon, Marcilly-les-Charolles, Tramayes, Le Breul, Marrie, Tournus, Vigny, Simard, Vers, Chaux, Menetreux-le-Pitois, Saint-Désert ; — aux cures et églises de Saint-Nizier-sous-Charmoy, Savigny-en-Terre-Pleine ; — aux églises de Pouilly-en-Auxois, Auxy, La Chapelle-Naude, Asnans, Saint-Georges-en-Auxerrois, Montagny-sous-Beaune, Serrigny-les-Noyers, Saint-Vorles, Saint-Jean et Saint-Nicolas-de-Châtillon-sur-Seine, Remilly-sur-Tille, Sainte-Radegonde, Magnien, Coulanges-la-Vineuse, Pontoux, Chandenay-sur-Deheune, Arnay-le-Duc, Arelles, Montmegin ; — qui ordonnent le paiement de celles faites aux cures et églises de Milly, Gevrey, Bagé-la-Ville, Normier, Courcelles-sous-Grignon, Villecomte, Collonges-les-Gex ; — qui homologue l'amodiation par la fabrique de Saint-Laurent-les-Chalon, de l'emplacement de l'ancienne cure ; — qui ordonne la reconnaissance des travaux à faire au pont ou toux Rameau, dont le paiement est contesté par les habitants de Damerey à ceux de Verjux ; — qui condamne les habitants de Paray-le-Monial à payer au curé une indemnité de logement jusqu'à l'achèvement du presbytère ; — qui homologuent la délivrance de la ferme de l'octroi des boucheries de Châtillon-sur-Seine ; — le marché passé par les habitants de Dicrry pour l'acquisition d'une horloge à placer au clocher de l'église ; — la transaction passée entre le curé de Bar-le-Régulier et les habitants de Savilly pour la desserte de leur église ; — qui déclare les habitants de Vecours et Montsymon, exempts du droit de commun, levé sur ceux vendant vin à Saint-Trivier-de-Courtes ; — qui condamne plusieurs habitants d'Auxerre, Saint-Bris et autres lieux environnants, à de fortes amendes pour s'être permis de chasser en troupe le jour de la Saint-Hubert, malgré les ordonnances, et maltraité un garde; — qui homologuent les marchés de refonte de cloches des églises de Renève, Givry, Senozan, Savigny-sous-Mâlain; — qui condamnent les maire et échevins de Bagé à payer au curé les arrérages d'une fondation assignée sur une maison, dont elle s'est fait attribuer la propriété; — le sieur Noirin à démolir la construction qu'il avait établie sur la voie publique, à Chassagne; — qui homologuent le traité passé entre les habitants d'Orville et l'administration de l'hôpital général de Dijon, pour l'établissement d'un vicaire; — celui entre l'abbaye de Molême et les habitants de Marcenay, au sujet du droit de lods; — l'amodiation d'une partie des prés communaux de Labergement-le-Duc; — la délibération des habitants de Curgy pour l'augmentation des gages du marguillier; — l'aliénation d'une petite maison rue de la Tournelle (Tonnellerie) faite par la mairie de Dijon à Ét. Brunet, marchand; — qui condamne plusieurs particuliers de Grésigny et Pouligny à relâcher les fonds qu'ils ont usurpés sur la commune; — qui règle les comptes de T. Maugé, ancien syndic de la ville d'Auxonne; — qui approuve le bail de la pêche dans l'Arroux passé par la communauté de Toulon à A. Reuillon; — le traité conclu entre les officiers municipaux de Cluny et J. Joye pour l'école du petit collège; — la convention du recteur d'école passée par les habitants de Digoin; — qui défend aux syndics et conseil de Châtillon-en-Dombes de disposer des deniers municipaux sans autorisation expresse du délégué à Bourg; — qui autorisent les habitants de Pagny-la-Ville, Franxault, Moroges, à mettre en réserve des pacages communaux; — l'alignement donné par la mairie de Chalon à Jacques Fabry, écuyer, pour sa maison joignant le cimetière de Sainte-Marie; — l'acquisition de la maison Poulain, à Couchey, faite par les habitants, afin d'y installer le nouveau vicaire; — le marché des réparations à faire à la maison commune de Saulieu; — id. au bief du moulin de Soissons appartenant à la commune; — qui ordonne une reconnaissance de la rivière de la Veyle, à l'effet d'y constater les abus commis par les habitants de Replonges; — qui homologue le traité conclu entre la ville de Seurre et M¹¹ᵉ de Bourbon-Condé pour le rachat de la banalité du four; — qui ordonne une reconnaissance des anticipations commises par M. Rey de Menande sur la place dite derrière l'église, à Charolles; — qui homologuent les délibérations des habitants de Cirey-Binges, de Pommard, pour l'institution d'un vicaire; — la transaction intervenue entre les habitants de Saint-Apollinaire et Th. Mathieu, ancien greffier du Bureau des finances, au sujet de la propriété d'une ruelle joignant l'église; — le contrat d'affranchissement de la mainmorte des habitants de Soussey et Grandchamp par leurs seigneurs Alexandre Derepas, écuyer, et J.-B. Simon, trésorier de France, moyennant une taille de 80 livres; — le traité passé entre les habitants de Saint-Albin et le Chapitre de Mâcon, au sujet du droit de triage; — le marché des réparations à faire à la halle de Fontaine-les-Chalon; — la délibération de la chambre de ville de Dijon qui augmente de 50 livres le traitement du chirurgien de l'hôpital; — qui approuvent les marchés pour la réparation des ponts et fossés des châteaux de Vincelles, Alligny et Sully par les retrayants; — qui autorisent l'inscription au rôle des tailles des sommes dues par les habitants de Mirebeau, Aignay-le-Duc, Villebichot, Bosjan, Pressigny, Allerey, Arbigny, Saint-Eusèbe-des-Bois, Avot, Verjux, Chanceaux, Buxy, Couchey, Genay.

C. 2965. (Portefeuille.) — 364 pièces, papier.

1739-1740. — Suite des jugements de l'Intendant de la Briffe; qui homologue une délibération des habitants de Beaumont; — qui taxe par tête la paisson des porcs dans les bois, afin d'en employer le produit aux besoins de la communauté; — qui autorisent l'inscription au rôle des tailles des sommes dues par les communes de Fontangy, Beaumont-sur-Vingeanne, Glissey-sous-Flavigny, Vincelles, Chassey; — les conventions avec des recteurs d'écoles passées par celles de Rouvres, Cussy-les-Forges, Bellevesvre, Chaussin (maîtresse), Montot, Marcigny-sur-Loire; — qui ordonnent le paiement des gages dus aux recteurs d'écoles de Mussy-la-Fosse, Coligny; — la reconnaissance des travaux de construction ou de réparation à faire dans les maisons curiales de Barnay, Montpont, Saillenay, Mallay, Rouvres, Châtel-Gérard, Alise-Sainte-Reine; — à l'église de Gemeaux; — qui approuvent les marchés ou délivrances des travaux à exécuter dans les presbytères de Massingy-les-Vitteaux, Saint-Bonnet-en-Bresse, Cessey-les-Vitteaux, Saillenard, Verjux, Serley, Touches, Saillenay, Savigny-sur-Grosne, Pontailler, Fleurey, Mâcon (Saint-Étienne), Chapaise, La Comelle, Bornay, Barnay, Dettey, Saussey, Branges, Saint-Germain-du-Bois, Billey, Baudrières, Saint-Jean-de-Trezy, Bourbon-Lancy, Lugny, Charmoy-sous-Montcenis, Cordesse, Sarrie, Montcenis, Chevigny-en-Valière, Tanay; — aux cures et églises de Louesme, Billy; — aux églises de Saint-Seine-en-Bâche, Saint-Christophe-en-Brionnais, Louhans, Châtillon (églises Saint-Vorles, Saint-Jean, Saint-Nicolas), Senozan, Noireux, Renève, La Chapelle-Naude; — qui ordonnent le paiement de celles faites aux presbytères et églises de Seillonnaz, Retord, Châteaurenand, Cormangoux, Frolois; — qui homologue la délivrance des réparations à faire à l'église, à l'école et aux ponts de Selongey; — la convention conclue entre la ville d'Auxonne et J.-B. Parisot, grammairien, institué principal du collège; — qui ordonne une reconnaissance des terrains sur la montagne d'Eringes, prétendus usurpés sur la commune de Grésigny; — qui condamne le sieur Godran, *propriétaire d'une maison située au faubourg d'Ouche de Dijon*, à établir un puits perdu au milieu de sa cour, à l'effet d'y recevoir les eaux de sa maison et d'une partie de la ruelle avoisinant sa propriété; — qui homologue l'échange de bois fait entre P. Petitjean et les habitants de Pagny-le-Château; — la cession par alignement d'un terrain faite par la commune d'Arc-en-Barrois au sieur Roucot, procureur syndic; — par la commune d'Aubigny-la-Ronce à J. Pothier; — par la commune de Chassey à S. Guillon; — l'échange entre M. Duban de la Feuillée, seigneur de Frolois, qui, pour l'emplacement de l'ancien presbytère situé dans le pourpris du château, cède aux habitants un autre emplacement et des matériaux pour le reconstruire; — le marché passé par la mairie de Montbard avec un horloger pour l'entretien de l'horloge de la ville; — *la délivrance des réparations à faire aux corps de garde*, à l'horloge et aux fontaines de Givry, Courtiambles et Poncey; — qui déboute les habitants de Lays de leurs plaintes en usurpation de communaux par les consorts de Truchis, seigneurs du lieu; — qui renvoie à la connaissance du subdélégué de Gex, l'instruction d'un débat survenu entre Dunant, capitaine à Genève, et les habitants de Versoix au sujet d'un chemin; — qui autorise les habitants de Chaussin à poursuivre en justice ceux de Longvy en Franche-Comté qui s'étaient emparés d'un communal; — qui condamne T. Cossot à relâcher le terrain qu'il a usurpé sur la commune de Saint-Martin-en-Gâtinais; — qui approuvent la convention passée par la ville de Tournus avec le docteur Burdin pour le soulagement des pauvres de l'hôpital et des habitants; — la vente de deux parcelles de terre faite par la commune de Cessey-sur-Tille à Cl. Guignier; — qui réintègre la commune de Grésigny en possession des terrains usurpés sur elle en la montagne d'Éringes; — qui autorisent le bornage et la reconnaissance des communaux d'Arconcey; — le marché pour la réfection du pavé des rues de l'Église et des Ursulines de Saint-Jean-de-Losne; — qui homologuent l'échange de terrains et maisons fait entre la marquise de Saint-Micaut et les habitants de Cersot; — le marché des réparations des dégâts causés par *la foudre à l'hôtel-de-ville et à la tour M.-N.-D. de Saulieu*; — celui de la curée des biefs de Flagey-les-Auxonne et de Villers-Rotin; — des réparations des murs de la ville de Vitteaux; — *du curage de la rivière de l'Albane sur le finage de Magny-Saint-Médard*; — de la construction par la mairie de Chalon de bâtiments joignant l'hôtel-de-ville; — *du curage de la rivière de Groson*, sur les territoires de Laives, Sermessey et Beaumont; — du ruisseau de la Dourlande sur ceux de Dommartin et Frontenaux; — le traité passé entre le curé et les habitants de Saillenay, au sujet de la rétribution dite des Passions; — qui enjoint aux communes de *Pagny et du Châtelet de justifier de leurs titres à la propriété du pré de Barbouras*; — qui ordonne une enquête au sujet de l'ouverture d'un nouveau lit à la rivière d'Ouche, sur le *territoire de Neuilly*. — Arrêt du Conseil d'État qui autorise la ville d'Auxerre à construire deux moulins à vent pour remplacer ceux à eau qui existaient dans la rivière avant la suppression des pertuis. — Jugements qui prescrivent la reconnaissance des réparations à faire aux ponts de Saint-Jean-de-Losne; — la reconnaissance de l'emplacement de la maison du sieur Petitjean, procureur du roi au siège de la Monnoie de Dijon, situé à l'extrémité de la rue Chanoine, dont la mairie réclame une partie comme lui appartenant et dont elle réclame l'abandon à l'effet d'ouvrir une nouvelle porte de ville (Porte Bourbon ou Neuve); — qui homologuent la continuation des traités conclus par les villes d'Auxonne et de Nuits avec les docteurs Biestry et Duret pour le soulagement des malades; — la cession d'une pièce de pré faite par la communauté de Corpeau à la fabrique, pour en employer le produit à l'acquit de fondations pieuses; — la délivrance du curage du bief de la prairie; — le marché de la refonte de la cloche de l'église de Soissons et Vielverge; — la délivrance du four banal et communal de Buffon.

C. 2966. (Portefeuille.) — 193 pièces, papier.

1740-1749. — Jugements rendus par M. Barberie-de-Saint-Contest, Intendant de Bourgogne, qui homologue les procès-verbaux de *délivrance de la ferme des grands octrois* des villes de Seurre, Montbard; — celle de l'octroi des boucheries de Cluny; — qui ordonnent le paiement des gages dus aux recteurs d'école de Léry, Pouillenay, Saint-Seine-l'Abbaye; — qui approuve la convention passée avec un recteur d'école par la communauté de Saint-Usage; — qui prescrivent la reconnaissance des réparations faites ou à faire aux presbytères de Bussières-les-Bar-sur-Seine, Gilly-sur-Loire, Foucherans, Chapaise, à l'église de Saint-Nizier-sur-Arroux; — qui homologuent les délivrances de celles à faire aux presbytères de Chassy, Berzé-la-Ville, Marizy, Thoisy-le-Désert; — à l'église de Maltat; — qui ordonne la réparation de l'église et de la cure de Toutenant; — des cures de Charbonnay, Marcilly-Dracy, Santilly, Moroges, Saint-Sernin-du-Plein; — le paiement de celles faites aux églises et presbytères de Sincey, La Chapelle-Tècle, Asnans, Angely, Montberthaut; — qui autorisent l'inscription au rôle de la taille des sommes dues par les communautés de Toulon, Bligny-sur-Ouche, Semesanges, Serrières, Villebichot, Allerey, Sailly, Pluvault, Saint-Julien-de-Givry, Boux, Salmaise, Saint-Didier-en-Bresse; — l'amodiation de 5 à 6 journaux de broussailles faite par la communauté de Labergement-le-Duc; —

la nomination des syndics de celles de Saint-Julien-sous-Reys-souse; — qui autorisent celles de Foucherans, Gié-sur-Aujon à contracter un emprunt; — qui règle le compte de B.... Dorisy, receveur de la ville de Beaune; — qui astreint les hameaux dépendant de la paroisse de Noyers à contribuer aux réparations de l'église, du cimetière, de la cure et de l'horloge; — qui, contrairement aux prétentions des habitants du Châtelet, maintient ceux de Pagny en possession du pâquier de Barboura. — Visite et reconnaissances des travaux de réparations à l'église et au clocher de Seurre. — Jugements qui annulent la convention passée entre la ville de Châtillon-les-Dombes et le chanoine Gonthier, pour la direction du collège; — qui règle le compte des avances faites par feu Gillet de Grandmont, maire de la ville de Beaune, pendant son administration; — qui ordonne le paiement des frais de curage du ruisseau le Grison sur le territoire des localités de Laives, Sermaisey et Beaumont; — qui déboute la commune de Clessé de ses prétentions sur un petit bois appartenant à deux habitants; — qui statue sur le débat entre la ville et l'hôpital de Beaune, au sujet de l'entretien de la digue et du curage de la rivière de Bouzaize; — qui nonobstant l'intervention de la dame engagiste de la châtellenie, confirme l'aliénation de deux petits marais faite par la commune de Perrigny-sur-l'Ognon; — qui homologue l'amodiation de deux petits cantons de bois, faite par la communauté de La Faye, paroisse de Loisy; — qui enjoint aux deux échevins de Bonnencontre de rendre compte de leur gestion devant l'assemblée des habitants; — qui sur la plainte des habitants de Verjux sur le préjudice que leur cause le défaut d'entretien des digues de Damerey, Bey et Alleriot, commet un arpenteur de Chalon pour en faire la reconnaissance et lui en adresser un rapport; — qui condamne plusieurs habitants de Verdun, à relâcher les terrains usurpés sur la commune.

C. 2967. (Portefeuille.) — 88 pièces, papier.

1750-1756. — Jugements de M. Joly de Fleury, Intendant de Bourgogne, qui ordonnent le paiement de la refonte des cloches de l'église de Girolles; — des réparations faites aux églises, cures, fontaines publiques de La Perrière, Girolles; — à l'église d'Asnans; — aux maisons curiales de Frolois, Bellevesvre, Saint-Féréol; — la visite de celles à faire aux églises et presbytères de Pagny, Thorey-sur-Ouche, Savianges, Bellevesvre, Retord; — qui prononce l'expropriation du jardin du sieur Modot, situé à la porte Bourbon, à Dijon, et destiné à être converti en sablière pour l'entretien de la ville; — qui ordonne la visite des travaux à la charge des retrayants du château de Baugy.

C. 2968 (Registre.) — In-folio, 141 feuillets, papier.

« Inventaire des titres et papiers que des commissaires ont triés et conservés en 1793 de la cy-devant chambre du Domaine et Bureau et des Finances. »
Inventaire rédigé par Peincedé garde des livres de la Chambre des comptes de Dijon et qui est un extrait de l'Inventaire du fonds du Bureau des Finances qui forme le 29e volume de son recueil, compris sous l'article B 12022, de l'Inventaire de la Chambre des comptes.

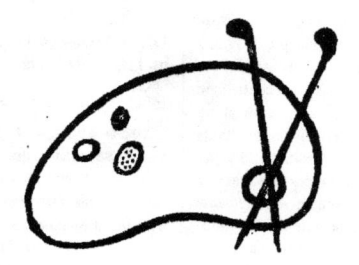

Original en couleur
NF Z 43-120-8

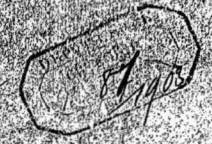

BUREAU DES FINANCES DE DIJON

FEUILLE A INSÉRER

A la suite de la page 224 de l'Inventaire, formant le tome deuxième de la série C

SUPPLÉMENT

C. 2133 *bis*. (Registre.) — In folio, 434 feuillets, papier, reliure en parchemin, bon état.

1775-1790. — Enregistrements (suite et fin). — Fol. 3. Confirmation par le roi Louis XVI des exemptions et franchises du couvent de Sainte-Claire de Seurre (1776). — Fol. 138. Id. de ceux du couvent de Sainte-Claire d'Auxonne (1777). — Fol. 4. Lettres d'érection de deux foires à Buxy-le-Royal et d'une à Messey, obtenues par F. Hanrion, seigneur de Buxy (1737). — Fol. 4, v., 39, v., 75, 128, 150, 187, 262, 293, 320, 339, 364, 385. Commissions pour l'imposition des tailles dans les élections de Bourg et de Belley suivies des arrêts du Bureau des finances qui désignent les trésoriers de France, chargés d'en faire la répartition (1777, 1778, 1779, 1781, 1782, 83, 84, 85, 86, 87, 88, 89). — Fol. 6, 140. Autres pour celle de l'imposition de la subsistance et de l'exemption dans les mêmes élections (1777, 1778). — Fol. 6. Attaches du Bureau des finances qui délèguent les trésoriers Deschamps, et de Mortières pour ces impositions. — Fol. 13, v. Contrat de vente de la châtellenie de Cuisery, et de la seigneurie de la Serrée au duc de Biron (1774). — Fol. 18, v. Arrêt du conseil qui prolonge jusqu'au 1er janvier 1778 le délai accordé aux vassaux du roi pour lui rendre la foi et hommage à l'occasion de son avènement à la couronne (1777). — Fol. 21, v. Arrêt du conseil portant concession au sieur C. Baudet de deux portions de terrain provenant des fortifications de la ville de Vermanton. — Fol. 27. Autre portant règlement sur les ventes et reventes du domaine (1777). — Fol. 42, v. Edit portant suppression des offices de receveurs et contrôleurs généraux des domaines et bois. — Fol. 46. Arrêt du conseil qui autorise M. Devoyo, conseiller au Parlement, seigneur engagiste de Seyssel, à en renouveler le terrier. — Fol. 48. Ordonnance de mutation d'une rente appartenant aux héritiers de Reuillon, trésorier des mortes payes en Bourgogne. — Fol. 51. Arrêt du conseil qui afferme pendant 9 ans la régie du domaine à J.-V. René. — Fol. 58. Autre qui commet le sieur Mallogé pour parachever les comptes de M. Carreley de Loisy, receveur général des finances décédé (1778). — Fol. 59. Lettres patentes accordées au sieur Devoyo, pour la rénovation du terrier de Seyssel (1778). — Fol. 84, v. Arrêt du conseil portant remboursement d'avances pour procédures criminelles, faites par M. Dupuy, seigneur engagiste de Semur-en-Brionnais (1763). — Fol. 65, v. Contrat de revente de cette seigneurie, à M. Dupuy (1763). — Fol. 66, v. 179, 291. Commissions royales données au prince de Condé, gouverneur, à M. de la Tour du Pin-Gouvernet, lieutenant-général, à M. Legouz de Saint-Seine, premier président, pour assister à la tenue des Etats de Bourgogne (1778, 1781, 1784). — Fol. 67. Arrêt du conseil portant concession au sieur B. Chartat, d'une portion des fortifications de Cravant (1775). — Fol. 70. Contrat d'engagement à M. Laurent Delafond de la Rolle du pré du Breuil, situé près la porte Saint-Antoine de Mâcon (1778). — Fol. 82, v. 194, 213, 249, 297, 362. Lettres d'assiette pour l'imposition des gratifications dans la province de Bresse (1778, 1781, 1782, 1783, 1784, 88, 90). — Fol. 86, v. Id. pour celle du Bugey. — Fol. 89, v., 216. Arrêt du conseil qui déclare les murs, remparts et fossés des villes de Coulanges-la-Vineuse et Cravant, faire partie du domaine et annule les baux à cens ou rente qui ont été faits par les seigneurs ou les officiers municipaux (1777, 1782). — Fol. 113. Arrêt semblable en ce qui concerne la ville de Louhans (1779). — Fol. 163. Autre semblable pour les fortifications de Buxy-le-Royal (1780). — Fol. 228. Id. pour la ville d'Arnay (1782). — Fol. 90, v. Autre portant concession à la ville de Beaune d'une portion de l'ancien château (1778). — Fol. 127. Autre semblable des fortifications de Laguien, aux officiers municipaux de cette ville (1778). — Fol. 168, 178. Autre semblable à ceux d'Auxerre. — Fol. 253. Id. à Saint-Gengouz (1782). — Fol. 96. Lettres d'anoblissement accordées à L.-D. Vincent, avocat, premier syndic de Bresse. — Fol. 166, 178. Autres en faveur de D. A. Barbenot, D.-M. à Semur en Auxois. — Fol. 205. Autres en faveur de Ch. Fr. et Ph. Rousseau de Vernot (1781). — Fol. 221. Autres en faveur de A. André de la Colonge, ancien capitaine. — Fol. 237. Cl. Martene, maire de Saint-Jean-de-Losne (1782). — Fol. 279. Id. pour A. Balme de Sainte-Julie, lieutenant-général au bailliage de Dijon (1781). — Fol. 107. Arrêt du conseil, qui accorde à Odette Rigoley, veuve de J.-V. Languet Robelin de Rochefort, président au Parlement, les gages attribués à cet office jusqu'à la réception de M. Joly de Bévy, son successeur. — Fol. 109. Lettres de confirmation ou au besoin d'érection des terres de Chaussin et de Tichey, en marquisat au profit de F. G. comte de Poly (1766). — Fol. 167. Lettres d'érection en marquisat, des terres d'Ivry, Corcelles et Lacanche, sous le titre de marquisat d'Ivry, en faveur de T. B. Richard de Curty. — Fol. 243. Autres de la terre de Romans en Bresse en comté en faveur d'Et. Lambert de Ferrary de Romans (1763). — Fol. 338. Autres de confirmation du titre de marquisat de La Borde à J.-J. de la Borde, secrétaire du roi, ancien banquier de la Cour (1785). — Fol. 356. Autre d'érection du comté de Beaumont et autres terres en duché en faveur de Ch. F. C. de Saulx, comte de Tavanes (1786). — Fol. 119. Lettres de confirmation aux habitants de Fontaine-Française du privilège de prendre le sel nécessaire au grenier à sel de Mirebeau, à raison de 7 livres par minot (1776). — Fol. 127, v. Contrat d'aliénation de terres dans le bois des Hyes, près Pontailler, faite aux sieurs Gomier et Chauchot (1779). — Fol. 132. Arrêt du conseil qui accense au sieur Perron une maison et une terre situées dans l'enceinte de l'ancien château de Rouvres (1778). — Fol. 135. Abonevis d'un terrain à Brancion, consenti par le seigneur engagiste (1779). — Fol. 135, v. Arrêt du conseil qui confirme les constructions nouvelles faites par le censitaire aux moulins banaux de Charolles (1776). — Fol. 148. Testament de Ph. Joly, veuve de Bernard de Chanteau, conseiller au Parlement, qui lègue son hôtel de la rue Saint-Étienne de Dijon, à l'hôpital général de cette ville et institue le roi, son légataire universel (1778). — Lettres patentes qui acceptent la succession et en dispose en faveur de M. Joly de Fleury, procureur général au Parlement de Paris (1780). — Fol. 150. Lettres de confirmation des privilèges accordés aux habitants de Chaussin, en vertu du traité de Cambrai, conclu entre François 1er et Charles-Quint (1779). — Fol. 151. Arrêt du conseil qui concède au sieur Lestre une tour faisant partie des fortifications de la ville de Semur-en-Auxois (1780). — Fol. 152 Autre qui attribue à M. de Saint-Seine, premier président du Parlement, la jouissance des gages de son ancien office de président jusqu'à la vente de cette charge (1778). — Fol. 159, v. Autre semblable en faveur de Mme veuve de Brosses, des gages de l'office de président, à mortier (1778). — Fol. 161. Autre semblable des gages de l'office du feu conseiller Lebault, en faveur de la marquise de Cordoue, sa fille. — Fol. 191. Autre semblable des gages du feu conseiller Jannon, au président Jannon (1781). — Fol. 203. Autres des gages du feu conseiller Brenot, en faveur de G. Breunot de Monthélie, son père. — Fol. 170, v. 180. Autre portant concession au sieur Lebault, de Perrigny-sur-l'Ognon, d'un terrain d'alluvion de la Saône, près la forêt de Lyanne (1780). — Fol. 175. Autre qui accorde à J.-B. Loys, secrétaire du roi, en la Chancellerie du Parlement, la jouissance des gages de Saint, son prédécesseur (1779). — Fol. 178, v. Lettres de confirmation des privilèges des habitants de Chaume-les-Fontaine-Française (1780). — Fol. 184. Contrat d'accensement à M. Duchesneau de deux terrains faisant partie du jardin des frères de Saint-Joseph, à Louhans (1781). — Fol. 185. Arrêt du conseil pour Mme Dubu, de Longchamp et M. Marron, de Meillonaz, se portant comme héritiers de feu A. Carrelet de Loisy, receveur général des finances. — Fol. 196. Autres qui valident les extraits tirés de la Chambre des comptes de Dijon, pour la liquidation de l'engagement de la châtellenie de Brazey et Saint-Jean-de-Losne, en faveur de M. Baillet de Saint-Julien (1781). — Fol. 199, v. Arrêt semblable rendu en faveur des princesses de Lillebonne et d'Épinay, héritières du duc d'Elbeuf, engagiste de cette châtellenie (1770). Fol. 203. Autre portant réunion au grand bureau de la Chambre des Comptes des officiers du concierge, huissier et de buvetier de la Chambre. — Fol. 204. Autre qui accense au sieur P. Niquet l'emplacement de l'ancien château de Brazey et le terrain avoisinant (1780). — Fol. 211, v. Arrêt du conseil portant concession à M. G. Boirat, de Chazelle, d'un terrain à Vermenton (1781). — Fol. 222, 223. Commission donnée à l'intendant et aux officiers du Bureau des finances pour la répartition des impôts dans la principauté de Dombes (1781). — Fol. 224. Lettres patentes et arrêt du conseil portant don à M. Bataillhe de Francès, ancien ambassadeur et seigneur du marquisat de Seurre, des terrains provenant des fortifications de cette ville. — Fol. 233 Contrat d'accensement des moulins de Fauverney, châtellenie de Rouvres, à H. Flamerion. — Fol. 241. Arrêt du conseil qui maintient M. Brusson, conseiller maître en la chambre des Comptes, en possession de la portion des fortifications de Buxy, qui lui avait été accensée (1782). — Fol. 214. Lettres accordées au maréchal duc de Biron, pour la rénovation du terrier de la châtellenie de Cuisery (1783). — Fol. 216, 354, v. Lettres de naturalité obtenues par F. Arnould, d'origine allemande (1783, 1787). — Fol. 246, v. Autres par J.-Ch. Fauchey, d'origine française ; — fol. 306, v., id. par J.-A. Pranteloup, dit Cavernay Bernois (1784) ; — fol. 316, id. par L.-M.-A. Zammier, natif des Antilles (1785); — fol. 332, v., par Th. Fiard, natif de Lima (Pérou) (1784) ; — fol. 348, v., par J.-F. Bazile, natif de Sainte-Foy-en-Tarentaise (1786). — Fol. 247. Arrêt du conseil portant attribution de 250 livres de gages au concierge des prisons du Palais, à Dijon (1782). — Fol. 258, v. Contrat d'engagement d'un droit de pêche dans la rivière de Loire, vers Chassenard, passé au sieur Gay, correcteur à la chambre des Comptes (1783). — Fol. 259. Arrêt du conseil qui autorise le bornage des terres dépendant du domaine et de la censive du prieuré de Saint-Gervais, à Auxerre. — Fol. 264, v. Continuation au sieur Ducessoir, du service des diligences de la principauté de Dombes (1782). — Fol.284. Lettres de confirmation des privilèges de la ville de Seyssel (1778, 1783). — Fol. 285. Arrêt du conseil qui autorise les élus des Etats à vendre l'ancien hôtel des Monnaies de Dijon. Procès-verbal de la délivrance qui en a été faite aux ingénieurs de la Province (1783). — Fol. 295, v. Arrêt du conseil qui déclare patrimoniales les terres de Pluvault, Longeaut et dépendances, appartenant à J.-J. de ..., let, marquis de Montdragon. — Fol. 299, v. Autre qui maintient en possession ceux des habitants de Montreal-en-Auxois, censitaires de terrains provenant des fossés de l'ancien château (1782). — Fol. 304. Autre enjoignant aux possesseurs de biens et héritages situés dans la principauté de Dombes et mouvant du roi en fief de présenter leurs titres à l'administration des domaines pour y être enregistrés et contrôlés (1784). — Fol. 323, v. Autre qui réintègre MM. Chartraire de Bourbonne et Chartraire de Montigny, héritiers de M. de Ragny, en possession des terres domaniales de Montréal et de Guillon (1782). — Fol. 326. v. Déclaration du roi concernant la comptabilité du domaine (1784). — Fol. 327. v. Arrêt du conseil portant concession au sieur Tanier de l'emplacement et dépendances de l'ancien château de Rouvres-les-Dijon (1785). — Fol. 338. Autre au sieur J. M. Malherbe d'un alluvion de la Loire sur le territoire de l'Hôpital Le Mercier. Fol. 344, v. Autres portant liquidation des rentes dues au roi par la ville de Bourg, pour acquisitions dans sa censive (1773, 1776). — Fol. 349 Contrat d'aliénation des ruines et des dépendances de l'ancien château du Sauvement en Charollais, faite par les commissaires du roi à Mme veuve Quarré de Champrigy (1786). — Fol. 350. Arrêt du conseil d'État qui concède à la ville de Dijon l'ancien hôtel de Langres, devenu couvent des Jacobines. — Fol. 357, v. Autre portant concession d'une portion des fortifications de la ville de Paray, à la comtesse de la Coste. — Fol. 361, v. Autre concernant le droit de survivance des offices des Bureaux des finances (1786). — Fol. 375. Autre portant concession aux Etats de Bourgogne des terrains de la citadelle de Chalon (1787). — Fol. 379. Lettres patentes qui confirment aux religieuses Clarisses de Bourg une rente annuelle de 100 livres sur les tailles (1787). — Fol. 383. Edit du roi Louis XVI, portant suppression des tribunaux d'exception comme les Bureaux des Finances, les Élections, les Traites foraines, les Chambres du domaine, les Greniers à sel, les Maîtrises des eaux et forêts et en sépare l'administration et la justice (1788). — Edit enregistré en personne par l'intendant de Bourgogne, du très exprès commandement du roi. — Fol. 334. Arrêt du conseil qui confirme à M. de Massol la propriété de la Tour Oudin, dépendant des anciennes fortifications de Semur-en-Auxois (1788). — Fol. 400, v. Arrêt du conseil d'Etat qui, moyennant l'engagement pris par les habitants de Landreville d'acquitter une certaine redevance, supprime la banalité des fours et pressoirs (1789). — Fol. 401, v. et suivants. Enregistrement des lois et décrets de l'Assemblée nationale du 29 novembre 1789, au 12 août 1790. — Fol. 80. Commission de lieutenant-général du roi en Bresse, Bugey, Valromey et Gex, pour G.-C. de Ferrary, comte de Ferrary Romans (1777). — Fol. 106. Autre semblable pour J. B. J. D., comte de Sades d'Aiguières (1778). — Fol. 176, v. Autres de lieutenant-général du comté de Charollais, pour L. M. C., comte de Saint-Maure. — Fol. 319. Autres de lieutenant du roi au gouvernement de Trévoux, pour M. de Saint-Laurent (1784) ; — fol. 122, v., id. de capitaine des chasses du roi de la principauté de Dombes pour J. M. Billioud, de Nusillet (1779). — Fol. 37. Lettres de provisions de l'office de premier président du Parlement, accordées à M. Bénigne Legouz de Saint-Seine (1777) ; — fol. 18. autres de l'office de président à mortier pour L. P. Joly de Bévy (1777) ; — fol. 20, id. pour F. Jannon ; — fol. 20, v., id. pour A. Verchère d'Arcelot ; — fol. 137; — id. pour J. Pérard (1779) ; — fol. 282, id. pour J. V. Micault de Courbeton (1783) ; — fol. 257, id. pour J.-B. F. Mayneau (1782). — Fol. 8. Provision de l'office de conseiller au Parlement pour J. Pérard (1776) ; — fol. 9, id. pour J.-B. F. Maynaud, de Rirefranc ; — fol. 23, id. pour Ch. Joleaud de Saint-Maurice ; — fol. 29, v., id. pour F. Passerat de la Chapelle (1777) ; — fol. 73, v., id. pour G. Ballard de la Chapelle ; — fol. 78, v., id. pour P. de Montherot (1778) ; — fol. 79, v., id. pour G. Bureau ; — fol. id. pour B. A. Carrelet de Loisy ; — fol. 84, pour F. Bizouard de Montille, conseiller clerc ; — fol. 111, v., id. pour L. H. Verchère d'Arceau (1779) ; — fol. 121, id. pour J.-B. de Forêt (1778) ; — fol. 128, id. pour J. F. Quarré, de Monay, conseiller-clerc (1779) ; — fol. 140, id. pour Bouliard de Gatelier (1775) ; — fol. 141, id. pour J. V. Micault de Courbeton (1779) ; — fol. 145, id. pour F. Mercier (1780] ; — fol. 152, id. pour J. P. Constantin de Surjoux (1778) ; — fol. 153, id. pour J. A. L. Venot ; — fol. 154, id. pour A. Mairetet de Thorey ; — fol. 161, id. pour Ch. P. Duval d'Essertenne ; — fol. 162, v., id. pour Cl. A. de Champcourt ; — fol. 178, id. pour G. H. de la Grange (1781) ; — fol. 205, v., id. pour J.-B. A. Guyard, de Balon ; — fol. 214, id. pour J. G. Juillet de Saint-Pierre (1782) ; — fol. 227, id. pour J.-B. A. F. Godeau d'Entraigues ; — fol. 245, v., id. pour Cl. A. Vouty de la Cour (1783) ; — fol. 360, id. pour C. P. M. C. Fyot de Mimeure ; — fol. 261, id. pour F. Bellet de Tavernost de Saint-Trivier ; — fol. 272, id. pour Ch. de Saint-Vincent de Montarcher ; — fol. 275, id. pour A. B. V. B. Legouz (1784) ; — fol. 278, id. pour L. V. E. Pelletier de Cléry ; — fol. 283, v., id. pour Cl. Lebelin (1783) ; — fol. 292, id. pour E. J. de Bruère, de Rocheprise (1784) ; — fol. 308, id. pour S. P. B. M. Ranfer de Montceau (1785) ; — fol. 314, v., id. pour J. M. R. Villedieu de Torcy ; — fol. 313, v., id. pour B. C. Colmont (1784) ; — fol. 314, id. pour Cl. L. Ch. M. Pelletier de Suzenet (1785) ; — fol. 317, id. pour P. T. Cattin, de Richemont de la Vilotte ; — fol. 318, v., id. pour A. P. F. de Bastard (1782) ; Fol. 323, id. pour Ch. Loppin de Preigny (1785) ; — fol. 328, v., id. pour L. F. Brunet, de Monthelie (1786) ; — fol. 337, id. pour L. V. J. Chevignard ; — fol. 354, v., id. pour A. B. Garrelet de Loisy (1783) ; — fol. 376, id. pour P. I. B. Guénichot de Nogent (1787) ; — fol. 393, id. pour J. H. B. Joly de Bévy (1788) ; — fol. 397, v., id. pour J. V. Micault de Courbeton (1785). — Fol. 332. Provisions de l'office d'avocat-général au Parlement pour L. J. Poissonnier (1783). — Fol. 15. Provisions de l'office de substitut du procureur-général pour Ch. F. Oudot (1771) ; — fol. 36, id. pour M. Gouget ; — fol. 68, id. pour P. Raudot (1778) ; — fol. 144, id. pour P. Rameau (1780) ; — fol. 165, v., id. pour J. M. B. Dechaux (1791) ; — fol. 210, id. pour P. L. Baudot ; — fol. 250, v., id. pour N. Girardot (1783) ; — fol. 384, id. pour Cl. M. Perchet (1784). — Fol. 14. Provisions de l'office de garde des sceaux de la Chancellerie du Parlement pour M. Nayme de Cuiseaux (1776) ; fol. 226, id. pour J.-B. Bouthier de Rochefort (1782) ; — fol. 16, v., id. de secrétaire du roi en cette chancellerie, pour J.-B. Loys (1776) ; — fol. 19, id. pour Cl. Th. Leschenault (1777) ; — fol. 34, v., id. pour Fr. Joly, de Saint-Francin ; — fol. 49, id. pour R. F. Th. Thiger, de Rouffigny ; — fol. 133, id. pour L. Chauveau, de Quercize (1779) ; — fol. 136, id. pour A. N. Lequesne ; — fol. 160, v., id. pour Cl. M. Megret de Mericourt (1780) ; — fol. 234, id. pour S. Ligeret de Beauvais (1782) ; — fol. 235, id. pour Cl. A. Plaize (1781) ; — fol. 249, id. pour F. Fournier, de Servant ; — fol. 258, id. pour P. Tixier (1783) ; — fol. 260, v., id. pour P. D. Hébert ; — fol. 266, v., id. pour B. Belot ; — fol. 334, id. pour J. Ch. Le Carpentier (1785) ; — fol. 392, v., id. pour J.-B. Perrot, à Chalon (1788) ; — fol. 85, v., id. pour J. Trumet, secrétaire en celle de Nancy (1778). — Fol. 50, v. Provisions de l'office de référendaire en la Chancellerie, pour Cl. Trimolet (1777) ; — fol. 222, id. pour P. Petit (1781) ; — fol. 237, id. pour J.-B. Simon de Perrigny (1782) ; — fol. 268, id. pour F. N. Corbabon (1783) ; — fol. 271, id. pour J. Dubois (1786). — Fol. 60. Provisions de l'office de secrétaire du roi, contrôleur en la Chancellerie pour B. Molleral (1778) ; — fol. 236, id. pour J. Cousin (1782) ; — fol. 283, id. pour J. P. Champy (1784) ; — fol. 290, v., id. pour L. P. Debon. Fol. 7, v. Provisions de l'office de scelleur héréditaire en la Chancellerie pour Cl. Mairet (1776) ; — fol. 371, id. pour N. André (1787). — Fol. 136. Provisions de l'office de premier huissier au Parlement, pour F. Cauvard (1781) ; — fol. 399,

id. pour Ch. F. Gourdan (1783) ; — fol. 12, id. d'huissier au Parlement, pour J. P. Chapuis (1774) ; — fol. 47, v., id. pour J.-G. Neetoux (1776) ; — fol. 95, v., id. pour N. Moret (1778) ; — fol. 179, v., id. pour G. Danon (1776) ; — fol. 182, id. pour J. A. Racine ; — fol. 182, v., id. pour A. Ledeuil (1779) ; — fol. 184, 178, id. pour P. Boury ; — fol. 316, v, id. pour L. Perdriset (1785) ; — fol. 377, id. pour Cl. Guignier (1782) ; — fol. 181, v., id. d'huissier aux requêtes du Palais, pour D. Henry (1781). — Fol. 177, v. Provisions de l'office de solliciteur général des causes du roi, devant le Parlement et la Chambre des comptes, pour Cl. P. N. Lucan (1775) ; — fol. 193, id. pour J. M. Duclos (1780) ; — fol. 363, v., id. pour E. Perret (1787). — Fol. 25, v. Lettres de provisions de l'office de Président à la Chambre des Comptes, pour J.-B. Ch. Vaillant de Meixmoron (1777) ; — fol. 66, id. pour L. F. Choux de Bussy (1778) ; — fol. 170, id. pour Ch. A. H. Grossard de Verly (1780). — Fol. 190, v., id. pour H. J. T. Barbier de Reulle (1781) ; — fol. 227, id. pour J. F. L. d'Irisson (1777) ; — fol. 278, id. pour Charles Richard de Vesvrotte (1784) ; — fol. 336, id. pour B. C. Vaillant de Meixmoron (1786) ; — fol. 98, id. de l'office de chevalier d'honneur pour Ch. Lefèvre, vicomte de la Mallardière (1778). — Provisions de l'office de conseiller maître à la Chambre des Comptes, pour Ch. F. Fèvre ; — Fol. 37, id. pour J. J. M. Jordan (1776) ; — fol. 68, id. pour L. A. Leseurre de Mussey (1778) ; — fol. 75, id. pour J. N. Joly (1778) ; — fol. 82, id. pour J.-B. Bona de Ferex ; — fol. 102, v., id. pour Cl. De la Troche (1779) ; — fol. 138, id. pour T. Michel (1780) ; — fol. 150, id. pour L. A. Demanche ; — fol. 206, id. pour P. J. Moreau (1781) ; — fol. 212, id. pour Cl. Perroy de la Forestelle ; — fol. 283, id. pour P. Petitot (1784) ; — fol. 302, id. pour P. J. Lacoste ; — fol. 310, id. pour Ch. M. Perroy de la Forestelle (1785), — fol. 316, id. pour A. F. A. Commerson (1786). — fol. 378, id. pour B. L. Vergnette de la Motte (1788). — Fol. 31, v. Provisions de l'office de conseillers correcteurs à ladite Chambre pour L. Cherveau (1777) ; — fol. 64, id. pour Ch. L. M. Bergier (1778). — Fol. 183, v. Provisions de l'office de conseiller auditeur en ladite Chambre pour Cl. Gelyot (1781) ; — fol. 207, id. pour A. L. Hucherot (1782) ; — fol. 271, id. pour A. M. Mandonnet (1783) ; — fol. 311, id. pour Cl. A. B. Gauthier (1785) ; — fol. 344, v., id. pour Cl. X. Girault (1786) ; — fol. 353, v., id. pour G. Maitre (1787). — Fol. 219, v. Provisions d'avocat-général en ladite Chambre pour Cl. P. F. Bouthillon (1782) ; — fol. 391, id. pour L. Vergnette de la Motte (1788). — Fol. 248. Lettres d'honneur accordées à M. de Morel, son prédécesseur (1782). — Fol. 267. Provisions de l'office de substitut du procureur général de cette Chambre pour L. N. Ligeret de Beauvais (1783) ; — fol. 271, id. pour J. Soucelyer (1783) ; — fol. 313, id. pour Ph. Levitte de Jouvrain (1785). — Fol. 337, v. Provisions de l'office de contrôleur général des restes de la Chambre pour E. Mathieu (1786) ; — fol. 245, id. de contrôleur du greffe de la Chambre pour F. Blondeau (1782) ; — fol. 330, id. de garde des livres de la Chambre pour B. Marinet (1766). — Fol. 15. Provisions d'huissier en ladite Chambre pour Cl. Fouret (1776) ; — fol. 31, id. pour P. Châtelain (1777) ; — fol. 61, id. pour J. Clairdeloy (1778) ; — fol. 92, v., id. pour N. Poisot (1778) ; — fol. 123, v., id. pour E. Perrin (1779) ; — fol. 133, v., id. pour Cl. Tournier ; — fol. 224, id. pour F. Lambert (1781). — Fol. 280. Premier huissier pour J. Monnier (1784) ; — fol. 295, id. pour C. Huot ; — fol. 309, id. pour L. Bobillot (1785). — Fol. 33, v. Provisions de l'office de trésorier de France au Bureau des finances de Dijon, pour P. M. de Montchanin de Champoux (1777) ; — fol. 117, id. pour J. P. Bouillet (1779) ; — fol. 172, id. pour E. Joanin (1781) ; — fol. 180, id. pour B. Trouvé (1784) ; — fol. 215, v., id. pour L. Ozanon (1782) ; — fol. 268, v., id. pour L. C. Maulbon d'Arbaumont (1783) ; — fol. 274, v., id. pour Ch. M. Simon de Calvi (1784) ; — fol. 331, v., id. pour J.-B. Carré (1786) ; — fol. 358, id. pour V. S. Moreau (1787). — Fol. 306. Lettres d'honneur pour le trésorier Cl. Morel de Villiers (1784) ; — fol. 381, v., id. pour B. Mollerat (1784). — Fol. 139. Provisions de l'office d'avocat du roi au Bureau pour Cl. N. Perret (1780) ; — fol. 132, v., id. de l'office d'avocat et de procureur du roi au Bureau pour E. J. Nault (1779) ; — fol. 192, id. de celui de procureur du roi au Bureau pour A. T. Bazard (1781). — Fol. 189, v. Provision de l'office de greffier en chef du Bureau pour J.-B. Collin (1781). — Fol. 203, v. Lettres d'honneur pour Givoiset, son prédécesseur (1781). — Fol. 51, v. Provisions de l'office de premier huissier, concierge, garde-meubles du Bureau pour H. Mielle (1777) ; — fol. 240, v., id. pour J. F. Jouy (1783) ; — fol. 131, id. d'huissier pour F. Cœur (1779) ; — fol. 354, id. pour Cl. Bonnotte (1787). — Fol. 24. Commission de receveur général des finances en Bourgogne et Bresse pour J. Ph. Des Vaux (1777) ; — fol. 302, 304, id. pour Guillaume Raviot (1784) ; — fol. 80, id. de contrôleur général des finances en Bourgogne pour L. B. Bertrand du Ponceaux (1778) ; — fol. 193, id. de contrôleur des domaines et bois pour Ch. Choblet (1781) ; — fol. 370, id. pour J.-B. Léjeas (1787). — Fol. 101, v. Lettres d'honneur accordées au contrôleur général N. Darantière (1779). — Fol. 55, 355. Commission d'administrateur général du domaine en Bourgogne pour M. Campan (1777, 1787). — Fol. 305. Subrogation de F. Mellin à S. N. René, comme administrateur général des domaines du roi (1785). — Fol. 343. Autre de J.-B. Poisignon au sieur Mellin (1786). — Fol. 90. Commission d'inspecteur des domaines et droits d'enregistrement en Bourgogne pour J.-B. N. Gay (1778). — Fol. 220. Provisions de l'office de procureur général à la Table de marbre de Dijon pour B. Fabry (1781) ; — fol. 390, id. pour Cl. G. Trullard (1785) ; — fol. 63, id. de conseiller à la Table de marbre pour M. Parigot (1776) ; — fol. 71, v., id. pour Cl. B. Renault ; — fol. 213, v., id. pour L. M. A. Lardillon (1779) ; — fol. 249, id. pour L. H. Chauvenet (1781). — Fol. 286, v. Provisions de l'office de greffier en chef de la Table de marbre pour L. Th. Guillin (1784) ; — fol. 329, v., id. d'arpenteur général des bois et forêts du ressort de la Table de marbre pour Ch. J. Boiteux (1784). — Fol. 159. Provisions de l'office de maître particulier de la maîtrise des eaux et forêts de Chalon, pour D. Cl. Boisserand (1779) ; — fol. 281, id. de celle de Dijon pour H. Cousin (1782) ; — fol. 281, id. de celle de Bar-sur-Seine pour J.-B. Vandœuvre (1783) ; — fol. 62, id. de celle de lieutenant en celle d'Avallon pour E. G. Letors de Crecy (1777) ; — fol. 256, id. en celle de Châtillon pour A. Lambert (1783). — Fol. 99. Provisions de l'office de procureur du roi en celle de Chalon pour E. P. L. Niepce (1778) ; — fol. 101, id. en celle de Bar-sur-Seine pour N. Thiessé (1777) ; — fol. 300, id. en celle d'Avallon pour Cl. Bourget (1784) ; — fol. 121, id. de celui de garde marteau, en celle de Dijon pour N. Aubriot (1779) ; — fol. 276, id. en celle de Belley pour A. Sibuet (1777) ; — fol. 282, id. en celle de Châtillon pour Rousset de Vassy (1783) ; — fol. 303, id. en celle de Bar-sur-Seine, pour E. Tacheron (1784) ; — fol. 325, id. en celle d'Avallon, pour J. Chauchon (1785) ; — fol. 333, v., id. en celle de Chalon, pour E. M. Merle (1785) ; — fol. 380, id. en celle de Châtillon, pour B. Botot de Saint-Sauveur (1787). — Fol. 358, v. Provisions de l'office de greffier en celle d'Avallon pour N. Conturier (1787) ; — fol. 373, id. en celle de Dijon, pour E. Roger (1788) ; — fol. 36, v., id. de l'office de garde général collecteur des amendes de la maîtrise d'Avallon, pour Cl. J. Barbier (1777) ; — fol. 149, v., id. de l'office d'arpenteur en celle de Châtillon, pour A. Laubin (1777) ; — fol. 102, id. en celle de Chalon pour Ch. P. De la Roche ; — fol. 342, v., id. en celle de Chalon, pour F. Bordet (1785) ; — fol. 392, id. en celle d'Avallon pour A. J. M. Baudot (1788). — Fol. 23, v. Provisions de grand bailli d'épée de l'Auxerrois, pour F. de l'Enfermat (1772) ; — fol. 247, v., id. pour M. F. d'Avigneau (1782) ; — fol. 251, id. du Dijonnais pour J.-B. B. De la Mare d'Aluze (1783) ; — fol. 235, id. du Châtillonnais pour B. C. Fevret de Saint-Mesmin (1782) ; — fol. 363, id. du comté de Bresse, pour L. Cochet, comte de Monterau (1786) ; — fol. 398, id. du comté de Bar-sur-Seine pour H. E. C., baron de Crussol (1788). — Fol. 10. Provisions de l'office de lieutenant-général au présidial et bailliage d'Autun pour Cl. Quarré Du Plessis (1776) ; — fol. 74, id. en celui de Chalon pour Ch. Dupré de Bouillané (1777) ; — fol. 147, id. en celui de Mâcon pour A. Viard (1767) ; — fol. 148, id. en celui de Gex pour Cl. J. Barterat (1780) ; — fol. 274, id. en celui d'Auxerre pour A. T. A. M. d'Avigneau (1777) ; — fol. 288, v., id. en celui de Chalon pour Cl. M. Jornet (1784) ; — fol. 325, id. en celui d'Autun pour E. A. Serpillon (1765). — Sa démission en faveur de son fils (1785) ; — fol. 360, id. en celui de Mâcon pour J. Denamps (1784) ; — fol. 361, id. en celui de Bourg, pour F. M. C. Perrier de la Balme (1787) ; — fol. 382, id. en celui de Semur-en-Auxois pour J. Reuillon de Brain (1786) ; — fol. 398, v., idem en celui de Châtillon, pour P. Ch. Chamon ; — fol. 400, id. en celui de Dijon, pour L. A. Frécot de Saint-Edme (1784). — Fol. 22, v. Provisions de l'office de lieutenant particulier au présidial et bailliage de Charolles pour P. Aubry (1777) ; — fol. 94, v., id. en celui de Saulieu, pour J. M. Laligant (1778) ; — fol. 139, v., id. en celui de Semur-en-Auxois pour L. B. Guenyot (1779) ; — fol. 161, id. en celui de Dijon, pour Cl. Louet (1778), — fol. 173, id. en celui de Beaune pour J.-J. Bachey (1781) ; — fol. 291, v., id. en celui de Belley pour A. Rubat (1780) ; — fol. 380, v., id. en celui de Chalon pour N. E. M. Humbert (1784) ; — fol. 382, id. en celui de Châtillon pour O. L. C. Mariotte (1783). — Fol. 9. Provisions de l'office de conseiller au bailliage d'Autun, pour Cl. A. Clergier (1776) ; — fol. 11, v., id. en celui de Semur-en-Auxois, pour M. Bruzard ; — fol. 12, id. en celui de Chalon pour J. Golyon (1774) ; — fol. 38, id. en celui de Bourg pour J. L. M. Bourdin (1776) ; — fol. 53, id. pour J. M. Monnier (1777) ; — fol. 95, id. en celui de Chalon pour Cl. M. Petit (1778) ; — fol. 104, id. pour Cl. Vitte (1770) ; — fol. 112, id. au même pour Cl. Simonnot (1774) ; — fol. 116, id. en celui de Bourg, pour J. F. M. Brangier (1779) ; — fol. 154, id. au même pour G. Gaillard ; — fol. 171, id. au même pour Cl. A. Birey (1781) ; — fol. 208, id. en celui d'Autun pour Cl. N. Nuguet (1781) ; — fol. 269, v., id. en celui de Châtillon pour A. Barthelemy (1770) ; — fol. 270, pour J.-B. Garnier (1783) ; — fol. 270, v., id. en celui de Mâcon pour L. M. Lagrange (1784) ; — fol. 282, id. en celui de Bourg pour J. F. Gonet (1784) ; — fol. 398, id. en celui de Bourg pour J.-J. Martinon (1785) ; — fol. 312, v., id. en celui de Beaune, pour P. Frelet (1783) ; — fol. 335, v., id. en celui de Châtillon pour J. A. Darantiere de Dracy (1785) ; — fol. 352, id. en celui de Belley pour A. P. Parret (1787) ; — fol. 373, id. en celui de Chalon pour V. Bataillard (1787) ; — fol. 381, id. en celui de Châtillon pour N. Joly (1783) ; — fol. 396, id. en celui de Semur-en-Auxois pour A. P. M. Varennes (1789). — Fol. 381. Provisions de l'office d'avocat du roi, au bailliage de Châtillon pour N. Joly (1783). — Fol. 305. Autres d'avocat et procureur du roi au bailliage de Montcenis pour P. Garchery (1785). — Fol. 46. Provisions de l'office de procureur du roi au bailliage de Mâcon, pour J.-B. V. Siraudin (1772) ; — fol. 100, id. en celui de Bar-sur-Seine pour N. Thiesset (1777) ; — fol. 133, id. en celui de Bourg pour T. P. Rebourd (1779) ; — fol. 141, id. en celui de Bar-sur-Seine pour P. P. A. Bouchotte (1779) ; — fol. 194, id. en celui de Saulieu pour P. Morot ; — fol. 315, v., id. en celui de Belley pour M. A. Monnier (1785) ; — fol. 390, v., id. en celui d'Autun pour F. G. Guillemin du Pavillon

(1788). — Fol. 191, v. Provisions de l'office de commissaire aux saisies réelles du bailliage de Saulieu pour F. Minot (1781). — Fol. 2, v. Autres de l'office de receveur des consignations du bailliage d'Avallon pour P. Poulin (1776) ; — fol. 94, id. de celui de Beaune pour L. Armet (1778) ; — fol. 322, id. de celui de Mâcon pour J. F. Cortembert (1778) ; — fol. 330, id. de celui de Chalon pour Cl. Niepce ; — fol. 10, v., id. de l'office de greffier garde minutes de la chancellerie du bailliage de Bourg pour B. Charles (1775). — Fol. 308, v. Provisions de l'office de greffier au bailliage d'Auxerre pour A. Pasqueau de Champfort (1784, 1785) ; — fol. 395, id. en celui de Chalon pour A. Bottex (1788). — Fol. 333. Provisions de l'office d'avocat du roi en la sénéchaussée de Dombes pour Gabet de Beauséjour (1782) ; — fol. 374, id. de procureur du roi en cette sénéchaussée pour Cl. Dulac (1776). — Fol. 170. Provisions de l'office de président en l'élection de Mâcon pour H. M. Foitland (1777) ; — fol. 229, id. en la même pour J. M. Allard (1782) ; — fol. 311, id. en celle de Bourg, pour M. B. Gollety (1786). — Fol. 22. Provisions de l'office d'élu en l'élection de Belley pour F. Montagnat (1777) ; — fol. 53, v., id. en la même pour A. Mugnier ; — fol. 69, id. en celle de Mâcon pour A. N. Focard (1778) ; — fol. 118, id. en celle de Bourg, pour P. J. B. Gottaret (1779) ; — fol. 201, v., id. en la même pour P. M. Bouveiron (1781) ; — fol. 234, id. en celle de Mâcon pour J. M. Brosse (1782) ; — fol. 239, id. pour P. Testenoire ; — fol. 313, id. en celle de Belley pour L. Munier (1785) ; — fol. 335, id. en celle de Bourg pour F. Guichette (1786). — Fol. 336, et C. C. M. J. Brangier. — Fol. 202. Provisions de l'office de lieutenant en l'élection de Bourg pour J. F. Chevrier (1784) ; — fol. 277, v., id. en celle de Belley pour C. Bonnifax (1783) ; — fol. 377, id. en celle de Mâcon pour F. M. Th. Trambly (1788). — Fol. 272. Provisions de l'office de conseiller, en celle de Bugey pour A. J. de Combet (1783) ; — fol. 359, id. de procureur du roi en celle de Mâcon pour J.-B. N. Dauphin (1787) ; — fol. 352, id. de greffier en chef de cette élection pour G. Mergret (1784) ; — fol. 1, id. de receveur des tailles en la même élection pour Le Camus de Limarre (1775). — Fol. 349, v. Provisions de l'office de procureur du roi aux gabelles du Lyonnais en Bresse pour H. F. Buget (1788). — Fol. 16, v. Provisions de l'office de président du grenier à sel de Nuits pour Ch. Soucelyer (1777) ; — fol. 92, id. de celui de Beaune pour J. F. Lavirotte (1778) ; — fol. 187, id. de celui d'Auxonne pour Cl. A. Noirpoudre (1784) ; — fol. 239, v., id. de celui de Semur-en-Auxois pour P. T. T. Anguly (1782) ; — fol. 265, v., id. de celui d'Autun pour A. Godillot (1783) ; — fol. 328, id. de celui de Charolles pour J. Noyrey (1785) ; — fol. 387, id. de celui de Châtillon pour N. B. Alteyrac (1788) ; — fol. 394, id. de celui de Toulon-sur-Arroux pour L. Guillemin d'Armecey. — Fol. 395. Provisions de l'office de conseiller au grenier à sel de Semur-en-Auxois pour B. J.

Demartinécourt (1789). — Fol. 72, v. Provisions de l'office de grenetier au grenier à sel de Semur-en-Brionnais pour H. B. F. Verchère de Reffye (1778) ; — fol. 127, id. en celui de Beaune pour D. Ozanon (1779) ; — fol. 158, id. en celui de Semur-en-Auxois pour Touzet ; — fol. 176, id. en celui de Nuits pour J. Ladey (1781) ; — fol. 183, id. en celui de Chagny pour J. Vincent ; — fol. 210, id. en celui de Louhans pour A. Grillet (1782) ; — fol. 218, id. en celui de Saulieu pour Cl. L. R. Lejeune (1781) ; — fol. 220, v., id. en celui de Montbard pour E. Rigoley ; — fol. 256, v., id. en celui de Beaune pour A. Taillard (1783) ; — fol. 277, id. en celui de Bourbon-Lancy pour J. F. Montot (1784) ; — fol. 287, id. en celui d'Autun pour A. J. de la Toison ; — fol. 287, id. en celui de Nuits pour L. Moissenet ; — fol. 307, id. en celui de Semur-en-Brionnais pour P. Joanon ; — fol. 322, id. en celui de Saint-Jean-de-Losne pour Cl. C. Lembert (1785) ; — fol. 326, id. en celui d'Auxonne pour A. Lanaud ; — fol. 330, v., id. en celui de Charolles pour E. Gl. N. Beraud (1786) ; — fol. 390, v., id. en celui d'Arnay pour M. Drapier (1783). — Fol. 13. Provisions de l'office de contrôleur au grenier à sel de Chalon pour L. Lavraud (1776) ; — fol. 32, id. en celui de Saint-Jean-de-Losne pour L. Guenebault (1777) ; — fol. 38, id. en celui de Toulon-sur-Arroux pour M. L. Lafonge ; — fol. 100, id. en celui d'Arnay-le-Duc pour J.-B. Brossard (1779) ; — fol. 113, id. en celui de Dijon pour Cl. A. Dechaux ; — fol. 143, id. en celui de Vitteaux pour J. F. Bordot (1778) ; — fol. 165, id. en celui de Beaune pour J.-C. Loppin (1780) ; — fol. 208, id. en celui d'Auxonne pour P. Roussel (1781) ; — fol. 211, id. en celui de Charolles pour J. P. A. Rougemont ; — fol. 232, id. en celui de Bourbon-Lancy pour J. M. P. Repoux (1782) ; — fol. 255, id. en celui de Charolles pour Cl. A. Circault (1783) ; — fol. 280, id. en celui de Saulx-le-Duc pour Q. Chauchot (1784) ; — fol. 290, id. en celui de Mirebeau pour J. P. Lefeubvre ; — fol. 301, id. en celui d'Arc-en-Barrois pour S. Pierre ; — fol. 372, id. en celui de Pont-de-Vaux pour Cl. J. Baret (1787) ; — fol .372, v., id. en celui d'Auxonne pour G. Redoutey ; — fol. 386, id. en celui d'Avallon pour E. Rozerot (1788). — Fol. 61, v. Provisions de l'office de procureur du roi au grenier à sel de Saulieu pour Ph. Monnin (1777) ; — fol. 60, v., id. en celui de Mirebeau pour J. Juvin (1778) ; — fol. 97. id. en celui d'Avallon pour J. Detroye ; — fol. 118, id. en celui de Semur-en-Auxois pour N. Loureau (1779) ; — fol. 135, id. en celui de Saulieu pour G. Bornet ; — fol. 174, id. en celui de Beaune pour B. Navetier de Soubise (1781) ; — fol. 240, id. en celui de Montbard pour Ch. Humbert (1782) ; — fol. 243, id. en celui de Bourbon-Lancy pour G. Pinot ; — fol. 273, v , id. en celui de Noyers pour P. L. Hallot (1783) ; — fol. 288, id. en celui de Louhans pour J. P. Guillemot (1784) ; — fol. 318, id. au même pour Pierre Petiot (1785) ; — fol. 340, v., id. en celui d'Auxonne pour P. Martenet (1785) ; — fol. 351, id. en celui d'Autun pour F. A. Lhomme (1787). — Fol. 35, v. Provisions de l'office de greffier du grenier à sel de Dijon en faveur de J. Forget (1777) ; — fol. 53, id. en celui de Saint-Jean-de-Losne pour J. C. Hutet ; — fol. 255, id. en celui d'Auxonne pour Cl. Lucan (1779) ; — fol. 334, v., id. en celui de Seurre pour L. B. Guillier (1784) ; — fol. 359, v., id. en celui de Saint-Jean-de-Losne pour P. Boillant (1781). — Fol. 47. Provisions de l'office de juge châtelain de Pontailler pour J.-B. Joly ; — fol. 206, v. 178, id. de Couches pour P. Bremont. — Fol. 39, v. Provisions de l'office de procureur du roi en la châtellenie de Pontailler pour J Gautier (1769) ; — fol. 350. v., id. pour P. Gautier (1781). — Fol. 268. Provisions de l'office de substitut adjoint en la châtellenie de Glennes pour J.-J Martin (1783). — Fol. 14, v. Provisions de l'office de greffier de la justice consulaire de Dijon, pour A. Breuf (1776) ; — fol. 308 v., id. pour L. Petitot (1784). — Fol. 71. Commission de capitaine des gardes de la porte des Etats de Bourgogne pour M. de Frasans (1775). — Fol. 108. Nomination de Dom A. Quirenet à l'abbaye de N.-D. de Corneux au diocèse de Besançon (1773). — Fol. 44. Bulle d'institution et lettre d'attache du grand prieuré de Saint-Vivant de Vergy, en faveur de P. J.-J. Bonafoux du Terrail (1777). — Fol. 92, v. Autres du prieuré de N.-D. de Pontailler-sur-Saône, en faveur de J. de La Vergne du Tressan (1777, 1778). — Fol 181. Autres semblables en faveur de Etienne Caillet de Bégon (1781). — Fol. 253. Autres semblables pour le prieuré de Duesme en faveur de P. M. Clergier, chanoine de Mâcon (1781). — Fol. 124. Lettres de la nomination de M. Glantenay à la cure de Volnay (1774, 1776). — Fol. 296. Commission de directeur des diligences et messageries à Dijon pour M. Chardon (1781) ; — fol. 297, id. de contrôleur de ce service pour M. Lesseré.

TABLE MÉTHODIQUE DES MATIÈRES

Introduction................................. v

CHAPITRE I
Personnel. — Privilèges. — Affaires générales.

I. Personnel, privilèges, commissions, gages, greffe, bâtiments . . 1
II. Règlements............................... 1,2
III. Délibérations du Bureau..................... 2
IV. Dettes................................... 4
V. Comptes des deniers communs................ 4

CHAPITRE II
Enregistrement des édits, ordonnances, arrêts du conseil, lettres patentes, etc. 5

CHAPITRE III
Procès-verbaux de chevauchées des trésoriers de France. 40

CHAPITRE IV
Juridiction de la chambre du domaine............. 48

I. Registre des édits concernant cette juridiction.
II. Registres et carnets d'audience................. 48
III. Jugements définitifs sur procès et par écrit 53
IV. Instructions, procès-verbaux, jugements préparatoires. . 56
V. Jugements sur requête...................... 58
VI. Registres du greffe......................... 59

CHAPITRE V
Recettes générales. — Personnel. — Mandements.

I. Receveurs généraux des finances. — Contrôleurs des finances. — Contrôleurs des domaines. — Solliciteurs des causes du Roi. 59
II. Mandements royaux pour la recette et la dépense des finances. . 59

CHAPITRE VI
Recette générale et recettes particulières de Bourgogne. — États au vrai, généraux et particuliers.

I. États au vrai des receveurs généraux. — États des deniers dus et à recevoir. — États des frais de recette. — États des restes de comptes. — États des taxes. — États de la valeur des finances. — Contrôle des finances....... 59

II. États au vrai de la recette générale des domaines et bois . . 60
III. États du Roi de cette même recette............... 67
IV. États au vrai des charges assignées sur le produit des amendes, domaines et bois............................ 69
V. États du Roi sur ces mêmes charges 69
VI. États au vrai des recettes et charges assignées sur le domaine engagé et les amendes...................... 70
VII. États du Roi sur ces mêmes recettes et charges 70
VIII. Bailliage de Dijon. États au vrai et particuliers de la recette.. 70
  1 Châtellenie d'Argilly. États au vrai et particuliers de la recette....................................... 71
  2 Prévôté d'Auxonne. États au vrai et particuliers de la recette....................................... 72
  3 Châtellenie de Beaune, Pommard et Volnay. États au vrai et particuliers de la recette................ 72
  4 Châtellenie de Brazey et Saint-Jean-de-Losne. États au vrai et particuliers de la recette................ 73
  5 Châtellenie de Pontailler. États au vrai et particuliers de la recette.................................. 73
  6 Châtellenie de Rouvres. États au vrai et particuliers de la recette...................................... 74
  7 Châtellenie de Saulx-le-Duc. États au vrai et particuliers de la recette................................. 75
  8 Châtellenie de Talant et Chenôve. États au vrai et particuliers de la recette............................ 75
  9 Châtellenie de Vergy. États au vrai et particuliers de la recette....................................... 76
IX. Bailliage d'Autun. États au vrai et particuliers de la recette 76
X. — d'Auxerre. id. 77
XI. — d'Auxois. id. 78
XII. Comté de Bar-sur-Seine. id. 79
XIII. Pays de Bresse, Bugey, Valromey et Gex. États au vrai et particuliers de la recette..................... 80
XIV. Bailliage de Chalon. États au vrai et particuliers de la recette....................................... 80
  1 Châtellerie de Verdun. États au vrai et particuliers de la recette..................................... 83
XV. Bailliage de Mâcon. États au vrai et particuliers de la recette....................................... 83
XVI. Bailliage de la Montagne ou de Châtillon. États au vrai et particuliers de la recette..................... 84
XVII. États des gages et retranchements des gages des officiers du Roi en Bourgogne........................ 85
XVIII. Registres des finances et des gages des officiers en Bourgogne....................................... 85
XIX. Registres des cautions des comptables de la généralité . 85

Côte-d'Or. — Série C. — Tome II.

CHAPITRE VII

IMPOSITIONS

I. Commissions royales données aux Trésoriers de France pour la levée des impositions dans la généralité 86
II. Contrôle de la recette générale du Taillon. 86
III. Registre des cotes d'office. 87

CHAPITRE VIII

RENTES CONSTITUÉES SUR LE TRÉSOR ET LE DOMAINE   87

CHAPITRE IX

ADMINISTRATION ET RÉGIE DES DOMAINES

I. Organisation, circonscription, correspondance et contrôle de chacun des bureaux de la généralité, classés par ordre alphabétique.   88
II. Registre des droits casuels.   90
III. Ensaisinements
   1 Registres pour la généralité de Dijon.   90
   2 Registres des bureaux de Dijon   92
      — Autun.   93
      — Anxonne.   93
      — Avallon   93
      — Beaune   93
      — Chalon   93
      — Châtillon   94
      — Montbard   94
      — Montcenis   95
      — Noyers.   95
      — Nuits   95
      — Saint-Jean-de-Losne   96
      — Salives.   96
      — Salmaise.   96
      — Vermanton.   96
      — Villaines-en-Duesmois.   96
IV. Contrôle des exploits de justice.   97
V. Contrôle des affirmations de voyages autorisés par l'Intendant   99

CHAPITRE X

DOMAINE

I

AFFAIRES GÉNÉRALES.

I. ÉTATS AU VRAI ET PARTICULIERS DU DOMAINE DU ROI EN BOURGOGNE.   99
II. BAUX, ENGAGEMENTS, ALIÉNATIONS.
   1 Édits, déclarations, arrêts du Conseil, décisions du Bureau des finances 101
   2 Jugements des commissaires du Roi sur le fait des aliénations en Bourgogne 101
   3 Registres des déclarations, baux et gestion du Domaine de Bourgogne. 101
   4 Rachat des greffes, tabellionage, aides, péages, etc 101
   5 Registres des aliénations. 101
   6 États sommaires des aliénations, engagements, rachats, etc., du Domaine 102
   7 États au vrai du Domaine engagé. 102
   8 État général et sommaire du Domaine engagé dans la généralité de Bourgogne 102
   9 Sommier du Domaine afformé à Alaterre. 102
 10-11 Sommier des rentes afformées au même. — Sommier du nom des engagistes 103
  12 Sommier des rentes du Domaine du Roi à Saint-Jean-de-Losne. 103
  13 Sommier des requêtes et réponses en ventilation, accensements, etc 103
  14 Sommier des cences, rentes et redevances. 103
  15 Sommier des rentes d'engagement émanées du Conseil. . 103
  16 Sommier des rentes d'accensements en vertu de jugements du Bureau des finances ou portées par les terriers 103
  17 Sommier de la recette du Domaine et des déclarations du Domaine recélé ou usurpé dans l'arrondissement du Bureau de Châtillon. 103

II

AFFAIRES SPÉCIALES.

I. — Domaine du Dijonnais

1 DIJON ET LA BANLIEUE. 103
  I. Logis du Roi 104
  II. Palais de justice, conciergerie, boutiques. 104
  III. Château. 104
  IV. Hôtel de Langres. 105
  V. Hôtel des Monnaies. 105
  VI. Auditoires, prisons, greffes des juridictions. 105
  VII. Débats avec la mairie pour les droits de haute justice 105
  VIII. Autres pour la franchise du territoire 105
  IX. Prestation des marcs de la ville. 105
  X. Prévôté, clergé, foires 105
  XI. Censes, rentes dans la ville 105
     Censes, rentes dans la banlieue (Longvic, Bellefond, Varois, Chaignot, Chaigney, Savigny-le-Sec ; Marsannay-le-Bois ; Quetigny, Fleurey, Velars, Morveau, Échirey, Oisilly, La Colombière, Beaumont-sur-Vingeanne, Clénay. . . 106
2 CHATELLENIE D'ARGILLY.
  I. Argilly, affaires communes, château, terres, étangs, bois, censes, rentes, franchises 106
  II.-VII. Antilly, Bagnot, Boncourt, Lachaume, La Chocelle, Corberon, seigneuries. 106
  VIII. Corgoloin, Comblanchien, Boncourt-la-Ronce, Boncourt-la-Fontaine, seigneuries 107
  IX.-XII. Labergement-le-Duc, Brogny, Écuelles, Chivres, Palleau, Longvy, Montmain, Montot, seigneuries 107
  XIII. Nuits, bailliage, prévôté, auditoire ; greffe, prisons, censes, rentes, etc 107
  XIV-XIX. La Oûtre, Premeaux, Prissey, Quincey, Villebichot, Vosnes, Flagey, Vougeot, seigneuries. 107
3 PRÉVÔTÉ D'AUXONNE.
  I. Auxonne.
    1 Château, fortifications, maison du Roi, auditoire, halles, prisons, greffe, moulins, pont-levis, rivière de Saône. 108
    2 Prévôté, péage, menu domaine, fermes, baux généraux, censes, rentes, contentieux 108
    3 Franchise des habitants, taille abonnée. . 108
  II. Billey, Villers-Rotin, Labergement-les-Auxonne, Flammerans, seigneuries 108
4 CHATELLENIE DE BEAUNE, POMMARD ET VOLNAY.
  I. États déclarations, baux généraux, aliénations, contentieux. 108
  II. Beaune.
    1-2 Auditoire, prisons, greffe, halles, débats avec la mairie pour les droits de justice. . 109
    3 Prévôté, banvin, setiers, étalage 109
    4 Censes, rentes. 109
  III. Pommard et Volnay 109

SÉRIE C. — BUREAU DES FINANCES.

IV. Voinay et Combertault.	100
V-XII. Auxey, La Borde au Bureau, Curtil, Bligny-sous-Beaune, Maloisey, Puligny, Mipont, Monthelie, Nolay, Savigny-sous-Beaune, seigneuries.	109
XIII. Manuels des censes de la châtellenie.	110
5 Châtellenie de Brazey et Saint-Jean-de-Losne.	
I. Baux généraux, états de situation, aliénations, contentieux.	110
II. Brazey.	
1-6 Amodiations, déclarations générales, taille abonnée, tierce, dîme, château, moulin, bois de la Barotte, censes, rentes.	110
7 Ponthemery, seigneurie.	111
III. Saint-Jean-de-Losne.	
1 Logis du Roi, auditoire, prison, greffe	111
2 Prévôté, éminage, boucherie.	111
3 Fortifications, halles, four banal, moulins, rivière de Saône, îles, droits de pêche et de pilotage.	111
4 Droits sur les façades des maisons	111
5 Censes, rentes.	111
IV. Alserey, seigneurie.	
V-VII. Charrey, Esbarres, Gevrey, Brochon, seigneuries, Magny-les-Aubigny, Montot, Saint-Usage, Échenon, Trouhans, seigneuries.	112
6 Châtellenie de Fresne-Saint-Mamès.	
I. Baux, déclarations, aliénations, contentieux.	112
II. Fresne-Saint-Mamès, Fays-Billot.	112
7 Châtellenie de Lantenay	112
8 Châtellenie de la Perrière.	
Flagey-les-Auxonne, Foucherans, Franxault, Labergement-les-Auxonne, Maillis (les), Saint-Seine-en-Bâche, Saint-Symphorien, Samerey	113
9 Châtellenie de Pontailler-sur-Saône.	
I. Dons, engagements, aliénations, déclarations, contentieux.	113
II. Pontailler.	113
III. Rente de Brise, seigneurie	113
IV. Cléry, seigneurie	113
IV.VI. Drambon et Grands-Moulins, seigneuries.	114
V-IX. Lamarche-sur-Saône, Heuilley, Maxilly-sur-Saône, seigneuries.	114
X. Perrigny-sur-l'Ognon, seigneurie	114
XI. Soissons et Vielverge, seigneuries	114
XII-XIII. Talmay, Vonges, seigneuries	114
10 Châtellenie de Rouvres.	
I. Dons, aliénations, baux généraux, rachat, déclarations.	114
Bornages, contentieux.	115
II. Rouvres.	115
III. Fauverney, seigneurie	115
IV. Marliens, Magny-sur-Tille, Soirans, Tart-le-Bas, Varanges, Pluvault, Sathenay, Thorey-les-Épiosses, seigneuries	116
11 Châtellenie de Saint-Romain.	
Orches, Baubigny, Éveilles, Aubigny, Melin.	116
12 Châtellenie de Saint-Seine-sur-Vingeanne	116
13 Châtellenie de Saulx-le-Duc.	
I. Engagements, déclarations, contentieux	116
II. Saulx-le-Duc.	116
III-V. Avot, Busserotte, Gemeaux, Is-sur-Tille, Luxerois, Poiseul-les-Saulx, seigneuries.	117
VI. Salives, seigneurie	117
VII-IX. Tarsul, Vernot, Veronnes (les), seigneuries	117
14 Châtellenie de Talant et Chenôve.	
I. Dons, aliénations, déclarations, contentieux	117
II. Talant	117
III. Chenôve	118
IV-VI. Daix, Champmoron, Changey, Darois, Fénay, Plaind'Ahuy, Val-de-Suzon, seigneuries	118
VII. Plombières, seigneurie.	119
15 Châtellenie de Vergy.	
I. Dons, engagements, reventes, déclarations, contentieux	119
II. Vergy.	119
III. Bouilland, Chevrey, Fussey.	119
IV-VII. Morey, Chambolle, Clémencey, Corcelles-les-Monts, Villebichot, Chazan, Gurley, Collonges, Dévy, Échevronne, Changey, seigneuries.	120
VIII. Meuilley, Chaux, La Cra, l'Étang-Vergy, Congey, Villars-Fontaine, seigneuries.	120
IX-XII. Quemigny et Poisot, Reulle, Curtil-Vergy, Segrois, Messanges, Semesanges, Ternant et Rolle	120

II. — Domaine de l'Autunois

1 Baux généraux, états au vrai.	120
2 Châtellenie d'Autun.	121
3 Châtellenie de Bourbon-Lancy.	121
4 Châtellenie de Couches.	121
5 Châtellenie de Glennes.	121
Saint-Leger-sous-Beuvray, seigneurie.	121
6 Châtellenie de Montcenis.	121
Charbonnières, Le Breuil, Le Creusot, Rosier, Torcy, Toulon, seigneurie.	121
7 Châtellenie de la Toison	121
8 Châtellenie de Roussillon.	121
9 Châtellenie de Semur-en-Brionnais.	121

III. — Domaine de l'Auxerrois

I. Baux généraux.	122
II. Auxerre	122
III. Champ-sur-Yonne, Coulangeron, La Coudre, Cravant, Fouronne, Lucy, Mailly-la-Ville, Saint-Georges, seigneuries	122
IV. Vermanton, seigneurie.	122

IV. — Domaine de l'Auxois

1	I. Baux, aliénations, rachat, contentieux	122
2	Châtellenie de Semur.	
	I. Semur	122
	II. Arnay-sous-Vitteaux, seigneurie	123
	III. Braux, Cernois, Chassey, Chenault, Chevigny, Charantois, Geasy, Massingy-les-Semur, Merceuil, Romanet, seigneuries.	123
	IV. Cessey-sur-Tille, prévôté.	123
	V. Dampierre-les-Vitteaux, seigneurie	123
	VI. Courcelles-les-Semur, Bierre, Lucenay, Ruffey, Montigny-Saint-Barthélemy, seigneuries	123
	VII. Dracy-les-Vitteaux, Fontette, Grosbois, Posanges, Villeberny, Vitteaux, seigneuries.	123
	VIII. Flavigny (ville).	123
	IX. Forléans, Changy, Épiozotte, seigneuries	123
	X. Magny-la-Ville, Souhey, seigneuries.	124
	XI. Marcilly-les-Vitteaux, seigneurie.	124
	XII. Saint-Euphrône, seigneurie	124
3	Châtellenie d'Arnay-le-Duc.	
	I. Don, confirmations, déclarations, contentieux.	124
	II. Arnay-le-Duc, Sivry	124
4	Châtellenie d'Avallon.	
	I. Baux généraux	124
	II. Avallon.	124
	III. Annay-la-Côte, Étaules, Thory, Vassy, seigneuries	125
	IV. Saint-Germain-de-Modéon, Bierre-l'Égarée, Rouvray, seigneuries	125

v. Saint-Léger-de-Foucheret, Beauvilliers, Bussières, Rouvray, Saint-Andeux, seigneuries 125
5 Châtellenie de Chatel-Gérard.
  i. Baux généraux 125
  ii. Chatel-Gérard 126
  iii. Nuits-sous-Ravières, seigneurie 126
6 Châtellenie de Montbard.
  i. Dons, aliénations, rachat, baux généraux, bois, contentieux 126
  ii. Montbard 127
  iii. Arrans 127
  iv. Buffon, Chardenay, Fain, La Mairie, Nogent, le Puit-d'Orbe, Verdonnet, seigneuries 127
7 Châtellenie de Montréal.
  i. Baux, aliénations, visites, contentieux 127
  ii. Montréal 127
  iii. Guillon, Chavannes, Courterolle, Toutry, seigneuries 127
8 Châtellenie de Noyers 127
9 Châtellenie de Pouilly.
  i. Pouilly, Velars, Bellenod, Créancey, seigneuries 127
  Charny et Mont-Saint-Jean, comté 127
10 Châtellenie de Vieuchâteau 128
  Montberthault, Frémoy, Courcelles-Frémoy, Champmorlain seigneuries 128

V. — **Domaine du comté de Bar-sur-Seine.**

1 Comté 128
2 Bar-sur-Seine 128
3 Avirey, Villeneuve, Landreville, seigneuries 128

VI. — **Domaine du comté de Bresse.**

1 Affaires générales 129
2 Châtellenie de Bourg 129
3 — des Échets 129
4 — de Gourdan 129
5 — de Montdidier 129
6 — de Montuel 129
7 — de Pont-de-Vaux 129
8 — de Pont-de-Veyle 130

VII. — **Domaine du Bugey et de Gex.**

1 Affaires générales 130
2 Belley 130
3 Châtellenies de Chazey, de Châteauneuf, de Virieux-le-Grand 130
4 Châtellenies de l'Écluse et Arlod, Loyette, Matafelon, Montanges, Montfalcon, Montréal, Martignat 130
5 Châtellenie de Rossillon 131
6 — de Saint-Germain-d'Ambérieux, Le Tiret 130
7 Marquisat de Saint-Sorlin 131
8 Châtellenie de Seyssel.
  i. Baux, aliénations, digue, fleuve du Rhône, îles 131
  ii. Anglefort 131
9 Pays de Gex 131
  i. Gex 131
  ii. Sergier, Ferrières, Thoiry, Versoix 132

VIII. — **Domaine du Châlonnais.**

1 États du revenu, affaires diverses 132
2 Châtellenie de Chalon.
  i. Chalon 132
  ii. Ouroux, Saint-Jean-des-Vignes 132
3 Châtellenie d'Aluse 132
4 Châtellenie de Beaumont-sur-Grosne, Gigny, La Colonne, Loyve, La Lhuue 132

5 Châtellenie de Brancion 132
6 Prévôté de Buxy
  i. Buxy 132
  ii. Ponneau et La Coudre, Rymon et Flex, Rosey, Saint-Germain-du-Bois, Sainte-Hélène, seigneuries 132
7 Châtellenie de Cortevaix 133
8 Châtellenie de Cuisery 133
9 Châtellenie de Frontenard 133
10 Châtellenies de Germolles et Montagu.
  i. Censes, rentes, bornages 133
  ii. Charéconduit, seigneurie 133
  iii. Buxy, Marloux, Mellecey, Saint-Martin-sous-Montagu, seigneuries 133
  iv. Saint-Jean-de-Vaux, seigneurie 134
11 Châtellenie de Sagy.
  i. Baux, aliénations, contentieux 134
  ii. Joux, Villebernoux, seigneuries 134
12 Marquisat de Seurre 134
13 Châtellenie de Verdun-sur-le-Doubs 134

XI. — **Domaine du Charollais**

1 Baux généraux, rénovation du Terrier 134
2 Châtellenie de Charolles.
  i. Charolles 135
  ii. Martigny, Marisy, Paray-le-Monial, Saint-Symphorien, Viry, seigneuries 135
3 Châtellenie de Dundain 135
4 — de Mont-Saint-Vincent 135
5 — de Sauvignes 135
6 — du Sauvement 135

X. — **Domaine du Châtillonnais**

1 Dons, états de censes et rentes, rôles des censitaires, amodiations 135
2 Châtellenie de Châtillon-sur-Seine
  i-iv. Châtillon, Garde de l'abbaye de Pothières, Mont-de-Roussillon 136
  v-vi. Ampilly-le-Sec, Bréviande, Sainte-Colombe, Buncoy, fief d'Arbois, seigneuries 136
  vii-ix. Étrochey, Montliot, Mosson, seigneuries 136
3 Châtellenie d'Aignay-le-Duc.
  i. Baux, aliénations, rénovation du Terrier, rôles des censitaires, contentieux 136
  ii. Aignay-le-Duc et Étalante 136
  iii. Étalante, seigneurie 137
  iv. Bellenod, Origny, Brevon, Meulson, Saint-Broingles-Moines, Moitron, seigneuries 137
4 Châtellenie d'Aisey-le-Duc et Salmaise.
  i. Dons, engagements, prises de possession, visites, déclarations, contentieux 137
  ii. Aisey et Chemin-d'Aisey, fief de Meixmoron 137
  iii-vi. Bremur et Vaurois, Busseaut et Lagrange-Didier, Coulmier-le-Sec, Nod-sur-Seine, Saint-Germain-le-Rocheux, seigneuries 137
  vii. Saint-Marc-sur-Seine, seigneurie 138
5 Prévôté de Baigneux-les-Juifs.
  i. Baigneux, pariage, aliénations, baux, déclarations, cens, rentes, tabellionage, contentieux 138
6 Seigneurie de Briou-sur-Ource 138
7 Châtellenie de Duesme 138
8 — de Maisey et Villotte-sur-Ource 138
9 — de Salmaise et Aisey.
  i. Dons, engagements, baux, déclarations, prises de possession 138
  Contentieux, extraits des comptes 139
  ii. Salmaise 139

SÉRIE C. — BUREAU DES FINANCES.

III.	Corpoyer, La Chapelle, seigneuries	139
IV.	Charancey, Dampierre-en-Montagne, Gissey-sous-l'Iavigny, Grésigny, Villotte-Saint-Seine, seigneuries	139
V.	Billy-les-Chanceaux, Jugny, seigneuries	139
VI.	Boux, Bouzoi, Presilly, Les Bordes, seigneuries	139
VII.	Verrey-sous-Salmaise, seigneurie	140
VIII.	Vesvres-les-Vitteaux, seigneurie	140
IX.	Villy-en-Auxois, seigneurie	140
10	Châtellenie de Villaines-en-Duesmois, Coulmier-le-Sec	140
11	Seigneurie de Darcey	140
12	Châtellenie de Villiers-le-Duc et Vanvey	140

XI. — Domaine du Mâconnais

1	Châtellenie de Mâcon	140
2	— de Bois-Sainte-Marie	141
3	— de Châteauneuf	141
4	— de Creiche et Davayé	141
5	Ville de Cluny	141
6	Châtellenie d'Ifurigny	141
7	— de Montbellet, Saint-André-le-Désert	141
8	Seigneurie de Marcigny-les-Nonains	141
9	Châtellenie de Saint-Gengoux-le-Royal	141
10	Prévôté de Salornay-sur-Guye	142

XII. — Bois et Forêts de Bourgogne

1	*Affaires générales, ordonnances et arrêts du Conseil, états des ventes, rôles des usagers, gardes des bois, contentieux*	142
2	Bois du Dijonnais.	
I.	Châtellenie d'Argilly	142
II-III.	— de Brazey, Saint-Jean-de-Losne, Pontailler et Rouvres	143
IV-VI.	Châtellenie de Sauix-le-Duc, Talant, Vergy	143
3	Bois de l'Autunois	143
4	— de l'Auxerrois	143
5	— de l'Auxois	143
6	— du Chalonnais et du Charollais	143
7	— du Châtillonnais	144
I.	Châtellenie d'Aignay et d'Aisey-le-Duc	144
II.	— de Villiers-le-Duc	144

CHAPITRE XI

ANOBLISSEMENTS. — NATURALISATIONS ... 144

CHAPITRE XII

AUBAINS, BATARDS, GENS DE MAINMORTE, CONFISCATIONS, COMMISES, MAINMISES, SUCCESSIONS EN DÉSUÉTRENCE ... 144

CHAPITRE XIII

FOIRES ET MARCHÉS. ... 144

CHAPITRE XIV

PÉAGES, RÈVES, HAUTS PASSAGES, TRAVERSES, TRAITE FORAINE. ... 145

CHAPITRE XV

CANAUX DE BOURGOGNE. ... 145

CHAPITRE XVI

AFFAIRES CONCERNANT LE CLERGÉ RÉGULIER, LE CLERGÉ SÉCULIER ET LES HÔPITAUX ... 146

CHAPITRE XVII

FÉODALITÉ

I	GÉNÉRALITÉ DE DIJON. — Affaires générales. Tables générales. Édits. Ordonnances. Correspondances. Sommiers	146
II	FIEFS DU DIJONNAIS.	
	1 Sommiers, États, affaires générales	148
	2 Affaires particulières aux fiefs depuis Agencourt jusqu'à Vougeot	148
III	FIEFS DE L'AUTUNOIS.	
	1 État de sommier	151
	2 Affaires particulières de Antuilly à Voudenay	151
IV	FIEFS DE L'AUXERROIS	
	1 Affaires particulières de Mailly à Seignelay	151
V	FIEFS DE L'AUXOIS.	
	1 États généraux des fiefs	151
	2 Affaires spéciales aux fiefs depuis Agey à Voudenay	152
VI	FIEFS DU COMTÉ DE BAR-SUR-SEINE.	
	1 États généraux des fiefs	154
	2 Affaires spéciales aux fiefs depuis Arelles à Viviers	154
VII	FIEFS DU COMTÉ DE BRESSE.	
	1 Affaires spéciales aux fiefs de Bagé à Saint-Trivier	154
VIII	FIEFS DES PAYS DE BUGEY ET GEX.	
	1 Affaires générales	154
	2 Affaires spéciales	155
IX-X	FIEFS DU CHALONNAIS ET DU CHAROLLAIS.	
	1 Affaires spéciales	155
XI	FIEFS DU CHATILLONNAIS.	
	1 Affaires générales	155
	2 Affaires spéciales	156
XII	FIEFS DU MACONNAIS.	
	1 Affaires spéciales	157

CHAPITRE XVIII

FRANCSFIEFS, AMORTISSEMENTS ET NOUVEAUX ACQUÊTS.

I	AFFAIRES GÉNÉRALES.	
	1 Édits, déclarations, arrêts du Conseil, instructions	157
(A)	2 Déclarations générales	157
(B)	3 Rôles des taxes et condamnations	157
(C)	4 Décisions de la Chambre souveraine	158
	5 Quittances des taxes	158
	6 Registres d'enregistrement	159
	7 États généraux	159
II	AFFAIRES SPÉCIALES. — *Déclarations des biens des communautés.*	
	1 Bailliage de Dijon	160
	2 — Arnay	160
	3 — Autun	160
	4 — Auxerre	160
	5 — Auxonne	160
	6 — Avallon	160
	7 — Bar-sur-Seine	160
	8 — Beaune	160
	9 — Bourbon-Lancy	161
	10 — Chalon-sur-Saône	161
	11 — Charolles	161
	12 — Châtillon-sur-Seine	161
	13 — Mâcon	161
	14 — Montcenis	161
	15 — Noyers	161
	16 — Nuits	161
	17 — Saint-Jean-de-Losne	161
	18 — Saulieu	161
	19 — Semur-en-Auxois	161
	20 — Semur-en-Brionnais	161
	21 — Bourg, Belley, Gex	161

CHAPITRE XIX

AFFAIRES CONCERNANT LES VILLES, BOURGS ET COMMUNAUTÉS DE LA GÉNÉRALITÉ.

I	Affaires générales	162
II	Affaires spéciales disposées par ordre alphabétique de chaque localité	162

CHAPITRE XX

DOCUMENTS DÉPOSÉS PAR L'INTENDANT DE BOURGOGNE

§ 1er.

LIQUIDATION DES BIENS ET DETTES DES COMMUNAUTÉS

I	AFFAIRES GÉNÉRALES. — Lettres patentes, ordonnances, instructions		168
II	AFFAIRES SPÉCIALES. — Procès-verbaux.		
	1	Communautés du bailliage de Dijon	168
	2	— Arnay-le-Duc	168
	3	— Autun	168
	4	— Auxerre	168
	5	— Auxonne	168
	6	— Avallon	168
	7	— Bar-sur-Seine	169
	8	— Beaune	169
	9	— Bourbon-Lancy	169
	10	— Bourg	169
	11	— Belley	170
	12	— Chalon	170
	13	— Charolles	171
	14	— Châtillon-sur-Seine	171
	15	— Gex	172
	16	— Mâcon	172
	17	— Montcenis	173
	18	Communauté du bailliage de Nuits	173
	19	— Saulieu	173
	20	— Semur-en-Auxois	173
	21	Communautés de divers bailliages réunies	173
III	REGISTRES DES DÉCLARATIONS DES BIENS ET DETTES DES COMMUNAUTÉS.		
	1	Bailliages de Dijon, Auxonne et Saint-Jean-de-Losne	174
	2	— Beaune et de Nuits	174
	3	— Autun, Montcenis, Semur-en-Brionnais, Charolles	174
	4	Bailliage de Semur-en-Auxois	174
	5	— Arnay, Avallon	174
	6	— Chalon-sur-Saône	174
	7	— Châtillon-sur-Seine	174
	8	— Auxerre, Mâcon, Bar-sur-Seine	174
	9	— Bresse	174
	10	— Bugey, Valromey et Gex	174

§ 2.

JUGEMENTS RENDUS PAR LES INTENDANTS.

1	Jugements rendus par l'intendant Bouchu	175
2	— de Harlay	186
3	— d'Argouges	188
4	— Ferrand	189
5	— Pinon	195
6	— Trudaine	197
7	— de la Briffe	198
8	— de Saint-Contest	223
9	— Joly de Fleury	224

CHAPITRE XXI

INVENTAIRES 224

DIJON, IMPRIMERIE DARANTIERE, HÔTEL DU PARC, RUE CHABOT-CHARNY.

www.ingramcontent.com/pod-product-compliance
Lightning Source LLC
Chambersburg PA
CBHW070640170426
43200CB00010B/2084